AF557600

DYNASTY

DYNASTY

DIE INSIDERGESCHICHTE DER NEW ENGLAND PATRIOTS

JEFF BENEDICT

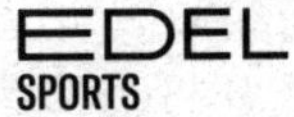

INHALT

VORWORT VON SEBASTIAN VOLLMER

„Hard work pays off."

Dieses Credo müsste eigentlich auf den Trikots der New England Patriots stehen. Denn dieser Leitspruch ist bei diesem Team im äußersten Nordosten der USA Gesetz. 24 Stunden am Tag. Sieben Tage die Woche. 52 Wochen im Jahr. Egal, ob gerade Saison ist oder nicht.

Harte Arbeit zahlt sich aus. Den Willen, Berge versetzen zu können, spürt man hier – 30 Autominuten von der Großstadt Boston entfernt – überall. „No days off", das ist ein Zitat von Head Coach Bill Belichick, dem erfolgreichsten Trainer in der Geschichte der NFL. Er ist ein Perfektionist. Seine Spezialität ist es, Spieler zu verpflichten, die bei anderen Teams den Durchbruch nicht geschafft haben, um sie dann zu Leistungsträgern in seiner Mannschaft zu entwickeln. Wer unter ihm Stammspieler sein möchte, muss in allem 100 Prozent Leistungsbereitschaft zeigen. Immer. Wer nachlässt, ist raus! Das muss schnell rein in die DNA der Profis. Wer diese Einstellung nicht verinnerlicht, hat hier keine Chance.

Ich hatte die große Ehre, acht Jahre lang für die New England Patriots zu spielen und hier zum All-Pro zu werden. Das war eine unvergessliche Zeit. 2009 wurde ich als erster in Deutschland ausgebildeter Spieler überhaupt im NFL-Draft ausgewählt. Eine irre Geschichte. Ich bin in der Nähe von Düsseldorf groß geworden und habe erst mit 17 Jahren begonnen, American Football zu spielen. Ich war gut auf meiner Position als Offensive Tackle, habe mit 20 ein College-Stipendium an der University of Houston bekommen und fortan für die Houston Cougars gespielt. Dann kam mit 24 der Anruf aus der NFL. Von Bill Belichick. Es war ein kurzes Gespräch – das aber mein gesamtes Leben veränderte.

Ich habe mit den New England Patriots zweimal den Super Bowl gewonnen. Es ist schwierig, diesen Triumph in Worte zu fassen. Das ist eine unglaubliche Freude, aber auch Genugtuung. Egal, in welchem Sport – ob Tennis, Fußball oder Football – wenn man das größte Event gewinnt, ist es ein extremes Glücksgefühl ohne Ende. Letztlich hat man Jahre – eigentlich Jahrzehnte – auf diesen Moment hingearbeitet. Es ist ein sehr kleiner, sehr elitärer Kreis an Personen, der das nachvollziehen kann.

Mein Job war es, Tom Brady auf dem Football-Feld zu beschützen. Ich habe ihn in all den Jahren öfter gesehen als meine Familie. Wir vertrauen uns. Wir sind gute Freunde. Auch heute noch. Und Tom ist nicht der Einzige. Ich pflege weiterhin noch zu vielen früheren Patriots-Kollegen von damals Kontakt. Auch wenn ich mittlerweile in Florida lebe.

Die Patriots sind mein Team! Ich habe nie für eine andere NFL-Franchise gespielt. New England war meine Heimat. Bis heute haben alle ehemaligen Weggefährt*innen und die Fans einen festen Platz in meinem Herzen. Das Stadion in Foxborough ist ein magischer Ort, der Support von den Zuschauerrängen immer herausragend. Ich kenne Fans, die seit 30 Jahren jedes Spiel der Patriots gesehen haben. Sie steigen dann in ihre bemalten Autos und Wohnmobile, reisen durch das Land, verkleiden sich, hängen stundenlang vor dem Stadion rum, grillen, trinken Bier. Das ist ihr Wochenende, ihr Sonntag. Und wer nicht ins Stadion geht, lädt Freunde zu sich nach Hause ein. Dabei geht es nicht nur um das Spiel, Football ist immer auch Familienangelegenheit, ein freundschaftliches Event. Man feiert zusammen und lässt die Woche ausklingen.

Das ist mittlerweile ja auch unter vielen deutschen Fans so. Die Patriots haben eine große Community bei uns. Das freut mich natürlich sehr! Ich habe Gänsehaut, wenn ich an das erste reguläre Saisonheimspiel der Patriots in Deutschland, in Frankfurt im Herbst 2023, denke.

Mich hat die Einstellung, jeden Tag besser werden zu wollen, bis zu meinem höchsten Ziel gebracht. Ich bin über mich hinausgewachsen. Die Patriots waren meine Schule des Lebens. Football ist der ultimative Teamsport. Es geht nur ums Gewinnen, um nichts anderes. Wer das bei Belichick nicht versteht, der ist nicht lange da. In den drei Stunden Spiel am Sonntag stecken viel Arbeit und Blut als Vorbereitung. Schmerzen gehören dazu.

Das bringt der Sport American Football mit sich. Hier muss jeder über seine Grenzen gehen. Und, nicht zu vergessen: Wir, die in den 2000er-Jahren spielen, sind dank neuer Ausrüstungen und Regeln viel geschützter als die Stars der Patriots im letzten Jahrhundert. Legendäre Ex-Spieler wie John Hannah, Sam Cunningham, Stanley Morgan oder Andre Tippett, die ihren Platz in den Geschichtsbüchern New Englands ebenfalls sicher haben, konnten davon nur träumen.

Über 60 Jahre sind die New England Patriots, die 1959 von dem Journalisten Billy Sullivan gegründet wurden, nun schon alt. Es ist eine einzigartige, faszinierende Erfolgsgeschichte des für mich besten Teams der Welt. Ich wünsche euch jetzt ganz viel Spaß beim Lesen.

Go Pats!

Euer Sebastian Vollmer

PROLOG

Mit einer chirurgischen Maske, einem Kittel und Latexhandschuhen bekleidet, beugte Dr. David Berger sich über Drew Bledsoe und machte einen vorsichtigen Einschnitt in seine Brust. Es war der Abend des 23. September 2001, ein Sonntag, und das strahlendhelle Deckenlicht in der Traumaabteilung des Massachusetts General Hospital beleuchtete die ruhigen Hände des 37-jährigen Chirurgen. Bledsoe, der erste Quarterback der New England Patriots, hatte eine Sauerstoffkanüle in der Nase, und intravenös strömten Flüssigkeiten in seine Venen, um ihn zu reanimieren. Der 29-Jährige hatte über ein Drittel seines Blutes durch eine teilweise durchtrennte Arterie verloren, die in seinem Brustkorb pulsierte und verhinderte, dass sich sein linker Lungenflügel ausdehnen konnte. Berger musste die inneren Blutungen unter Kontrolle bringen, sonst würde Bostons berühmtester Sportler sterben. Doch vorher musste er das Blut aus Bledsoes Thorax entfernen.

Berger führte einen dünnen Schlauch durch den Einschnitt und schob ihn behutsam unter Bledsoes Haut, über eine Rippe und an die Stelle zwischen Lunge und Thoraxwand, an der sich das Blut sammelte. Innerhalb weniger Augenblicke begann das Blut aus Bledsoes Brust durch den Schlauch in eine Maschine zu fließen, deren Filter Gerinnsel und andere störende Elemente entfernten. Danach transfundierte die Maschine das saubere Blut über einen zweiten Schlauch, der in eine seiner Venen führte, zurück in Bledsoes Körper.

Als Bledsoes Lunge wieder arbeitete, widmete Berger seine Aufmerksamkeit sogleich der verletzten Arterie, aus der immer noch

Blut sickerte. Wenn ein Patient eineinhalb Liter Blut verliert, ist nach dem medizinischen Standardprotokoll eine Operation erforderlich, um die Blutung zu stoppen. Aber Bledsoe war kein Standardpatient – er hatte gerade einen Zehnjahresvertrag über 100 Millionen Dollar unterzeichnet, der ihn zum bestbezahlten Spieler der National Football League machte.

Berger zögerte, zu operieren, und sprach mit Bledsoe und seiner Frau Maura. Die Verletzung, so erklärte er, betraf Drews linke Brustseite. Wenn ein rechtshändiger Werfer wie Drew den Ball nach hinten legt, den Arm beugt und ihn dann vorstreckt, wendet er die linke Brustseite nach vorn und setzt alle Muskeln an dieser Stelle ein, um das ideale Drehmoment für den Wurf zu erzeugen. „Ich werde zumindest einige dieser Muskeln abtrennen müssen", sagte Berger zu Drew. Dann wandte er sich an Maura. „Der Eingriff wird möglicherweise seine Football-Karriere beenden."

Bledsoe war fest entschlossen, sich nicht operieren zu lassen.

Berger erklärte, dass eine Arterie manchmal von selbst aufhöre zu bluten, sodass eine Operation nicht notwendig sei. Er empfahl, unter den gegebenen Umständen die Thoraxdrainage liegen zu lassen und Bledsoe genau zu überwachen. Wenn die Blutung nicht innerhalb von ein paar Stunden aufhöre, werde ihm keine andere Wahl bleiben, als zu operieren.

Zwei Stunden zuvor hatte Berger zu Hause ein ruhiges Abendessen mit seiner Familie genossen, als er einen Anruf von Dr. David Gill erhielt, einem Mannschaftsarzt der New England Patriots. Berger und Gill waren befreundet. Auf Gills Drängen hin hatten die Patriots ein paar Jahre zuvor begonnen, Berger als chirurgischen Berater einzusetzen. Berger stand in dem Ruf, der „meistbeschäftigte Chirurg" am Mass General zu sein, wo er etwa achthundert Operationen pro Jahr durchführte, viele davon an Traumapatienten, die mit lebensbedrohlichen Verletzungen in die Notaufnahme kamen. In dem Moment, als er Gills Stimme hörte, wusste Berger, dass es sich nicht um einen privaten Anruf handelte.

„Kannst du dir Drew in der Notaufnahme des MGH ansehen?", fragte Gill. Es klang dringend.

Berger fragte, was los sei. Gill antwortete, er sei sich nicht sicher. Gegen Ende des letzten Viertels sei Bledsoe mit dem Ball auf die Seitenlinie der Patriots zugelaufen, als er vom Linebacker der New York Jets, Mo Lewis, angerempelt wurde. Der Zusammenprall war so heftig, dass die Spieler an der Seitenlinie der Patriots das Geräusch mit dem eines Autounfalls verglichen. Bledsoe flog durch die Luft, und sein Gesichtsgitter verbog sich. Nachdem er etwa eine Minute lang auf dem Rasen gelegen hatte, stand er schließlich auf und machte sich auf den Weg zur Bank. Beim nächsten Ballbesitz der Patriots kehrte er auf das Spielfeld zurück. Doch Trainer Bill Belichick wechselte ihn kurz darauf aus, als klar wurde, dass Bledsoe sich nicht mehr an die Spielzüge erinnern konnte. Nach dem Spiel wurde er in die Umkleidekabine gebracht, wo er untersucht werden sollte. Die Röntgenbilder waren nicht aussagekräftig, aber seine Vitalzeichen waren beunruhigend. Hohe Herzfrequenz. Niedriger Puls. Flache Atmung. Und er klagte über Schmerzen.

„Ich glaube, es ist etwas Schlimmes passiert", sagte Gill zu Berger und gab seiner Befürchtung Ausdruck, dass Bledsoe einen Milzriss erlitten haben könnte.

Berger wusste, dass Bledsoe der wichtigste Mann der Patriots war, das Gesicht der Franchise.

„Er ist auf dem Weg ins Krankenhaus?", fragte Berger.

„Wir verfrachten ihn jetzt in einen Krankenwagen", erwiderte Gill. „Ich bin auf dem Weg."

Der Ersatz-Quarterback der Patriots, Tom Brady, benutzte den Spind neben dem von Bledsoe in der Mannschaftsumkleide. Während er sich nach dem Spiel umzog, beobachtete Brady, wie das medizinische Personal Bledsoe aus dem Trainingsraum brachte. Brady war 24 und hatte gerade seine zweite Saison in der NFL begonnen. Auf dem College hatte er schon einige schwere Zusammenstöße miterlebt, aber noch keinen wie den, den Bledsoe erlitten hatte. Und zu sehen, wie sein Freund und Mentor auf eine Trage gelegt und in einen Krankenwagen gebracht wurde, bereitete ihm große Sorgen. Brady und Bledsoe standen sich nahe. Er war oft bei Bledsoe zu Besuch, und Maura kochte ihm häufig Abendessen. Er hatte das Gefühl, zur Familie zu gehören.

Rasch zog Brady sich an und fuhr direkt vom Stadion ins Krankenhaus. Es war sein erster Besuch im Mass General. Da man ihn in Boston nicht kannte, hatte er Schwierigkeiten, an den Sicherheitsleuten auf der Krankenstation vor der Trauma-Abteilung vorbeizukommen. Er musste das Krankenhauspersonal davon überzeugen, dass er Drew Bledsoes Ersatzmann war. Schließlich gelang es ihm, und er folgte den Schildern bis in den Warteraum, wo er Maura vorfand, allein und weinend.

Brady schloss sie in die Arme. „Was ist hier los?", fragte er.

Maura wischte sich die Augen und brachte ihn auf den neuesten Stand. „Sie überlegen, ob ein Eingriff gemacht werden sollte, um die Arterie zu reparieren", sagte sie. „Wenn die Blutung nicht von allein aufhört, könnte es das Ende seiner Karriere bedeuten."

Brady konnte nicht glauben, was er da hörte.

Am Ende des Ganges stand Robert Kraft mit einem der Teamärzte zusammen, der die Situation genau beobachtete. Kraft wollte wissen, wie die Prognose aussah. Der Arzt war direkt. Der Treffer von Mo Lewis habe zu einer Verletzung geführt, wie er sie noch nie bei einem Profi-Sportler gesehen habe, erklärte er. Als Lewis gegen Bledsoe prallte, brach er ihm mehrere Rippen, obwohl Bledsoe eine Schutzweste trug. Die unregelmäßigen Kanten der gebrochenen Rippen rissen eine Arterie in Bledsoes Brust auf, was zu inneren Blutungen führte. Die offizielle medizinische Diagnose lautete, dass Bledsoe einen Hämothorax erlitten hatte – eine Blutansammlung im Raum zwischen der Brustwand und der Lunge. Ungefähr 50 Prozent des Blutes, das in Bledsoes Körper zirkulierte, sickerte schließlich in seinen Brustkorb und musste drainiert werden. Außerdem hatte er einen Pneumothorax – eine kollabierte Lunge. Offenbar hatte eine seiner gebrochenen Rippen ein Loch hineingestoßen.

Der Arzt sagte Kraft, dass Bledsoe hätte sterben können.

Kraft war fassungslos und hatte Mühe, seine Emotionen unter Kontrolle zu halten. Bledsoe war wie ein Sohn für ihn. Kraft bezweifelte, dass er jemals wieder Football spielen würde. Er fasste sich und informierte Belichick, der ebenfalls direkt aus dem Stadion in die Klinik gekommen war. Belichick hatte schon viele schwere Verletzungen gesehen. Aber

Bledsoes war die schlimmste. In diesem Augenblick dachte er nicht an Football. Er hoffte nur, dass Bledsoe durchkommen würde.

Entschlossen, so lange zu bleiben, bis Bledsoe stabil genug war, um Besucher zu empfangen, begaben sich Kraft und Belichick in einen Wartebereich. Es würde eine lange Nacht werden.

Gegen Mitternacht teilten die Krankenschwestern Kraft, Belichick und Brady mit, dass sie Bledsoe sehen könnten. Er schlief, als sie leise in sein Zimmer kamen und an sein Bett traten. Das Blut floss noch immer aus dem Schlauch in seiner Brust durch die Maschine und zurück in eine seiner Venen. Im Arm hatte er einen intravenösen Zugang. Maura saß neben ihm und streichelte sanft seine rechte Hand. Kraft, Belichick und Brady standen nahe beieinander links von Bledsoe.

Nach ein paar Minuten öffnete Bledsoe die Augen. Benommen und desorientiert fiel sein Blick zuerst auf Maura. Sie lächelte und drückte seine Hand. Dann drehte er den Kopf nach links und bemerkte Mr. Kraft, Coach Belichick und Tommy, die auf ihn hinabblickten. Verwirrt und noch immer unter der Wirkung starker Schmerzmittel, war er sich nicht sicher, warum sie dort waren. Für ihn sahen sie aus wie eine Vision aus einer anderen Zeit und einem anderen Ort.

Zu diesem Zeitpunkt besaß Kraft eine Mannschaft, die noch nie eine Meisterschaft gewonnen hatte. Belichicks Gesamtbilanz mit den Patriots war 5 : 13. Brady war noch nie zu Beginn eines NFL-Spieles dabei gewesen. Es war unvorstellbar, dass Bledsoe gerade die Keimzelle der größten Sportdynastie der Neuzeit anstarrte.

1

ENDSPIEL

Das Gillette Stadium war menschenleer. Die Torpfosten waren entfernt worden, die Anzeigetafeln ausgeschaltet. Bei Sonnenschein und blauem Himmel wirkte die Heimat der größten Sportdynastie des 21. Jahrhunderts so heiter wie der Walden Pond. Tom Brady saß in Jeans, einem weißen T-Shirt und Sneakers in seiner Luxusloge. Der berühmteste Quarterback in der Geschichte der NFL stand allein an dem Ort, an dem seine Familie an Spieltagen saß, um ihm zuzusehen, und blickte auf das Spielfeld und die 65.000 leeren Sitze, die es umgaben. Es war kurz vor zwölf Uhr am Sonntag, dem 1. September 2019, eine Woche, bevor die New England Patriots ihr sechstes Superbowl-Banner vor dem Saisonauftakt gegen die Pittsburgh Steelers enthüllen würden. In einem seltenen Moment der Einsamkeit dachte Brady darüber nach, dass dies wahrscheinlich seine letzte Saison in New England sein würde.

Einen Monat zuvor war er 42 Jahre alt geworden und damit der älteste Football-Spieler in der modernen Geschichte, der eine Meistermannschaft anführte. Am Tag nach seinem Geburtstag hatte er einen neuen Dreijahresvertrag mit den Patriots unterzeichnet. Lange Zeit hatte er gesagt, dass er bis zu seinem 45. Lebensjahr spielen wolle. Sein neuer Vertrag enthielt jedoch eine ungewöhnliche Klausel, die besagte, dass der Vertrag nach der kommenden Saison 2019 automatisch enden würde. Dann wäre Brady ein Free Agent mit der Option, erneut bei den Patriots zu unterschreiben, sich zur Ruhe zu setzen oder sich einem anderen Team anzuschließen. Die Ungewissheit, was Bradys

Pläne nach der kommenden Saison betraf, lastete schwer auf dem Verband. Unter Sportjournalisten, Football-Fans und Teamoffiziellen in der gesamten NFL herrschte Einigkeit darüber, dass Brady New England niemals für ein anderes Team verlassen würde. Doch Brady und der Besitzer der Patriots, Robert Kraft, hatten eine Ausstiegsklausel ausgehandelt, die ihm genau das ermöglichte.

Brady sah in Kraft einen Mentor, einen Vertrauten und eine Vaterfigur. Seine Beziehung zu Kraft war der Grund, warum er so lange bei den Patriots geblieben war. Kraft seinerseits hatte Brady lange wie einen Sohn behandelt. Die emotionale Bindung zu seinem Quarterback war so eng, dass Kraft, als Brady die dreißig erreichte, das nächste Jahrzehnt damit verbrachte, alles zu tun, um Cheftrainer Bill Belichick davon abzuhalten, sich von ihm zu trennen. Obwohl Belichick und Brady das beste Trainer-Quarterback-Duo der Geschichte waren, hatten sie sich voneinander entfernt. Sie waren die NFL-Version von Lennon und McCartney. Belichick war das introvertierte Genie, das wenig Worte machte und Menschen mit seinem Blick einschüchterte. Brady war der Perfektionist, der mehr arbeitete als alle anderen und Anerkennung brauchte. Außerhalb des Spielfeldes sprachen sie kaum miteinander. Aber wenn Belichick ein Headset und Brady einen Helm aufsetzte, waren sie auf derselben Wellenlänge, die es ihnen ermöglichte, Gipfel zu erreichen, die alle anderen nur bestaunen konnten. In den 17 Spielsaisons, in denen Brady auf dem Feld und Belichick an der Seitenlinie stand, gewannen sie 16 AFC-Titel, nahmen an neun Superbowls teil und gewannen sechs Meisterschaften. Sie mussten nicht befreundet sein, um die Patriots als die am meisten beneidete Mannschaft der Liga zu etablieren und den Maßstab zu setzen, an dem jedes zukünftige Sportteam gemessen werden würde.

Das Letzte, was Kraft wollte, war, dass Brady und Belichick sich trennten und Brady seine Karriere in einem anderen Trikot beendete. Aber es war Krafts Entscheidung, Brady die Möglichkeit zu geben, die Patriots am Ende der Saison 2019 zu verlassen. Er wusste, dass nach einem solch epochalen Lauf die beiden größten Stars des Spieles es leid waren, auf derselben Bühne zu agieren. Kraft spürte: nur, wenn er Brady die Möglichkeit gab, über seine Zukunft selbst zu bestimmen, bestand die Hoffnung, die Band über 2019 hinaus zusammenzuhalten.

Wenn er die Freiheit hatte, zu gehen, würde er sich vielleicht dagegen entscheiden.

Doch Brady hatte bereits einen Teil der Vorbereitungen für seinen Weggang getroffen. Zu Beginn des Sommers hatten er und seine Frau einen Makler gefunden, einen Vertrag unterzeichnet, eine Marktanalyse für ihr Haus erstellen lassen, die Immobilie fotografieren lassen und das Inserat vorbereitet. Weniger als 24 Stunden, nachdem Brady seine einjährige Vertragsverlängerung mit den Patriots unterschrieben hatte, kam sein Haus in Boston auf den Markt.

Als er in seiner Box stand, spürte Brady einc überströmende Dankbarkeit. Als er ein kleiner Junge war, war Joe Montana sein Held gewesen. In New England hatte er Dinge erreicht, von denen Montana nur geträumt hatte. Brady hatte geheiratet, drei Kinder großgezogen, ein Haus gebaut, sein eigenes Unternehmen gegründet und mehr Meisterschaften gewonnen als jeder andere in der Geschichte der NFL. Tränen stiegen ihm in die Augen, als er noch einmal einen Blick auf das leere Stadion warf, in dem er sich von einem frischgebackenen College-Absolventen zu einem Mann mittleren Alters entwickelt hatte. „Wie ist das alles passiert?“, fragte er sich.

Er sah auf seine Uhr. Es war Zeit, sich auf das Training vorzubereiten. Er kehrte dem Spielfeld den Rücken und konzentrierte sich auf die Steelers, verließ seine Loge und ging in die Umkleidekabine. Er war begierig darauf, seine zwanzigste Saison in New England zu beginnen.

So kurz vor der Saison 2019 hatte Bill Belichick nur eines im Sinn: den Gewinn der nächsten Meisterschaft. Er war von den Chancen seiner Mannschaft überzeugt. Der Kader war reich an geistig und körperlich robusten Jungs, die wussten, was nötig war, um zu gewinnen. Aber Belichick, der inzwischen 69 war, hörte nie auf, nach Spielern zu suchen, die die Patriots besser machen könnten. Und am Samstag, den 6. September 2019, sah er einen, der sofort sein Interesse weckte. An diesem Morgen forderte der Wide Receiver der Oakland Raiders, Antonio Brown, auf Instagram das Team auf, ihn aus seinem Vertrag zu entlassen. Innerhalb weniger Stunden kamen die Raiders seinem Wunsch nach. Und um elf Uhr vormittags bestätigte die Liga, dass Brown um vier Uhr nachmittags bei einem anderen Team unterschreiben könnte. Belichick begann sofort zu telefonieren, um Informationen zu sammeln.

Brown galt als der talentierteste Wide Receiver der Liga. In sechs aufeinanderfolgenden Saisons fing er in Pittsburgh mehr als 100 Pässe und erzielte mehr als 1.200 Receiving Yards, was ihn zum erfolgreichsten Receiver in der Geschichte der Steelers machte. Doch am Ende der Saison 2018 lag Brown in offenem Streit mit Quarterback Ben Roethlisberger und wurde zu einem derartigen Störfaktor in der Umkleidekabine, dass das Team ihn 2019 nach Oakland verkaufte. Nachdem die Raiders Brown einen Dreijahresvertrag über 54 Millionen Dollar angeboten hatten, kündigte er an, dass er in Oakland eine „gute Kraft" sein würde. Dann tauchte er am ersten Tag des Trainingslagers in einem Heißluftballon auf. Von da an ging es bergab. Er begann, beim Training zu fehlen. Er geriet in eine Auseinandersetzung mit der Liga, weil er einen Helm tragen wollte, der aus Sicherheitsgründen verboten worden war. Das Team bestrafte ihn mehrfach wegen Abwesenheit. Schließlich kam es zu einer Auseinandersetzung zwischen Brown und dem General Manager des Teams, woraufhin die Raiders ihn für den Saisonauftakt suspendierten. Das war der Zeitpunkt, an dem sich Brown in den sozialen Medien zu Wort meldete und erklärte, er wolle aus seinem 54-Millionen-Dollar-Vertrag aussteigen.

Belichick erkannte, dass Brown launenhaft war. Innerhalb eines Sommers hatte er es geschafft, bei zwei Mannschaften nicht mehr willkommen zu sein. Die größte Schwachstelle der Patriots auf dem Weg ins Jahr 2019 waren jedoch ihr Receiver. Der Spieler, den Brady am liebsten anspielte, Tight End Rob Gronkowski, hatte in der Offseason aufgehört. Und obwohl sie immer noch Julian Edelman hatten, gab es unter ihm eine Menge Fragezeichen in der Depth Chart. Brown als Ergänzung würde die Sache grundlegend ändern und die Offensive der Patriots nahezu unaufhaltsam machen.

Normalerweise hatte Belichick volle Entscheidungsfreiheit bei der Auswahl der Spieler. Aber er wusste, in bestimmten Fällen brauchte er den Segen des Besitzers. Die Verpflichtung des umstrittensten Spielers in der NFL fiel sicherlich in diese Kategorie.

Belichick griff nach seinem Telefon.

Obwohl Samstag war und das Front Office der Patriots geschlossen, saß der 78-jährige Robert Kraft an seinem Schreibtisch. Gut 24

Stunden vor der Heimpremiere erledigte er seine Korrespondenz und führte Telefonate. Die Fernsehbildschirme an seiner Wand waren auf eine Vielzahl von Nachrichten-, Wirtschafts- und Sportkanäle eingestellt. Antonio Browns Bild erschien auf ESPN und dem NFL Network, während die Kommentatoren beider Sender darüber spekulierten, wo der Receiver landen könnte. Kraft schaltete den Ton ab. In dem Moment, in dem die Raiders Brown entließen, erwartete Kraft einen Anruf von Belichick. Nachdem er so lange mit ihm zusammengearbeitet hatte, wusste er, wie Belichick tickte.

Belichicks erstes Spiel als Cheftrainer der Patriots war gegen die Tampa Bay Buccaneers gewesen, im Foxboro Stadium am 3. September 2000. An diesem Morgen überreichte Belichick Kraft ein Geschenk – ein gerahmtes Foto von Ted Williams und Babe Ruth. Dabei war eine handschriftliche Nachricht.

> *Robert,*
> *danke, dass Sie mir die Möglichkeit gegeben haben, Ihr Team zu trainieren. Hoffen wir, dass wir genauso erfolgreich sein werden wie diese beiden Jungs.*
> *Bill*

Die Patriots verloren an jenem Tag. In der folgenden Woche verloren sie erneut. Und in der Woche danach. Und in der Woche danach. Es wurde Oktober, bis Belichick in New England seinen ersten Sieg als Trainer errang. Seine Debütsaison verlief nicht gerade wie geplant. Die Patriots belegten mit 5-11 Punkten den letzten Platz in der Liga. Sowohl Belichick als auch Kraft gerieten unter Beschuss. „Ich würde Belichick nicht engagieren, um einen Burger King zu leiten", sagte damals ein beliebter Bostoner Talkshow-Moderator. Ein bekannter Sportkolumnist schrieb: „Wenn der Besitzer der Pats nicht erkennen kann, warum Belichick der falsche Mann für seine Mannschaft ist, ist das Team dem Untergang geweiht."

Kraft hielt zu Belichick. In den folgenden 18 Jahren erzielte Belichick die höchste Gewinnquote (.685), die ein Profi-Football-Trainer jemals erreicht hat, und wurde der einzige Head Coach, der sechs

Superbowls gewann. Während dieser 18 Jahre haben die anderen drei Teams in der Division der Patriots – die Jets, Bills und Dolphins – insgesamt 24 Cheftrainer erlebt. Dank der Kontinuität und Effizienz, die aus der Partnerschaft zwischen Kraft und Belichick resultierten, waren die Patriots der Konkurrenz immer einen Schritt voraus.

Das Foto von Williams und Ruth hing noch immer in Krafts Büro an der Wand, obwohl die Tinte auf dem Zettel verblasst war. Kraft starrte auf das Bild, als sein Handy um zwei Uhr nachmittags klingelte.

Belichick hatte die Dinge in die Hand genommen. Seiner Meinung nach könnte er Brown einen Einjahresvertrag geben. Er würde 15 Millionen Dollar kosten – 10 Millionen Dollar als Antrittsprämie und 5 Millionen Dollar als Grundgehalt. Aber wenn er das tun wollte, musste er schnell handeln. Andere Teams waren ebenfalls auf der Jagd.

„Er würde uns zweifellos sehr helfen“, sagte Belichick zu Kraft.

Der sprach Browns unberechenbares Verhalten an.

„Ich glaube nicht, dass der Umgang mit ihm wirklich so schwierig ist“, sagte Belichick. „Schau, in der Vorsaison hat er nicht viel trainiert. Aber er würde uns helfen. Glaub mir.“

„Kennst du ihn?“, fragte Kraft.

„Ich habe keine direkte Beziehung zu ihm“, sagte Belichick.

„Das ist also das Risiko“, sagte Kraft.

„Darüber mache ich mir eigentlich keine Sorgen“, sagte Belichick.

„Ich glaube, in der Vergangenheit gab es eine Anschuldigung wegen häuslicher Gewalt“, sagte Kraft. „Was ist dabei herausgekommen?“

„Er ist ein ziemlich guter Junge“, sagte Belichick. „Er trinkt nicht. Raucht nicht. Mir ist nichts von häuslicher Gewalt bekannt.“

Belichick bekam noch einen weiteren Anruf. Er stammte vom General Manager der Raiders, Mike Mayock. „Lass mich das annehmen“, sagte er zu Kraft. „Ich rufe dich wieder an.“

Kraft saß an seinem Schreibtisch und überlegte, welches Für und Wider es gab, wenn er Brown auf seine Gehaltsliste setzte. Seiner Meinung nach passten Browns Verhaltensmuster nicht zur Marke der Patriots. Aber es gab noch andere Faktoren zu berücksichtigen. Kraft war sich nicht sicher, ob Brady in ein oder zwei Jahren gehen würde, aber er wusste, dass es unmöglich sein würde, das zu wiederholen, was in

Foxborough in den letzten 19 Jahren geschehen war. Sein wichtigstes Ziel war es, den Zauber noch ein wenig zu verlängern.

Er rief Brady an.

Brady war zu Hause und sah sich das Football-Spiel der Michigan Army an. Als er Krafts Namen auf dem Display sah, stellte er den Ton leiser. Er hörte aufmerksam zu, als Kraft ihm erzählte, dass er und Belichick erwogen, Antonio Brown zu verpflichten.

„Was meinst du?", fragte Kraft.

Brady wusste es zu schätzen, dass er gefragt wurde. Dass wichtige Personalentscheidungen, die die Offensive betrafen, gefällt wurden, ohne seine Meinung dazu zu hören, hatte ihn in den letzten Jahren oft ungemein frustriert. Eine Woche zuvor hatte Belichick Backup Quarterback Brian Hoyer und den altgedienten Receiver Demaryius Thomas entlassen. Brady verstand sich gut mit Hoyer, der älter war und Frau und Kinder hatte. Brady hielt ihn für einen wichtigen Bestandteil der Offensive. Und da es den Patriots bei den Wide Receivern an Auswahl mangelte, hätte Brady es vorgezogen, einen erfahrenen Receiver wie Thomas ebenfalls im Kader zu behalten. Es ärgerte ihn, dass er nach zwei Jahrzehnten als Quarterback des Teams immer noch nicht miteinbezogen wurde, wenn wichtige Entscheidungen getroffen werden sollten. Daher schätzte er es, dass Kraft ihn um Rat fragte, ob er Antonio Brown verpflichten sollte.

„Ich bin voll dafür", sagte er zu Kraft. „Hundertprozentig."

„Du würdest es also hundertprozentig unterstützen?", fragte Kraft.

„Tausend Prozent!", sagte Brady.

Das letzte Mal, dass er einen Wide Receiver mit Browns Talent hatte, war, als Belichick 2007 Randy Moss eintauschte. In jenem Jahr stellte Brady einen NFL-Rekord für Touchdown-Pässe und Moss einen NFL-Rekord für Touchdown Receptions auf. Für Brady war die Aussicht, zu Brown zu werfen, ein Grund, sich zu freuen.

„Nun, das hast du verdient", sagte Kraft.

Brady war so begeistert, dass er es kaum erwarten konnte, mit Brown auf das Trainingsfeld zu gehen.

„In Ordnung", sagte Kraft. „Dann machen wir das so. Bis später."

Kraft rief sofort seinen 55-jährigen Sohn Jonathan an. Jonathan Kraft, klug und loyal, war Präsident des Teams, seit sein Vater die

Mannschaft 1995 gekauft hatte. Er war für seinen Vater, was Bobby Kennedy für JFK war – sein engster Vertrauter. Die Krafts hatten schon früher darüber gesprochen, dass Belichick es vermutlich auf Brown abgesehen hatte. Jetzt hörte Jonathan zu, als sein Vater ihm erklärte, dass alles ins Rollen gekommen sei und er Brady bereits eingeweiht habe.

„Es ist riskant", sagte Robert. „Bill kennt Brown nicht. Wenn Tom nicht ganz sicher gewesen wäre, würde ich es nicht tun."

Jonathan stimmte mit ihm überein, dass es wichtig sei, Brady an Bord zu haben. Er teilte auch die Bedenken seines Vaters in Bezug auf Browns Unberechenbarkeit. Aber Belichick war der ausgleichende Faktor. Er hatte eine lange Erfolgsbilanz, wenn es darum ging, umstrittene Spieler nach New England zu holen und sie dazu zu bringen, sich anzupassen.

Wenige Minuten später rief Belichick Kraft zurück. Er hatte mit den Raiders gesprochen. Er versicherte Kraft, dass es den Patriots freistehe, den Vertrag mit Brown abzuschließen.

„Bist du dazu bereit?", fragte Kraft.

„Ja", sagte Belichick.

Kraft zögerte. Er war immer noch unsicher, ob er Brown unter Vertrag nehmen sollte. Aber er wollte Brady unbedingt über 2019 hinaus in New England halten. Und die Uhr tickte.

„Mach den Deal", sagte er zu Belichick.

Am nächsten Tag kam Antonio Brown in New England an, ein sechstes Superbowl-Banner wurde im Gillette Stadium gehisst, und zum Saisonbeginn schlugen die Patriots die Steelers. Aber dann ging die Sache mit Brown schief, wie wir sehen werden. Die Saison – die zwanzigste, die Kraft, Belichick und Brady gemeinsam verbrachten – verlief frustrierend. Sechs Wochen nach ihrem Ende verließ der Quarterback der größten Sportdynastie des 21. Jahrhunderts die Patriots und schloss sich den Tampa Bay Buccaneers an. Mit dem Abgang des meistverehrten Sportlers in der Geschichte Bostons ging eine goldene Ära zu Ende, wie sie die Football-Welt noch nie erlebt hatte. Die Art und Weise, wie sie endete, verlieh Bradys Frage aus der Luxusloge noch mehr Bedeutung: Wie ist das alles passiert? Wie wurde die Dynastie aufgebaut? Wie konnte sie zwei Jahrzehnte lang überleben? Als sich Belichick und Brady trennten, stellte sich die Sportwelt ebenfalls die Frage: Warum endete es auf diese Weise?

Die Antworten erwiesen sich als komplex. Und wenn man die Ursprünge einer unglaublichen Reise finden will, beginnt man am besten ganz am Anfang.

2

BOBBY

The Peppermint Twist“ von Joey Dee & The Starliters lief im Radio, und der Astronaut John Glenn war auf der Titelseite des Life-Magazins zu sehen, als der zwanzigjährige Robert Kraft am 2. Februar 1962 kurz vor Mitternacht in Ken’s Coffee Shop im Bostoner Stadtteil Back Bay einkehrte. Er war übers Wochenende von der Columbia University nach Hause gekommen und mit drei Studienkameraden unterwegs, die sich mit Spitznamen anredeten – Moose, Pig und Snake. Kraft war einfach „Bobby“. Er war der Anführer. Trotz der späten Stunde war der Coffeeshop gut besucht. Während die anderen Jungs auf die Speisekarte schauten, konnte Kraft seine Augen nicht von dem Mädchen lassen, das vor ihnen in der Schlange stand. Ihr dunkles Haar wurde von einem Band gehalten, und sie trug einen Pullover mit Zopfmuster, einen wadenlangen Rock, dazu Kniestrümpfe und ein Paar Weejuns Penny Loafers. Sie war mit einem jungen Mann und einem anderen Paar unterwegs. Als ihr Begleiter aus der Reihe trat, um auf die Toilette zu gehen, versuchte Kraft, ein Gespräch zu beginnen.

„Gehst du auf die Barnard?“, fragte er.

Sie sah ihn an. „Nein, ich gehe auf die Brandeis.“

Das Mädchen in der Preppy-Kleidung schien an seinem Small Talk nicht interessiert zu sein.

Kraft beobachtete, wie sie und ihre Freunde sich in eine Sitzecke drängten, und er führte seine Freunde in die daneben. Nachdem er ein paarmal Blickkontakt mit dem Brandeis-Mädchen aufgenommen hatte, flüsterte Kraft in Mooses Ohr: „Finde heraus, wie sie heißt.“

Moose war nicht nur ein kräftiger Football-Spieler, sondern auch sehr kontaktfreudig. Er beugte sich über die Zwischenwand und fragte einfach. Dann kritzelte er MYRA HYATT auf eine Papierserviette und schob sie über den Tisch. Kraft steckte sie in seine Tasche.

Als Myra aufstand, um zu gehen, zwinkerte Kraft ihr zu, und sie zwinkerte zurück.

Am nächsten Morgen rief Kraft die Telefonzentrale von Brandeis an und bat darum, mit dem Zimmer von Myra Hyatt verbunden zu werden. Er buchstabierte ihren Nachnamen für die Telefonistin.

„Es tut mir leid", sagte die Telefonistin. „Hier gibt es niemanden mit diesem Nachnamen."

Kraft dachte, dass Moose ihren Namen falsch geschrieben haben musste.

„Nun, ihr Vorname ist Myra", sagte er der Telefonistin. „Vielleicht fangen Sie oben bei den H's an und schauen nach, ob es eine Myra gibt."

„Es gibt eine Myra Hiatt, geschrieben H-I-A-T-T", sagte die Telefonistin.

„Das ist sie", sagte Kraft.

Sie stellte die Verbindung her. Wenige Augenblicke später antwortete Hiatts Mitbewohnerin. Sie sagte Kraft, dass Myra in der Bibliothek sei und lerne. Er dankte ihr und legte auf.

Keines der Mädchen, mit denen er ausgegangen war, hätte man in der Bibliothek angetroffen, wenn sie an einem Freitagabend lange unterwegs gewesen war. Obwohl er der Sprecher seiner Klasse an der Columbia University und ein ausgezeichneter Student war, konnte er nicht umhin, sich zu fragen, ob Myra Hiatt zu ernsthaft für ihn war.

Doch er ließ sich nicht abschrecken, überredete seinen Onkel, ihm für ein paar Stunden sein Auto zu leihen, fuhr nach Brandeis, fand die Bibliothek und durchsuchte alle Arbeitsbereiche. Keine Myra. Entmutigt machte sich Kraft auf den Weg zur Tür. Auf dem Weg nach draußen traf er einen Freund, der an der Brandeis University studierte. Er fragte ihn, ob er zufällig ein Mädchen namens Myra kenne. Der Freund nickte und winkte Kraft, ihm zu dem einzigen Bereich zu folgen, den er noch nicht überprüft hatte – zu den Regalen, neben denen Hiatt ihre Nase in ein Buch gesteckt hatte.

Kraft bedankte sich bei seinem Freund und näherte sich Hiatt.

„Hallo“, sagte er.

Sie sah auf und erkannte ihn sofort.

Er stellte sich als Junior vor, Student im dritten Jahr an der Columbia. Sie sagte ihm, sie sei Studentin im zweiten Jahr.

„Ich würde gern heute Abende mit dir ausgehen“, sagte er leise.

„Ich kann nicht“, flüsterte sie.

„Warum nicht?“

„Mein Freund kommt heute von einem Skiausflug nach Hause und wir gehen am Abend aus.“

Kraft schwieg. Plötzlich wurde ihm alles klar. Ihr Freund konnte es sich leisten, an den Wochenenden in Vermont Ski zu fahren. Myra Hiatt war eine Nummer zu groß für ihn und bereits vergeben. Das waren zwei wichtige Punkte, die gegen ihn sprachen. Am klügsten wäre es jetzt, sich würdevoll zu verabschieden und weiterzuziehen.

Doch was dann in der Brandeis-Bibliothek geschah, war ein Vorgeschmack dessen, wie und warum Robert Kraft eines Tages eine Reihe von unvorstellbaren Taten vollbringen würde – die Übernahme der New England Patriots am Ende einer zehnjährigen juristischen und finanziellen Odyssee, die Wahl Bill Belichicks als Cheftrainer trotz wiederholter Warnungen, dass dies ein schwerer Fehler wäre, und Tom Brady davon zu überzeugen, zwanzig Jahre in Folge als Quarterback in New England zu bleiben. Ausdauer, Instinkt und Überzeugungskraft – die drei Qualitäten, die es Kraft ermöglichten, die am längsten bestehende Dynastie in der Geschichte des amerikanischen Mannschaftssports aufzubauen und zu erhalten – waren Teil seiner DNA, lange bevor jeder seinen Namen kannte.

Kraft zog einen Stuhl heran, setzte sich und sah Hiatt an. „Hör mal“, sagte er zu ihr, „ich habe viel Mühe und Anstrengungen auf mich genommen, um hierherzukommen und dich zu finden. Ich würde heute Abend wirklich gern ausgehen.“

Für Hiatt war es nicht so sehr das, was er sagte, sondern wie er es sagte, das sie überzeugte. Er drängte sie nicht. Seine Stimme klang sanft. Während er sprach, sah er ihr die ganze Zeit in die Augen. Und trotz seiner unverblümten Direktheit wirkte er erfrischend ernsthaft, ja, geradezu verletzlich.

Während er sprach, überschlugen sich Hiatts Gedanken. Sie war seit vier Jahren mit demselben Jungen zusammen. Sie waren seit der Mitte der Highschool ein Paar. Aber sie spürte, dass der junge Mann, der ihr am Abend zuvor im Café zugezwinkert hatte und ihr nun in die Augen sah, anders war. Seine Beharrlichkeit hatte etwas Charmantes an sich. Ich meine, er hat mich in der Bibliothek aufgespürt! Wer tut so etwas?

Neugierig geworden, ging Hiatt zurück in ihr Wohnheim und rief ihre Mutter an, die sich bereit erklärte, den Freund anzurufen und sich eine Geschichte auszudenken, warum Myra an diesem Abend nicht ausgehen konnte.

Kraft kehrte später am Abend zurück und ging mit Hiatt in eine Pizzeria in Cambridge, wo sie sich zwei Stunden lang unterhielten. Kraft löcherte sie mit Fragen. Wo bist du aufgewachsen? Was studierst du? Hast du Pläne für die Zeit nach dem Studium? Was ist mit deiner Familie?

Hiatt wurde 1942 geboren und wuchs in Worcester auf. Ihr Vater, Jacob Hiatt, sprach fünf Sprachen fließend und war Bezirksrichter in Litauen gewesen. Zwei Jahre nach der Ernennung Adolf Hitlers zum deutschen Reichskanzler wanderte Jacob in die Vereinigten Staaten aus, wo bereits zwei seiner Brüder lebten. Jakobs Eltern, seine Schwestern und ein weiterer Bruder blieben in Litauen und wurden später durch den Holocaust getötet. Nachdem er sich in Massachusetts niedergelassen hatte, nahm Jacob einen Job im Geschäft seines Bruders an, wo er Schuhkartons herstellte. Später lieh er sich Geld, um eine kleine Kartonagenfirma zu kaufen, die die Kartons für das Schuhgeschäft seines Bruders lieferte. Aus Jacobs Unternehmen wurde schließlich die Rand-Whitney Corporation.

Aufgrund des Erfolgs ihres Vaters war Myra mit den Vorzügen eines privilegierten Lebens aufgewachsen. Sie besuchte Privatschulen, war sehr belesen und liebte das Theater. Sie war sehr modebewusst und liebte gutes Essen. Gleichzeitig lasteten die hohen Erwartungen ihrer Eltern auf ihr, vor allem in Bezug auf die Ausbildung. Ihr Vater war Kurator an der Brandeis University. Myra würde wahrscheinlich Jura studieren.

Während Kraft ihr zuhörte, musste er daran denken, wie sehr sich seine Erziehung von der ihren unterschied. Kraft war im Juni 1941 geboren als mittleres Kind einer eng verbundenen, konservativ-orthodoxen jüdischen Familie. Sie wohnten in der zweiten Etage eines dreistöckigen Hauses in einem Arbeiterviertel in Brookline, Massachusetts. In der ersten Etage wohnte seine Tante Zelda mit ihrer Familie. Die Hamburgers, jüdische Einwanderer aus Deutschland, wohnten im dritten Stock. Roberts Vater, Harry Kraft, verdiente seinen Lebensunterhalt mit dem Verkauf von Damenbekleidung in Übergrößen in einem Geschäft in der Nähe von Chinatown in Boston. Neben der Arbeit widmete Harry seine gesamte Zeit und Energie seiner Rolle als Präsident der bekanntesten Synagoge der Stadt. Er studierte jeden Morgen die Thora und jeden Abend die Bibel. Er sah niemals fern. Er besaß nie ein Auto. Und zeitlebens bestand er auf dem Zehnten, das heißt, er gab 10 Prozent seines Einkommens für wohltätige Zwecke an seine Synagoge. „Ein guter Name ist wichtiger als Öl oder Gold", ermahnte er seine Kinder häufig.

Obwohl Harry Kraft gläubiger Jude war, heiratete er Sarah Webber, eine zierliche, blauäugige, blonde Frau aus Nova Scotia, die zwar als Jüdin geboren wurde, aber in einer nicht gläubigen Familie aufwuchs. Webber besuchte eine von Nonnen geleitete Schule und wuchs mit „God Save the King" auf. Als unersättliche Leserin, die täglich zwei Schachteln rauchte und am jüdischen Sabbat gern allein zu Hause saß und Opern hörte, verwaltete Sarah Kraft die Familienfinanzen und prägte ihren Kindern ein, Wert auf Sparsamkeit, Manieren und Bildung zu legen. Sie hatte ein Schild in der Küche, auf dem stand: „Harte Arbeit, Ersparnisse und Beharrlichkeit sind die wichtigsten Dinge im Leben." Als Kind schaute der kleine Bobby Kraft jeden Morgen beim Frühstück auf dieses Schild.

Erst als Teenager begann Kraft zu begreifen, was es bedeutete, dass sein Vater, der so religiös war, eine Frau heiratete, die nicht gläubig war. Durch das Beispiel seines Vaters lernte Kraft, wie wichtig es ist, bedingungslos zu lieben, und dass Menschen, die sich als religiös bezeichnen, manchmal die meisten Vorurteile haben. „Mein Vater ist derjenige, der mir Spiritualität beigebracht hat", wird Kraft später sagen. „Meine Mutter war härter. Meine geschäftlichen Erfolge beruhen auf dem, was sie mir beigebracht hat. Ich hatte Glück, Eltern wie sie zu haben."

Nach der Pizza fuhr Kraft Hiatt zurück nach Brandeis und parkte das Auto vor ihrem Wohnheim. „Und was ist mit dir?", fragte sie. „Was ist deine Geschichte?"

Anstatt zu erwähnen, dass seine Eltern weder ein Haus noch ein Auto besaßen, sprach Kraft über seine Ambitionen. Er war Sprecher seiner Klasse an der Brookline High School gewesen und wurde von seinen Kameraden an der Columbia in das gleiche Amt gewählt. Präsident John F. Kennedy war eines seiner Vorbilder. Er hatte sogar freiwillig an Kennedys Präsidentschaftskampagne teilgenommen. Politik gefiel Kraft, aber sein Vater wollte, dass er Rabbiner wird. Das belastete ihn sehr. Er erklärte, dass sein Vater in der jüdischen Gemeinde sehr beliebt war und jede Woche Hunderte von Kindern in der Religionsschule des Tempels Kehilleth Israel unterrichtete. Die Eltern der Kinder verglichen ihn mit Julie Andrews und der Trapp-Familie.

Auf keinen Fall wollte Kraft seinen Vater enttäuschen. „Er ist der großartigste Mann, den ich kenne", sagte er zu Hiatt. Aber die Vorstellung, sein Leben als jüdischer Religionsführer zu verbringen, lockte Kraft nicht. Seine beiden größten Leidenschaften waren Sport und Wirtschaft. Er erzählte Myra, dass er nach seinem Abschluss die Harvard Business School besuchen wolle.

Sie redeten fast drei Stunden. Manchmal ließ er den Motor an, um das Auto zu heizen. Er schaltete auch das Radio ein. Als Hiatt die ersten Akkorde von „Moon River" hörte, sagte sie: „Ich liebe diesen Song" und griff nach dem Lautstärkeregler.

Frühstück bei Tiffany lief gerade in den Kinos, und Audrey Hepburns Figur Holly Golightly sang in dem Film eine akustische Version der romantischen Ballade. Der Hit erreichte die Spitze der Charts und wurde mit einem Academy Award und einem Grammy für den Song des Jahres ausgezeichnet. Als die Musik aus dem Autoradio ertönte, kannte Hiatt den ganzen Text und hatte keine Angst, mitzusingen.

Oh, dream maker, you heart breaker
Wherever you're going, I'm going your way

Kraft war hingerissen und sah eine kleine Holly Golightly in Hiatt. Schön. Klug. Weltgewandt. Als er dasaß und zusah, wie Hiatts Lippen sich bewegten, fühlte er sich wie in einem Film. Ein Gefühl, von dem er nicht wollte, dass es endete.

Myra lehnte sich an die Beifahrertür und erwiderte seinen Blick. Sie konnte nicht ahnen, dass Bobby Kraft unendlich viel erfolgreicher werden würde als ihr Vater. Es war auch nicht vorstellbar, dass der Junge, der sich für eine Verabredung das Auto seines Onkels ausleihen musste, später mit Präsidenten und Premierministern Umgang pflegen und einige der größten Entertainer der Welt aus den Bereichen Sport, Musik und Film zu seinen Freunden zählen würde. Stattdessen ging sie von dem aus, was sie in jenem Moment empfand – dass der junge Mann am Steuer ein gewisses Flair hatte, wie jemand, der wusste, was er im Leben erreichen wollte. Sie sah ihn an und sagte: „Heirate mich."

Kraft war sprachlos. Vorhin hatte er noch versucht herauszufinden, wie er sie zu einem Date überreden könnte, und jetzt machte sie ihm plötzlich einen Heiratsantrag. Und sie hatte keine Frage gestellt, sondern das einfach so gesagt. Zu jener Zeit ging Kraft mit verschiedenen Mädchen aus, und mit einer von ihnen schon eine ganze Weile regelmäßig. Aber keines dieser Mädchen hatte ihn jemals so verunsichert wie Myra. Bin ich gut genug für sie? Kann ich mit ihr mithalten? Er war sich nicht sicher. Aber er wusste, dass er sich noch nie so sehr zu einem Mädchen hingezogen gefühlt hatte.

Dennoch erschien ihm der Gedanke, sich bei einem ersten Date auf ein Eheversprechen einzulassen, völlig irrational. Alles an diesem Vorschlag – bis hin zu der Tatsache, dass er von ihr und nicht von ihm kam – war unkonventionell. Doch eine Stimme in seinem Inneren sagte ihm: Tu es. Er beschloss, nicht zu zögern.

In dieser Nacht versprachen sie einander, ihren Eltern nicht zu sagen, dass sie heiraten würden. Zumindest noch nicht. In der Zwischenzeit überreichte Kraft Hiatt das Abzeichen seiner Studentenverbindung als Zeichen ihrer informellen Verlobung. Sie heftete es an ihren BH, wo es sechs Monate lang blieb, bis Kraft die Sparbriefe einlöste, die er als 13-Jähriger zu seiner Bar Mitzwa erhalten hatte. Er verwendete das Geld, um einen Verlobungsring zu kaufen. Im Juni 1963, etwas mehr als ein Jahr, nachdem sie sich kennengelernt hatten, heirateten sie, gleich als Kraft sein College-Studium abgeschlossen hatte. Für den Hochzeitstanz wählten sie den Song, den sie bei ihrem ersten Date im Radio gehört hatten.

Familie und Freunde sahen zu, wie Robert und Myra Kraft tanzten, während sie ihm etwas ins Ohr flüsterte:

Two drifters, off to see the world
There's such a lot of world to see.

3

VÄTER UND SÖHNE

Myra Kraft stand an der Küchenspüle und sah aus dem Fenster, als ihr Mann in die Einfahrt ihres Hauses in Brookline einbog. Es war später Nachmittag an einem Frühlingstag im Jahr 1971.

„Papa ist zu Hause", rief sie ihren Söhnen zu.

Der siebenjährige Jonathan, ältestes von vier Kindern, rannte zur Haustür, warf seine Arme um den Hals seines Vaters und küsste ihn auf die Wange.

„Komm her", sagte Kraft leise, nahm seinen Sohn an die Hand und führte ihn ins Wohnzimmer. „Ich möchte dir etwas zeigen."

Kraft hatte breite Koteletten und trug einen grauen Anzug von Brooks Brothers. Er stellte seine Aktentasche auf einen kleinen Beistelltisch und betätigte die vergoldeten, dreistelligen Zahlenschlösser zu beiden Seiten des Griffes. Jonathans Augen weiteten sich, als der Koffer aufsprang. Als er hineinschaute, entdeckte er perforierte Streifen aus glänzendem weißem Papier. Auf jedem war ein Miniatur-Footballhelm der Patriots eingeprägt.

„Das sind Dauerkarten für die Patriots in ihrer neuen Heimat", sagte Kraft.

Jonathan stand der Mund offen, als er mit den Fingern über die glänzenden Eintrittskarten strich und die Helme der gegnerischen Mannschaften berührte: Oakland Raiders, Detroit Lions, Baltimore Colts, New York Jets.

Nur ein Jahr zuvor waren die Boston Patriots der National Football League beigetreten. Obwohl das Team mit 2:12 die schlechteste Bilanz der Liga aufwies, war Kraft optimistisch, was die kommende Saison '71 betraf. Die Patriots hatten im Draft als Erste wählen dürfen und sich für den Stanford-Quarterback Jim Plunkett entschieden. Außerdem hatte das Team seinen Namen in New England Patriots geändert und zog in das neu errichtete Schaefer Stadium in Foxborough um.

„Wir haben Dauerkarten für die Patriots?", fragte Jonathan.

Kraft nickte.

Für Jonathan war das Beste daran, dass er und seine Brüder die Sonntagnachmittage an Dads Seite verbringen konnten, um Dads Lieblingsmannschaft bei Dads Lieblingssport zu sehen.

In dieser Nacht konnten Jonathan und sein sechsjähriger Bruder Danny nicht schlafen. Auf ihrer Kommode lag eine aktuelle Ausgabe der Sports Illustrated mit Jim Plunkett auf dem Cover. Als das Licht schon aus war, sprachen sie in ihren Betten darüber, wie es sein würde, Plunkett aus der Nähe spielen zu sehen.

Plötzlich wurde ihr Geflüster durch Schreie unterbrochen.

„Du hast Tickets für Football-Spiele gekauft?", rief Myra. „Was hast du dir dabei gedacht?"

Robert versuchte, es zu erklären.

„Das können wir uns nicht leisten", sagte sie.

„Wir schaffen das schon", erklärte er nachdrücklich.

„Und die Spiele sind sonntags", fuhr sie fort. „Die Jungen müssen in die jüdische Sonntagsschule gehen."

„Myra, ich gehe mit ihnen zu den Spielen, wenn die Sonntagsschule vorbei ist."

Myra sah sich die Tickets an. Die Spielzeiten kollidierten mit dem Stundenplan der Schule. „Komm schon, Robert", sagte sie.

Wenn Myra ihn Robert nannte, wusste er, dass er in Schwierigkeiten steckte.

Jonathan war zu jung, um etwas über die Familienfinanzen zu wissen oder darüber, wie sich die Sonntagsschule auswirken könnte. Er wusste nur, dass die Situation ziemlich ernst klang. Er hatte noch nie gehört, dass seine Mutter seinen Vater anschrie. Danny auch nicht.

„Ich glaube, Dad hat wirklich Mist gebaut", flüsterte Danny.

Das erste Footballspiel wurde am 15. August 1971 im Schaefer Stadium ausgetragen. Es war ein Testspiel gegen die New York Giants. Das

Spiel führte zu dem schlimmsten Verkehrsstau in der Geschichte von Massachusetts. Die einzige zweispurige Straße zum neuen Stadion war so verstopft, dass Tausende von Fans es nicht rechtzeitig zum Stadion schafften. Dennoch wurde der 20:14-Sieg der Patriots von Zehntausenden von Zuschauern verfolgt. Kraft und seine beiden ältesten Söhne saßen auf den Aluminiumbänken in Reihe 23 des Abschnitts 217 und jubelten so laut, dass sie fast ihre Stimmen verloren.

An diesem Tag hörten die achthundert Toiletten des Stadions auf zu spülen. Die Abflüsse liefen über, und auf den Tribünen herrschte ein übler Geruch. Die Trinkbrunnen fielen aus. Und es dauerte vier Stunden, um die dreißig Meilen nach Hause zu fahren. Kraft machte das nichts aus. Als 30-jähriger Vater konzentrierte er sich auf die unbezahlbaren Erinnerungen. Der Ausdruck auf den Gesichtern seiner Söhne, als sie zum ersten Mal ein NFL-Stadion betraten. Die Art, wie sie das Programmheft hielten, als wäre es ein Schatz. Und ihre kleinen Arme um seine Taille zu fühlen, wenn die Patriots einen Touchdown erzielten. Kraft arbeitete siebzig Stunden pro Woche, reiste immer wieder nach Kanada und versuchte, ein Unternehmen aufzubauen. Er wusste von Anfang an, dass die Patriots-Spiele mit seinen Jungs eine großartige Abwechslung zu all den anderen Dingen in seinem Leben sein würden.

Unmittelbar nach seinem Abschluss an der Business School hatte Kraft für seinen Schwiegervater in Worcester bei der Rand-Whitney Corporation gearbeitet, die Wellpappkartons und ausgefallenere Verpackungen wie Kosmetikschachteln herstellte. Drei Jahre später machte sich Kraft selbstständig und gründete eine kleine Kartonfabrik in Chelmsford, MA. Er fand bald heraus, dass das wahre Geld in der Papier- und Verpackungsindustrie im Material selbst lag, nicht in der Verarbeitung. Eines Tages las er im Wall Street Journal von einer staatlich geförderten, hochmodernen Papierfabrik, die in Neufundland und Labrador, der östlichsten Provinz Kanadas, errichtet wurde. Das Werk Labrador Linerboard versprach, „die neuesten Erkenntnisse in der Mechanisierung, der Verfahrenstechnik und dem Umweltschutz" zu bieten. Nach ihrer Fertigstellung würde sie schwarzes Fichtenholz in braunes Papier, das sogenannte „Linerboard", umwandeln, das gleiche Produkt, das Rand-Whitney in seinem Werk in Worcester für die

Herstellung von Wellpappkartons benötigte. Kraft beschloss, gegen eine Reihe großer Unternehmen wie International Paper anzutreten, die sich um die Vermarktung der Produkte der neuen Fabrik bewarben.

Er war sich bewusst, dass die Fabrik Labrador Linerboard in der Lage war, 1.000 Tonnen braunes Papier pro Tag zu produzieren, und verpflichtete sich, entweder 200.000 Tonnen pro Jahr zu verkaufen oder die kanadische Regierung für das zu bezahlen, was er nicht verkaufen konnte. Sein kühnes „take or pay"-Angebot, bei dem keine der großen Papierfirmen mithalten konnte, überzeugte den Premierminister Neufundlands, Kraft als exklusiven Verkaufsvertreter für die Papierfabrik zu wählen. Nachdem Kraft den Auftrag in Kanada erhalten hatte, gründete er das Unternehmen International Forest Products (IFP), um die aus dem Werk kommenden Rohstoffe zu kaufen und zu verkaufen.

Innerhalb von sechs Monaten, nachdem Kraft sein Rohstoffhandelsunternehmen gegründet hatte, verhängte Präsident Richard Nixon Preisstopps für in den USA gemahlenes Papier. Zu dieser Zeit waren die Vereinigten Staaten der weltweit größte Hersteller von Linerboard. Da ausländische Importeure plötzlich händeringend nach alternativen Bezugsquellen für Linerboard suchten, erhielt Kraft Anrufe aus der ganzen Welt. Schon bald exportierte er Papier aus Neufundland nach London, Korea und in den Iran. Schließlich kamen Kunden in Spanien und Portugal hinzu. Er erweiterte sein Geschäft um den Transport von Rohstoffen und die Vergabe von Krediten an Hersteller in Entwicklungsländern. Ende der Siebzigerjahre wurde er der erste unabhängige Exporteur von braunem Papier nach China.

Kraft hatte so viel Erfolg bei IFP, dass er seinen Schwiegervater aufkaufte und die Rand Whitney Packaging Corporation übernahm. Im Alter von 31 Jahren besaß er zwei Unternehmen, die in der globalen Wirtschaft tätig waren.

Da ihr Mann so oft geschäftlich unterwegs war, freundete Myra Kraft sich schließlich mit der Idee an, dass ihre Söhne im Herbst die Sonntagnachmittage mit ihrem Vater im Schaefer Stadium verbrachten. „Mein Vater hat sie mit seiner einzigartigen Verkaufstechnik davon überzeugt, dass es in Ordnung ist", sagte Dan Kraft. „Aufgrund seiner Erziehung war die Religion eine tragende Säule in seinem Leben. Er wusste, wie wichtig sie war. Aber er wusste auch, wie hart wir für unsere Bar Mitzwa arbeiteten, und er erkannte, dass wir auch Zeit brauchten, um Spaß zu haben."

Am Samstagabend vor jedem Heimspiel schrieb Kraft Nachrichten an die Sonntagsschullehrerin seiner Söhne und legte sie vor dem Schlafengehen unter die Kopfkissen der Jungen.

Liebe Frau Cohen, bitte entschuldigen Sie Daniel ab 11:30 Uhr. Er hat eine familiäre Verpflichtung. Mit freundlichen Grüßen, Mr. Kraft

Für die Sonntage hatten sie eine perfekte Routine entwickelt. Um Punkt 11.15 Uhr ging Kraft in Provisers Delikatessengeschäft, das von der Schule aus um die Ecke lag, und bestellte „das Übliche" – vier Sandwiches auf dicken Brötchen; zwei mit Corned Beef und zwei mit Roastbeef und Senf. Wenige Minuten später verließ er das Geschäft mit einer braunen Papiertüte und fuhr mit seinem dunkelgrünen Porsche 911S vor der Schule vor. Um 11.30 Uhr rannten Jonathan, Daniel und Josh aus dem Gebäude und sprangen in Dads Sportwagen, als wären sie auf der Flucht. Während Kraft nach Foxborough raste, stürzten sich die Jungs auf die braune Tüte. Wenn sie das Stadion erreichten, waren die einzigen verfügbaren Parkplätze eine Meile entfernt. Aber der Wachmann auf dem Parkplatz in der Nähe des Stadioneingangs reservierte immer einen Platz für Kraft. Der Mann war begeistert von Krafts Porsche, weil es sich um das gleiche Modell handelte, das Steve McQueen 1971 in seinem Film Le Mans fuhr. Kurz vor dem Anpfiff näherte sich Kraft dem Schild „Parkplatz besetzt", steckte dem Wachmann einen Zwanzig-Dollar-Schein zu und fuhr auf den für ihn reservierten Platz. Wenige Augenblicke später schob er seine Jungs durch das Ticket-Drehkreuz, und dann jubelten sie drei Stunden lang mit den anderen Fans aus New England. Es war, als würden sie zu einer riesigen Familie gehören.

Als Krafts jüngster Sohn, David, alt genug war, ging auch er zu den Spielen. Zu diesem Zeitpunkt hatte Kraft seine geschäftlichen Unternehmungen durch den Bau einer Produktionsstätte im Alborz-Gebirge im Iran und die Investition in ein Verpackungsunternehmen in Israel ausgeweitet, und es wurde ihm noch wichtiger, nach Hause zu kommen, um bei jedem Heimspiel der Patriots in Foxborough mit seinen Söhnen dabei zu sein. Diese Daten waren wie jüdische Feiertage fest im Kalender der Familie Kraft verankert.

Kraft flog 1980 sogar einmal mit seinen Söhnen nach Houston, um das Spiel der Patriots gegen die Oilers im Astrodome bei Monday Night Football zu sehen. Danny Kraft, der damals 15 Jahre alt war, hatte das seinem Vater vorgeschlagen, und Kraft machte daraus ein Wochenendabenteuer. Am Tag des Spieles besuchten Kraft und seine vier Jungs die Houston Galleria Mall, wo sie in einem Herrenbekleidungsgeschäft auf den Star der Patriots trafen, Tight End Russ Francis. Für die Jungen war die Begegnung genauso aufregend wie das Spiel.

„Wenn ich die Höhepunkte meiner Jugend benennen sollte, dann ist die Reise nach Houston eine meiner schönsten Erinnerungen“, sagte Jonathan. „Die Oilers hatten Earl Campbell, der eine mythische Figur war. Für ein Kind und Sportfan war der Astrodome das Coolste, was es je gab. Und wir trafen Russ Francis, der damals so groß wie Gronk war, und er war wirklich nett zu uns. Wegen dieser Reise verpassten wir ein paar Tage die Schule, worüber meine Mutter ganz außer sich war, aber so war mein Vater mit seinen Jungs, er tat das, was ihm am meisten Spaß machte.“

Für einen Mann, der in einer sehr religiösen Familie aufgewachsen war, mit einem Vater, der gehofft hatte, sein Sohn würde Rabbiner werden, schien Robert Kraft an einem weit entfernten Ort gelandet zu sein. In beruflicher Hinsicht war das sicherlich der Fall. Aber Krafts Verbindung zu seinen Söhnen über Football war eine Folge der engen Beziehung zu seinem eigenen Vater. Viel später in seinem Leben, nachdem ihm die Patriots 25 Jahre lang gehört hatten, wurde Kraft gefragt: „Was haben Sie als kleiner Junge am liebsten mit Ihrem Vater gemacht?“ Nach einigem Nachdenken antwortete er: „Das Alte Testament studiert. Wir gingen am Sabbat in den Gottesdienst, aßen zu Mittag, und danach lernten wir.“ Kurz dachte er über diese Erinnerung nach und fügte dann hinzu: „Zu jener Zeit hat es mir nicht wirklich gefallen, aber es war sehr gut. Damals war es mir nicht klar, aber die Lektionen, die ich lernte, sollten mir später in allen möglichen Situationen helfen, sowohl persönlich als auch beruflich.“ Rückblickend bewunderte Kraft seinen Vater für die

Art und Weise, wie er sein Leben lebte und ihm eine Reihe von ethischen und spirituellen Überzeugungen vermittelt hatte.

Wie die meisten Jungen fand Kraft das Bibelstudium jedoch nicht sonderlich spannend. Seine Leidenschaft war der Sport, das Ausüben und Zuschauen, aber Sport wurde in seinem Elternhaus nicht gefördert. Obwohl er in Laufnähe zum Braves Field aufgewachsen war und als Kind viele Spiele der Braves besucht hatte, war er nie mit seinem Vater dort hingegangen. Erst als er selbst Söhne hatte, konnte er seine beiden Lieblingsbeschäftigungen miteinander verbinden – Sport und Zeit mit der Familie. In dieser Hinsicht repräsentierten die Patriots im Hause Kraft mehr als nur Football.

„Für uns war die Familie sehr wichtig", sagte Jonathan Kraft. „Aber in unserer Familie stand nicht die Religion im Mittelpunkt. Nicht, dass wir nicht religiös gewesen wären. Das waren wir. Aber sie war nicht das Zentrum unseres Lebens. Ich glaube, mein Vater hat sich für Sport entschieden. Tatsächlich waren die Patriots das „religiöse" Herzstück unserer Familie. Es begann damit, dass er uns früher aus der Sonntagsschule holte, um zu den Spielen der Patriots zu gehen."

Wenn wir nur die Chance hätten, das Team zu besitzen. Das sagte sich Kraft unzählige Male, wenn er zusah, wie die Patriots sich durch verlustreiche Saisons quälten. Im Laufe der Jahre wurde immer deutlicher, dass die Mannschaft, die er und seine Jungs liebten, schlecht geführt wurde. „Während ich auf der Tribüne saß", sagte Kraft, „träumte ich davon, was unsere Familie mit dem Team machen könnte."

Das Problem war, dass sich das Team in den Händen einer anderen Bostoner Familie befand, die es über Generationen hinweg kontrollieren wollte. William „Billy" Sullivan war seit der Gründung der American Football League im Jahr 1959 der Besitzer der Patriots. In jenem Jahr hatte Sullivan 25.000 Dollar aufgebracht und damit das Recht erworben, die Boston Patriots in die neu gegründete Liga zu bringen. Seitdem hielt er das Ruder in der Hand. Schließlich beförderte er seinen Sohn Chuck zum Executive Vice President der Patriots und seinen anderen Sohn, Patrick, zum General Manager.

Kraft lernte Billy Sullivan kennen und sagte ihm immer wieder dasselbe: „Sollten Sie sich jemals entscheiden, das Team zu verkaufen, hoffe ich, dass Sie mich anrufen und mir eine Chance geben."

Sullivan rief nie an. Es gab für ihn einfach keinen Grund, zu verkaufen. Außerdem standen seine Söhne in den Startlöchern, um seine Nachfolge anzutreten.

Kraft kam zu dem Schluss, dass er nie eine Chance haben würde. Dann bekam er unerwartet Hilfe von höchst unerwarteter Seite. Ende 1982 veröffentlichte Michael Jackson das Album Thriller. Das Album verkaufte sich über 100 Millionen Mal und verhalf ihm zu weltweitem Superstarstatus, der ihn zum „King of Pop" machte. Bald darauf gab Jackson bekannt, dass er mit seinen Brüdern auf Tournee gehen würde. Die Victory Tour, wie sie genannt wurde, sollte die umsatzstärkste Konzerttournee der Geschichte werden.

Als Billy Sullivans Sohn Chuck, der das Sullivan Stadium betrieb, von der Tournee erfuhr, sah er eine Gelegenheit, seinem Vater zu helfen. Zu dieser Zeit steckten die Patriots in großen finanziellen Schwierigkeiten und galten als das schwächste Glied in der Mannschaftskette der NFL. Die Familie Sullivan zahlte jährlich mehrere Millionen Dollar an Zinsen, nur um die Kredite zu bedienen, die nötig waren, um die Gehaltskosten des Teams zu decken und die Lichter im Stadion nicht ausgehen zu lassen. In der Hoffnung, die Jacksons zu drei Auftritten in Foxborough überreden zu können, flog Sullivan nach Los Angeles, um sich mit deren Vertretern zu treffen. Es war eine schicksalhafte Reise, die die Geschicke der Sullivans, der Krafts und der National Football League verändern sollte.

Chuck Sullivan bekam, was er wollte. Die Jacksons erklärten sich bereit, eine Reihe von Konzerten im Sullivan Stadium zu geben. Hätte Sullivan sich damit zufriedengegeben, wäre die Sache vielleicht ganz anders ausgegangen. Doch nachdem er mit einem Vertreter der Plattenfirma der Jacksons gesprochen hatte, erfuhr Sullivan, dass der Veranstalter der Tournee unerwartet abgesagt hatte. Jackson war auf der Suche nach einem Ersatz. Das brachte Sullivan auf eine weitere Idee. Während er zusammen mit seinem Vater die Patriots leitete, war er der Promoter für eine Reihe großer Konzerte im Stadion gewesen. Er dachte sich, wenn er sich als Promoter der Jackson-Tournee durchsetzen könnte, würde er genug Geld einnehmen, um die Schulden seines Vaters zu tilgen und die Patriots auf eine solide finanzielle Basis zu stellen. Also machte er den Jacksons ein Angebot, das sie nicht ablehnen konnten – einen Vorschuss von 41 Millionen Dollar und 75 Prozent der erwarteten Bruttoeinnahmen aus dem Kartenverkauf. Diese Zahlen waren vollkommen hanebüchen. Der Standard für ausübende Künstler lag damals eher bei 50 Prozent der Bruttoeinnahmen aus dem Kartenverkauf. Sullivan garantierte, dass die Jacksons so bezahlt würden, als ob jede Show ausverkauft wäre, unabhängig davon, ob dies tatsächlich der Fall war oder nicht.

Sullivan bekam seinen Wunsch erfüllt. Im Jahr 1984 wurde er zum Promoter der Victory Tour ernannt und mit der Buchung von Terminen und Veranstaltungsorten in den gesamten USA betraut. Um die Tournee zu finanzieren, musste er sich Geld leihen. Seine erste Rate in Höhe von 12,5 Millionen Dollar sollte Jackson zu Beginn der Tournee erhalten. Zur Deckung des Kredits bot Sullivan das Sullivan Stadium als Sicherheit. Es schien eine sichere Sache zu sein. Immerhin hatte er Michael Jackson.

Aber Sullivan hatte sich übernommen. Erstens unterschätzte er die Kosten für den Transport von nicht nur einer, sondern zwei 175 Tonnen schweren Bühnen von Stadt zu Stadt, wo sie an jedem Veranstaltungsort auf- und wieder abgebaut werden mussten. Zweitens ging seine Annahme, von seinem Status als NFL-Besitzer zu profitieren, nach hinten los. Er hatte mit vergünstigten Konditionen für die Mieten in anderen Profifootballstadien gerechnet, doch stattdessen musste er am Ende höhere Preise zahlen. Zu allem Überfluss verweigerten die Behörden von Foxborough unerklärlicherweise die Genehmigung für den Auftritt der Jacksons im Sullivan Stadium. Alle drei Shows wurden abgesagt, sodass die Familie Sullivan auf ihren großen Zahltag verzichten musste.

Chuck Sullivan wollte mit seiner Victory Tour seinen Vater vor dem finanziellen Ruin bewahren und es ihm ermöglichen, die Patriots zu behalten, bewirkte aber das Gegenteil. Während Jacksons Tournee tatsächlich als die umsatzstärkste Tournee der Geschichte endete, verlor Chuck Sullivan persönlich mindestens 22 Millionen Dollar, was laut veröffentlichten Berichten praktisch das gesamte Nettovermögen der Familie Sullivan ausmachte.

Ein Jahr, nachdem Billy Sullivan Veranstalter der Tournee geworden war, beauftragte er das Wall Street Investmentbanking-Unternehmen Goldman Sachs, ihm beim Verkauf der Mannschaft zu helfen.

In dem Moment, in dem Kraft erfuhr, dass die Patriots zum Verkauf standen, wurde er aktiv und beauftragte Anwälte, Buchhalter und Banker damit, den Wert des Teams zu ermitteln.

Endlich waren die Patriots im Spiel.

4

DAS LANGE SPIEL

Robert Krafts hatte schon immer am liebsten beim Football zugesehen, aber seine Lieblingssportart war Tennis. Mitte der 1970er-Jahre wagte er sich zum ersten Mal an den Besitz eines Sportteams, als er die Boston Lobsters kaufte, die in der neu gegründeten World Team Tennis League antraten. Kurz nachdem er das Team übernommen hatte, lief die 18-jährige Highschool-Schülerin Martina Navratilova aus der kommunistischen Tschechoslowakei über, als sie in Amerika war, um an ihrem ersten US Open teilzunehmen. In dem Bestreben, eine Anhängerschaft für sein junges Team aufzubauen, zahlte Kraft für die Rechte an Navratilova die höchste Summe, die jemals für eine Sportlerin gezahlt worden war. Außerdem holte er die Tennislegende Roy Emerson als Trainer für die Mannschaft. Im Kontext des World Team Tennis waren dies sehr hohe Investitionen, vor allem in Anbetracht der Tatsache, dass Navratilova noch keinen Grand-Slam-Titel im Einzel gewonnen hatte.

Aber von dem Moment an, da Navratilova ankam, waren die Tribünen in der Walter Brown Arena der Boston University, wo die Lobsters spielten, voll besetzt. Dann gewann Navratilova Wimbledon, nur ein Jahr nachdem sie den Lobsters beigetreten war. Plötzlich hatte Kraft den angesagtesten Tennisstar der Welt in seinem Team. Im Jahr 1978 wurde Navratilova zur wertvollsten Spielerin des World Team Tennis ernannt und führte die Lobsters zur besten Gesamtbilanz der Liga. In den darauffolgenden 15 Jahren gewann sie 18 Grand-Slam-Titel im Einzel und war 332 Wochen lang die Nummer eins der Weltrangliste.

Aus seiner Erfahrung mit Navratilova zog Kraft eine wichtige Erkenntnis: Die Fans kommen, um Stars zu sehen, und je heller der Star strahlt, desto größer die Anziehungskraft. Aber Kraft erkannte auch, wie entscheidend ein hervorragendes Training war, um über den Kassenerfolg hinauszukommen und tatsächlich eine Gewinnerkultur zu etablieren. „Roy Emerson wusste, wie er das Beste aus Martina herausholen konnte", sagte Kraft.

Seine grundlegende Philosophie zum Besitz eines professionellen Sportteams beruhte auf der Vorstellung, dass es eines hervorragenden Sportlers und eines hervorragenden Trainers bedurfte, um Siege über einen längeren Zeitraum zu gewährleisten. Der eine war nicht wichtiger als der andere; man brauchte beide, um Großes zu erreichen. Dieser Gedanke, der ursprünglich seinen Erfahrungen mit Martina Navratilova und Roy Emerson entsprang, sollte eines Tages sein Managementkonzept für Tom Brady und Bill Belichick bestimmen.

Doch als Kraft sich im Sommer 1985 aufmachte, die Patriots zu kaufen, dachte er noch nicht so weit in die Zukunft. Vielmehr konzentrierte er sich auf eine andere, ebenso wichtige Lektion, die er in seiner Zeit beim Team Tennis gelernt hatte: die Wirtschaftlichkeit. Als Kraft die Lobsters besaß, gehörte ihm nicht die Arena, in der das Team spielte. Obwohl er das ganze Geld aufbrachte, um den Starspieler zu holen, der die Arena füllte und die Sponsoren anlockte, beschränkten sich Krafts Einnahmen auf den Kartenverkauf.

„Ich habe die gesamte Werbung für die Spiele bezahlt, und ich habe die Gehälter der Spieler und Trainer bezahlt", sagte Kraft. „Aber der Veranstaltungsort kassierte alle Gewinne aus Parkgebühren, Konzessionen und Sponsorengeldern. Das hat mir gezeigt, wie wichtig es ist, den Veranstaltungsort und alle damit verbundenen Einnahmen zu kontrollieren."

Diese Erkenntnis wurde noch deutlicher, als Kraft die Mannschaft der Patriots überprüfte. So wie die Familie Sullivan ihren Besitz strukturiert hatte, waren das Team und das Stadion getrennte Einheiten. Billy Sullivan gehörten die Patriots. Sein Sohn Chuck war über ein Unternehmen namens Stadium Management Corporation (SMC) Besitzer des Sullivan Stadium. Die Patriots zahlten dem SMC Miete für die Nutzung der Einrichtung. Im Rahmen des Mietvertrags kontrollierte das Team alle Einnahmen am Spieltag aus dem Verkauf von Eintrittskarten, Konzessionen, Sponsorengeldern und so weiter.

Nachdem die Familie Sullivan jedoch in die Jackson-Tournee verwickelt worden war, löste sie den Mietvertrag zwischen dem Team und dem Stadion und setzte einen neuen auf. Unter den neuen Bedingungen leiteten die Sullivans alle Geldströme – Konzessionen, Luxuslogen, Werbeeinnahmen – vom Team zum Stadion um. Lediglich die Eintrittsgelder flossen weiterhin an das Team. Dies geschah, um die Banken zufriedenzustellen, die Chuck Sullivan das Geld für die Finanzierung der Jackson-Tournee geliehen hatten. Da Sullivan das Stadion als Sicherheit hinterlegt hatte, wollten die Banken sicherstellen, dass es über ausreichende Einnahmen verfügte, um die Kreditverpflichtungen zu erfüllen. Darüber hinaus bestanden die Banken darauf, dass der Mietvertrag zwischen dem Stadion und dem Team eine 15-jährige Betriebsvereinbarung enthielt, die die Patriots verpflichtete, ihre Heimspiele bis zur Saison 2001 im Sullivan Stadium auszutragen. Wenn die Banken dem Stadion Geld liehen, wollten sie sicher sein, dass das Team nicht umziehen würde.

Die Situation stellte ein Problem dar. Der gesamte Cashflow der Mannschaft wurde durch die Pacht abgezogen und in das Stadion umgeleitet. Doch ohne die Mannschaft war das Stadion wertlos. Unter diesen Umständen entschied Kraft, dass er das Team nur dann kaufen würde, wenn ihm auch das Stadion gehörte.

Dann gab es noch ein drittes Teil in diesem Puzzle: das Land. Obwohl sich das Stadion im Besitz der Sullivans befand, gehörte das Land, auf dem es errichtet worden war, der Stadt Foxborough. Die Sullivans besaßen auch nicht die 330 Hektar, die das Stadion umgaben und die hauptsächlich aus Parkplätzen bestanden. Diese gehörten Foxboro Associates, einer LLC, die sich aus etwa einem Dutzend lokaler Geschäftsleute zusammensetzte. Die Patriots hatten mit Foxboro Associates einen Mietvertrag für Parkplätze abgeschlossen, der für Heimspiele galt. Der Mietvertrag für die Parkplätze garantierte dem Team oder dem Stadion jedoch keine Parkplätze bei anderen Großveranstaltungen im Stadion.

Genauso wie es unklug gewesen wäre, das Team zu kaufen, ohne das Stadion zu besitzen, stellte Kraft fest, dass es noch weniger Sinn machte, das Stadion zu kaufen, ohne die Kontrolle über die Parkplätze zu haben. Dies war ein weiteres Problem, das bei seinem Angebot berücksichtigt werden musste.

Auf dem Papier wurde das Team mit 75 Millionen Dollar bewertet. Der Wert des Stadions wurde auf etwa 15 Millionen Dollar geschätzt. Unter Berücksichtigung des Pachtvertrags, der die Nutzung der Parkplätze regelte, machte Kraft sich darauf gefasst, 100 Millionen Dollar für alles zu bieten.

Doch während Kraft sein Gebot ausarbeitete, taten die Patriots das Unerwartete – sie legten im Herbst 1985 einen Lauf hin, der sie im Januar 1986 bis zum Superbowl führte. Zum ersten Mal in der Geschichte der Mannschaft hatten Billy Sullivan und seine Familie endlich einen Meisterschaftsanwärter. Auch wenn New England den Superbowl gegen Chicago verlor, war die Euphorie über den Erfolg und die Verlockung, ins gelobte Land zurückzukehren, zu groß. Als Kraft bereit war, das Team zu kaufen, bekam Sullivan Zweifel, und der Verkauf wurde auf Eis gelegt.

Für Kraft war das eine Enttäuschung. Dennoch war es offensichtlich, dass Sullivans finanzielle Probleme nicht verschwinden würden. Selbst nach der erfolgreichsten Saison in der Mannschaftsgeschichte verlor das Unternehmen immer noch Geld. Obwohl das Team die höchsten Ticketpreise der Liga verlangte und in der Saison ’85 jedes Spiel ausverkauft war, machte es in diesem Geschäftsjahr immer noch einen Verlust von fast 10 Millionen Dollar. Kurz nach dem Superbowl gerieten die Sullivans mit ihrer Pacht in Verzug.

An diesem Punkt kam Kraft auf etwas, das keiner der anderen Kaufinteressenten erkannt hatte. Verglichen mit dem Team und dem Stadion waren die Parkplätze bei Weitem der kostengünstigste Teil der Gesamtübernahme. Doch von ihnen hing die Wirtschaftlichkeit des Geschäfts ab. Ohne die Parkplätze gab es keine Garantie dafür, dass das Stadion am Spieltag tatsächlich geöffnet werden konnte. Das Letzte, was Kraft getan hätte, wäre, den Pachtvertrag zu gefährden.

Als Kraft erkannte, dass Sullivan einen entscheidenden Fehler begangen hatte, tat er sich mit einem Immobilienentwickler zusammen und wandte sich an die Grundstückseigentümer in Foxborough. Er bot ihnen einen Vorschuss in Höhe von 2 Millionen Dollar und eine jährliche Pacht von 1 Million Dollar für eine Zehnjahresoption auf das Grundstück rund um das Stadion an. Mit der Option erhielten Kraft und sein Partner das Recht, die Parkplätze zu betreiben. Sie hatten auch das Recht, die 330 Hektar zu einem beliebigen Zeitpunkt während der zehnjährigen Vertragslaufzeit für 17 Millionen Dollar zu kaufen.

Dieser unkonventionelle Schachzug war Krafts erster strategischer Schritt zur Übernahme der Patriots. Endlich hatte er ein Druckmittel in der Hand.

Im selben Jahr, in dem sein Vater die Kontrolle über das Land rund um das Sullivan Stadium übernahm, schloss Jonathan Kraft das College ab und nahm einen Job bei Bain & Co. in Boston an, einem schnell wachsenden globalen Beratungsunternehmen, dessen hellster Stern der 39-jährige Mitt Romney war. Kurz bevor Kraft zu Bain kam, trat auch ein 29-jähriger Absolvent der Harvard Business School namens Andy Wasynczuk in die Firma ein. Kraft und Wasynczuk saßen nebeneinander in einer offenen Nische. Eines Tages hörte Wasynczuk, wie Kraft am Telefon über Martina Navratilova sprach. Als Tennisfan war Wasynczuk beeindruckt, dass Kraft den Eindruck erweckte, als sei er persönlich mit der besten Tennisspielerin der Welt bekannt.

„Was ist Ihre Verbindung zu Navratilova?", fragte er, nachdem Kraft aufgelegt hatte.

Kraft versuchte, dies herunterzuspielen. „Nun, meine Familie war an den Boston Lobsters beteiligt", sagte er.

Wasynczuk starrte ihn ausdruckslos an. Er kam aus Chicago und hatte noch nie von den Boston Lobsters gehört.

Kraft erklärte ihm die Geschichte. „Martina war eine derjenigen, die damals für uns gespielt haben", erklärte er.

Das führte zu einer großen Diskussion über Tennis. Am Ende lud Kraft Wasynczuk zu sich nach Hause zum Spielen ein. Ein paar Wochen später, etwa eine Stunde, ehe sie zu einem Spiel verabredet waren, verließ Robert Kraft das Haus und ging mit einem Sechserpack Bier in einer kleinen Kühlbox auf den Platz. Als früher Investor bei Bain Capital wusste Kraft sehr wohl um die hochkarätigen Talente, die zu Bain strömten. Nachdem er sich vorgestellt hatte, bot Robert Wasynczuk ein Bier an.

Während Wasynczuk einen Schluck nahm, löcherte Kraft ihn mit Fragen zu seinem Hintergrund und seiner Tätigkeit bei Bain. Wasynczuks Antworten beeindruckten Kraft, der daraufhin sagte, er beabsichtige, die New England Patriots zu kaufen.

Wasynczuk sah sich auf dem Anwesen um und bezweifelte nicht, dass Kraft wahrscheinlich über die Mittel für ein solches Vorhaben verfügte.

„Bain hat talentierte Leute", sagte Kraft, ehe er ins Haus zurückkehrte. „Wenn Sie jemals auf welche treffen, die wir für Bereiche in unserem Familienunternehmen in Betracht ziehen sollten, lassen Sie es mich wissen, damit wir darüber nachdenken können, ob wir sie einstellen."

Wasynczuk merkte sich das.

Anfang 1988 veröffentlichte Sports Illustrated einen ausführlichen Sonderbericht über Billy Sullivans finanzielle Probleme mit dem Titel „Der $126 Millionen Fumble". Der Betrag von 126 Millionen Dollar entsprach der Gesamtverschuldung des Teams, des Stadions und einzelner Mitglieder der Familie Sullivan. Bemerkenswerterweise waren die Patriots nur zwei Jahre nach dem Erreichen des Superbowl „ein finanziell ausgelaugtes Team". Die Sullivans verloren nicht nur drei separate Klagen von Aktionären, sondern wurden auch von Gläubigern verklagt und von Banken zwangsgeräumt. Die Lage war so schlimm, dass Sullivan die NFL um die Freigabe von Notgeldern bitten musste, damit er seine Spieler bezahlen konnte. Da er das Unvermeidliche nicht länger hinauszögern konnte, suchte Sullivan verzweifelt nach einem Käufer.

Kraft war der offensichtlichste Kandidat, und er wusste es. Er war Billy Sullivans besonderer Gast bei Superbowl XX gegen die Bears in New Orleans gewesen. Er war beim jährlichen Medientag der Patriots als VIP behandel worden, hatte sich unter die Spieler gemischt und war von Patrick Sullivan einigen Kreditgebern der Familie als „potenzieller Käufer" vorgestellt worden. Und es gab reichlich Diskussionen zwischen dem Finanzchef der Patriots und Krafts Vertretern. Sogar die Bostoner Presse hatte Kraft zum „führenden Anwärter" auf den Posten des nächsten Besitzers der Mannschaft erklärt. Nach drei Jahren, in denen er ihn umkreist hatte, war Kraft endlich so weit, den Preis zu bekommen, den er sich schon lange gewünscht hatte. Doch als er die

Abschlussdokumente unterzeichnen wollte, bestand Sullivan auf einigen Zusätzen. Sullivan wollte vor allem als Minderheitsaktionär beteiligt bleiben, seine Position als Clubpräsident behalten, ein garantiertes Gehalt auf Lebenszeit und die Renten- und Krankenversicherung seiner Familie von der Organisation übernommen bekommen. Er wollte auch, dass sein Sohn Patrick General Manager des Teams blieb.

Kraft beschloss zu gehen.

„Einer der Gründe, warum ich das Team damals nicht gekauft habe, war, dass es mir nicht gefiel, für all diese Nebensächlichkeiten zu bezahlen", erklärte er. „Menschen ihr Leben lang zu bezahlen. Mit Leuten aus der vorherigen Eigentümergruppe zu tun haben, die sich in geschäftliche Angelegenheiten und Football-Entscheidungen einmischen. Ich wusste, wie man ein operatives Geschäft führt. Aber ich wollte nicht behindert werden. Außerdem entscheide ich keine großen Dinge aus einem Impuls heraus. Ich tue Dinge, die sich richtig anfühlen und von denen ich weiß, dass ich sie bewältigen kann."

Kurz nach Krafts Ausstieg meldete Chuck Sullivans Firma, der das Stadion gehörte, mit Schulden von über 52 Millionen Dollar Konkurs an. Aus Angst, dass Billy Sullivan und das Team ebenfalls Konkurs anmelden könnten, genehmigte die NFL am 6. Oktober 1988 einen eilig arrangierten Verkauf der Patriots an den Geschäftsmann Victor Kiam aus Connecticut für 80 Millionen Dollar. Das Stadion war nicht Teil des Kaufes.

Nach dem Wenigen, das Kraft über Kiams Hintergrund wusste, ergab die Transaktion keinen Sinn. Als Vorsitzender der Remington Products Company hob sich Kiam von anderen CEOs ab, indem er Werbespots für sein Unternehmen schrieb und darin auftrat. Im allerersten stellte er sich der Welt folgendermaßen vor:

Hallo, ich bin Victor Kiam. Früher habe ich mich ausschließlich nass rasiert, bis meine Frau mir diesen Remington M3 Elektrorasierer gekauft hat. Sie sagten ihr, dass seine zwei unglaublich dünnen Mikro-Screens und 120 Schneidekanten so dicht wie eine Klinge rasieren oder sie würde ihr Geld zurückbekommen.

Ich war begeistert und beeindruckt. Ich war so beeindruckt, dass ich das Unternehmen gekauft habe.

Der TV-Spot war ein Geniestreich des Marketings. Remington kam aus den roten Zahlen, eroberte 20 Prozent des Weltmarktes für Rasierprodukte, erzielte einen Jahresumsatz von 160 Millionen Dollar, und Kiam wurde in der ganzen Welt bekannt als „der Mann, der das Unternehmen gekauft hat".

Offenbar war Kiam von der Möglichkeit, ein NFL-Team zu besitzen, so beeindruckt, dass er die Patriots kaufte, ohne sorgfältig zu recherchieren. Berichten zufolge erzählte er mehr als einer Person, dass er nur 48 Stunden nach dem Treffen mit Sullivan ein Angebot unterzeichnet hatte. Im Rahmen dieser Vereinbarung wurde Kiam zum Hauptgesellschafter, aber Billy Sullivan blieb Minderheitsgesellschafter, wurde Teampräsident und erhielt ein lebenslanges Gehalt. Und sein Sohn Patrick blieb General Manager des Teams und verantwortlich für den Football-Betrieb.

Fest davon überzeugt, dass Kiam keine Ahnung hatte, worauf er sich eingelassen hatte, richtete Kraft seinen Blick auf das Sullivan Stadium. Es sollte im Rahmen einer Zwangsversteigerung unter Aufsicht des US-Konkursgerichts an den Meistbietenden verkauft werden. Dank all seiner vorherigen Recherchen und seines Grundstücksgeschäfts betrachtete Kraft das Stadion als zentrales Element, um die Kontrolle über das Team zu erlangen. Der Mietvertrag, der alle Einnahmen des Teams an das Stadion abtrat, war noch in Kraft, ebenso wie die Betriebsvereinbarung, die die Patriots bis 2001 an das Stadion band. Wer auch immer das Stadion in Besitz nahm, würde die Geschicke der Mannschaft für die nächsten zwölf Jahre bestimmen. So gesehen bot Kraft nicht nur auf ein heruntergekommenes, bankrottes Stadion. Er bot auf etwas viel Wertvolleres – ein Druckmittel.

Kiam hingegen betrachtete das Sullivan Stadium als „Müllhalde". Er hoffte, bald ein neues Stadion in Connecticut bauen zu können, das näher an Remingtons Hauptsitz liegen sollte. In der Zwischenzeit wollte er nicht zu viel für das bezahlen, was in seiner Vorstellung nur eine vorübergehende Heimat für die Patriots sein würde.

Blindangebote konnten bis zum 31. Oktober 1988 abgegeben werden, nur drei Wochen, nachdem Kiam das Team übernommen hatte. Eine Woche später wurden sie entsiegelt und öffentlich gemacht:

Kraft – 25 Millionen Dollar

Kiam – 19,85 Millionen Dollar

Bei Robert Krafts Odyssee bis zum Besitz der Patriots war der Erwerb des Stadions der wichtigste Schritt. Um eine Schach-Analogie zu verwenden: Bei der Sicherung der Parkplätze ein paar Jahre zuvor hatte er Schach geboten. Kiam beim Kauf des Stadions zu überbieten kam einem Schachmatt gleich. Am 23. November 1988 – genau 1.200 Tage, nachdem Kraft als erster Bieter erschienen war, um Billy Sullivan die Patriots abzukaufen – entschied der Oberste Richter James N. Gabriel vom U. S. Konkursgericht in Boston, dass es im besten Interesse der Gläubiger sei, das Stadion an Kraft und nicht an Kiam zu geben. Mit einem Federstrich des Gerichts wurde Kraft zum Besitzer des Sullivan Stadium und zum Vermieter der Patriots.

Die Auswirkungen des neuen Mietverhältnisses waren beim nächsten Heimspiel der Patriots zu sehen. Als neuer Eigentümer des Stadions hatte Kraft plötzlich eine Suite an der Fünfzig-Yard-Linie. Kiam als Mieter hatte keinen Sitzplatz. Er verfolgte das Spiel schließlich vom hinteren Teil der Pressetribüne aus. Als sich die beiden Männer zum ersten Mal trafen, hatte Kiam begriffen, welche Bedeutung der Stadionpachtvertrag hatte.

„Dieser Mietvertrag ist ein Stück Dreck!", beschwerte sich Kiam und zerdrückte eine Kopie des Mietvertrags in seiner Hand.

„Victor, hast du ihn gelesen?", fragte Kraft.

Kiam gefiel diese Frage nicht. Nachdem er sich beruhigt hatte, gab er zu, dass er nichts von dem Pachtvertrag gewusst hatte, als er das Team kaufte. Sein Anwalt hatte ihm inzwischen mitgeteilt, dass das Stadion dank des Dokuments die Mannschaft in der Hand hatte.

„Wir müssen etwas dagegen tun", beschwerte sich Kiam.

Der Sinn des Pachtvertrags bestand darin, dass Kraft nichts tun musste. Zwar gehörte ihm nicht das Team, aber im Grunde genommen gehörte ihm der Besitzer. Kraft kontrollierte den Parkplatz. Er kontrollierte das Stadion. Er kontrollierte fast alle Einnahmen, die das Team erwirtschaftete. Und er hatte die Macht, die Patriots als Mieter bis 2001 in Foxborough zu halten. Die Betriebsvereinbarung war Krafts Trumpfkarte. Er hatte nicht vor, sie aufzugeben.

„Sie hätten den Vertrag lesen sollen, bevor Sie das Team kauften“, sagte Kraft zu Kiam.

Es war ein frostiger Start für ihre Beziehung.

Jonathan Kraft hatte Bain verlassen und sich an der Harvard Business School eingeschrieben. Er blieb jedoch in engem Kontakt mit seinem Kollegen Andy Wasynczuk, der als Berater bei Bain blieb. „Andy ist geradezu lächerlich klug“, sagte Jonathan als Antwort auf die Bitte seines Vaters um eine ehrliche Einschätzung. „Klüger, als es ihm selbst bewusst ist. Und er ist nicht egoistisch.“ Eines der ersten Dinge, die Robert tat, nachdem er den Zuschlag für das Stadion erhalten hatte, war, sich an Wasynczuk zu wenden. Er bekräftigte, dass er weiterhin beabsichtige, die Patriots zu kaufen, und sagte zu Wasynczuk, dass es nun darum gehe, alles zu tun, um das Stadion und seine Rentabilität in der Zwischenzeit zu verbessern.

„Ich würde mich freuen, wenn Sie sich uns anschließen“, sagte Kraft.

„In welcher Funktion?“, fragte Wasynczuk.

„Nun, Sie würden das Stadion leiten.“

Wasynczuk war sprachlos. Das Stadion leiten? Er wüsste nicht, wo er anfangen sollte. Sein Fachgebiet war die Erstellung von Gewinn- und Verlustberechnungen. Er war auch sehr geschickt darin, Einnahmen, Kosten und Ausgaben aufzuschlüsseln. Aber er hatte keine Erfahrung als Manager.

Kraft machte sich deswegen keine Sorgen. Er leitete sein globales Rohstoffunternehmen und hatte zusammen mit einem Geschäftspartner kürzlich einen Fernsehsender in Boston übernommen. In beiden Fällen hatte Kraft talentierte Leute eingestellt, die unter ihm im operativen Bereich arbeiteten. Für das Stadion suchte er jemanden mit Kompetenz, der von Anfang an dabei sein und langfristig mit ihm zusammenarbeiten konnte. Sein Instinkt sagte ihm, dass Wasynczuk eine kluge Wahl wäre.

„Sehen Sie, wir werden das gemeinsam erlernen“, versicherte ihm Kraft. „Und wir würden gerne ein paar gute Leute in unser Team holen, die uns helfen, kreativ zu denken.“

„Aber ich habe noch nie ein Stadion oder ein Einzelhandelsprojekt oder etwas Ähnliches geleitet."

„Ich möchte niemanden, der schon in diesem Bereich tätig war", sagte Kraft. „Ich möchte jemanden, der über den Tellerrand hinausschaut."

Geschmeichelt und fasziniert zugleich, gestand Wasynczuk, dass er noch nie im Stadion gewesen war. Und alles, was er über diesen Ort gehört hatte, war negativ.

Kraft bestätigte, dass das Stadion in keinem guten Zustand sei. „Ich will Sie nicht überzeugen oder Ihnen eine VIP-Behandlung zukommen lassen", sagte er zu Wasynczuk. „Warum gehen Sie nicht hin und erleben dasselbe wie die Fans? Erfahren Sie aus erster Hand, was dort vor sich geht. Dann können wir wieder reden."

Für 1988 stand nur noch ein Heimspiel auf dem Spielplan der Patriots. Wasynczuk kaufte ein Ticket und fuhr hin. Der Besuch dort bestätigte alle negativen Dinge, die er über den Veranstaltungsort gehört hatte. Die Aluminiumsitzbänke waren kalt und unbequem. Die Sanitäranlagen waren in beklagenswertem Zustand. Einige Aspekte der Konstruktion waren eindeutig verbesserungsbedürftig. Alles erinnerte Wasynczuk an ein überbewertetes Highschool-Stadion. Doch danach war er überzeugt, dass er für Kraft arbeiten wollte.

Wenige Monate später übernahm er ein Büro im Stadion und wurde dessen Chief Operating Officer. Die erste Amtshandlung bestand darin, den Namens des Stadions von Sullivan Stadium in Foxboro Stadium zu ändern.

Ein paar Jahre vor dem Kauf der Patriots schrieb Victor Kiam einen Bestseller mit dem Titel Going For It, in dem es um den Erfolg als Unternehmer geht. Es war voll von einprägsamen Sätzen und inspirierenden Zitaten. Eines seiner bekanntesten Zitate lautete: „Ein Unternehmer übernimmt das Risiko und setzt sich engagiert für den Erfolg dessen ein, was er oder sie unternimmt." Es ärgerte Kiam, dass er als Besitzer des Teams das gesamte Risiko trug, aber praktisch alle Einnahmen, die sein Team erzielte, an Kraft gingen. Zusätzlich zur Grundmiete von 1,5 Millionen Dollar für das Stadion zahlte das Team an Kraft 100 Prozent der Konzessionen an Spieltagen, 100 Prozent der Sponsorenwerbung im Stadion, alle Gewinne aus dem Verkauf von Luxussitzplätzen und 30 Prozent des Mannschaftsanteils an den Ticketeinnahmen. Außerdem kassierte Kraft 100 Prozent der Parkeinnahmen.

Was Kiam zweifellos am meisten ärgerte, war, dass er lächerlich wirkte. Mitten während seiner ersten Amtszeit erschien er zu einem Heimspiel in einem teuren Kaschmirmantel. An diesem Tag regnete es, und während Kiam mit seiner ganzjährigen Bräune und seinem perfekt frisierten silbernen Haar durch einen der unteren Gänge des Stadions lief, drang Regenwasser durch ein Loch im Dach und lief direkt auf seinen Kopf. Kurz darauf spritzte Senf auf die Schulter seines neuen Mantels. Er war von einem Hotdog gefallen, den ein Fan auf dem Deck über ihm gegessen hatte.

Wütend rief Kiam Kraft aus seiner Suite. Minuten später betrat Kraft Kiams Büro.

„Dieser Ort ist ein Schweinestall!", rief Kiam.

Kraft musste sich sehr beherrschen, um ein ernstes Gesicht zu machen. Kiam hatte Haarspray in der einen und einen Spiegel in der anderen Hand. Sein nasses Haar sah aus wie ein Schlammkuchen. Auf seinem Mantel war ein großer gelber Fleck.

„Ihr müsst etwas mit diesem verdammten Stadion unternehmen", verlangte Kiam.

Bald schon hatte Kiam ein viel größeres Problem als ein heruntergekommenes Stadion. Im September 1990, zu Beginn seiner zweiten Amtszeit, betrat die Boston-Herald-Reporterin Lisa Olson die Umkleidekabine der Patriots, um einen Spieler zu interviewen. Während Olson auf einem Hocker saß und mit dem Spieler vor seinem Spind sprach, kamen vier oder fünf Spieler aus dem Duschbereich. Nackt kamen sie auf Olson zu. Einer von ihnen positionierte seinen Penis wenige Zentimeter vor ihrem Gesicht und forderte sie auf, ihn zu berühren. „Das willst du doch", sagte er. „Möchtest du mal kosten?"

Angewidert und gedemütigt schaute Olson weg.

„Gib ihr, was sie will", rief ein zweiter Spieler und löste damit Gelächter aus.

Olson hielt den Kopf gesenkt.

„Sie soll hinsehen", rief ein dritter Spieler. „Deshalb ist sie doch hier drin."

Ein anderer Spieler, ebenfalls nackt, näherte sich Olson von hinten und positionierte seine Genitalien in anzüglicher Weise in ihrer Nähe.

Olson war umzingelt und wusste nicht, ob sie schreien oder weinen sollte.

Am Nachmittag berichtete Olson ihrem Redakteur von der Begegnung. Entsetzt informierte er Patriots-GM Patrick Sullivan. In der Erwartung, dass das Team die Spieler disziplinieren und Maßnahmen ergreifen würde, um ein sichereres und professionelleres Arbeitsumfeld zu gewährleisten, erwähnte der Herald das Verhalten der Spieler nicht. Vor allem Olson wollte auf keinen Fall, dass über das demütigende Erlebnis in der Zeitung berichtet wurde.

Tage vergingen, aber das Team unternahm nichts. Währenddessen erfuhr der konkurrierende Boston Globe von dem Vorfall und veröffentlichte einen Artikel darüber. Victor Kiam verteidigte daraufhin seine Spieler. „Ich finde am Verhalten der Spieler nichts zu beanstanden", sagte Kiam.

Seine Aussage zusammen mit der Untätigkeit des Teams erregte den Zorn des Herald, der sich an Kiam wandte, um eine Erklärung für seine Reaktion zu erhalten. Kiam ging zum Angriff über. „Wenn sie einen weiblichen Reporter zur Mannschaft schickt, fordert Ihre Zeitung doch geradezu Schwierigkeiten heraus", sagte er. „Warum sollen sie nicht [nackt] vor ihr stehen, wenn sie ein Eindringling ist?"

Einen Tag nach dieser Aussage reiste Kiam mit der Mannschaft zum dritten Spiel der Saison nach Cincinnati. Entschlossen, sich nicht einschüchtern zu lassen, reiste Olson ebenfalls nach Cincinnati. New England wurde vernichtend geschlagen. Danach begab sich Olson für die Interviews nach dem Spiel zusammen mit allen anderen Mitgliedern des Pressekorps in die Umkleidekabine. Aber drei Funktionäre der Patriots verfolgten sie und machten es Olson unmöglich, jemanden zu befragen. Leicht angesäuert entdeckte sie Kiam in der Umkleidekabine und fragte ihn sarkastisch, ob er ihr auch folgen wolle. Als sie sich zum Gehen wandte, sagte dieser: „Sie ist eine klassische bitch. Kein Wunder, dass die Spieler sie nicht mögen."

Diese beiden Wörter – klassische bitch – markierten den Anfang vom Ende der Amtszeit Victor Kiams als Besitzer der Patriots. Zwei Sportjournalisten hörten die sexistische Beleidigung und berichteten darüber, woraufhin der Medienkritiker der Washington Post, Howard Kurtz, Kiams Worte mit dem „Gießen von Benzin auf ein Lagerfeuer" verglich. Innerhalb von 48 Stunden ergriffen Zeitungsredakteure im ganzen Land Olsons Partei. Die NFL wurde mit Forderungen nach einer Suspendierung des Patriots-Besitzers überschwemmt. Der Boston Herald forderte die Fans auf, das nächste Heimspiel der Patriots zu boykottieren. Und die Bostoner Gruppe der National Organization for Women rief Frauen in aller Welt zum Boykott von Rasierern der Marke Lady Remington auf. Ein Jahrzehnt nachdem Sportjournalistinnen Zugang zu den Umkleideräumen von Männern erhalten hatten, gelang es Victor Kiam, eine Debatte über die Angemessenheit dieser Praxis neu zu entfachen. Damit rückte er sein Team und die NFL in den Mittelpunkt einer nationalen Diskussion über sexuelle Belästigung am Arbeitsplatz.

Paul Tagliabue, ein hoch qualifizierter Anwalt einer der renommiertesten Kanzleien in Washington, D. C., war gerade erst zum neuen NFL-Commissioner ernannt worden, als Lisa Olsons Anschuldigung wegen sexueller Belästigung auf seinem Schreibtisch landete. Die Patriots dementierten zunächst Olsons Darstellung der Ereignisse in der Umkleide, und Kiam bestritt, sie als bitch bezeichnet zu haben. Während eines Heimspiels der Patriots gegen die Jets skandierten die Fans „Lisa Olson" und schubsten eine aufgeblasene Gummifrau auf der Tribüne herum, und an Olsons Wohnhaus wurde der Schriftzug CLASSIC BITCH gesprüht. Der Herald beauftragte sie mit der Berichterstattung über die Boston Celtics. Doch der Wechsel zum Profi-Basketball brachte ihr nichts. Bei einem Testspiel der Celtics wurde sie von den Fans mit Sprechchören aufgefordert, ihre Brüste zu zeigen. Und alle Fernsehsender, von Oprah bis Geraldo, wollten mit ihr sprechen.

Inmitten der öffentlichen Aufregung beauftragte Tagliabue den Harvard-Professor Philip Heymann mit einer Untersuchung, die zu dem Schluss kam, dass Olson die Wahrheit gesagt hatte und „erniedrigt und gedemütigt" worden war. Tagliabue verhängte Geldstrafen gegen drei Spieler der Patriots, die die Hauptschuldigen waren. Außerdem verhängte er eine Geldstrafe in Höhe von 50.000 Dollar gegen das Team, weil es sich gegenüber einer Reporterin erniedrigend verhalten hatte. Und in einem Brief wies er Kiam zurecht und nannte die Episode „geschmacklos, unnötig und schädlich für die Liga und andere."

Vor allem wollte Tagliabue die ganze schmutzige Angelegenheit erledigt wissen und vergessen machen. Aber nicht lange nachdem die Patriots diszipliniert worden waren, entfachte Kiam die Kontroverse erneut, als er bei einem Bankett eines Sportvereins für Männer in seiner Heimatstadt Stamford, Connecticut, sprach. Der erste Golfkrieg hatte gerade begonnen, und Kiam scherzte: „Was haben diese irakischen Scuds und Lisa Olson gemeinsam? Sie haben beide Patriot-Raketen aus nächster Nähe gesehen."

Sein Witz wurde in der New York Times veröffentlicht, wodurch die NFL wieder ins Rampenlicht gerückt wurde. „Es sollte selbstverständlich sein, dass dieses Büro beleidigende Kommentare jeglicher Art nicht duldet", sagte ein Sprecher der Liga gegenüber der Times. Die National Organization for Women weitete ihren Boykott auf alle Remington-Produkte aus. Während Remingtons Umsatz einbrach und der Cashflow sich verknappte, stiegen gleichzeitig die Schulden der Patriots.

Kiam sah sich einer persönlichen Finanzkrise gegenüber und beschloss, das Team zu verkaufen.

5

LEVERAGE

Die Kontroverse um Lisa Olson und eine extreme Pechsträhne brachten die New England Patriots an den Tiefpunkt ihrer Karriere. Die Mannschaft stand 1:1, bevor Olson in der Umkleidekabine angegriffen wurde. Nach diesem Vorfall verlor das Team alle 14 verbleibenden Spiele in jenem Jahr und beendete es mit einer Bilanz von 1-15, was die schlechteste in der Geschichte des Teams war. Die Fans wandten sich in Scharen ab. Zur Mitte der Saison blieben 60 Prozent der Sitzplätze bei Heimspielen leer. Nach der Saison trat der General Manager Patrick Sullivan zurück. Der Cheftrainer wurde entlassen. Victor Kiams Ruf war zerstört. Und die Finanzen des Teams waren in einem schlechteren Zustand als zu der Zeit, da Billy Sullivan das Team besaß.

Robert Kraft beobachtete die Selbstzerstörung Victor Kiams und die anschließende Implosion des Teams aus einem besonderen Blickwinkel. Er war nicht nur der Vermieter der Patriots, sondern kontrollierte auch eines der Medienunternehmen, die über den Lisa-Olson-Vorfall berichteten. Kurz vor dem Erwerb des Stadions hatte Kraft die New England Television Corp. Gekauft, die den CBS-Ableger in Boston, WNEV-TV, Channel 7, besaß. Kraft war Präsident des Fernsehsenders, als die Nachrichtenabteilung über Kiams Probleme berichtete.

Während dieser Zeit hatte Kraft keinen Kontakt zu Kiam. Auch war er nicht in die internen Gespräche der Liga über den Stand der Dinge in Foxborough eingeweiht. Er hatte jedoch Gerüchte gehört, dass die Liga gezwungen sein könnte, die Kontrolle über das Team zu übernehmen. Diese Gerüchte erwiesen sich als wahr.

Die Satzung des NFL enthielt eine Bestimmung, die die Liga ermächtigte, Kiam die Franchise wegzunehmen. Es handelte sich im Wesentlichen um eine „nukleare Option", die für den schlimmsten Fall vorgesehen und in der Geschichte der Liga noch nie angewandt worden war. Doch nach dem Skandal um Lisa Olson standen Paul Tagliabue und sein oberster Stellvertreter Roger Goodell vor der Aufgabe, die Besitzer der Liga über den Kauf der Patriots abstimmen zu lassen. „New England als Region des Landes war für uns von der Größe her ein kritischer Markt", erklärte Goodell. „In der Mannschaft herrschte ständig Unruhe. Es gab keine stabilen Eigentumsverhältnisse. Das Team war in einen Rechtsstreit verwickelt. Und das Unternehmen stand kurz vor dem Bankrott."

Um den Konkurs des Teams zu verhindern, übernahm die Liga am 10. Oktober 1991 als ersten Schritt die Kontrolle über den Vorstand des Vereins. Dann begann die Liga ohne Krafts Wissen mit der Prüfung eines Vorschlags, der eine Übertragung des Eigentums von Victor Kiam auf James Busch Orthwein in St. Louis vorsah. Unter den gegebenen Umständen besaß der 67-jährige Manager in den Augen der Liga eine sehr attraktive Eigenschaft – ein beträchtliches persönliches Vermögen, das das der bisherigen Besitzer der Patriots weit übertraf. Als Erbe von Anheuser-Busch war Orthwein der zweitgrößte Anteilseigner des Brauereiunternehmens. Sein Angebot, die Patriots zu kaufen, beruhte auf dem Wunsch, der Stadt zu helfen, in der das Unternehmen seiner Familie seit Langem seinen Sitz hatte.

Nachdem das Football-Team der St. Louis Cardinals Ende der Achtzigerjahre die Stadt in Richtung Phoenix verlassen hatte, wurde Orthwein Vorsitzender und CEO einer Investmentgruppe namens St. Louis NFL Partnership. Das Ziel der Gruppe war es, den Profi-Football in Orthweins Heimatstadt wiederzubeleben. Vor diesem Hintergrund spielte Orthweins Gruppe eine wichtige Rolle, als es darum ging, die Stadt davon zu überzeugen, Pläne für ein öffentlich finanziertes, hochmodernes überdachtes Stadion zu entwerfen. Das geplante Stadion brachte St. Louis an vorderste Stelle, als die NFL 1991 bekannt gab, dass sie um zwei neue Mannschaften erweitert werden sollte. Die anderen Städte, die sich bewarben, waren Memphis, Baltimore, Jacksonville und Charlotte.

Die Ankündigung der NFL-Erweiterung fiel mit dem finanziellen Zusammenbruch Victor Kiams zusammen. In dem Bemühen, die Bewerbung von St. Louis zu unterstützen, bot Orthwein an, in New England in die Bresche zu springen und die Patriots für den Übergang zu kaufen. Sein Interesse, so sagte er damals, bestehe darin, „sicherzustellen, dass ich ein Team in St. Louis bekomme". Er dachte sich, indem er der NFL den Schlamassel in New England vom Hals schafft, könnte er das Wohlwollen der Liga gewinnen.

„Meine Ziele waren die Stabilisierung der Mannschaft, die Lösung der Stadionfrage und der Verkauf an einen passenden lokalen Besitzer", sagte Orthwein. „Wie jeder weiß, kam mein Engagement in der NFL zustande, weil ich mich dafür eingesetzt habe, dass St. Louis, meine Heimatstadt, ein Team bekommt."

Den NFL-Besitzern gefiel Orthweins Ansatz. Durch die Übernahme der hoch verschuldeten Patriots ersparte Orthwein der NFL teure Rechtsstreitigkeiten und stellte sicher, dass das Team zumindest für einige weitere Jahre in New England bleiben würde. Im März 1992 genehmigte die Liga den Verkauf der Patriots an Orthwein für 106 Millionen Dollar.

„Ich möchte, dass zwei Punkte absolut klar sind", sagte Orthwein am Tag der Bekanntgabe des Verkaufs. „Ich möchte weder auf unbestimmte Zeit Besitzer der New England Patriots bleiben, noch habe ich Pläne, die Patriots nach St. Louis zu verlegen. Ich möchte nur die derzeitige schwierige Situation lösen."

Obwohl er das Team unbedingt kaufen wollte, hatte Kraft keine Gelegenheit, ein Angebot abzugeben, bevor Orthwein von Kiam kaufte. Nichtsdestotrotz gefiel Kraft die Aussage Orthweins. Und er mochte einige der Maßnahmen, die Orthwein in seinem ersten Jahr als Besitzer ergriff, da sie einen echten Mehrwert für die Franchise darstellten – insbesondere sein spielentscheidender Beschluss, den legendären Cheftrainer der New York Giants, Bill Parcells, aus dem Ruhestand nach New England zu holen. Neben einem Gehalt in Millionenhöhe versprach Orthwein Parcells großen Spielraum bei der Leitung des Teams, was Football betraf.

Parcells, bekannt unter seinem Spitznamen „Tuna", wurde am 21. Januar 1993 offiziell zum neuen Cheftrainer der Patriots ernannt.

Die Auswirkungen auf die Franchise waren plötzlich und dramatisch. Am folgenden Tag stellten die Patriots den Mannschaftsrekord an verkauften Eintrittskarten in einem Zeitraum von 24 Stunden auf. Zum ersten Mal seit langer Zeit hatten die Football-Fans in New England wieder etwas zu jubeln.

„Bill war ein sehr wichtiger Teil dessen, was Jim zu tun versuchte", sagte der stellvertretende Vorsitzende der Patriots, Michael O'Halloran, der direkt für Orthwein arbeitete. „Wir mussten die Vermarktung des Teams verbessern. Wir mussten den finanziellen Teil sichern. Jim wollte das Team schließlich irgendwann verkaufen, und Bill einzustellen, der schon Superbowls gewonnen hatte, war ein wichtiger Teil des gesamten Planes zur Wertsteigerung."

Drei Monate später bekam die Franchise einen weiteren Schub. Da New England im Jahr zuvor die schlechteste Bilanz der Liga aufwies, erhielt es im NFL Draft 1993 die erste Wahlmöglichkeit. Parcells wählte Quarterback Drew Bledsoe aus. Plötzlich hatten die Patriots einen echten Star als Quarterback und dazu einen renommierten Trainer.

Über Nacht, so schien es, hatte sich das Blatt für New England gewendet. Das empfand die gesamte NFL so. Auch die Investoren spürten es. Noch bevor Parcells sein erstes Spiel coachte oder Bledsoe seinen ersten Pass warf, erhielt Orthwein unaufgefordert Angebote von zahlreichen Interessenten, die die Patriots kaufen wollten. Im September 1993, als die erste Saison der Patriots unter Parcells begann, bat Orthwein daher Goldman Sachs, den Verkauf des Teams für ihn abzuwickeln. In Absprache mit Orthwein und seinen Beratern beschloss die Investmentbank, etwas zu versuchen, das es in der Geschichte der Liga noch nie gegeben hatte – eine Auktion durchzuführen. Eric Grubman, ein Spezialist in der Abteilung für Fusionen und Übernahmen bei Goldman, wurde mit der Leitung beauftragt.

Kraft wandte sich sofort an Grubmans Büro und ließ verlauten, dass er auf die Patriots bieten wolle. Er teilte Grubman auch mit, dass er einen Pachtvertrag und eine Betriebsvereinbarung habe, die er durchsetzen wolle. Mit anderen Worten: Jeder, der auf die Patriots bieten wollte, sollte wissen, dass das Team gesetzlich verpflichtet war, bis 2001 im Foxboro Stadium zu spielen.

Als Orthwein das Team kaufte, war ihm durchaus bewusst gewesen, dass er einen sehr restriktiven Pachtvertrag mit übernahm. Damals machte er sich keine Sorgen, weil er sich als Kurzzeitpächter betrachtete. Aber jetzt, da Orthwein das Team unbedingt verkaufen wollte, wirkte Krafts Anruf wie ein gezielter Treffer, der aus nächster Nähe kam, um andere Kaufinteressenten abzuschrecken.

Goldman Sachs erkannte jedoch, dass Kraft einen berechtigten Punkt vorbrachte. Jeder andere Bieter musste damit rechnen, dass Kraft das Team bis 2001, wenn der Pachtvertrag auslief, fest im Griff hatte.

„Robert wollte unbedingt als Bieter ernst genommen werden", sagte Grubman, „auch wenn er damit rechnete, gegen Leute anzutreten, die weitaus bekannter und wohlhabender waren als er selbst."

Zu Krafts Konkurrenten gehörten der Schauspieler Paul Newman, der Schriftsteller Tom Clancy, der berühmte Football-Spieler Walter Payton und eine Handvoll Geldgeber, die sich zusammengetan hatten, um das Team zu übernehmen und nach Hartford, Connecticut, zu verlegen. Zu den anderen Bietern gehörten der Hollywood-Filmemacher Jeffrey Lurie, eine wohlhabende Gruppe aus Baltimore und der Immobilienentwickler Stan Kroenke aus St. Louis, der mit der Wal-Mart-Erbin Ann Walton verheiratet war.

Alle anderen Kaufinteressenten mochten mehr Geld gehabt haben als Kraft. Aber keiner von ihnen war der beste Freund des NFL-Königsmachers. Kraft nahm den Hörer in die Hand und rief den Mann mit den besten Kontakten in den Kreisen der Liga an.

Will McDonough, von seinen Freunden Willie genannt, begann seine Karriere 1960 als Reporter für den Boston Globe. Sein erster Auftrag waren die Boston Patriots. McDonough berichtete jahrzehntelang über das Team und die NFL. Als irischer Katholik wuchs er in einer Wohnsiedlung in Süd-Boston in einem Umfeld auf, das seine Freunde als „Stammeswirbel aus Straßenleben und Sport" beschrieben. Sein Nachbar, William „Billy" Bulger, war einer von McDonoughs engsten Jugendfreunden. Bulger stieg zum Präsidenten des Senats des Bundesstaates Massachusetts auf, während sein Bruder Whitey Bulger zum Mafioso wurde und schließlich für seine Beteiligung an elf Morden verurteilt wurde. Einer von McDonoughs Journalistenkollegen sagte scherzhaft, dass Willie „dir einen päpstlichen Segen verschaffen oder dir die Beine brechen könnte – wahrscheinlich mit demselben Telefonanruf".

Anfang der Achtzigerjahre wurde McDonough NFL-Analyst für CBS und später für NBC und war damit einer der ersten Journalisten, der gleichzeitig über die NFL in Printmedien und im Fernsehen berichtete. Etwa zur gleichen Zeit erlangte McDonough unter Sportjournalisten im ganzen Land Legendenstatus, weil er den Patriots-Verteidiger Raymond Clayborn niederschlug. Nach einem Sieg der Patriots hatten sich die Reporter um den Spind eines Spielers versammelt, der gerade drei Touchdowns erzielt hatte. Einige der Reporter drängten sich offenbar auf den Platz vor Clayborns Spind. Übel gelaunt, schrie Clayborn sie an, sie sollen ihm aus dem Weg gehen, damit er sich anziehen könne. Es war nicht das erste Mal, dass Clayborn einen Reporter anschrie. Als McDonough sich weigerte, soll Clayborn auf ihn gezeigt und gesagt haben: „Ich werde dich begraben, du Arschloch." McDonough machte eine Faust und sagte: „Du wirst niemanden begraben." Dann schlug der 44-jährige glatzköpfige Reporter dem 24-jährigen Spieler ins Gesicht und stieß ihn in seinen Spind. Es kam zu einem Handgemenge. Einem Bericht zufolge landete der Besitzer der Patriots, Billy Sullivan, dabei in einem Wäschekorb. Die NFL verhängte daraufhin eine Geldstrafe gegen Clayborn und Sportjournalisten nannten McDonough „Will of Iron".

Kraft und McDonough lernten sich 1977 kennen, zwei Jahre vor dem Zwischenfall in der Umkleidekabine. Sie standen sich mit der Zeit so nahe, dass Kraft, als er 1991 fünfzig Jahre alt wurde, McDonough auswählte, um seine fünfzigste Geburtstagsparty zu moderieren. Zu diesem Zeitpunkt erkannte Kraft, dass sein Freund das Ohr fast aller einflussreichen Personen in der NFL hatte. Aufgrund der Freundschaften, die er mit Besitzern und Trainern in der gesamten Liga geschlossen hatte, erhielt McDonough regelmäßig Anrufe von ihnen. Keiner rief McDonough öfter an als Bill Parcells. Die beiden waren schon fast so lange beste Freunde, wie Kraft McDonough kannte.

Da Orthwein versuchte, das Team zu verkaufen, war es für seinen Cheftrainer riskant, sich mit einem potenziellen Käufer zu treffen. Für einen Journalisten, der über das Team und den Verkaufsprozess berichtete, war es sogar noch prekärer, ein solches Treffen zu arrangieren.

Doch McDonough ließ sich davon nicht abhalten. Schließlich hatte er Parcells ursprünglich mit Orthwein bekannt gemacht und das Treffen zwischen den beiden in Florida vermittelt, das dazu führte, dass Parcells den Job bei den Patriots annahm.

Eines Tages im Herbst 1993 fuhr McDonough Kraft zu einem billigen Hotel in der Nähe des Foxboro Stadium. Parcells wartete drinnen. Als Kraft Parcells Zimmer betrat, fiel ihm sofort auf, dass es dort ungewöhnlich dunkel, eng und kalt war. Aber Parcells war ein kontaktfreudiger Mensch. Als sie sich die Hand gaben, konnte Kraft sich mühelos vorstellen, wie großartig es wäre, das Team mit Parcells an der Spitze zu besitzen.

Alle drei Männer hatten gemeinsame Interessen. Parcells hatte sich den Patriots angeschlossen, um eine Meisterschaft nach New England zu holen, nicht nach St. Louis. Er hatte kein Interesse an einer Umsiedlung. Kraft war seit zehn Jahren damit beschäftigt, das Team zu bekommen, und wurde noch ermutigt durch die Aussicht auf eine Zusammenarbeit mit Parcells. McDonough wollte, dass das Team in New England blieb, und er wollte, dass sich seine beiden Freunde zusammentaten.

Kraft hielt es für wichtig, sich den Spitzenvertretern der Liga vorzustellen. McDonough stimmte zu. Als Kraft sagte, er habe sich an Leute im Büro des Commissioners gewandt, bestand McDonough darauf, dass es besser sei, sich direkt an die Spitze zu wenden. Mit einem Anruf, so sagte er Kraft, würde er ein persönliches Treffen mit Commissioner Tagliabue arrangieren. „Ich kümmere mich darum", sagte er.

An einem warmen Nachmittag im Herbst 1993 stiegen Kraft und McDonough an der Ecke Madison Avenue und East 77th Street in New York aus dem Auto und gingen in das Restaurant des Mark Hotels. Paul Tagliabue, der einen Block weiter wohnte, ging dort gern essen. Allerdings nicht mit NFL-Besitzern. Tagliabue zog es vor, jeden Anschein von Günstlingswirtschaft oder Anbiederung zu vermeiden. Noch ungewöhnlicher war es für ihn, sich mit einem potenziellen Besitzer zu treffen. Aber die Patriots stellten eine ungewöhnliche Situation dar. Lange bevor er Commissioner wurde, hatte Tagliabue fast zwei Jahrzehnte lang als externer Rechtsberater der Liga gearbeitet. In dieser Zeit verbrachte er unverhältnismäßig viel Zeit damit, sich mit rechtlichen Problemen der Patriots zu befassen. Er wusste genau, wie dringend die Organisation einen finanziell stabilen, langfristigen Besitzer brauchte. Gleichzeitig wollte die Liga das Team unbedingt in New England halten, um in einem der größten Fernsehmärkte des Landes präsent zu bleiben. Insgeheim hatte Tagliabue die Hoffnung, dass Kraft eine Lösung für all diese Probleme sein könnte.

Doch der Commissioner wusste praktisch nichts über Kraft, als er sich ihm und McDonough gegenüber an einen Tisch in der hinteren Ecke des Restaurants setzte. Während des Abendessens stellte Kraft Tagliabue eine Reihe von Fragen zu den Fernsehverträgen der Liga, dem Tarifvertrag mit der Spielergewerkschaft und einer Reihe anderer wirtschaftlicher Themen. Für Tagliabue war klar, dass McDonoughs Freund sehr gut informiert war. Er machte auch deutlich, dass er nicht wie die anderen Kaufinteressenten der Patriots war. „Dies wird unser Familienunternehmen sein", sagte Kraft zu Tagliabue. „Und wir werden das Team in der Region Boston behalten. Boston ist unser Zuhause."

Während Tagliabue zuhörte, gewann er einen positiven Eindruck. „Willie warb für Kraft als einen wirklich guten Mann aus der Gegend, der ein großartiger Besitzer sein könnte", erinnerte sich Tagliabue. „Ich dachte, er sei ein solider Geschäftsmann, der jünger ist und Kinder hat, die für die Organisation arbeiten werden."

Aber was Tagliabue wirklich auffiel, waren Krafts Besonderheiten: Er hatte Geschäftspartner in Ländern auf der ganzen Welt, besaß ein professionelles Tennisteam, kontrollierte einen Fernsehsender und saß im Vorstand der Boston Symphony. In jedem Fall konnte Tagliabue erkennen, wie Krafts Erfahrungen der Liga zugutekommen könnten. So gab es beispielsweise niemanden im Rundfunkausschuss der Liga, der über Erfahrungen als Eigentümer eines Fernsehsenders verfügte.

„Die Tatsache, dass er an vielen Dingen sowohl im Inland als auch auf internationaler Ebene beteiligt war, gab ihm eine breitere Perspektive", sagte Tagliabue. „Viele der anderen Eigentümer hatten nur ein Unternehmen oder nur ein geringes Interesse an anderen Themen als Sport."

In der Öffentlichkeit konnte der Commissioner keinen potenziellen Besitzer gegenüber einem anderen befürworten oder unterstützen.

Aber insgeheim dachte er, dass McDonough ihm die ideale Person für die Übernahme der Patriots vorgestellt hatte.

Am 26. Oktober 1993 stimmten die NFL-Besitzer einstimmig dafür, einen der neuen Expansionsplätze an eine Investorengruppe aus Charlotte, North Carolina, zu vergeben. Die Carolina Panthers würden das 29. Team der Liga werden und 1995 den Spielbetrieb aufnehmen. Die Entscheidung der Liga, St. Louis zu übergehen, das weithin als mutmaßlich erster Kandidat galt, war ein deutliches Zeichen dafür, dass Orthweins Heimatstadt in Schwierigkeiten steckte. Als die Stadt kurz vor der Fertigstellung ihres neuen Stadions stand, wurde der Druck auf Orthwein immer größer, die Patriots nach St. Louis zu holen.

Als er sah, was passierte, schickte Kraft einen Brief an alle, die potenziell auf die Patriots bieten würden. Darin wurden sie davor gewarnt, die Patriots zu kaufen und an einen anderen Ort zu verlegen. Nach dem Recht des Staates Massachusetts, so teilte er ihnen mit, sei es eine Straftat, wenn ein Mieter gegen eine Betriebsvereinbarung verstoße. Er scheute nicht davor zurück, Anzeige zu erstatten.

Goldman Sachs wusste, dass sie ein Problem hatten. Alle potenziellen Bieter fragten, was es kosten würde, sich aus dem Vertrag mit Kraft freizukaufen. Doch Goldman Sachs wusste darauf keine Antwort. Kraft weigerte sich auf Anraten seines Anwalts, eine solche vorzulegen. Nach dem Rechtsgrundsatz der effektiven Vertragserfüllung würden die Gerichte die Patriots verpflichten, im Foxboro Stadium aufzutreten, solange Kraft sich weigerte, Geld anstelle der Einhaltung des Pachtvertrags durch das Team zu akzeptieren. „Geben Sie ihnen keine Zahl, egal wie hoch", sagte Krafts Anwalt zu ihm. „Denn sobald Sie Ihren Schaden beziffern, können Sie die Vertragserfüllung nicht mehr durchsetzen."

Krafts Haltung frustrierte Orthweins Lager. Daraufhin verweigerte Goldman Sachs Kraft den Zugang zu den Finanzberichten des Teams, die allen anderen Kaufinteressenten zugänglich gemacht worden waren. Dieser Schritt war für Kraft von Nachteil. Ohne die Möglichkeit, die Höhe und die Laufzeit der Verträge mit Trainern und Spielern zu beurteilen, ganz zu schweigen von den Gewinn-und-Verlust-Rechnungen der Organisation, war Kraft praktisch daran gehindert, ein Angebot vorzubereiten.

Angesichts des näher rückenden Ablaufs der Einreichungsfrist war die Botschaft, die vermittelt wurde, eindeutig: Egal was passiert, verkaufen Sie nicht an Kraft.

Im Gegensatz zu Goldmans Taktik erhielt Kraft eine Einladung zu einem Treffen mit Eric Grubman in New York. In dem Glauben, endlich Einsicht in die Finanzen zu erhalten, reiste Kraft im November 1993, am Tag nach Thanksgiving, nach Manhattan. In Begleitung seines Sohnes Jonathan setzte sich Kraft zum Mittagessen mit Grubman im Pierre Hotel zusammen.

„Wir werden Sie in das Ausschreibungsverfahren einbeziehen", sagte Grubman zu ihm.

Das waren die Worte, die Kraft hören wollte.

„Aber", so Grubman weiter, „wir brauchen noch eine Zahl."

Kraft legte seine Serviette ab und stand vom Tisch auf. „Ich setze keinen Wert für den Pachtvertrag fest", sagte er. „Entweder Sie gewähren mir Zugang zu den Daten oder nicht."

Dann ging er hinaus. Jonathan folgte.

In dieser Nacht rief Kraft seinen Freund Stephen Friedman an, den Vorstandsvorsitzenden von Goldman Sachs. Sie waren beide Mitglieder des Kuratoriums der Columbia University. Kraft verschwendete keine Zeit mit Höflichkeiten.

„Ihr verarscht mich", sagte er.

Friedman war an dem Geschäft nicht beteiligt und hatte keine persönliche Kenntnis von den Einzelheiten. Kraft klärte ihn auf und bestand darauf, dass ihm der Zugang zu den Finanzen der Patriots verwehrt worden war, was ihn im Grunde vom Bieterverfahren ausschloss.

„Deine Firma lässt uns da nicht ran", sagte Kraft. „Und ich denke, das ist illegal."

Kraft benutzte nicht die Worte Erpressung oder Kartellrecht, aber das war auch nicht nötig. Kurz nach Krafts Gespräch mit Friedman verbrachten Jonathan und zwei von Roberts Mitarbeitern einen Tag in der Goldman-Sachs-Zentrale in New York, wo sie Finanzunterlagen der Patriots durchforsteten.

Am 1. Dezember 1993 stimmten die NFL-Besitzer mit 26:2 Stimmen für die Vergabe des letzten Platzes an Jacksonville, Florida. Natürlich war Orthwein einer der beiden Eigentümer, die gegen die

Entscheidung stimmten. Sein Plan, der Liga einen Gefallen zu tun, indem er die Lage in New England stabilisierte in der Hoffnung, ein Expansionsteam in St. Louis zu bekommen, war gescheitert. Beunruhigt schickte Orthwein einen eindringlichen Brief an Commissioner Paul Tagliabue. Darin warnte er die Liga davor, sich in seine Bemühungen, die Patriots zu verkaufen, einzumischen. Seine Botschaft war klar: Jetzt, da eine Franchise-Erweiterung nicht mehr infrage kam, mussten die Patriots nach St. Louis geholt werden. Zur gleichen Zeit hörte Tagliabue von Leuten bei Anheuser-Busch, die die Patriots in St. Louis haben wollten.

Tagliabue musste entscheiden, ob er auf das Schreiben Orthweins antworten sollte. Eine der Personen, die er um Rat fragte, war Frank Hawkins, der Senior VP of Business Affairs der Liga. Zuvor hatten Tagliabue und Hawkins in derselben Anwaltskanzlei gearbeitet. Als Tagliabue Commissioner wurde, überzeugte er Hawkins, mit ihm zur NFL zu kommen. Neben anderen Aufgaben überprüfte Hawkins alle Unterlagen im Zusammenhang mit Ligatransaktionen. Als er Krafts Pacht- und Betreibervertrag für das Stadion untersuchte, kam er zu dem Schluss, dass Goldman Sachs die Auktion platzen lassen würde, wenn Kraft nicht bereit wäre, die Patriots umziehen zu lassen. „Meiner Meinung nach hat Kraft das Team gewonnen, als er den Pachtvertrag 1988 aus dem Konkurs herausgekauft hat“, sagte Hawkins. „Falls Kraft nicht einer Abfindung für den Pachtvertrag zustimmt, wird das Team an ihn verkauft werden.“

Die anderen Anwälte im Ligabüro stimmten mit Hawkins überein. Gemeinsam gaben sie ihre Analyse an Tagliabue weiter, mit der Empfehlung, dass, wenn er die Situation auf sich beruhen ließe, Kraft am Ende das Team besitzen würde. „Wir haben ihm gesagt, wenn Kraft nicht will, dass das Team umzieht, wird das nicht passieren“, erklärte Hawkins.

Tagliabue entschied sich, die Situation laufen zu lassen.

Robert und Jonathan Kraft waren entmutigt und wütend, als sie am 2. Januar 1994 im Foxboro Stadium ankamen. Nach einem Start von 1-11 hatte New England seine letzten drei Spiele gewonnen und sich auf 4-11 verbessert. Als sich die Patriots auf ihr letztes reguläres Saisonspiel gegen Miami vorbereiteten, waren die Vorzeichen vielversprechend. In der Presse war jedoch zu lesen, dass das Team wahrscheinlich nach St. Louis gehen würde. Das Spiel wurde als das letzte Heimspiel der Patriots in New England angekündigt. Fast 54.000 Fans – mehr als doppelt so viele wie beim letzten Heimspiel – kamen, um Parcells und Bledsoe ein letztes Mal zu sehen und sich von der Mannschaft zu verabschieden.

Robert blickte von seiner Suite aus auf die Menge und dachte über seine Situation nach. Goldman Sachs hatte noch immer nicht um sein Angebot gebeten. Aber alle anderen hatten ihre Gebote abgegeben. Und es kursierten Gerüchte, dass Orthwein an den Geschäftsmann Stan Kroenke aus Missouri verkaufen wolle. Es war schwer, nicht pessimistisch zu sein.

„Vielleicht wird es einfach nicht passieren", sagte Robert zu Jonathan.

New England spielte an diesem Tag sein bestes Spiel der Saison und lieferte sich ein Kopf-an-Kopf-Rennen mit einem Team aus Miami, das um einen Play-off-Platz kämpfte. Die Patriots führten bis in die Schlussminuten, als die Dolphins schließlich mit 24 : 20 die Oberhand gewannen. Doch Bledsoe trieb sein Team über 75 Yards an und beendete den Drive mit einem dramatischen Touchdown-Pass auf Ben Coates, der sein Team wieder auf 27 : 24 heranbrachte. Miami konterte mit einem Field Goal in letzter Sekunde und schickte das Spiel in die Verlängerung. Selten hatten New Englands Fans so viel Drama erlebt.

Vier Minuten und 44 Sekunden vor Ende der Verlängerung wurde Bledsoe getroffen und zu Boden geworfen, als er gerade einen hohen Ball in Richtung Endzone warf. Receiver Michael Timpson rannte 36 Yards weit und fing den Ball im Laufen, was die Menge in helle Aufregung versetzte. „Sie können sich den Lärm der Menge hier nicht vorstellen", sagte NBC-Moderator Don Criqui in der Sendung.

New England hatte seinen vierten Sieg in Folge errungen, das hoch favorisierte Miami mit 33 : 27 besiegt und damit aus dem Rennen um die Play-offs geworfen.

Kraft stieß die Fäuste in die Luft und umarmte Jonathan so fest, dass er ihn fast umwarf. Sprechchöre mit „Drew, Drew, Drew" hallten durch das Stadion. Die Patriots hatten die Saison mit 5-11 abgeschlossen. Aber mit Parcells und Bledsoe sah die Zukunft der Mannschaft rosiger aus denn je.

Ganze zehn Minuten nach Spielende waren die Tribünen immer noch weitgehend gefüllt. Robert und Jonathan befanden sich in dem stählernen Aufzug, der von der Etage der Suiten zum Erdgeschoss außerhalb des Foxboro Stadium führte. Tausende von Fans waren immer noch drinnen und skandierten: „Nehmt uns nicht unser Team! Nehmt uns nicht unser Team! Nehmt nicht unser Team!" In den 22 Jahren, in denen Kraft Inhaber einer Dauerkarte war, hatte er noch nie solche Emotionen erlebt. Der kalte Abendwind peitschte durch das Metallgestell des Aufzugs, als er sich an Jonathan wandte. „Es kommt verdammt noch mal überhaupt nicht infrage, dass wir dieses Team nicht kaufen", sagte er.

6

VERKAUFT!

Als Präsident der BankBoston hatte Charles „Chad" Gifford viele Aufgaben, eine davon waren der Aufbau und die Pflege von Beziehungen zu Kunden, die für die Aktionäre der Bank am wichtigsten waren. Robert Kraft war einer dieser Kunden. Seine Papier- und Verpackungsunternehmen waren seit Jahren Kunden von Giffords Bank. Kraft unterhielt dort auch zahlreiche persönliche Konten. Schon früh wandte er sich an Gifford wegen eines Kredits der BankBoston, um die Patriots zu kaufen.

Nach Prüfung der Bilanz und der finanziellen Angaben der Mannschaft ermittelten Gifford und ein Team von Bankern und Analysten für die Patriots einen Marktwert von etwa 115 Millionen Dollar. Kraft stimmte zu, rechnete aber damit, dass er mindestens 150 Millionen Dollar bieten müsste, um das Team zu bekommen. Zunächst war Gifford ein wenig unruhig. Die Patriots waren das wohl schlechteste Team in der NFL, sie verloren Geld und brauchten dringend ein neues Stadion. Kraft argumentierte jedoch überzeugend, dass die Patriots nach wie vor ein sehr wichtiger Aktivposten für die Region seien, der verloren ginge, wenn die Bank nicht einsprang.

Es war hilfreich, dass Kraft eine Erfolgsbilanz aufwies, wenn es darum ging, angeschlagene oder unterdurchschnittlich arbeitende Unternehmen wieder rentabel zu machen. Er hatte es in der Fertigung, im Versand, den Medien und der Unterhaltungsindustrie geschafft. Die Ankunft von Parcells und Bledsoe trug ebenfalls zu einem Gefühl von Sicherheit im Hinblick auf die Zukunft des Teams bei.

Zuversichtlich, dass die Franchise mit Kraft am Ruder wieder auf die Beine kommen würde, verbrachte Giffords Gruppe Wochen damit, Zahlen zu überprüfen. Es war ein hartes Stück Arbeit, aber die Bank genehmigte schließlich ein Finanzierungspaket, das es Kraft ermöglichte, 158 Millionen Dollar zu bieten.

Mitte Januar 1994 erhielt Kraft einen Anruf von Eric Grubman von Goldman Sachs. Ohne zu viel zu verraten, ließ er verlauten, dass er über mehrere konkurrierende Angebote verfügte. Die Höhe der anderen Angebote wollte er nicht nennen. Er sagte auch nicht, welchen Platz Krafts Angebot dabei einnahm. Er schlug einfach vor, dass Kraft sein Bestes geben sollte.

Für Kraft klang das wie ein Bluff. „Warum sollte ich jetzt meinen Preis erhöhen?", fragte er. „Ich habe bereits einen guten Preis genannt."

„Ich kann Ihnen nicht sagen, was Sie tun sollen", sagte Grubman. „Ich kann Sie nur bitten, Ihren besten Preis zu nennen. Wenn Sie das getan haben, dann ist gut. Aber wenn nicht, ist jetzt der richtige Zeitpunkt."

Ungläubig verbrachte Kraft den Rest des Tages damit, sich seinen nächsten Schritt zu überlegen. Er wusste, dass sein Angebot solide war. Er wusste auch, dass sein Pachtvertrag ihm einen enormen Vorteil gegenüber den anderen Bietern verschaffte. Vielleicht hatte sich Orthwein endlich mit der Tatsache abgefunden, an Kraft verkaufen zu müssen. Und vielleicht war der Anruf von Goldman Sachs nur ein letzter Versuch, Krafts Angebot noch ein wenig höher zu treiben. Bei diesem Szenario würde Kraft im Grunde genommen gegen sich selbst bieten, wenn er sein Angebot erhöhte.

Aber was, wenn Grubman nicht bluffte? Es war durchaus denkbar, dass die Gruppe in St. Louis ihn überboten hatte. Es war auch möglich, dass die Jungs in St. Louis so versessen darauf waren, ein Team zu bekommen, dass sie bereit waren, zu viel für die Patriots zu bezahlen, obwohl Kraft einen Pachtvertrag hatte, der besagte, dass sie nicht vor 2001 umziehen könnten.

Das waren Risiken, die Kraft nicht eingehen wollte. Er rief Grubman zurück und sagte, dass er eine Erhöhung seines Angebots in Betracht ziehen könnte. Aber er sagte Grubman auch unmissverständlich, dass er es leid sei, herumzualbern. Er wollte eine Zielvorgabe – eine Zahl – um zu wissen, wie hoch sein Angebot sein musste, um den Zuschlag zu erhalten. Kein Tappen im Dunkeln mehr. Nach einigem Hin und Her legte Kraft auf und war sich darüber im Klaren, dass er sein Angebot um etwa 15 Millionen Dollar erhöhen musste.

Im Gegensatz zu den anderen Bietern verfügte Kraft nicht über unbegrenzte Ressourcen. Er hatte bereits alles, was er zu bieten hatte, auf den Kaufpreis angerechnet. Um noch höher zu kommen, brauchte er Hilfe.

Krafts Büro war nur einen Block von der BankBoston entfernt. Er rief Chad Gifford an und sagte, er sei auf dem Weg zu ihm. „Ich muss Sie sofort sehen", sagte er. „Es ist dringend."

Die Anspannung in Krafts Stimme war deutlich spürbar. Gifford befürchtete das Schlimmste und wies seine Sekretärin an, seine Nachmittagstermine zu streichen und alle Anrufe zurückzuhalten. „Ich hatte das Gefühl, dass Robert gleich sagen würde: ‚Scheiß drauf! Ich habe die Nase voll von diesen Leuten.'"

Der kurze Weg von seinem Büro bis zu Gifford trug wenig dazu bei, Krafts Nerven zu beruhigen. Sobald er auf Giffords gelber Couch Platz genommen hatte, brach es aus ihm heraus. Goldman Sachs spielte nicht fair. Er wusste nicht, wie viel andere Bieter geboten hatten. Aber er war gezwungen, ein höheres Angebot abzugeben.

Gifford kam zum Kern der Angelegenheit. „Um was geht es genau?"

„Ich brauche weitere 15 Millionen Dollar", sagte Kraft.

„Gütiger Himmel", sagte Gifford. „Wir haben es schon bis zum Äußersten ausgereizt, Robert."

Das wusste Kraft. Aber er brauchte die Bank, um noch etwas weiterzugehen, sonst konnte das Geschäft nicht zustande kommen.

„Verdammt!", rief Gifford.

Kraft und Gifford waren beide verärgert über diese Situation. Aber sie schrien sich gegenseitig an. „Es war ein echter Mann-zu-Mann-Moment, Auge-in-Auge", erinnerte sich Gifford.

Nach etwa einer Stunde intensiven Hin und Hers war eines klar – beide Männer waren entschlossen, einen letzten Versuch zu unternehmen, das Team zu bekommen. Gifford musste jedoch sicherstellen, dass

Krafts Darlehen so strukturiert werden konnte, dass die Bank im Gegenzug für das zusätzliche Kapital eine höhere Rendite erzielen konnte.

„Chad“, sagte Kraft mit sanfter, aber fester Stimme, „dieser Kredit wird Ihnen nicht schaden. Sie haben mein Wort. Wir werden Ihnen jeden Cent zurückzahlen. Ich verspreche es.“

Gifford sagte, er werde ihm so schnell wie möglich eine Antwort zukommen lassen.

In den nächsten 24 Stunden führte Gifford viele interne Gespräche mit seiner Gruppe. Die Zahlen, die sie betrachteten, rechtfertigten einfach nicht die Zahlung von rund 173 Millionen Dollar für das Team. Dennoch war Gifford zuversichtlich, dass die NFL-Franchises im Laufe der Zeit im Wert steigen würden. Und tief in seinem Innern spürte er, dass sich die Zusammenarbeit mit Kraft letztendlich für die Bank und ihre Aktionäre positiv auswirken würde.

„Der wichtigste Teil eines Kredits ist die Person, der man einen Kredit gibt“, erklärt Gifford. „Entscheidend sind die Integrität des Kreditnehmers und seine Bereitschaft, den Kredit im Falle von Schwierigkeiten zu tilgen. Sie würden so etwas nicht tun, wenn Sie kein Vertrauen aufbauen könnten, vor allem bei Unternehmerkrediten. Robert hat sich dieses Vertrauen meiner Meinung nach in hervorragender Weise verdient.“

Weniger als 48 Stunden nach dem Treffen in Giffords Büro rief er Kraft an und teilte ihm die Nachricht mit. „Wir werden es tun“, sagte Gifford.

„Chad, ich werde Sie nicht enttäuschen“, erwiderte Kraft.

Kraft rief Grubman zurück und sagte ihm, er sei bereit, sein Angebot um 15 Millionen Dollar zu erhöhen. Aber er hatte eine Bedingung: Er wollte sich persönlich mit Orthwein treffen und war bereit, dafür nach St. Louis zu fliegen. „Ich habe es satt, mich mit Zwischenhändlern herumzuschlagen“, sagte Kraft.

Ein Treffen mit Orthwein sei nicht möglich, sagte Grubman.

Kein Treffen, kein Angebot, konterte Kraft.

Grubman sagte, er werde sehen, was er tun könne.

In diesem Moment wusste Kraft, dass er die Patriots bekommen würde, wenn er das Treffen mit Orthwein bekommen würde. Umgekehrt würden die Patriots wahrscheinlich an jemand anderen verkauft werden, wenn Orthwein dem Treffen nicht zustimmte.

Später an diesem Tag erhielt Kraft seine Antwort. Grubman rief zurück und sagte ihm: „Steigen Sie in ein Flugzeug."

James Orthwein wurde von der Anwaltskanzlei Bryan Cave vertreten. Der Seniorpartner der Kanzlei, Walter Metcalfe, kümmerte sich persönlich um die rechtlichen Angelegenheiten Orthweins. Metcalfe war in St. Louis ein wichtiger Strippenzieher. Aufgrund seiner Geschäfte war der Druck auf ihn vielleicht größer als auf Orthwein, ein NFL-Team in die Stadt zu holen. Es war Metcalfe, der den Pakt zum Bau des Kuppelstadions in St. Louis ausgehandelt hatte. Es war Metcalfe, der Orthwein davon überzeugt hatte, die Patriots zu kaufen, und dann den Kaufvertrag aufgesetzt hatte, mit dem das Eigentum von Kiam auf seinen Kunden überging. Und es war Metcalfe, dem die St. Louis Post-Dispatch das Verdienst zuschrieb, den „geschickten Schachzug, der darauf abzielte, das Team für einen Expansionsplatz in St. Louis zu nutzen", durchgeführt zu haben.

Robert und Jonathan Kraft trafen am Vormittag in Metcalfes Büro ein. Sie wurden von zwei Anwälten begleitet, darunter Richard McGinnis, ein Experte für Steuerrecht, der später die weltweite Steuerabteilung von Coopers & Lybrand leiten sollte. Mit Ausnahme von Kraft waren alle Kunden McGinnis' multinationale Unternehmen. Er war es gewohnt, das Steuerrisiko bei milliardenschweren Geschäften zu minimieren. Seine Anwesenheit beruhigte Kraft.

Metcalfe, Orthwein und Orthweins rechte Hand, Michael O'Halloran, waren auf sie vorbereitet. Nach dem Austausch von Höflichkeiten gingen Kraft und Orthwein in einen privaten Raum.

„Wissen Sie", begann Orthwein mit einem schiefen Lächeln, „Sie sind ein schwieriger Vermieter."

„Ich dachte, ich sei ein Weichei", sagte Kraft.

Beide Männer lachten. Es war eine lange, harte Verhandlung gewesen. Doch nun, da eine Einigung unmittelbar bevorzustehen schien, setzten beide ihren Charme ein. Nach ein paar Minuten des Kennenlernens wurde klar, dass sie sich in entgegengesetzte Richtungen bewegten. Im Alter von 52 Jahren war Kraft ein Selfmade-Millionär, der sich dem Höhepunkt seiner beruflichen Karriere näherte. Orthwein hingegen stand kurz vor seinem siebzigsten Geburtstag und war der Erbe von 1,6 Millionen Anheuser-Busch-Aktien. Er hatte keine Lust, ein professionelles Footballteam zu besitzen; er wollte nur ein Team in St. Louis haben.

„Nun", sagte Orthwein zu Kraft, „Ihr Angebot für das Team ist durchgedrungen."

Wie sich herausstellte, lag Krafts Angebot etwa 25 Millionen Dollar unter dem des Immobilienmoguls Stan Kroenke aus St. Louis. Doch Kroenkes Angebot war an Bedingungen geknüpft. Er wollte, dass Orthwein die von der Liga auferlegte Gebühr von 20 Millionen Dollar für den Umzug des Teams nach St. Louis übernahm. Vor allem aber verlangte sein Angebot, dass Orthwein die Anwaltskosten und die Ablösesumme übernahm, die im Zusammenhang mit der Kündigung des Stadionmietvertrags und der Betriebsvereinbarung mit Kraft standen. Diese Kosten waren nach oben hin unbegrenzt. Der Verkauf an Kraft war dagegen viel sauberer. Keine Umzugskosten. Keine Anwaltskosten. Keine Ersatzzahlungen. Nur ein schneller Verkauf und ein saftiger Gewinn.

Kraft empfand Orthwein als zuvorkommend und sympathisch. An einem Punkt räumte Orthwein ein, dass es für die Patriots besser sei, in New England zu bleiben. Und er freute sich, dass die Organisation in so guten Händen sein würde. In diesem Moment wusste Kraft, dass Orthwein nicht das Hindernis für den Verkauf des Teams an ihn gewesen war. Der Druck war von anderer Seite gekommen.

Nachdem sie einige letzte Aspekte ihres Deals ausgearbeitet hatten, trafen sich Kraft und Orthwein mit ihren Anwälten und Beratern in einem Konferenzraum, wo Kraft eine verbindliche Absichtserklärung zum Kauf der Patriots für rund 173 Millionen Dollar unterzeichnete.

Kraft und Orthwein schauten einander in die Augen und reichten sich die Hand. Der eine war hocherfreut, der andere erleichtert. Sie hatten eine Abmachung. Kraft wies seinen Anwalt an, eine Überweisung von 15 Millionen Dollar – die Anzahlung – von seinem Konto an Orthweins Anwaltskanzlei zu veranlassen.

Allerdings waren nicht alle Anwesenden begeistert.

„Wir werden das morgen in Boston bekannt geben", erklärte Walter Metcalfe nüchtern. „Wir werden es hier nicht ankündigen."

Metcalfe war hin- und hergerissen. Obwohl sein Kunde zufrieden war, musste seine Stadt einen Verlust hinnehmen. St. Louis stand kurz davor, ein nagelneues, leeres Kuppelstadion zu bekommen. Die Nachricht über den Verkauf an Kraft, so Metcalfe, würde zu Gegenreaktionen führen, von denen sich ein Großteil gegen Orthwein richten würde. Sein Mandant würde also nach Boston fliegen, um den Kaufvertrag zu unterzeichnen und den Verkauf des Teams am nächsten Morgen bekannt zu geben.

Insgeheim war Kraft sehr erfreut. Seiner Meinung nach war Boston der einzige Ort, an dem ein solches Geschäft angekündigt werden sollte.

„In der Zwischenzeit", so Metcalfe, „darf das nicht durchsickern. Wenn das nach außen dringt, ist der Deal geplatzt."

Als Robert und Jonathan an diesem Nachmittag den Flug zurück nach Boston bestiegen, hatten sie das Bedürfnis, ihre Fäuste in die Luft zu strecken und „Yesssss!" zu rufen. Aber dank Metcalfes Drohung trauten sie sich nicht einmal, sich flüsternd über das zu unterhalten, was gerade passiert war. Die Möglichkeit, dass die Presse von dem Geschäft erfuhr, bevor die Abschlussdokumente am nächsten Tag unterzeichnet waren, könnte alles ruinieren. Robert befürchtete, dass Metcalfe es selbst durchsickern lassen könnte, um den Verkauf zu sabotieren.

Jonathan hatte seine eigenen Bedenken. Die Erkenntnis, dass sie gerade 173 Millionen Dollar ausgegeben hatten, überwältigte ihn. Wie sollen wir so viele Schulden decken? Wie viele Suiten müssen wir verkaufen? Wie viel können wir verlangen? Wie viele Dauerkarten können wir verkaufen? Wo liegt die Preisschwelle? Es gab so viel zu tun.

Zu Hause hatte Myra Spaghetti mit ihrer berühmten hausgemachten Soße auf dem Herd warm gestellt, als Robert und Jonathan eintrafen. Die drei hatten sich kaum zum Essen hingesetzt, als das Telefon klingelte. Robert nahm ab und war überrascht, Walter Metcalfe in der Leitung zu hören. In Erwartung schlechter Nachrichten hörte Kraft zu, wie Metcalfe in letzter Minute ein Angebot machte, das ihn dazu bringen sollte, aus dem Geschäft auszusteigen. Die Gruppe in St. Louis würde Kraft 75 Millionen Dollar dafür zahlen, dass er Orthwein aus dem Stadionpachtvertrag entließ. Anstatt 173 Millionen Dollar Schulden zu machen, würde

Kraft 75 Millionen Dollar in bar dafür erhalten, im Prinzip nichts anderes zu tun, als beiseitezutreten und dem Team zu erlauben, nach St. Louis zu ziehen. Es war leicht verdientes Geld.

„Danke, aber dafür haben wir zu hart gearbeitet", sagte Kraft höflich. „Ich bin nicht interessiert."

Er legte auf und biss in eine Frikadelle. „Könnt ihr euch vorstellen, dass sie versuchen, uns zu bestechen, damit wir das Team nicht kaufen?", fragte er.

Jonathan wollte Details.

Zwischen den Bissen fasste Robert das Gespräch zusammen.

„Du warst zu höflich", sagte Jonathan zu ihm.

„Man sollte immer höflich sein", sagte Robert. „Reich mir mal den Parmesan."

„Moment mal", warf Myra ein. „Sie wollten dir 75 Millionen Dollar für ein Stadion zahlen, für das du 25 Millionen Dollar bezahlt hast?"

Robert nickte mit vollem Mund.

„Und das Stadion würde dir immer noch gehören?", fragte sie.

Er nickte erneut.

„Und du hast das nicht angenommen?", fragte sie.

Robert legte seine Gabel weg. „Lass mich etwas erklären."

Krafts erster Job als Junge hatte darin bestanden, vor dem Braves Field in Boston Zeitungen zu verkaufen. Wenn die Spiele anfingen, schlich er sich hinein und sah von den billigen Plätzen aus zu. Er kannte den Namen, die Nummer und die Position eines jeden Spielers. Er bewunderte besonders den dritten Baseman Sid Gordon, den einzigen jüdischen Spieler des Teams, und den Centerfielder Sam „The Jet" Jethroe, den ersten schwarzen Spieler des Teams. In den frühen 1950er-Jahren war das Braves Field wahrscheinlich der einzige Ort in Boston, an dem alle zusammenkamen, um einen Juden und einen Afroamerikaner anzufeuern.

„Das war mein Team", sagte Kraft, während Myra und Jonathan zuhörten. „Nachdem die Braves die Stadt verlassen hatten, starb ein Teil von mir. Ich war untröstlich. Ich erinnere mich noch an dieses Gefühl. Er verlässt dich nie. Es geht also nicht um Geld."

Das Telefon klingelte erneut. Diesmal erkannte Robert die Nummer – es war McDonough vom Boston Globe. Zweifellos rief sein Freund an, um zu erfahren, ob die Patriots nach St. Louis gehen oder in New England bleiben würden. Auf keinen Fall würde Kraft diesen Anruf annehmen.

Nachdem er aufgegessen hatte, ging er stattdessen in sein Arbeitszimmer und rief den Gouverneur von Massachusetts, William Weld, zu Hause an. An diesem Wochenende sollte Kraft zusammen mit Mitgliedern von Welds Regierung zu einer Handelsmission nach Israel reisen. Er erklärte dem Gouverneur, dass er absagen müsse. Es habe sich etwas Großes ergeben.

„Ich bin dabei, das Team zu kaufen", sagte Kraft ihm.

Weld konnte es vor Freude kaum fassen. Er hatte sich bereits darauf vorbereitet, dass die Patriots nach St. Louis aufbrechen würden. Er war auch davon überzeugt, dass die Fans und die Medien ihm vorwerfen würden, nicht mehr für den Verbleib des Teams in Massachusetts getan zu haben. „Sie haben mir den Hintern gerettet", sagte Weld.

Die beiden Männer reichten sich am Telefon verbal die Hand und Kraft lud ihn zur Pressekonferenz am nächsten Morgen ein. Weld sagte, er würde es um nichts in der Welt verpassen wollen. Dann kam Kraft auf den wahren Grund für seinen Anruf zu sprechen.

„Ich lehne mich hier weit aus dem Fenster", sagte Kraft zu ihm. „Wir können nicht überleben und auf dem NFL-Markt konkurrieren, wenn wir kein neues Stadion in Boston haben."

Weld sagte, er verstehe das vollkommen.

„Ich brauche Ihre Zusage, dass Sie mir helfen werden, eines zu bekommen", fuhr Kraft fort.

Weld gab sein Wort darauf.

Kraft und Orthwein sollten am Freitag, den 21. Januar 1994, in den frühen Morgenstunden in einem privaten Raum des Ritz Carlton Hotels in Boston die Abschlussdokumente unterzeichnen. Die Pressekonferenz zur Bekanntgabe des Verkaufs war für unmittelbar danach angesetzt. Roberts Sohn Dan hatte Angst, das große Ereignis zu verpassen, weil er ein noch wichtigeres Ereignis vor sich hatte: Seine Frau war mit ihrem ersten Kind schwanger, obwohl sie ihren Eltern die Nachricht noch nicht mitgeteilt hatten. Bei seiner Frau war kurz vor Beginn der Pressekonferenz eine Ultraschalluntersuchung geplant. Dan wollte auf keinen Fall die Ultraschalluntersuchung verpassen.

Sobald sie im Krankenhaus fertig waren, fuhren Dan und seine Frau zum Hotel und kamen nur wenige Minuten vor Beginn der Pressekonferenz an. Dan eilte mit einem Ultraschallbild herein und zeigte es seinem Vater.

„Was ist das?", fragte Robert.

„Dein erstes Enkelkind", sagte Dan.

Robert stiegen die Tränen in die Augen. „Ich habe ein Enkelkind?"

Mit Tränen in den Augen nickte Dan.

Robert starrte das Bild einen Moment lang an, bevor er es Dan zurückreichte. „Und ich habe gerade die Patriots gekauft", sagte er und umarmte Dan und seine Schwiegertochter. „Jetzt lasst uns das Geschäft abschließen."

Schließlich bemerkte Dan, dass sein Vater eine Flasche Dom Perignon in der Hand hielt. „Wofür ist das?", fragte er.

„Das ist für Orthwein."

„Warum schenkst du ihm Jahrgangschampagner?", fragte Dan.

„Weil es das Richtige ist."

„Papa, du gibst ihm 170 Millionen Dollar. Er sollte dir Champagner schenken."

Orthwein und Kraft saßen an einem Tisch mit stationären Mikrofonen und stellten sich den Medien. Orthwein lächelte und sah aus wie ein Mann, der gerade einer unglücklichen Ehe entkommen war. Er sprach als Erster. „Ich danke Ihnen allen für Ihr Kommen", begann er. „Ich weiß das zu schätzen. Als ich im Mai 1992 die New England Patriots kaufte, sagte ich, dass ich ein Interimseigentümer sein würde." Er schilderte, was er seither alles getan hatte, um sein Wort zu halten. Die Einstellung Bill Parcells und die Verpflichtung von Drew Bledsoe hätten dem Team „eine solide Grundlage für die Zukunft" verschafft, sagte er. Er betonte, dass er sein Ziel erreicht habe, bedankte sich bei der Stadt und stellte Kraft vor.

Bevor er sich an die Presse wandte, lud Kraft seine Familie und Chad Gifford ein, sich ihm anzuschließen. Als sie sich hinter ihm aufstellten, bedankte sich Kraft bei Orthwein. „Das ist ein großer Tag für meine Familie und hoffentlich für alle Fans in New England", begann er. Dann fing er an, über den Tag zu sprechen, an dem die Braves Boston verließen und die Dodgers Brooklyn.

„Manche Leute finden es ziemlich albern, so viel Geld für ein Spiel auszugeben", sagte er. „Aber für diejenigen unter Ihnen, die Fans sind, möchte ich sagen, dass dieses Spiel die Aufmerksamkeit dieser Öffentlichkeit und der Öffentlichkeit im ganzen Land von August bis Januar auf eine Weise fesselt, die schwer zu erklären ist, wenn man sich nicht damit beschäftigt. Und das wirkt sich wirklich auf die Psyche und das Gefüge der Gemeinschaft aus."

Als Kraft sprach, sah Orthwein ihn an und nickte.

„Dies ist meine Heimatstadt", so Kraft weiter. „Und ich glaube einfach, dass diese Heimatstadt nicht mehr dieselbe wäre, wenn dieses Team hier weggegangen wäre … Wenn dieses Team weggegangen wäre, hätte das meiner Meinung nach eine langfristig schädliche Wirkung gehabt."

Seine Jungs strahlten. Myra auch. Die Summe, die ihr Mann für das Team bezahlt hatte, machte sie nervös. Doch als sie über seine Schulter blickte und all die Reporter, Kameras und Politiker – vom Gouverneur bis zu den Mitgliedern der Kongressdelegation von Massachusetts – sah, die auf ihren Mann blickten, konnte sie nicht anders als immensen Stolz über seine Leistung zu empfinden. Einmal beugte sie sich vor und flüsterte in Giffords Ohr: „Chaddie, wird es uns gut gehen?" Er lächelte und nickte.

„Abschließend", so Kraft, „möchte ich nur noch sagen, dass es mein Ziel ist, eine Meisterschaft nach New England zu holen. Wir haben das nicht gemacht, um Fußabtreter für andere Teams zu sein."

23 Jahre nachdem er Dauerkarteninhaber geworden war, hatte Kraft endlich seinen Traum verwirklicht. Ihm gehörten die Patriots. Es fühlte sich an, als ob er mit Sternenstaub bestreut worden wäre. Er hatte das Gefühl, dass dies der größte Spaß sein würde, den er je in seinem Leben hatte.

Das dachte er zumindest.

7

TREFFEN MIT DEM NEUEN CHEF

Stunden nach der Pressekonferenz mit Orthwein fuhr Kraft mit seiner Familie nach Boston Garden, um ein Spiel der Celtics zu sehen. Das war ihre Art, zu feiern. Später am Abend lag Myra im Bett und las, und Robert war gerade ins Schlafzimmer gekommen, als gegen 22.30 Uhr das Telefon klingelte. Er nahm das Gespräch entgegen und setzte sich auf seine Seite des Bettes. Es war Bill Parcells. Es klang dringend, als er sagte, es sei etwas passiert, das sofortige Aufmerksamkeit erfordere.

„Wir müssen Bruce Armstrong wieder unter Vertrag nehmen", sagte Parcells.

„Wie viel wird das kosten?", fragte Kraft.

„Ein Vierjahresvertrag kostet 10 Millionen Dollar."

Kraft holte tief Luft. Er stand bereits mit 173 Millionen Dollar in der Kreide.

„10 Millionen sind eine Menge Geld", sagte er.

„Ja, nun, er ist unser linker Tackle", sagte Parcells. „Er schützt Bledsoe's linke Flanke. Damit schützt er die Mannschaft."

Kraft hörte zu, während Parcells seine Argumente vortrug. Es war ein Moment, der Krafts neue Realität verdeutlichte: Der am meisten bewunderte Cheftrainer der NFL rief ihn zu Hause an, um mit ihm zu besprechen, wie er einen der größten zukünftigen Stars des Spieles schützen könnte. Kraft saß plötzlich in der ersten Reihe. Die Zahlen, die im Raum standen, waren unglaublich. Aber er lebte einen Kindheitstraum.

„Okay, Bill", sagte er. „Mach es. 10 Millionen für vier Jahre."

Als Robert auflegte, sah Myra von ihrem Buch auf und blickte über das Gestell ihrer Lesebrille hinweg. „Läuft das Sommerhaus auf meinen Namen?“, fragte sie.

Im Rahmen des Finanzierungspakets, das Kraft mit der BankBoston ausgehandelt hatte, hatte er 15 Millionen Dollar angezahlt. Die verbleibenden 158 Millionen Dollar wurden als Darlehen aufgenommen. Aufgrund des prozentualen Anteils der Schulden war es das Darlehen mit der höchsten Fremdfinanzierung in der Geschichte der Liga. Bevor der Finanzausschuss der NFL, der sich aus verschiedenen Teambesitzern zusammensetzte, den Verkauf an Kraft genehmigte, wollte er ihn und seinen Kreditgeber anhören. Kraft und Bankpräsident Chad Gifford wurden nur wenige Tage vor dem Superbowl XXVIII nach Atlanta gerufen.

In einem Hotelkonferenzraum stand Kraft einer Gruppe von NFL-Besitzern gegenüber. Während er sprach, taxierte ihn ein Mitglied des Finanzausschusses – der Präsident der San Francisco 49ers, Carmen Policy. Der studierte Jurist war Bevollmächtigter des 49ers-Teambesitzers Eddie DeBartolo. Er war lange genug im Finanzausschuss, um mitzuerleben, wie die Patriots dreimal den Besitzer wechselten. Er war auch mit den finanziellen Problemen des Teams und seiner minderwertigen Einrichtung bestens vertraut. Seine Hauptfrage war, ob Kraft das Team langfristig besitzen wolle. Die Liga hatte die Nase voll von der ganzen Ungewissheit um die Patriots.

„Ich möchte ein guter Partner sein“, sagte Kraft. „Ich kaufe nicht mit der Absicht, Eigenkapital aufzubauen, um dann zu verkaufen. Ich kaufe, weil dies ein Teil meines Lebens sein wird. Und hoffentlich mein Vermächtnis.“

Policy spürte seine Aufrichtigkeit und sagte nichts weiter.

Es oblag Gifford, die Einzelheiten des Darlehens zu erläutern und Fragen zum Finanzierungspaket der Bank zu beantworten. Seine ausführliche, klare Präsentation beeindruckte den Ausschuss. Am Ende seiner Ausführungen blickte Gifford in die Runde und nahm mit jedem Besitzer Blickkontakt auf. „Ich kann den Mitgliedern dieses Ausschusses versichern, dass wir das Darlehen nie gewährt hätten, wenn wir nicht geglaubt hätten, dass Bob die Sache durchziehen und sich dafür einsetzen würde“, sagte er. „Unterm Strich haben wir diesen Kredit gewährt, weil wir Bob Kraft vertrauen.“

Giffords Unterstützung zerstreute alle noch bestehenden Bedenken.

Danach wandte sich der Besitzer der Kansas City Chiefs, Lamar Hunt, an Kraft. In den 70er-Jahren, als Kraft das Tennisteam der Boston Lobsters besaß, war Hunt Besitzer eines rivalisierenden Tennisteams gewesen.

„Wissen Sie", sagte Hunt, „ich denke immer noch, dass dieser Hummer das beste Sportlogo war, das ich je gesehen habe."

Kraft dankte ihm, und Hunt reichte ihm die Hand und hieß Kraft in der NFL willkommen.

An diesem Nachmittag gingen Kraft und Gifford auf einen Drink in die Hotelbar in Buckhead. O. J. Simpson betrat die Bar mit einer auffallend schönen blonden Frau an seiner Seite. Das Paar drehte sich um, als es sich Krafts Tisch näherte. Als Kraft aufstand, grinste Simpson breit, legte seinen Arm um ihn, gratulierte ihm und machte einen Witz über Parcells. Die Frau sagte kein einziges Wort. Simpson stellte sie auch nicht vor. Fünf Monate später, als Simpson des Mordes an seiner Ex-Frau Nicole Brown Simpson angeklagt wurde, erkannten Kraft und Gifford ihr Bild im Fernsehen als das der Frau, die mit O. J. zusammen gewesen war.

Später am Abend ging Kraft mit seinem Sohn Jonathan auf einen Schlummertrunk in die Bar. Zu ihnen gesellten sich die NBC-Moderatoren Bob Costas und Bryant Gumbel, der ehemalige Cheftrainer der Redskins, Joe Gibbs, und der Schauspieler Kevin Costner.

„Sie haben etwas Großartiges getan", sagte Gumbel zu Kraft.

Es war seltsam, sich vorzustellen, dass sie mit einem der größten Stars Hollywoods etwas trinken würden. Costners letzter Film, Bodyguard mit Whitney Houston, war ein Kassenschlager gewesen. Sein nächster Film, Wyatt Earp, sollte schon in wenigen Monaten erscheinen. Und er war kurz davor, mit den Dreharbeiten zu Tin Cup zu beginnen. Nachdem alle auf ihre Zimmer gegangen waren, fand sich Jonathan Kraft allein mit Costner wieder, der mehr als eine junge Frau abwehren musste.

„Wir müssen Sie zum Patriots-Fan machen", sagte Jonathan.

„Sie können mich zu nichts zwingen", sagte Costner. „Aber Sie können sich meine Unterstützung verdienen."

Die Superbowl-Szene war aufschlussreich. Überall waren Berühmtheiten zu sehen. Und plötzlich wurde Kraft wie eine solche behandelt.

Der Schriftsteller George Plimpton kam auf ihn zu und sagte: „Ich bin Ihr größter Fan." Der Musiker Charlie Daniels stellte sich vor und bot an, die Nationalhymne bei einem Spiel der Patriots zu singen. Feuilletonjournalisten von Sports Illustrated bis zur New York Times wollten Kraft interviewen.

Die aufschlussreichste Erfahrung war jedoch Krafts Begegnung mit dem Besitzer der Dallas Cowboys, Jerry Jones. Als sich die beiden Männer zum ersten Mal bei einem privaten Abendessen für NFL-Besitzer im Haus des Atlanta Falcons-Besitzers Rankin Smith trafen, befanden sie sich an entgegengesetzten Enden des Spektrums. Kraft war der Neuling, der gerade versuchte, sich Namen und Gesichter zu merken. Jones war an der Spitze der Football-Welt. Nur vier Jahre nach dem Kauf der Cowboys beneidete ihn die gesamte Liga. Er war ein extravaganter und freimütiger Mann, der im Begriff stand, mit seinem Team zwei Superbowls hintereinander zu gewinnen. Obwohl er im Mittelpunkt der Aufmerksamkeit stand, ließ es sich Jones nicht nehmen, Zeit mit Kraft zu verbringen und ihm das Gefühl zu geben, willkommen zu sein. Auf einer Party, die Commissioner Tagliabue am Vorabend des Superbowls veranstaltete, sprach Jones Kraft erneut an. Diesmal lud er ihn und seinen Sohn Jonathan ein, den Superbowl mit ihm in seiner Privatloge zu verfolgen.

„Das können wir nicht machen", sagte Kraft. „Es ist Ihr Tag."

„Ich bestehe darauf", sagte Jones und gab zu verstehen, dass er keinen anderen Besitzer einladen würde.

Um so viel wie möglich darüber zu erfahren, wie Jones sein Team führte, begab sich Kraft am 30. Januar 1994 zu ihm in seine Suite im Georgia Dome. Angeführt von Cheftrainer Jimmy Johnson und seinem Superstar-Trio Troy Aikman, Emmitt Smith und Michael Irvin demontierte Dallas die Buffalo Bills zum zweiten Mal in Folge und bescherte Jones seine zweite Superbowl-Meisterschaft. Als Kraft zuschaute, konnte er sich kaum vorstellen, dass ein Jahrzehnt später er und Jones jeweils drei Superbowl-Championships besitzen würden und sie als die beiden einflussreichsten Besitzer der modernen NFL-Ära gelten würden.

Auf dem Rückflug nach Boston am nächsten Morgen konnte Kraft es kaum erwarten, an die Arbeit zu gehen.

An seinem ersten Tag als Besitzer signalisierte Robert Kraft, dass die Tage des business as usual in New England vorbei waren. Allein mit 173 Millionen Dollar Schulden, wollte Kraft die Verwaltung der Franchise keinem anderen anvertrauen. Entschlossen, das Geschäft des Profi-Footballs zu erlernen und zu beherrschen, trat er als CEO von International Forest Products zurück, um sich voll und ganz auf seine neue Rolle als Chairman und CEO der Patriots einzulassen. Während sein zweitältester Sohn Dan die Leitung der IFP übernahm, vervollständigte Kraft das Führungsteam der Patriots und ernannte Jonathan Kraft zum Präsidenten und Andy Wasynczuk zum Chief Operating Officer.

Mit 29 Jahren war Jonathan der mit Abstand jüngste leitende Angestellte in der NFL. Wasynczuk, Mitte dreißig, kam direkt hinter ihm.

Ihre Ernennungen verrieten viel über die neue Richtung, die Kraft einschlagen wollte. Weder Jonathan noch Wasynczuk hatten Erfahrung mit der Leitung eines professionellen Sportteams. Aber beide hatten an der Harvard Business School studiert und waren bei Bain ausgebildet worden, wo man von ihnen erwartete, herauszufinden, wie komplexe Unternehmen aus verschiedenen Branchen ihre Leistung verbessern könnten. Schon Wochen bevor der Kauf des Teams den formellen Genehmigungsprozess der Liga durchlief, hatten Kraft und Wasynczuk die Aufgabe, sich mit zwei neuen Konzepten vertraut zu machen, die die Landschaft der Liga zu verändern versprachen: die Gehaltsobergrenze und die Free Agency. Es gab eine Menge zu klären.

Bevor Kraft die Patriots kaufte, einigten sich die NFL-Besitzer und die Spielergewerkschaft darauf, dass die Teams ab 1994 nur noch 34,6 Millionen Dollar für Spielergehälter ausgeben dürfen. Diese neue Obergrenze – die sogenannte „salary cap" – sollte für mehr Parität im Spiel sorgen, indem verhindert wurde, dass die dominanteren Teams in größeren Märkten – wie die New York Giants, San Francisco 49ers, Chicago Bears und Dallas Cowboys – einen unfairen Vorteil gegenüber Teams in kleineren Märkten erlangten, indem sie einfach mehr Geld ausgaben als die Konkurrenz. Dies war eine Änderung, von der Kraft dachte, dass sie den Patriots helfen würde.

Die Free Agency hingegen entstand, nachdem der beste Defensivspieler der Liga, Reggie White, und andere die Liga verklagt hatten, was zu einem historischen Tarifvertrag führte, der es Spielern mit mindestens fünf Jahren Erfahrung ermöglichte, uneingeschränkt zu spielen. Während des Rechtsstreits erklärte ein NFL-Anwalt dem Gericht, dass die Free Agency „die Zerstörung der National Football League, wie wir sie heute kennen, bedeuten würde." Die Eigentümer befürchteten, dass sie die Kontrolle über die Spieler verlieren würden, dass auch die Gehälter der Spitzenspieler außer Kontrolle geraten und dass der Kaderwechsel zu einer Art Drehtür werden würde. Doch Kraft begrüßte die Free Agency als eine Gelegenheit, sich durch solide Geschäftspraktiken und finanzielle Disziplin einen Wettbewerbsvorteil zu verschaffen, insbesondere, was die Bewertung des Personals und die Verwaltung der Gehälter anbelangte.

Gleich nach der Rückkehr vom Superbowl in Atlanta berief Kraft ein Treffen mit Bill Parcells und General Manager Patrick Forte ein. Zu diesem Zeitpunkt hatten Wasynczuk und Jonathan Kraft damit begonnen, Tabellen zu erstellen und Zahlen einzugeben, die auf Analysen basierten, um den Wert eines Free Agents auf dem freien Markt zu bestimmen: Alter, Jahre in der Liga, Position, durchschnittliches Gehalt und so weiter. Auf Krafts Einladung hin nahmen sie an dem Treffen mit Parcells und Forte teil.

Zu Beginn sagte Kraft, er wolle zunächst über die Free Agency sprechen. Das Gespräch drehte sich schnell um die Entscheidung, den Offensive Lineman Bruce Armstrong wieder unter Vertrag zu nehmen. Auf Krafts Bitte hin wiederholte Parcells, warum er 10 Millionen Dollar über vier Jahre für den richtigen Preis hielt.

„Bill", warf Jonathan ein, „wo rangiert Armstrong unter den 28 Left Tackles der Liga?"

Parcells starrte ihn nur ausdruckslos an.

„Ist er unter den ersten fünf?" Jonathan redete weiter. „Top Ten? Die besten 15? Und wie hoch ist das durchschnittliche Gehalt für Left Tackles?"

Parcells schob seine Zunge in die Wange und starrte Jonathan an.

„Die Gehaltsobergrenze wird 34 Millionen Dollar betragen", sagte Jonathan. „Welchen Prozentsatz davon sollten wir denn in die Offensive fließen lassen? Und wie viel davon muss auf den Left Tackle entfallen?"

Parcells hatte genug gehört.

„Sieh mal, Harvard-Boy", brummte er. „Ich weiß nicht, wovon du redest, verdammt noch mal. Aber ich werde dir sagen, wie es in der NFL gemacht wird. Du rufst den Agenten an und nennst ihm eine Summe. Und du weißt, dass die Summe niedrig ist, und das ist in Ordnung. Und der Agent wird eine Summe nennen, und die wird hoch sein, und das ist auch in Ordnung. Aber dann trifft man sich in der Mitte. So wird es in der NFL gemacht. Hast du's, Harvard-Boy?"

„Zunächst einmal", sagte Kraft, „habe ich nicht in Harvard studiert. Ich habe die Harvard Business School besucht. Das ist ein Unterschied. Zweitens: Das System, das Sie gerade beschrieben haben, ist die Art und Weise, wie es früher in der NFL gehandhabt wurde. Es gibt jetzt eine Gehaltsobergrenze, und man muss anfangen, darüber nachzudenken …"

„Patrick", sagte Parcells und sah Forte an, „bring dem Jungen bei, wie das hier funktioniert! Ich habe keine Zeit für diesen Unsinn."

Der heftige Schlagabtausch offenbarte einen Konflikt zwischen der Art und Weise, wie Bill Parcells seine Football-Teams zu führen pflegte, und der Art und Weise, wie Robert Kraft seine Unternehmen zu führen pflegte. Obwohl sie im gleichen Alter waren, betrachteten Kraft und Parcells das Football-Geschäft aus sehr unterschiedlichen Perspektiven. Parcells trug eine Trillerpfeife und ein Headset. Seine Domäne waren der Umkleideraum und die Seitenlinie. Seine Aufgabe war es, Männer in einem Spiel mit gewalttätigen Konflikten zu führen und zu motivieren. Einschüchterung und Konfrontation waren seine Arbeitsmethoden. Er war das öffentliche Gesicht des Unternehmens, die dominierende Persönlichkeit im Raum. Er traf Entscheidungen aus reinem Instinkt und regierte mit eiserner Faust.

Kraft trug Anzug und Krawatte und arbeitete vom Schreibtisch aus. Er war in Vorstandsetagen zu Hause. Seine Aufgabe bestand darin, große, komplexe Organisationen zu beaufsichtigen und zu verwalten. Sein Markenzeichen war es, vertrauensvolle Beziehungen zu einflussreichen Personen aufzubauen und Wege zu finden, sich von seinen Konkurrenten abzuheben. Er blühte hinter den Kulissen auf. Sein Name stand in der rechten unteren Ecke der Schecks. Er war datenorientiert und führte gern mit Fingerspitzengefühl.

Kraft hielt sich an seine Zusage und bot Bruce Armstrong eine 10-Millionen-Dollar-Vertragsverlängerung. Er teilte Parcells jedoch mit, dass Armstrongs Vertrag eine Klausel enthalten würde, die ihn dazu verpflichtete, jedes Jahr mindestens zehn Auftritte bei Wohltätigkeitsorganisationen im Großraum Boston zu absolvieren.

Parcells war nicht begeistert bei der Aussicht, Armstrong zu sagen, er müsse Wohltätigkeitsarbeit leisten.

Dies würde nicht nur Armstrong allein betreffen, teilte Kraft ihm mit. Er plante, die gleiche Bestimmung in jeden Spielervertrag aufzunehmen, den die Patriots in Zukunft aushandeln würden.

„Warum sagen wir den Spielern, dass sie in die Öffentlichkeit gehen müssen?", schimpfte Parcells.

Kraft hatte seine Gründe. In der Nacht, als er aus St. Louis zurückkehrte und Myra mitteilte, dass er 173 Millionen Dollar für die Patriots ausgegeben hatte, war sie wütend. Noch wütender war sie, als er 75 Millionen Dollar in bar ablehnte, um von dem Geschäft zurückzutreten. Ihr Leben drehte sich um Philanthropie. Mit den 75 Millionen Dollar, so betonte sie, hätte man viel mehr für die Bedürftigen tun können. „Vergiss die 75 Millionen Dollar", sagte Kraft an jenem Abend zu ihr. „Wenn wir diese Mannschaft gut führen, werden wir einen größeren Einfluss auf die Gemeinschaft haben, als wenn wir jede Woche 1 Million Dollar für wohltätige Zwecke spenden würden." Er musste ihr das versprechen. „Mit diesem Team werden wir die Gemeinschaft zusammenbringen", sagte er ihr. „Ich verspreche es."

Kraft machte sich nicht die Mühe, Parcells all das zu erklären.

Genauso wenig versuchte Parcells zu erklären, was ihn antrieb. Er hatte sein ganzes Erwachsenenleben in der Welt des Profi-Footballs verbracht und wusste, wie man sich dort zurechtfand. Kraft hingegen war neu in diesem Spiel und wusste noch nicht, wie es gespielt wurde. Während der neue Besitzer noch seinen Weg suchte, ahnte Parcells, dass die Dinge zwischen ihnen nicht glatt laufen würden.

Bei seiner ersten Teilnahme an der NFL-Eigentümerversammlung im März 1994 sagte Kraft nur wenig. Die gute Nachricht für ihn war, dass keine der hinter verschlossenen Türen besprochenen Angelegenheiten der Liga besonders kompliziert zu sein schien. Er war mehr überrascht von der chaotischen Szene, die er außerhalb des Raumes beobachtete. Am zweiten Tag der Konferenz, als sich die Eigentümer zur Mittagspause zurückzogen, ging Kraft mit Jerry Jones nach draußen und betrat eine Rolltreppe. Als sie auf dem Weg nach unten waren, entdeckte Kraft eine Schar von Fernsehkameraleuten und Reportern, die unten warteten. Kraft fragte sich, was da los war.

Es stellte sich heraus, dass Jones in der Nacht zuvor etwas Provokantes gesagt hatte. Es hatte damit begonnen, dass Jones einen Toast aussprach und sich daraufhin von seinem Cheftrainer Jimmy Johnson brüskiert fühlte. Später am Abend, weit nach Mitternacht, ließ Jones in der Hotelbar gegenüber Reportern verlauten, er „hätte [Johnson] feuern und Barry Switzer holen sollen". Er fügte hinzu: „Es gibt fünfhundert Trainer, die mit unserem Team den Superbowl hätten gewinnen können." Von jenem Zeitpunkt an war es kein Geheimnis mehr, dass die Beziehung zwischen Jones und Johnson angespannt war. Doch als Johnson am Morgen des zweiten Sitzungstages von Jones' Äußerungen erfuhr, stürmte er hinaus.

Als Jones das untere Ende der Rolltreppe erreichte und sofort von Lichtern, Mikrofonen und „Jerry"-Rufen umgeben war, machte sich Kraft in Gedanken eine Notiz über die neue Welt, in der er sich befand. Als CEO eines globalen Rohstoffunternehmens hatte Kraft jahrelang an Treffen von Handelsorganisationen mit anderen führenden Vertretern der Forstindustrie teilgenommen. Nicht ein einziges Mal war er nach einer Sitzung auf Medienvertreter getroffen. Nicht ein einziges Mal war er zu etwas befragt worden, das er in seiner Eigenschaft als Besitzer einer Papierfabrik oder eines Produktionsbetriebs gesagt oder getan hatte. Niemand außerhalb der Branche interessierte sich dafür, was die Führungskräfte der Papier- und Holzindustrie zu sagen hatten.

Zu sehen, wie Jones mit Fragen zu einer beiläufigen Bemerkung bombardiert wurde, die er offenbar bei einem Drink gegenüber ein paar Leuten gemacht hatte, war eine deutliche Erinnerung daran, dass das Unterhaltungsgeschäft etwas ganz anderes war als der Verkauf von Rohstoffen. Der Profi-Football war eine öffentliche Angelegenheit.

Diese Erfahrung überzeugte Kraft davon, dass die Patriots einen hoch qualifizierten PR-Manager brauchten, um die täglichen Interaktionen der

Organisation mit der Presse und der Öffentlichkeit zu managen. Er wollte unbedingt jemanden, den er bereits kannte und dem er vertraute. Damals, als Kraft die CBS-Filiale in Boston besaß, war er von dem Fernsehjournalisten Don Lowery beeindruckt und beförderte ihn zum Leiter der Redaktion des Senders. Lowery war der erste Afroamerikaner, der diese Position innehatte, und er arbeitete eng mit Myra Kraft zusammen, die ebenfalls dem Redaktionsausschuss angehörte, um einen positiven Einfluss auf die Minderheitengemeinschaften in ganz Boston auszuüben. Nachdem Kraft den Sender verkauft hatte, machte Lowery eine erfolgreiche Karriere in der PR-Branche für Firmenkunden.

Einige Tage nach der Rückkehr von den NFL-Treffen nahm Kraft an einer Wohltätigkeitsveranstaltung in Boston teil, bei der er Lowery begegnete. Die beiden Männer umarmten einander.

„Ich habe versucht, dich zu erreichen", sagte Kraft zu ihm. „Was machst du morgen früh um acht?"

„Schlafen."

„Du wirst dich mit Parcells treffen."

„Was meinst du?", fragte Lowery.

„Ich treffe mich mit Parcells. Du wirst mitkommen. Und wenn er dir vertraut, bekommst du den Job."

„Welchen Job?"

„Wir werden auf dem Weg nach Foxborough darüber sprechen. Ich hole dich kurz vor acht ab."

Lowery hatte keine Ahnung, was Kraft vorhatte. Aber wegen ihrer Bekanntschaft willigte er ein, mitzukommen. Damals, als Kraft den Sender besaß, erlitt Lowerys Mutter einen schweren Schlaganfall. Sie überlebte, aber er musste einen Teil der Kosten für ihre medizinische Versorgung übernehmen. Da er mit seinem Gehalt nicht mehr auskam, erklärte er seinem Sendeleiter die Situation und bat um eine Gehaltserhöhung. Das demütigende Gespräch endete damit, dass sein Chef ihm mitteilte, der Sender sei nicht in der Lage, sein Gehalt zu erhöhen. Lowery war verzweifelt über die Aussicht, seinen Job kündigen und eine neue Stelle finden zu müssen, da erhielt er einen Anruf von Kraft. „Donny, ich habe von dem Geld gehört", sagte Kraft zu ihm. „Mach dir keine Sorgen. Es ist alles erledigt." Als Lowery ihm danken wollte, unterbrach ihn Kraft. „Du brauchst mir nicht zu danken", sagte er. „Du hast es verdient."

Dieser Anruf veränderte Lowerys Lebensweg. Er blieb in Boston und hatte eine sehr erfüllende Karriere. Aber es war dieses unvergessliche Gefühl, in einer Zeit der Krise geschätzt und verstanden zu werden, das Lowery dazu veranlasste, an einem Sonntagmorgen in Krafts Auto zu steigen und zu einem Treffen mit Bill Parcells zu fahren – ohne überhaupt zu wissen, was Kraft vorhatte. Während der Fahrt erklärte Kraft, wie sehr er die öffentliche Wahrnehmung des Teams und seine Beziehung zur Öffentlichkeit verbessern wollte. „Ich möchte, dass das Team eine tiefere Verbindung zu den Menschen in New England aufbaut", sagte Kraft. „Du bist die ideale Person, um uns dabei zu helfen."

Aber die Rolle, die Kraft für Lowery vorgesehen hatte, würde auch die Zusammenarbeit mit Parcells beinhalten, um die PR-Seite des Teams zu managen. „Deshalb möchte ich Parcells überzeugen, bevor ich dir den Job anbiete", sagte Kraft. „Das wird nur funktionieren, wenn Parcells dir vertraut."

„Irgendwelche Vorschläge?", fragte Lowery.

„Tu einfach, was du tun musst, damit er sich bei dir wohlfühlt", sagte Kraft.

Lowery war sich nicht sicher, was das genau bedeutete.

„Hör zu", sagte Kraft. „Parcells wird dich angreifen. Lass dich nicht einschüchtern. Er will nur sehen, wie du reagierst."

Parcells saß an seinem Schreibtisch, als Kraft klopfte und eintrat. Parcells erhob sich, und Kraft stellte Lowery vor. Dann zog Kraft sich zurück.

Lowery wusste nur wenig über den Hintergrund von Parcells, außer, dass er aus New Jersey stammte. Lowery hätte beinahe mit einem Football-Stipendium ein College in New Jersey besucht.

„Ich wurde rekrutiert, um bei den Rutgers zu spielen", sagte Lowery.

„Rutgers?", fragte Parcells. „Wer war der Trainer?"

„John Bateman."

„Bateman! Oh, der ist ein toller Kerl. Hatte einige gute Spieler."

Parcells verbrachte die nächsten 20 Minuten damit, über den Football in Rutgers zu referieren. Er kam nicht dazu, Lowery nach seinen Erfahrungen in der Öffentlichkeitsarbeit zu fragen. Er entschied, dass Lowery ein netter Kerl war.

Auf der Rückfahrt nach Boston gratulierte Kraft Lowery. Er war der neue Director of Public and Community Relations bei den New England Patriots.

Nur drei Mannschaften hatten 1993 eine schlechtere Bilanz als die Patriots. Das bedeutete, dass die Patriots im Draft 1994 die vierte Gesamtauswahl hatten. Vor dem Draft lud Parcells einige Top-Profis nach Foxborough zu persönlichen Gesprächen ein. Eine der Einladungen ging an Willie McGinest, einen All-American Linebacker an der University of Southern California, wo er sich einen Ruf als wilder Pass Rusher und harter Tackler erworben hatte. Er erinnerte Parcells an den größten Spieler, den er je trainiert hatte – Linebacker Lawrence Taylor.

Als McGinest in Foxborough ankam, zeigte ihm Parcells zwei Sätze von Filmausschnitten. Einer davon war eine Reihe von Spielzügen aus McGinests schlimmstem Spiel, gegen UCLA. Die anderen Clips stammten aus seinem besten Spiel, dem gegen Penn State.

„Wenn ich dich wählen würde, welchen Willie McGinest würde ich bekommen?“, fragte Parcells.

„Den, den Sie im Penn-State-Spiel gesehen haben“, sagte McGinest.

Nach dem Besuch hörte McGinest kein Wort von Parcells. Sein Agent auch nicht. Aber McGinests Agent erhielt eine Flut von Anrufen aus Dallas. Eigentümer Jerry Jones begehrte McGinest. Die Cowboys informierten McGinests Agenten, dass sie einen Top-Spieler an die Rams verkaufen würden, im Austausch für den fünften Pick der Rams, den sie für die Auswahl von McGinest verwenden würden.

McGinest war sich sicher, dass er zu den Cowboys gehen würde, den Superbowl Champions, und hatte am Draft-Tag eine Reihe von Vertretern der Cowboys bei sich. Doch Parcells wählte McGinest bei der vierten Wahl. McGinest war hocherfreut. Er war damit aufgewachsen, zuzusehen, wie Parcells die New York Giants zu zwei Superbowls führte. Es gab niemanden, für den er lieber gespielt hätte.

Kraft war gespannt auf den ersten Spieler, der in seiner Amtszeit gedraftet wurde. Als McGinest zu einer Pressekonferenz in Foxborough eintraf, nahm sich Kraft etwas Zeit für ihn. Nachdem er McGinest gesagt hatte, wie sehr er sich darüber freue, ihn bei den Patriots zu haben, ließ Kraft verlauten, dass er von ihm erwarte, sich für die Gemeinschaft zu engagieren. „Es ist wichtig, etwas zurückzugeben“, sagte

Kraft zu ihm. „Und du bekommst eine große Plattform, um etwas zu verändern."

Es war das erste Mal, dass jemand in der Football-Welt so mit McGinest sprach. Kraft machte McGinest auch mit Myra bekannt. Sie fing sofort an, über Bostons Boys and Girls Clubs zu sprechen. Sie sagte McGinest, sie wolle, dass er sie begleite, um Zeit mit Kindern zu verbringen, die Probleme und nicht so viel Glück hatten. Die Botschaft der Krafts fand bei ihm Anklang. Er war in Long Beach aufgewachsen, wo Banden, Vernachlässigung und Armut viele Kinder in seiner Nachbarschaft in Schwierigkeiten gebracht hatten.

McGinests Einführung bei Parcells verlief ein wenig anders. In jenem Sommer, im Trainingslager, verhielt sich Parcells ihm gegenüber sehr aggressiv. Schrie. Fluchte. Brüllte ihn an. „Er sprach mit allen auf die gleiche Weise", sagte McGinest. „Egal, ob du ein Draft Pick der ersten Runde oder ein drittklassiger Lineman warst, er hat dich angeschrien, dich gedemütigt und dich herausgesucht, um dich zu kritisieren. Dein Status war ihm völlig egal. Er hat alle gleichbehandelt, was ich respektiert habe."

McGinest fand schnell heraus, wie er unter seinem neuen Trainer überleben konnte. „Bei Parcells darf man nichts persönlich nehmen", sagte er. „Man muss einen mentalen Schutzschild um sich haben, um damit umgehen zu können. Du konntest nicht sensibel oder emotional sein."

Vor dem ersten Auswärtsspiel der Patriots in der Vorsaison erstellte Don Lowery eine Liste mit allen Mitarbeitern, die an der Reise teilnehmen sollten. Diese Liste landete zur endgültigen Genehmigung auf dem Schreibtisch von Bill Parcells. Er überflog sie und rief Lowery in sein Büro. Parcells hielt die Liste hoch, als Lowery hereinkam.

„Lowery, was soll das?"

„Was meinen Sie?", fragte Lowery.

Parcells wies auf den Namen einer Mitarbeiterin auf Lowerys Reiseliste. „Keine Weiber im Flugzeug!", sagte Parcells.

„Wie bitte?", fragte Lowery.

„Wir nehmen keine Frauen ins Flugzeug", sagte Parcells. „Wir können keinen Unfug gebrauchen."

Unfug? Lowery war sich nicht sicher, was das bedeutete. Aber es war nicht seine Aufgabe, Parcells infrage zu stellen. An diesem Nachmittag hatte Lowery ein unangenehmes Gespräch mit der Mitarbeiterin, in dem er ihr erklärte, dass sie die Reise nicht antreten könne, weil der Trainer sie nicht im Flugzeug haben wolle. Obwohl sie beleidigt und gedemütigt wurde, protestierte sie nicht.

Lowery hielt es für besser, Robert und Jonathan zu informieren, die beide planten, Unternehmenssponsoren – darunter einige Frauen – mit ins Teamflugzeug zu nehmen. Als Robert hörte, was geschehen war, verdrehte er die Augen. „Er will keine Frauen im Flugzeug haben?", fragte er.

Lowery nickte.

Jonathan grinste, aber er war nicht amüsiert. Jeder ging wie auf rohen Eiern um Parcells herum. Abgesehen von Jonathan. Er sah in Parcells einen Tyrannen. Und Jonathans Einstellung gegenüber Tyrannen war stark von seiner Mutter beeinflusst. 1983 hatten Myra und ihre Söhne Robert auf eine Geschäftsreise nach Südafrika begleitet, als die Apartheid noch existierte. Kurz nachdem er in einem Hotel in Johannesburg eingecheckt hatte, machte sich Robert auf den Weg zu einem Treffen und sagte dem 19-jährigen Jonathan: „Pass auf, dass deine Mutter nicht in Schwierigkeiten gerät." An diesem Nachmittag gingen Myra und ihre Söhne spazieren. Nicht weit vom Hotel entfernt trafen sie auf eine Gruppe weißer Polizisten, die schwarze Männer zusammentrieben und in einen Polizeiwagen zwangen. Entsetzt stellte Myra einen der Polizisten zur Rede, der ihr erklärte, dass die Männer verhaftet würden, weil sie sich nicht ausweisen könnten. Nach den Apartheidgesetzen mussten Schwarze Papiere mit sich führen, die sie zum Aufenthalt in bestimmten Gebieten der Stadt berechtigten.

„Ich habe auch keinen richtigen Ausweis", sagte Myra. „Dann verhaften Sie mich auch."

Der Polizist drehte sich um und ging weg.

Myra trat vor ihn und streckte ihre Hände aus, um sich die Handschellen anlegen zu lassen. „Nehmt mich fest!", forderte sie.

„Mom, komm schon", sagte Jonathan und stellte sich zwischen seine Mutter und den Polizisten. „Lass uns gehen."

Sie ging um ihren Sohn herum und verlangte erneut, festgenommen zu werden.

Als der Polizist unruhig wurde, hob Jonathan seine Mutter hoch und trug sie von dort weg. Myra wurde nicht verhaftet. Aber ihr Handeln an diesem Tag war für ihre Söhne, insbesondere für den Ältesten, sehr lehrreich. Von diesem Tag an scheute Jonathan keine Konfrontation mehr, wenn er einem Tyrannen begegnete.

Nicht lange nachdem Lowery ihm von Parcells' Frauenverbot im Flugzeug erzählt hatte, ging Jonathan am Büro des Cheftrainers vorbei, als er hörte, wie Parcells seinen Namen brüllte. Kraft ging zurück und trat ein.

Parcells, der ein vom Team ausgegebenes Polohemd und Shorts trug, stand dem viel kleineren und schlankeren Kraft gegenüber, der ihn mit einem weißen Hemd, einer schmalen Krawatte und einer runden Drahtbrille anstarrte. Für Parcells wirkte Jonathan wie Lt. Daniel Kaffee – der junge, eingebildete JAG-Anwalt der Ivy League, der von Tom Cruise in Eine Frage der Ehre gespielt wurde. Kaffee ermittelt gegen den dekorierten U. S. Marineoberst Nathan Jessup, ein grober, unflätiger Charakter, gespielt von Jack Nicholson. Als klar wird, dass Kaffee ihn plagen wird, sagt Jessup zu ihm: „Was ich will, ist, dass du in dieser schwulen weißen Uniform dastehst und mir aus deinem Harvard-Mund ein bisschen Höflichkeit zukommen lässt."

Dies war der Moment für Jonathan. Parcells erhob sich hinter seinem Schreibtisch. „Ich habe ein paar Regeln, die wir klären müssen", sagte Parcells und sah auf Jonathan hinunter.

„Okay."

„Erste Regel. Keine Fotzen im Teamflugzeug."

„Bill, was genau bedeutet das: ‚Keine Fotzen im Teamflugzeug'?"

„Das bedeutet, dass keine Weiber im Teamflugzeug mitfliegen."

„Warum?"

„Weil sie eine Ablenkung sind."

„Es dürfen also keine Frauen im Teamflugzeug mitfliegen?"

„Genau."

Kraft verschränkte die Arme und trat einen Schritt näher an Parcells heran. „Wenn meine Mutter im Teamflugzeug mitkommen will, kann sie das also nicht machen?"

„Genau. Frauen sind eine Ablenkung."

Kraft grinste.

Parcells gefiel das nicht.

„Wissen Sie, die Leute sagen, Sie seien ein großartiger Football-Trainer“, sagte Kraft. „Wenn Sie so ein toller Football-Trainer sind, müssen Sie mir etwas erklären.“

„Was?“

„Wie kann eine 52-jährige, 95 Pfund schwere Frau 22-jährige Männer ablenken?“

Parcell kniff die Augen zusammen.

„Wenn meine Mutter eine Ablenkung ist, können Sie kein guter Trainer sein.“

Parcells funkelte Kraft an.

„Sonst noch etwas, Bill?“

„Nein!“

Kraft drehte sich um und ging hinaus.

Später am Tag erzählte Jonathan seinem Vater von der Begegnung und dass er das nicht fassen konnte.

„Jonathan, natürlich werden wir Frauen in das Flugzeug setzen“, sagte Robert.

Quarterback Drew Bledsoe war der wertvollste Spieler der Patriots. Aber sein Verhältnis zu Parcells war schon vor Bledsoes Eintritt in die Mannschaft getrübt. 1993 saßen Parcells und die Patriots auf der Nummer eins der NFL-Draft-Auswahl. Parcells hatte die Absicht, diesen Zug bei Bledsoe einzusetzen, der damals 21-jähriger All-American der Washington State University war. Mit seinen 1,95 und 230 Pfund war Bledsoe robust und widerstandsfähig und in der Lage, Treffer einzustecken. Aber was Parcells wirklich beeindruckte, war Bledsoes Arm. In nur 28 College-Spielen hatte Bledsoe fast 7.500 Passing Yards erzielt. Ein führender Football-Autor beschrieb Bledsoes Arm als „atemberaubend“. Parcells hatte noch nie einen Quarterback mit einem so starken Arm gesehen.

Doch als Bledsoe vor dem Draft von Küste zu Küste flog, um Mitglieder der Patriots-Organisation zu treffen, wurde er von Parcells wiederholt beleidigt, was Bledsoe zu der Frage veranlasste: Warum bin ich hier? Dennoch entschied sich Parcells für ihn und stimmte anschließend einem Vertrag zu, der Bledsoe zum bestbezahlten Spieler des

Teams machte. Als Bledsoe ein paar Wochen später zum Rookie-Camp kam, ging Parcells auf ihn los.

„Vergiss nur eines nicht", sagte Parcells zu ihm. „Ich will keinen prominenten Quarterback in meinem Team haben. Ich hasse prominente Quarterbacks. Verstehst du?"

Bledsoe nickte. Aber er hat Parcells nie wirklich verstanden oder gemocht. Vor allem hatte er keine Lust auf die Psychospielchen und die ständigen Sticheleien. Einmal, während einer Trainingseinheit, pfiff Parcells, weil es ihm nicht gefiel, wie lange Bledsoe brauchte, um einen Blitz zu erkennen. „Bledsoe!", rief er. „Du hast keine Zeit, dort hinten zu stehen und Hummer Thermidor zum Abendessen zu bestellen." In einem anderen Fall während Bledsoes Rookie-Saison standen die Patriots Sekunden vor Spielende an der gegnerischen 1-Yard-Linie. Bei einem Rückstand von drei Punkten wählte Parcells einen Quarterback Sneak. Bledsoe stürmte bis zu einem Yard vor, brachte den Ball aber nicht über die Torlinie. Als Bledsoe das Spielfeld verließ, rief Parcells: „Das hätte jeder schaffen können." Als das Spiel endete, fehlten New England nur Zentimeter zum Sieg.

In Bledsoes Rookie-Jahr lief es so schlecht, dass seine Mutter Parcells einen Besuch abstattete. „Ich finde, Sie sollten nicht so mit Drew reden, wie Sie es tun", sagte sie ihm. „Es wird ihm nicht helfen, besser zu spielen."

„Nun, Mrs. Bledsoe, Sie sollten sich die Spiele nicht ansehen", sagte Parcells zu ihr. „Weil das hier kein Highschool-Football ist. Das ist Profi-Football. Und dieser junge Mann wird dafür bezahlt, Spiele zu gewinnen. Das ist es, was wir hier tun."

Anstatt Bledsoe zu schonen, drohte Parcells ihm. „Du warst der Schönling in der NFL, als du in dieses Jahr gegangen bist", sagte er. „Aber nächstes Jahr wird ein anderer hübscher Junge aus dem College kommen. Und im Jahr darauf wird es noch einen geben, und du wirst derjenige sein, der vergessen wird, es sei denn, du wachst auf und zeigst eine andere Seite."

Robert Krafts erste Begegnung mit Drew Bledsoe fand auf dem Trainingsplatz statt. Als Kraft sich näherte, war sich der Quarterback im zweiten Jahr nicht sicher, was ihn erwarten würde. Kraft legte seine

Hand auf Bledsoes Arm und begann, ihm Fragen zu stellen. Er antwortete: „Ja, Sir“ und „Nein, Sir“.

Am Ende des Gesprächs lud Kraft Bledsoe und seine Verlobte zu sich nach Hause ein, um mit ihm und seiner Frau zu Abend zu essen. Bledsoe war verblüfft und akzeptierte bereitwillig.

Für Kraft war dies eine nahe liegende und natürliche Maßnahme. Er hatte gerade ein Unternehmen gekauft, und Bledsoe war die bestbezahlte Person auf der Gehaltsliste. Er war auch der Anführer der Mannschaft auf dem Spielfeld. Kraft rechnete damit, dass er lange im Team bleiben würde, und er wollte eine Beziehung zu ihm aufbauen, die über das Spielfeld hinausging.

Bledsoe erschien die Einladung zu einem Abendessen mit dem Besitzer surreal. Er hatte den Vorbesitzer nie gesehen. Auf der Fahrt zum Haus der Krafts stellten sich Bledsoe und seine Verlobte Maura eine aufwendige Kulisse vor, in der das Essen von Dienern im Smoking serviert wurde. Stattdessen trafen sie Myra in der Küche an, wo sie ein selbstgekochtes Essen zubereitete. Dann saßen sie zu viert an einem bescheidenen Küchentisch und sprachen über Familie, Erziehung und Ehe. Football war kein Thema.

Während des Essens bemerkte Bledsoe mehrmals, dass Robert den Arm ausstreckte und Myras Hand nahm. „Zu diesem Zeitpunkt waren Maura und ich verlobt“, erinnert sich Bledsoe. „Wir waren Kinder – 22 Jahre alt – und weit von zu Hause entfernt. Ich war jung und stand unter großem Druck. Dass es ein Haus gab, in dem wir von diesem wunderbaren Mann, der zufällig mein Chef war, willkommen geheißen wurden, war eine großartige Sache. Es war auch aufschlussreich zu sehen, wie ein so unglaublich erfolgreiches Paar so voller Respekt und Liebe miteinander umging.“

Das Band, das sich in diesem Sommer zwischen Kraft und Bledsoe zu bilden begann, beunruhigte Parcells. Er war der Meinung, es zeuge von Krafts Naivität. „Diese Vorzugsbehandlung war ein großer Fehler“, erklärte Parcells später. „Das Problem war, dass er es nicht besser wusste und dachte: ‚Nun, das ist meine Mannschaft.‘.“

Die Patriots eröffneten die Saison ’94 mit zwei Niederlagen in den ersten beiden Spielen. Das dritte Spiel fand in Cincinnati statt. Robert Kraft lud den Präsidenten der BankBoston, Chad Gifford, ein, mit dem

Team zu fliegen und mit ihm in der Loge des Besitzers Platz zu nehmen. Das war das Mindeste, was er tun konnte, um dem Mann, der die Finanzierung für den Kauf des Teams auf die Beine gestellt hatte, seine Anerkennung zu zeigen.

Gifford, groß und distinguiert, folgte Kraft ins Mannschaftsflugzeug. Kaum hatten sie die Kabine betreten, trafen sie auf Parcells. Er warf einen Blick auf Gifford und sagte: „Was zum Teufel machen Sie hier?“

Alle, die in Hörweite waren, starrten den Präsidenten der renommiertesten Bank Bostons ausdruckslos an. „Ich fühlte mich beschissen“, erinnerte sich Gifford.

Kraft schämte sich für seinen Freund und forderte Gifford auf, Platz zu nehmen. „So ist er manchmal“, flüsterte Kraft. „Achte nicht darauf.“

Der Rest des Events verlief großartig für Gifford. Er sah New England gewinnen, der erste Sieg mit Kraft als Besitzer. Danach eilten die Krafts in einen Wartebereich in der Nähe der Umkleidekabine der Gäste unter dem Riverfront Stadium. Obwohl Kraft das Team gehörte, ließ Parcells ihn draußen warten und gab erst später grünes Licht. Kraft stand also an der Tür zur Umkleidekabine, lehnte sich gegen die Außenwand und versuchte zu hören, was auf der anderen Seite gesagt wurde. Eine Gruppe von Reportern stand ebenfalls in der Nähe und wartete auf den Zugang zur Umkleide für Interviews nach dem Spiel. Einer von ihnen sagte zu Kraft: „Das ist die Wand der ‚klassischen Bitch‘“, wobei er sich auf die Wand bezog, an der der frühere Besitzer Victor Kiam stand, als er den berühmten Satz über Lisa Olson sagte.

„Wirklich?“, fragte Kraft. „Victor stand genau hier, als er das sagte?“

Der Reporter nickte, und andere lachten.

„Da möchte ich nicht in der Nähe sein“, sagte Kraft und trat zurück. „Heute ist ein besserer Tag.“

Wenige Augenblicke später öffnete sich die Tür der Umkleidekabine, und Parcells streckte seinen Kopf heraus. „Könnte Bob Kraft kurz herkommen?“, brüllte er.

Im blauen Anzug und mit roter Krawatte trat Kraft ein und nahm seinen Platz inmitten der verschwitzten und blutverschmierten Spieler ein.

„Ich habe noch nie jemandem einen Spielball gegeben, außer einem Spieler", begann Parcells.

Aller Augen richteten sich auf Kraft, als Parcells ihm den Ball überreichte.

Tränen stiegen Kraft in die Augen, als die Spieler in lauten Jubel ausbrachen. Er umklammerte den Ball und legte seine Arme um Parcells. Parcells, der ihn überragte, umarmte ihn, was die Spieler zu noch lauterem Jubel veranlasste.

„Ich habe lange auf diesen Moment gewartet", sagte Kraft und musste schlucken. „Ich hoffe, dass dies der erste von vielen Siegen für dieses Team ist."

Nachdem die Spieler geduscht und sich angezogen hatten und zum Bus gegangen waren, verweilte Kraft noch in der Umkleide und nahm alles in sich auf. Ein Reporter kam auf ihn zu und befragte ihn zu diesem Moment. „Um ehrlich zu sein, wurde ich sehr emotional", antwortete Kraft. „Ein paar Jungs, die sich spontan so verhalten. So etwas ist mir noch nie passiert."

8

DIESER TYP IST ANDERS

New England beendete die Saison 1994 mit einem Erfolgserlebnis: Es gewann die letzten sieben Spiele und schloss mit 10:6. Mit dieser starken Leistung qualifizierten sich die Patriots erstmals seit 1986 für die Play-offs. Kraft wurde schwindlig. Vor Beginn der Post-Season waren die Patriots das heißeste Team der NFL. Doch die Hoffnungen auf ein Weiterkommen über die erste Runde hinaus wurden von den Browns zunichtegemacht, einem Team, das vom 42-jährigen Bill Belichick, dem jüngsten Cheftrainer der Liga, trainiert wurde.

Schwer enttäuscht über die Niederlage seiner Mannschaft machte sich Kraft anschließend auf den Weg in die Umkleidekabine der Browns. Das Sicherheitspersonal des Stadions war überrascht, dass der Besitzer des gegnerischen Teams darauf wartete, mit dem Cheftrainer der Browns sprechen zu können. Auch Belichick war überrascht. Umso erstaunter war er, als Kraft ihm die Hand reichte und ihm und seinem Team zu der geleisteten Arbeit gratulierte. Das Gespräch dauerte weniger als dreißig Sekunden. Aber es hinterließ einen bleibenden Eindruck. In seiner gesamten Laufbahn hatte Belichick noch nie erlebt, dass der Besitzer einer gegnerischen Mannschaft ihn aufsuchte, um ihm zu gratulieren.

Wenige Minuten später wirkte Kraft optimistisch, als er gegenüber Reportern seine Gedanken zur Saison äußerte. „Ich dachte, wir hätten einen der besten Trainer der Branche und einen der zukünftig besten Quarterbacks“, sagte er.

Zwei Jahre zuvor hatte New England die schlechteste Bilanz in der NFL vorzuweisen. Plötzlich war das Team respektabel. Der schnelle Umschwung brachte Parcells die Auszeichnung als Trainer des Jahres ein. Gleichzeitig stellte Bledsoe eine Reihe von Rekorden auf, darunter Passversuche (691, die meisten in der Geschichte der Liga) und Pasing Yards (4.555, die meisten in der Geschichte der Franchise). Mit 22 Jahren war er der jüngste Quarterback, der jemals in die Pro Bowl berufen wurde.

Bledsoe hatte in seiner zweiten Saison so gut gespielt, dass Kraft befürchtete, er könnte ihn an die Free Agency verlieren. Nachdem sie Bledsoes Vertrag unter die Lupe genommen hatten, teilten Jonathan Kraft und Andy Wasynczuk diese Meinung. Damals, am Draft-Tag 1993, hatte Parcells Bledsoe mit einem Sechsjahresvertrag ausgestattet. Theoretisch bedeutete das, dass Bledsoe noch vier Jahre in New England bleiben würde. Bledsoes Vertrag war jedoch von Leigh Steinberg ausgehandelt worden.

Steinberg war der mächtigste Agent im Profi-Football. Im Jahr 1994 vertrat er neunzig Spieler, von denen 82 in der Pro Bowl waren. Zu seinen Kunden gehörte die Hälfte der Starting Quarterbacks der Liga, darunter die zukünftigen Hall of Famers Troy Aikman, Steve Young und Warren Moon – drei Spieler, die sich immer wieder gegenseitig als bestbezahlte Spieler der Liga überholten. Er prägte den Satz „Zeig mir das Geld". Acht Jahre in Folge war er die erste Wahl beim NFL-Draft. Einfach ausgedrückt: Er hatte mehr Stars in seiner Umlaufbahn als jedes andere Team der Liga.

Im Allgemeinen hatten Besitzer und Führungskräfte eine sehr schlechte Meinung von Agenten. Im Falle Steinbergs respektierten sie ihn so, wie man einen Hai respektiert, wenn man in der Tiefsee schwimmt. Er war ein Furcht einflößender Feind. Kraft hatte jedoch einen anderen Weg eingeschlagen. Er beschloss, Steinbergs Freund zu werden.

Im Januar 1994, nur wenige Tage nach dem Kauf der Patriots, erschien Kraft bei Steinbergs alljährlicher Superbowl Party in Atlanta. Es gab viele Superbowl-Partys. Aber Steinbergs war wie die alljährliche Vanity Fair-Party bei der Oscar-Verleihung – eine Party, die die Macher aus Hollywood, Wall Street und D. C. und natürlich die größten Namen des Sports anlockte.

Als Kraft im Fox Theater in Atlanta eintraf, stieß er auf seinen alten Freund Ted Kennedy. Kraft hatte die Demokratische Partei in seiner Stadt geleitet und in den sechziger und 70er-Jahren für Kennedys Senatskampagnen gearbeitet. Die beiden umarmten einander, und Kennedy stellte Kraft einigen der 16 US-Senatoren vor, die an diesem Abend bei Steinbergs Party vorbeikamen.

Schließlich machte sich Kraft auf den Weg zu Steinberg. Zu dieser Zeit wurde berichtet, dass Tom Cruise demnächst die Rolle des Jerry Maguire in einem Film spielen würde, der lose auf Steinbergs Leben basierte. Aber es war Steinberg, der wie ein Filmstar aussah – im Januar sonnengebräunt und in einem perfekt gebügelten grauen Anzug.

Mit Myra an seiner Seite begrüßte Kraft ihn und begann ein Gespräch, das fast eine halbe Stunde dauerte. Steinberg fand Kraft sofort entwaffnend. Auch Myra fand er charmant. Als er die beiden während des Abends beobachtete, war er beeindruckt, wie selbstverständlich sich die Krafts zwischen den Schauspielern, Musikern, Sportlern und Politikern bewegten.

Diese Nacht war der Beginn einer Geschäftsbeziehung, die sich zu etwas Tieferem entwickelte. Nicht zuletzt dank ihres gemeinsamen jüdischen Erbes setzten die beiden Männer oft die gleichen Prioritäten. In ihren Gesprächen ging es häufig um Israel, Weltpolitik, Religion und Philanthropie. Kraft schätzte Steinbergs Football-Expertise so sehr, dass er ihm alle möglichen Fragen über die geschäftliche Seite des Spieles stellte. Und Steinberg revanchierte sich, indem er Kraft Dinge erzählte, die er keinem anderen Eigentümer sagen würde. Schon früh betonte Steinberg, dass der Schlüssel zum Erfolg in der NFL in einer guten Organisation liege. Das war eine Überzeugung, der Kraft zustimmte.

Kraft besaß reichlich Erfahrung in der Führung großer Unternehmen, aber Football war ein einzigartiges Geschäft: Nur dreißig Organisationen waren zum Wettbewerb zugelassen, und nur eine erreichte jedes Jahr die Spitze. Kraft interessierte, was die Teams, die es am weitesten nach oben schafften – wie die San Francisco 49ers – von allen anderen unterschied. Niemand war so wie Steinberg qualifiziert, seine Meinung dazu zu äußern, da er mit den Geschäftsführern aller Teams der Liga zu tun hatte. Aber er hatte eine ungewöhnlich enge Arbeitsbeziehung zu den 49ers. „Die Spieler wechseln“, sagte Steinberg.

„Der Schlüssel ist ein starker, verlässlicher Besitzer, der so intelligent ist, einen starken Trainer und begabte Mitarbeiter im Front Office einzustellen, die Talente einschätzen können."

Kraft machte sich nie Notizen. Aber er sog alles in sich auf. „Die meisten mächtigen Männer haben vergessen, dass die wichtigste Fähigkeit im Leben das Zuhören ist", erinnerte sich Steinberg. „Bob hörte aufmerksam zu. Einem solchen Besitzer war ich noch nie begegnet."

In Drew Bledsoes Vertrag mit den Patriots hatte Steinberg eine Reihe von Klauseln eingefügt, die die Vereinbarung nach drei Jahren ungültig machen sollten. Wenn Bledsoe beispielsweise für mehr als 40 Prozent der Offensivspiele auf dem Feld stand oder mehr als sechs Spiele in der Startmannschaft stand, könnte er nach seiner dritten Saison aus seinem Vertrag aussteigen. Steinberg hatte das Konzept der „kündbaren Jahre" erfunden. Diesen Ansatz verfolgte er bei allen Verträgen seiner Quarterbacks. Ziel war es, den Weg in die Free Agency zu beschleunigen, indem Leistungsvorgaben aufgenommen wurden, die von Spitzenspielern leicht erreicht werden konnten, sofern sie gesund blieben.

Die Quintessenz war, dass Bledsoe, wenn er in seiner dritten Saison auch nur mäßig gut spielte, ein eingeschränkter Free Agent werden würde, was ihn berechtigte, Angebote von anderen Teams zu erhalten. Eingeschränkt, im Gegensatz zu uneingeschränkt, bedeutete, dass die Patriots das Recht haben würden, mit allen Angeboten, die Bledsoe erhielt, gleichzuziehen. Aber Steinberg hatte auch eine Reihe von „Poison Pills" eingebaut – Bedingungen, die für die Patriots nicht erfüllbar waren – um sicherzustellen, dass sein Spieler das Team wechseln konnte.

„Es war schmerzhaft für uns", sagte Wasynczuk. „Bledsoes Vertrag gab ihm im Grunde eine Fahrkarte aus der Stadt heraus."

Entschlossen, dies nicht zuzulassen, wandte sich Kraft kurz nach der Play-off-Niederlage in Cleveland an Steinberg und teilte ihm mit, er wolle einen neuen Vertrag für Bledsoe aushandeln. Steinbergs erster Gedanke war, dass die Besitzer keine Verträge aushandeln. Kraft machte Steinberg klar, dass er, wenn es um Bledsoe ging, sich selbst um den Vertrag kümmern würde. Er hatte nicht die Absicht, sich persönlich in andere Spielerverträge einzumischen, sah die Position des Quarterbacks aber anders. Er schlug einen einfachen Ansatz vor: Sowohl er als auch Steinberg würden sich Bedingungen überlegen, die fair und angemessen erschienen. Dann würden sie sich zusammensetzen und ihre Notizen vergleichen. Sie würden nach dem Grundsatz von Treu und Glauben verfahren.

Da er Kraft kannte, stimmte Steinberg zu.

Bledsoes Vertragssituation bestätigte, was Kraft sich bereits dachte – die Organisation brauchte ein besseres System, eines mit Prüfungen und Bilanzen, um die Ausgaben zu überwachen und die Personalentscheidungen der Spieler zu verwalten. Insbesondere sah Kraft die Notwendigkeit, Parcells' Befugnisse zu beschneiden. Parcells war derjenige, der all diesen nachteiligen Bestimmungen in Bledsoes Vertrag zugestimmt hatte. Aber das war nicht der Grund für Krafts Überlegungen. Viel mehr beunruhigte ihn etwas, das Parcells ihm erzählt hatte – dass er sich am Ende eines jeden Jahres nach Florida zurückzog, um dort zu entspannen und zu entscheiden, ob er weiterhin Trainer bleiben wollte.

Parcells hatte einen Fünfjahresvertrag. Aber er hatte Kraft gesagt, dass er von Jahr zu Jahr trainierte. Das kam bei Kraft nicht gut an. Über die Free Agency hatte Parcells eine ganze Reihe von älteren Spielern mit Vier- und Fünfjahresverträgen aufgenommen. Ob sie nun gute Leistungen erbrachten oder nicht – Kraft war verpflichtet, sie zu bezahlen. Doch Kraft befürchtete, dass der Trainer, der sie unter Vertrag genommen hatte, in diesem oder im nächsten Jahr gehen könnte, nur weil ihm der Sinn danach stand.

Besitzer mussten sich nur selten Sorgen machen, dass die Trainer ihren Job aufgeben könnten. Normalerweise waren es die Trainer, die befürchteten, von den Besitzern gefeuert zu werden. Aber Parcells war ein Rätsel. Monate, nachdem er die New York Giants zu ihrer zweiten Superbowl-Meisterschaft geführt hatte, gab er plötzlich einen Job auf, den viele als den begehrtesten in der NFL ansahen. Wenn er die Giants verließ, als sie an der Spitze standen, überlegte Kraft, wäre er sicherlich auch imstande, die unerfahrenen Patriots zu verlassen.

Parcells Vertrag war von James Orthwein ausgehandelt worden. Kraft ließ den Vertrag von seinen Anwälten daraufhin überprüfen, ob er dem Trainer ausdrücklich die Befugnis zu allen Personalentscheidungen erteilte. Es stellte sich heraus, dass dies nicht der Fall war. Der Vertrag sah ausdrücklich vor, dass Parcells bei personellen Veränderungen „die vorherige Zustimmung des Vorsitzenden oder dessen Beauftragten“ einholen musste. Mit anderen Worten: So wie Orthwein seinen Vertrag mit Parcells strukturiert hatte, brauchte der Cheftrainer die Zustimmung des Besitzers, bevor er einen hochpreisigen Free Agent unter Vertrag nehmen oder einem Handel zustimmen konnte. Diese Genehmigungsbefugnisse gingen auf Kraft über, als er Parcells Arbeitsvertrag übernahm.

Als Kraft das Team kaufte, übernahm er außerdem den General Manager Patrick Forte. Normalerweise waren die Geschäftsführer für Personalfragen zuständig. Unter Orthwein stand Forte auf der Gehaltsliste, aber Parcells fungierte sowohl als Cheftrainer als auch als GM, was vor allem daran lag, dass er kein Vertrauen in Fortes Fähigkeiten hatte. Forte hatte keine wirkliche Football-Erfahrung. Parcells verstand nicht, wie er den Job überhaupt bekommen konnte.

Kraft war mit Parcells auf einer Wellenlänge, was Forte anging, und ihn zu feuern, wäre das Einfachste. Die Herausforderung bestand darin, einen neuen General Manager einzustellen und ihn mit der Befugnis auszustatten, Personalentscheidungen im Football zu treffen. Parcells würde diesen Schritt zweifellos als Eingriff in sein Territorium interpretieren. Kraft wusste, dass er jemanden finden musste, dem er zutrauen konnte, vernünftige Personalentscheidungen zu treffen, und der nicht im Schatten Bill Parcells untergehen würde.

Aber wen?

Kraft entschied sich für Bobby Grier, der seit 1981 bei den Patriots als Assistenztrainer und Scout tätig war. Kraft hatte großes Vertrauen in Griers Fähigkeiten. Vor allem wusste er, dass Parcells Grier vertraute. Nachdem Parcells Cheftrainer geworden war, beförderte er Grier zum Director of Pro Scouting. Grier war also jemand, mit dem Parcells bereits gern zusammenarbeitete.

Während Kraft darüber nachdachte, ob er Grier befördern sollte, erhielt er unaufgefordert einen Rat von einer hoch angesehenen Persönlichkeit der NFL: Seien Sie vorsichtig, wenn Sie Schwarze einstellen, denn sie sind sehr schwer zu feuern, wenn es nicht klappt.

Als neuer Besitzer war Kraft nicht sicher, wie weit diese Ansicht in der Liga verbreitet war. Aber die Person, die diese Bemerkung gegenüber Kraft machte, wusste, dass er Grier, der schwarz war, als seinen neuen GM in Betracht zog. Die Bemerkung erfolgte unmittelbar nach der Veröffentlichung eines Berichts über die Einstellungspraktiken in der NFL, der NBA und der Major League Baseball durch das Center for the Study of Sport in Society, eines in Boston ansässigen Thinktanks der Northeastern University. Daraus ging hervor, dass Afroamerikaner in der NFL in Frontoffice-Positionen praktisch nicht vertreten waren. Umgekehrt war die überwältigende Mehrheit der Spieler in den NFL-Kadern Afroamerikaner. Im Jahr, nachdem Kraft die Patriots gekauft hatte, waren zum Beispiel 68 Prozent der Spieler in der Liga schwarz, aber es gab keinen einzigen schwarzen General Manager. Es hatte auch nie einen gegeben. In der 33-jährigen Geschichte der NFL war die Position im Frontoffice, die am meisten für die Beurteilung von Spielertalenten und die Überwachung von Personalentscheidungen verantwortlich ist, noch nie von einer PoC besetzt worden.

Das Frontoffice der Patriots hatte unter Kraft sofort begonnen, sich zu diversifizieren. Bereits einen Monat nach dem Kauf des Teams stellte er Don Lowery ein und übertrug ihm die Verantwortung für die Öffentlichkeitsarbeit und die Beziehungen zur Gemeinde. Einen Monat später bot Kraft dem Patriots-Linebacker Andre Tippett eine leitende Position an. Zu diesem Zeitpunkt hatte Tippett zwölf Spielzeiten in New England absolviert und dachte an den Ruhestand. „Robert kam zu mir und sagte: ‚Wenn du nicht mehr spielen willst und dich lieber zur Ruhe setzen möchtest, dann ist hier eine Möglichkeit, ins Frontoffice zu kommen'“, erinnerte sich Tippett.

Tippett kannte Kraft erst seit Kurzem. Aber Kraft hatte ihm mehrfach gesagt, dass der Schlüssel zu seinem Erfolg darin liege, gute Leute um sich zu haben. Die Tatsache, dass Kraft ihm die Chance bot, ins Frontoffice zu kommen und einer dieser Leute zu sein, machte die Entscheidung leicht. „Nicht viele Gesichter wie meines waren in solchen Positionen“, sagte Tippett. „Wir trugen alle Helme. Aber er sah mich als jemanden an, der glaubwürdig, fleißig, loyal und zuverlässig ist.“

Tippett wurde zum Director of Player Resources ernannt, wo er für alle spielerbezogenen Angelegenheiten außerhalb des Spielfelds zuständig war. Kraft suchte häufig Tippetts Rat in Fragen, die Spieler betrafen, und nahm ihn häufig auf Geschäftsreisen mit. Ihre Freundschaft vertiefte sich schnell. Einmal vertraute Kraft Tippett an, dass man ihn davor gewarnt hatte, Schwarze einzustellen, weil sie schwer zu entlassen seien. Sie erörterten diese Erklärung und ihre Auswirkungen.

Schließlich laminierte Tippett ein Stück Papier mit diesem Rat in der Größe einer Visitenkarte und steckte es in seine Brieftasche. Am Ende arbeitete er 25 Jahre im Frontoffice der Patriots. Die Erklärung blieb die ganze Zeit über in seiner Brieftasche. „Ich trage dieses Zitat mit mir herum, um mich daran zu erinnern, dass ich niemals aufhören darf, wachsam zu sein", sagte Tippett im Jahr 2019. „Und nie aufhören darf, hart zu arbeiten, und niemals glauben, dass wir alle auf dem gleichen Niveau sind. Denn es gibt keine gleichen Bedingungen. Ich sage meinen Kindern: ‚Es kommt nicht darauf an, was ihr wisst. Es kommt darauf an, wen ihr kennt'."

Am 6. Februar 1995 gaben die Patriots bekannt, dass Bobby Grier als neuer Director of Player Personnel eingestellt wurde, womit er der erste afroamerikanische GM in der NFL war. In den Geschichtsbüchern wird Ozzie Newsome, der 2002 von den Cleveland Browns ernannt wurde, als erster afroamerikanischer GM in der Geschichte der Liga geführt. Er ist tatsächlich der erste Mann, der diesen Titel trägt. Grier hatte jedoch sieben Jahre zuvor dieselbe Tätigkeit mit denselben Aufgaben ausgeübt. Der einzige Unterschied war, dass Kraft ihm eine andere Berufsbezeichnung gab, nicht zuletzt, um den Widerstand Parcells zu minimieren.

Parcells schimpfte immer noch über Krafts Entscheidung, Grier zu befördern. Seine Beschwerde hatte weniger mit Grier als mit Kraft zu tun. „Er wollte nicht, dass ich die Show mache", erklärte Parcells später. „Einige Besitzer sagten ihm: ‚Manche dieser Trainer werden zu groß für ihre Hosen. Man muss sie in ihre Schranken weisen.' Das hat er getan."

Nichtsdestotrotz arbeiteten Parcells und Grier anfangs gut zusammen. Im Frühjahr 1995 wählten sie beim NFL Draft in der ersten Runde Defensive Back Ty Law, in der zweiten Runde Linebacker Ted Johnson und in der dritten Runde Running Back Curtis Martin. Es war eine der besten Draft-Klassen in der Geschichte der Franchise. Law und Martin würden beide in der Hall of Fame landen. Und Johnson entwickelte sich über ein Jahrzehnt hinweg zu einem wichtigen Mitglied des Teams und war am Ende maßgeblich an den ersten drei Superbowl-Meisterschaften der Franchise beteiligt.

Nach dem Draft begann Grier sofort mit dem Director of Player Resources, Andre Tippett, zu arbeiten, um ihn davon zu überzeugen, mit ihm im Büro des GM zusammenzuarbeiten. Mit Krafts Unterstützung machte Tippett den Schritt. „Für Bobby war es großartig, die Möglichkeit zu bekommen, GM zu werden", sagte Tippett. „Ich wusste, dass man ihn, weil er Afroamerikaner war, im Auge hatte. Ich ging also mit der Entschlossenheit hinein, hart zu arbeiten und keine halben Sachen zu machen. Ich wollte ihn nicht im Stich lassen."

Die historische Bedeutung von Krafts Entscheidung, Grier zu befördern und ihm die Möglichkeit zu geben, Führungsentscheidungen zu treffen, wurde kaum beachtet. Doch schon bald begannen Grier und Tippett, bei Ligatreffen aufzutauchen und die New England Patriots zu vertreten. Das Büro des Commissioner und Besitzer aus der ganzen Liga wurden aufmerksam. In der fast dreißigjährigen Zeitspanne zwischen dem ersten Superbowl nach der Saison 1966 und dem Kauf der Patriots durch Kraft im Jahr 1994 waren nur zwei Afroamerikaner – Art Shell und Dennis Green – Cheftrainer in der NFL gewesen. Das Klima für die Einstellung von General Managern, die einer Minderheit angehören, war noch schlechter. Im Jahr 2003 führte die NFL die sogenannte Rooney Rule ein, die von den Teams verlangte, Kandidaten aus ethnischen Minderheiten zu interviewen, wenn eine Stelle als Cheftrainer frei wurde. Erst 2009 weitete die Liga diese Politik auf Stellenausschreibungen für leitende Football-Funktionäre aus.

Die Verhandlungen zwischen Robert Kraft und Leigh Steinberg über den neuen Vertrag mit Drew Bledsoe wurden schnell abgebrochen. Als Kraft sein vorläufiges Angebot vorlegte, sträubte sich Steinberg gegen diese Zahl. Als Steinberg konterte, zog Kraft sich zurück. Das war keine Taktik. Sie waren einfach zu weit voneinander entfernt.

Die beiden Männer sprachen ein paar Monate lang nicht miteinander. Dann handelte Steinberg eine Reihe von rekordverdächtigen Vertragsprämien für eine Reihe der besten Spieler des 95er Draft aus.

Mitten in diesen Vertragsabschlüssen wandte sich Kraft erneut an Steinberg und lud ihn ein, nach Boston zu kommen. An einem warmen Abend Mitte Juni trafen sie sich zum Dinner in einem italienischen Restaurant im North End der Stadt. Als Steinberg Olivenaufstrich auf seinem italienischen Brot verteilte, sagte Kraft: „Ich schätze, Sie mögen das Zeug."

„Ich liebe Olivenaufstrich", erwiderte Steinberg.

Kraft merkte sich das.

Nach dreistündigen Verhandlungen begaben sie sich in Krafts Haus. Beim Wein einigten sie sich auf die grundlegenden Bedingungen für Bledsoes neuen Vertrag: 42 Millionen Dollar über sechs Jahre, wobei ein beträchtlicher Teil des Geldes – 11,5 Millionen Dollar – in Form einer Antrittsprämie zu zahlen war. Der Vertrag würde Bledsoe zum bestbezahlten Spieler der Liga machen.

Es gab nur zwei Knackpunkte. Einer davon stammte aus einer unbedachten Bemerkung, die Bledsoe bei seinem ersten Besuch in Krafts Büro gemacht hatte. Als er ein Foto von Kraft und seiner Familie auf einer Skipiste entdeckte, gab Bledsoe an, dass er seinen Vater gerade zum Heliskiing mitgenommen hatte. Kraft kannte den Begriff nicht und fragte, was er bedeute. Bledsoe erklärte, dass es sich dabei um Skifahren auf Bergen handelt, die nicht mit einem Skilift erreichbar sind. Ein Jahr später bestand Kraft auf einer Klausel im neuen Vertrag, die Bledsoe das Helikopter-Skifahren verbot.

„Wie können Sie von mir erwarten, dass ich so viel Geld ausgebe, nur damit sich mein Quarterback bei etwas Verrücktem verletzt?", sagte Kraft zu Steinberg.

Steinberg erklärte sich bereit, mit Bledsoe darüber zu sprechen.

„Du bist dabei, der bestbezahlte Spieler im Football zu werden", sagte Steinberg zu Bledsoe. „Er will nur eine kleine Änderung in deiner Offseason."

Bledsoe wünschte, er hätte das Skifahren nie erwähnt.

Der andere Punkt hatte mit Philanthropie zu tun. Kraft glaubte, dass dort, wo viel gegeben wird, auch viel erwartet wird. Während der Vertrag jedes Patriots-Spielers eine Bestimmung enthielt, die zehn Auftritte bei Wohltätigkeitsorganisationen oder Krankenhäusern pro Jahr vorschrieb, wollte Kraft, dass Bledsoe auch 2 Millionen

Dollar seines Gehalts für wohltätige Zwecke spendet. Er sprach direkt mit Bledsoe, um ihm seinen Standpunkt darzulegen. „Das ist für mich persönlich sehr wichtig", sagte er zu seinem Quarterback.

Ohne es schriftlich festzuhalten, sagte Bledsoe der Kraft Family Foundation 1 Million Dollar zu und 1 Million Dollar einer anderen Wohltätigkeitsorganisation seiner Wahl.

Um dies zu feiern, lud Kraft Steinberg in sein Sommerhaus auf Cape Cod ein. Während der Fernseher auf SportsCenter eingestellt war, tranken Kraft und Steinberg Wein in einem Whirlpool auf der Terrasse. Plötzlich erschien ein Bild von Steinberg auf dem Bildschirm, während ESPN-Moderator Chris Berman alle Geschäfte vorlas, die er in der vergangenen Woche abgeschlossen hatte.

„Leigh, Zeit, Urlaub zu machen", scherzte Berman in der Sendung.

Kraft und Steinberg lachten und erhoben ihre Gläser. Wenn ESPN das nur wüsste.

Als Steinberg ein paar Tage später wieder in Los Angeles ankam, fand er eine kleine Kiste vor seiner Haustür. Sie enthielt Gläser mit Gourmet-Olivenaufstrich. Dazu eine Karte von Kraft.

9

NICHT SO SCHNELL

Kurz vor Beginn des Trainingslagers im Sommer 1995 gab Robert Kraft bekannt, dass das Team Drew Bledsoe mit dem höchsten Durchschnittsgehalt und der höchsten Prämie in der NFL-Geschichte unter Vertrag genommen hatte.

„Dies ist eine der besten Investitionen, die ich je getätigt habe“, sagte Kraft. „Damit ist die Zukunft dieser Organisation für viele Jahre mit einem der besten jungen Talente dieses Spieles gesichert.“

Bledsoe hätte nicht glücklicher sein können. Auf die Frage von Reportern, wie er über das Geschäft denke, lächelte er und sagte: „Was ich denke? Ich weiß es nicht. Ich kann mir das nicht einmal ausrechnen.“

Eine Sache war ganz klar. Nach nur zwei Spielzeiten besaß der 23-jährige Quarterback das volle Vertrauen des Eigentümers. Das Gleiche ließ sich jedoch nicht über den Cheftrainer sagen. Bill Parcells ärgerte sich bereits über die Beziehung zwischen dem Besitzer und dem Quarterback, und der neue Vertrag verstärkte seinen Unmut noch. Es war nicht nur die Tatsache, dass Kraft und Steinberg den Vertrag, den Parcells zwei Jahre zuvor mit Bledsoe abgeschlossen hatte, zerrissen hatten. Was Parcells wirklich störte, war, dass sich die Hackordnung innerhalb der Organisation verschoben hatte. Indem er Bledsoe mit dem höchsten Gehalt in der NFL krönte, hatte Kraft den aufstrebenden Quarterback eindeutig zum designierten Gesicht und zur Zukunft der Mannschaft erhoben.

Doch Parcells behielt an den Orten, die das Ergebnis auf dem Spielfeld direkter beeinflussten – in den Teambesprechungsräumen, auf dem Trainingsplatz und an der Seitenlinie – die volle Kontrolle. In diesen Bereichen behandelte Parcells Bledsoe zeitweise eher wie einen Untergebenen als den Anführer des Teams auf dem Spielfeld. Eine Dynamik, die sich zum Nachteil der Mannschaft auswirkte. Zu Beginn der Saison 1995 wurden die Patriots als Anwärter auf die Superbowl-Meisterschaft gehandelt. Stattdessen erreichte New England mit 6:10 nicht annähernd wieder die Play-offs. Es war, als ob die Mannschaft '94 einen großen Schritt nach vorne und '95 zwei größere Schritte zurück gemacht hätte.

Niemand fühlte sich schlechter als Bledsoe. Nachdem er den großen Vertrag unterschrieben hatte, warf er '95 mehr Interceptions (16) als Touchdowns (13) und brachte kaum 50 Prozent seiner Pässe an. Nach allen geltenden Maßstäben war es das schlechteste Jahr seiner Karriere. Die bequeme Erklärung, die sich um diese Situation rankte, lautete, dass Bledsoe sein Potenzial nicht ausschöpfte. Sports Illustrated fasste es so zusammen:

Das Bonus Baby spielte bis auf 20 Yards an die Endzone heran wie ein Verlierer. Er zankte sich mit Parcells an der Seitenlinie und warf bis zum fünften Spiel der Saison keinen Touchdown-Pass (zum Vergleich: 1994 warf er im gleichen Zeitraum 11 Touchdowns). Die Offensive schwächelte in der Redzone und nutzte nur 24 von 62 Chancen für Touchdowns.

In demselben Artikel wurde Bill Parcells mit folgenden Worten über Bledsoe zitiert: „Er hatte einige technische Probleme, Probleme bei der Entscheidung, beim Erkennen und bei der Genauigkeit. Wir müssen auf dieser Position eine bessere Leistung erbringen."

Alles, was Parcells sagte, stimmte. Was er jedoch nicht erwähnte, war, dass er an Bledsoes Problemen beteiligt war. Zu Beginn der Saison '95 lagen die Patriots 1:1 zurück, als sie am 17. September 1995 nach San Francisco reisten, um gegen den Super-Bowl-Titelverteidiger zu spielen. In der Mitte des ersten Viertels traf 49ers-Linebacker Ken Norton junior Bledsoe und warf ihn auf den Rasen, nachdem Bledsoe den Ball losgelassen hatte. Bledsoe landete hart auf seiner linken Schulter. Offensichtlich verletzt, ging er an die Seitenlinie, wo er die nächste

Serie aussaß. Nach einem Gespräch mit dem Mannschaftsarzt sagte Bledsoe, er wolle spielen, und beim nächsten Ballbesitz der Patriots schickte Parcells ihn wieder aufs Feld. Aber es war sofort klar, dass etwas nicht stimmte. Seine Wurftechnik war nicht in Ordnung und er wirkte unsicher, was gar nicht seine Art war. Die Verteidiger der Niners sagten später, sie wussten, dass er verletzt war, und erhöhten deshalb den Druck, indem sie häufiger blitzten. In der Halbzeitpause wurde Bledsoes Schulter fest bandagiert, damit er in der zweiten Halbzeit spielen konnte.

Robert und Jonathan Kraft verfolgten das Geschehen an diesem Nachmittag von der Gästeloge im Candlestick Park aus. Leigh Steinberg schloss sich ihnen an. Er war wütend auf Parcells, weil er Bledsoe im Spiel gelassen hatte. Natürlich würde Bledsoe sagen, dass er spielen könne, überlegte Steinberg. Er war ein Kämpfer. Und jeder Football-Spieler wurde darauf programmiert, auch mit Schmerzen zu spielen.

In der Mitte des vierten Viertels führten die 49ers mit 28:3 und Bledsoe hatte eine brutale Niederlage einstecken müssen. Er wurde immer wieder getroffen, zu Boden geworfen und viermal gesackt. Bei der Art und Weise, wie die Verteidiger der Niners auf ihn losgingen, bestand die Gefahr, dass er ernsthaft verletzt wurde.

„Das kannst du nicht zulassen!“, sagte Steinberg zu Kraft.

Steinberg vertrat auch den Quarterback der Niners, Steve Young. Ein Jahr zuvor hatten sich die Niners in einer ähnlichen Situation befunden. Zu Beginn der Saison wurden sie von den Eagles vernichtend geschlagen, und Young wurde angegriffen. In diesem Fall hatte Young keine Verletzung erlitten – Niners-Trainer George Seifert nahm ihn aus dem Spiel, um ihn zu schonen. In der folgenden Woche kehrte Young zurück und führte die Niners zu zehn Siegen in Folge.

Bledsoe wurde nicht nur wie Young niedergemacht, Bledsoe war verletzt, was es nach Steinbergs Meinung noch unverantwortlicher erscheinen ließ, ihn draußen zu lassen. Doch als die Patriots drei Minuten vor Schluss den Ball zurückerhielten und mit vier Touchdowns hinten lagen, schickte Parcells erneut Bledsoe aufs Feld. Wenige Augenblicke später brach ein Defensive Lineman durch, packte Bledsoe und schleuderte ihn auf den Rasen. Steinberg schlug auf den Tresen.

Selbst die Fernsehansager fragten sich, warum Parcells Bledsoe im Spiel ließ. Ein paar Spielzüge später musste Bledsoe einen weiteren Schlag einstecken, diesmal gegen die Knie, sodass er unglücklich zu Boden ging. Der letzte Drive der Patriots kam kurz darauf an der Acht-Yard-Linie der Niners zum Stillstand.

In der Umkleidekabine hatte Bledsoe danach glasige Augen und eine deutlich gerötete, stark mit Schmerzmitteln behandelte Schulter. Parcells stellte sich der Presse. Ein Reporter fragte, warum er Bledsoe in einem so einseitigen Spiel gelassen hatte. „Die Ärzte sagten, er könne spielen, also spielte er", sagte Parcells. Er fügte hinzu: „Ich denke, er war in Ordnung. Es ging ihm gut genug, um das Spiel zu Ende zu bringen, denn ich habe ihn dringelassen."

Es stellte sich heraus, dass es Bledsoe nicht gut ging. Eine Untersuchung nach dem Spiel ergab, dass er sich wahrscheinlich die Schulter ausgekugelt hatte. Das Ausmaß der Bänderverletzung war unklar.

Steinberg und die Krafts verließen den Candlestick Park nach dem Spiel gemeinsam. Während der Autofahrt zum Flughafen wurde das Gespräch über Bledsoes Verletzung und Parcells' Urteil darüber fortgesetzt.

„Schau, das ist deine Franchise", sagte Steinberg zu Kraft. „Die langfristige Gesundheit deines Quarterbacks hat die denkbar höchste Priorität."

Kraft widersprach nicht.

„Wegen Parcells muss etwas unternommen werden", so Steinberg weiter. „Er ist ein legendärer Trainer. Aber wie jeder andere auch muss er geführt werden."

Zurück in Boston bestätigten medizinische Tests, dass Bledsoe tatsächlich eine leichte Fehlstellung an der Schulter hatte, die nicht mit seinem Wurfarm verbunden war. Zwei Tage später verkündete Parcells, dass Bledsoe nicht ausfallen würde. „Wir werden ihn wahrscheinlich ein paar Tage ausruhen lassen, und dann sollte er für das nächste Spiel wieder fit sein", sagte er den Reportern.

Sein Umgang mit der Situation erregte Aufsehen. Er geriet sogar in ein Wortgefecht mit einem Fernsehreporter, weil der über etwas Wahres berichtet hatte – dass Bledsoe trotz offensichtlicher Schmerzen wieder in das Spiel der 49ers eingesetzt worden war.

„Die Spieler spielen", sagte Parcells. „Das ist ihr Job. Ich mache mir keine Gedanken darüber, wie sie geschützt werden können."

Aussagen wie diese machten Steinberg wütend. Also griff er ein. Auf dem Gebiet der Sportmedizin galt Dr. James Andrews als der führende Orthopäde bei Knie-, Ellbogen- und Schulterverletzungen. Zu seinen Patienten gehörten Michael Jordan, Jack Nicklaus, Roger Clemens und Bo Jackson. Andrews hatte auch eine Reihe von Steinbergs Kunden an der Schulter operiert, darunter den Quarterback Troy Aikman. Tage, nachdem Parcells Bledsoe für spielfähig erklärt hatte, bestand Steinberg darauf, dass Bledsoe Dr. Andrews aufsuchte. Glücklicherweise war Andrews der Meinung, dass Bledsoe nicht operiert werden musste, damit seine Bänder heilten, aber er riet Bledsoe dazu, das nächste Spiel auszulassen. Andernfalls bestünde die Gefahr einer weiteren Verschlimmerung der Verletzung.

Mit dieser Prognose ausgerüstet, hielt Steinberg eine Pressekonferenz ab und setzte Parcells davon in Kenntnis. Von seinem Klienten sei nicht zu erwarten, dass er spielen könne, „weil die Schmerzen so stark waren – und weil es bei einigen Würfen zu unangenehmen Situationen kommen würde. Er wäre dann weniger geschützt und könnte noch auf andere Weise verletzt werden."

Parcells ließ Bledsoe schließlich für ein Spiel aussetzen. Doch zwei Wochen nach seiner Verletzung kehrte Bledsoe bei einem Heimspiel gegen Denver in die Startformation zurück. In dieser Woche fragte Parcells Bledsoe, ob er Troy Brown oder Rookie Kevin Lee als Receiver einsetzen sollte. Es war ungewöhnlich, dass Parcells Bledsoes Meinung einholte.

Ohne zu zögern, entschied sich Bledsoe für Brown. „Er ist immer offen und ich vertraue ihm", sagte er.

Eine der wichtigsten Voraussetzungen für den Erfolg eines Quarterbacks sind Receiver, denen er vertrauen kann. Parcells wusste das. Trotzdem ließ er Lee antreten, weil er angeblich schneller war als Brown.

Im Spiel gegen Denver warf Bledsoe einen Strike zu Lee, der von dessen Schulterpolstern abprallte und einem Verteidiger in die Hände fiel. In den Statistiken wurde der Spielzug als Interception für Bledsoe verbucht, obwohl es sich in Wirklichkeit um einen Anfängerfehler handelte, den der sichere Brown nicht zu machen pflegte. Nach der

Interception ging Bledsoe genervt vom Spielfeld und sagte zu Parcells: „Das war dein Junge. Eine gute Wahl.“ Mehr an Konfrontation mit seinem Trainer war für Bledsoe nicht drin.

Obwohl nur wenige Menschen an der Seitenlinie die sarkastische Bemerkung mitbekommen hatten, war Parcells stinksauer. Nachdem sein Team von Denver geschlagen wurde, kritisierte Parcells Bledsoe öffentlich vor den Medien. „Bei der Anzahl der Spiele, die er absolviert hat, sollten die Dinge für ihn etwas reibungsloser ablaufen, als sie es im Moment tun“, sagte Parcells. „Er macht gerade eine schwere Zeit durch. Manche Quarterbacks kommen aus solchen Situationen heraus, gewinnen an Selbstvertrauen und entwickeln sich weiter, andere nicht. Er ist noch ein junger Spieler, die Teams haben eine bestimmte Einstellung zu ihm, und er muss lernen, damit umzugehen.“

Bledsoe spielte den Rest der Saison mit einer ausgekugelten Schulter. Bestimmte Würfe – insbesondere über lange Strecken – lösten erhebliche Schmerzen aus. Um dies zu umgehen, änderte er seine Wurfbewegung, was seine Technik durcheinanderbrachte. Das war die Hauptursache für den Rückgang seiner Treffsicherheit.

In dieser Zeit tat Parcells nichts, um ihm die Dinge zu erleichtern. Im Gegenteil, einige seiner Methoden waren kontraproduktiv. Während Bledsoe weiterhin mit seiner Verletzung kämpfte, erinnerte Parcells ihn daran, dass er ersetzbar sei.

„Er ist mein Starting Quarterback“, sagte Parcells gegen Mitte der Saison. „Ich werde also so lange zu ihm halten, wie er spielen kann, bis zu dem Zeitpunkt, an dem ich denke, dass ich es mit einem anderen versuchen sollte.“

Kraft befand sich in einer Zwickmühle. Auf der einen Seite hatte er den mächtigsten Agenten des Spieles, der sich auf ihn verließ, um seinen Klienten zu schützen. Auf der anderen Seite hatte er einen Cheftrainer, der ebenso eigensinnig war, wie er verehrt wurde. Doch als die Saison ’95 für das Team zu Ende ging, sah sich Kraft einer noch gefährlicheren Situation gegenüber: Die Gesetzgeber in Massachusetts scheinen von dem Plan, ein neues Footballstadion in Boston zu bauen, Abstand zu nehmen. Ohne ein neues Stadion könnte Kraft seinen Kreditverpflichtungen gegenüber der Bank Boston nicht nachkommen. Er war nervös.

Vor dem Kauf des Teams hatte Kraft die Zusicherung erhalten, dass ein neues Kuppelstadion für die Patriots Teil eines umfassenden Sanierungsplans in Boston sein würde, der als Megaplex bekannt war und auch ein neues Kongresszentrum beinhaltete. „In den letzten zwei Wochen haben die Zusicherungen und die Unterstützung des Gouverneurs, des Senatspräsidenten und des Sprechers des Repräsentantenhauses mich und andere davon überzeugt, dass der Megaplex unabhängig von der Dauer des Gesetzgebungsverfahrens Wirklichkeit werden wird", hatte James Orthwein auf der Pressekonferenz am Tag des Verkaufs des Teams an Kraft gesagt.

Dass ihm das Stadion versprochen worden war, hatte bei Krafts Entscheidung, so viele Schulden für den Kauf des Teams aufzunehmen, eine Rolle gespielt. Das Foxboro Stadium war eines der ältesten und baufälligsten Stadien der Liga. Selbst NFL-Commissioner Paul Tagliabue war der festen Überzeugung, dass die Patriots eine neue Heimat brauchten, um zu überleben. Das Foxboro Stadium befand sich nicht nur in einem schlechten Zustand, sondern war auch so veraltet, dass es für die Patriots praktisch unmöglich war, mit anderen Teams finanziell gleichzuziehen. Zum Beispiel hatte es nur 42 Luxuslogen und keine Clubplätze. Im Cowboy Stadium gab es dagegen vierhundert Luxussuiten und Tausende von Premium-Clubsitzen. Dies führte dazu, dass der Besitzer der Cowboys, Jerry Jones, allein im Jahr 1994 zusätzliche 30 Millionen Dollar an Stadioneinnahmen erzielte, die über das hinausgingen, was er mit der Liga teilen musste.

Kraft hingegen konnte die Patriots nicht profitabel machen, obwohl zum ersten Mal in der Geschichte der Mannschaft jedes Spiel ausverkauft war. Aufgrund des veralteten Stadions machte das Team immer noch Verluste. In Krafts erstem Jahr als Besitzer machten die Patriots einen Verlust von 48 Millionen Dollar.

Was Kraft am meisten ärgerte, war die Untätigkeit von Gouverneur William Weld, der seine Unterstützung für ein neues Stadion zugesagt hatte. In der Zwischenzeit hatte der Gouverneur auch Unterstützung für die sofortige Bereitstellung von Mitteln für den Ausbau von Straßen und andere Verbesserungen rund um das Foxboro Stadium zugesagt. Die Idee war, das alte Stadion sicherer und besser zugänglich zu machen, während die Pläne für ein neues Stadion genehmigt und umgesetzt wurden.

Aber ein ganzes Jahr, nachdem Kraft das Team gekauft hatte, hatte der Staat keine nennenswerten Fortschritte gemacht. Der Megaplex-Plan schmorte in den gesetzgebenden Ausschüssen und schien nicht einmal in der Nähe einer Genehmigung zu sein. Auch hatte die Legislative nicht das versprochene Geld für den Ausbau der Straßen rund um das Foxboro-Stadion bewilligt. Genervt wandte Kraft sich in einem Interview mit dem Boston Globe an den Gouverneur und die Legislative und deutete an, dass er gezwungen sein könnte, das Team aus dem Staat herauszuholen, wenn sie nicht bald etwas unternehmen würden. „Mir wurden Dinge zugesichert", sagte Kraft dem Globe. „Diese Zusicherungen waren einer der Gründe, warum ich mich zu einem solchen unwirtschaftlichen Geschäft entschlossen habe."

Seine Bemerkungen erregten Aufsehen. Der Gesetzgeber interpretierte sie als Drohung. Zwei Tage nach Krafts deutlichen Worten ließ ein Senatsausschuss die 35 Millionen Dollar für Straßenverbesserungen in der Nähe des Foxboro-Stadions fallen. Mit diesem Schritt sollte eindeutig eine Botschaft an Kraft übermittelt werden. „Außer ihm gibt es noch andere Bewohner des Commonwealth", sagte ein Sprecher des Verkehrsministers.

Andere hochrangige Politiker schlossen sich an. Der wichtigste davon war Thomas Finneran, Vorsitzender des mächtigen House Ways and Means Committee. Finneran kontrollierte die Geldströme in Beacon Hill. Ohne seine Unterstützung würde die Idee eines Kuppelstadions in Boston scheitern. Als er Krafts Kommentare las, holte er zum Schlag aus. „Der Staat ist nicht dazu da, die Menschen vor unklugen Entscheidungen zu bewahren", sagte Finneran. „Die ganze Prämisse ist absurd."

Ein Jahr zuvor hatten die Patriots-Fans Kraft noch als Helden betrachtet, weil er das Team gekauft und in Massachusetts gehalten hatte. Aber jetzt hatte er es mit einem anderen Publikum zu tun – den Gesetzgebern auf dem Beacon Hill und dem Pressekorps, das über das State House berichtete. Einige von ihnen ärgerten sich über Kraft. „Bob, wenn Sie wirklich etwas kostenloses Geld wollen, gibt es einen garantierten Weg, es zu bekommen", schrieb der politische Kolumnist des Boston Herald, Howie Carr. „Ziehen Sie nach Mexiko."

Sogar ein Meinungsforschungsinstitut, das normalerweise politische Rennen verfolgt, meldete sich mit einer Meinungsumfrage zu Wort. Die Ergebnisse zeigten, dass die Einwohner von Massachusetts mit überwältigender Mehrheit gegen staatliche Beihilfen für die Patriots waren. Die Umfrage zeigte auch, dass die Menschen Kraft weitgehend die Schuld geben würden, wenn er das Team für ein besseres Angebot aus Massachusetts herausbrachte.

Das war das Letzte, was Kraft wollte. Er war auch nicht auf der Suche nach einem besseren Angebot. Sein Ziel war es, ein besseres Stadion zu bauen, vorzugsweise in Boston, und er war bereit, sein eigenes Geld zu investieren, um dies zu erreichen. Ein Stadion in Boston würde jedoch eine beträchtliche Investition des Staates für die gesamte umliegende Infrastruktur erfordern, und ohne diese Investition bliebe den Patriots wohl kaum eine andere Wahl, als das Team in einen von New Englands Nachbarstaaten zu verlagern. Sowohl Rhode Island als auch Connecticut hatten signalisiert, dass sie das Team willkommen heißen und ein neues Stadion bauen würden.

Entschlossen, die Sache in Massachusetts zum Erfolg zu führen, engagierte Kraft einen der mächtigsten Lobbyisten auf dem Beacon Hill und beauftragte ihn, die Megaplex-Initiative in der Legislative voranzutreiben. Im Sommer '95 erhöhte Kraft dann den Druck und versprach 215 Millionen Dollar an Zahlungen und Jahresmieten, in der Hoffnung, die Legislative dazu zu bewegen, das Kuppelstadion im Rahmen des Megaplex-Plans zu genehmigen.

Doch je mehr Kraft drängte, desto mehr verärgerte er Tom Finneran. Kurz nachdem Kraft seine Zusage über 215 Millionen Dollar gemacht hatte, beschloss Finnerans Ways and Means Committee, den Megaplex-Plan ganz fallen zu lassen.

Kraft hatte mit Neid und Missgunst zu kämpfen. Politik ist im Grunde ein Beliebtheitswettbewerb. Seit er die Patriots gekauft hatte, war Kraft zum Mann der Stadt geworden, und sein Bekanntheitsgrad übertraf den der mächtigen politischen Führer, die er für sich gewinnen musste. Schmeichelhafte Schlagzeilen wie „Kraft Now a Star in His

Own Right", die im Herbst '95 im Boston Globe erschienen, waren seiner Sache nicht gerade zuträglich.

Es half auch nicht, dass Kraft die Politiker weiterhin öffentlich anprangerte. „Sie pokern", sagte er dem Globe. „Was sie verstehen müssen, ist, dass das Spiel irgendwann endet." In einem separaten Interview kritisierte Kraft den Gouverneur dafür, dass er versprochen habe, ein Stadion zu unterstützen, und dies nicht eingehalten habe. „Der Punkt ist, dass die Verpflichtung eingegangen wurde und ich daran geglaubt habe", sagte Kraft. In einem privaten Brief an Weld war Kraft sehr viel direkter und sagte, dass seine Untätigkeit „zu einer unerfüllten Vision für eine Anlage von Weltklasse führen und diese Region eine wichtige Quelle wirtschaftlichen und psychischen Nutzens kosten würde."

Der Brief gelangte in die Hände der Presse, was die Situation weiter verschärfte. Joan Vennochi, Leiterin des Globe-Büros im State House, bezeichnete den Brief als „Selbstschussanlage" und wies darauf hin, dass der Gouverneur immer noch auf ein Stadion dränge. „Es mag hart klingen", schrieb Vennochi, „aber Kraft ist sein eigener schlimmster Feind … Eines von Krafts größten Problemen auf dem Beacon Hill war Robert Kraft."

Zu diesem Zeitpunkt hatten sich sogar die Sportjournalisten zu Wort gemeldet. „Heben Sie die Hand, wenn Sie es leid sind, dass Bob Kraft darüber jammert, wie viel Geld er mit den Patriots verliert", schrieb der Sportkolumnist Dan Shaughnessy. Genug mit den „Ich-nehme-mein-Team-und-gehe-anderswo-hin"-Mätzchen. Bitte, bitte. Wir würden uns freuen, wenn Sie bleiben, Bob. Aber wenn die Pats gehen müssen, weil wir Ihnen kein neues Stadion bauen wollen, dann gehen Sie."

Inmitten dieses politischen Klimas reisten die Patriots zum letzten Spiel der Saison '95 nach Indianapolis. Es war zwei Tage vor Weihnachten und New England stand 6:9. Bledsoe war angeschlagen. Parcells grübelte. Und Kraft war wütend. Alle waren bereit für die Nachsaison.

Am Vorabend des Spieles rief Parcells Kraft in sein Hotelzimmer. In dem Moment, als er eintrat, wusste Kraft, dass etwas nicht stimmte.

Parcells ließ die Schultern hängen, und seine Miene drückte Verzweiflung aus.

„Alles in Ordnung?“, fragte Kraft.

„Bob, ich weiß nicht, ob ich noch ein weiteres Jahr Trainer sein will“, begann Parcells.

Kraft setzte sich. „Warum?“, fragte er.

„Weißt du“, sagte er, „es ist harte Arbeit. Die Kids sind anders als früher. Das System ist anders.“

Das System hatte sich in der Tat geändert. Free Agency und die Gehaltsobergrenze hatten die Arbeit noch komplizierter gemacht. Außerdem war die Saison ’95 eine Schinderei gewesen, und die Ergebnisse waren demoralisierend.

„Ich werde vielleicht zu alt für so etwas“, sagte Parcells.

Bescheidenheit gehörte nicht zu Parcells’ Qualitäten. Aber in diesem Moment wirkte er verletzlich, als er seine Unsicherheit zugab. Zu Beginn der Saison waren Kraft und Parcells eines Nachmittags nebeneinander auf dem Laufband im Stadion, als Parcells plötzlich abstieg, sich bückte, die Hände auf die Knie stützte und nach Luft rang. „Bill, geht es dir gut?“, fragte Kraft ihn. In jenem Augenblick hatte Parcells nur abgewinkt und zu Kraft gesagt, er brauche nur eine Minute. Doch als sie sich in seinem Hotelzimmer gegenüberstanden, gab Parcells zu, dass es ihm gesundheitlich nicht gut ginge und er Bedenken habe.

Kraft hatte seine Differenzen mit Parcells, aber dies war nicht der Zeitpunkt, um sich damit zu befassen. Er hatte einen Trainer, der sein Herz und seine Seele in die Mannschaft steckte. Parcells, so sagte sich Kraft, hatte alles gegeben.

In dieser Nacht einigten sie sich darauf, dass Parcells noch eine weitere Saison trainieren würde, danach würde Kraft ihn aus dem letzten Jahr seines Vertrags entlassen und auf die 1,2 Millionen Dollar Strafe für die Nichterfüllung seiner Verpflichtung verzichten.

Um Missverständnissen vorzubeugen, fragte Kraft, was wäre, wenn Parcells es sich anders überlegen würde und ’97 Trainer werden wollte? Parcells sagte, das würde nicht passieren. Er war fertig.

Kraft versprach, seinen Anwalt eine Änderung des Arbeitsvertrags ausarbeiten zu lassen. Parcells bedankte sich bei ihm, und beide vereinbarten, dass keiner von ihnen bis zum Ende der Saison '96/'97 öffentlich über die Vereinbarung sprechen würde.

Der Rechtsberater der Patriots, Richard Karelitz, besuchte nur selten Auswärtsspiele. Aber er reiste zufällig mit Kraft zum letzten regulären Saisonspiel in Indianapolis. Als Kraft Parcells Hotelzimmer verließ, suchte er Karelitz auf und informierte ihn über die Situation.

Niemand war länger an Krafts Seite als Karelitz. Er hatte in den frühen 70er-Jahren bei Kraft angefangen, also genau zu der Zeit, als er International Forest Products gründete. Seitdem hatte Karelitz für Kraft komplexe juristische Arbeiten in der ganzen Welt ausgeführt. Karelitz hatte ein Händchen dafür, schnell zum Kern eines Problems vorzudringen, und war dabei raffiniert und scharfsinnig. Als Kraft ihm von seinem Gespräch mit Parcells erzählte, brach er es auf die zwei wichtigsten Punkte herunter – der Trainer sagte im Wesentlichen, dass er sich aus gesundheitlichen Gründen nicht in der Lage fühle, noch eine weitere Saison als Trainer zu arbeiten, und dass der Eigentümer deshalb bereit sei, ihn ohne Strafe aus dem letzten Jahr seines Vertrags zu entlassen. Er sah sofort ein mögliches Problem voraus. Zu Kraft sagte er: „Was ist, wenn Parcells seine Meinung ändert und beschließt, nach der Saison '96 wieder Trainer zu werden?"

Die Möglichkeit, dass Parcells versuchen könnte, ein anderes Team zu trainieren, gefiel Kraft nicht.

„Warum sagen wir nicht, dass er, sollte er sich entscheiden, wieder zu trainieren, die Patriots trainieren würde und nicht irgendjemand anderen?", fragte Karelitz.

„Das ist eine gute Idee", sagte Kraft.

Als er nach Foxborough zurückkehrte, entwarf Karelitz einen Zusatz zu Parcells' Vertrag. Ein Satz dieser Ergänzung würde den Grundstein für eine der größten Fehden in der Geschichte der NFL legen:

Für den Fall, dass der Arbeitnehmer nach dem 31. Januar 1997 als NFL-Cheftrainer oder in einer anderen vergleichbaren Position weiterarbeiten möchte und der Arbeitgeber den Arbeitnehmer für ein weiteres Jahr bis zum 31. Januar 1998 als Head Football Coach beschäftigen möchte, vereinbaren die Parteien eine Verlängerung des Arbeitsvertrages für das Verlängerungsjahr.

Er faxte die geänderte Vereinbarung an Parcells in Florida. Ohne sie seinem Agenten zu zeigen, unterzeichnete Parcells am 12. Januar 1996.

Kraft hatte nie erwartet, dass es einfach sein würde, die Patriots zu einem erfolgreichen Unternehmen zu machen. Doch am Ende der Saison '95 musste er feststellen, dass er nicht ganz das bekommen hatte, was er sich beim Kauf der Mannschaft erhofft hatte. Zum Zeitpunkt des Kaufes war Parcells – neben einem angehenden Star-Quarterback – wohl der attraktivste Aktivposten auf der Gehaltsliste. Kraft war davon ausgegangen, dass die beiden die Mannschaft über viele Jahre hinweg führen würden. Er hatte auch gedacht, dass er in ein neues Stadion in Boston einziehen würde. Etwas mehr als ein Jahr nach seinem Amtsantritt schien das Stadion nicht mehr als ein Hirngespinst zu sein, und Parcells bewegte sich Richtung Ausgang.

Plötzlich stand eine neue Aufgabe ganz oben auf seiner To-do-Liste: die Suche nach einem neuen Cheftrainer. Bevor er eine Liste mit möglichen Kandidaten erstellen konnte, entließen die Cleveland Browns am 14. Februar 1996 ihren Cheftrainer Bill Belichick. Kraft erhielt sofort einen Anruf von Parcells, der ihm mitteilte, dass er Belichick in seinen Trainerstab aufnehmen wolle. Er sagte auch, dass er die Idee bereits mit Belichick besprochen hatte, der dieser Möglichkeit offen gegenüberstand. Doch Belichick hatte bereits ein Angebot für einen Posten als Defensive Coordinator bei den Miami Dolphins vorliegen. In der Hoffnung, Belichick zu überzeugen, stattdessen nach New England zu kommen, wollte Parcells, dass Kraft in ein Flugzeug steigt und sich sofort mit ihm trifft.

„Nenn mir einen Grund dafür“, sagte Kraft. Die Patriots brauchten keinen Defensive Coordinator. Tatsächlich waren alle Trainerstellen besetzt. Und das Budget für die Trainergehälter war bereits überschritten.

„Schau“, sagte Parcells, „ich habe mit diesem Kerl gearbeitet. Er ist wirklich gut. Wenn wir ihn nicht bekommen, wird er nach Miami gehen.

Auf Drängen Parcells räumte Kraft ein, dass es nicht im Interesse der Patriots sei, wenn Belichick Defensive Coordinator in Miami werde. Die Dolphins waren ein Divisionsrivale, und New England stand ihnen zweimal im Jahr gegenüber.

„Wie ist dein Verhältnis zu Belichick?", fragte Kraft.

„Wir haben beruflich ein gutes Verhältnis", sagte Parcells.

Das war eine vielsagende Antwort. Kraft hatte den Eindruck, dass sich die beiden Männer außerhalb des Spielfelds nicht besonders nahestehen.

„Hör zu", sagte Parcells, „du wirst nicht wirklich sein Freund sein. Er wird dich nicht umarmen. Aber ich glaube, dieser Typ wird dir gefallen. Er wird gut für uns sein."

Neugierig geworden, flog Kraft nach Indianapolis, wo Belichick an der NFL-Scouting-Messe teilnahm. Sie trafen sich außerhalb des Geländes, damit niemand sie beobachten konnte. Kraft sagte Belichick zunächst, wie sehr er seinen Erfolg als Defensive Coordinator bei den Giants bewundere. Belichick erinnerte sich gern an Krafts ungewöhnlichen Sportsgeist, nachdem die Browns die Patriots vor ein paar Jahren geschlagen hatten. Die beiden begannen daraufhin ein Gespräch, das mehrere Stunden dauerte.

„Wir haben über eine Menge Dinge gesprochen", erinnert sich Belichick. „Am meisten beeindruckt haben mich unsere Gespräche über die Organisation des Football und das große Ganze. Es ging nicht um eine Menge von X und O und Coaching. Es ging um den Aufbau einer Mannschaft, Verträge, Betreuer, die Entwicklung von Spielern. Ich hatte das Gefühl, dass ich mich mit der Philosophie des Teamaufbaus ziemlich gut auskenne, weil ich das in den letzten fünf Jahren in Cleveland gemacht hatte."

Für Kraft war das eine neue Erfahrung. In den letzten drei Jahren hatte sich Bill Parcells nie mit ihm zusammengesetzt, um ein mehrstündiges Brainstorming über den Aufbau einer Mannschaft durchzuführen. Diese Art von Diskussion mit Belichick zu führen, ermöglichte es Kraft, zu erkennen, dass er anders war. Kraft fand Belichicks Ansatz ansprechend. So sehr, dass er ihm einen Job anbot, obwohl sich das Team ihn eigentlich nicht leisten konnte und ihn ganz sicher nicht brauchte.

Zwei Tage, nachdem Kraft aus Indianapolis zurückgekehrt war, trat Belichick dem Trainerstab in New England bei. Sein Titel war „stellvertretender Cheftrainer".

10

SHE

Gegen 17 Uhr am Tag vor dem NFL Draft 1996 saß Robert Kraft am Schreibtisch in seinem Büro in der Innenstadt, als seine Sekretärin ihm mitteilte, dass Will McDonough vom Globe in der Leitung sei. Kraft hatte eine Ahnung, was der Reporter wollte. Mehr als 20 Jahre lang hatte McDonough einige Wochen vor der Draft damit zugebracht, sich, wie er es ausdrückte, „ein Bild davon zu machen, wie die erste Runde aussehen würde." Er rief die Teams im Vorfeld an und holte sich Informationen direkt von den Trainern und GMs. Dann veröffentlichte er einen Artikel über den Tag des Drafts, in dem er prognostizierte, wen die einzelnen Teams auswählen würden. Kraft erschien es nie sinnvoll, dass die Teams im Voraus bekannt gaben, was sie am Draft-Tag tun würden.

Dennoch nahm er den Anruf seines Freundes entgegen. In Gedanken legte er schnell fest, was er nicht sagen sollte – dass Bobby Grier den Wide Receiver Terry Glenn von Ohio State begehrte. Angesichts der Tatsache, dass Parcells vehement dagegen war, einen Erstrundenpick für einen Receiver zu verwenden, und dass Glenn möglicherweise ausgewählt werden würde, bevor die Patriots ihre Auswahl trafen, plante Kraft, sich ganz davon fernzuhalten.

McDonough fragte Kraft geradeheraus, wen die Patriots in der ersten Runde auswählen würden.

„Nun, das hängt davon ab, wer da ist", sagte Kraft. „Aber meine Jungs haben mir erzählt, dass wir einen Defensive Lineman nehmen werden."

McDonough wusste, dass mit „Jungs“ Parcells und Grier gemeint waren.

„Es gibt drei Spieler, an denen wir interessiert sind“, so Kraft weiter. „Cedric Jones, Duane Clemons oder Tony Brackens. Bei einem dieser drei werden wir es versuchen.“

McDonough sprach nicht mit Grier. Aber nachdem er aufgelegt hatte, rief er Parcells an und erzählte ihm, was Kraft gesagt hatte.

„Das ist richtig“, antwortete Parcells. „Einer dieser drei Defensivspieler. Hier brauchen wir Unterstützung.“

McDonough erzählte dann Parcells, dass ihm zwei Leute gesagt hätten, Kraft wolle Terry Glenn von Ohio State verpflichten.

„Wir nehmen keinen Receiver bei diesem Durchgang“, sagte Parcells. „Wir werden zuerst den Defensive Lineman holen und dann den Receiver in der zweiten Runde. Es werden noch einige gute übrig sein.“

An diesem Abend gab McDonough seine Geschichte an den Sportredakteur Don Skwar weiter, der ihn darüber informierte, dass der Football-Autor der Patriots, Ron Borges, eine separate Geschichte schrieb, in der er berichtete, dass Terry Glenn die erste Wahl der Patriots sein würde. In der Überzeugung, dass Borges mit Kraft gesprochen hatte, teilte McDonough seinem Redakteur mit, was Kraft und Parcells ihm erzählt hatten. „Ich frage mich, warum Kraft Borges eine schlechte Story gibt“, sagte McDonough zu Skwar.

McDonoughs Vorhersage, dass die Patriots einen Defensive Lineman in der ersten Runde nehmen würden, erschien am nächsten Morgen im Boston Globe. Stunden später betraten Parcells und Grier den War Room im Foxboro-Stadion, wo sie auf Robert Kraft, Jonathan Kraft, Andy Wasynczuk und einer Handvoll Scouts trafen. Die ersten vier Auswahlen waren keine Überraschung. Doch dann wurde es interessant. Mit der fünften Wahl wählten die Giants Cedric Jones, den Lineman, den die Patriots als ihre erste Wahl eingestuft hatten. Dann wählten die Rams als sechsten Spieler Lawrence Phillips, einen äußerst talentierten Running Back aus Nebraska, der im College mehr als eine Frau angegriffen hatte. Infolgedessen war Terry Glenn noch im Spiel, als die Patriots mit der siebten Wahl an der Reihe waren.

Plötzlich befand sich Grier in einem Dilemma. Es stand für ihn außer Frage, dass sie den schnellen Receiver nehmen sollten. Als

Bledsoe ’94 Passspiel-Rekorde aufstellte, hatte er den Leichtathletik-Star Michael Timpson eingeholt, der 74 Pässe über fast 1.000 Yards fing. Timpsons Fähigkeit, Verteidiger zu überrunden, stellte für die Offensive der Patriots eine Bedrohung dar, die das Feld für andere Receiver öffnete und es Bledsoe ermöglichte, die Verteidigung zu zerpflücken. Nach Timpsons Weggang hatte Bledsoe ’95 niemanden, der die langen Strecken laufen konnte, was die Art und Weise veränderte, wie die Verteidiger gegen Bledsoe vorgingen. Terry Glenn würde für die Patriots eine weitere große Gefahr darstellen.

Aber Grier wusste, dass Parcells fest entschlossen war, Glenn nicht zu nehmen. Die Verteidigung der Patriots brauchte dringend Pass Rusher, und das war Parcells’ Priorität.

Die Patriots hatten 15 Minuten Zeit, um ihre Entscheidung zu treffen.

Während die Uhr lief, bat Kraft Grier und Parcells zu einer privaten Konferenz nach draußen. Irritiert folgte Parcells ihm und Grier in einen anderen Raum. Dort fragte Kraft Grier nach seiner Meinung. Grier brachte es auf den Punkt: Bledsoe war einer der bestbezahlten Spieler der Liga. Es hatte keinen Sinn, so viel Geld für einen erstklassigen Quarterback auszugeben und ihn nicht mit geeigneten Mitteln zu umgeben. Vom Talent her, so fügte Grier hinzu, sei Glenn der beste Receiver im Angebot, die Scouting-Berichte der Patriots seien einstimmig zu diesem Schluss gekommen.

Verärgert schlug Parcells zurück. Er wollte den Defensive Lineman Tony Brackens.

Kraft wollte nicht entscheiden, wen er einstellte. Das war nicht seine Aufgabe. Aber er hatte sich die Zeit genommen, die Scouting-Berichte zu lesen, und diese sahen Glenn eindeutig vor Brackens.

„Wir geben jedes Jahr 2 Millionen Dollar für Scouts und Scouting-Berichte aus und machen all diese Analysen“, sagte Kraft. „Wenn wir uns nicht an ihre Schlussfolgerungen halten wollen, sollten wir das System abschaffen und ein neues einführen.“

Er sah beide Männer an, aber seine Worte waren eindeutig an Parcells gerichtet.

„Ich versuche, ein langfristiges System aufzubauen, mit dem wir Jahr für Jahr hervorragend abschneiden", so Kraft weiter. „Ich glaube nicht, dass man das mit Intuition machen kann."

Parcells kochte.

Kraft wandte sich an Grier. „Bobby, du bist letztendlich derjenige, der die Entscheidung treffen wird", sagte er. „Tu, was du für richtig hältst."

Grier wiederholte, dass er Glenn für die beste Wahl für die Patriots halte.

Kraft sah Parcells an. „Wir gehen mit Glenn."

„Okay", sagte Parcells, als er zur Tür hinausging. „Wenn du es so willst, bekommst du es."

Wenige Augenblicke später gab Commissioner Paul Tagliabue bekannt, dass die New England Patriots Terry Glenn von Ohio State gewählt hätten. Dieser Satz signalisierte, dass in Foxborough stürmisches Wetter bevorstand. Später an diesem Tag rief Parcells seine Assistenztrainer zusammen und sagte ihnen, dass Kraft absichtlich so gehandelt habe, um ihn öffentlich zu demütigen. Er schwor sich, dass er das nie vergessen würde.

Parcells war nicht der Einzige, der wütend war. Auch McDonough war wütend. „Ich wer so verlegen, dass meine Schultern fast bis zum Boden hingen", sagte er später über diesen Moment.

Dreißig Minuten nach der Auswahl von Glenn machte McDonough Kraft ausfindig, führte ihn in eine Herrentoilette im Foxboro-Stadion, schloss die Tür und stürzte sich auf ihn, um zu erfahren, was Kraft mit seiner blödsinnigen Geschichte, einen Defensive Lineman zu holen, beabsichtigt hatte.

Kraft betonte, dass er nicht versucht habe, irgendetwas zu manipulieren.

McDonough unterbrach ihn sofort. „Hältst du mich etwa für dumm?", fragte McDonough. „Dass ich nicht weiß, was du mir gestern gesagt hast?"

Kraft wollte nicht streiten.

„Du lügst", sagte McDonough.

McDonough neigte dazu, die Dinge in Schwarz und Weiß zu sehen. Bei Willie hatte man entweder Recht oder Unrecht. Aber Kraft bewegte sich im Grau. Kraft war es gewohnt, Dinge zu wissen, von denen niemand wusste, dass er sie wusste, und Diskretion war für ihn wie eine Kunstform. McDonough hatte ihn nie nach Glenn gefragt, und Kraft hatte seine Gründe, diese Information in der Nacht vor dem Draft nicht preiszugeben. Er hatte auch nicht die Absicht, diese Gründe in einem Toilettenraum zu erklären.

Stattdessen bekräftigte er, dass das Team in der Tat einen Defensive Lineman in der ersten Runde in Betracht gezogen habe. „Aber als wir uns unser Board ansahen", sagte er, „war Glenn der am höchsten bewertete Spieler."

McDonough glaubte das nicht.

Kraft entschuldigte sich für ein „Missverständnis".

„Du hast gerade einen kolossalen Fehler begangen", sagte McDonough und betonte, dass Kraft Parcells wie einen Idioten habe aussehen lassen. Es gibt nicht die geringste Chance, dass der Kerl hierbleibt."

Als der zweite Tag des Drafts begann, saß Kraft wieder mit Parcells und Grier im War Room. Der Draft war in die fünfte Runde gegangen, und Kraft war verwirrt, als er die Liste studierte. Ein hoch bewerteter, 1,90 Meter großer und 304 Pfund schwerer Defensive Lineman namens Christian Peter war noch verfügbar. Aber alle Linemen, die die Patriots unter Peter eingestuft hatten, waren gewählt worden. In der Regel bedeutete dies, dass der nicht gedraftete Spieler aufgrund von Problemen abseits des Spielfelds ein Risiko darstellte. Aber die Patriots hatten einen Farbcode für Hochrisikospieler, und Peters Name war nicht farblich gekennzeichnet. Kraft verstand es nicht. Peter war der Anker in der Verteidigung des zweimaligen nationalen Meisters Nebraska Cornhuskers gewesen.

„Warum ist er nicht ausgewählt worden?", fragte Kraft.

„Er hatte einige Probleme", sagte einer der Scouts.

Kraft wollte es genau wissen.

Jemand im Raum schilderte eine Situation, in der Peter in einer Bar gewesen war und versucht hatte, ein Mädchen anzufassen.

„Wir haben uns mit ihm getroffen", fügte einer der Scouts hinzu. „Wir haben ein gutes Gefühl bei ihm."

Parcells hatte auch direkt mit Nebraskas Cheftrainer Tom Osborn gesprochen, der sich für Peter verbürgt hatte.

Nach all den Spannungen rund um die Wahl von Terry Glenn am Vortag gab es keine ernsthafte Debatte darüber, ob man Peter nehmen sollte. New England wählte ihn mit der 149. Wahl aus. Parcells rief Peter zu Hause an und teilte ihm die Nachricht mit. „Du bist ein Patriot", sagte Parcells zu ihm.

Nach der Bekanntgabe der Auswahl sprach Parcells mit der Presse über Peter. Mehr als einem Reporter war bewusst, dass Peter in Nebraska Probleme abseits des Spielfelds hatte.

„Ich denke, wenn er erst einmal eine gute, solide Struktur hat, wird alles gut werden", sagte Parcells den Reportern.

Grier stimmte dem zu. „Peter versteht, wofür diese Organisation steht", sagte Grier, „dass wir keinen Blödsinn außerhalb des Spielfelds dulden oder irgendetwas, das ein schlechtes Licht auf die Mannschaft oder die Gemeinschaft wirft."

Innerhalb weniger Stunden war Don Lowery in seinem Büro für Medienarbeit, als ein Fax von einem der Beatwriter der Patriots eintraf. Auf das Deckblatt hatte der Reporter etwas gekritzelt: „Das sollten Sie sehen."

Das Fax enthielt zwei Artikel über Peters Zusammenstöße mit dem Gesetz. Einer davon war ein kurzer Artikel in der Sports Illustrated. Der andere war ein längerer, ausführlicherer Bericht aus einer Lokalzeitung in Nebraska. Es stellte sich heraus, dass Peter achtmal verhaftet worden war. Einige der Anklagen – wegen Hausfriedensbruchs, Ruhestörung, Nichterscheinens – waren weniger schwerwiegend und wurden schließlich fallen gelassen, während andere, etwa wegen Urinierens in der Öffentlichkeit und Alkoholbesitz bei Minderjährigen, zu Verurteilungen führten. Die schwerwiegenderen Fälle betrafen Frauen. Nachdem er verhaftet worden war, weil er Miss Nebraska in einer Bar zweimal in den Schritt gefasst hatte, bekannte sich Peter zu einer sexuellen Nötigung dritten Grades und wurde zu 18 Monaten auf Bewährung verurteilt. Nur einen Monat vor dem Draft wurde er erneut verhaftet und wegen Körperverletzung angeklagt, nachdem er in einer Bar eine Frau am Hals gepackt haben sollte. Eine Studentin aus Nebraska reichte außerdem eine Zivilklage gegen die Universität ein, weil sie behauptete, Peter habe sie zweimal vergewaltigt. Peter behauptete, der Sex sei einvernehmlich gewesen. Der Fall war noch nicht abgeschlossen.

Lowery brachte die Artikel sofort zu Kraft. „Das musst du dir ansehen“, sagte Lowery.

Kraft saß hinter seinem Schreibtisch und las sie schweigend. Dann sah er Lowery irritiert an. „Wusstest du davon?“

„Nein.“

„Wieso haben wir nichts davon gewusst?“, fragte Kraft.

„Ich weiß es nicht.“

Enttäuscht betrachtete Kraft wieder die Artikel. Er hasste es, das Gefühl zu haben, dass ihm wichtige Informationen vorenthalten worden waren.

Zutiefst beleidigt suchte Kraft Parcells auf und verlangte zu erfahren, warum sie einen Spieler mit einer dokumentierten Vorgeschichte von Gewalt gegen Frauen verpflichtet hatten.

Parcells spielte die Situation herunter und bekräftigte, dass er mit Coach Osborne in Nebraska gesprochen habe. Peter sei kein schlechter Junge, betonte Parcells.

Parcells glaubte wirklich, was Osborne ihm gesagt hatte. Er glaubte auch, dass die NFL nicht aus lauter Chorknaben bestand. Manche Jungs waren, wie er zu sagen pflegte, ein wenig ungehobelt.

Kraft wusste, dass er ein Problem hatte.

Myra Kraft war empört, als sie aus der Zeitung von Christian Peters Vorgeschichte erfuhr. Eines der wichtigsten Anliegen Myras war die Bekämpfung von Gewalt gegen Frauen. Niemand hatte mehr Geld für R.O.S.E. gespendet, einer in Boston ansässigen gemeinnützigen Organisation, die sich für die Beendigung häuslicher Gewalt einsetzte, als Myra und Robert Kraft. In Zusammenarbeit mit der Massachusetts Eye and Ear Infirmary ermöglichte die Organisation misshandelten Frauen, die durch Gewalt entstandenen Narben zu beseitigen, indem sie sich rekonstruktiver Gesichtschirurgie unterzogen. Auf Myras Drängen hin waren die Patriots ein Sponsor von R.O.S.E. geworden. Damit war New England das erste Team in der NFL, das anerkannte, wie schwerwiegend die Gewalt gegen Frauen war, und aktiv dagegen vorging. Auch viele Ehefrauen der Patriots-Spieler engagierten sich und nahmen an Veranstaltungen von R.O.S.E. teil, um dazu beizutragen, das Bewusstsein für ein soziales Problem zu schärfen, das in der Öffentlichkeit nur selten diskutiert wurde.

Wenn er vor schwierigen Entscheidungen stand, zog Robert Kraft immer seine Frau zurate. Aber bei der Frage, was er im Falle von Christian Peter tun sollte, war das nicht nötig. Kraft wusste, wie Myras Antwort lauten würde. Doch so einfach war es nicht, und in den nächsten 48 Stunden rang er mit sich. Noch nie hatte ein NFL-Team einen Spieler gedraftet und dann aufgrund früherer Gewalttaten gegen Frauen auf das Recht an ihm verzichtet. Diese Idee war so ungewöhnlich, dass Kraft das Ligabüro anrief und um Rat fragte. Zu dieser Zeit geriet die NFL zum ersten Mal in der Geschichte der Liga in die Kritik, weil sie gegenüber Spielern, denen Verbrechen gegen Frauen vorgeworfen wurden, ein Auge zudrückte. Nur wenige Monate zuvor war der pensionierte Running Back O. J. Simpson vom Vorwurf des Mordes an seiner Ex-Frau freigesprochen worden. Ein Geschworenengericht in Texas hatte den Quarterback der Minnesota Vikings, Warren Moon, vom Vorwurf der Misshandlung in der Ehe freigesprochen. Und gegen eine Handvoll anderer aktiver Spieler wurde 1996 wegen angeblicher Gewaltverbrechen gegen Frauen ermittelt.

Die Tatsache, dass die Liga keine Richtlinien für den Umgang mit aktiven Spielern hatte, die formell wegen Gewalt gegen Frauen angeklagt worden waren, machte Krafts Frage, wie man mit einem Draft Pick umgehen sollte, der während der Zeit im College verurteilt worden war, noch komplizierter. Da es keine Richtlinien oder Präzedenzfälle gab, an denen er sich orientieren konnte, sagte der Kommissar zu Kraft, es sei seine Entscheidung. In dem Gespräch wurde deutlich, dass Kraft in dieser Sache ganz auf sich allein gestellt war.

Er entschied, dass er keinen Spieler in sein Team aufnehmen wollte, der in der Vergangenheit Frauen missbraucht hatte. Dies wäre seiner Meinung nach die falsche Botschaft gewesen. Gleichzeitig wollte Kraft Parcells klarmachen, dass der Eigentümer derjenige ist, der die Schecks unterschreibt, und dass er daher umfassend informiert sein musste, bevor er fragwürdige Draft-Auswahlen traf.

Zwei Tage, nachdem Peter ausgewählt worden war, suchte Kraft erneut Parcells auf.

„Wir streichen ihn“, sagte Kraft.

Parcells wollte es nicht glauben. „Wir werden keine Football-Mannschaft haben, wenn das der Standard ist“, sagte er.

„Das ist mir scheißegal“, sagte Kraft. „Das hättest du mir mitteilen müssen.“

Später an diesem Tag erhielt Kraft einen Anruf von Nebraskas Cheftrainer Tom Osborne.

„Sie machen einen Fehler“, sagte Osborne zu ihm.

Kraft glaubte ihm nicht.

Verärgert teilte Parcells Kraft mit, dass die Kansas City Chiefs für Peter eine Wahl der siebten Runde im Draft des folgenden Jahres anbieten würden. Aber Kraft legte auch gegen diese Idee sein Veto ein und sagte, er wolle nicht von dem Fehler profitieren, Peter überhaupt erst verpflichtet zu haben. Stattdessen gab er Don Lowery grünes Licht, eine Pressemitteilung herauszugeben, in der die Entlassung von Christian Peter bekannt gegeben wurde. Darin hieß es unter anderem: „Auf der Grundlage von Informationen, die wir in den letzten 48 Stunden nach einer Überprüfung seiner früheren Handlungen erhalten haben, sind wir zu dem Schluss gekommen, dass dieses Benehmen nicht mit den Standards für akzeptables Verhalten in unserer Organisation vereinbar ist.“

Parcells schäumte vor Wut.

Als ihn ein Reporter um einen Kommentar bat, wetterte Peter: „Ich würde nicht für jemanden spielen wollen, der nicht den Mut hat, einen von ihm ausgewählten Spieler zu verteidigen, sondern mit irgendeiner hirnrissigen Geschichte an die Öffentlichkeit geht. Ich fühle mich verletzt und irgendwie verraten.“

Nachdem er Peters Kommentare gelesen hatte, schrieb Kraft ihm einen Brief, in dem er sich für die Art und Weise entschuldigte, wie die Patriots die Situation anfangs falsch gehandhabt hatten. Er sagte Peter, dass er ihm nichts Böses wolle.

Peter unterschrieb später bei den New York Giants.

Der NFL Draft 1996 war ein entscheidender Moment in der Geschichte der New England Patriots. Krafts Entscheidung, Bobby Grier zu unterstützen und Parcells bei der Auswahl von Terry Glenn zu überstimmen, stellte die Machtstruktur in Foxborough neu auf und etablierte eine klare Befehlskette, die schließlich zu einem Markenzeichen der Patriots-Dynastie werden sollte. Unabhängig davon markierte Krafts Entscheidung, Christian Peter wegen seiner Misshandlung von Frauen zu entlassen, den Beginn einer neuen Identität für die Organisation. Das war eine 180-Grad-Wendung gegenüber der Art und Weise, wie die Organisation sechs Jahre zuvor mit der sexuellen Belästigung Lisa Olsons umgegangen war.

Diese beiden seismischen Verschiebungen in der Kultur der Organisation beschleunigten auch den Abgang Bill Parcells und beschädigten die langjährige Freundschaft zwischen Kraft und McDonough dauerhaft. Nach der Konfrontation auf der Toilette am Draft-Tag sprach McDonough nicht mehr mit Kraft. Gleichzeitig verschärfte sich das persönliche Verhältnis zwischen Parcells und McDonough.

Ein paar Wochen nach dem Draft spielten McDonough und Parcells zusammen Golf auf Cape Cod. Beim Mittagessen im Clubhaus von Oyster Harbors sprachen sie über Kraft. Parcells sagte, er hätte nach dem Draft fast gekündigt. „Etwa 24 Stunden lang war ich sicher, dass ich hier fertig bin", sagte Parcells zu McDonough. „Ich wollte nichts mehr mit diesem Kerl zu tun haben."

Zu diesem Zeitpunkt empfand McDonough dasselbe für Kraft.

Einen Monat später spielten Parcells und McDonough wieder zusammen Golf. Dieses Mal waren sie in New Jersey. Und wieder einmal sprachen sie über Kraft. Parcells vertraute McDonough an, dass er und Kraft Anfang des Jahres eine vertrauliche Vereinbarung getroffen hatten. „Wenn ich zurückkommen will, komme ich zurück", sagte Parcells zu McDonough. „Wenn ich das nicht tue, dann bin ich hier raus und vollkommen frei. Das ist die Abmachung."

Das war eigentlich nicht die Abmachung, die Parcells unterschrieben hatte. Aber so stellte er es McDonough gegenüber dar. Dann verriet Parcells, dass die kommende Saison definitiv sein letztes Trainerjahr sein würde. „Ich brauche das Geld nicht", sagte Parcells. „Ich habe hier ein Haus. Ich habe ein Haus in Florida. Ich werde mein Haus in Foxborough verkaufen, die Winter in Florida und die Sommer hier verbringen."

McDonough konnte es ihm nicht verdenken.

Das Zerwürfnis mit Will McDonough nagte an Kraft. Nachdem er drei Monate lang nicht erreichbar gewesen war, griff Kraft eines Tages zum Telefon und wählte McDonoughs Geschäftsnummer. In der Hoffnung, ihre Freundschaft wiederzubeleben, fragte er, ob sie miteinander reden könnten. McDonough war immer noch stinksauer. Dennoch willigte er ein, zuzuhören. Kraft fuhr zum Globe, holte ihn ab und brachte ihn nach Castle Island im Süden Bostons. Sie saßen auf einer Bank mit Blick auf den Ozean und hatten ein offenes Gespräch, das über zwei Stunden dauerte.

McDonough ergriff als Erster das Wort und sagte Kraft, dass er nicht mehr der Mann sei, den er vor dem Kauf der Patriots gekannt habe. Als Beweismittel A führte er an, wie Kraft mit Parcells umgegangen war.

Es war hart, McDonoughs Perspektive zu hören. Aus Krafts Sicht war Parcells der Keil zwischen ihm und McDonough. Es kam ihm so vor, als hätte sich sein Freund auf die Seite von Parcells geschlagen, ohne sich Krafts Sicht der Dinge anzuhören.

Als er an der Reihe war zu sprechen, vertraute er McDonough an, dass er viel Geld verliere und nicht glücklich sei. Parcells, so erklärte er, sei der Grund für seine Unzufriedenheit. Der Mann, dem er 1 Million Dollar pro Jahr für die Betreuung seines Teams bezahlte, war „doppelzüngig", redete ständig hinter seinem Rücken und schürte in den Medien Probleme für ihn.

„Dann feuere Parcells", sagte McDonough. „Das Team gehört dir. Du hast so viel Geld ausgegeben und bist unglücklich. Feuere ihn."

„Ich hätte ihn gleich nach dem Draft fast gefeuert", sagte Kraft und hielt die Hand an sein Kinn. „Ich hatte es bis hierher mit diesem Kerl. Es macht einfach keinen Spaß. Ich habe keinen Spaß mehr.

Du sagst mir immer wieder, dass er nicht zurückkommen wird", so Kraft weiter. „Ich sage dir, es ist nicht seine Entscheidung. Es ist meine Entscheidung. Dieses Team gehört mir. Er arbeitet für mich. Für mich ist das eine Frage des Respekts. Wir geben ihm alles, was er will, und trotzdem zeigt er keinen Respekt vor mir."

McDonough kannte Kraft schon lange. Die Aufrichtigkeit, die er in Krafts Stimme hörte, während er auf das Wasser starrte, vertrieb McDonoughs Wut. Es war offensichtlich, dass sein alter Freund verletzt war.

„Das Einzige, was ich von dir will, ist die Wahrheit“, sagte McDonough leise. „Ich will nur nicht noch mehr solche Tricks wie den beim Draft.“

„Ich habe dich nicht angelogen“, sagte Kraft. „Ich war nur nicht ganz ehrlich. Ich dachte, wenn ich dir von Glenn erzähle, würdest du es Parcells erzählen, und der würde es einem anderen Team erzählen, und wir würden Glenn verlieren.“

Als das Trainingslager im Sommer 1996 eröffnet wurde, stand Rookie Terry Glenn wegen einer Verletzung noch nicht auf dem Platz. Nach ein paar Tagen stellte sich Parcells den Reportern.

„Ist Terry Glenn noch verletzt?“, fragte einer.

„Nun, er hat es heute wieder verpasst“, sagte Parcells. „Also, wir werden sehen. Sie macht Fortschritte. Es sollte nicht mehr allzu lange dauern.“

Glenn als „sie“ zu bezeichnen, war kein Versprecher. Das sorgte in den Medien für einige Schmunzler und Gelächter. Außerdem stand es am nächsten Morgen in der Zeitung. Don Lowery hatte kaum sein Büro erreicht, als er einen Anruf von Myra Kraft erhielt. Sie war empört.

„Hat er das wirklich gesagt?“, fragte sie.

„Ja, das hat er“, sagte Lowery.

Myra hasste jede Form von Sexismus, und sie fand nichts Lustiges an der Behauptung, dass ein Spieler, der Zeit zum Heilen brauchte, schwach wie eine Frau war.

An diesem Nachmittag wurde Myra von einem Reporter beim Kick-off-Mittagessen der Patriots angesprochen. Als es um Parcells Bemerkung ging, bezeichnete sie diese als „beschämend“ und fügte hinzu: „Ich hoffe, er wird dafür bestraft.“

Als Parcells von Myras Äußerungen erfuhr, war er außer sich. Verblüfft machte er Lowery ausfindig. „Was habe ich falsch gemacht?“, fragte er.

Lowery war sich nicht sicher, was er sagen sollte. Aber er war beeindruckt von der Tatsache, dass Parcells sich tatsächlich dafür interessierte, wie Myra sich fühlte. Parcells war es in der Regel völlig egal, was die Leute über ihn dachten.

Ihre Äußerungen während des Mittagessens wurden von Associated Press veröffentlicht. Die AP bat Robert auch um eine Reaktion auf Parcells' Bemerkung über Glenn als Frau. „Das ist nicht der Standard, den wir setzen wollen", sagte Kraft. „Das ist nicht die Art, wie wir die Dinge angehen. Letztes Jahr gab es einen Spieler, der den Zuschauern den Stinkefinger gezeigt hat. Er ist nicht mehr hier."

Parcells sah die AP-Meldung und wandte sich erneut an Lowery.

„Warum machen alle so eine große Sache daraus?", fragte er.

Wieder war Lowery nicht sicher, was er sagen sollte.

Es war Parcells nie in den Sinn gekommen, dass seine augenzwinkernde Bemerkung als beleidigend aufgefasst werden könnte. Solche Dinge hatte er während seiner ganzen Karriere gesagt, und niemand hatte sich je beschwert. Der Unterschied lag in der Anwesenheit einer selbstbewussten Frau und eines NFL-Besitzers, der ihre Meinung teilte.

Bei der nächsten Pressekonferenz von Parcells wollten die Reporter seine Reaktion auf Krafts Erklärung wissen.

„Coach, gestern hat die Associated Press berichtet, dass der Eigentümer Sie gemaßregelt hat."

Parcells lachte, aber er fand die Frage nicht lustig.

„Würden Sie sich dazu äußern?", fragte der Reporter.

„Ja, ich werde mich dazu äußern", sagte Parcells, und er erhob seine Stimme. „Ich hatte noch nie eine bessere Beziehung zu Bob Kraft. Und ich weiß nicht, was hier vor sich geht. Ich habe es langsam satt. Ich bin sicher, er auch. Und, äh, über dieses Thema haben wir nicht gesprochen." Zu diesem Zeitpunkt schrie Parcells schon beinahe. „Ihr wart dabei, als ich die Bemerkung gemacht habe. Ihr wisst, in welchem Zusammenhang diese Bemerkung gemacht wurde. Okay? Und jetzt sehen Sie, was daraus gemacht wurde. Das war nur ein Scherz. Das mache ich schon seit zwanzig Jahren, solche Bemerkungen. Es war einfach so dahingesagt. Und jeder, der im Raum war, als ich das sagte, weiß das.

An diesem Nachmittag wurde Kraft im Trainingslager von einem Fernsehreporter angesprochen und nach der Situation mit Terry Glenn gefragt.

„Gibt es eine Kluft?", fragte der Reporter.

„Das ist viel Lärm um nichts“, sagte Kraft. „Bill hat mir gesagt, dass er froh ist, dass wir ihn ausgewählt haben. Er weiß, dass er uns helfen kann, Spiele zu gewinnen. Es ist Bills Stil, die Spieler zu provozieren, die verletzt sind. Das hat sich für ihn bewährt. Ob das heute noch zeitgemäß ist, weiß ich nicht.“

„Sie und Parcells, keine Probleme?“, fragte der Reporter.

„Überhaupt keine. Ich glaube, wir haben uns noch nie besser verstanden. Wir mussten gewisse Grenzen setzen und ein gewisses Verständnis aufbringen. Wir sind beide entschlossen, so viele Spiele wie möglich zu gewinnen.“

Die Patriots spielten 1996 soliden Football. In der ganzen Kontroverse ging die Tatsache unter, dass Parcells und Grier im Draft ’96 einige außergewöhnliche Defensivspieler auswählten – Safety Lawyer Milloy und Linebacker Tedy Bruschi. Zu Beginn der Saison verbrachte Kraft viel Zeit auf dem Trainingsplatz. Eine Sache, die er beobachtete, war die Art und Weise, wie die Defensivspieler auf den Neuling Bill Belichick reagierten. Vor allem die jungen Defensive Backs wie Milloy und der Cornerback Ty Law aus dem zweiten Jahr hingen wie Schwämme an Belichick. Er ließ sie wie erfahrene Veteranen spielen.

Eines Nachmittags, nach dem Training, rief Kraft Jonathan an und schwärmte von Belichick. „Dieser Typ ist ein verdammt guter Lehrer“, sagte er. „Ich meine, du solltest diesen Typen beim Training beobachten. Die Spieler saugen einfach alles auf, was er sagt. Sie hören auf ihn.“

Kraft erzählte seinem Sohn auch, dass er ein paarmal mit Belichick über die Gehaltsobergrenze gesprochen habe und von dessen Wissen und Sichtweise beeindruckt sei.

Jonathan hatte nie am Training teilgenommen. Er hatte also die Dinge, die sein Vater über Belichick beschrieb, nicht persönlich beobachtet. Aber in der fünften Woche der Saison, als die Patriots in Baltimore gegen die Ravens antraten, trainierte Jonathan am Morgen des Spieles gegen fünf Uhr morgens im Fitnessraum des Hotels, als Belichick hereinkam. Es war niemand anderes in der Nähe. Das Gespräch dauerte dreißig Minuten und drehte sich hauptsächlich um die Gehaltsobergrenze. Später am Morgen erzählte Jonathan seinem Vater davon: „Jetzt weiß ich, was du mit seiner Einstellung zur Gehaltsobergrenze meintest.

Er hat es absolut verstanden. Und diese Art von Verständnis kann für einen Trainer ein echter Wettbewerbsvorteil sein."

Am 27. Oktober schlug New England die Buffalo Bills und verbesserte sich auf 5-3. Das Team begann sich zu formieren. Drei Tage später rief Kraft McDonough an.

„Dein Junge will wieder Trainer werden", sagte Kraft zu ihm.

„Du machst Witze. Er hat mir immer gesagt, dass er fertig ist, wenn die Saison vorbei ist."

„Siehst du, wie sich der Typ verändert?", fragte Kraft. „Er macht das ständig. Jetzt will er wieder Trainer werden."

McDonough rief Parcells an, der bestätigte, dass er es sich tatsächlich anders überlegt habe und die Patriots über die Saison '96 hinaus weiter trainieren wolle. McDonough war schockiert.

Aber Kraft war sich nicht sicher, ob er Parcells zurückhaben wollte. Er zog es vor, bis nach der Saison zu warten, um das herauszufinden.

New England beendete die reguläre Saison auf dramatische Weise, indem es einen 22 : 0-Halbzeitrückstand wettmachte und die Giants in den Meadowlands mit 23 : 22 besiegte. Es war ein hart umkämpfter Sieg, der den Patriots eine Bilanz von 11 : 5 bescherte. Sie hatten ihre Division gewonnen und sich ein Erstrunden-Abstiegsrecht in den Play-offs gesichert.

Niemand war in der zweiten Halbzeit härter im Nehmen als Rookie-Receiver Terry Glenn. Er führte mit acht Fängen auf 124 Yards und erzielte den ersten Touchdown des Teams. Aber was Parcells am meisten auffiel, war seine Bereitschaft, verletzt zu spielen. Mitte der zweiten Halbzeit erhielt Glenn einen direkten Schlag auf das Becken, der eine Prellung verursachte und ihn aus dem Spiel warf. Obwohl er hinterher zugab, dass es „wirklich weh tat", kehrte Glenn auf das Spielfeld zurück und machte ein paar entscheidende Fänge, um den Spielgewinn vorzubereiten – einen Touchdown-Pass von Bledsoe beim vierten und siebten Versuch zu Tight End Ben Coates, der zwei Verteidiger in Richtung Endzone zog, bevor er den Ball knapp über die Torlinie brachte.

Während die letzten Sekunden auf der Uhr abliefen, wandte sich Parcells an die Menge hinter der Patriots-Bank und streckte triumphierend die Faust in die Luft. Er umarmte Bledsoe. Er umarmte sogar

Kraft. Aber in der Umkleidekabine ließ er sich richtig gehen. Mit Tränen in den Augen forderte er Terry Glenn auf, vorzutreten.

„Du hast mir heute gezeigt, dass du ein Spieler bist!", sagte Parcells.

Die Blicke seiner Mannschaftskameraden waren auf ihn gerichtet, und Glenn hatte Mühe, seine Gefühle zu verbergen. Er wusste, dass Parcells ihn anfangs nicht wollte, und er hatte seine Sticheleien im Trainingslager ertragen. Dabei hatte Glenn mit 90 Receptions einen NFL-Rekord für Rookies aufgestellt, über 1.100 Yards erzielt und 6 Touchdowns geschafft. Er lenkte die Aufmerksamkeit der Verteidigung so sehr auf sich, dass es anderen Patriots-Receivern leichter fiel, sich zu öffnen, was Bledsoe die beste Saison seiner Karriere ermöglichte, in der er über 4.000 Yards passte und 27 Touchdown-Pässe warf. Alles hatte sich so entwickelt, wie Bobby Grier es sich erhofft hatte. „Die Quintessenz ist, dass wir ohne Terry Glenn nicht in die Play-offs kommen", sagte Bledsoe. „Er machte einen so großen Unterschied."

Aber von Parcells in der Umkleidekabine besonders gelobt zu werden, war mehr als jedes Kompliment von Grier, Bledsoe oder sonst jemandem. Die Bestätigung durch Parcells war der stolzeste Moment in Glenns Saison. Alles, was er sich je gewünscht hatte, war, von einem der größten Trainer des Sports gewollt zu werden.

Parcells legte seine Arme um ihn.

11

DAS PROBLEM MIT DEN VERTRÄGEN

Der Impuls durch den dramatischen Sieg in New York brachte New England durch die Play-offs. In der ersten Runde bestritten die Patriots ihr erstes Play-off-Spiel seit 18 Jahren und schlugen die Steelers mit 28:3. Am 12. Januar 1997 war das Foxboro Stadium dann zum ersten Mal Austragungsort des AFC-Meisterschaftsspiels. An diesem Morgen berichtete der Boston Herald von einer Vereinbarung zwischen Kraft und Parcells, die die Patriots berechtigte, Parcells in der nächsten Saison als Trainer für ein anderes Team zu sperren, wenn sie nicht angemessen entschädigt würden.

Will McDonough sollte ein Fernsehinterview mit Bill Parcells aufzeichnen, das während der Pre-Game-Show von NBC am Nachmittag laufen sollte. Als McDonough um 8.30 Uhr im Stadion eintraf, war Parcells außer sich.

„Stellen Sie sich vor, wir sind heute hier und spielen um den Superbowl, und Kraft setzt diesen Müll in die Zeitung", sagte er zu McDonough. „Das ist unglaublich. Das hört nie auf."

McDonough war ebenfalls überzeugt, dass Kraft die Geschichte im Herald platziert hatte. „Hör zu", sagte er zu Parcells. „Ich schnappe mir Kraft, wenn er kommt, bringe ihn in dein Büro und regle das. Mir hat er immer gesagt, dass er den richtigen Weg gehen will. Mal sehen, was es damit auf sich hat."

Am späten Vormittag füllten sich die Parkplätze vor dem Foxboro Stadium mit Zuschauern. Trotz der Minustemperaturen waren die Einwohner New Englands in Feierstimmung. Doch als Kraft an ihnen vorbeifuhr, war er mit den Gedanken bei seiner Beziehung zu Parcells. Das Thema beherrschte die Gespräche auf den Sportsendern. Vor allem die Geschichte im Herald ärgerte Kraft maßlos. Das ließ ihn wie den Bösewicht aussehen, als wäre er derjenige, der Parcells zur Tür hinausdrängte.

Als Kraft das Stadion erreichte, wartete McDonough bereits auf ihn. Er berichtete, dass Parcells wegen dieser Geschichte wütend war.

„Ja, aber ich hatte nichts damit zu tun", sagte Kraft zu McDonough. „Ich habe nie mit dem Kerl gesprochen."

Gemeinsam gingen sie in Parcells Büro. McDonough schloss die Tür, und Kraft setzte sich Parcells gegenüber. McDonough blieb stehen und begann das Meeting damit, beide daran zu erinnern, dass sie zuvor darüber gesprochen hatten, „den richtigen Weg zu gehen". Nach einigem Hin und Her sah Parcells Kraft in die Augen. „Bob, ich werde Folgendes tun", sagte er. „Wenn die Saison vorbei ist, sage ich, dass es für mich an der Zeit ist, weiterzuziehen. Dass ich meine Zeit hier genossen habe. Die Fans waren großartig. Sie haben mich gut behandelt. Ich wünsche dir alles Gute und werbe sogar für ein neues Stadion. Und am nächsten Tag sagst du Tagliabue, dass ich frei bin und keine weiteren Verpflichtungen gegenüber den New England Patriots habe."

Parcells griff über den Schreibtisch, um Krafts Hand zu schütteln.

Kraft wollte die Hand ausstrecken, zog sie aber schnell wieder zurück. „Wir sollten dieses Gespräch gar nicht führen", sagte er. „Wir haben vereinbart, dass wir Ende des Jahres miteinander reden."

Für Kraft war das Treffen, das McDonough vermittelt hatte, nichts weiter als ein Trick, um ihn dazu zu bringen, den schriftlichen Vertrag, den Parcells unterzeichnet hatte, rückgängig zu machen. Kraft interpretierte Parcells' Worte „frei und ohne weitere Verpflichtungen gegenüber den Patriots" als Code für frei, um ein anderes Team zu trainieren.

Als Kraft seine Hand zurückzog, konnte McDonough es kaum glauben. Für ihn sah das nicht nach dem richtigen Weg aus.

Parcells wandte sich an McDonough. „Ich möchte mit Bob allein sprechen."

McDonough ging hinaus.

Sobald die Tür geschlossen war, begannen Parcells und Kraft zu streiten. Parcells war wütend – zum Teil über sich selbst –, dass er einen geänderten Vertrag unterzeichnet hatte, der es ihm verbot, '97 ohne Krafts Zustimmung ein anderes Team zu trainieren. In ihm hatte sich eine Menge Frustration gegenüber Kraft aufgestaut, und er wollte unbedingt aus Foxborough weg. Kraft war empört über die Tatsache, dass sie sogar noch Stunden vor dem wichtigsten Spiel in der Geschichte der Franchise über Parcells Zukunftspläne diskutierten. Obwohl er es nicht beweisen konnte, war er davon überzeugt, dass die New York Jets Parcells wollten, was in Parcells den dringenden Wunsch weckte, einen Weg aus seinem Vertrag in New England zu finden. Es ärgerte Kraft auch, dass McDonough mit Parcells unter einer Decke zu stecken schien. Es war, als hätte er einen seiner besten Freunde verloren. Und er gab Parcells die Schuld daran.

Dreißig Minuten später trat Kraft nach draußen. McDonough wartete immer noch vor Parcells' Büro. „Ich bin froh, dass du das gesehen hast", sagte Kraft zu ihm. Dann ging er davon. Es war das letzte Mal, dass Kraft und McDonough miteinander sprachen.

An diesem Abend, bei eisigen Temperaturen und Schneemassen, die einen Ring um den Spielfeldrand bildeten, lag New England zwei Minuten vor Schluss mit 13:6 in Führung, während Jacksonville den Ball in der Mitte des Feldes hatte. Wenige Augenblicke später eroberte Patriots Defensive Back Otis Smith einen Fumble zurück und rannte 47 Yards zum spielentscheidenden Punkt. Robert und Myra Kraft umarmten einander und weinten, als die über 60.000 Fans im Stadion den emotionalsten Moment in der Geschichte des Teams feierten. Als das Spiel Minuten später zu Ende war, joggten die Spieler der Patriots am Rand der Tribüne entlang. Die Fans klatschten sie ab und küssten ihre verschwitzten Köpfe. Ein Feuerwerk erhellte den nächtlichen Himmel. Die Patriots waren auf dem Weg zum Superbowl.

Auf einer eilig auf dem Spielfeld errichteten Behelfsbühne kamen Parcells und die Familie Kraft zusammen für die im Fernsehen übertragene Zeremonie. Der Jubel war so laut, dass man den Liga-Präsidenten Neil Austrian kaum verstehen konnte, der sagte: „Ich möchte Bob Kraft und seiner Familie die Lamar Hunt Trophy überreichen, das Symbol für die Vorherrschaft in der AFC."

Als Kraft die Trophäe in die Hände nahm, stand NBC-Moderator Greg Gumbel zwischen ihm und Parcells. „Für jemanden, der seit 1971 Dauerkarteninhaber ist", sagte Gumbel, „muss das ein sehr schöner Moment sein, Bob."

„Dies ist für all die Fans hier draußen, die 37 Jahre gewartet haben", rief Kraft und hob die Trophäe unter dem Jubel der Fans in die Höhe. „Danke! Ich danke euch! Ich danke euch!"

Kraft wandte sich an Parcells. „Und auf den größten Trainer in der Geschichte des Spieles in der Neuzeit", sagte Kraft. „Danke."

„Danke, Bob", sagte Parcells.

„TU-NA! TU-NA! TU-NA!", schallte es in Sprechchören durch das Stadion.

Der Beifall für Parcells war so laut, dass Gumbel zehn Sekunden warten musste – eine Ewigkeit im Live-Fernsehen – bevor er sprechen konnte.

„Das ist eine große Auszeichnung, Coach", sagte Gumbel schließlich. „Der ‚größte Trainer in der Geschichte des Sports'."

Überwältigt von allen möglichen Emotionen, wusste Parcells nicht, was er sagen sollte.

Die Fans der Patriots wussten, was auf dem Spiel stand. Als Parcells das Spielfeld verließ und in die Umkleidekabine ging, skandierten sie: „Vier weitere Jahre!" Nur ein anderer Trainer in der Geschichte der NFL hat zwei verschiedene Teams zum Superbowl geführt. Umringt von seinen Spielern versuchte Parcells, das Ereignis als einen weiteren Sieg zu betrachten. In seiner Ansprache an seine Mannschaft versuchte er, sie dazu zu bringen, sich auf das nächste Spiel vorzubereiten.

„Seid morgen um 9.30 Uhr hier zum Laufen", sagte er.

Am nächsten Morgen war es gerade sechs Uhr. Paul Tagliabue und seine Frau schliefen in ihrer Wohnung in Manhattan, als das Telefon klingelte. Mrs. Tagliabue nahm den Hörer ab, lauschte dem Anrufer und wandte sich dann mit der Hand über der Sprechmuschel an ihren Mann. „Er sagt, er sei Bill Parcells", flüsterte sie. „Ich weiß nicht, ob das stimmt."

Skeptisch und verärgert nahm Tagliabue den Hörer und sagte Hallo.

„Ich habe etwas, worüber ihr nachdenken müsst", sagte Parcells, der von seinem Büro im Foxboro Stadium aus anrief.

Tagliabue erkannte die Stimme sofort und unterbrach ihn. „Ich muss nicht um sechs Uhr morgens anfangen, nachzudenken, es sei denn, es ist wirklich wichtig", sagte er.

„Nun, es ist wirklich wichtig", sagte Parcells und berichtete von seinem Streit mit Kraft wegen seines geänderten Arbeitsvertrags.

„Hör zu", unterbrach ihn Tagliabue, „ich weiß nichts darüber. Und ich kann zu diesem Zeitpunkt noch keine Entscheidung treffen.

„Ich will dich nur vorwarnen", sagte Parcells. „Sobald wir den Superbowl hinter uns haben, wird es einen Streit zwischen den Patriots und mir und einem anderen Team geben."

Parcells hatte die ganze Nacht nicht geschlafen. Der Sieg war zufriedenstellend gewesen. Aber er konnte an nichts anderes als an sein Gespräch mit Kraft vor dem Spiel denken. Als er nach dem Spiel nach Hause kam, konnte er nicht einschlafen und kehrte gegen drei Uhr morgens in sein Büro im Stadion zurück. In seiner Verzweiflung begann er zu telefonieren und weckte mehrere Freunde, darunter Lawrence Taylor, bevor er den Commissioner anrief.

Tagliabue erkannte an Parcells Stimme, dass er sehr aufgeregt war.

„Ruf mich nach dem Superbowl an", sagte Tagliabue. „Wir werden tun, was nötig ist."

Parcells beruhigte sich endlich.

„Und noch eine Sache", sagte Tagliabue. „Du musst mich nicht um sechs Uhr morgens anrufen, um mit mir zu reden."

Später an diesem Tag engagierte Parcells einen Anwalt.

Die Fans in New England waren begeistert – ihr Team war auf dem Weg nach New Orleans, um im Superbowl XXXI gegen die Green Bay Packers anzutreten. Doch in den Büros der Geschäftsführung im Foxboro Stadium herrschte nur Anspannung. In den Tagen unmittelbar nach der AFC-Meisterschaft führten Kraft und Parcells eine Reihe von hitzigen Gesprächen. Nun wurden Anwälte eingeschaltet und Mahnschreiben verschickt.

Während all dies hinter verschlossenen Türen ablief, rief McDonough Parcells an, Stunden bevor das Team zu einer Abschiedskundgebung mit Fans im Bostoner Rathaus erwartet wurde. Dann rief McDonough auf Anweisung von Parcells dessen Agenten an. Am nächsten Tag, kurz nachdem die Patriots in New Orleans gelandet waren, erschien McDonoughs Geschichte im Boston Globe unter der Schlagzeile: „PARCELLS WIRD GEHEN." Unter Berufung auf nicht identifizierte Quellen schrieb McDonough, dass Parcells am Ende sei und die Situation zwischen Parcells und Kraft so angespannt, dass sie vor Gericht enden könnte.

Die McDonough-Geschichte legte offen, dass der Superbowl das letzte Spiel war, für das Bill Parcells New England trainieren würde. In der Geschichte wurde außerdem die Schuld der irreparablen Beziehung zwischen Eigentümer und Trainer zugeschrieben.

Kraft war wütend. Nicht nur, dass McDonoughs Geschichte im Wesentlichen mit dem Finger auf ihn zeigte, sie war auch so brisant, dass sie das Spiel überschattete. „Die Organisation wird vor dem Superbowl nicht über diese Dinge sprechen", sagte Don Lowery der Presse. Doch die Flut konnte nicht gestoppt werden. Die Fehde zwischen Kraft und Parcells hatte es geschafft, die Fehde zwischen Jerry Jones und Jimmy Johnson in den Schatten zu stellen. Es war noch nie vorgekommen, dass ein Trainer, der sein Team zum Superbowl führte, vor dem Spiel bekannt gab, dass er nach dem Spiel zurücktreten würde.

Die Situation war so absurd, dass sogar die Spieler mit hineingezogen wurden. Als Drew Bledsoe mit den nationalen Medien sprach, wurde er über seine persönliche Beziehung zu Parcells befragt. „Persönliche Beziehung?", fragte Bledsoe. „Wir haben keine persönliche Beziehung." Er fügte hinzu: „Ob Bill nun hier ist oder nicht, dieses Team wird erfolgreich sein. Wir haben gute Spieler. Einen verlässlichen Kern. Einen großartigen Eigentümer."

Assistenztrainer Bill Belichick saß bei der Fehde zwischen Parcells und Kraft in der ersten Reihe. Es gelang ihm jedoch, sich dem Streit zu entziehen. Insgeheim war er mit der Art und Weise, wie sich Parcells im Vorfeld des Superbowls verhalten hatte, nicht einverstanden. „Ich kann Ihnen aus erster Hand sagen, dass vor dem Spiel eine Menge los war", vertraute Belichick später dem Journalisten Michael Holley an. „Ich meine, dass er mit anderen Teams sprach. Er versuchte, sich zu entscheiden, was er tun wollte. Was ich, ehrlich gesagt, für völlig unangemessen hielt. Wie oft bekommt man die Chance, um den Superbowl zu spielen? Man sagt ihnen, dass sie sich in ein paar Tagen wieder melden sollen. Ich sage nicht, dass es mir gegenüber respektlos war, aber es war respektlos in Bezug auf das gesamte Engagement für das Team."

Belichick machte diese Bemerkungen Jahre nach der Tat. Damals hielt er seine Gefühle fest unter Verschluss. Der Luxus, Assistenztrainer zu sein, bestand darin, sich zurückhalten zu können. Anstatt sich in den Aufruhr hineinziehen zu lassen, sprach Belichick am Tag vor dem Superbowl, während des Abschlusstrainings der Patriots im Super Dome, mit seinem guten Freund Jon Bon Jovi unter vier Augen. Eines der Dinge, die Belichick an Bon Jovi schätzte, war, dass er nie bohrende Fragen über die inneren Abläufe der Organisation stellte.

Die Anwesenheit Bon Jovis bei einem Training, das ansonsten für Freunde und die Presse tabu war, fiel Kraft auf. Er hatte keine Ahnung, wie oder warum Belichick anscheinend eng mit dem Rockstar befreundet war.

Die Freundschaft stammt aus Belichicks Zeit bei den Giants. Geboren und aufgewachsen in New Jersey, war Bon Jovi ein eingefleischter Fan der Giants. Etwa sechs Jahre nach der Gründung seiner Rockband begegnete er eines Abends in einem Nachtclub in New Jersey dem Giants-Punter Sean Lendetta. Es war 1989, und Lendetta trug seinen Superbowl-Ring von 1987, demselben Jahr, in dem Bon Jovis Slippery When Wet Platin erhielt und das meistverkaufte Rock-'n'-Roll-Album in den Vereinigten Staaten war. Bon Jovi und Lendetta, beide damals 27, verstanden sich auf Anhieb, sprachen über Musik und Football, und am Ende des Abends sagte Lendetta, er werde sehen, ob er Bon Jovi zu einer Trainingsstunde der Giants holen könne.

Lendetta wandte sich an Parcells, als Bon Jovis I'll Be There for You der landesweit größte Hit war. Sogar Parcells, der Elvis Presley und Doo-Wop-Musik hörte, kannte Bon Jovi, und er sagte Lendetta, er könne den Rocker zu einem Training einladen. Doch als Bon Jovi in einem Ferrari vorfuhr und mit wallendem langem Haar, verwaschenen Jeans und Lederstiefeln hereinspazierte, ging Parcells auf ihn los.

„Gee-zuz Christ", brüllte Parcells, als er ihn entdeckte. „Was machst du hier?"

Alle Spieler hielten inne und starrten Bon Jovi an.

Anstatt sich einschüchtern zu lassen, verhielt sich Bon Jovi gegenüber Parcells respektvoll. Er band sein Haar zu einem Pferdeschwanz, schob es unter einen Hut und stand ruhig an der Seitenlinie. Einmal riss er sogar einen Witz, der den Trainer zum Lachen brachte. Danach wurde Bon Jovi wieder eingeladen. Es dauerte nicht lange, bis er beim Training in seinen Stiefeln Punts schlug und Parcells ihn anschrie: „Herrgott noch mal, runter vom Feld!" Das war ein Zeichen dafür, dass Parcells ihn mochte.

Bon Jovi verstand sich zwar gut mit Parcells, aber der Sänger war Bill Belichick altersmäßig viel näher. Außerdem mochte Belichick die Musik Bon Jovis sehr. Die beiden freundeten sich an. Als Belichick Cheftrainer der Browns wurde, reiste Bon Jovi nach Cleveland, um sich das Training anzusehen und Heimspiele zu besuchen. Und als Belichick sich in New England wieder mit Parcells zusammentat, fing Bon Jovi an, in Foxborough herumzuhängen.

Kraft hatte Bon Jovi schon öfter gesehen, aber sie waren einander nie offiziell vorgestellt worden. Als Belichick sich von Bon Jovi abwandte, um sich wieder der Arbeit mit den Spielern zu widmen, ging Kraft zu ihm und stellte sich vor.

„Erzählen Sie mir von Ihrem Freund", sagte Kraft.

„Belichick?", fragte Bon Jovi.

Kraft nickte.

Bon Jovi überlegte und sagte dann: „Nun, er ist ein Genie in der Defensive."

Zu diesem Schluss war Kraft bereits gekommen. Er wollte wissen, was Bon Jovi von Belichick als Mensch hielt. Sobald der Superbowl zu Ende war, würde Kraft offiziell auf der Suche nach einem neuen Cheftrainer sein. Aber er hatte schon eine Weile Informationen gesammelt, und die meisten NFL-Insider, mit denen er über Belichick sprach, äußerten sich negativ über dessen Persönlichkeit. Während seiner turbulenten Zeit als Trainer in Cleveland hatte die Presse ihn als „kalten Fisch" bezeichnet und ihn mit Napoleon verglichen. Sports Illustrated meinte: „Sollte jemals ein Film über Belichick gedreht werden, würde Harrison Ford ihn spielen: unnahbar, zerknittert, mit Dingen beschäftigt, die der Rest von uns nie ganz verstehen wird."

Aber keiner der Leute, die all diese Dinge sagten, hatte eine persönliche Beziehung zu Belichick. Bon Jovi hatte die. Also drängte Kraft ihn, etwas darüber zu erzählen.

Bon Jovi war klug genug, um zu erkennen, was vor sich ging, und erzählte ein paar Anekdoten, die Belichick in ein anderes, günstigeres Licht rückten.

Bon Jovi sagte, dass Belichick ein großartiger Mensch sei, den er bewundere und respektiere. Kraft dankte ihm und sagte ihm, dass er bei den Patriots immer willkommen sei.

Nach dem Training traf sich Bon Jovi mit Belichick. Anstatt mit dem Teambus zurück zum Hotel zu fahren, beschlossen die beiden, mit John Mellencamps langjährigem Schlagzeuger Kenny Aronoff und Bon Jovis Tontechniker Obie O'Brien zurückzulaufen. Unterwegs hielten sie an, um etwas zu trinken. Als sie auf einem Bordstein in New Orleans saßen, Hurricanes schlürften und Geschichten austauschten, hätte Belichick leicht als Mitglied der Band durchgehen können. Er fühlte sich wohl und entspannt, er passte genau hinein.

New England hatte gegen Green Bay hart gespielt. Einmal, im dritten Viertel, sah es sogar so aus, als hätten die Patriots eine Chance auf den Sieg, als sie einen Touchdown erzielten und bis auf sechs Punkte herankamen. Doch Desmond Howard von den Packers trug den darauffolgenden Kick-off 99 Yards weit für einen Touchdown zurück, und die Patriots erholten sich davon nicht mehr. Green Bay gewann 35 : 21.

Vor dem Spiel besuchte der Vorsitzende von NBC Sports, Dick Ebersol, die Suite Robert Krafts. Obwohl Kraft zu niemandem ein Wort darüber verlor, wen er als nächsten Cheftrainer der Patriots ins Auge fasste, hatte Parcells McDonough erzählt, dass die Patriots bereits mit dem Defensive Coordinator der San Francisco 49ers, Pete Carroll, über den Job sprechen würden. Der Globe berichtete dann über die Geschichte in der Zeitung, was Kraft verärgerte. Es gab aber auch Gerüchte, dass Kraft sich an Belichick wenden könnte.

Als Führungskraft eines Senders, der Millionen für die Übertragung von AFC-Spielen ausgab, hatte Ebersol ein persönliches Interesse an Krafts Entscheidung. Unter den AFC-Teams befanden sich die Patriots im zweitgrößten Fernsehmarkt des Landes. Aus Sicht der Einschaltquoten war es für NBC von entscheidender Bedeutung, dass New England einen Cheftrainer einstellte, der in der Lage war, auf der von Parcells geschaffenen Erfolgsgrundlage aufzubauen.

Einmal nahm Ebersol Jonathan Kraft für ein Gespräch unter vier Augen beiseite. „Man sagt mir, dass Ihr Vater auf Sie hört", sagte Ebersol. „Sorgen Sie dafür, dass er nicht Belichick einstellt, wenn Parcells geht."

Jonathan war vertraut mit den Vorwürfen gegen Belichick. Seine Bilanz als Cheftrainer in Cleveland war 36-44. Da waren nicht nur die Niederlagen, er hatte sich auch regelmäßig mit den Medien angelegt und die Fans verärgert, indem er Quarterback Bernie Kosar, den Lieblingssohn der Stadt, kurzerhand entließ.

„Sagen Sie ihm, er soll Pete Carroll in Betracht ziehen", so Ebersol weiter.

Jonathan wusste, was sein Vater dachte – dass sein Kopf ihm sagte, er solle sich für Belichick entscheiden, aber sein Bauchgefühl sagte ihm, dass er erst einmal aufräumen müsse. Er wusste auch, dass die Meinung von niemandem – nicht einmal von jemandem, den Robert so sehr respektierte wie Ebersol – irgendeinen Einfluss darauf haben würde, wen er als Nachfolger für Parcells einstellte. Nichtsdestotrotz gab Jonathan die Kommentare Ebersols nach dem Spiel weiter. „Keine Ahnung, ob das hilfreich ist", sagte er zu seinem Vater.

Bill Parcells stand in dem Ruf, „so sentimental wie ein Strafzettel" zu sein. Nach außen hin genoss er dieses Bild. Innerlich strotzte er nur so vor Zuneigung für seine Spieler. „Ich sehe diese Gesichter bei den Spielern", sagte er einige Tage vor dem Superbowl. „Ich erinnere mich an die Gesichter der Spieler, die ich früher hatte. Das ist das Unbezahlbare in diesem Geschäft. Diese Gesichter sind die Gesichter, an die man sich erinnert. Wenn man diese Kids sieht, entsteht eine Bindung, die niemals endet. Sie ist immer da, weil wir das gemeinsam gemacht haben. Das ist etwas Besonderes. Es ist ein bisschen kitschig, aber es ist etwas Besonderes.

Von allen „Kids" aus dem Patriots-Kader waren Linebacker Willie McGinest und Running Back Curtis Martin, den Parcells „Boy Wonder" nannte, die beiden, für die Parcells am meisten übrighatte. Beide Spieler verehrten Parcells und fühlten sich ihm zu Dank verpflichtet, weil er ihnen eine Chance gab, sie anleitete und ihnen beibrachte, was es hieß, ein professioneller Football-Spieler zu sein. Während die letzten Sekunden auf der Uhr im Super Dome abliefen, weinte McGinest, als Parcells seine Arme um ihn legte und ihn an sich zog. McGinests Mutter sagte, sie habe ihren Sohn noch nie so weinen sehen.

Als das Charterflugzeug der Patriots von New Orleans nach Hause flog, war Bill Parcells nicht mit an Bord. Seine Abwesenheit war eine klare Botschaft an seine Spieler: Was ihr die ganze Woche über gelesen und gehört haben, ist wahr: Ich komme nicht zurück. Viele Leute waren verwirrt. Sie waren der Meinung, dass er an dem teilhaben sollte, was er mit aufgebaut hatte.

Die Situation war besonders für jüngere Spieler irritierend. Der Rookie-Linebacker Tedy Bruschi saß im hinteren Teil des Flugzeugs und dachte in aller Ruhe über die Saison nach und alles, was passiert war, als er aufblickte und Bill Belichick auf sich zukommen sah. Belichick ging in die Hocke, schaute Bruschi in die Augen und begann zu erzählen, wie gut er die ganze Saison über gespielt habe. Belichick lobte Bruschi auch für seine beiden Sacks auf Brett Favre während des Superbowls. Ziemlich beeindruckend für einen Rookie, sagte Belichick.

Zunächst wusste Bruschi nicht, wie er darauf reagieren sollte. Er war seit einem Jahr im Team, und dies war das erste Mal, dass Belichick ein Wort zu ihm sagte. Als Bruschi im Frühjahr zum Rookie-Minilager in Foxborough eintraf, nahm er an seinem ersten Treffen mit den Defensivspielern teil. Sie sahen sich einen Film von einem Spielzug an, bei dem ein schwerfälliger Offensive Lineman in der Lage war, einen schnellen Defensive Back zu blocken. Bruschi erinnerte sich: „Ich hörte diese Stimme: ‚Ich kann nicht glauben, dass er sich von diesem fetten Schimpfwort, Schimpfwort, Schimpfwort-Lineman auf offenem Feld umhauen lässt‘. Ich drehte mich um und sah Bill dort stehen und reden, ganz aufgeregt. Ich dachte mir: ‚Oh, das ist der Typ aus Cleveland‘. Mein erster Eindruck von ihm war eine mit Schimpfwörtern gespickte Anleitung, wie man als Defensive Back oder Linebacker einen fetten Offensive Lineman im Raum bei einem Screen Pass schlagen kann."

Doch als Belichick im Mannschaftsflugzeug in Fängerstellung neben Bruschi hockte, schlug er einen viel ermutigenderen Ton an.

„In der Zukunft wird es gute Dinge geben", versicherte Belichick ihm.

„Okay, Trainer", sagte Bruschi. „Ich weiß das zu schätzen."

Belichick ging dann weiter und führte ein ähnliches Gespräch mit Rookie Lawyer Milloy. Dann hockte er sich neben den Spieler Ty Law aus dem zweiten Jahr. Nacheinander versuchte er die Spieler aufzurichten, die gerade eine schmerzhafte Niederlage und den Verlust eines verehrten Trainers am selben Tag erlitten hatten.

„Ich schätze, er ist unser nächster Cheftrainer", dachte Bruschi.

12

NEW ENGLAND VS. NEW YORK

Zwei Tage nach dem Superbowl berief Commissioner Paul Tagliabue eine Anhörung ein, um festzustellen, ob Parcells das Recht hatte, seinen Arbeitsvertrag mit den Patriots zu kündigen und für die kommende Saison 1997 eine Anstellung bei einem anderen NFL-Team zu suchen. Sowohl Kraft als auch Parcells sagten aus, und die Anhörung war durchweg kontrovers. 24 Tage später gab Tagliabue einen siebenseitigen Brief heraus, in dem er seine Entscheidung erläuterte.

„Wenn Mr. Parcells sich entscheidet, 1997 in der NFL zu trainieren, muss er dies für die Patriots tun, wenn der Club dies wünscht", schrieb Tagliabue. „Alternativ kann er auf eine Trainertätigkeit in der NFL verzichten oder für die Saison 1997 eine andere, nicht vergleichbare Position annehmen."

Das Urteil war ein klarer Sieg für Kraft. Die von Parcells unterzeichnete Vertragsänderung wurde als verbindlich angesehen.

Stunden nach der Entscheidung saß Parcells mit seinem Anwalt Joel Kozol in dessen Büro in Boston zusammen. Parcells fühlte sich gefangen. Er müsste entweder aussetzen oder ein weiteres Jahr in New England trainieren, was die Zustimmung Krafts erfordern würde.

Kozol versuchte, ihn zu überreden, Kraft mit eigenen Waffen zu schlagen, indem er ihm sagte, er wolle seinen Vertrag erfüllen und weiterhin in New England trainieren. Das würde Kraft dazu zwingen, entweder ein weiteres Jahr mit Parcells zu leben oder ihn zu entlassen. Doch davon wollte Parcells nichts hören. Er wollte auch nicht vor Gericht gehen, um die Entscheidung des Commissioners anzufechten. Er wollte eine andere Mannschaft trainieren. Seine einzige Möglichkeit schien darin zu bestehen, ein Jahr auszusitzen und abzuwarten.

Kozol deutete an, dass es noch eine dritte Möglichkeit geben könnte.

Parcell konnte ihm nicht folgen.

Kozol las Tagliabues Entscheidung noch einmal und stieß dabei auf die Worte „nicht vergleichbare Position". Tagliabue hatte Parcells die Tür geöffnet, um einen Posten zu übernehmen, der nicht mit dem des Trainers für die Saison 1997 vergleichbar war.

Kozol sagte Parcells, er könne Berater werden.

Sie riefen Robert Fraley an, Parcells langjährigen Agenten. Fraley stimmte mit Kozols Interpretation überein. Nichts hinderte Parcells daran, sofort für ein anderes Team als Berater zu arbeiten.

Plötzlich fühlte sich Parcells ermutigt. Es wurde ein Plan ausgearbeitet.

Die Verantwortlichen der Patriots hatten schon lange den Verdacht, dass Parcells und die Jets vor dem Superbowl über Hintertüren miteinander kommunizierten. Eine interne Prüfung der Zimmergebühren, die den Patriots in der Woche des Superbowl vom New Orleans Marriott in Rechnung gestellt wurden, ergab eine Reihe von Anrufen aus Parcells' Zimmer zu einer Nummer in Hempstead, Long Island, der Stadt, in der die Jets ihren Hauptsitz hatten. Aber Parcells sagte, die Behauptung, er habe die Jets von seinem Hotelzimmer aus angerufen, sei „totaler Quatsch". Er fügte hinzu: „Wenn ich mit den Jets geredet hätte, glauben Sie, ich wäre so dumm, dass von Telefonen der Patriots aus zu tun?"

Nichtsdestotrotz nahm die Jets innerhalb weniger Stunden nach Tagliabues Entscheidung Kontakt mit den Patriots auf, um deren Interesse an einem Handel mit Parcells in Erfahrung zu bringen. Die Patriots legten sich nicht fest. Später am Tag, nachdem er Tagliabues Entscheidung gelobt hatte, sprach Kraft mit den Medien. Er nutzte die Gelegenheit, um eine Botschaft an die Jets zu senden. „Ich spreche jetzt zu den Jets", sagte er. „Wenn ihr Interesse an Bill habt, tauscht bitte nicht die erste Wahl. Das muss Teil der Lösung sein." Die Jets saßen auf dem ersten Gesamtpick im Draft.

Leon Hess, Eigentümer der Jets, war von Krafts Taktik nicht begeistert. Einen Tag, nachdem Kraft mit der Presse gesprochen hatte, teilten die Jets den Patriots mit, dass Hess nicht bereit war, einen Erstrundenpick für Parcells abzugeben.

Wenn große Entscheidungen anstanden, hielt sich Robert Kraft an eine Regel: Neunmal messen und einmal schneiden. Das geht auf ein russisches Sprichwort zurück und spielt auf Tischler an, die gründliche Vorbereitungen treffen, um Fehler zu vermeiden. Kraft hatte seine Regel nur dreimal missachtet: als er Myras Heiratsantrag annahm, als er das Geschäft mit der Mühle in Neufundland abschloss, aus dem sein erstes Unternehmen hervorging, und als er zustimmte, für den Erwerb der Patriots mehr zu zahlen, als jemals zuvor für eine amerikanische Sportmannschaft gezahlt worden war. Er hatte nicht die Absicht, die Auswahl des nächsten Cheftrainers der Patriots auf diese kurze Liste von Ausnahmen zu setzen.

Kraft hatte monatelang über Namen nachgedacht, und in seiner Vorstellung war einer ganz vorne dabei – Bill Belichick. Er hatte den Vorteil gehabt, Belichick ein ganzes Jahr lang aus der Nähe beobachten zu können, und dies war der beste Lehrer und Motivator, den Kraft je gesehen hatte. Er hatte auch ein ausgeklügeltes Konzept für die Herausforderungen, die die Gehaltsobergrenze mit sich brachte. Vor allem aber wusste Kraft, dass Belichick eine langfristige Bleibe suchte.

Aber Belichick hatte einen riesigen Nachteil: Er war einer der langjährigen Assistenten Parcells', und diese Verbindung machte ihn schuldig. Kraft war überzeugt, dass Belichick ein großartiger Cheftrainer sein würde, und er hielt ihn für den richtigen Mann für die Patriots. Aber er vertraute niemandem mit Verbindungen zu Parcells. Jonathan Kraft sah das genauso. Er mochte Belichick, aber die Organisation musste sich von allen befreien, die mit Parcells in Verbindung standen.

Die Nummer zwei auf Krafts Liste war Pete Carroll, der Defensivkoordinator der San Francisco 49ers. Kraft beschloss, Carmen Policy, den Präsidenten der 49ers, anzurufen, um sein Dilemma zu besprechen.

Policy war eine der wenigen Personen in der Liga, die verstanden und zu schätzen wussten, was Kraft mit Parcells durchmachte. Policys größte Leistung bestand darin, die berühmt-berüchtigte komplizierte und explosive Beziehung zwischen dem 49ers-Eigentümer Eddie DeBartolo und dem 49ers-Cheftrainer Bill Walsh geschickt zu managen.

Zu Beginn des Gesprächs teilte Kraft ihm mit, dass er darüber nachdenke, Carroll einzustellen. Er bat ihn um eine ehrliche Einschätzung.

„Er ist nicht vom Schlage eines Walsh-Seifert", sagte Policy. „Seine Herangehensweise an das Coaching wird zeitgemäßer sein. Aber er ist ziemlich schlau. Er weiß viel." Policy wusste nur Gutes zu sagen. Eine von Carrolls besten Eigenschaften sei die Art und Weise, wie er mit dem Personal zurechtkomme, sagte er. „Die jüngeren Spieler werden seinen Stil mögen."

Unterm Strich, erklärte Policy, wäre Carroll ein guter Cheftrainer.

„Danke, Carmen. Jetzt muss ich dich noch etwas anderes fragen."

„Schieß los."

„Wenn du an meiner Stelle wärest, würdest du Bill Belichick einstellen?"

Policy zögerte. Gleich nachdem Kraft die Patriots gekauft hatte, waren er und Jonathan nach San Francisco geflogen und hatten einen Tag mit Policy in der Teamzentrale der 49ers verbracht. Kraft hatte Policy damals gesagt, dass er die 49ers als den Goldstandard der NFL betrachte und so viel wie möglich darüber erfahren wolle, wie sie ihre Dynastie aufgebaut hätten. Policy hatte an diesem Tag eine Entscheidung getroffen. Er wusste, wie sehr Kraft seinem Urteil vertraute, deshalb wollte er ehrlich sein. Aber er wollte auch nichts überstürzen.

„Das würde ich nicht", sagte Policy schließlich.

„Warum nicht?", fragte Kraft.

„Du kommst aus dieser Situation mit Parcells", sagte Policy. „Ich weiß nicht, ob du es riskieren solltest, Belichick einzustellen.

Zwei Tage nachdem Paul Tagliabue seine Entscheidung bekannt gegeben hatte, übergab Bill Parcells Robert Kraft sein Rücktrittsschreiben und berief eine Pressekonferenz im Foxboro Stadium ein. Eine Schar nationaler Reporter und Korrespondenten von Sports Illustrated, der New York Times, ESPN und CNN drängte sich in einem Presseraum mit Dutzenden von Journalisten aus Boston und New York. Nachdem er aus dem Brief vorgelesen hatte, den er Kraft übergeben hatte, wurde Parcells mit Fragen über die Gründe für seinen Weggang überhäuft. 15 Minuten lang ging das Gespräch mit den Reportern hin und her. Schließlich bestand Parcells darauf: „Es geht nicht um Macht. Das ist es wirklich nicht."

Vom hinteren Teil des Raumes aus sah Kraft zu und dachte: „Es geht nur um Macht. Macht und Vertrauen."

„Hören Sie", fuhr Parcells fort, „es ist nur … Es ist nur … Ein Freund hat mir etwas erzählt. Ich werde zitieren, und ich versuche hier nicht, nett zu sein. Ich werde es einfach sagen. ‚Sie wollen, dass du das Essen kochst. Dann sollten sie dich zumindest einen Teil der Lebensmittel einkaufen lassen.'"

Es war ein direkter Abschiedsgruß an Robert und Jonathan.

Kraft schäumte. Drei Jahre lang hatte er zugelassen, dass Parcells Dutzende von Millionen Dollar für Free Agents ausgab, die sich nicht bewährten. Drei Jahre lang hatte er sich immer tiefer verschuldet, während er Parcells' Bemühungen unterstützte, ein erfolgreiches Team aufzubauen. In dieser Zeit hatte Kraft Parcells nur in zwei von mehr als hundert Fällen eine Absage erteilt. In einem Fall wollte Parcells einen Lineman anstelle von Terry Glenn verpflichten, der sich als unverzichtbar erwiesen hatte, um das Team in die Superbowl zu bringen. Der andere war Christian Peter.

Kraft hatte genug gehört, und er wollte auf keinen Fall Parcells das letzte Wort überlassen. Als Parcells die Bühne verließ, trat Kraft vor und setzte sich auf den Stuhl, den Parcells gerade verlassen hatte. In versöhnlichem Ton informierte Kraft die Presse über den Stand der Dinge und versicherte, dass er dabei sei, eine Liste von Trainerkandidaten zu erstellen.

Die Presse wollte über Parcells sprechen. „Bill sagte, wenn sie wollen, dass du das Essen kochst, sollten sie dich wenigstens einen Teil der Lebensmittel einkaufen lassen", sagte ein Reporter.

Kraft grinste.

„Geben Sie zu", fuhr der Reporter fort, „dass es einen grundsätzlichen Mangel an Übereinstimmung darüber gab, wer die Personalentscheidungen treffen sollte?"

„Nun, wenn man sich Bill und mich anschaut, fehlt es uns nicht an passenden Lebensmitteln."

Die Reporter brachen in Gelächter aus.

„Und ich denke, unsere Lebensmittel sind ziemlich gut", sagte Kraft. „Sie sind frisch."

Mehr Lachen.

„Aber anscheinend machen Sie die Einkäufe", sagte ein Reporter.

„Ich gehe nicht einkaufen", sagte Kraft. „Wir haben eine Organisation, die einkauft. Ein weiterer Teil der Organisation besteht darin, dafür zu sorgen, dass wir den richtigen Preis für die Lebensmittel zahlen. Denn wir haben ein begrenztes Budget. Wir haben eine Obergrenze."

Bevor er sich zurückzog, nutzte Kraft noch einmal die Gelegenheit, direkt mit den Jets zu sprechen. „Leute", sagte er, „wenn ihr Bill 1997 als euren Trainer haben wollt, dann sorgt dafür, dass eure erste Wahl in der ersten Runde in der jetzigen Position dabei ist."

Die Zukunft Bill Belichicks hing in der Schwebe. Während der Saison '96 hatte er ein gutes Verhältnis zu Kraft aufgebaut. Unmittelbar nachdem Belichick in Foxborough angekommen war, hatte er mit Kraft über die Free Agency geredet und besprochen, was mit bestimmten Spielern geschehen sollte. Im Trainingslager sprach man bereits über Spielerverträge. Und im Laufe des Jahres weiteten sich die Gespräche auf die Organisationsstruktur und das Management des Teams aus. Es war klar, dass Kraft Belichicks Wissen schätzte und sein Urteil respektierte. Aber würde er ihn einstellen?

Sobald Parcells und Kraft ihre Pressekonferenzen beendet hatten, traf sich Belichick mit Kraft in dessen Büro. Dann fuhren die beiden Männer in Krafts Auto davon. An diesem Abend trafen sie sich mit ihren Ehefrauen im Capital Grille in Chestnut Hill, gleich um die Ecke von Krafts Haus. Es war Krafts bevorzugtes Restaurant, wenn er mit Freunden große Anlässe feierte. Aber dieses Abendessen war nicht Krafts Idee gewesen. Sie kam von Debby Belichick. Sie wollte unbedingt, dass ihr Mann den Job bei den Patriots bekam.

Das Leben der Frau eines Trainers ist von Unsicherheit geprägt. Häufige und plötzliche Entwurzelungen sind die Regel. Bill war Trainer in Baltimore, Detroit, Denver, New York und Cleveland, bevor er in New England landete. Nach nur einer Saison konnte sie feststellen, dass die Organisation und die Atmosphäre in Foxborough anders waren: Die Führung der Krafts vermittelte Stabilität und Orientierung. Myra hatte sich mit ihr angefreundet. Es herrschte ein ungewöhnliches Gefühl der Zugehörigkeit. Und New England war ein idealer Ort, um Wurzeln zu schlagen und Kinder aufzuziehen. Bill wollte dasselbe – einen stabilen Ort, den seine Familie immer ihr Zuhause nennen konnte.

Wenn das, wonach man sich gesehnt hat, endlich in greifbarer Nähe ist, erzeugt die Aussicht darauf, dass es einem entgleiten könnte, eine ungute Vorahnung. Kraft kannte dieses Gefühl, und Debby lag ihm sehr am Herzen. Aber er hatte neunmal gemessen. Es war Zeit zu schneiden.

„Ich empfinde eine enorme Zuneigung für euch beide", sagte er den Belichicks beim Abendessen. „Aber im Leben muss das Timing stimmen."

Belichick wusste, was das bedeutete – er würde nicht der nächste Cheftrainer in New England werden. Es hatte keinen Sinn, zu versuchen, Robert umzustimmen.

Debby war jedoch nach wie vor davon überzeugt, dass ihr Mann der beste Mann für diese Aufgabe war. Sie setzte sich für ihn ein, hob seine Erfahrungen und Qualifikationen hervor und begründete, warum er gut zu den Patriots passen würde.

Kraft war mit allem einverstanden, was sie aufzählte, und sagte ihr das auch.

„Aber ich denke, es ist besser, wenn jeder von uns seinen eigenen Weg geht", sagte er.

Es war hart für Debby, das zu hören. Aber Bill sträubte sich nicht. Er verstand die Situation. Nach dem Essen schüttelte er Kraft die Hand und dankte ihm für alles.

In dieser Nacht konnte Kraft nicht schlafen.

Am nächsten Morgen riefen die Jets Belichick an und fragten ihn, ob er ein Jahr lang ihr Cheftrainer sein wolle, bis Parcells die Rolle übernehmen könne. Belichick packte seine Koffer und machte sich auf den Weg nach New York.

Am 3. Februar 1997 stellte Robert Kraft auf einer Pressekonferenz den 25-jährigen Pete Carroll als neuen Cheftrainer der Mannschaft vor. Als Vorgeschmack auf das, was noch kommen sollte, reagierten die Sportjournalisten in New England nicht gerade freundlich. Und die Kritik hatte wenig mit Pete Carroll zu tun. Bill Parcells war bei den Hausjournalisten der Patriots sehr beliebt. Einige von ihnen gaben Kraft die Schuld daran, dass der beste Trainer in der Geschichte der Franchise vertrieben worden war. Und sie nutzten die Gelegenheit, um auf Kraft einzudreschen, der versucht hatte, eine Beziehung zu den

Fans aufzubauen, indem er mit ihnen an den Spieltagen zum Beispiel Feste feierte.

„Es ist jetzt Krafts Show, in guten wie in schlechten Tagen", schrieb Bill Reynolds vom Providence Journal. „Kraft wurde von der Kamera angezogen wie eine Motte vom Licht … Vielleicht muss man nur wissen, dass er dafür berüchtigt ist, an Spieltagen in einem Golfwagen durch die Stadionparkplätze zu fahren und Hände zu schütteln, als wäre er ein gütiger Despot, der den versammelten Massen Gefallen erweist. Bitte."

„Warum ernennt Bob Kraft sich nicht einfach selbst zum Trainer der Patriots?", schrieb der Kolumnist des Boston Globe, Dan Shaughnessy. „Kraft unterzeichnete mit Carroll einen Fünfjahresvertrag, und Carroll zeigte alle Anzeichen, das zu können, was Bill Parcells nie konnte: sich zu Füßen eines Besitzers zu verneigen, der schnell außer Kontrolle gerät."

Am selben Tag, an dem die Zeitungen in New England über Kraft herzogen, hielten die New York Jets eine eigene Pressekonferenz ab und gaben bekannt, dass Bill Belichick für eine Saison neuer Cheftrainer des Teams sein und Bill Parcells als „Berater" zur Organisation stoßen werde. Nach einer Saison, so sagten die Jets, würde Belichick in eine Assistentenrolle zurückkehren, und Parcells würde Cheftrainer werden.

Commissioner Paul Tagliabue war in Los Angeles, als er die Pressemitteilung der Jets las. „Das ist lächerlich!", sagte er zu einem Kollegen. „Man kann einen Trainer nicht als Berater unter Vertrag nehmen." Er rief in der Liga-Zentrale in New York an und gab seinen Mitarbeitern die Anweisung, den Jets sofort eine Nachricht zukommen zu lassen. „Sagen Sie ihnen, sie sollen es vergessen", sagte er.

Einige Stunden später gab die Liga eine offizielle Erklärung ab: „Den Jets wird es weder verwehrt noch gestattet, mit Parcells einen Beratervertrag für 1997 abzuschließen. Wenn der Commissioner gebeten wird, die Vereinbarung zwischen den Jets und Parcells zu überprüfen, da sie sich auf die Vertragsrechte der Patriots für 1997 auswirken könnte, wird er das tun und erforderlichenfalls eine Anhörung durchführen."

Jets-Teamchef Steve Gutman war wütend. Ebenso Parcells' Anwalt Joel Kozol. Sie hatten mit den Verantwortlichen der Liga gesprochen und waren der Meinung, eine stillschweigende Zustimmung zu ihrem Vorgehen erhalten zu haben. „Die Liga hat das Beraterkonzept gleich am ersten Tag gebilligt", erklärte Kozol. „Sie sagten Steve Gutman, dass die Jets das tun könnten, solange der Berateranteil im Rahmen bliebe. Dann, zwei Tage später, machte die Liga einen Rückzieher. Aber der Commissioner war an diesen Diskussionen nicht beteiligt gewesen.

Im Anschluss an die Erklärung der Liga gaben die Patriots ihre eigene ab und forderten den Commissioner öffentlich auf, die Vereinbarung der Jets mit Parcells zu überprüfen und festzustellen, ob sie gegen seine Vereinbarung mit den Patriots verstieß.

Für Kraft war es ein Kampf, der es wert war, geführt zu werden. Parcells hatte den Kader der Patriots aufgebaut. Er wusste alles über die Mannschaft. Ihre Stärken. Ihre Schwächen. Ihre Leitlinien. Jetzt würde er Belichick nach New York holen und als „Berater" im Grunde alle Hebel in Bewegung setzen. Dadurch hatte New England einen deutlichen Wettbewerbsnachteil. Die Jets waren ein Divisionsrivale, gegen den die Patriots zweimal pro Saison antreten mussten. Der Commissioner, so Kraft, habe die Pflicht, für gleiche Bedingungen zu sorgen.

Die Bostoner Sportmedien prügelten weiter auf Kraft ein. Als er sich dagegen wehrte, dass Parcells Berater der Jets wurde, verglich ihn der Globe-Kolumnist Bob Ryan mit „einem Kind, das Ritalin braucht". Ryan wollte, dass Kraft etwas tat oder die Klappe hielt. „Hören Sie auf, über einen vermeintlichen ‚Wettbewerbsnachteil' eines von Parcells gecoachten Jets-Teams zu schwafeln, und besorgen Sie einen Spieler, einen Draft Pick oder was auch immer für seinen scheidenden Trainer", schrieb er.

Sein Kollege Dan Shaughnessy äußerte sich noch kritischer. „Kraft geht in die Geschichte ein als der Mann, der Bill Parcells aus der Stadt vertrieb", schrieb er. „Mal sehen, wie sich die Patriots schlagen, jetzt, da Kraft wieder die Kontrolle über die Mannschaft hat und den ‚Thunfisch' losgeworden ist."

In derselben Woche, in der die Jets ankündigten, Belichick und Parcells zu engagieren, griff eine Gruppe der einflussreichsten Politiker Bostons Krafts Plan an, ein Freiluftstadion mit 69.000 Plätzen in South Boston zu bauen. Der Sprecher des Repräsentantenhauses, Tom Finneran, und der Bürgermeister von Boston, Tom Menino, kritisierten Kraft und seine Idee öffentlich und ließen damit einige der Feindseligkeiten aus Krafts früherem Vorstoß für den Bau eines neuen Stadions in Boston wieder aufleben. Und die Anwohner in South Boston wehrten sich aktiv gegen Krafts Plan. Der Widerstand gipfelte in Protesten, von denen einer im Polish American Citizens Club stattfand. Am nächsten Tag zitierte der Boston Globe eine Antwort Krafts: „Die Leute in der Polish Hall kennen die Fakten nicht. Es ist wie in South Boston. Sie sind ungebildet."

Unmittelbar nach Erscheinen des Artikels rief Don Lowery beim Globe an, um sich darüber zu beschweren, dass Kraft aus dem Zusammenhang gerissen zitiert worden sei; Krafts vollständige Aussage habe gelautet: „Sie sind ungebildet, was das Stadion und die wirtschaftlichen Vorteile angeht, die es der Region bringen wird." Durch die Kürzung des Zitats, so Lowery, habe die Zeitung die Aussage des Zitats verändert.

Der Schaden war bereits angerichtet. Die Gemeinde in South Boston war in Aufruhr. „Ich habe heute 200 Anrufe von Menschen erhalten, die über die Arroganz Bob Krafts empört sind", sagte Stadtratspräsident James M. Kelly, der South Boston vertrat, dem Globe. „Wir sind vielleicht nicht ganz so gebildet wie Bob Kraft, aber wir haben mehr Klasse und Charakter."

State Senator Stephen F. Lynch, ein Demokrat aus South Boston, der sich gegen Krafts Stadionplan aussprach, schaltete sich ebenfalls ein. „Er hat mich nie mit seinen Fähigkeiten in der Öffentlichkeitsarbeit beeindruckt", sagte Lynch gegenüber der Presse. „Das ist keine geschickte PR. Dies ist ein Gebot der Höflichkeit. Man muss die Menschen, mit denen man arbeitet, nicht kritisieren oder auf sie hinabsehen."

Die Patriots hatten einen brandneuen Cheftrainer, aber Pete Carrolls Ankunft wurde von der Fehde zwischen den Patriots und den Jets wegen Parcells und von der Kontroverse über den Bau eines neuen Stadions in Süd-Boston völlig überschattet.

Einige Tage, nachdem die Patriots die Entscheidung der Jets, Parcells als Berater einzustellen, angefochten hatten, setzte Kommissar Tagliabue eine Anhörung an. Kraft betrat einen Konferenzraum in der Anwaltskanzlei Skadden Arps in Midtown Manhattan. Begleitet wurde er von Andy Wasynczuk. Die beiden nahmen gegenüber dem Jets-Eigentümer Leon Hess und dem Teampräsidenten Steve Gutman Platz. Ein Gerichtsreporter war vor Ort, um eine offizielle Niederschrift der Verhandlung zu erstellen. Die Patriots und die Jets hatten zuvor über einen möglichen Handel gesprochen, um die Angelegenheit zu klären. Aber Kraft erinnerte die Jets daran, dass er Parcells nur dann gehen lassen würde, wenn die Jets auf ihre Draft-Wahl in der ersten Runde verzichteten, und Hess hatte sich dagegen gesträubt. Kommissar Tagliabue erinnerte beide Seiten daran, dass der Zweck der Anhörung darin bestehe, den anhaltenden Streit zwischen den beiden Mannschaften beizulegen. Der Commissioner wollte als Vermittler auftreten. Aber wenn es hart auf hart käme, würde er sich einmischen und eine Entscheidung treffen, mit der beide Seiten leben müssten.

Die 56-jährige Kraft und der 82-jährige Hess waren ein stilistischer Gegensatz.

Zu Beginn der Veranstaltung versuchte Hess, den Ton anzugeben. „Ich bin in meinen Verhandlungen mit weitaus bedrohlicheren Umständen konfrontiert worden, als zu befürchten, dass der Commissioner kommt und gegen mich entscheidet", sagte er zu Kraft. Als CEO eines Unternehmens, das zu den größten Erdölproduzenten der Vereinigten Staaten gehörte, hatte Hess jahrzehntelange Erfahrung im Umgang mit Erdöllieferanten im Nahen Osten. Er ließ Kraft wissen, dass seine arabischen Gesprächspartner die Verhandlungen oft mit einer geladenen Waffe auf dem Tisch beginnen.

Kraft lächelte. Er hatte auch schon viele Geschäfte im Nahen Osten gemacht und war es gewohnt, mit mächtigen Gegnern umzugehen. Als Ajatollah Khomeini 1979 im Zuge der iranischen Revolution die Macht übernahm und die Kontrolle über Krafts dortige Produktionsstätte an sich riss, ging Kraft nach Den Haag, um den iranischen Führer vor einem internationalen Gericht zu verklagen und seine Geschäftsinteressen zu schützen. Aber er erwähnte Hess gegenüber nichts von seinen Erfahrungen.

Stattdessen stellte er Wasynczuk vor, der den Standpunkt der Patriots erläuterte. Es gab keinen Präzedenzfall, der den Wert eines Cheftrainers bei einem Tausch festlegte, aber nach dem von der Spielergewerkschaft und den NFL-Eigentümern ausgehandelten Tarifvertrag hatte Team A, wenn es den designierten Spieler von Team B bei einem Tausch übernahm, Anspruch auf die Draft-Auswahl von Team A für zwei Jahre. „Parcells", argumentierte Wasynczuk, „ist viel wertvoller als ein Franchise-Spieler."

„Das ist einfach verrückt", sagte Gutman.

Von da an ging es bergab. Zwei Stunden später stellte Tagliabue fest, dass sie nicht weiterkommen würden.

„Jeder kann zum Mittagessen gehen, außer mir und Mr. Hess und Mr. Kraft", sagte Tagliabue. „Wir bleiben hier im Konferenzraum. Ich werde uns ein paar Sandwiches besorgen. Und wir werden ein Gespräch führen. Nur wir drei."

Tagliabue entschuldigte auch den Gerichtsreporter. Dies sollte eine inoffizielle Diskussion sein.

„Wenn Sie beide sich einig sind, wie wir das Problem lösen können, dann können wir auf weitere Zeugenaussagen verzichten, und die Sache ist erledigt", sagte Tagliabue. „Wenn Sie sich nicht einigen können, sollten Sie beide zu Papier bringen, was für Sie zufriedenstellend wäre. Wenn sich die beiden Zettel nicht überschneiden, gehe ich zurück in mein Büro und teile die Differenz."

Kraft und Hess stimmten Tagliabues Ansatz zu.

Aber über alles andere waren sie sich nicht einig. Sobald Tagliabue ihnen das Wort erteilt hatte, begannen sie, sich über Parcells zu streiten.

„Sie wussten, worauf Sie sich einlassen", betonte Hess. „Sie wussten, dass er gehen konnte. Und der einzige Grund, warum Sie ihn blockieren, ist, dass wir in Ihrer Division sind."

„Ich habe ihm gesagt, er könne gehen, aber er könne ein Jahr lang keinen anderen Job annehmen", konterte Kraft. „Jetzt lassen wir es zu, dass er einen anderen Job annimmt. Ich habe es also verdient, etwas zu bekommen, nachdem ich diese traumatische und unbefriedigende Zeit durchgemacht habe."

„Wir nehmen Ihnen ein Problem ab", sagte Hess. „Sie sollten uns bezahlen."

Kraft protestierte.

„So schlimm kann es nicht gewesen sein", schnauzte Hess. „Sie waren beim verdammten Superbowl! Solche Schmerzen in der Brust kann ich selbst ertragen."

Tagliabue hatte genug gehört. Es war klar, dass Kraft und Hess keine gemeinsame Basis finden würden. Er forderte sie auf, ihre Bedingungen schriftlich niederzulegen, und er würde seine Entscheidung treffen.

Kraft schrieb, dass er die Wahl der Jets in der ersten Runde des kommenden Draft im April haben wollte. Aber da es seine Art war, immer nach anderen Wegen zu suchen, um einen Deal lohnend zu machen, bat er auch darum, dass die Jets 500.000 Dollar an eine Wohltätigkeitsorganisation der Patriots spendeten. Er dachte sich, wenn der Commissioner ihm bei der Draft-Auswahl nicht alles gäbe, was er wollte, wäre er eher geneigt, ihn mit einer wohltätigen Spende zu beschwichtigen.

Hess hielt daran fest, dass es unter keinen Umständen eine Erstrunden-Wahl geben sollte. Er schlug ein Paket von Picks in der letzten Runde vor.

Weniger als eine Stunde später verkündete Tagliabue seine Entscheidung:

Die Jets konnten Parcells als Cheftrainer für die Saison 1997 einstellen. Im Gegenzug erhielten die Patriots den dritten und vierten Draft Pick der Jets im Jahr 1997, den Zweitrunden-Pick der Jets im Jahr 1998 und den Erstrunden-Pick der Jets im Jahr 1999. Die Jets mussten außerdem 300.000 Dollar an eine Wohltätigkeitsorganisation der Patriots zahlen.

Weder Kraft noch Hess waren darüber erfreut. Tagliabue interpretierte dies so, dass er einen Mittelweg gefunden hatte. Der frühere Präsident George H. W. Bush, der den Streit mitverfolgt hatte, war von dem Ergebnis so beeindruckt, dass er seinem Neffen Joe Ellis, der im Büro des Commissioners arbeitete, einen handgeschriebenen Brief schickte. „Ich war stolz darauf, dass Tagliabue den Deal mit Parcells ausgearbeitet hat“, schrieb Bush. „Ich wünschte, Baseball hätte einen so effektiven Commissioner wie ‚Tag‘.“

Am nächsten Tag war Bill Belichicks Amtszeit als Cheftrainer der Jets nach nur sechs Tagen zu Ende. Während Leon Hess einen seiner seltenen öffentlichen Auftritte hatte, gaben die Jets auf einer Pressekonferenz bekannt, dass Bill Parcells einen Sechsjahresvertrag über 14,4 Millionen Dollar als neuer Cheftrainer des Teams unterzeichnet hatte. Parcells lächelte nur.

„Ich möchte einfach nur der kleine Junge sein, der mit ihm geht und den Einkaufswagen im Supermarkt schiebt, während er ihn auffüllt“, sagte Hess. „Er wird den Laden schmeißen, und es werden nicht zwei oder drei Köche in der Küche stehen. Da wird nur er sein.“

Das war ein weiterer Schlag gegen Kraft.

Die Rivalität zwischen den New England Patriots und den New York Jets hatte offiziell begonnen.

13

DU KENNST MICH

Die Denver Broncos waren in der Stadt, um ein Vorsaisonspiel gegen die Patriots zu bestreiten, aber am Vorabend des Spieles hatten Robert Kraft und der Eigentümer der Broncos, Pat Bowlen, etwas anderes vor. An einem heißen, sonnigen Nachmittag im August 1997 landete ein von der NBC-Muttergesellschaft General Electric entsandter Hubschrauber in der Nähe von Krafts Sommerhaus auf Cape Cod, und er kletterte an Bord. Ein zweiter Hubschrauber holte Bowlen in Boston ab. Dies war kein Ferienaufenthalt. Kraft und Bowlen waren zu einem Abendessen im Haus von NBC Sports-Präsident Dick Ebersol auf Martha's Vineyard eingeladen.

Commissioner Paul Tagliabue hatte Kraft kürzlich in das NFL Broadcast Committee berufen, dessen Vorsitz Bowlen innehatte. Das dritte Mitglied war Jerry Jones. Der Ausschuss war für die Aushandlung der Fernsehverträge der Liga mit ihren Netzwerkpartnern zuständig – die größte Einnahmequelle der Liga und ihrer Teams. Und am Ende der kommenden Saison standen die Verträge mit NBC, Fox und ABC zur Erneuerung an. Obwohl dies noch fünf Monate entfernt war, kämpften die Sender bereits um ihre Position.

Ebersol, der kürzlich von der Sporting News zur mächtigsten Person im Sportbereich ernannt worden war, war die Kontaktperson von NBC bei den bevorstehenden Verhandlungen mit der NFL. Seit seinem Amtsantritt bei NBC hatte Ebersol systematisch die Übertragungsrechte für NBA-Spiele, Notre Dame Football, Major League Baseball und die Olympischen Winter- und Sommerspiele erworben. Das Kronjuwel im

Portfolio von NBC Sports war jedoch der Vertrag mit der NFL über die sonntägliche Übertragung der AFC-Spiele. Und New England und Denver waren zwei der wichtigsten Märkte im AFC-Paket. Entschlossen, mit beiden Eigentümern im Geschäft zu bleiben, empfing Ebersol Kraft und Bowlen freundlich in seinem Haus mit Blick auf den Hafen von Edgartown. Wenige Augenblicke später traf ein dritter Hubschrauber mit dem CEO von GE, Jack Welch, und dem CEO von NBC, Robert Wright, ein. Während des Abendessens unterhielten Kraft und Bowlen ihre Gastgeber mit Geschichten über ihre beiden Teams, und Welch verteilte Perlen der Weisheit über die Wirtschaft.

Während die Spitzenleute von NBC Kraft und Bowlen zum Essen einluden, versuchten die Führungskräfte von CBS, in die Aktion einzusteigen. Jahrzehntelang hatte CBS die Übertragungsrechte für alle NFC-Spiele der NFL besessen, die sonntags im Fernsehen übertragen wurden. Doch 1993 schockierte Rupert Murdochs Upstart Fox Network die Fernsehbranche, als es CBS beim Kauf des begehrten NFC-Pakets, das Teams in den fünf größten Fernsehmärkten der USA umfasste, um 100 Millionen Dollar überbot. Die Umstrukturierung beendete die vierzigjährige Beziehung zwischen CBS und der NFL, was für CBS unmittelbare Folgen hatte. Die Einschaltquoten am Sonntagnachmittag sanken drastisch. Infolgedessen verlor CBS seine effektivste Plattform – die Werbespots während der Football-Spiele – für die Werbung und Promotion seiner Sitcoms und Fernsehserien zur Hauptsendezeit. Innerhalb kurzer Zeit fiel der CBS-Sender von der Nummer eins auf den letzten Platz zurück.

Als Sean McManus Ende 1996 zum Präsidenten von CBS Sports ernannt wurde, gehörte es nicht zu seiner Jobbeschreibung, herauszufinden, wie man die NFL zurück zum Sender bringen könnte. Es verging jedoch kein Tag, an dem McManus nicht darüber nachdachte. Doch das schien ein Wunschtraum zu sein – bis ein Medienmogul namens Mel Karmazin sein Radioimperium, Infinity Broadcasting, für 3,8 Milliarden Dollar an Westinghouse verkaufte. Westinghouse war die Muttergesellschaft von CBS. Es handelte sich um eine reine Aktientransaktion, durch die Karmazin zum größten Einzelaktionär von Westinghouse wurde. Nachdem CBS so schlecht abgeschnitten hatte, wurde Karmazin zum Präsidenten und CEO des Senders ernannt, in der Hoffnung, das Blatt zu wenden.

Eine von Karmazins obersten Prioritäten war es, Les Moonves, dem kürzlich eingestellten Präsidenten von CBS Entertainment, dabei zu helfen, das Primetime-Programm mit neuen Sendungen zu erneuern. Eine weitere Priorität für Karmazin bestand darin, wieder mit der NFL ins Geschäft zu kommen. „Das Problem war, dass niemand CBS schaute", erklärte Karmazin. „Es war also sehr schwierig, Fernsehsendungen zu starten. Wenn Sie jetzt Ihr Programm aufstocken, weil es nicht funktioniert, wie sagen Sie den Leuten dann, dass Sie diese neuen Sendungen haben? Eine der besten Möglichkeiten, dies zu tun, bot die NFL."

Karmazin und McManus waren sich einig, dass es für CBS nicht sinnvoll war, sich um das NFC-Paket zu bemühen, das es an Fox verloren hatte. Niemand würde in der Lage sein, Rupert Murdoch zu überbieten. CBS war auch nicht an dem Monday Night Football-Paket zur Hauptsendezeit interessiert, das von ABC gehalten wurde. Die naheliegendste Möglichkeit war, das AFC-Paket von NBC ins Visier zu nehmen. Das Problem war, dass NBC gesehen hatte, wie sehr der Verlust des NFC-Pakets 1992 CBS geschadet hatte. Es schien undenkbar, dass NBC denselben Fehler machen würde.

Um CBS in die bestmögliche Position zu bringen, war Karmazin bereit, McManus zu ermächtigen, ein exorbitantes Angebot im Namen des Senders abzugeben. Karmazin vermutete jedoch, dass es in der NFL-Zentrale Leute gab, die wollten, dass das AFC-Paket bei NBC blieb. Er wollte sichergehen, dass die Liga das Angebot von CBS nicht einfach dazu benutzte, mehr Geld aus NBC herauszuholen. Daher wollte Karmazin mit den Teameigentümern über die Hintertür kommunizieren, um die Integrität des Prozesses zu schützen.

Karmazin nannte viele der Eigentümer beim Vornamen, aber niemandem vertraute er mehr als Kraft. Drei Jahre zuvor hatten sich die beiden Männer während einer Verhandlung, die die Patriots in einen von Karmazins Radiosendern brachte, kennengelernt. Seitdem waren sie enge Freunde geworden – so eng, dass sie anfingen, einander nach Hause einzuladen und gemeinsam mit ihren Frauen auszugehen. Es war hilfreich, dass Kraft und Karmazin so viele Gemeinsamkeiten hatten, angefangen bei der Tatsache, dass sie beide Selfmade-Millionäre waren, die sich aus jüdischen Arbeitervierteln herausgearbeitet hatten und an die Spitze der amerikanischen Wirtschaft gelangt waren.

Seitdem sie Freunde geworden waren, hatte Kraft Karmazin auch anderen NFL-Eigentümern vorgestellt, von denen einige daraufhin Radioverträge mit Infinity Broadcasting abgeschlossen hatten. Keines dieser Geschäfte kam Kraft direkt zugute, aber seine Rolle bei der Erleichterung der Transaktionen hatte Karmazin ein weiteres Mal gezeigt, dass Kraft ein ehrlicher Mann war.

Kraft war erfreut über Karmazins Anruf. Es ermutigte ihn auch, zu hören, dass es bei CBS einen Wandel in Bezug auf den Preis gab, den der Sender bereit war zu zahlen, um die NFL wieder in sein Programm aufzunehmen.

„Du kennst mich", sagte Karmazin. „Dies ist sehr wichtig für CBS. Wir haben eine Geschichte. Wir sind nicht neu. Wir sind CBS."

Kraft kannte ihn tatsächlich. Er hielt Karmazin für einen der klügsten und vertrauenswürdigsten Menschen, mit denen er je Geschäfte gemacht hatte. Kraft schätzte auch die lange Beziehung von CBS zur Liga. „Wie kann ich dir helfen?", fragte Kraft.

„Ich würde gern eine Chance haben, wieder einzusteigen", sagte Karmazin. „Aber ich will kein Strohmann sein."

Kraft verstand.

Nicht lange nach dem Telefonat brachte Karmazin Sean McManus nach Foxborough, um ihn Kraft als die Führungskraft vorzustellen, die bei den Verhandlungen für CBS den Ton angeben würde. McManus nutzte die Gelegenheit, um darauf hinzuweisen, dass es für die NFL von Vorteil wäre, CBS wieder als Partner zu haben. Kraft stellte eine Menge bohrender Fragen.

„Seine Aufgabe war es, für die NFL den bestmöglichen Deal mit den verschiedenen Sendern zu erzielen", sagte McManus. „Er war nicht da, um einen Insider-Deal zu machen oder uns einen unfairen Vorteil zu verschaffen. Er war da, um uns zu sagen: Wenn ihr es schafft, dieses Niveau zu erreichen, sowohl in finanzieller als auch in nicht-finanzieller Hinsicht, dann glauben wir, dass ihr eine Chance habt, in die NFL zu kommen. Er war aufrichtig, ehrlich und transparent. Es gab keinen Mist."

Pete Carroll und seine Mitarbeiter hatten Bill Parcells und die New York Jets als das Reich des Bösen bezeichnet. Die Fehde zwischen Kraft und Parcells hatte die Rivalität zwischen den Patriots und den Jets zur emotionalsten der Liga gemacht. Als die beiden Teams in der dritten Woche der Saison '97 in New England aufeinandertrafen, war es das erste Mal in der Geschichte der NFL, dass ein Trainer, der ein Team gerade zum Superbowl geführt hatte, in der folgenden Saison gegen dasselbe Team coachte. Der als „Tuna Bowl" angepriesene Wettbewerb war eines der am meisten erwarteten NFL-Spiele der regulären Saison aller Zeiten. Rund fünfhundert Medienausweise wurden ausgestellt, das Vierfache der normalen Zuteilung. Mehr als zweihundert zusätzliche Polizisten wurden eingesetzt, um für die Sicherheit des Spieles zu sorgen. Und die NFL zeigte das Spiel zur besten Sendezeit am Sonntagabend, wodurch es landesweit maximale Aufmerksamkeit erhielt.

Parcells schien es zu genießen, in die Rolle von Darth Vader zu schlüpfen, als er sein Team unter Buhrufen und Schimpfwörtern ins Foxboro Stadium führte. Die Tribünen waren voll mit Schildern – auf Bettlaken, auf Plakatwänden, auf den nackten Bäuchen der Fans:

TUNA SUCKS
BILL PAR RAUS
PACKT DEN TUNA EIN
SCHLECHTER TUNA WIRD GRÜN

Beide Teams waren von der Energie angetrieben. Für viele Spieler der Patriots war der Wettkampf gegen ihren ehemaligen Trainer eine persönliche Angelegenheit. Drew Bledsoe wollte die Jets würgen. Niemand war jedoch entschlossener, Parcells eine Botschaft zukommen zu lassen, als Running Back Curtis Martin. Jedes Mal, wenn er an der Seitenlinie der Jets angegriffen wurde, bedachte Martin Parcells mit einem tödlichen Blick.

Das Spiel wurde dem Hype gerecht. Es gab Diskussionen, Strafen für unsportliches Verhalten, schockierende Treffer und sieben Unentschieden oder Führungswechsel. Erst ein Field Goal von Patriots-Kicker Adam Vinatieri in der Verlängerung sicherte New England den Sieg. Zum Spieler des Matchs wurde Running Back Curtis Martin gewählt, der mit 40 Carries 199 Yards erzielte und damit seine Karriere beendete. Danach machte er Parcells auf dem Spielfeld ausfindig.

„Du bist großartig", sagte Martin.

Mit bebenden Lippen sagte Parcells: „Du auch, Wunderknabe."

Paul Tagliabue hatte Mel Karmazin bei ein oder zwei Gelegenheiten getroffen, aber sie standen sich nicht nahe. Auf Krafts Vorschlag hin stimmte Tagliabue einem Treffen mit dem neuen Präsidenten von CBS zu, um zu hören, was er zu sagen hatte. Es sei im besten Interesse der NFL, versicherte Kraft ihm. Tagliabue sagte, er werde Kraft bei dem Treffen folgen.

Bei CBS wurde eine Strategie ausgearbeitet. In der Branche gab es Gerüchte, dass Disney, die Muttergesellschaft von ABC, nicht bereit sei, Monday Night Football zu übernehmen. Daraufhin soll NBC ein Auge auf diese Gelegenheit geworfen haben. CBS war der Ansicht, dass sich dadurch die Möglichkeit eröffnete, das AFC-Paket zu erwerben.

Als Karmazin zu dem Treffen mit Tagliabue und Kraft erschien, kam er gleich zur Sache. „Ich möchte Ihr Wort darauf, dass ich eine echte Chance habe", sagte er. „Denn wenn ich eine berechtigte Chance habe, werde ich nicht nur Einfluss auf das Paket haben, auf das ich biete, sondern ich versichere Ihnen, dass ich so außergewöhnlich sein werde in dem, was ich zahlen werde, dass die anderen Pakete im Wert steigen werden."

„Und was heißt das?", fragte Kraft.

„Wir sind grundsätzlich bereit, Ihnen 500 Millionen Dollar pro Jahr zu zahlen", sagte Karmazin.

Es entstand eine lange Pause. Tagliabue war fassungslos. Er rechnete schnell im Kopf nach. NBC zahlte derzeit 217 Millionen Dollar pro Jahr. Karmazin sprach von einer jährlichen Steigerung von 130 Prozent. Die potenziellen finanziellen Auswirkungen für die Liga und alle 31 Teams waren atemberaubend. Wenn CBS 500 Millionen Dollar für das AFC-Paket bezahlte, müsste Fox diesen Betrag für das NFC-Paket zweifellos übersteigen. Die Liga hätte allein für die Sonntagspakete 1 Milliarde Dollar pro Jahr zur Verfügung.

Kraft sagte wenig. Er hatte schon seit einiger Zeit mit Karmazin gesprochen und ihn ermutigt, sich starkzumachen. Karmazins Summe überraschte ihn nicht.

Wichtig war für Karmazin das Timing. Er wollte, dass die NFL das AFC-Paket zuerst ausschrieb. NBC hatte ein Vorkaufsrecht, das heißt, es konnte das Paket behalten, wenn es mit dem Angebot von CBS gleichzog. Karmazin hoffte jedoch, dass das üppige Angebot von CBS

NBC davon abhalten würde, das Angebot anzugleichen, und es stattdessen zum ABC Monday Night Football-Paket treiben würde.

Aus Krafts Sicht hatte die NFL nichts zu verlieren, wenn sie das AFC-Paket zuerst ausschrieb. Es wäre sogar von Vorteil für die Liga.

Tagliabue stimmte zu.

Nach einem 5:1-Start unter Pete Carroll beendete New England die Saison 1997 mit 10:6 und erreichte die Play-offs. Nach einem Sieg gegen Miami in der Wildcard-Runde unterlag New England jedoch am 3. Januar 1998 in der Divisionsrunde mit 7:6 gegen Pittsburgh. Äußerst enttäuscht wandte Kraft seine Aufmerksamkeit den Verhandlungen zwischen der NFL und den Netzwerken zu. Er begab sich in seine Wohnung in New York City, um sich vorzubereiten.

Für Kraft war es ein Moment der Selbstreflexion. Er war in einem Elternhaus aufgewachsen, in dem sein Vater nie fernsah. Dennoch saß Kraft nun bei den Gesprächen mit den führenden Vertretern der Fernsehindustrie am Kopf des Tisches: Rupert Murdoch, Michael Eisner, Bob Iger, Dick Ebersol, Sean McManus und Mel Karmazin. Es standen Milliarden von Dollar auf dem Spiel. Und Paul Tagliabue war der Meinung, dass Kraft die qualifizierteste Person war, um die NFL und ihre 31 Teams durch diesen riskanten Prozess zu geleiten.

Am Freitagabend, dem 9. Januar 1998, rief Kraft Sean McManus an und bat ihn, das Angebot von CBS für das AFC-Paket zu faxen.

An seinem Schreibtisch sitzend, spannte McManus einen Briefbogen in seine Schreibmaschine. Die Grundbedingungen waren 500 Millionen Dollar pro Jahr für acht Jahre. Wenige Augenblicke später stand er am Faxgerät und tippte Krafts Nummer ein. Gleich nachdem er auf den Sendeknopf gedrückt hatte, spuckte das Gerät ein Fax von einem nahe gelegenen Pizzarestaurant aus, bei dem McManus häufig bestellte.

Panisch sah er seinen Kollegen an. „Glaubst du, wir haben unser Angebot gerade an die Pizzeria gefaxt?“, fragte McManus. Schnell griff er zum Telefon und rief Kraft an.

„Ich hab's“, sagte Kraft. „Wir rufen an, wenn NBC passt.“

NBC hatte bis Montagmittag Zeit. McManus verbrachte das Wochenende in seinem Haus in Connecticut. Jedes Mal, wenn das Telefon klingelte, sprang er auf. Unerträglich wurde die Situation am Sonntag während der NBC-Übertragung der AFC-Meisterschaft. Sein engster Mitarbeiter bei CBS Sports rief ihn während des Spieles viermal an. Schließlich sagte McManus zu ihm: „Hör auf, mich anzurufen! Jedes Mal, wenn das Telefon klingelt, bekomme ich einen Herzinfarkt."

Doch der von McManus befürchtete Anruf kam nie. Stattdessen rief Tagliabue am Montag kurz nach Mittag an und lud McManus in die NFL-Zentrale ein, um den Vertrag abzuschließen. NBC hatte beschlossen, das Angebot von CBS nicht anzunehmen.

McManus musste sich kneifen und fuhr dann sofort quer durch die Stadt. Auf seinem Weg zur Park Avenue hielt er an der St. Patrick's Cathedral in der Fifth Avenue. McManus, ein praktizierender Katholik, dachte sich, dass es nicht schaden würde, dem Herrn zu danken und ihn um seine Führung bei diesem letzten Schritt zu bitten.

Sein Gebet wurde erhört. 24 Stunden später erschien ein Vertreter des Ligabüros in der CBS-Zentrale mit einem vollständig ausgefüllten Vertrag. „Glückwunsch", sagte er zu McManus. „Wir sind im Geschäft."

Augenblicke später saß McManus an seinem Schreibtisch und lauschte der Aufregung im Büro. Die Leute in seinem Stockwerk schrien aus Leibeskräften: „Wir haben die NFL zurück!"

„Es war so lebensverändernd, nicht nur für CBS Sports, sondern auch für das CBS Television Network", sagte McManus. „Man kann gar nicht hoch genug einschätzen, wie wichtig das für die Division war."

McManus rief Kraft an, um ihm persönlich zu danken.

Kraft würdigte die Geste und sagte McManus, er freue sich auf eine lange Partnerschaft zwischen der NFL und CBS.

„Ich mag Sie wirklich sehr, Robert", sagte McManus.

„Ich Sie auch", erwiderte Kraft.

Am nächsten Morgen berichtete die New York Times unter der Überschrift „CBS garantiert Milliarden, um NFL zurückzubekommen", dass der Profifootball gerade den „mit Abstand teuersten Sport-Fernsehvertrag aller Zeiten" abgeschlossen habe. Dank des astronomischen Angebots von CBS für die AFC zahlte Fox sogar noch mehr – 550 Millionen Dollar pro Jahr – für das NFC-Paket. Zusammen mit dem Primetime-Paket sollte die Liga über einen Zeitraum von acht Jahren mehr als 15 Milliarden Dollar einnehmen.

14

LIEBER JOHN

Jay Malcynsky war der politisch am besten vernetzte Lobbyist in Connecticut. Einer seiner Kunden war Gouverneur John Rowland. Im Frühjahr 1998 kandidierte Gouverneur Rowland für die Wiederwahl, und Malcynsky war sein leitender Berater. Malcynsky wusste, dass die Familie Kraft eine Papierfabrik in Montville, Connecticut, besaß, und fragte bei den Patriots an, ob der Gouverneur die Anlage besichtigen könne.

Jonathan Kraft ermöglichte den Besuch des Gouverneurs und begrüßte ihn vor Ort. Nachdem Rowland sich mit den Arbeitern getroffen und für ein Foto posiert hatte, trafen er und Malcynsky privat mit Kraft zusammen. Das Gespräch drehte sich schnell um die gescheiterten Versuche des Teams, ein neues Stadion in Massachusetts zu bauen.

„Sie haben eine schwere Zeit da oben", sagte Rowland zu Jonathan. „Wenn ich wiedergewählt werde, würden Sie dann über den Bau eines Stadions in Connecticut nachdenken?"

„Wir sind mit unserem Latein am Ende", sagte Kraft. „Zu diesem Zeitpunkt wäre mein Vater bereit, über alles nachzudenken, solange es in New England ist."

Mit dem Hinweis, dass die Tür von Connecticut offen sei, lud Rowland Robert zu einem Treffen ein.

Das Letzte, was Robert Kraft tun wollte, war, den Umzug der New England Patriots nach Connecticut zu erwägen, aber er sah sich gezwungen, diese Möglichkeit zu prüfen. Nach jahrelangem politischem Widerstand gegen den Bau eines öffentlich finanzierten Stadions in

Boston hatten die Patriots zusammen mit dem Präsidenten des Senats von Massachusetts, Thomas Birmingham, an einer Gesetzgebung gearbeitet, die zu einem neuen, privat finanzierten Stadion in Foxborough führen würde. Der Gesetzentwurf sah vor, dass die Patriots 225 Millionen Dollar für den Bau einer neuen Anlage auf einem an das Foxboro-Stadion grenzenden Grundstück ausgaben. Der Staat würde seinerseits 72 Millionen Dollar für die Verbesserung der Verkehrsinfrastruktur auf der an das Stadion grenzenden Bundesstraße bereitstellen. Der Senat des Bundesstaates stimmte mit 36:1 Stimmen für den Plan. Das Gesetz wurde jedoch im Repräsentantenhaus abgelehnt. „Wir werden nicht zulassen, dass die Steuerzahler Bargeld zur Verfügung stellen, nur um ein Unternehmen hier in Massachusetts zu halten", sagte der Sprecher des Repräsentantenhauses Tom Finneran.

Also reiste Kraft nach Hartford und traf sich mit Gouverneur Rowland.

„Hören Sie, ich habe meine Möglichkeiten in Boston ausgeschöpft", sagte er Rowland bei einem persönlichen Gespräch im Frühjahr 1998. „Ehrlich gesagt, wäre ich sonst nicht hier. Ich schaffe da oben nichts, also bin ich hier. Reden wir."

In den darauffolgenden sechs Monaten sprachen Kraft und Rowland viel miteinander. Sie trafen sich in Hartford. Und in Boston. Sie aßen gemeinsam zu Abend. Sie besuchten sich sogar gegenseitig zu Hause. Während die beiden ihre Beziehung pflegten, prüften Beamte aus dem Büro des Gouverneurs und der Geschäftsleitung der Patriots gemeinsam die Möglichkeit, ein neues Stadion für die Patriots in Hartford zu bauen. Als Gouverneur Rowland am 3. November 1998 für eine zweite Amtszeit gewählt wurde, waren er und Kraft kurz davor, eine Vereinbarung zu treffen. Gemäß den Bedingungen würde der Staat Connecticut:

ein 350 Millionen Dollar teures Freiluftstadion mit 68.000 Plätzen, 6.000 Clubsitzen und 125 bis 150 Luxuslogen bauen.

Den Bau mit staatlichen Anleihen finanzieren, die mit einer 10-prozentigen Ticketsteuer zurückgezahlt werden würden.

Das Stadion für dreißig Jahre an die Patriots verpachten.

Der Bau soll rechtzeitig abgeschlossen sein, damit die Patriots ab Herbst 2001 dort ihre Heimspiele austragen konnten.

Die Patriots würden:

Ein 50 Millionen Dollar teures Hotel in der Nähe des neuen Stadions finanzieren.

Die Trainings- und Übungseinrichtungen der Mannschaft nach Connecticut verlegen.

Den Hauptsitz des Teams nach Hartford verlegen.

Das Geschäft war von der Zustimmung der Generalversammlung von Connecticut abhängig. Rowland wollte im Dezember eine Sondersitzung der Legislative einberufen, in der Hoffnung, noch vor Weihnachten ein Gesetz verabschieden zu können. Der erste Schritt war jedoch die formelle Bekanntgabe und Unterzeichnung einer Vereinbarung zwischen den Patriots und dem Staat Connecticut.

Einige Tage vor der geplanten Ankündigung rief Kraft Rowlands obersten politischen Berater Jay Malcynsky an. Es war klar, dass der Schlüssel zum Stadiongeschäft darin bestand, es durch die Legislative zu bringen. Es war auch klar, dass Malcynskys Lobbying-Firma, Gaffney Bennett, das größte Unternehmen für Regierungsbeziehungen in Connecticut war. Kraft teilte Malcynsky mit, dass er ihn als Vertreter der Patriots während des Gesetzgebungsverfahrens engagieren wolle.

Malcynsky war verblüfft und zögerte. Er fühlte sich durch die Anfrage geschmeichelt, wollte sich aber erst vergewissern, dass es sich nicht um einen Interessenkonflikt handelte. Schließlich vertrat er den Gouverneur.

Am nächsten Tag sprach Malcynsky mit Rowland, der die Idee sehr gut fand. Dass Kraft den einflussreichsten Lobbyisten des Staates engagieren wollte, war für ihn eine gute Nachricht. Es bedeutete, dass Kraft es mit dem Bau des neuen Stadions in Hartford ernst meinte.

Am 17. November 1998 ließ sich Malcynsky bei der staatlichen Ethikkommission als Lobbyist für Robert Kraft registrieren. Am selben Tag meldeten Bostoner Nachrichtenagenturen, dass die Ankündigung eines Stadiongeschäfts in Hartford unmittelbar bevorstehe. Die politischen Auswirkungen des Verlusts der Patriots an Connecticut wurden schließlich spürbar. Der amtierende Gouverneur Paul Cellucci sprach eine Warnung aus, die direkt an den Sprecher des Repräsentantenhauses Tom Finneran gerichtet war. „Die Abgeordneten des Repräsentantenhauses sind schuld daran, dass sie keinen

Gesetzesentwurf eingebracht haben, der [ein neues Stadion] möglich gemacht hätte", sagte er.

Auch der Präsident des Senats, Thomas Birmingham, schlug Alarm. „Es ist nicht meine Aufgabe, die Legislative im Parlament zu beeinflussen", sagte er. „Aber das ist keine Raketenwissenschaft. Und eine Möglichkeit, wie die Menschen ihre Meinung zu politischen Fragen zum Ausdruck bringen können, besteht darin, ihre gewählten Vertreter anzurufen. Der Ball liegt nun eindeutig im Feld des Parlaments."

Finneran schlug hart zurück und sagte, er werde „einem weinerlichen, fettärschigen Millionär" keine Steuererleichterungen gewähren.

Finnerans weithin veröffentlichte Beleidigung empörte Senator Birmingham. Der Senator vertrat die Ansicht, dass es wirtschaftlich sinnvoll sei, die Patriots im Land zu halten – sie seien ein großer Arbeitgeber und zahlten eine Menge Steuern. Birmingham war auch der Meinung, dass die Patriots bescheidene Zuschüsse für die Infrastruktur anstrebten, die der Staat den Unternehmen und anderen Arbeitgebern routinemäßig zur Verfügung stelle. Finneran war nach Ansicht von Birmingham unnachgiebig.

Um das Geschäft in Connecticut zu besiegeln, stimmte Gouverneur Rowland zu, dass die Patriots keine Miete für die Nutzung des Stadions zahlen müssen. Und 90 Prozent der verkauften Eintrittskarten würden an die Patriots gehen, zusammen mit allen Einnahmen aus den Stadionkonzessionen und Parkplätzen. Rowland erklärte sich sogar bereit, alle nicht verkauften Luxussuiten zurückzukaufen und dem Team den Betrag zu zahlen, den es bei lokalen Sponsorenverträgen verlor, weil es in einem kleineren Markt spielte. Mit all diesen zusätzlichen Zugeständnissen stellte der Vertrag sicher, dass die Patriots die höchsten Einnahmen in der NFL erzielen würden.

Robert Kraft erhielt stehende Ovationen, als er am 19. November 1998 zusammen mit Gouverneur Rowland das State Capitol betrat. Hunderte von Gesetzgebern, Mitarbeitern der Legislative und Angestellten des Kapitols jubelten, klatschten und pfiffen, als Kraft und der Gouverneur ihre historische Vereinbarung bekannt gaben und unterzeichneten. Tränen liefen Jonathan Kraft über das Gesicht, als er seinen Vater beobachtete. Es hatte ihn traurig gemacht, zu hören, was Finneran und andere über seinen Vater gesagt hatten. Der Beifall der Bürger von

Connecticut war eine erfrischende Abwechslung. Obwohl er sich für seinen Vater freute, wusste Jonathan, dass er nicht dabei sein wollte.

„Dies ist ein historischer Tag für die Gemeinde Hartford", erklärte Rowland den Anwesenden. „Wenn wir erfolgreich sind, wovon wir ausgehen, werden die Patriots im Herbst 2001 ihr erstes Heimspiel hier austragen."

Die Schlagzeile auf der Titelseite des Hartford Courant am nächsten Tag lautete „TOUCHDOWN!". „Die Patriots kommen", schrieb der politische Redakteur des Courant.

Kraft schickte einen Brief an alle Dauerkarteninhaber, in dem er sie über den Umzugsplan informierte und ihnen versicherte, dass sie keine zusätzlichen Gebühren zahlen müssten, um ihre Plätze in Hartford zu behalten. Außerdem veröffentlichte er ein ganzseitiges Entschuldigungsschreiben im Boston Globe und Boston Herald. „Täuschen Sie sich nicht", hieß es da. „Diese Entscheidung war nicht leicht … Ich liebe Massachusetts. Für mich und meine Familie war es unser ganzes Leben lang das Zuhause. Ich wollte nichts anderes, als dass die Patriots hierbleiben. Es war einfach unmöglich, dies zu tun und meiner Verpflichtung nachzukommen, weiterhin ein Team von Meisterschaftsformat auf das Feld zu stellen."

Für die Behörden von Massachusetts war der Weggang der Patriots aus dem Bundesstaat nicht mehr hypothetisch. Man heuerte nicht den besten Lobbyisten in Connecticut an, schloss eine Vereinbarung mit dem Gouverneur, verzichtete auf das Recht, mit anderen Bundesstaaten über ein Stadiongeschäft zu verhandeln, und verschickte keine förmlichen Mitteilungen an die Inhaber von Dauerkarten, wenn man nicht gerade vorhatte, seine Adresse zu ändern.

Es dauerte weniger als einen Monat, bis die Legislative von Connecticut einen Gesetzesentwurf verabschiedete, der den Bau eines neuen Stadions in Hartford genehmigte. Kurz nach der Abstimmung, am 15. Dezember 1998, sprach Gouverneur Rowland vor dem State Capitol zu den Medien. „Es ist offiziell", verkündete er. „Die New England Patriots kommen nach Connecticut, und sie kommen nach Hartford." Der Gouverneur war mit Volldampf dabei.

Aber es gab eine Reihe unvorhergesehener Herausforderungen. Eine davon war die Entdeckung von Kohlenteer – einem giftigen

Schadstoff –, der tief im Boden des für das neue Stadion vorgesehenen Geländes vergraben war. Der zusätzliche Zeitaufwand für den Aushub des kontaminierten Bodens und die Sanierung des Geländes würde die Eröffnung des neuen Stadions voraussichtlich auf den Herbst 2002 verschieben. Noch besorgniserregender war das Scheitern der Verhandlungen zwischen dem Staat und den Eigentümern eines riesigen Dampfkraftwerks, das noch auf dem vorgesehenen Stadiongelände betrieben wurde. Der Staat befand sich in einer Patt-Situation mit dem Betreiber des Kraftwerks, der viel mehr Geld für die Verlagerung verlangte, als der Gouverneur zu zahlen bereit war.

Kraft wusste aus seiner Erfahrung als Eigentümer eines weltweit tätigen Papierunternehmens, dass es bei Geschäften zu Problemen kommen konnte. Besonders komplexe Geschäfte mit staatlichen Stellen. Um sich selbst zu schützen, bestand er stets auf einer Ausstiegsklausel, die es ihm ermöglichte, ohne einen Rechtsstreit zu gehen. In seiner Vereinbarung mit Connecticut hatte Kraft eine Frist bis zum 1. Mai 1999, um ohne Vertragsstrafe auszusteigen. Da er wusste, dass er diese Möglichkeit hatte, stimmte Kraft widerwillig der Bitte des Staates zu, den Fertigstellungstermin des Stadions um ein Jahr zu verschieben. Er teilte Rowland jedoch mit, dass er in den kommenden Monaten Fortschrittsberichte erwarte. Rowland stimmte zu.

Um 6.15 Uhr an einem kalten Samstagmorgen im Januar 1999 betrat Jonathan Kraft das Starbucks, das nur eine Ecke entfernt von seinem Haus in Brookline lag. Er trug Sneakers, eine graue Jogginghose, ein graues Sweatshirt und eine Baseballmütze. Als er einen Kaffee für seine Frau bestellte, traf er zufällig den Senatspräsidenten Tom Birmingham, der vierzig Minuten entfernt auf der anderen Seite Bostons wohnte.

„Hey, Tom, was machst du denn hier?", fragte Jonathan.

Es stellte sich heraus, dass Birminghams Tochter eine Privatschule in der Nachbarschaft besuchte. Birmingham hatte eine Stunde Zeit, bevor es sie zu einer Familienfeier abholen musste.

„Nun, schön, dich zu sehen", sagte Kraft, bereit, seinen Weg fortzusetzen.

Birmingham fragte, ob sie sich kurz unterhalten könnten.

„Worüber?"

Birmingham deutete mit einer Kopfbewegung zur Tür, und Kraft folgte ihm nach draußen.

Birmingham zündete sich eine Zigarette an und nahm einen Zug. „Hör mal", sagte er, „wenn wir etwas tun, gibt es dann eine Chance?"

Kraft wusste, worauf er hinauswollte. „Darüber kann ich mit dir nicht reden", sagte er und sah Birmingham in die Augen dabei.

Als geschickter Politiker konzentrierte sich Birmingham auf das, was Kraft nicht gesagt hatte – nämlich nein. Er interpretierte das als „Ja, es könnte eine Chance geben". Er zog noch einmal an seiner Zigarette. „Politisch", sagte er, „kann ich nichts tun, wenn ich nicht weiß, dass die Liga wirklich dahintersteht."

„Wenn du mit jemandem reden willst, dann ist Roger Goodell der richtige Ansprechpartner bei der NFL."

„Ga-dell?"

„G-O-O-D-E-L-L. Und übrigens, wir haben dieses Gespräch nicht geführt."

Als oberster Stellvertreter von Commissioner Tagliabue hatte Roger Goodell die Aufsicht über den Stadionbau in der gesamten Liga. Er war auch die Kontaktperson der Liga, wenn ein Team versuchte, von einem Staat in einen anderen umzuziehen. Persönlich war er von der Idee, dass die Patriots nach Hartford umzogen, nicht begeistert. Es war ein großartiger Deal für die Patriots, der sie in die Lage versetzen würde, die reichste Mannschaft der Liga zu werden. Aber es war ein schlechter Schachzug für die Liga, und zahlreiche NFL-Besitzer äußerten gegenüber dem Commissioner Bedenken. Vor allem die Besitzer der New York Giants und der New York Jets wollten nicht, dass die Patriots in ihre jeweilige Fanbasis in Connecticut eindrangen. Besitzer wie Dan Rooney in Pittsburgh hielten es für wichtig, dass die AFC ein Team auf dem Bostoner Markt unterhielt, insbesondere angesichts des neuen Fernsehvertrags der NFL mit CBS. Mit 2,2 Millionen Fernsehhaushalten war Boston der sechstgrößte Markt in den USA. Hartford hingegen belegte den 27. Platz.

Goodell stimmte mit Rooney überein. Aber er war ratlos, was er tun sollte. Massachusetts hatte die Patriots aus dem Rennen geworfen, und Connecticut hatte den roten Teppich ausgerollt. Es wurde eine Vereinbarung unterzeichnet. Es wurde ein Gesetz verabschiedet.

Öffentliche Gelder wurden bewilligt, und die architektonischen Entwürfe für das neue Stadion waren fertig. Der Umzug der Patriots nach Connecticut schien eine vollendete Tatsache zu sein.

Dann erhielt Goodell einen unerwarteten Anruf aus der Gegend mit der Vorwahl 617. Nachdem er sich vorgestellt hatte, erklärte Senator Tom Birmingham, dass er den Gesetzentwurf im Senat des Bundesstaates unterstützt hatte, der es den Krafts ermöglicht hätte, ein neues Stadion in Foxborough zu bauen. Verzweifelt über die Situation in Connecticut erklärte Birmingham gegenüber Goodell, er sei bereit, einen letzten Versuch zu unternehmen, um die Patriots in Massachusetts zu halten, und er glaube, dass der Gouverneur dem zustimmen würde.

„Ist es zu diesem Zeitpunkt sinnlos?", fragte Birmingham. „Gibt es noch Hoffnung für uns?"

Goodell versuchte, nicht ekstatisch zu klingen. „Ganz sicher", sagte er zu Birmingham. „Aber wir müssen wissen, was ihr tun könnt."

Ermutigt versprach Birmingham, sich in Kürze bei ihm zu melden.

Nachdem er aufgelegt hatte, sprach Goodell mit Tagliabue. „Das ist unsere Pflicht", sagte Goodell. „Wir müssen unsere Sorgfaltspflicht erfüllen und feststellen, ob es in Massachusetts wirklich eine Chance gibt."

Tagliabue stimmte zu. Es gab nur einen erschwerenden Faktor: Kraft hatte eine Vereinbarung mit Connecticut unterzeichnet, die ihn daran hinderte, mit Behörden in Massachusetts zu sprechen.

„Ich könnte beurteilen, ob es in Massachusetts etwas gibt", sagte Goodell.

Tagliabue gefiel dieser Ansatz. Prompt schickte er Goodell nach Boston, um eine geheime Aktion durchzuführen, die sie Operation Team Back nannten. Unter einem Pseudonym, um keine Aufmerksamkeit auf sich zu lenken, checkte Goodell in ein Hotel ein und traf sich mit einem langjährigen politischen Insider aus Boston, den die Liga angeheuert hatte, um ihm beim Gang durch das Kapitol zu helfen. Gleichzeitig vermittelte der Steelers-Eigentümer Dan Rooney Goodell Kontakte zu seinen einflussreichen katholischen Freunden in der Bostoner Geschäftswelt.

Während die NFL alle Hebel in Bewegung setzte, um die Stadionpläne in Massachusetts wiederzubeleben, verlor Gouverneur Rowland in Connecticut die Geduld. Obwohl er einen Gesetzesentwurf unterzeichnete, der staatliche Ausgaben in Höhe von 374 Millionen Dollar für ein neues Stadion und eine Trainingseinrichtung genehmigte, konnte er den Eigentümer eines Dampfkraftwerks nicht dazu bewegen, seinen Standort zu verlegen, um Platz für die Sanierung des Geländes und den Stadionbau zu schaffen. Wütend hielt Rowland eine Pressekonferenz im State Capitol ab und drohte mit dem Abriss des Dampfkraftwerks. „Wir sind jetzt in einer schlechteren Verhandlungssituation als zu Beginn", sagte er.

Es gab auch andere Probleme. Ein Expertenteam, das für Kraft arbeitete, hatte die letzten Fortschrittsberichte der Behörden von Connecticut gesichtet. In den Details steckten weitere rote Fahnen: Aufgrund von Verzögerungen waren noch immer keine Bodenuntersuchungen an dem vorgeschlagenen Standort durchgeführt worden. Ohne diese Informationen war unklar, wie lange es dauern würde, die Umweltsanierung abzuschließen. Der derzeitige Entwurf für das Stadion sah außerdem vor, dass ein Teil über eine Autobahn gebaut würde, was mit den von der staatlichen Legislative zugewiesenen Mitteln möglicherweise nicht realisiert werden könnte.

Kraft hatte bereits die ursprüngliche Fertigstellungsfrist von 2001 auf 2002 verlängert. Jetzt sah es so aus, als würde es 2003 werden, was in seinen Augen einfach zu weit weg war. Dennoch reichten die Patriots am 23. April 1999 beim Ligabüro ihren offiziellen Antrag auf Verlegung nach Hartford ein. Doch im Hinterkopf hatte Kraft ein ungutes Gefühl.

Er wusste, dass die NFL-Gespräche mit Beamten in Massachusetts führte, und die Spannung hielt ihn nachts wach. Er war es nicht gewohnt, von außen zuzusehen.

Am 27. April, kurz vor Mitternacht, lief er gerade in seinem Wohnzimmer auf und ab, als er einen Anruf von Roger Goodell erhielt, der gerade eine Marathonverhandlung mit Senator Birmingham, Parlamentspräsident Finneran und Gouverneur Cellucci hinter sich gebracht hatte. Sie boten an, 70 Millionen Dollar in die Infrastruktur zu investieren, um die Straßen zu verbessern und Abwasserleitungen in Foxborough zu verlegen, die im Laufe der Zeit von den Krafts zurückgezahlt werden sollten. Die Kosten für den Bau des Stadions würden vollständig von Kraft getragen. Und der Plan müsste noch von der Legislative ratifiziert werden. Birmingham und Finneran zeigten sich jedoch vorsichtig optimistisch, dass sie einen Gesetzentwurf ohne wesentliche Änderungen durch ihre jeweiligen Kammern bringen könnten.

Aus der Sicht Goodells war dies ein Durchbruch, der ein Grund zum Feiern war.

Aber für Kraft war der Anruf eine große Enttäuschung. Nach dreimonatiger Lobbyarbeit seitens der Liga hatte Massachusetts kaum mehr getan, als die gleiche Vereinbarung wieder aufleben zu lassen, die Finneran ein Jahr zuvor blockiert hatte. Außerdem mussten sie das Gesetz noch durch die Legislative bringen, wo es verwässert und möglicherweise sogar abgelehnt werden konnte. Das Ergebnis war, dass ihr Angebot Welten von dem von Connecticut entfernt war. Wenn Kraft sich für Massachusetts entschied, bezahlte er alles und trug das gesamte Risiko. Wenn er sich für Connecticut entschied, war alles bezahlt, und den Patriots war garantiert, dass sie dreißig Jahre lang zu den drei umsatzstärksten Teams der NFL gehören würden.

„Das ist das Beste, was wir tun können", sagte Goodell.

Kraft war hin- und hergerissen. Tief in seinem Inneren wollte er sein Team in seinem Heimatstaat behalten. Massachusetts rührte sich endlich, aber es herrschte immer noch große Unsicherheit an dieser Front. Connecticut hingegen hatte einen weitaus lukrativeren Deal zugesichert, aber der Liefertermin war fraglich. Kraft fühlte sich auch unter Druck gesetzt, das zu tun, was im besten Interesse der Liga war. Und die Uhr tickte. Die Frist, um aus dem Hartford-Plan auszusteigen, ohne 100 Millionen Dollar zu verlieren, würde in vier Tagen ablaufen.

Für den 29. April um 16 Uhr war ein Treffen zwischen Kraft und Gouverneur Rowland in Hartford angesetzt. Am frühen Morgen dieses Tages rief Kraft seinen Lobbyisten Jay Malcynsky an und bestellte ihn nach Boston. Als Malcynsky eintraf, teilte Kraft ihm mit, er wolle, dass Rowland die Frist für den straffreien Rücktritt um sechzig Tage verlängert. Damit hätten die Staatsbeamten mehr Zeit, um herauszufinden, ob sie den vereinbarten Termin für die Fertigstellung des Stadions einhalten können.

Malcynsky glaubte nicht, dass Rowland sich darauf einlassen würde, insbesondere angesichts der Ereignisse in Massachusetts.

Kraft fragte sich laut, ob es sinnvoll sei, nach Hartford zu fahren, um sich mit dem Gouverneur zu treffen, wenn dieser nicht bereit sei, über eine Fristverlängerung zu verhandeln.

Malcynsky riet ihm, den persönlichen Termin wahrzunehmen und ihn als Gelegenheit zu nutzen, dem Gouverneur seine Vorbehalte mitzuteilen.

In der Öffentlichkeit hatte Gouverneur Rowland alle Bemühungen der NFL um einen Stadionvertrag in Massachusetts heruntergespielt. Insgeheim aber brodelte es in ihm. Er ging sogar so weit, Kommissar Tagliabue anzurufen und mit rechtlichen Schritten zu drohen.

Rowland war bereits gereizt und in schlechter Stimmung, als er und sein Anwalt Brendan Fox sich an einen Konferenztisch mit Robert und Jonathan Kraft und Jay Malcynsky setzten. Kraft ergriff als Erster das Wort und schilderte seine Bedenken, dass der Staat nicht in der Lage sein würde, das Stadion rechtzeitig für die Saison 2002 fertigzustellen.

„Als Gouverneur des Staates Connecticut", so Rowland, „verpflichte ich mich Ihnen gegenüber, die Sache zu Ende zu bringen."

Kraft ließ sich nicht überreden.

„Ich werde es schaffen, Robert", wiederholte Rowland. „Ich garantiere es. Ich gebe dir mein linkes Ei."

Anstelle einer mündlichen Garantie bat Kraft Rowland um eine sechzigtägige Fristverlängerung, damit er sich entscheiden konnte, ob er weitermachen wolle.

Rowland gefiel diese Idee nicht. Er war der Meinung, dass eine Verlängerung aus politischer Sicht den falschen Eindruck erwecken würde. Das würde signalisieren, dass das Geschäft in Schwierigkeiten wäre. „Das kann ich nicht tun", sagte er zu Kraft.

Kraft beantragte daraufhin eine Fristverlängerung von dreißig Tagen.

„Hören Sie, ich halte mich hier politisch auf", sagte Rowland. „Ich kann den Zeitpunkt nicht weiter hinauszögern und euch keine weiteren Zusicherungen geben."

Kraft war darüber nicht erfreut.

„Wir haben uns gesteigert", sagte Rowland. „Jetzt ist die Zeit gekommen. Entweder sind Sie für uns oder gegen uns."

„Sie kann nicht garantieren, wann der Standort fertig sein wird", sagte Kraft. „Und wenn Sie die Frist nicht verlängern, damit wir eine fundierte Entscheidung treffen können, muss ich mich vielleicht zurückziehen.

Rowland schlug mit der Faust auf den Tisch. „Was kann schon passieren?", fragte er. „Das Stadion wird 2003 statt 2002 eröffnet."

„Wir nehmen nur unser Recht aus der Vereinbarung wahr", mischte sich Jonathan ein.

Rowland konnte nicht glaube, dass Kraft von seinem Rücktrittsrecht Gebrauch machen wollte.

„Das haben Sie in der Vereinbarung festgeschrieben", erinnerte Jonathan ihn.

„Ich habe es reingesetzt, weil ich nicht dachte, dass Sie es tun würden", sagte Rowland. „Dieses Geschäft ist zu gut."

Robert sagte nichts dazu.

„Sehen Sie den Stuhl da?", fragte Rowland und deutete quer durch den Raum.

Alle drehten sich um.

„Ich werde mich jetzt über den Stuhl beugen", fuhr Rowland fort und blickte Kraft an, „und Sie können mir alles in den Arsch schieben, was, Sie wollen. Aber steigen Sie nicht aus diesem Geschäft aus!"

Krafts Augen verengten sich, als er Rowlands Blick begegnete.

„Nach allem, was wir durchgemacht haben, schulden Sie mir eine Antwort", sagte Rowland.

„Geben Sie mir Zeit bis morgen Abend und ich werde Ihnen eine Antwort geben", sagte Kraft.

„Melden Sie sich bis morgen um fünf Uhr bei mir", sagte Rowland.

Als Rowland und Kraft die geschlossene Sitzung verließen, warteten draußen eine Meute von Reportern und ein Dutzend Fernsehkameras.

„Mein Ziel und das Ziel der Patriots ist es, die Saison 2002 hier in Hartford zu eröffnen", erklärte Rowland gegenüber der Presse. „Wie ich schon so oft gesagt habe, wird es geschehen. Scheitern ist keine Option."

Kraft stand neben Rowland und sah aus wie ein Mann auf einer Beerdigung. „Unser Ziel war es immer, im Jahr 2002 in einem neuen

Stadion in der Innenstadt von Hartford zu spielen", sagte er gegenüber der Presse. „Darum ging es bei unserer Diskussion heute Abend. Und wie immer war es sehr offen und ehrlich."

Rowland und Kraft beantworteten keine Fragen und verließen das Capitol durch verschiedene Türen.

Danach fragte Rowland seinen Anwalt, was er davon halte.

„Ich glaube, wenn sie gehen wollten", sagte Fox, „hätten sie es gerade jetzt getan."

Rowland stimmte zu. Die Krafts wollten Hartford nicht verlassen. Es ging um zu viel Geld.

Der Rückflug der Krafts nach Boston verlief in jener Nacht ruhig. Als sie landeten, wandte sich Robert an Jonathan und sagte: „Er kennt uns nicht."

In dieser Nacht, als er wach in der Dunkelheit lag, traf Kraft seine Entscheidung. Rowland bot ihm den lukrativsten Stadionvertrag in der Geschichte des Profisports an. Ohne Geld zu investieren, hatten die Patriots die Garantie, dass sie in den nächsten dreißig Jahren zu den drei umsatzstärksten Teams in der NFL gehören würden. Dabei würde Kraft selbst Milliardär werden. Und doch fühlte es sich nicht richtig an. Schließlich machte er mit Menschen Geschäfte. Und die Art und Weise, wie Rowland vorgegangen war, bereitete Kraft Unbehagen. Wenn er das machte, was Rowland wollte, erwartete ihn der Gouverneur mit offenen Armen. Wenn er nicht tat, was der Gouverneur wollte, wurde Rowland bockig.

Am nächsten Tag verfasste Kraft einen Brief, der wie folgt begann: „Lieber John." Darin teilte er dem Gouverneur mit, dass er von seinem gesetzlichen Recht Gebrauch mache, sich aus dem Stadiongeschäft in Hartford zurückzuziehen. Dann rief er den Gouverneur an, teilte ihm seine Entscheidung mit und sagte ihm auch, dass sein Brief auf dem Weg sei.

„Damit ich das richtig verstehe", wetterte Rowland. „Die Politiker da oben haben euch jahrelang mit Scheiße zugeschüttet und euch einen lausigen Vertrag gegeben. Wir haben hier unten eine Milliarde Dollar auf den Tisch gelegt. Sie und Ihre Kinder werden sich nie wieder Sorgen machen müssen. Alles würde noch dreißig Jahre lang bestehen bleiben. Und Sie machen sich Sorgen, weil sich die Sache um ein weiteres Jahr verzögert?"

Kraft versuchte, versöhnlich zu klingen.

„Ich verstehe das nicht", sagte Rowland.

Kurz nachdem er aufgelegt hatte, wandte sich Rowland an mehr als hundert Pressevertreter, die sich im State Capitol versammelt hatten. „Sie können mit rechtlichen Schritten rechnen, nicht nur in Bezug auf die Familie Kraft, sondern vermutlich auch gegen die NFL", sagte er. „Niemand gibt ein Jahr Planung und ein 374-Millionen-Dollar-Paket auf, weil er befürchtet, dass der Zeitplan nicht eingehalten werden kann. Ich bin sicher, dass er noch andere Pläne hat, und ich bin sicher, dass wir in naher Zukunft etwas darüber erfahren werden."

Am Ende seiner Ausführungen ließ er ein verschlagenes Grinsen aufblitzen. „Es ist offiziell", sagte er. „Ich bin jetzt ein Fan der New York Jets. Und das wahrscheinlich für immer."[1]

Die Schlagzeile in der Morgenausgabe des Hartford Courant lautete: „LIEBER JOHN." „Schande über Robert Kraft", schrieb einer der meistdekorierten Kolumnisten des Courant. „Er ist ein skrupelloser Geschäftsmann. Als Mensch ist er nicht besser als eine gewöhnliche Mietshausratte; sein Wort ist nicht besser als gebrauchtes Toilettenpapier."

In der Bostoner Presse wurde Kraft als Held dargestellt. „Mit der gestrigen Entscheidung, Massachusetts dem Bundesstaat Connecticut vorzuziehen, hat Kraft mehr getan, als nur einen Standort für das Team auszuwählen", so der Leitartikel des Boston Globe. „Er machte auch einen großen Schritt in Bezug auf die Definition seines öffentlichen Images, indem er den weichherzigen Bürger gegenüber dem knallharten Geschäftsmann hervorhob."

Selbst der Sportkolumnist des Globe, Will McDonough, der seit dem Bruch ihrer Freundschaft vor zwei Jahren nicht mehr mit Kraft gesprochen hatte, lobte ihn. „Er verdient alle Anerkennung der Welt", schrieb McDonough. „Letztendlich ist Kraft für wenig Geld hiergeblieben. Der Deal in Massachusetts ist so ziemlich der schlechteste, den ein Besitzer akzeptieren musste, um in der National Football League zu bleiben."

---

1 Der Gouverneur von Connecticut, John Rowland, und der Sprecher des Repräsentantenhauses von Massachusetts, Tom Finneran, legten beide 2004 ihr Amt nieder.

Er fügte hinzu: „Ob man ihn persönlich mag oder ob man mag, wie er seine Football-Mannschaft geführt hat, sollte keinen Unterschied machen. Ihm gebührt alle Anerkennung dafür, dass er das Geld abgelehnt hat, und für die Art und Weise, wie er es getan hat. Kraft hätte es durchziehen, zur Ligaversammlung gehen und die NFL-Besitzer dazu bringen können, ihn abzuwählen, was ihm einen Teil des Druckes abgenommen hätte. Aber er tat es nicht."

Einige Tage später war Kraft Ehrengast bei einem geschäftlichen runden Tisch im Boston Harbor Hotel in Boston. Mehr als 250 der wichtigsten Führungskräfte der Stadt waren gekommen. Kurz vor Beginn der Veranstaltung saß Kraft am Haupttisch, als Tom Finneran auf ihn zukam. Aller Augen waren auf Kraft gerichtet, um zu sehen, wie er auf den Mann reagieren würde, der ihn persönlich beleidigt hatte, während er ihn wiederholt am Bau eines neuen Stadions hinderte.

Als Kraft ihn sah, lächelte er und schüttelte ihm die Hand.

„Es wird eine Anhörung geben und dann eine Abstimmung am Dienstag", sagte Finneran mit einem Lächeln zu ihm.

Eine Woche später, hinter verschlossenen Türen bei der NFL-Eigentümerversammlung, nahm sich der Eigentümer der Steelers, Dan Rooney, einen Moment Zeit, um seinen Kollegen etwas über Kraft zu sagen. „Er hat der Liga einen enormen Dienst erwiesen, indem er das Team in der Region Boston gehalten hat", sagte Rooney. „Er hat dafür viel aufgegeben, aber es ist für uns alle sehr wichtig, dass er das getan hat."

Nachdem er in eine Korruptionsermittlung verwickelt worden war, bekannte sich Rowland der Verschwörung zum Post- und Steuerbetrug schuldig. Er verbüßte zehn Monate in einem Bundesgefängnis. Nach seiner Entlassung wurde er Moderator einer Radio-Talkshow in Connecticut.

Finneran bekannte sich der Behinderung der Justiz schuldig, nachdem Bundesbehörden ihm vorgeworfen hatten, über seine Rolle bei einem Plan zur Neueinteilung der Wahlbezirke gelogen zu haben, der schwarze Wähler benachteiligte. Ihm wurde die Anwaltslizenz entzogen und seine staatliche Pension gestrichen. Er endete als Moderator einer Radio-Talkshow in Massachusetts.

15

BELICHICK BEKOMMEN

Lange vor Beginn der Saison 1999 ärgerte sich Robert Kraft darüber, dass er Bill Belichick nach der Saison ’96 nicht eingestellt hatte. „Er hat es von dem Tag an bereut, als er es nicht getan hat“, sagte Jonathan Kraft. „Er erzählte mir das ständig. Und ich erinnerte ihn daran, dass es nicht funktioniert hätte. Das Timing war nicht richtig.“

Doch im Laufe der Saison ’99 kam Robert zu der Überzeugung, dass es an der Zeit war, Belichick zu holen. Nach einem 6:2-Start brachen die Patriots ein. Wichtige Spieler begannen, zu spät zum Training und zu Sitzungen zu erscheinen. Zwei Stammspieler gerieten in der Umkleidekabine in eine Schlägerei. Ein Starspieler wurde verhaftet und suspendiert. Als die Probleme abseits des Spielfelds zunahmen, brach der Zusammenhalt in der Umkleidekabine auseinander. Innerhalb von sieben Wochen verlor das Team sechs Spiele und fiel auf 7-8 zurück. Zum ersten Mal seit ’95 würden die Patriots die Play-offs verpassen.

Kraft mochte Pete Carroll sehr, aber in jedem der drei Jahre, in denen Carroll Cheftrainer war, hatte sich die Bilanz des Teams immer weiter verschlechtert. Nach einer späten Niederlage gegen die Philadelphia Eagles in der vergangenen Saison spitzte sich die Lage zu. Mit dieser Niederlage schieden die Patriots aus dem Rennen um die Play-offs aus, und es war die schlechteste Leistung des Teams, seit Kraft die Franchise sechs Jahre zuvor gekauft hatte. Die Jungs hörten einfach auf zu spielen. Nach diesem Spiel hatte Kraft Tränen in den Augen, als er die Umkleidekabine verließ.

Linebacker Willie McGinest hatte die Nase voll. Als er erfuhr, dass einige seiner Teamkollegen in der Nacht vor dem Flug nach Philadelphia in einem Nachtclub gefeiert hatten, explodierte McGinest in der Umkleidekabine und bezeichnete seine Teamkollegen in einer Schimpftirade als „Partytiere", die nicht wüssten, was es heißt, in der NFL zu gewinnen. „Ich habe es satt, zu verlieren!", schrie er.

Die Szene bot die Momentaufnahme einer Mannschaft, die in Unordnung geraten war.

Der Cheftrainer der New York Jets, Bill Parcells, verfolgte die Lage in New England. Will McDonough war eine wichtige Quelle. Gegen Ende der Saison teilte McDonough Parcells mit, dass Kraft definitiv plane, Carroll zu entlassen. Er wusste auch aus zuverlässiger Quelle, dass Kraft Belichick als nächsten Cheftrainer der Patriots verpflichten wollte und bereit war, ihm ein Gehalt von bis zu 2 Millionen Dollar pro Jahr anzubieten.

Parcells hatte bereits darüber nachgedacht, nach der Saison '99 zurückzutreten und ins Front Office der Jets zu wechseln. Seine Gespräche mit McDonough erleichterten ihm seine Entscheidung. Am 1. Januar 2000 hielten die Jets ihr letztes Training der Saison ab. Danach traf sich Parcells mit Belichick und sagte ihm, es gebe „eine 99-prozentige Chance, dass dies mein letztes Spiel ist".

Die Aussicht auf Parcells Rücktritt hatte vertragliche Konsequenzen für Belichick. Ein Jahr zuvor wurde Belichick bei einem Treffen mit Parcells, dem Jets-Eigentümer Leon Hess und dem Teampräsidenten Steve Gutman darüber informiert, dass Parcells am Ende der Saison '99 zurücktreten könnte. „Ich möchte diese Saison zu meiner letzten machen und dann übergebe ich die Verantwortung an Sie und reite in den Sonnenuntergang", sagte Parcells bei dem Treffen. Belichick bestätigte Mr. Hess, dass er Parcells im Jahr 2000 als Cheftrainer der Jets ablösen wolle und dass er in der Zwischenzeit als Assistent im Team bleiben würde. Nach dem Treffen überreichte Gutman Belichick einen Brief, in dem er den Nachfolgeplan festhielt und erklärte, dass Belichick einen Bonus von 1 Million Dollar erhalten würde, wenn er als Assistent in New York bliebe, bis Parcells in den Ruhestand gehe.

Als sich Belichick und Parcells am Tag vor dem letzten Spiel der Saison '99 gegenüberstanden, schien es, als sei Belichick endlich an der Reihe. Nun musste Parcells nur noch den Präsidenten der Jets, Steve Gutman, über seinen Rücktritt informieren. „Sobald ich das tue", sagte er zu Belichick, „bist du der Cheftrainer. Und ich habe vor, das gleich nach dem Spiel zu tun."

Belichick zeigte keine Emotionen.

„Bist du bereit, zu übernehmen?", sagte Parcells.

„Ich habe das schon seit einem Jahr geplant", sagte Belichick.

Am nächsten Tag gewann New England sein letztes Spiel und belegte zusammen mit den Jets mit 8 : 8 den letzten Platz in der Division. Dann feuerte Kraft Carroll. In New York gewannen auch die Jets ihr letztes Spiel. Danach lud Parcells Gutman in sein Büro ein und reichte seinen Rücktritt ein. Gegen 16.15 Uhr benachrichtigte Gutman Leon Hess.

An diesem Abend schickte Jonathan Kraft ein Fax an das Hauptquartier der Jets, in dem er gemäß den Ligaregeln um die Erlaubnis bat, mit Belichick darüber zu sprechen, Cheftrainer und General Manager der Patriots zu werden. Am Montagmorgen brachte ein Mitarbeiter der Jets den Bericht zu Parcells. Nachdem er ihn gelesen hatte, knüllte Parcells ihn zusammen und warf ihn in den Papierkorb. Belichick gegenüber erwähnte er das nie.

Am selben Morgen gab Robert Kraft in Foxborough die Entlassung Pete Carrolls bekannt und erklärte den Medien gegenüber dies: „Ich muss vorausschicken, dass ich großen Respekt vor ihm habe. Aber hier geht es um Verantwortlichkeit. Und vor zwei Jahren haben wir die Liga gewonnen. Letztes Jahr haben wir es gerade so in die Play-offs geschafft. Und dieses Jahr sind wir 8-8. Wir brauchen einen Impulswechsel. Ist das allein die Schuld von Pete Carroll? Nein, ich denke, wir müssen die gesamte Mannschaft neu bewerten."

Zur gleichen Zeit versammelte Parcells seine Spieler und Trainer, um ihnen mitzuteilen, dass er sich zurückziehe und Belichick die Nachfolge antrete. Die Nachricht kam für die Spieler überraschend und verunsicherte sie. Belichick tat wenig, um sie zu beruhigen. An einem Punkt schaute Parcells Belichick an und fragte ihn, ob er dem Team etwas sagen wolle. „Nein", antwortete Belichick.

Kurz nach dem Treffen sprach Frank Ramos, Leiter der Öffentlichkeitsarbeit bei den Jets, mit Parcells über seine Ideen für eine Abschiedspressekonferenz und schlug vor, dass Parcells die Gelegenheit nutzen könne, um Belichick als seinen Nachfolger vorzustellen. „Es wäre wie ein perfekter Pass, von einem Trainer zum anderen", sagte Ramos.

„Warum sprichst du nicht mit Bill darüber", sagte Parcells.

Belichick lehnte jedoch Ramos' Einladung ab, mit Parcells auf einer gemeinsamen Pressekonferenz zu erscheinen. „Nein, lass Bill seinen Tag haben", sagte er zu Ramos. „Er hat es verdient. Lass ihm das. Ich werde es morgen tun."

Belichicks Zögern war darauf zurückzuführen, dass er sich nicht sicher war, was er sagen wollte. Er war durch die Situation verunsichert. Ohne zu wissen, wie sich sein Schützling fühlte, wandte sich Parcells selbst an die Medien und gab offiziell seinen Rücktritt bekannt.

„Laut Vertrag", so sagte er gegenüber Reportern, „steigt Bill Belichick sofort zum Cheftrainer der Jets auf, und ich werde für einen nicht genannten Zeitraum im operativen Bereich bleiben."

Parcells sorgte dafür, dass es keine Unklarheiten in seinen Plänen gab. „Ich werde keine Football-Spiele mehr trainieren", sagte er. „Das ist definitiv das Ende meiner Football-Karriere."

Am Nachmittag lehnten die Jets die Anfrage der Patriots, mit Belichick zu sprechen, offiziell ab und begründeten dies mit der Tatsache, dass er bereits Cheftrainer der Jets geworden war. Die Patriots protestierten gegen diese Weigerung bei der Ligaleitung. Nach der Überprüfung von Belichicks Vertrag mit den Jets teilte Commissioner Tagliabue den Patriots mit, dass die Jets richtig gehandelt hätten, als sie die Erlaubnis verweigerten. Die Mannschaften dürfen keine Cheftrainer anderer Mannschaften kontaktieren.

In der Zwischenzeit verbrachte Belichick seinen ersten Tag als Cheftrainer der Jets mit einer Reihe von Sitzungen. Er traf sich mit den Mannschaftsärzten. Er traf sich mit dem Kraft- und Konditionstrainer. Er traf sich mit Gutman. Er traf sich mit seinem Direktor für Spielerpersonal. Doch je länger der Tag dauerte, desto schwieriger wurde es, sich zu konzentrieren. Gegen 18.00 Uhr spürte er Parcells in der Umkleidekabine der Trainer auf und fragte ihn unverblümt, ob die Patriots um Erlaubnis gebeten hätten, mit ihm zu sprechen.

Parcells bestätigte, dass sie dies getan haben.

Belichick war nicht erfreut darüber, dass er nicht informiert worden war.

Parcells erinnerte ihn daran, dass er bereits der Cheftrainer der Jets war. „Es war also ein strittiger Punkt“, sagte er.

Belichick sagte, er hätte gern gehört, was die Patriots zu sagen hätten.

Parcells war das völlig egal. Belichick hatte einen Vertrag mit den Jets unterzeichnet. Er war der Cheftrainer. Außerdem hatte Leon Hess ihm ein hohes Lösegeld gezahlt, damit er lange genug blieb, um Trainer zu werden.

Aber die Dinge hatten sich geändert, wie Belichick betonte. Leon Hess war Anfang des Jahres gestorben. Ein neuer Besitzer war noch immer nicht benannt worden. Es herrschte Ungewissheit darüber, wer der nächste sein würde, und wie es sein würde, unter ihm zu arbeiten.

Parcells gefiel nicht, was er da hörte. Ungeduldig erklärte er Belichick, dass er die Sache besser noch einmal überdenken solle. „Wenn du dich so unentschlossen fühlst, solltest du diesen Job vielleicht nicht annehmen“, sagte er.

Laut Parcells war diese Bemerkung nicht wörtlich zu nehmen. Es war eher ein Rückzieher, unterbrochen von Parcells’ Wiederholung, dass er Belichick nicht erlauben würde, mit den Patriots zu sprechen.

Belichick schlug zurück. Er hatte sehr lange für Parcells trainiert. Er war der Meinung, dass er sich das Recht verdient hatte, zumindest zu hören, was die Patriots zu bieten hatten.

Parcells war damit nicht einverstanden. „Ein Deal ist ein Deal“, sagte er zu Belichick.

Nach dem Gespräch verließ Belichick den Raum und ging nach Hause.

Ohne dass Belichick davon wusste, hielt Parcells wichtige Ereignisse seiner letzten Saison als Cheftrainer für ein Buch fest, das er später in jenem Jahr zusammen mit Will McDonough schreiben wollte. Kurz nach dem gereizten Wortwechsel mit Belichick beschrieb er, was passiert war:

Er versuchte mir zu sagen, dass ich ihm nach 18 gemeinsamen Jahren die Möglichkeit schulde, als Trainer nach New England zu gehen, wenn er das tun wolle. Das wollte ich nicht …

Als er ging, dachte ich, es sei nur ein Gespräch mit einem Mann, der versucht, alle seine Optionen zu prüfen, und nichts weiter. Ich dachte, er würde immer noch die Jets trainieren wollen.

Obwohl er Belichick seit über zwanzig Jahren kannte, verstand Parcells ihn nicht wirklich. Das lag zum Teil an Belichicks Persönlichkeit. Er konnte introvertiert sein, extrem zurückhaltend und dazu neigen, seine Gefühle zu unterdrücken. Das größere Problem war, dass Parcells Belichicks Loyalität schon zu lange als selbstverständlich angesehen hatte. In Parcells' System war Belichick der Lieutenant Commander. Parcells gab die Anweisungen, Belichick führte sie aus. Und beide wurden belohnt – Parcells, indem er als einer der größten Trainer aller Zeiten verherrlicht, Belichick, indem er als Defensivgenie anerkannt wurde. Belichicks Wunsch, sich mit den Patriots zu treffen, war ein klares Zeichen dafür, dass die Diskrepanz in Bezug auf Macht und Anerkennung zwischen ihm und Parcells sich abgenutzt hatte. Die Tatsache, dass Parcells dachte, er könne Belichick mit Gewalt dazu bringen, in New York zu bleiben, war ein Hinweis darauf, dass er nicht verstand, wozu sein Schützling fähig war.

Belichick hatte seine eigene Vorstellung davon, wie eine ideale Football-Mannschaft aussehen und wie sie geführt werden sollte. Die Basis war lebenslanges, angewandtes Lernen. Er hatte auch Bücher über Coaching, Führung, Management und das Militär verschlungen. Er hatte die Komplexität der Gehaltsobergrenze fest im Griff und wusste, wie er sie zu seinem Vorteil nutzen konnte. All dies war Teil seines eigenen Systems, das er unbedingt umsetzen wollte.

Vor allem aber war Belichick wild entschlossen, jenen, die ihm das alles nicht zutrauten, das Gegenteil zu beweisen. Mickey Corcoran, ein Mentor und langjähriger Vertrauter von Parcells, fasste Belichicks Trainerkarriere wie folgt zusammen: „Parcells hat [Belichicks] Karriere gemacht. Nachdem er in Cleveland auf den Hintern gefallen war, fing er ihn sofort wieder auf. Ohne Parcells gibt es keinen Belichick."

Belichick kannte Corcoran, und er wusste, dass Parcells ihm vertraute. Die unterschwellige Überlegenheit, die von Parcells ausging, verstärkte nur noch Belichicks Besessenheit, zu seinen eigenen Bedingungen gewinnen zu wollen. Die Vorstellung, dass es sich bei dem, was in der Umkleidekabine der Jets-Trainer nach Belichicks erstem Tag als Cheftrainer passiert war, „nur um ein Gespräch mit einem Mann handelte, der versucht, alle seine Optionen zu prüfen", wie Parcells es beschrieb, hätte nicht weiter von der Wahrheit entfernt sein können.

In dieser Nacht dachte Belichick viel darüber nach, was Parcells gesagt hatte. „Wenn du so unentschlossen bist, solltest du den Job vielleicht nicht annehmen." Tief im Inneren wusste Belichick, wo er sein wollte, und das war nicht New York. Er wusste, für wen er arbeiten wollte, und es waren nicht Parcells und ein noch zu benennender Besitzer. Aber die Jets sagten ihm, dass es für all das jetzt zu spät sei. Er hatte das Geld genommen. Er hatte den Vertrag unterschrieben. Er war der Cheftrainer der Mannschaft. Es blieb nur noch seine Pressekonferenz, die für den nächsten Tag angesetzt war.

Vor der größten Entscheidung seiner Karriere begab sich Belichick am nächsten Morgen in das Gebäude der Jets, um zu trainieren und einen klaren Kopf zu bekommen. Während er auf einem Laufband lief, dachte er über die Konsequenzen seiner Überlegungen nach. Ein Rechtsstreit war wahrscheinlich. Arbeitslosigkeit war durchaus möglich. Ein medialer Feuersturm war garantiert. Wenn er die Jets verlassen würde, würde Parcells' Weggang aus New England wie ein Sturm im Wasserglas erscheinen. Aber letztendlich lief es darauf hinaus, dass Belichick eine Beziehung zu Kraft hatte und er glaubte, dass New England bessere Voraussetzungen für den Erfolg bot als New York.

Als Belichicks Training zu Ende ging, kam sein Freund Carl Banks, der Jets-Direktor für Spielerentwicklung, auf ihn zu. „Herzlichen Glückwunsch", sagte Banks. „Kann ich heute etwas für dich tun?"

„Nein, ich brauche nichts", sagte Belichick. „Danke, Carl."

Nach dem Training duschte er, zog Anzug und Krawatte an und verfasste handschriftlich ein typisch minimalistisches Kündigungsschreiben:

Aufgrund verschiedener Unwägbarkeiten in Bezug auf meine Position im Zusammenhang mit den neuen Besitzern des Teams habe ich beschlossen, als HC der NYJ zurückzutreten.

Er fügte zwei weitere Zeilen hinzu, in denen er der Organisation dankte und ihr alles Gute wünschte. Dann betrat er zehn Minuten vor der geplanten Pressekonferenz Parcells' Büro und teilte ihm seinen Rücktritt mit.

Parcells war wütend und sagte ihm, die Jets würden ihn daran hindern, sich woanders zu bewerben.

Belichick ließ sich nicht beirren.

Parcells sagte ihm, er solle es dem Teamchef Steve Gutman sagen.

Belichick ging hinaus, schnappte sich den langjährigen PR-Mann der Jets, Frank Ramos, und bat ihn, Gutman herzurufen, der sich bereits im Saal befand und auf den Beginn der Pressekonferenz wartete. Wenige Augenblicke später hatten Belichick und Gutman einen angespannten Austausch in Gutmans Büro. Nachdem er Belichicks Rücktrittsschreiben gelesen hatte, sagte Gutman Folgendes: „Ich hoffe, du bist dir der Tragweite dessen bewusst, was du da den Medien mitteilen willst."

Belichick zuckte nicht einmal.

Gutman sagte ihm, wenn er zurücktrete, sei er als Trainer in der NFL erledigt. Er würde nie wieder Trainer werden. Nirgendwo.

Belichick sagte, er sei nicht daran interessiert, sich bedrohen zu lassen.

Gutman sagte, dies sei keine Drohung gewesen. Es sei eine Gelegenheit für ihn, nachzudenken, bevor er seinen Plan in die Tat umsetzte.

„Los geht's", sagte Belichick.

In Gutmans Schlepptau betrat Belichick das Auditorium und trat ans Rednerpult. Er zupfte an seinem Krawattenknoten und las die Erklärung vor, die er Gutman gerade übergeben hatte. In dem Moment, in dem er die Worte „Ich habe beschlossen, zurückzutreten" aussprach, begannen die Auslöser der Kameras zu klicken. Dutzende Reporter waren anwesend, und alle waren verblüfft. Die Fotografen drängten sich in den vorderen Teil des Raumes, um näher heranzukommen. Jeder erkannte, dass er Zeuge von etwas noch nie Dagewesenem war. Mit vier einfachen Worten war Belichick zum ersten Cheftrainer in der Geschichte der NFL geworden, der zwei Tage nach seiner Ernennung aufhörte. Er verbrachte die nächsten vierzig Minuten damit, seine Entscheidung zu erklären. Ein Reporter fragte ihn, ob seine Entscheidung durch den freien Trainerposten in New England beeinflusst worden sei. Belichick spielte das herunter.

Wenige Augenblicke später bedankte er sich bei allen und verließ die Bühne.

Wütend trat Gutman an das Rednerpult und wandte sich an die Medien. „Wir sollten für ihn und seine Familie Gefühle der Trauer und des Bedauerns empfinden", sagte Gutman. „Ihn quält offensichtlich eine innere Unruhe."

Belichick verließ das Gebäude. Es war ein entscheidender Moment, der den Verlauf seines Lebens verändern, die Geschicke zweier Mannschaften bestimmen und die Zukunft der NFL prägen sollte.

Zunächst jedoch wurden die Dinge sehr schnell sehr hässlich. Bill Parcells glaubte, dass Belichick ein großartiger Cheftrainer für die Jets gewesen wäre. Und er hatte sich darauf gefreut, mit Belichick an der Spitze General Manager zu werden. Die Aussicht, dass Belichick Trainer der Patriots werden würde, nagte an ihm. Parcells sagte Gutman, er habe nicht die Absicht, Belichick aus New York wegzulassen. „Er wird nirgendwo trainieren, wenn wir ihn nicht lassen", sagte Parcells. „Seine Ausrede, dass sich die Dinge durch den Tod von Mr. Hess geändert hätten, war schwach." Gutman stimmte zu und kontaktierte umgehend die Liga-Zentrale. Am Nachmittag veröffentlichte der Commissioner eine Erklärung, in der er den Teams mitteilte, dass es ihnen nicht gestattet sei, mit Belichick oder seinen Vertretern über eine Anstellung zu sprechen, solange sie nicht von der NFL benachrichtigt würden. Da Belichick nicht nachgeben wollte, reichte er über seinen Agenten umgehend eine Beschwerde bei der Liga ein und wehrte sich dagegen, keine Gespräche mit anderen Teams führen zu dürfen. Belichick und Parcells beharrten auf ihrem jeweiligen Standpunkt.

Die Schlagzeilen in den New Yorker Zeitungen am nächsten Morgen waren nicht freundlich. „BELICHICK ARNOLD." „BELICHICKEN". Die Bostoner Sportjournalisten waren sogar noch schärfer. Belichick wurde als „doppelzüngiger Abschaum", „verlogener Sack", „unaufrichtiger, schwafelnder Trottel" und „prinzipienloser Opportunist" bezeichnet. Zu diesem Zeitpunkt war es das am schlechtesten gehütete Geheimnis im Football, dass Kraft Belichick als Trainer haben wollte, und die Sportjournalisten, die über die Patriots berichteten, waren damit nicht einverstanden. „Das wird eine Katastrophe ungeheuren Ausmaßes sein", schrieb der Kolumnist des Boston Herald, Michael Gee. „Wenn Belichick hierherkommt, wird Pete Carroll in drei Jahren wie Knute Rockne aussehen … Wenn der Besitzer der Pats nicht erkennen kann, warum Belichick für seine Mannschaft falsch ist, ist das Team dem Untergang geweiht."

Die Medien waren nicht das einzige Lager, das sich zu Belichick äußerte. Kraft wurde mit unaufgeforderten Ratschlägen von anderen

Besitzern und Führungskräften der Liga überhäuft. Der ehemalige Besitzer der Cleveland Browns, Art Modell, war einer der ersten, der anrief. In der Öffentlichkeit bezeichnete Modell Belichick als „unmöglich" und „schwierig im Umgang mit Menschen." Er nannte Belichick sogar „den schwierigsten Mann, den ich je in Sachen PR gekannt habe." In seinem privaten Gespräch mit Kraft ging Modell jedoch noch weiter. „Wenn Sie Bill Belichick einstellen, wird das der größte Fehler Ihres Lebens sein", warnte Modell ihn.

Der langjährige General Manager der New York Giants, George Young, zeichnete ein noch düstereres Bild von Belichick. Er hatte sowohl mit Belichick als auch mit Parcells in New York zu tun gehabt. Als er erfuhr, dass Kraft Belichick einstellen wollte, schickte er ihm eine einfache Nachricht: „Sie hatten Probleme mit Parcells. Dieser Typ ist zehnmal schlimmer."

Kraft fragte Tagliabue nach seiner Meinung über Belichick. Tagliabue zögerte mit einer Antwort.

„Sehen Sie, normalerweise mische ich mich da nicht ein", sagte er zu Kraft. „Ich kenne diese Trainer nicht. Alles, was ich höre, sind Informationen aus zweiter Hand."

Kraft drängte ihn.

„Nach allem, was ich von jedem gehört habe, mit dem ich im Laufe der Jahre gesprochen habe", sagte Tagliabue, „war er ein großartiger Koordinator, aber er wird nie ein großer Trainer sein."

Tagliabue betonte, dass er Belichick nicht persönlich kenne. Aber die einzigen Dinge, die er über ihn gehört hatte, waren negativ: dass er zu intellektuell sei und keinen Draht zu den Spielern habe; dass er die Unterstützung seines Teams Cleveland verloren habe; und dass er sich der Presse gegenüber ablehnend verhalte. Vieles von dem, was Tagliabue erzählt worden war, stammte vom ehemaligen Giants-Manager George Young.

Die einzigen Personen, die Kraft finden konnte, die sich für die Einstellung Belichicks aussprachen, waren Spieler. Die Defensive Backs Lawyer Milloy und Ty Law flehten ihn praktisch an, ihn als Cheftrainer einzustellen. Die eine Saison, die sie '96 mit ihm hatten, war ein Wendepunkt gewesen. Sie sagten Kraft, Belichick sei der beste Trainer, für den sie je gespielt hätten. Sogar Drew Bledsoe setzte sich für Belichick ein. Bledsoe betrachtete Belichick als seinen Erzfeind in der Verteidigung. Ihn von den Jets wegzuholen und nach New England zu bringen, schien ein brillanter Schachzug zu sein. „Ich bin absolut dafür, dass Belichick kommt und das Team trainiert", sagte Bledsoe zu Kraft.

Dennoch wandte sich Kraft an seinen vertrauten Freund Carmen Policy, der als Präsident der San Francisco 49ers zurückgetreten und Minderheitseigentümer der Cleveland Browns geworden war. Zu Beginn sagte Policy, es tue ihm leid, dass es mit Pete Carroll nicht geklappt habe.

Aber Kraft hatte nicht angerufen, um über Pete Carroll zu sprechen. Er wollte über Belichick sprechen. Im Gegensatz zu dem gemäßigteren Ton, den Policy angeschlagen hatte, als sie drei Jahre zuvor über Belichick sprachen, war er dieses Mal sehr konkret.

„Robert, du hast gesehen, was passiert ist, als er hier in Cleveland war", sagte Policy. „Er soll ein verrücktes Genie sein. Aber man weiß nie, wie er reagieren wird. Er ist eine andere Persönlichkeit. Es ist riskant, diesen Kerl als Cheftrainer einzusetzen."

„Das ist es", sagte Kraft. „Übrigens, alle Personen, mit denen ich gesprochen habe, sagen das Gleiche wie du. Aber ich muss dir sagen, ich glaube wirklich, dass dieser Typ ein besonderer Trainer sein kann. Ich glaube, er wurde auf die Welt geschickt, um Football zu trainieren."

„Das ist eine große Aussage, Robert."

„Das meine ich wirklich so."

„Es steht außer Frage, dass der Mann intelligent ist", sagte Policy. „Aber wir können über die Spieler sprechen. Was ist mit seiner Persönlichkeit und der Mentalität, sich in der NFL zurechtzufinden? Passt seine Persönlichkeit zu der Art von Mannschaft, die du aufbauen willst?"

Es entstand eine lange Pause.

„Weißt du, Carmen, ich habe einfach starke Gefühle für ihn."

„Nun, du bist der Chef", sagte Policy. „Und du hast einen guten Instinkt. Wenn du also so stark fühlst, nun ja ..."

Kraft teilte das gesamte Feedback über Belichick mit Jonathan.

„Was meinst du?", fragte Robert.

„Ich denke, Bill ist klug", sagte Jonathan. „Und ich stimme dir zu, dass er die Grenzwerte erreicht. Aber du hast gesehen, wie er die Spieler trainiert hat. Das habe ich nicht."

Es stimmte, dass Robert sehr viel Zeit auf dem Übungsplatz verbracht hatte, um Belichick zu beobachten. Aber das war nicht der Grund für seinen starken Wunsch, ihn einzustellen. Krafts Überzeugung, dass Belichick auf die Welt gekommen war, um Trainer zu sein, kam aus dem Bauch heraus. Das konnte er nicht quantifizieren oder mit Daten belegen. Doch seine Schlussfolgerung stand im Widerspruch zu allem, was ihm jeder erfahrene NFL-Manager sagte.

Jonathan schenkte dem, was alle anderen über Belichick sagten, nicht viel Glauben. „Dad", sagte er, „wenn dein Bauchgefühl dir sagt, dass etwas richtig ist, dann höre ich auf dein Bauchgefühl."

Um den Vertragsstreit zwischen Belichick und den Jets zu schlichten, setzte Commissioner Tagliabue für den 13. Januar 2000 eine Beweisanhörung an. Beide Seiten würden die Möglichkeit erhalten, Beweise vorzulegen und Zeugen zu benennen. Belichick beauftragte den renommierten Kartellrechtsanwalt Jeffrey Kessler, der die Liga in einem Schreiben informierte: „Wir möchten Bill Parcells als Gegenzeugen aufrufen und beantragen, dass die Liga die Anwesenheit von Mr. Parcells bei der Anhörung verlangt."

Die Anhörung vertiefte die Kluft zwischen Parcells und Belichick. In seiner Vernehmung sagte Belichick aus, dass Parcells' Rücktritt Teil eines „Planes" war, um ihm die Möglichkeit zu nehmen, mit anderen Teams, insbesondere den Patriots, über Trainerposten zu sprechen.

Die Anhörung führte auch zu einem Zerwürfnis zwischen Parcells und seinem Assistenten Charlie Weis, der aussagte, Parcells habe ihm Ende Dezember gesagt, dass die Patriots an einem Gespräch mit Belichick interessiert seien. Als Weis darauf hinwies, dass es Belichick nach den Regeln der Liga freistehe, mit den Patriots zu sprechen, während er noch Assistenztrainer bei den Jets sei, antwortete Parcells: „Ja, aber ich müsste nur zurücktreten, und er würde Cheftrainer werden."

Es wurde eine Menge schmutzige Wäsche gewaschen. Letztendlich entschied Tagliabue jedoch, dass Belichick seinen Vertrag mit den Jets unrechtmäßig gebrochen hatte. Infolgedessen konnte Belichick ohne die Zustimmung der Jets weder bei den Patriots noch bei einem anderen Verein eine Anstellung finden. Gleichzeitig wies Tagliabue das rechtliche Argument der Jets zurück, wonach Belichick für die gesamte verbleibende Vertragslaufzeit von drei Jahren von der Suche nach einer Anstellung bei einem anderen NFL-Verein ausgeschlossen werden sollte. Er gab den Jets eine Woche Zeit, um eine Reihe rechtlicher Fragen schriftlich zu beantworten, zum Beispiel die Frage, ob die Vertragsrechte des Teams gegenüber Belichick bestehen bleiben sollten, falls Bill Parcells den Posten des Cheftrainers im Team wieder übernehmen sollte.

Da Belichick nicht warten wollte, reichte er eine Kartellklage gegen die Jets und die NFL ein. Der Anwalt Jeffrey Kessler beantragte bei einem Bundesrichter in Newark, New Jersey, eine einstweilige Verfügung, in der Hoffnung, Belichick eine andere Beschäftigung zu ermöglichen. „Die Richtlinie der Liga, die von allen Vereinen verlangt, nicht mehr mit Trainer Belichick zu verhandeln, ist ein klassischer Gruppenboykott", argumentierte Kessler.

Tagliabue war mehr als irritiert. Kessler hatte zuvor eine Kartellklage gegen die Liga eingereicht, in der er behauptete, die NFL funktioniere wie ein Monopol und dürfe nicht von den Kartellgesetzen des Bundes ausgenommen werden. Das Frustrierendste an der Belichick-Klage war, dass sie hätte vermieden werden können. Bevor die Klage eingereicht wurde, hatte Tagliabue die Jets und die Patriots angerufen, in der Hoffnung, sie zu einem Handel zu überreden. Aber keine der beiden Seiten wollte sich rühren. Belichicks Bereitschaft, die Liga vor Gericht zu bringen, war ein klarer und überzeugender Beweis dafür, dass er sich nicht scheute, mit harten Bandagen zu kämpfen.

Am 25. Januar 2000 lehnte ein Bundesrichter den Antrag Kesslers auf eine einstweilige Verfügung ab. Damit entschied das Gericht, dass Belichicks Vertrag mit den Jets gültig war. Wenige Stunden später zog Belichick seine Kartellklage zurück. Es stand fest, dass er New York nicht ohne die Zustimmung der Jets verlassen würde.

Als sich das Bundesgericht einschaltete, wusste Bill Parcells, dass er ein Druckmittel in der Hand hatte. Die Jets hatten Belichick für drei Jahre unter Vertrag. Aber in der Praxis verstand Parcells auch besser als jeder andere, dass es sinnlos war, Belichick zu zwingen, in New

York zu trainieren, wenn sein Herz in New England schlug. Parcells war drei Jahre zuvor in der gleichen Situation gewesen, als er New England verlassen wollte, um in New York Trainer zu werden.

Parcells dachte daran, Kraft anzurufen, um zu sehen, ob sie einen Deal aushandeln könnten. Dazu müsste er allerdings seinen Stolz herunterschlucken. Das letzte Mal, dass die beiden miteinander gesprochen hatten, war der Tag gewesen, an dem Parcells zurücktrat. Auf dem Weg nach draußen hatte Parcells Kraft einen persönlichen Schlag versetzt, indem er sich darüber lustig machte, dass er die Mahlzeiten kochen sollte, ihm aber nicht erlaubte, die Einkäufe zu erledigen. Seitdem herrschte zwischen ihnen seit drei Jahren Kalter Krieg. Es gab eine Menge Unmut.

Tief in seinem Inneren wollte Parcells jedoch die Entscheidung treffen.

Es war sieben Uhr abends und Kraft saß noch an seinem Schreibtisch, als seine Sekretärin ihm mitteilte, dass Bill Parcells in der Leitung sei. Erschrocken unterbrach Kraft seine Arbeit und nahm den Hörer ab.

„Hier ist Darth Vader", sagte Parcells.

Kraft lachte leise.

Parcells auch. Er rief an, um zu erfahren, ob sie die Vergangenheit hinter sich lassen und sich der Zukunft zuwenden könnten. Der „Grenzkrieg" zwischen den Jets und den Patriots habe lange genug gedauert, sagte er. Wenn sie ihre Differenzen ausräumen könnten, dann könnten sie vielleicht auch über Bill Belichick sprechen.

Kraft stimmte zu, dass es im besten Interesse beider Mannschaften und der Liga sei, die Dinge zu klären und weiterzumachen.

Parcells machte den ersten Schritt und räumte ein, dass er einige seiner Handlungen bereue. „Ich habe einige Dinge getan, als ich New England verließ, die ich nicht noch einmal tun würde", sagte er.

„Wenn ich damals gewusst hätte, was ich heute als Eigentümer weiß, hätte ich auch einige Dinge anders gemacht", sagte Kraft. „Als meine Familie das Team '94 kaufte, brachtest du Seriosität in diese Mannschaft. Dafür werde ich immer dankbar sein."

Beide Männer waren großmütig. Das Gespräch verlagerte sich dann zu Belichick.

„Bob, willst du, dass dieser Typ dein Cheftrainer wird?“

Kraft sagte ja.

„Okay“, sagte Parcells. „Es wird eine Entschädigung geben müssen.“

Nach einigem Hin und Her bot Kraft einen Draft Pick der dritten Runde im April und einen Pick der vierten Runde im Jahr 2001 an.

Die Jets seien nicht interessiert, sagte Parcells, es sei denn, der Handel umfasse eine Erstrundenauswahl für den kommenden Draft.

Kraft wollte es sich überlegen.

Sie vereinbarten, sich am nächsten Morgen wieder zu treffen.

Es störte Kraft, dass der Preis, den die Jets für Belichick verlangten, höher war als der Preis, den sie für Parcells zu zahlen bereit gewesen waren. Das schien nicht fair zu sein. Parcells hatte zwei Superbowls gewonnen und war erst der zweite Trainer in der Geschichte der NFL, der zwei Teams in den Superbowl führte. Belichick war als Cheftrainer unerprobt. Er hatte eine insgesamt negative Bilanz. Auf keinen Fall war sein Handelswert höher als Parcells.

Dennoch war Kraft davon überzeugt, dass Belichick ein großartiger Cheftrainer sein würde.

Jonathan machte sich mehr Gedanken über das Timing. Free Agency würde bald beginnen. Das Draft stand unmittelbar bevor. Und der Bau des neuen Stadions war im Gange. „Dad, die Uhr tickt“, sagte Jonathan. „Wir müssen jemanden einstellen. Wenn dein Bauchgefühl dir etwas so deutlich sagt, dann müssen wir es einfach tun. Wir müssen jetzt loslegen.“

Robert ging jedoch weiterhin methodisch vor. Am nächsten Morgen rief er Parcells an und unterbreitete ihm ein verbessertes Angebot: einen Pick für die zweite Runde im April und einen Pick für die dritte Runde im Jahr 2001.

„Bob, wir werden keinen Deal machen, wenn wir dieses Jahr nicht den ersten Platz bekommen.“

„Ich möchte keinen ersten Platz für Belichick hergeben.“

Parcells blieb standhaft.

„Dann werde ich eine andere Richtung einschlagen“, sagte Kraft zu ihm.

Das Gespräch verlief freundschaftlich. Aber es war klar, dass sie sich nicht einigen würden.

Parcells legte auf, überzeugt davon, dass Bill Belichick nicht nach New England gehen würde.

An diesem Nachmittag führten Robert und Jonathan ein Interview mit Tom Donahoe, dem Leiter der Football-Abteilung der Pittsburgh Steelers. Das Gespräch dauerte vier Stunden. Danach trafen sich Robert und Jonathan unter vier Augen, um zu besprechen, ob sie ihm den Posten des Cheftrainers anbieten sollten. Donahoe war beeindruckend, aber Robert war nicht bereit, den letzten Schritt zu tun.

Es war schon spät, als Robert nach Hause kam. Während er darüber nachdachte, wurde ihm klar, dass das Leben einem nur selten eine zweite Chance gibt. Er betrachtete seine Entscheidung, Belichick drei Jahre zuvor nicht einzustellen, als den größten Fehler, den er seit dem Kauf der Patriots gemacht hatte. Und dieses Mal hatte er die Chance, es richtig zu machen. Er rief Jonathan an und sagte: „Ich werde Parcells anrufen."

Es war 22.30 Uhr, als Parcells an sein Telefon ging. Er war überrascht, Kraft am anderen Ende zu hören.

„Ich werde hier eine Entscheidung treffen, die ich nicht treffen möchte, weil ich diesen Mann als Cheftrainer haben möchte", sagte Kraft.

„Wir können das regeln", sagte Parcells. „Tun wir das."

„Wenn wir einen Deal machen wollen", sagte Kraft, „dann müssen wir es jetzt tun. Ansonsten gehe ich in eine andere Richtung."

„Du gibst mir dieses Jahr die Eins und nächstes Jahr die Vier", sagte Parcells. „Dann gebe ich dir im nächsten Jahr eine Fünf zurück. Dann würde ich gern im Jahr darauf eine Wahl in der siebten Runde von dir haben."

Kraft sagte Parcells, er solle die Bedingungen schriftlich festhalten und sie ihm am Morgen zufaxen.

Bill Belichick war unruhig. Er hatte seinen Job bei den Jets gekündigt, und der Commissioner und ein Bundesrichter hatten ihm gesagt, dass er ohne die Zustimmung der Jets drei Jahre lang nirgendwo anders als Trainer arbeiten dürfe. Drei Jahre kamen einem Todesurteil für seine Karriere gleich. Coaching war das Einzige, was er kannte, das Einzige, was er je getan hatte. Was würde er ohne das tun? Wie würde er seine Zeit verbringen? Seinen Verstand beschäftigen?

Er war schon seit ein paar Stunden wach, als das Telefon in seinem Haus auf Long Island um sieben Uhr morgens klingelte.

„Wir haben eine vorläufige Vereinbarung getroffen, dich nach New England gehen zu lassen", sagte Parcells zu ihm.

Belichick wusste nicht, was er sagen sollte.

Beide Seiten mussten die Papiere noch unterschreiben, und auch die Liga musste zustimmen. Doch Parcells war optimistisch. „Bleib beim Telefon", sagte er zu Belichick.

Es war schwer für Belichick, nicht skeptisch zu sein. Doch ein paar Stunden später rief Parcells erneut an. „Du hast die Erlaubnis, Kraft anzurufen", sagte er.

Belichick wusste, was das bedeutete. Er sagte Parcells, dass er das, was gerade passiert war, zu schätzen wisse.

„Viel Glück", sagte Parcells zu ihm.

Gleich nachdem Belichick aufgelegt hatte, klingelte sein Telefon erneut. Dieses Mal war es Kraft.

„Wie schnell kannst du nach Foxborough kommen?", fragte er.

An diesem Abend um sechs Uhr abends stellte Robert Kraft Bill Belichick einer Schar von Journalisten vor, die sich im Medienraum des Foxboro-Stadions drängten.

„Danke", sagte Belichick. „Ich hoffe, dass diese Pressekonferenz ein bisschen besser verläuft als die letzte."

Die Presse brach in Gelächter aus.

Belichick lachte über sich selbst.

„Ich freue mich riesig, hier zu sein", so Belichick weiter. „Teil der Organisation der New England Patriots zu sein. Dies ist ein erstklassiges Unternehmen. Ich habe 1996 eine hervorragende Erfahrung gemacht, als ich hier bei den Patriots und bei Robert war. Ich freue mich sehr, Teil dieser Organisation zu sein und die Möglichkeit zu haben, dieses Team zu leiten."

Die Reporter hatten eine Menge Fragen. Auf eine dieser Fragen antwortete Belichick: „Das ist alles, worum es mir wirklich geht, nämlich Football-Spiele zu gewinnen."

Ehrlichere Worte wurden noch nie auf einer Belichick-Pressekonferenz gesprochen.

16

TOMMY

Unmittelbar nach seiner Ankunft in Foxborough begann Bill Belichick mit der Zusammenstellung seines Teams. Für die höchsten Positionen wählte er erfahrene Männer, die er seit Langem kannte und denen er vertraute: Scott Pioli als stellvertretender Direktor für Spielerpersonal, Dante „Scar" Scarnecchia als stellvertretender Cheftrainer und Charlie Weiss als Offensive Coordinator.

Sogar seine Positionstrainer – wie Pepper Johnson, der mit den Linebackern arbeitete, und Eric Mangini, der mit den Defensive Backs arbeitete – waren Leute, die zuvor für Belichick gespielt oder unter ihm trainiert hatten. Doch die wichtigste Personalentscheidung, die Belichick in seinen ersten Tagen in Foxborough traf, war die, den 44-jährigen Richard „Dick" Rehbein als Quarterbacks Coach einzustellen. Rehbein war eine unkonventionelle Wahl. Er hatte noch nie einen Quarterback trainiert. Er hatte sie auch nicht bewertet. Er war jedoch ein All-American Center am Division II Ripon College gewesen. Er hatte also einige Erfahrungen aus erster Hand in der Arbeit mit Quarterbacks. Belichick dachte sich, dass eine neue Perspektive auf dieser Position nicht schaden würde.

Rehbein war vielleicht das am wenigsten bekannte Mitglied in Belichicks neuem Stab. Er wurde sofort damit beauftragt, die College-Quarterbacks für den bevorstehenden Draft zu scouten und zu evaluieren. Die Patriots hatten auf fast jeder Position im Kader ernsthafte Defizite, aber die Position des Quarterbacks war solide. Sie hatten mit Bledsoe einen echten Superstar. Und hinter ihm standen zwei solide Ersatz-Quarterbacks, der erfahrene John Friese und der im zweiten Jahr eingesetzte Michael Bishop. Dennoch hatte Rehbein seinen Marschbefehl. Ihm wurde eine Liste mit vier Universitäten ausgehändigt, die er besuchen sollte. Eine davon war Michigan.

Als Tom Brady 17 Jahre alt war, hielt er die Michigan Wolverines für das Maß aller Dinge im College-Football. Doch 1994, als er sich auf sein letztes Schuljahr an der Serra High School in San Mateo, Kalifornien, vorbereitete, rechnete Brady nicht damit, von der University of Michigan als Quarterback rekrutiert zu werden. Egal, dass er die Worte „Wenn du mit den großen Jungs spielen willst, musst du lernen, im hohen Gras zu spielen" unter sein Jahrbuchfoto geschrieben hatte. Insgeheim hoffte Brady nur auf eine Gelegenheit, irgendwo als Quarterback zu spielen. Schließlich galt er als viel besser im Baseball als im Football. Er war ein hervorragender Fänger an derselben Highschool, die auch Barry Bonds besucht hatte, und die Montreal Expos hatten ihn bereits gedraftet.

Bradys Herz aber schlug für den Football, einen Sport, den er erst seit ein paar Jahren betrieb. Als Studienanfänger an der Highschool kam Brady nicht zum Einsatz. Inoffiziell zum Ersatz-Quarterback eines Teams ernannt, das während der gesamten Saison keinen einzigen Touchdown erzielen konnte, spielte er kein einziges Spiel. In der zehnten Klasse wurde er zum ersten Quarterback der Junior-Universitätsmannschaft ernannt, als der Junge vor ihm das Team verließ. Erst in seinem Juniorjahr wurde Brady endlich wahrgenommen und stand in jedem Spiel in der Startelf – und das in einem mittelmäßigen Team. Die Serra High School gewann in Bradys Junior- und Senior-Saison kaum die Hälfte ihrer Spiele. College-Scouts rannten ihm nicht gerade die Tür ein.

Um seinem Sohn zu helfen, ein Stipendium zu bekommen, erstellte Tom Brady senior ein Highlight-Reel für ihn und schickte es an 54 Colleges und Universitäten. Michigan stand nicht auf der Liste der Empfänger.

Eines Tages fragte Brady seinen Vater, ob er ein Video nach Michigan schicken könne.

„Sicher", sagte sein Vater.

Tom zweifelte schnell an seiner eigenen Idee. „Wir können das senden, aber es ist eine ziemliche Verschwendung von Videoband", sagte er.

Wie er es vorausgesagt hatte, reagierte Michigan nicht auf die Aufnahmen. Eine Reihe von Schulen aber sehr wohl. Vor allem zwei zeigten das größte Interesse: die University of Illinois und die University of California. Brady war vom Wetter abgeschreckt, als er den Campus der Illini im Dezember seines Abschlussjahres besuchte. Es war kalt und trostlos, ein krasser Gegensatz zur Bay Area. Gleichzeitig versprach Cal Brady, dass er nach seinem ersten Jahr in der Startelf stehen würde.

Es schien keine Frage zu sein, wo Brady landen würde, und die Aussicht, dass sein Sohn dreißig Meilen von zu Hause entfernt College-Basketball spielen würde, begeisterte Tom Brady senior. Dann, sehr spät im Rekrutierungsprozess, lud Michigan Brady unerwartet zu einem Besuch auf dem Campus ein. Er kam an einem eiskalten, grauen Januartag an. An diesem Abend rief er zu Hause an und sagte: „Papa, dieser Ort ist fabelhaft." Zwei Tage später kehrte er mit einem Stipendienangebot nach Hause zurück.

„Du weißt, dass sie sechs Quarterbacks haben", sagte sein Vater zu ihm.

Tom war sich dessen bewusst.

„Cal sagt, dass du als Sophomore, Junior und Senior in der Startmannschaft sein wirst", erinnerte ihn sein Vater.

Auch Tom war sich dessen bewusst. Aber Cal war nicht Michigan.

Brady stand vor der ersten großen Entscheidung seines Lebens. Die Wünsche seines Vaters waren offensichtlich. Aber Brady war entschlossen, die Sache selbst in die Hand zu nehmen.

„Ich wusste, dass ich nach Michigan gehen wollte", erinnerte er sich. „Aber es war die einfachere Entscheidung, nach Cal zu gehen. Das war das Dilemma. Nehme ich die schwierigere, unbekanntere, größere Herausforderung an? Oder nehme ich die sichere Sache, die näher an meinem Zuhause ist?"

Die Anziehungskraft von Familie und Vertrautheit war groß. Bradys drei ältere Schwestern lebten in der Bay Area. Seiner Mutter, Galynn, stand er besonders nahe. Wenn er nach Cal gehen würde, könnte er an den Wochenenden nach Hause fahren, die Hausmannskost seiner Mutter essen, seine Wäsche waschen und mit seinem Vater Golf spielen. Außerdem würde die ganze Familie ihn samstags in einem warmen und sonnigen Klima spielen sehen können.

Bradys außergewöhnliches Familienleben war es jedoch, das ihn letztendlich davon überzeugte, in den Osten zu gehen. „Ich musste erwachsen werden", sagte Brady. „Ich war ein kalifornisches Kind, umgeben von drei Schwestern. Ich musste härter werden. In meinem Leben gab es nicht viele Widrigkeiten. Also beschloss ich: ‚Ich muss für die Schule weggehen.'"

Als Tom seine Absichtserklärung für ein Studium in Michigan unterzeichnete, weinte sein Vater zwei Tage lang.

Tom Bradys Aufstieg an die Spitze des Footballs begann nicht auf einem Spielfeld. Es begann mit der einfachen Erkenntnis, dass er Widrigkeiten braucht, um zu wachsen. Nur wenige Jugendliche sind reif genug, um die Bedeutung von Widerständen im Leben zu erkennen. Es ist noch seltener, dass ein gefeierter Highschool-Sportler die Chance, der große Mann auf dem Campus zu sein, ausschlägt und sich mit dem siebten Platz auf der Rangliste zufrieden gibt. Doch genau dort fand sich Brady wieder, als er im Herbst 1996 in Michigan ankam. Mit sechs Quarterbacks vor ihm konnte er kein Licht am Ende des Tunnels sehen. Michigan nahm ihn daraufhin aus dem Spiel, was bedeutete, dass er im ersten Jahr nicht für die aktive Mannschaft infrage kam. Damit wollte der Trainer zum Ausdruck bringen, dass Brady seine Fähigkeiten weiterentwickeln und die Offensive erlernen musste, ohne ein Jahr seiner Spielberechtigung zu verbrauchen. Mit anderen Worten: Er hatte einen Fünfjahresplan.

In Bradys zweitem Jahr in Michigan galt er als Studienanfänger im Hinblick auf seine Football-Berechtigung. Seine Eltern flogen zu fast jedem Heimspiel ein. Aber es gab nichts zu sehen. Tom kam nur in zwei Spielen kurz zum Einsatz und warf in dieser Saison insgesamt fünf Pässe. Entmutigt unterhielt er sich mit seinem Vater, während er in einem Auto in der Nähe des Stadions saß.

Brady sagte seinem Vater, er glaube nicht, dass er jemals eine Chance bekommen würde, in Michigan in der Startaufstellung zu sein. Sein Vater stimmte zu. Zu diesem Zeitpunkt sah Tom Brady senior Seinen Sohn noch nicht als zukünftigen NFL-Quarterback. Er wollte einfach, dass er eine gute College-Erfahrung machte, auf die er mit einem Gefühl der Erfüllung und des Glückes zurückblicken würde. In diesem Moment war Tom Brady junior jedoch nicht sehr glücklich. Auch in Ann Arbor schien er nichts zu erreichen. Sie sprachen ernsthaft über die Möglichkeit eines Wechsels. Wie sich herausstellte, brauchte Cal noch einen Quarterback.

Aber Brady wurde das Gefühl nicht los, beweisen zu wollen, dass er nach Michigan gehörte. Zumindest wollte er es sich selbst beweisen. Mit der Unterstützung seines Vaters entschied er sich, durchzuhalten und in der kommenden Offseason härter zu arbeiten.

Doch im Sommer zwischen seinem zweiten und dritten Studienjahr erkrankte er ernsthaft an einer Blinddarmentzündung, die ihn ins Krankenhaus brachte, wo er dreißig Pfund verlor. Die Krankheit warf ihn nicht nur körperlich zurück, sondern ließ ihn noch mehr an sich selbst zweifeln. In seiner Verzweiflung suchte er den Betreuer Greg Harden in der Sportabteilung Michigans auf.

„Ich brauche Hilfe", sagte Brady, als er Hardens Büro betrat.

Als er über seinen Schreibtisch blickte, sah Harden ein Kind, das mental angeschlagen und seelisch fragil war. Als er Brady zuhörte, merkte er, dass der eine schwere Zeit durchmachte. „Alles, was ich ihm sagen konnte, war die Wahrheit", erinnert sich Harden. „Er musste für sich selbst entscheiden, dass er der beste Quarterback im Team sein wollte, und er musste es für sich selbst tun."

Es war ein einsames Unterfangen. Doch Brady mochte Harden und begann, sich regelmäßig mit ihm zu treffen. Er wurde als dritter Quarterback in seiner zweiten Spielzeit eingesetzt. Dann, im Trainingslager, übertraf er eindeutig alle anderen und schien bereit zu sein, der erste Quarterback zu werden. Selbst seine Mannschaftskameraden betrachteten ihn als bevorzugten Stammspieler. Doch Cheftrainer Lloyd Carr entschied sich stattdessen für Brian Griese, dessen Vater ein Star-Quarterback in der NFL gewesen war. In jenem Jahr ging Michigan mit 12:0 Punkten aus dem Rennen und gewann die nationale Meisterschaft. Auch hier spielte Brady kaum und warf nur 15 Pässe. Und wieder zog Brady ernsthaft in Erwägung, zu Cal zu wechseln. Nach der Saison '97 sagte Trainer Carr sogar zu seinen Mitarbeitern: „Tom wird gehen."

Die Art und Weise, wie Brady mit seinen College-Erfahrungen umging, war ein Beweis für sein Durchhaltevermögen und ein Vorbote für seine NFL-Erfahrungen. Praktisch jeder, der mit dem Michigan-Football-Programm in Verbindung stand, ging davon aus, dass

Brady nicht zurückkommen würde, und angesichts seiner Erfahrungen in Ann Arbor wäre sein Weggang sicherlich gerechtfertigt gewesen. Aber er entschied sich, für seine Junior-Saison nach Michigan zurückzukehren. In dieser Saison trainierte Brady härter als je zuvor, und Carr ernannte ihn zu Beginn der Saison '98 zum Stammspieler.

Doch in jenem Jahr hatte Michigan ein lokales Phänomen namens Drew Henson rekrutiert, einen Highschool-Quarterback, der bereits einen 4,5-Millionen-Dollar-Vertrag unterschrieben hatte, um nach seiner College-Zeit für die New York Yankees zu spielen. Bei Hensons Ankunft nannte Carr ihn „ohne Frage den talentiertesten Quarterback, den ich je um mich hatte". Diese Aussage schwächte Brady und ermutigte Rufe von Michigan-Anhängern, die Henson als Michigans Startspieler bevorzugten.

Mit Brady am Ruder verlor Michigan das erste Spiel der Saison '98 gegen Notre Dame. Eine Woche später warf Brady gegen Syracuse früh eine Interception. Carr setzte ihn sofort auf die Bank und brachte Henson ins Spiel. Brady kehrte in der folgenden Woche in die Startelf zurück. Doch Carrs Handlungen lösten eine Quarterback-Kontroverse aus, die sich über zwei Saisons hinzog. Zu Beginn von Bradys Abschlussjahr kam es zu einem Punkt, an dem Carr wöchentlich mit beiden Quarterbacks spielte. Jedes Mal, wenn Henson das Spiel betrat, wurde er mit Beifall bedacht. Dann geriet Michigan in Rückstand, und Brady kam wieder ins Spiel und führte sie zum Sieg.

Bradys Vater bezeichnete Carrs Vorgehen als „Blödsinn".

Brady fühlte sich verraten. Doch anstatt auszurasten, fraß er seine Wut in sich hinein. Er wurde zunehmend gereizter. Hensons Gegenwart, gepaart mit der mangelnden Wertschätzung, die Brady von Carr erfuhr, vermittelte ihm das Gefühl, dass er der Mann war, den niemand wollte. „Diese Erfahrungen haben mich wachsen lassen und mir geholfen, viele Dinge über mich selbst zu lernen und herauszufinden", sagt Brady viele Jahre später. „Viele dieser Lektionen waren Dinge, die ich in meinem weiteren Leben anwenden musste."

Inmitten all dieser Widrigkeiten und Ungewissheiten stellte Brady in seinem Junior-Jahr Schulrekorde im Passspiel auf und führte die Wolverines in seinem Senior-Jahr zu einer Reihe von Comeback-Siegen. Er beendete seine Karriere in Michigan auf dramatische Weise beim Orange Bowl am 1. Januar 2000. An diesem Tag holte er sein Team von einem Zwei-Touchdown-Rückstand zurück und schlug Alabama in der Verlängerung mit 35:34. Er war nicht mehr damit zufrieden, zu beweisen, dass er nach Michigan gehörte. Sein Ziel war eindeutig die NFL.

Als Dick Rehbein im Frühjahr 2000 in Ann Arbor eintraf, wusste er so gut wie nichts über Bradys Hintergrund oder was er in seinen fünf Jahren als Wolverine erlebt hatte. Rehbein ließ Brady ein Training absolvieren und war beeindruckt von der Schärfe seiner Bewegungsabläufe, seiner Konzentration und seiner Arbeitsmoral. In einem persönlichen Gespräch mit ihm spürte Rehbein, dass der Junge aus San Mateo, den alle liebevoll Tommy nannten, ein ungewöhnliches Maß an Reife und mentaler Stärke besaß. Seine Schlussfolgerungen wurden durch das bestätigt, was er von Bradys Trainern hörte. Lloyd Carr formulierte es am treffendsten: „Dieses Spiel ist ein Kampf. Tom Brady hat sich diesem Kampf mehr gestellt als jeder andere, den ich kenne."

Nach seiner Rückkehr von der Scouting-Reise sagte Rehbein zu seiner Frau Pam, dass die Leute eines Tages den Namen Tom Brady kennen würden.

Bill Belichick lernte den Namen Tom Brady im Frühjahr 2000 kennen. Er hatte seine Leistung beim Orange Bowl gesehen. Aber Belichick hatte Brady keine große Aufmerksamkeit geschenkt, bis Rehbein ihm sagte, dass er Brady mehr als jeden anderen Quarterback im Draft mochte.

Mehr als jeden anderen Quarterback im Draft?

Das war ein ziemlich großes Lob von einem Mann, der nicht für Übertreibungen bekannt war.

Rehbein hob die Führungsqualitäten Bradys hervor. „Tommy ist eindeutig der Richtige", sagte er zu Belichick. „Alle wollen ihm folgen."

Die Sicherheit in Rehbeins Stimme wirkte überzeugend.

„Er passt am besten in das System der Patriots", sagte er zu Belichick.

Belichick beschloss, genauer hinzusehen. Er sichtete alle verfügbaren Scouting-Berichte über Brady. Sie konnten in zwei Kategorien eingeteilt werden:

Vorteile: „Sehr ausgeglichen und gelassen … klug und aufmerksam … Kann Absicherungen erkennen."

Nachteile: „Sieht aus wie ein Hering … zart … mangelnde Beweglichkeit … kein wirklich starker Arm."

Belichick schaute sich auch Bradys Leistung beim NFL Scouting Combine an, wo er den 40-Meter-Lauf in 5,3 Sekunden absolvierte. Zum Vergleich: Zwischen 2000 und 2018 wurden insgesamt 308 College-Quarterbacks im 40-Yard-Lauf des NFL Combine gemessen. Dreihundertfünf von ihnen waren schneller als Tom Brady.

Doch ein Satz über Brady in einem Bericht, den der Experte Joel Buchsbaum von Pro Football Weekly vor dem Draft verfasst hatte, fiel Belichick auf: „Liefert ab in wichtigen Momenten und großen Spielen."

Belichick hielt Buchsbaum für einen soliden Analysten. Als Belichick Cheftrainer in Cleveland war, hatte er sogar versucht, Buchsbaum als Scout zu engagieren. Im Wesentlichen spiegelte Buchsbaums Analyse von Brady vieles von dem wider, was Rehbein sagte. Er merkte an, dass Brady „nicht das ist, was man in Bezug auf physische Statur, Stärke, Armkraft und Mobilität sucht, aber er hat die inneren Eigenschaften."

Die inneren Eigenschaften waren schwer zu messen, aber sie waren es, die die Großen oft auszeichneten. Und wenn es um Quarterbacks ging, gab es vielleicht keinen größeren inneren Wert, als die Fähigkeit, unter Druck Leistung zu bringen.

Belichick wusste nichts über Bradys Vorgeschichte oder was er in Michigan überwunden hatte. Er konnte sich nur auf das verlassen, was er sehen konnte. Je mehr Filme er von Brady sah, desto deutlicher wurde, dass der umso besser abschnitt, je größer die Bühne war. Der Orange Bowl 2000 war ein typisches Beispiel dafür. Im größten Moment seiner College-Karriere zeigte er seine beste Leistung: Er warf für 369 Yards und vier Touchdowns. In der Verlängerung, als alles auf dem Spiel stand, hatte Brady nicht einmal gezuckt.

Coolness unter Druck ist etwas, das man nicht lernen kann. Entweder ein Spieler hat es oder er hat es nicht. Aber es war eine absolut notwendige Eigenschaft für einen Quarterback, um in der NFL erfolgreich zu sein. Dick Rehbein dachte, Tom Brady hätte es. Belichick dachte, Rehbein könnte recht haben.

„Wir haben viel über seine Leistung in seinem letzten Jahr in Michigan gesprochen, als sie Henson einwechselten und es ein Problem gab, sodass sie Brady zurückholten", erinnerte sich Belichick. „Die meiste Zeit hat er das Problem behoben und das Team in eine Position gebracht, in der es gewinnen konnte. Die Art und Weise, wie er damit umgegangen ist, war gut, aber ich denke, noch besser war, was er aus den Chancen gemacht hat, die er hatte."

Dennoch brauchten die Patriots keinen Quarterback. Auf dieser Position waren sie zu dritt. Obwohl Brady so faszinierend erschien, war die ganze Analyse vor dem Draft wahrscheinlich umsonst. Der Draft würde erst in den sehr späten Runden stattfinden, bevor die Patriots an einen Quarterback denken könnten. Zu diesem Zeitpunkt, so dachte Belichick, würde Brady schon lange nicht mehr dabei sein.

Als der NFL Draft 2000 am 15. April im Madison Square Garden begann, versammelte sich Tom Brady mit seiner Familie vor dem Fernseher im Haus seiner Eltern in San Mateo. Alle waren aufgeregt. Es war schwer, nicht von der Möglichkeit zu träumen, dass Tom von den San Francisco 49ers gedraftet werden würde. Die Familie hatte Dauerkarten, seit Tom ein Baby war. Als Tom vier Jahre alt war, nahmen ihn seine Eltern zu seinem ersten 49ers-Spiel mit, am 10. Januar 1982. An diesem Tag schlug San Francisco Dallas im NFC-Meisterschaftsspiel, als Joe Montana und Dwight Clark den vielleicht berühmtesten Spielzug der Ligageschichte, „The Catch", vollführten. Für die NFL war dieses Spiel in mehr als einer Hinsicht ein Wendepunkt. Es beendete die Herrschaft der Cowboys als dominantestes Team in der NFC und markierte den Beginn der 49ers-Dynastie, die sich bis Mitte der Neunzigerjahre hinziehen sollte. Unabhängig davon katapultierte der dramatische Touchdown-Pass zu Clark in letzter Minute Montana zum Star.

Auch in den Überlieferungen der Familie Brady spielte der Catch eine wichtige Rolle. Tom Brady war zu jung, um sich an das Spiel zu erinnern, aber er hatte dabei buchstäblich einen Sitz in der ersten Reihe. Montana wurde sein Kindheitsidol. Als Brady in der Highschool war, war sein Lieblingsspieler der Nachfolger Montanas, Steve Young. Die Unterstützung für die 49ers war eine Familienangelegenheit im Hause Brady. Und wie jeder andere in der Bay Area wussten sie, dass San Francisco jetzt auf der Suche nach einem neuen Quarterback war.

Young hatte sich 1999 eine Verletzung zugezogen, die die Saison für ihn beendete, und es wurde erwartet, dass er kurz nach dem Draft 2000 seinen Rücktritt bekannt geben würde. Tommy im Trikot der Niners zu sehen, wäre ein wahr gewordener Traum, und die Familie Brady konnte nicht anders, als daran zu denken.

Brady hingegen wollte einfach nur begehrt werden. Er war auf der Suche nach einem Ort, an dem er einen Fuß in die Tür bekommen konnte, nach einer Mannschaft, die ihm die Möglichkeit gab, sich einen Job zu erarbeiten. Er sagte sich, dass er sich voll und ganz der Mannschaft widmen würde, die ihn auswählte.

Er sah schweigend zu, wie Chad Pennington von der Marshall University als erster Quarterback aufgerufen wurde. Bill Parcells und die New York Jets wählten in der ersten Runde Pennington, mit der achtzehnten Gesamtauswahl.

Die erste Runde zog sich über Stunden hin. Es wurden keine anderen Quarterbacks ausgewählt. Unruhig verließ Brady das Haus und ging zum Candlestick Park, um das Spiel der Giants gegen die Reds zu sehen.

Im War Room des Foxboro-Stadions warteten Bill Belichick und seine Mitarbeiter.

Aufgrund des Handels, den Robert Kraft getätigt hatte, um Belichick zu bekommen, hatten die Patriots keinen Erstrundenpick. Als sie schließlich in der zweiten Runde eine Auswahl treffen mussten, entschieden sie sich für einen Offensive Lineman, Adrian Klemm aus Hawaii.

Die 49ers hingegen hatten in den ersten beiden Runden vier Spieler ausgewählt. Sie verwendeten alle vier Optionen für Defensivspieler. Zu Beginn der dritten Runde entschied sich San Francisco für einen Quarterback. Mit der 65. Wahl wählten sie Giovanni Carmazzi aus, was eine von Bradys Schwestern zu der Frage veranlasste: „Wer ist das?" Carmazzi war ein hervorragender Athlet, der 1,90 Meter groß war und 108 Kilo wog. Er spielte bei Hofstra. Bill Walsh, der vor Kurzem in das Front Office der 49ers zurückgekehrt war, liebte Carmazzi. Walsh fand, er sei Steve Young sehr ähnlich, nur größer.

Tom Brady senior konnte nicht glauben, dass die Niners Carmazzi Tommy vorgezogen hatten. „Wir hatten 25 Jahre lang Dauerkarten für die 49ers und waren einfach verletzt", sagte Tom Brady senior. „Wir haben es irgendwie persönlich genommen."

Brady kam gerade von einem Baseballspiel zurück, als der erste Tag des Draft zu Ende ging. Er war niedergeschlagen. Er hatte nicht damit gerechnet, zur Top-Auswahl zu gehören, aber er hatte durchaus geglaubt, am ersten Tag ausgewählt zu werden.

Dick Rehbein war verblüfft. Er hatte nicht damit gerechnet, dass Brady am zweiten Tag des Drafts noch verfügbar sein würde. Auch Belichick war überrascht. An einem Punkt platzte Belichick sogar heraus: „Brady ist immer noch verfügbar", woraufhin alle im War Room der Patriots auf die Tafel des Teams blickten und feststellten, dass Belichick und sein Stab unter den verbleibenden Spielern, die für den Draft infrage kamen, Brady vor allen anderen platziert hatten.

Dennoch hat New England weiterhin Spieler für Positionen verpflichtet, auf denen das Team Defizite hatte. Ein Running Back. Ein Offensive Tackle. Ein Tight End. Ein Defensive Tackle. Doch als die New Orleans Saints in der sechsten Runde den Quarterback Marc Bulger aus West Virginia als 168. Auswählten, konnte Belichick nicht umhin, sein Erstaunen zu äußern.

„Brady ist noch im Rennen", sagte er. „Warum ist er noch da?"

Niemand in der Einsatzleitung hatte eine Antwort.

Für Belichick gab es nur ein Problem – die Tatsache, dass Michigan immer wieder versuchte, Brady durch Drew Henson zu ersetzen. Es signalisierte Belichick, dass sie Brady nicht wirklich als Stammspieler haben wollten. Er fragte sich, was das Problem war.

Robert Kraft konnte unterdessen nicht verstehen, warum Belichick so sehr auf einen Quarterback fixiert war.

Tom Brady war besorgt. Der Draft war bereits in der sechsten Runde, und er war immer noch nicht gewählt worden. Es sah immer mehr danach aus, dass ihn niemand nehmen würde.

Die Cleveland Browns waren eines der Teams, von denen er glaubte, dass sie wirklich Interesse an ihm haben könnten. Dwight Clark, der ehemalige 49ers-Spieler, der in Cleveland als Director of Football Operations tätig war, war auf der Suche nach einem Quarterback. Doch mit der 183. Wahl entschied sich Clark für Quarterback Spergon Wynn von der Texas State University.

„Ich verstehe das nicht", wetterte Tom. „Ich verstehe das einfach nicht."

Die Familie war am Boden zerstört. „Dwight Clark – unglaublich", sagte Tom Brady senior.

Brady konnte es nicht mehr ertragen.

„Ich muss hier raus", sagte er und stürmte davon.

Seine Eltern sahen besorgt zu, wie Tom nach oben in sein Zimmer ging, sich einen Baseballschläger schnappte, wieder herunterkam und zur Tür hinausging. Der Draft hatte ihm eine klare Botschaft vermittelt: Niemand wollte ihn.

Nach einiger Zeit machten sich Bradys Eltern auf die Suche nach ihm. Als sie ihn fanden, hatte er Tränen in den Augen. Galynn legte ihre Arme um ihn. Tom senior klopfte ihm auf die Schulter. Gemeinsam gingen sie mit ihm um den Block. Er hatte die Scouting-Berichte gelesen. Er wusste, was sie über ihn sagten. „Im Grunde genommen sagen sie, dass ich nicht wie ein NFL-Quarterback aussehe", sagte Brady.

Er war deprimiert und hatte eine einzige Frage, die ihn sehr beschäftigte: „Was soll ich mit dem Rest meines Lebens anfangen?"

Mit der 187. Wahl in der sechsten Runde wählten die Patriots einen Safety namens Antwan Harris. Zu diesem Zeitpunkt waren bereits sechs Quarterbacks ausgewählt worden, und Brady war immer noch im Rennen.

„Brady ist zu viel wert", sagte Belichick zu seinen Mitarbeitern. „Warum ist er noch da?"

Keiner im War Room der Patriots kannte Bill Belichick besser als Scott Pioli. Als Belichick immer wieder Fragen zu Brady stellte, wusste Pioli, dass Belichick davon überzeugt war, dass es da etwas gab.

„Was machen wir hier?", fragte Pioli mit Blick auf Belichick.

Der Standpunkt Dick Rehbeins war klar. Wenn es nach ihm gegangen wäre, hätte er Brady schon viel früher geholt.

Robert und Jonathan Kraft blieben stumm. Aber sie kannten die Analysen, die eindeutig zeigten, dass gute NFL-Quarterbacks nicht in der sechsten Runde gefunden wurden. Gute Quarterbacks wurden in den ersten Runden genommen. Außerdem hatten sie drei Quarterbacks im Kader.

Belichick hatte nur eine Sorge – die unerklärliche Tatsache, dass Michigan ihn anscheinend nicht wollte. Da die Uhr tickte, fand er sich mit der Tatsache ab, dass er die Antwort vielleicht nie erfahren würde. Alles, was er tun konnte, war zu bewerten, was er sehen konnte. Und was er sah, war, dass Brady in seinem letzten Jahr immer wieder ins Spiel kam und sein Team vor einer Niederlage bewahrte. Und das hatte er gegen die besten Mannschaften des Landes geschafft.

Belichick wandte sich an seinen persönlichen Assistenten, Berj Najarian, und sagte ihm, er solle sich mit Brady in Verbindung setzen.

Tom Brady stand noch immer niedergeschlagen im Garten, als bei ihm zu Hause das Telefon klingelte. Tom senior antwortete. Der Anrufer sagte, er sei von den New England Patriots.

Tom senior rannte zu seinem Sohn. Die Familie umringte ihn, als Tom den Hörer an sein Ohr hielt.

„Tom, hier ist Berj Najarian von den New England Patriots. Wir wollen Sie wählen. Ich übergebe an Bill."

Bevor Brady auch nur ein Wort sagen konnte, war Belichick in der Leitung. „Schön, dass Sie da sind", sagte er mit monotoner Stimme. „Ich freue mich darauf, Sie hierherzubringen. Wir werden hart arbeiten."

Brady versuchte zu sprechen, aber er war zu aufgeregt. Das Einzige, was er sagen konnte, war danke.

„Bis bald", sagte Belichick.

In weniger als dreißig Sekunden war der Anruf seines Lebens vorbei.

Tom Brady senior rannte los und ließ eine Flasche Champagner knallen. Umgeben von seinen Eltern und seinen Schwestern genoss Tom den Augenblick.

„Mit der 199. Wahl im Draft", verkündete der Commissioner, „wählen die New England Patriots Tom Brady."

Es fiel Brady schwer, seine Gefühle zu beherrschen.

Im War Room der Patriots sahen sich Robert und Jonathan Kraft ungläubig an. Sie fragten sich beide dasselbe: Warum stellen wir einen Quarterback ein?

17

AUFBAU DES KERNS

Als Bill Belichick im Jahr 2000 zu den New England Patriots kam, hatte das Team noch keine Identität. Das Team existierte seit vierzig Jahren, hatte aber noch nie eine Meisterschaft gewonnen. Robert Kraft rechnete damit, dass Belichick das ändern würde. Um ihm zum Erfolg zu verhelfen, gab Kraft Belichick viel mehr Freiraum als Parcells oder Carroll.

„Bevor man ein Team kauft, weiß man eigentlich gar nichts", erinnerte sich Kraft. „Du denkst, du weißt es. Aber das stimmt nicht. Parcells war ein guter Lernprozess für mich."

Kraft lernte unter anderem, wie wichtig es ist, die Entscheidungsbefugnis im Footballgeschäft an einen Cheftrainer zu delegieren, der in der Lage ist, wie ein General Manager zu arbeiten.

„In gewisser Weise war ich unfair gegenüber Pete Carroll", sagte Kraft. „Ich habe ihn behindert. Ich habe Bobby Grier das letzte Wort überlassen. Ich denke also, dass Pete mit den Personalentscheidungen nicht zufrieden war."

„Ich lernte noch", so Kraft weiter. „Als Parcells Trainer war, wusste ich, dass ich ihm nicht zutrauen konnte, langfristige Entscheidungen zu treffen. Damals vertraute ich Bobby Grier."

Das erste wirkliche Anzeichen dafür, dass sich die Dinge in New England ändern würden, gab es gleich nach dem Draft 2000, als Bill Belichick Bobby Grier feuerte. Grier war ein langjähriger Mitarbeiter der Patriots, der sich der Familie Kraft gegenüber immer loyal verhalten hatte.

„Das ist eine unangenehme Sache für mich", sagte Belichick in einer offiziellen Erklärung des Teams. „Ich erkenne an, dass Bobby Grier über viele Jahre hinweg Bedeutendes für die New England Patriots geleistet hat. Diese Entscheidung steht in keinem Zusammenhang mit einem bestimmten Ereignis, einer Leistung oder einer persönlichen Beziehung. Sie spiegelt eher mein allgemeines Gefühl wider, in Bezug auf die Struktur und die Arbeitsweise unserer Personalabteilung eine neue Richtung einzuschlagen."

Griers Entlassung war umstritten. Die New York Times berichtete: „Es gab einige schwarze Trainer, die sich darüber empörten, dass Grier, einer der wenigen schwarzen General Manager in der National Football League, nicht in Würde abtreten durfte."

Belichick ignorierte die Kritik. Seine Entscheidung, Grier zu entlassen, hatte nichts mit der Hautfarbe zu tun. Sie hatte etwas mit Kontrolle zu tun.

„Kraft hat mir versichert, dass ich alles haben werde, was ich brauche und will, um erfolgreich zu sein", hatte Belichick am Tag seiner Einstellung gegenüber der Presse erklärt. „Wenn ich das Gefühl hätte, dass jemand hierherkommt oder hier sein wird und viele Entscheidungen für mich trifft, dann würde ich nicht hier sitzen. Dieses Gefühl habe ich überhaupt nicht."

Belichick fügte hinzu: „Möchte ich eine Ehe mit jemandem eingehen, der mich bei Entscheidungen unterstützt? Möglicherweise. Es kommt darauf an. Wenn es die richtige Person ist, sicher. Wenn nicht, dann nicht. Aber ich habe das Gefühl, dass ich so oder so bei diesem Thema etwas zu sagen haben werde. Und das hat er [Kraft] mir gegenüber zum Ausdruck gebracht."

Obwohl Kraft Grier sehr mochte und schätzte, stellte er sich hinter Belichick. Kraft erkannte, dass Belichick seine eigene rechte Hand brauchte – jemanden, dem er vertraute – um ihm bei der Umsetzung seiner Vision zu helfen, damit er die besten Chancen hatte, ein erfolgreiches Team aufzubauen. Und dieser Mann war der 34-jährige Scott Pioli, den Belichick kannte, seit Pioli als Student an der Central Connecticut State University bei den New York Giants ausgeholfen hatte. Pioli war ein Workaholic, der Belichick nach Cleveland und dann zu den Jets folgte. Er verstand intuitiv, was Belichick von den Spielern erwartete, vor allem, wenn es um nicht greifbare Qualitäten wie Führung, Disziplin und Härte ging.

Das zweite Anzeichen dafür, dass sich die Dinge in New England ändern würden, zeigte sich, sobald Pioli in Foxborough angekommen war. In jener Woche entließ Belichick zwei der beliebtesten Spieler in der Geschichte der Patriots – Offensive Lineman Bruce Armstrong, der seit 13 Jahren dabei war, und Tight End Ben Coates, der seit neun Jahren zum Team gehörte. Beide hatten ihre gesamte Laufbahn in New England verbracht. Aber ihre besten Tage lagen hinter ihnen, und die Streichung ihrer Millionengehälter schuf Spielraum. New England hatte die dritthöchste Lohnsumme der Liga und lag 10,5 Millionen Dollar über der Gehaltsobergrenze. Bill Parcells war dafür bekannt, dass er altgedienten Spielern hohe Gehälter anbot. Das war ein Nebenprodukt seiner Loyalität gegenüber den Jungs, die lange Jahre für ihn gespielt hatten. Belichick hatte einen ganz anderen Ansatz.

Die Entscheidung, den Kader der Patriots zu verkleinern, ging tiefer als Belichicks Entschlossenheit, die Ausgaben für Spieler zu kontrollieren. Er wollte den größten Teil des Kaders erneuern. Seiner Einschätzung nach entsprachen nur etwa ein Dutzend der 53 Spieler auf der Gehaltsliste New Englands seiner Definition eines idealen Football-Spielers.

„Ein Viertel des Teams konnte den Konditionierungslauf nicht bestehen“, sagte Belichick. „Das war also kein guter Start. Ich glaube nicht, dass es in dieser Gruppe viel Engagement gab.“

Einige Tage nach dem NFL-Draft flog Brady nach Ann Arbor, holte sein Fahrzeug ab und fuhr nach Boston. Elf Stunden lang war der 22-Jährige allein unterwegs und hatte viel Zeit zum Nachdenken.

Das ist eine Chance, sagte er sich. Wenigstens wusste er, dass er kein Versicherungsvertreter werden würde. Er könnte seine ganze Aufmerksamkeit auf die Patriots richten. Es war eine Erkenntnis, die ihn über viele Dinge nachdenken ließ:

Wie mochte es sein in New England?

Wie waren die Patriots?

Wie würde Drew Bledsoe zu ihm stehen?

Wer war Bill Belichick, und wie würde es sein, für ihn zu spielen?

Brady wusste nicht, was ihn erwartete. Er wusste auch nichts über die Umstände, die Belichick nach Foxborough gebracht hatten, oder über den Rest der komplizierten Geschichte, die seiner Ankunft vorausgegangen war. Brady wusste nichts über Robert Kraft und was er auf sich genommen hatte, um das Team zu bekommen. Er wusste nicht einmal, dass ein neues Stadion in Planung war. Und er hatte keine Vorstellung davon, wie er in das Bild passen könnte. Er sagte sich einfach, dass er sich auf das Einzige konzentrieren müsse, was er kontrollieren könne – seinen Einsatz. Er war fest entschlossen, allen zu beweisen, dass er in die NFL gehörte, und konnte es kaum erwarten, mit der Arbeit zu beginnen.

„Ich hatte keinen Plan B", erinnerte sich Brady. „Ich wollte einfach nur Profi-Football spielen."

Als er auf dem Massachusetts Turnpike in Richtung Boston fuhr, drehte er sein Radio auf. Er hatte das Gefühl, dass es ihm in New England gefallen würde.

Belichick war davon überzeugt, dass er die Kultur in der Umkleidekabine völlig verändern musste, um die Patriots erfolgreich zu machen. Der erste Spieler, den er nach seiner Ankunft in Foxborough traf, war Linebacker Willie McGinest. McGinest war genau die Art von Führungskraft, die er wollte. Damals, als er noch Cheftrainer der Browns gewesen war, hatte Belichick McGinest verpflichten wollen. Er war sogar zur USC geflogen und hatte ihn interviewt. Während dieser Sitzung war McGinest verblüfft, wie viel Belichick über seinen Hintergrund wusste, einschließlich der Dinge, die McGinest in der Grundschule getan hatte. Belichick wusste sogar einiges über McGinests Vater.

Die Patriots wählten in diesem Jahr vor Cleveland aus, sodass Belichick nie die Chance hatte, McGinest auszuwählen. Aber er durfte ihn '96 trainieren, als Belichick zum Stab von Parcells in New England stieß. In diesem Jahr geriet McGinest in einen Streit mit einem Teamkollegen. Ein Defensive Lineman, der viel größer als McGinest war, schlug zuerst zu, und McGinest schlug mit voller Wucht zurück. Dieser Lineman legte sich nie wieder mit McGinest an. Niemand tat das. Belichick mochte solche Typen.

Als Belichick sich im Frühjahr 2000 mit McGinest traf, kam er gleich zur Sache. „Wir wollen dich wie Lawrence Taylor einsetzen", sagte Belichick zu ihm.

Diese sieben Wörter berührten und inspirierten McGinest. LT war sein Vorbild. Während seiner gesamten Highschool- und Collegezeit hatte McGinest versucht, dem legendären Linebacker der Giants nachzueifern. Außerdem wusste McGinest, dass Belichick Taylors Defensivkoordinator bei den Giants gewesen war und dass er Taylor für den besten Spieler hielt, den er je trainiert hatte. Belichicks Bereitschaft, McGinest mit Taylor in einen Topf zu werfen, brachte ihm sofort Loyalität ein.

Ohne ein abfälliges Wort über Pete Carroll zu verlieren oder auch nur darauf hinzuweisen, was unter der Amtszeit seines Vorgängers geschehen war, überzeugte Belichick McGinest davon, dass sich die Dinge in New England ändern würden. Jungs wie er und Linebacker Tedy Bruschi, Linebacker Ted Johnson und die Defensive Backs Lawyer Milloy und Ty Law waren die Kernspieler, die Belichick behalten und um die herum er das Team aufbauen wollte. Sie waren allesamt Defensivspieler, die mental stark, hartnäckig und wettbewerbsorientiert waren.

Der Sommer des Jahres 2000 war eine hektische Zeit für Robert und Jonathan Kraft. Während des Baues des neuen Stadions pendelten sie zwischen ihren Büros im Stadtzentrum und im Foxboro Stadium. Einige Tage nach der Ankunft der Neulinge zum Rookie-Minicamp kam Robert gegen fünf Uhr nachmittags im Stadion an. Als er die Treppe zu den Büros der Geschäftsführung hinaufging, begegnete er einem großen, schlanken Spieler, der einen Pizzakarton trug.

„Hey, Mr. Kraft", sagte der Spieler. „Ich bin Tom Brady."

„Ich weiß, wer Sie sind. Sie sind unsere Wahl in der sechsten Runde des Draft aus Michigan."

„Ja, das bin ich", sagte Brady, lächelte und sah Kraft in die Augen. „Ich möchte nur, dass Sie wissen, dass ich die beste Entscheidung bin, die Ihre Mannschaft je getroffen hat."

Sprachlos blieb Kraft stehen und starrte Brady an, während dieser die Treppe hinunterging, in sein Auto stieg und davonfuhr.

„Ich war einfach ein selbstbewusstes Kind", sagte Brady, als er sich viele Jahre später an diesen Moment erinnerte. „In Michigan hatte ich vor 110.000 Menschen gespielt. Es war ja nicht so, als käme ich von der

Middle Tennessee State. Ich war in einem großen Programm, in das viele Erwartungen gesetzt wurden und in dem man viel von mir zu sehen bekam."

Die Begegnung hinterließ bei Kraft einen solchen Eindruck, dass er nicht aufhören konnte, daran zu denken. Zwei Stunden später rief er Jonathan in seinem Büro in Boston an und berichtete ihm von dem Gespräch.

Jonathan war erstaunt. „Hat er sich eingebildet angehört?", fragte er.

Kraft zögerte. „Nein. Und weißt du was? Das wird sich verrückt anhören, aber die Art und Weise, wie er es sagte, brachte mich dazu, ihm zu glauben."

Einige Wochen später unterzeichnete Brady seinen Vertrag als Neuling. Der Anlass schien so unbedeutend, dass das Team eine einfache Erklärung in zwei Sätzen an die Presse herausgab: „Die New England Patriots haben heute die Verpflichtung von zwei Spielern der sechsten Runde aus dem Draft 2000 bekannt gegeben. Unterzeichnet haben Virginia Cornerback Antwan Harris und Michigan Quarterback Tom Brady."

Bei seiner ersten Mannschaftssitzung mit den Patriots-Spielern stand Belichick vor einem überfüllten Raum und begann zu sprechen. Ein paar Minuten später kam Linebacker Andy Katzenmoyer, die erste Wahl des Teams aus dem Vorjahr, mit Verspätung hereinspaziert. Anstatt sich hinten einen Platz zu suchen, ging Katzenmoyer nach vorne. Belichick hörte auf zu reden und starrte ihn an.

„Was machst du da?", fuhr Belichick ihn an.

„Tut mir leid, Trainer", sagte Katzenmoyer.

„Es tut dir leid?"

Katzenmoyer, der es nicht gewohnt war, dass man ihn herausrief, wusste nicht, was er sonst noch sagen sollte. Er setzte sich.

„Wir werden dieses Programm nicht damit beginnen, dass du immer dann reinkommst, wenn dir danach ist", fuhr Belichick ihn an. „Und jetzt raus hier!"

Die übrigen Spieler setzten sich auf. Der Raum war so still wie eine Leichenhalle.

Tom Brady erkannte sofort, dass er nicht mehr in Michigan war, und Bill Belichick war nicht Lloyd Carr. Im College war Brady von Katzenmoyer, einem hochdekorierten Spieler der Ohio State University, gesackt worden. Er hatte den Butkus Award gewonnen, der an den besten College-Linebacker der Nation verliehen wird. Doch der bullige Spieler sah verlegen aus, als er den Raum verließ.

Willie McGinest gefiel, was er sah. „Andy war ein guter Kerl", sagte McGinest. „Aber unter dem vorherigen Regime gab es so viel davon, dass die Jungs nicht diszipliniert waren. Jungs, die nicht zur Verantwortung gezogen wurden. Jungs, die sich nicht gegenseitig zur Verantwortung zogen. Man konnte zu spät zu einer Besprechung kommen. Man konnte ein Bußgeld bekommen. Aber ‚Okay, ich werde trotzdem spielen'. Ich hatte die Nase voll davon. Und wir hatten einige Jungs, die unreif waren, und Andy war einer von ihnen."

Katzenmoyers Entlassung machte eines sofort klar: Belichick interessierte sich nicht für die Leistungen der Spieler auf dem College oder dafür, wie berühmt sie waren oder ob sie in der ersten Runde gedraftet worden waren. In einer der nächsten Mannschaftssitzungen wiederholte er diesen Punkt, als er einen weiteren Draft der ersten Runde, Defensive Back Tebucky Jones, hervorhob. „Du läufst 4,43 bei der Combine", sagte Belichick zu ihm, „aber in Wirklichkeit läufst du eine 5,0, weil du nicht weißt, wo zum Teufel du hingehst."

Parcells pflegte die Spieler einzuschüchtern und lächerlich zu machen. Aber Belichick war anders. Niemand lachte, wenn er einen Spieler kritisierte. Seine Kritiken waren vernichtend. Und niemand war vor ihnen gefeit. Brady musste das schon früh lernen. Im Trainingslager nahm Belichick ihn hart ran.

„Ich kann das nicht ertragen!", schrie Belichick während eines Spieles, als Brady eine falsche Entscheidung traf. „Machs noch mal. Nimm dich zusammen und machs noch mal, Brady!"

Je mehr Belichick mit ihm schimpfte, desto härter arbeitete Brady.

Jeden Sommer nahm die Pro Football Hall of Fame in Canton, Ohio, eine neue Klasse von Mitgliedern auf. Im Anschluss an die Einführungszeremonie fand ein Pre-Season-Spiel statt, nach dem die neue NFL-Saison begann. Am 30. Juli 2000 wurden Joe Montana und

Ronnie Lott aufgenommen, die beiden Anführer des Teams der San Francisco 49ers, das in den 80er-Jahren vier Superbowls gewann. Am nächsten Abend spielten die 49ers gegen die Patriots im jährlichen Hall of Fame-Spiel.

Dieses Spiel hatte keinen Einfluss auf die Tabelle. Aber Brady hatte noch eine Rechnung offen. Die 49ers hatten ihn beim Draft übersprungen, und er wollte ihnen zeigen, dass sie einen Fehler begangen hatten.

An der gegenüberliegenden Seitenlinie beobachtete Joe Montana den jungen Quarterback Giovanni Carmazzi beim Aufwärmen. Carmazzi gab zu Protokoll, wie geehrt er sich fühle, der potenzielle Erbe von Montana und Young zu sein.

Die Niners hatten hohe Erwartungen an ihn. „Der Junge hatte alle Voraussetzungen", sagte 49ers-Cheftrainer Steve Mariucci. „Er war schnell. Er war sportlich. Er war stark. Er war klug."

Belichick und die Patriots hingegen hatten kaum Erwartungen in Brady gesetzt. Sie wollten nur herausfinden, ob er es in den Kader schaffen würde. Der gesamte Druck, gute Leistungen zu erbringen, wurde von Brady selbst erzeugt.

Die ersten beiden Male, als sich Carmazzi zum Passen zurückfallen ließ, setzte New England ihn heftig unter Druck und sackte ihn beide Male. Jedes Mal wurde er hart getroffen, und die Treffer verunsicherten ihn. Am Ende brachte er nur drei seiner sieben Pässe bei insgesamt 19 Yards an. „Es wurde im ersten Spiel der Vorsaison deutlich", sagte Mariucci, „die Bühne war vielleicht ein bisschen zu groß. Das Licht vielleicht ein bisschen zu hell für ihn."

Als Mariucci Carmazzi aus dem Spiel nahm, wirkte er benommen und überwältigt.

„Wenn du auf dem Feld stehst und das andere Team dir den Kopf abschlagen will, musst du mental und emotional damit umgehen können", sagte Mariucci. „Manchen gelingt das. Und manche macht es sehr nervös, und sie verlieren etwas von ihrem Selbstvertrauen. Bis heute glaube ich, dass Gio in einem Vorsaisonspiel gegen die Patriots mit dem falschen Fuß aufgestanden ist, und ich glaube, dass sich einige Zweifel eingeschlichen haben."

Belichick sah an diesem Tag dasselbe in Carmazzi, was Mariucci sah. Belichick sah auch, dass Brady mit großer Gelassenheit spielte und einige schwierige Pässe anbrachte. Die Hauptsache war, dass er keine Angst davor hatte, in der Pocket zu stehen.

„Wir sind mit dem Gefühl aus dem Spiel gegangen, dass wir den richtigen Mann genommen haben", sagte Belichick.

Giovanni Carmazzi bestritt nie ein reguläres Saisonspiel für die 49ers. Nach zwei Spielzeiten wurde er entlassen.

Am Ende der Vorsaison musste Belichick seinen Kader auf 53 Spieler verkleinern. Er stand vor einer Entscheidung, die zu diesem Zeitpunkt kaum bedeutsam schien: ob er Tom Brady entlassen sollte. Die Patriots hatten bereits drei gesunde Quarterbacks. Die meisten NFL-Teams hatten in der regulären Saison zwei. Einige Teams hatten drei. Es war jedoch ein Novum, dass ein Team vier gesunde Quarterbacks hatte. Die Plätze auf der Liste waren einfach zu wertvoll.

Aber Belichick war überzeugt, dass Brady eine Ausnahme wert war. Er arbeitete außergewöhnlich hart und war sehr wettbewerbsorientiert. Außerdem war Belichick der Meinung, dass Brady in Spielsituationen – insbesondere in engen Spielen gegen gute Gegner – mit Druck umgehen konnte. Belichick wollte Brady nicht entlassen und riskieren, dass ein anderes Team ihn holte. Also gab er dem Neuling aus Michigan den letzten Platz im Kader und sagte ihm, er solle Zeit im Kraftraum verbringen, um stärker zu werden.

„Schau", sagte Belichick zu ihm, „du bist dünn. Du hast nicht genug Kraft im unteren Körperbereich, um den Ball zu bewegen."

Brady nahm das alles hin.

„Ich war nicht bereit", sagte Brady. „Ich war von allem überwältigt. Profi-Football ist ganz anders als College-Football. Es gab verschiedene Verantwortlichkeiten. Unterschiedliche Erwartungshaltungen."

Zu Beginn der Saison 2000 stand Bill Belichick mehr als jeder andere unter Druck. In seinen fünf Saisons als Cheftrainer der Browns hatte er eine Bilanz von 37-45. In der NFL gibt es das Sprichwort, dass ein Cheftrainer einmal scheitern darf. Ein Trainer, der mit zwei Mannschaften scheitert, ist erledigt. Belichick war Kraft sehr dankbar, dass er ihm eine zweite Chance gab. Aber er war sich bewusst, wie sehr Kraft unter Beschuss geraten war, weil er ihn eingestellt hatte.

„Eine Nummer eins [im Draft Pick] aufzugeben, ist meiner Meinung nach sehr viel", sagte NFL-Analyst Ron Jaworski damals. „Belichick ist einer der besten Defensivtrainer der Welt, aber als Cheftrainer hat er nicht viel bewiesen. Ich denke, dass es andere qualifizierte Trainer gibt, sodass man nicht auf eine Nummer eins verzichten muss."

In den nationalen Medien war Jaworski mit seiner Meinung nicht allein. „Ich bin in gewisser Weise überrascht, dass Kraft sich auf den Deal eingelassen hat, und das zum Preis einer Nummer eins", sagte der Fernsehmann John Dockery. „Eine Nummer eins ist ein sehr hoher Preis, besonders für einen Assistenztrainer." Der Kolumnist der New York Post, Steve Serby, ging sogar so weit, Kraft zu verspotten, indem er schrieb: „Bill Parcells hat Bob Kraft mit Freundlichkeit geblendet und wird noch lachen auf seinem Weg zur Tür." Vor allem in New England waren sich die Sportjournalisten einig, dass Parcells Kraft „verarscht" hatte und dass Belichick nicht, wie es ein Patriots-Schreiber formulierte, „den Tarif wert war, den die Patriots an Parcells gezahlt haben."

Belichick hatte einen schweren Start. Ein Monat verging, bis er endlich seinen ersten Sieg errang. Nach zehn Wochen lag New England bei 2 : 8, und als sich die Niederlagen häuften, musste Kraft in den Medien Prügel einstecken. Die Pessimisten sagten alle dasselbe: „Wir haben es euch ja gesagt."

Tom Brady verbrachte die Saison 2000 in Ehrfurcht. „Als ich hierherkam", sagte Brady, „gab es all diese herausragenden Spieler. Bruschi. Law. Milloy. Ich habe nur versucht, mich anzupassen."

Der bedeutendste Spieler von allen war Drew Bledsoe. Und niemand trug mehr als Bledsoe dazu bei, dass Brady sich einfügen konnte. Vom ersten Tag an setzte Bledsoe alles daran, dass Brady sich willkommen fühlte. Da Bledsoe wusste, dass Brady Single war, lud er ihn oft zu sich nach Hause ein, wo er von Bledsoes Frau Maura bekocht wurde. Nach dem Abendessen schlugen Bledsoe und Brady im Hinterhof Golfbälle. Brady wurde so etwas wie ein Teil der Familie Bledsoe.

„Wir hatten eine großartige Beziehung“, sagte Brady. „Er war ein großartiger Familienvater und ein großartiger Freund. Er war ein Beispiel für mich. Aber wir haben nicht konkurriert, weil jeder wusste, dass er in der Startmannschaft stehen würde.“

Auch der Punter Lee Johnson nahm Brady unter seine Fittiche. Wie Bledsoe hatte auch er einen Spind neben dem von Brady. Als Johnson Brady zum ersten Mal sah, trug der Rookie eine übergroße kakifarbene Hose und ein ausgebeultes Hemd, sein Haar war verfilzt, und er sah viel zu mager aus, um in der NFL zu überleben. Dann beobachtete Johnson ihn auf dem Übungsplatz. Seinc Füße waren langsam, und seine Pässe verfehlten ihr Ziel. Johnson wandte sich an den Kicker Adam Vinatieri und sagte: „Oh, Mann, wer ist dieser Typ?“

Johnson war bereits seit mehr als 15 Jahren in der Liga tätig. Brady gefiel es, dass er immer ein Lächeln im Gesicht und eine ansteckend positive Einstellung zu allem hatte. Außerdem wusste Brady, dass Johnson an der Brigham Young University College-Basketball gespielt hatte, sodass sie etwas gemeinsam hatten. Brady war von der BYU umworben worden und verfolgte das Programm. Als sie sich mit dem Thema befassten, entdeckten sie, dass sie eine weitere Verbindung hatten: Johnson und Steve Young waren auf dem College Teamkollegen gewesen und hatten vier Jahre lang zusammengewohnt. Young blieb einer der engsten Freunde Johnsons.

„Im Ernst?“, fragte Brady. „Ich liebe Steve Young. Er war mein Lieblingsspieler. Er und Joe. Ich habe Steves Spiel geliebt.“

Brady begann, Johnson eine Menge Fragen zu stellen. Da er wusste, dass Johnson vor seinem Wechsel zu den Patriots für drei andere Teams gespielt hatte – darunter zehn Jahre in Cincinnati –, war er neugierig.

„Wie ist es, in der NFL zu sein und so viel herumzureisen?“, fragte Brady ihn eines Tages.

„Es ist eine verrückte, faszinierende Zeit“, sagte Johnson zu ihm. „Meine Frau liebt es. Meine Kinder lieben es.“

„Wie viele Kinder hast du?“

„Fünf.“

„Du hast fünf Kinder?“

Johnson lächelte. Er war Mormone, und er wusste, dass Brady Katholik war – zwei Religionen, die für große Familien bekannt sind. „Ich sag dir was, Bro", sagte Johnson zu Brady. „Wir haben euch geschlagen."

Brady lachte. „Wie funktioniert das?", fragte er.

Es war eine ernste Frage, die Johnsons Blick auf Brady veränderte.

„Tom war aufrichtig an mir als Person interessiert", sagte Johnson. „Er stellte mir die Art von Fragen, die viele Leute nie gestellt haben. Und das hat mich beeindruckt. Ich war verheiratet und hatte Kinder, und er wollte wissen, wie es ist, Football und Familienleben unter einen Hut zu bringen. Dies waren Dinge, über die er nachdachte. Lebensfragen. Die Dinge, die wirklich wichtig sind."

Die Patriots belegten im Jahr 2000 den letzten Platz. Das Team schloss mit 5:11 ab und erzielte damit die schlechteste Bilanz, seit Kraft die Mannschaft erworben hatte. Von außen betrachtet, schienen all die Vorhersagen, dass Belichick nicht das Zeug zu einem erfolgreichen Cheftrainer habe, zuzutreffen. Doch Kraft ließ sich von den Kritikern nicht beeinflussen. Er verbrachte viel Zeit in der Umkleidekabine und sah, dass sich das Umfeld verändert hatte. Es bildeten sich Führungspersönlichkeiten heraus, und ein Sinn für Disziplin setzte sich durch. Als die Behörden in New York nach dem letzten Saisonspiel in Buffalo eine kleine Menge der illegalen Droge Ecstasy im Gepäck von Ty Law entdeckten, griff Belichick hart durch und suspendierte seinen Star-Verteidiger für das letzte Spiel. Die Suspendierung kostete Law fast 100.000 Dollar Gehalt. Sie vermittelte auch eine Botschaft.

Kraft mochte Law sehr. Aber noch mehr gefiel ihm, dass Belichick Grenzen setzte. „Meiner Meinung nach war es eine schlechte Entscheidung [von Law]", sagte Kraft dem Boston Globe. „Wenn wir jemanden unter einen großen Vertrag nehmen, machen wir deutlich, was wir erwarten … Wir versuchen, auf dem Spielfeld und außerhalb des Feldes für etwas zu stehen."

Krafts Vertrauen in Belichick war unerschütterlich.

Belichick hielt sich derweil nicht mit der Bilanz von 5-11 auf. Unmittelbar nach Saisonende traf er sich mit einer Reihe von Spielern, die er als entscheidend für die Zukunft ansah. Willie McGinest war einer derjenigen, die einberufen wurden. Bevor sie in der

Saisonpause getrennte Wege gingen, richtete Belichick einen einfachen Appell an ihn. „Hör mal, vertrau mir", sagte Belichick zu McGinest. „Ich stelle den Kern zusammen."

„Es gab eine Gruppe von Männern, die Belichick als die Kerngruppe ansah", erklärte McGinest. „Unsere Bilanz im Jahr 2000 war uns egal, weil wir nur ein durchschnittliches Football-Team waren, als Belichick kam. Was uns interessierte, war, was innerhalb der Umkleidekabine aufgebaut wurde. Wir wussten, dass wir auf dem richtigen Weg waren. Der Football-Teil bestand in der Suche nach einem prototypischen Spieler, der zu Bills Vision passte."

McGinest war so motiviert, dass er die Nebensaison damit verbrachte, Spieler zu rekrutieren, die nach New England kommen sollten. Sein Hauptziel war sein Freund Roman Phifer, ein harter, stürmischer Linebacker, der bereits neun Spielzeiten in der Liga verbracht hatte. McGinest und Phifer trainierten in der Nebensaison gemeinsam in Südkalifornien. Als Free Agent sprach Phifer darüber, wie sehr er sich einen Superbowl-Ring wünschte. Er wollte sich den Oakland Raiders anschließen, die in jenem Jahr 12:4 standen und es bis zum AFC Championship Game geschafft hatten. Und sie hatten mit Jon Gruden einen großartigen jungen Cheftrainer. Die meisten Experten sahen sie als Favorit auf den Superbowl-Sieg 2001.

„Du solltest dir New England ansehen", sagte McGinest eines Tages beim Gewichtheben zu Phifer.

Phifer biss nicht an.

„Wir sind dabei, etwas Besonderes auf die Beine zu stellen", so McGinest weiter.

„Mann, ich weiß nicht", sagte Phifer.

Phifer wollte McGinest nicht beleidigen. Doch in seinen neun Jahren in der Liga hatte Phifer noch kein einziges Play-off-Spiel gewonnen. Er war es leid, für Verlierer zu spielen.

McGinest wusste, dass Phifer hoffte, in Oakland zu unterschreiben. Er verstand auch den Reiz daran. Dennoch bestand er darauf, dass Phifer zumindest Belichick in Betracht ziehen sollte, bevor er bei Gruden unterschrieb.

„Hör zu, triff dich mit Bill", sagte McGinest zu seinem Freund. „Vertrau mir."

18

INNERHALB EINES AUGENBLICKS

Im Alter von 29 Jahren hatte Drew Bledsoe acht Saisons bei den Patriots gespielt. In dieser Zeit hatte er sich mit 4.452 Versuchen, 2.504 Abschlüssen und 29.257 Yards als der führende Passer der Mannschaft etabliert. In der Geschichte der NFL hatte nur Dan Marino in seinen ersten acht Saisons mehr Yards geworfen.

Mit jedem Jahr, das verging, wuchs Robert Krafts Zuneigung zu Bledsoe. Bledsoe entwickelte sich nicht nur zu einem der besten Quarterbacks des Spieles, sondern war auch das Gesicht von Krafts Franchise und wurde in ganz New England geliebt. Er folgte auch voll und ganz Krafts Engagement in Philanthropie und Wohltätigkeit. Es bedeutete Kraft sehr viel, dass sein größter Star ein so großartiger Botschafter für die Patriots war.

Kraft glaubte, dass Bledsoe auf dem besten Weg war, neben Ted Williams, Bill Russell, Larry Bird und Bobby Orr als eine der größten Sportikonen Bostons in die Geschichte einzugehen. Williams, Russell und Bird hatten ihre gesamte Laufbahn in Boston verbracht. Orr hatte seine letzten beiden Saisons in Chicago gespielt, und das hatte sich für Kraft nie richtig angefühlt. Tradition und Loyalität waren ihm sehr wichtig, und er war denjenigen treu ergeben, die ihm und der Organisation treu waren. All dies trug zu seiner Entscheidung bei, Bledsoe am Ende der Saison 2000 mit dem größten Vertrag in der NFL-Geschichte zu belohnen – einer Verlängerung um zehn Jahre im Wert von 103 Millionen Dollar. Er und Bledsoe verstanden sich so gut, dass sie den Vertrag in einer Reihe von Einzelgesprächen aushandelten.

Am 7. März 2001 lud Kraft Belichick ein, sich ihm und Bledsoe auf einer Pressekonferenz im Fleet Bank Building in der Bostoner Innenstadt anzuschließen, auf der Kraft Bledsoes neuen Blockbuster-Vertrag bekannt gab. „Ich weiß noch, wie traurig ich war, als Bobby Orr ging", sagte Kraft der Presse. „Ich sah dies als eine Gelegenheit, einen der größten Patriots für den Rest seiner Karriere unter Vertrag zu nehmen."

Bei Ablauf von Bledsoes neuem Vertrag, so rechnete Kraft vor, wäre der Quarterback der Patriots 39 Jahre alt und hätte 18 Spielzeiten in New England verbracht. „Ich denke, das ist nur angemessen", sagte Kraft. „Weil er hierherkam und Teil der Wiederauferstehung des Football in der Region New England war."

Bledsoe hätte nicht glücklicher sein können. „Ich habe im Laufe der Jahre immer wieder den Wunsch geäußert, meine gesamte Karriere für die New England Patriots zu spielen", sagte Bledsoe, während Kraft und Belichick zuschauten. „Ich freue mich, dass dies mit diesem Vertrag eine sehr reale Möglichkeit zu sein scheint."

Belichick war weder direkt an Bledsoes Vertrag noch an der Entscheidung beteiligt, ihn zum bestbezahlten Spieler der Liga zu machen. Aber er verstand die Situation. Krafts Verbundenheit mit Bledsoe war offensichtlich, ebenso wie die Tatsache, dass Bledsoes Wert für die Mannschaft über seinen Arm hinausging. Mit dem Bau des neuen Stadions in Foxborough stand die Mannschaft unter enormem finanziellem Druck, alle Karten für die Clubplätze und Luxuslogen zu verkaufen, und Bledsoe war der größte Anziehungspunkt.

Wochen, nachdem Bledsoe seinen neuen Vertrag unterzeichnet hatte, nahm Kraft ihn zum Richtfest mit, einer Tradition im Baugewerbe, die die Fertigstellung der inneren Struktur eines neuen Gebäudes markiert. Mehr als dreihundert Bauarbeiter in Schutzhelmen und Stahlkappenstiefeln skandierten „Drew, Drew, Drew", als Bledsoe einen 42 Fuß langen Stahlträger mit einem Gewicht von fast 6.000 Pfund signierte. Es war der letzte Balken, der im neuen Stadion aufgestellt wurde.

Auch Kraft signierte den Balken. Dann lud er Commissioner Paul Tagliabue ein, ein paar Worte zu sagen.

„Ich bin vor zehn Jahren hierhergekommen, um für die Notwendigkeit eines neuen Stadions zu werben", sagte Tagliabue vor einer

Gruppe von Offiziellen und Geschäftsleuten. „Man nannte mich ‚einen guten Mann, der auf einem Irrweg ist'. Nun, wie sich herausgestellt hat, war ich ein guter Mann und hoffentlich auf dem richtigen Weg. Es geht nicht nur um ein neues Stadion. Dies wird die Heimat eines zukünftigen Superbowl-Champions sein."

Während alle jubelten, zeigte Kraft auf Bledsoe und lächelte, um zu signalisieren, dass er derjenige sein würde, der sie als Quarterback zur Meisterschaft führen würde. Bledsoe konnte es nicht erwarten. Die Eröffnung des neuen, hochmodernen Stadions mit 68.000 Plätzen war für den Beginn der Saison 2002 geplant.

Belichick konzentrierte sich auf die bevorstehende Saison 2001, und sein Schwerpunkt lag auf der Erneuerung des Kaders. Er begann mit dem Draft, bei dem er sich in der ersten Runde für den herausragenden Defensive End Richard Seymour aus Georgia und in der zweiten Runde für den Left Tackle Matt Light von der Purdue entschied. Beide waren Spieler, von denen Belichick glaubte, dass sie einen sofortigen Einfluss haben könnten, der eine als Pass Rusher, der andere zum Schutz von Bledsoe's blinder Seite.

Gleichzeitig trennte sich Belichick von einer Reihe von Spielern und lehnte es ab, andere erneut zu verpflichten, die für die Free Agency infrage kamen. Jeder, dessen Leistung auf dem Spielfeld nicht mit seinem Gehalt übereinstimmte, war weg. Belichick lehnte es zum Beispiel ab, den Nose Tackle Chad Eaton erneut zu verpflichten, der daraufhin einen Bonus von 3,5 Millionen Dollar erhielt, um nach Seattle zu gehen. In der Offseason 2000 nahm Belichick 18 neue Spieler unter Vertrag, deren Jahresgehälter unter denen von Eaton lagen.

Bei den Spielern, die Belichick durch Trades und Free Agency ins Team holte, handelte es sich um erfahrene Veteranen, von denen viele Defensivspieler waren. Zu ihnen gehörten Linebacker Mike Vrabel, Linebacker Larry Izzo, Linebacker Bryan Cox, Defensive Lineman Anthony Pleasant und Linebacker Roman Phifer, der den Rat seines Freundes Willie McGinest befolgt hatte, sich mit Belichick traf und sich für die Patriots statt für die Raiders entschieden hatte. Diese fünf Spieler hatten mehr als vierzig Jahre Erfahrung in der NFL, aber nicht einer von ihnen hatte jemals eine Meisterschaft gewonnen. Sie kamen in Foxborough an, hungrig und entschlossen, alles zu tun, um einen Titel nach New England zu holen.

Belichick traf auch einige wichtige Personalentscheidungen auf der Quarterback-Position, die seine Überzeugung widerspiegelten, dass Tom Brady ein einzigartiges Talent war. Zunächst entließ Belichick beide Ersatz-Quarterbacks und verpflichtete mit dem Free Agent Quarterback Damon Huard einen erfahrenen Veteranen, der in Miami hinter Dan Marino gespielt hatte. Aber er behielt auch Brady und war entschlossen, ihn in einem Kopf-an-Kopf-Rennen gegen Huard um die Position der Nummer zwei hinter Bledsoe antreten zu lassen.

In der Nebensaison wanderten die meisten Spieler in andere Landesteile ab. Doch anstatt nach Kalifornien zurückzukehren, verbrachte Brady seine erste Offseason in Foxborough und ließ sich praktisch im Stadion nieder. Tagsüber stemmte er Gewichte im Kraftraum, lief im Stadion Treppen oder machte Passübungen. Wenn er nicht trainierte, studierte er in einem engen Raum, den die Trainer als „Kerker" bezeichneten, Filmmaterial. Im Frühjahr und Sommer 2000 verbrachte Brady Hunderte von Stunden allein in diesem Raum. Es war nicht ungewöhnlich, dass Assistenztrainer oder Mitarbeiter ihn abends um zehn oder elf Uhr dort antrafen.

„Warum bist du hier?", fragte ihn einer der Trainer eines späten Abends.

„Ich versuche nur, zu lernen", sagte Brady.

Seine Antwort veranlasste den Trainer, den Kopf zu schütteln und zu lachen.

Als Senior Vice President und Chief Operating Officer des Teams verbrachte Andy Wasynczuk im Sommer viel Zeit im Stadion. Gelegentlich unterhielt er sich mit den Assistenztrainern. Eines Morgens fingen sie an, über Brady zu reden. „Dieser Junge ist ein Knaller", sagte einer zu Wasynczuk. „Wir finden ihn ständig im Filmraum."

Wasynczuk hatte nie verstanden, warum Belichick Brady ausgewählt hatte. Er war sogar noch überraschter, dass Brady es als Neuling ins Team geschafft hat. Aber Wasynczuk konnte nicht umhin zu bemerken, dass der Junge extrem hart arbeitete. „Das Engagement, das er an den Tag legte, war ziemlich ungewöhnlich", sagte Wasynczuk. „Da sitzt ein Quarterback aus der vierten Reihe und schaut sich Filme an, studiert Tendenzen und sucht nach Möglichkeiten, sich zu verbessern. Niemand sonst tat so etwas."

Eines Nachmittags im Sommer war Brady allein im Quarterback-Raum, als er das Notizbuch von Trainer Dick Rehbein auf dem Tisch entdeckte. Auf dem Umschlag stand „QUARTERBACKS". Neugierig öffnete Brady es und blätterte die Seiten durch, bis er Rehbeins Beurteilung über sich fand:

Langsam im Lesen. Langsam im Reagieren. Gibt den Ball nicht rechtzeitig ab. Muss alles schneller machen.

Und so ging es weiter. Brady starrte auf die Worte. Er hätte die Kritik persönlich nehmen oder sie abtun können. Aber er verehrte Rehbein. Ohne ihn wäre Brady kein Patriot gewesen. Rehbein war derjenige, der sich bei Belichick so leidenschaftlich für ihn eingesetzt hatte. Einer der Gründe, warum Brady sich so sehr anstrengte, war sein Wunsch, Rehbein dafür zu belohnen, dass er an ihn geglaubt hatte.

Er klappte Rehbeins Notizbuch zu und legte es dorthin zurück, wo er es gefunden hatte. Wenn es das war, was sein Trainer von ihm dachte, musste Brady seine Arbeit besser machen. Er begann damit, mehr Übungen in sein Trainingsprogramm aufzunehmen. Er verbrachte mehr Zeit damit, das Spielbuch zu studieren. Er intensivierte auch sein körperliches Training.

Nichts davon entging Belichick, der als einziger mehr Zeit im Stadion verbrachte als Brady. Zusätzlich zu dem, was seine Assistenztrainer ihm sagten, beobachtete Belichick auch, dass Brady viel im Kraftraum war. Als das Trainingslager Ende Juli eröffnet wurde, hatte Brady bereits 15 Pfund zugenommen, das meiste davon waren Muskeln. Im Gegensatz zu Rehbein hat Belichick Brady nicht gelobt. Aber er merkte sich, dass Brady nicht nur stärker aussah, sondern auch sicherer in seinen Entscheidungen war. Seine Reaktionszeit war schneller. Und er konnte besser lesen.

In den ersten beiden Wochen des Trainingslagers 2001 übertraf Brady den Veteranen Damon Huard, den Belichick ursprünglich als Quarterback Nummer zwei vorgesehen hatte, deutlich. Bradys Spiel änderte Belichicks Meinung schnell.

Rehbein war begeistert und ermutigte Brady weiter. Dann, am 6. August, erschien Rehbein nicht zum Camp. Am Vortag war er ins Krankenhaus eingeliefert worden, nachdem er auf einem Laufband einen Blackout erlitten hatte. Ein Test ergab, dass seine Bewusstlosigkeit durch ein bereits bestehendes Herzleiden verursacht worden war. In dieser Nacht rief Rehbein den Assistenztrainer Charlie Weis an und versicherte ihm, dass er am nächsten Tag wieder zur Arbeit kommen würde. Doch am nächsten Morgen, nachdem er sich einem Stresstest unterzogen hatte, wurde Rehbein während der Erholungsphase ohnmächtig und erlangte das Bewusstsein nicht mehr zurück. Die Todesursache war Kardiomyopathie. Er war 45.

Die schockierende Nachricht warf einen Schatten auf das gesamte Team. Belichick brach das Training am Nachmittag ab. Vor allem Brady war untröstlich. An diesem Abend ging er zu Bledsoes Haus. Die beiden trauerten gemeinsam bis weit nach Mitternacht. Es war schwer, sich mit der Tatsache abzufinden, dass ihr Quarterback-Coach plötzlich weg war.

An einem der letzten Tage des Trainingslagers tat Belichick etwas Bemerkenswertes – er hob Brady nach einer besonders beeindruckenden Serie von Spielzügen hervor.

„Genau so“, sagte Belichick. „Gut! So kann man es machen, Brady.“

Ermutigt drehte sich Brady um und ging auf ihn zu.

„Das ist die beste Serie, die du in diesem Camp hattest“, sagte Belichick zu ihm.

Es war eine seltene Äußerung, die andeutete, was Belichick insgeheim dachte – dass Dick Rehbein recht gehabt hatte, als er im Frühjahr 2000 aus Ann Arbor zurückkehrte und sagte: „Er passt am besten in das System der Patriots.“ Obwohl Brady sich noch nicht in Spielsituationen bewährt hatte, wurde Belichick durch die Tatsache ermutigt, dass der junge Spieler so formbar war. Er wollte wirklich gecoacht werden. Er reagierte positiv auf konstruktive Kritik. Und er machte denselben Fehler nie zweimal.

Da die Patriots die Saison 2001 in Cincinnati eröffnen sollten, traf sich Belichick am Vorabend der Eröffnung mit Robert Kraft. Jonathan

Kraft und Scott Pioli kamen dazu. Belichick informierte Kraft über den Status des Teams. Robert Kraft stellte viele Fragen, und Belichick erläuterte die Bereiche, in denen sich das Team seiner Meinung nach noch verbessern musste. Gegen Ende der Sitzung sah Belichick den Besitzer an und sagte: „Du solltest wissen: Wenn ich an diesem Wochenende den besten Quarterback des Football-Teams aufstellen sollte, dann würde ich Tom Brady nehmen. Nicht Drew Bledsoe."

Belichick führte das nicht weiter aus. Kraft bat ihn auch nicht darum. Er hatte gerade Bledsoe mit einem rekordverdächtigen Vertrag neu verpflichtet. Bledsoe war einer der zwei oder drei talentiertesten Quarterbacks in diesem Spiel. Brady hingegen war ein unerprobter Ersatzspieler, der seine erste Saison in der Trainingsgruppe verbracht hatte. Es war schwer, Belichicks Kommentar für ernst zu nehmen. Kraft wusste jedoch sehr wohl, dass Belichick kein Mann war, der zu Übertreibungen neigte. Warum, so fragte sich Kraft, hat er das dann gesagt?

New England verlor mit 23:17 in Cincinnati und startete daher mit 0:1 in die Saison. Zwei Tage später entführten Terroristen vier Flugzeuge und flogen zwei davon in das World Trade Center in Lower Manhattan, eines in das Pentagon in Washington und eines in ein Feld in Pennsylvania. Plötzlich schien Football unwichtig zu sein.

An diesem Abend versammelten sich viele Spieler der Patriots bei Drew Bledsoe zu Hause. Keiner wusste, was er sagen sollte. Einer ihrer Mannschaftskameraden, Center Joe Andruzzi, war der Sohn eines New Yorker Polizisten, und alle drei Brüder Andruzzis waren Feuerwehrleute in New York City. Sie waren im Dienst, als die Zwillingstürme einstürzten. Einer von Andruzzis Brüdern war in Turm I gewesen. Er hatte es gerade noch lebend heraus geschafft. Einigen seiner Kameraden war das nicht gelungen.

Bledsoes Teamkollegen fragten sich, was die Zukunft bringen würde, und hingen bis nach Mitternacht in seiner Wohnung herum. Brady blieb schließlich über Nacht. Es war klar, dass keiner der Jungs Lust hatte, Football zu spielen. So fühlten viele Spieler in der gesamten Liga. Zum ersten Mal in der Geschichte setzte Commissioner Tagliabue alle Spiele für das kommende Wochenende aus. Die Baseball Major League folgte diesem Beispiel umgehend.

Auf Drängen führender Politiker von Präsident George W. Bush bis zum New Yorker Bürgermeister Rudolph Giuliani nahm die NFL am Sonntag, dem 23. September 2001, den Spielbetrieb wieder auf. Für die Patriots war es der Heimauftakt gegen die New York Jets. Vor dem Absingen der Nationalhymne ertönten die Gesänge von mehr als 60.000 Fans – alle schwenkten amerikanische Miniatur-Flaggen, die an den Drehkreuzen verteilt worden waren – wie Donnerhall unter dem sonnigen, blauen Himmel: „U-S-A. U-S-A. U-S-A."

Es war kurz vor vier Uhr nachmittags in Neuengland. Und wie schon bei früheren Gelegenheiten nach nationalen Tragödien suchten die Amerikaner im Sport nach einer Ablenkung von der Trauer und nach der Wiederherstellung einer gewissen Normalität.

„Guten Tag, meine Damen und Herren", sagte NBC-Sprecher Dick Enberg über die Lautsprecheranlage. „Und willkommen im Foxboro Stadion. Die Ereignisse des 11. September haben die Welt verändert. Lassen Sie uns jetzt einen Moment innehalten, um uns zu erinnern und in einem neuen Geist der Einigkeit und Entschlossenheit voranzuschreiten."

In einem Stadion, das von Trauer, Patriotismus und Einigkeit geprägt war, nahm das Spiel zwischen New England und New York einen gedämpften Charakter an. Keine der beiden Mannschaften erzielte in der ersten Halbzeit einen Touchdown. Nach einem Fumble der Patriots erzielten die Jets im dritten Viertel einen Touchdown und gingen mit 10:3 in Führung. Der Spielstand blieb jedoch unverändert, während das Spiel auf die letzten Minuten zusteuerte. Dieses Spiel so früh in der Saison zwischen zwei 0:1-Teams schien dazu bestimmt, eine vergessene Fußnote in der größeren Geschichte nach 9/11 zu sein.

Aber Sport besitzt die unheimliche Fähigkeit, das Schicksal überraschend zu wenden. Wenn man es am wenigsten erwartet, kann etwas Unerhörtes und Unvergessliches geschehen. Zweifellos konnte niemand im Foxboro Stadion oder vor dem Fernseher an diesem Abend ahnen, dass er Zeuge eines Ereignisses werden würde, das den Lauf der NFL-Geschichte verändern würde.

Etwas mehr als fünf Minuten vor Schluss ließ sich Drew Bledsoe zurückfallen, um bei einem Third-Down-and-Ten an der 19-Yard-Linie der Patriots zu passen. Er fand keine offenen Receiver und spürte den Druck von seiner blinden Seite, sodass er nach rechts abbog und sich dann dem Spielfeld zuwandte. Mit Blick auf die rote First-Down-Markierung an der 29-Yard-Linie steuerte er auf die Seitenlinie der Patriots zu, während sich ein Verteidiger ihm von hinten näherte. Anstatt ins Aus zu rennen, zögerte Bledsoe in letzter Sekunde gerade lange genug, damit der verfolgende Verteidiger ihn erreichen und in den Rücken stoßen konnte. Dadurch wurde er nach vorne geschleudert, wo der 260 Pfund schwere Linebacker Mo Lewis mit voller Geschwindigkeit frontal in Bledsoe hineinrannte und mit seiner Schulter die Brust des Quarterbacks rammte. Bledsoes Füße hoben vom Boden ab, und sein Kopf wurde zurückgeworfen wie der einer Stoffpuppe. Er landete außerhalb des Spielfelds, in der Nähe der Füße von Patriots-Punter Lee Johnson.

Der Schlag war so heftig, dass Johnson zusammenzuckte, als ob er selbst getroffen worden wäre.

„Ich bin seit 18 Jahren in der Liga, und das war der schlimmste Treffer, den ich je gesehen habe", sagte Johnson. „Ich werde das Geräusch nie vergessen, das es dabei gab. Es war, als hätte ihn ein Lastwagen überfahren. Ich habe es buchstäblich gespürt. Ich dachte, der Treffer hätte Drew getötet."

Das medizinische Personal des Teams eilte zu Bledsoe, der am Boden liegen blieb, während die Punt-Einheit der Patriots das Feld übernahm und den Ball zurück zu den Jets kickte. Benommen stand Bledsoe schließlich auf und taumelte zur Bank. Das Schutzgitter an seinem Helm war verzogen und hatte sich gelockert. Als Belichick ihn fragte, wie er sich fühle, sagte Bledsoe, es gehe ihm gut.

Tatsächlich hatte er eine Gehirnerschütterung erlitten, die jedoch unmittelbar nach dem Schlag nicht diagnostiziert wurde. Während Bledsoe einige Minuten auf der Bank saß, schafften es die Jets gerade einmal, eine Minute Spielzeit zu verbrauchen, bevor sie gezwungen waren, den Ball zurück zu New England zu punten. 3:46 Minuten vor Spielende wurde Bledsoe wieder eingewechselt. Im Huddle wussten seine Teamkollegen sofort, dass etwas nicht stimmte. Bledsoe hatte Schwierigkeiten, sich die Spielzüge zu merken. Er konnte auch nicht zwischen rechts und links unterscheiden. „Ich konnte nicht mehr klar denken“, sagte er später. „Mein Kopf hatte ganz schön was abbekommen.“

Im dritten Spielzug der Serie fumbelte Running Back Marc Edwards und übergab den Ball wieder an die Jets. Als Bledsoe vom Spielfeld zurückkam, näherten sich Brady und Damon Huard. Beide Quarterbacks waren besorgt.

„Hey, bist du sicher, dass es dir gut geht?“, fragte Brady.

Bledsoe sah verwirrt aus. „Was ist mit dem Check-with-me?“, fragte er.

Brady und Huard sahen einander an. „Check-with-me“ bedeutet, dass ein Quarterback im Huddle zwei Spielzüge ansagt und dann an der Line of Scrimmage entscheidet, welchen er in Abhängigkeit von der Defensivformation ausführt. Die Tatsache, dass Bledsoe sich nicht an die Spielzüge erinnern konnte, war beunruhigend.

„Da stimmt was nicht“, sagte Huard zu Brady.

„Wir müssen ihn aus dem Spiel nehmen“, sagte Brady.

Huard ging zu Charlie Weis. Wenige Augenblicke später kam Belichick zu Brady. „Drew ist raus und du bist drin“, sagte er.

Brady setzte seinen Helm auf und begann sich an der Seitenlinie aufzuwärmen. Mo Lewis’ heftiger Schlag gegen Bledsoe hatte Brady geschockt, aber er verdrängte, was er gesehen und gehört hatte – den lautesten Treffer, den er je erlebt hatte, Bledsoes verbogene Maske, sein leerer Blick und seine Unfähigkeit, sich an Spielzüge zu erinnern. Dies war nicht der richtige Zeitpunkt, um sich damit zu befassen.

Als es den Jets nicht gelang, ein First Down zu erzielen, und der Ball 2:16 vor dem Ende zurück nach New England gepuntet wurde, schnallte Brady seinen Kinnriemen um und joggte aufs Feld.

Die Patriots befanden sich wieder an ihrer eigenen 26-Yard-Linie. Sie mussten einen Touchdown erzielen – etwas, das ihnen den ganzen Tag über nicht gelungen war –, um das Spiel auszugleichen. Und Brady hatte keine Auszeiten, mit denen er arbeiten konnte. Dennoch rechnete er fest damit, sein Team zum Sieg zu führen. „Los geht’s“, sagte er streng, als er zum Huddle trat.

Bis zu diesem Zeitpunkt hatte Brady in der vorangegangenen Saison einmal kurz in einem Spiel mitgewirkt und dabei insgesamt drei

Pässe geworfen. Sein plötzliches Auftauchen wurde von NBC-Moderator Dick Enberg sofort bemerkt.

„Tom Brady, der Quarterback der University of Michigan im zweiten Jahr", sagte Enberg in der Sendung. „Dies ist seine erste Aufgabe im Jahr 2001. Offensichtlich wurde Bledsoe etwas heftiger getroffen, als es den Anschein hatte. Und Brady trägt jetzt die Verantwortung."

In den nächsten zwei Minuten warf Brady sieben Pässe und schloss sechs davon ab. Außerdem führte er den Ball einmal über neun Yards. Er brachte New England bis an die 29-Yard-Linie der Jets. Es war der beste Lauf des Tages. Die Menge war begeistert. 14 Sekunden vor Schluss hatte Brady die Patriots in Schlagdistanz. Doch in den letzten beiden Spielzügen sperrten die Jets die Endzone mit Verteidigern zu und machten es den Patriots-Receivern unmöglich, sich zu öffnen. New England fiel auf 0-2 zurück.

Anstatt sich auf die Niederlage zu konzentrieren, bemerkte Belichick, dass Brady das Team ohne Auszeit den ganzen Weg nach unten gebracht hatte. Belichick bemerkte auch, dass Brady wütend auf sich selbst war, als sie am Ende nicht punkteten. Das war ein gutes Zeichen.

Als Drew Bledsoe das Spielfeld verließ, klagte er über Schulterschmerzen, woraufhin der Arzt der Patriots, Thomas Gill, aufmerksam wurde. Bledsoe klagte niemals über Schmerzen. Gill brachte ihn direkt in den Röntgenraum.

Die Röntgenaufnahmen von Bledsoes Schulter waren negativ. Das galt auch für die Röntgenaufnahmen seines Bauches. Abgesehen von einer ziemlich schweren Gehirnerschütterung gab es keine sichtbaren Anzeichen für eine Verletzung. Aber irgendetwas war nicht in Ordnung. Bledsoe war kurzatmig, und seine Herzfrequenz war hoch. Gill konsultierte den Mannschaftsinternisten Jim Dineen und teilte ihm mit, dass seiner Meinung nach etwas mit Bledsoes Abdomen nicht in Ordnung sei.

Während sich die Ärzte unterhielten, sagte Bledsoe zu seinem Bruder Adam, der sich in der Umkleidekabine befand, dass er einfach nur nach Hause gehen und sich hinlegen wolle. Sie wollten gerade gehen, als das medizinische Personal der Patriots sie abfing.

„Moment", sagte Gill. „Wir sollten uns einfach beruhigen und herausfinden, was los ist."

Der leitende Arzt der Patriots, Bertram Zarins, nahm an der Diskussion teil. Das größte Warnsignal waren Bledsoes Vitalparameter. Sein schwacher Puls und seine flache Atmung waren beunruhigend. Die Ärzte konnten ihn unter diesen Umständen auf keinen Fall nach Hause gehen lassen. Wenige Minuten später wurde Bledsoe auf eine Trage gelegt und in einen Krankenwagen verfrachtet. Sein Bruder stieg mit ihm ein.

Die Fahrt vom Foxboro Stadion zum Mass General in Boston dauerte normalerweise etwa vierzig Minuten. Aber an Spieltagen konnte es zwei Stunden dauern, den Parkplatz des Stadions zu verlassen. Polizisten auf Motorrädern fuhren voran, schlugen an Autoscheiben und forderten die Autofahrer auf, den Weg frei zu machen. Als Bledsoes Krankenwagen die Außenbezirke von Boston erreichte, stöhnte er und verlor immer wieder das Bewusstsein. Voller Furcht, dass sein Bruder im Sterben liegen könnte, schlug Adam mit der Faust gegen das Fenster des Krankenwagens und schrie den Fahrer an: „Schneller! Schneller!"

Maura Bledsoe saß beim Spiel der Jets auf der Tribüne. Von Weitem sah sie, wie ihr Mann von Mo Lewis getroffen wurde. Sie sah auch, wie er ein paar Minuten später zum Spiel zurückkehrte. Nach dem Spiel tat sie das, was sie nach Heimspielen immer tat – sie ging zu einem Bereich unter dem Stadion, wo Ehefrauen und Freundinnen auf ihre Männer und Freunde warteten. Und sie wartete. Und wartete. Und wartete. Schließlich waren alle Spieler außer Drew herausgekommen. „Wo ist er?", fragte sie, an niemanden im Speziellen gerichtet.

Sie war ziemlich genervt, als der Sicherheitschef der Patriots auftauchte.

„Maura, wir haben nach dir gesucht", sagte er.

„Nach mir? Warum?", fragte sie.

Er erklärte, Drew habe das Stadion in einem Krankenwagen verlassen. „Komm mit", sagte der Sicherheitschef. „Wir haben eine Polizeieskorte, die dich ins Krankenhaus bringt."

„Eine Polizeieskorte?", fragte sie.

„Ja. Wir müssen dich so schnell wie möglich ins Krankenhaus bringen."

Bevor sie erfassen konnte, was geschah, wurde Maura auf den Rücksitz einer Limousine geschoben, die von einem pensionierten

Polizisten gefahren wurde, der für die Sicherheit des Teams zuständig war. Ein Polizist des Bundesstaates Massachusetts in einem Polizeiwagen, schaltete sein Blaulicht ein und geleitete sie vom Stadion weg. Angst stieg in Maura auf. „Das ist auf keinen Fall nur eine Gehirnerschütterung", sagte sie sich, als das rote Licht der Polizei den Weg erhellte.

Als Robert Kraft im Mass General ankam, setzte er sich mit einem der Teamärzte zusammen. Er wollte einen detaillierten Überblick über Bledsoes Zustand. Der Arzt ging mit ihm den ganzen Katalog der Verletzungen durch – die gebrochenen Rippen, die gerissene Arterie, die Blutansammlung in der Brust, die durchstochene Lunge. Er erklärte, dass eine Thoraxdrainage eingeführt worden war, um Blut aus Bledsoes Brust zu entnehmen und es durch Filter zu leiten, bevor es durch eine seiner Venen zurücktransferiert wurde. Es war noch unklar, ob Bledsoe operiert werden musste, um die inneren Blutungen zu stoppen.

Kraft war überwältigt, als er erfuhr, wie nahe Bledsoe dem Tod gekommen war. Zum Glück für Bledsoe ereignete sich die Verletzung am Ende des Spieles, und das Team brachte ihn schnell in eines der besten Krankenhäuser der USA, wo er in hervorragende Hände kam. Hätte sich Bledsoes Verletzung in einer anderen Stadt ereignet, hätte der Ausgang ganz anders sein können. Als er auf der Intensivstation aufwachte und Kraft, Belichick und Brady an seinem Bett standen, wurde ihm klar, dass er Glück hatte, noch am Leben zu sein.

Maura musste kämpfen, um ihre Gefühle zu kontrollieren. Es war schwer, ihren Mann so verletzlich zu sehen.

Bevor er ging, umarmte Kraft Maura und ermutigte sie, sich etwas auszuruhen.

Es war weit nach Mitternacht, als sie endlich nach Hause kam und ins Bett kroch. Ohne Drew schien es leer zu sein. Allein in der Dunkelheit, weinte sie in ihr Kissen. „Er war am Verbluten", sagte sie sich. „Wenn er nicht aus dem Spiel gekommen wäre … Wenn er noch einen Treffer abbekommen hätte …"

Sie wollte nicht daran denken.

19

PLÄTZE TAUSCHEN

Robert Kraft konnte aus dem Fenster seines Büros im Foxboro Stadion sehen und zuschauen, wie das neue Stadion vor seinen Augen Gestalt annahm. Jeden Tag wurde es ein bisschen größer. Jeden Tag kam sein langjähriges Bestreben, für sein Team und die Fans in New England eine Anlage von Weltklasse zu errichten, der Verwirklichung näher. Die Bauarbeiten lagen sogar vor dem Zeitplan, sodass 2001 definitiv die letzte Saison der Mannschaft im alten Stadion sein würde.

Doch statt voller Vorfreude war Kraft angespannt. Nur etwa ein Drittel der sechstausend Premium-Clubplätze und weniger als die Hälfte der 88 Luxussuiten des Stadions waren verkauft worden. Unter normalen Umständen wäre das ein Jahr vor der Eröffnung kein Grund zur Beunruhigung. Aber in der Zeit nach dem 11. September 2001 musste man sich fragen, ob Unternehmen und wohlhabende Privatpersonen nicht zögern würden, in luxuriöse Stadionsitze zu investieren. Diese Sorge herrschte nicht nur bei den Patriots. Die Betreiber von Stadien im ganzen Land sahen sich plötzlich mit einer neuen Realität konfrontiert: Veranstaltungsorte, die eine große Anzahl von Menschen anzogen, waren potenziell attraktive Ziele für Terroristen.

Kraft hatte auch andere Gründe zur Sorge. Er hatte persönlich für die 53 Millionen Dollar gebürgt, die für den Kauf der 6.300 blauen Stahlträger benötigt wurden, die das neue Bauwerk bildeten. Die beste Möglichkeit, das Risiko zu mindern, bestand darin, vor der Eröffnung des Stadions eine siegreiche Mannschaft aufzustellen. Das war der Plan gewesen, als Kraft Belichick einstellte. „Ich glaube, dass er zum jetzigen Zeitpunkt die fähigste Person ist, um uns im nächsten Jahr zum Sieg zu verhelfen", hatte Kraft auf der Pressekonferenz gesagt, bei der Belichick im Februar 2000 vorgestellt wurde. „Wir wollen nächstes Jahr gewinnen, und ich glaube, wir haben den Mann, der uns dabei helfen wird."

Aber das Team hat unter Belichick im Jahr 2000 nicht gewonnen. Und nach dem Verlust von Bledsoe sah Kraft nicht, wie das Team 2001 gewinnen sollte.

Tatsächlich war Kraft so erschüttert über Bledsoes Gesundheitszustand, dass das Gewinnen zur Nebensache geworden war. Er wurde jedes Mal emotional, wenn er daran dachte, dass Bledsoe um ein Haar sein Leben verloren hätte. Und die Prognose, dass Bledsoe vielleicht nie wieder spielen würde, war sogar noch deprimierender. Für Kraft war ein Leben in Foxborough ohne Bledsoe eine betrübliche Aussicht.

Die gute Nachricht aus dem Mass General war jedoch, dass Bledsoes beschädigte Arterien von selbst aufgehört hatten zu bluten, sodass die Operation vermieden werden konnte, die möglicherweise seine Karriere beenden würde. Obwohl Bledsoe wochenlang im Krankenhaus bleiben musste, während das Loch in seiner Lunge heilte, deuteten die Ärzte an, dass Bledsoe später in der Saison wieder spielen könnte. Erleichtert darüber, dass Bledsoes Zustand sich stabilisiert hatte, bremste Kraft dennoch jedes Gespräch darüber aus, dass er wieder spielen könnte, damit Bledsoe sich keine falschen Hoffnungen machte. Kraft machte deutlich, dass er, wenn die Zeit dafür gekommen war, darauf bestehen würde, dass Bledsoe von Top-Lungenspezialisten untersucht würde, die weder mit dem Team noch mit Mass General in Verbindung standen. Er verlangte eine unabhängige Untersuchung, um festzustellen, ob es für Bledsoe sicher sei, wieder Football zu spielen.

Einer von Bill Belichicks Spitznamen war Doom. Bill Parcells hatte ihn ihm verliehen, als Belichick sein Defensive Coordinator bei den Giants war. „Wir nannten ihn Doom, denn jedes Mal, wenn er herumlief, war es das Ende der Welt", sagte der ehemalige Linebacker der Giants, Lawrence Taylor. „‚Ah, du hast diesen Spielzug nicht gemacht.' ‚Ah, du bist nicht hier rüber gegangen.' Alles war das Ende der Welt."

Der Spitzname passte zu Belichicks mürrischem Auftreten, das seine Neigung unterstrich, sich auf Szenarien zu konzentrieren und vorzubereiten, die die meisten Trainer übersahen. „Der Blick auf die negative Seite und die Vorbereitung auf das Negative hat ihn zu einem besseren Football-Trainer gemacht, weil er sich auf alle Dinge vorbereitet, die schief gehen können", sagte Patriots Defensive Coordinator Romeo Crennel. „Und ehrlich gesagt glaube ich, es gefiel ihm sogar irgendwie, dass die Leute ihn Doom nannten, denn so musste er zu niemandem nett sein."

Als Drew Bledsoe ins Krankenhaus eingeliefert wurde, hatte Belichick einen berechtigten Grund, Unheil zu prophezeien. Aber ausnahmsweise tat er das nicht. Stattdessen strahlte er Zuversicht aus und benannte sofort Tom Brady als Startspieler in der dritten Woche gegen die Indianapolis Colts. Dabei verwies Belichick auf die Leistung Bradys am Ende des Jets-Spiels. „Ich fand, dass er mit dem, was er dort hatte, ganz gut zurechtkam", sagte Belichick gegenüber der Presse. „Alles in allem denke ich, dass er in dieser Situation den Ball ziemlich genau geworfen und gute Entscheidungen getroffen hat."

Einige Reporter, die über das Team berichteten, hatten erwartet, dass Belichick Damon Huard einsetzen würde, der wesentlich erfahrener war und eine beeindruckende 5:1-Bilanz vorzuweisen hatte, als er im Vorjahr in Miami für den verletzten Dan Marino eingesprungen war. Aber Belichick hatte sich schon sehr früh für Brady entschieden. „Tom war in seinem ersten Jahr etwas Besonderes, auch wenn er nicht gespielt hat", sagte Belichick. „Seine Führungsrolle gegenüber den anderen Neulingen in der Gruppe – wir hatten eine große Gruppe von Neulingen. Tom nahm sie jeden Tag nach dem Training mit und ließ sie bei ihren Angriffsspielen auf dem Feld auf und ab laufen. Er war eindeutig eine Führungspersönlichkeit auf dem Spielfeld und hat 2001 ein sehr gutes Trainingslager absolviert."

Wenn es nach Belichick gegangen wäre, hätte er Brady zu Beginn der Saison 2001 zum Stammspieler gemacht. Das hatte er Kraft gesagt, als sie sich am Ende der Vorsaison trafen, aber Belichick wusste, dass er damals nicht in der Lage war, hier viel zu erreichen, weil Bledsoe das Gesicht der Franchise war und Belichick eine Saison von 5-11 hinter sich hatte. Obwohl Kraft ihm einen enormen Spielraum bei Personalentscheidungen eingeräumt hatte, wäre es ein Schritt zu weit gewesen, den besten Quarterback der Franchise-Geschichte zugunsten eines unerprobten Rookies auf die Bank zu setzen, nachdem Kraft Bledsoe zum bestbezahlten Spieler der Liga gemacht hatte.

Doch Bledsoes Verletzung hatte es Belichick ermöglicht, den Quarterback einzusetzen, den er schon immer haben wollte. In der Öffentlichkeit setzte Belichick jedoch alles daran, die Erwartungen an Brady zu senken. Am selben Tag, an dem er ankündigte, dass Brady die Mannschaft anführen würde, sagte Belichick der Presse: „Ich glaube nicht, dass wir hier über John Elway sprechen."

Die Mitglieder der Patriots-Verteidigung hatten sicherlich nicht viel Vertrauen in Brady.

„Bledsoe hatte die Fähigkeit, ein Team zu tragen und über mehr als vierhundert Yards zu werfen", sagte Linebacker Tedy Bruschi. „Wir dachten nicht, dass Brady das schaffen würde. Alle glaubten, dass es schwieriger werden würde. Tom hatte uns nichts anderes gezeigt als gute Übungen. Er lernte noch."

Als Linebacker Willie McGinest erfuhr, dass Bledsoe auf unbestimmte Zeit ausfallen würde, sagte er seinen Defensivkollegen, dass sie die Last schultern müssten. „Unsere Mentalität in der Verteidigung war damals, dass wir der Katalysator für das Team waren", sagte McGinest. „Es war ja nicht so, dass unsere Offensive ohnehin 45 Punkte pro Spiel erzielt hätte. Als Drew zu Boden ging, haben wir uns gedacht: ‚Verdammt. Wenn unsere Offensive nur 14 Punkte erzielt, können wir nur zehn Punkte abgeben. Wir müssen die Teams wirklich ausschalten.'"

Das erste Team, dem New England mit Brady als Center gegenüberstand, war nicht leicht auszuschalten. Angeführt von Quarterback Peyton Manning, der sich im vierten Jahr befand, hatten die Colts die beste Offensive in der AFC. Sie hatten ihre ersten beiden Gegner in dieser Saison mit 45 Punkten gegen die Jets und 42 Punkten gegen Buffalo aus dem Rennen geworfen. Belichicks defensiver Spielplan war einfach: Manning in die Zange nehmen und seine Wide Receiver stören, indem man sie beim Verlassen der Line of Scrimmage blockierte. Kurz vor dem Spiel drückte es Patriots-Linebacker Bryan Cox noch deutlicher aus: „Ich will Peyton den Kopf abschlagen", sagte er.

Die Hände in die Hüften gestemmt, während sein Kinnriemen vom Helm baumelte, stand Tom Brady am Rande des Tunnels in einer Ecke des Foxboro Stadiums, seine 52 Mannschaftskameraden hinter ihm versammelt. Seit er von den Patriots ausgewählt worden war, hatte er sich immer wieder gesagt, dass er bereit sein würde, wenn er seine Chance bekäme. Mit einem an sein linkes Handgelenk geklebten Miniaturspielblatt und schwarz umrandeten Augen starrte Brady stillschweigend vor sich hin.

In der gegenüberliegenden Ecke des Stadions joggte Peyton Manning auf das Spielfeld, während der Ansager ihn vorstellte. Wenn es in der NFL so etwas wie blaues Blut gab, dann hatte Manning es. Der Sohn des All-Pro-Quarterbacks Archie Manning und der erste Spieler, der im NFL-Draft '98 ausgewählt wurde, hatte einen Vertrag über 46 Millionen Dollar unterschrieben, der einen Bonus von 11,6 Millionen Dollar enthielt. In seinem Rookie-Jahr passte er für mehr als 3.500 Yards und stellte fünf Rookie-Passing-Rekorde auf. Jetzt, in seiner vierten Saison, galt Manning als der beste Werfer des Spieles.

Im Gegensatz dazu war Brady ein einfacher Bürger. Der Sohn eines Versicherungsvertreters war der Quarterback, den niemand hatte haben wollen. In seinem Rookie-Jahr verdiente er 231.500 Dollar und warf nur drei Pässe, von denen er einen zu Ende brachte. Seine eigenen Mannschaftskameraden hielten ihn für „einen hübschen, kleinen, mageren Jungen namens Tom." Das Beste, was er zu bieten hatte, war das Gefühl, etwas beweisen zu müssen.

Als der Nebel über dem Foxboro-Stadion hing und Ozzie Osbornes „Crazy Train" durch die Lautsprecheranlage schallte, lief Brady mit seinen Teamkollegen aus dem Tunnel, zum ersten Mal als Starter in der NFL. Brady war zu jung, um den Druck zu verstehen, der auf Belichick lastete, weil er endlich gewinnen musste, und zu selbstbewusst, um zu begreifen, wie viel von seiner eigenen Leistung abhing. Er hatte nur ein Ziel: keine Fehler zu machen.

Im zweiten Angriffsspiel der Colts warf Manning über die Mitte zu Receiver Jerome Pathon. Der auf ihn wartende Linebacker Bryan Cox senkte seine Schulter und zielte auf Pathon. Der Treffer war so hart, dass er den CBS-Sprecher zu der Aussage veranlasste: „Bryan Cox hat ihm fast den Kopf abgerissen."

Cox' Treffer gab den Ton an. Die Offensive der Colts kam nie in Schwung und Manning warf an diesem Tag drei Interceptions. Zwei davon wurden von den Patriots für Touchdowns zurückgegeben. In der Zwischenzeit führte Brady Belichicks Spielplan perfekt aus. Die Patriots ließen den Ball doppelt so oft laufen, wie sie ihn warfen, verbrauchten die Zeit und hielten Manning vom Feld. Brady passte zwar nur für 168 Yards und warf keine Touchdown-Pässe, aber, was noch wichtiger war: Er warf keine Interceptions. New England gewann mit 44 : 13 und veranlasste ESPN, eine Erklärung abzugeben: „Patriots ohne Drew überrumpeln Colts."

Am nächsten Tag fragten Reporter Belichick, wie sich Bradys Leistung auf Bledsoes Status auswirken würde, wenn er zurückkehrte.

„Wir werden uns darum kümmern, wenn er so weit ist", sagte Belichick. „Im Moment ist Tom der Quarterback."

Belichick wurde aufgefordert, seine Position zu verdeutlichen, und ließ sich nicht in eine Kontroverse hineinziehen, wenn es keine gab. „Wir versuchen, uns auf Miami vorzubereiten", sagte er. „Tom wird gegen die Dolphins der Quarterback sein."

Beim zweiten Start Tom Bradys schlug Miami New England mit 30 : 10. Durch die Niederlage fielen die Patriots auf 1 : 3 zurück. Außerdem sank Belichicks Gesamtbilanz in New England auf 6-14. Das Flüstern über die Sicherheit seines Arbeitsplatzes wurde lauter. Ginge es nach den zahllosen Patriots-Fans, die sich bei den beliebten Sport-Talk-Radiosendern der Stadt meldeten, wäre Belichick schon längst entlassen worden.

Belichick machte sich keine Illusionen darüber, was passieren würde, wenn das Team nicht anfing zu gewinnen. Er riet einst seinem Freund Scott Pioli: „In diesem Geschäft wirst du gefeuert werden. Das ist einfach kein Geschäft, in dem man lange überlebt. Manchmal hat man es in der Hand, aber meistens nicht."

Eine von Belichicks Stärken war jedoch seine Fähigkeit, sich auf die Dinge zu konzentrieren, die er unter Kontrolle hatte, und die Umstände zu ignorieren, die außerhalb seiner Kontrolle lagen. Er legte auch großen Wert darauf, seinen Spielern diese Mentalität immer wieder zu vermitteln. Falls er schwitzte, so wollte er es seinen Spielern nicht zeigen.

Als die Patriots nach der Niederlage in Miami auf den Trainingsplatz zurückkehrten, entdeckten sie ein großes Loch, das von Hand gegraben worden war. Belichick stand daneben, mit einem Football in der einen und einer Schaufel in der anderen Hand.

„Habt ihr diesen Ball gesehen?", fragte er. „Das ist der Ball vom gestrigen Spiel."

Die Spieler nickten.

„Und das ist, was ich davon halte", sagte er und warf den Ball in das Loch.

Die Spieler sahen zu, wie Belichick Erde auf den Ball schaufelte. Als er fertig war, steckte er die Schaufel in den Boden.

„Das Spiel ist vorbei", sagte Belichick zu ihnen. „Wir begraben es und machen weiter."

Das Bild, wie Belichick die Vergangenheit begrub, wirkte sich auf die gesamte Mannschaft aus. Die Botschaft kam vor allem bei Brady an. Nachdem alle anderen von dem vergrabenen Ball weggegangen waren, stampfte Brady auf die Erde. „Es ist vorbei!", sagte er leise.

Sechs Tage später spielte New England zu Hause gegen San Diego. Im vierten Viertel lagen die Patriots mit drei Punkten zurück und sahen sich gezwungen, tief im eigenen Territorium zu punten. Punter Lee Johnson verpatzte den Snap und gab einem Verteidiger Zeit, ihn zu erreichen. Obwohl der Verteidiger ihn festhielt, versuchte Johnson, den Punt zu spielen. Dabei ließ er den Ball fallen, der Verteidiger schnappte sich den Ball und lief in die Endzone, um die Chargers mit 26:16 in Führung zu bringen.

Belichick war wütend. Es sah so aus, als ob das Spiel – und die Saison – verloren wäre.

Doch in seinem erst dritten Einsatz sorgte Brady für zwei späte Torerfolge. Das zweite Spiel beendete er mit einem Touchdown-Pass, mit dem er vierzig Sekunden vor Schluss das Spiel ausglich. Dann brachte er New England in der Verlängerung mit einem Field Goal von Adam Vinatieri in Position, um das Spiel zu gewinnen. Wie durch ein Wunder siegten die Patriots mit 29:26.

Brady brachte 33 von 54 Pässen für 364 Yards und zwei Touchdowns an. Das waren Bledsoe-ähnliche Zahlen. Und wieder einmal warf Brady keine Interceptions.

„Man weiß nie, was man von einem jungen Quarterback zu erwarten hat, aber Tom war die ganze Saison über ziemlich konstant, angefangen vom Trainingslager", sagte Belichick zu den Reportern. „Er führt das Team gut und macht nicht viele Fehler, wie zum Beispiel die Play Clock ablaufen zu lassen oder die Checks an der Line of Scrimmage zu verpassen."

Nach dem Chargers-Spiel begannen Bradys Teamkollegen, ihn in einem anderen Licht zu sehen. Er hatte seine Fähigkeit unter Beweis gestellt, unter Druck zu arbeiten. In der Zeitung vom nächsten Morgen bezeichnete ein Reporter des Boston Globe Brady als „Coolhand Tom".

Am Tag nach dem Chargers-Spiel hatte Punter Lee Johnson ein ungutes Gefühl, als ihm gesagt wurde, dass Coach Belichick ihn in seinem Büro sprechen wolle. Johnson nahm auf der anderen Seite von Belichicks Schreibtisch Platz.

„Lee, wir entlassen dich", sagte Belichick sachlich. „Du lässt nach."

Es herrschte eine peinliche Stille. Das war's?, dachte Johnson. Ich bin weg?

Belichick hatte nichts mehr zu sagen.

Johnson konnte es nicht glauben. Er war einer der besten Werfer in der Geschichte der Liga. In 16 Spielzeiten hatte er mehr als fünfzigtausend Yards als Punter gesammelt. Nur zwei Spieler waren vor ihm in der All-Time-Liste. Und seit er bei den Patriots war, hatte er nur in zwei Spielen Punts vergeigt, und eines dieser Spiele fand während eines Schneesturms statt. Er wollte sagen: „Sieh mal, Bill, ich weiß, warum ich gefeuert werde – die Missgeschicke; du denkst, dass ich kein Football-Spieler mehr sein will, dass ich mich zu sehr für andere Dinge interessiere. Aber sehen wir uns meine Statistik an."

Stattdessen hielt Johnson den Mund.

Als die Patriots ihn '99 unter Vertrag nahmen, zog er mit seiner Familie nach Massachusetts um. Zum ersten Mal in seiner Karriere hatten er und seine Frau ein Haus gekauft. Sie mochten New England so sehr, dass sie planten, sich dort zur Ruhe zu setzen. Seine Kinder besuchten dort die Schule. Sie hatten Freunde. Die Familie war sesshaft. Johnson war nicht bereit, seinen Job bei den Patriots aufzugeben. Aber er war von Belichick eingeschüchtert und wollte sich nicht mit ihm streiten. Er ging direkt von Belichicks Büro in die Umkleidekabine und räumte seine Sachen aus.

Die Dinge änderten sich schnell in Foxborough. Innerhalb von drei Wochen waren zwei von Tom Bradys Mannschaftskameraden verschwunden, einer aufgrund einer ungewöhnlichen Verletzung und einer, weil er in einer entscheidenden Situation einen Fehler machte. Brady erinnerte sich immer wieder daran, sich auf das zu konzentrieren, was er kontrollieren konnte, das Beste aus seiner Chance zu machen, hart zu arbeiten und vor allem zu versuchen, keine Fehler zu machen.

In den nächsten vier Wochen führte Brady das Team zu drei Siegen und einer Niederlage. Seit er das Team übernommen hat, stand es 5:2 und insgesamt 5:4.

51 Tage, nachdem Bledsoe am 13. November 2001 eine lebensbedrohliche Verletzung erlitten hatte, nahm er gemeinsam mit Ärzten an einer Pressekonferenz im Massachusetts General Hospital teil. Ein paar Wochen zuvor hatte Bledsoe die Freigabe erhalten, mit dem Werfen und Trainieren zu beginnen. Während der Spiele stand er in Straßenkleidung an der Seitenlinie und feuerte Brady an. Der Zweck der Pressekonferenz war, dass das medizinische Team der Patriots Bledsoe für medizinisch fit genug erklärte, um zum Football zurückzukehren. „Wir haben Drew auch von fünf Spezialisten für Lungenverletzungen untersuchen lassen“, sagte der leitende Arzt der Patriots. „Alle Ärzte, die ihn untersucht haben, sind sich einig, dass seine aktuelle Verletzung ausgeheilt ist und dass es kein Problem mehr gibt.“

Die Presse war begierig darauf, von Bledsoe zu hören.

„Sehen Sie sich am Sonntag spielen?“, fragte ein Reporter. „Ist Sonntag zu früh?“

„Sagen wir es mal so“, sagte Bledsoe. „Ich werde alles tun, was in meiner Macht steht, um am Sonntag auf dem Spielfeld zu sein.“

„Haben Sie angesichts des Erfolgs der Mannschaft immer noch das Gefühl, dass dies Ihre Mannschaft ist?“, fragte ein anderer Reporter.

„Ja, ich denke schon“, sagte Bledsoe. „Ich denke, dass die Jungs immer noch auf mich schauen und ich immer noch die Präsenz in der Umkleidekabine und im Team usw. habe. Das Team hat sich gut geschlagen. Brady hat exzellenten Football gespielt, und ich bin begeistert davon, aber gleichzeitig ist es bittersüß, weil ich auf dem Feld sein möchte, wenn es losgeht."

Bledsoe war heiß darauf, zu spielen. In fünf Tagen würden die Patriots die Rams in einem landesweit im Fernsehen übertragenen Sonntagabendspiel empfangen. Es wäre der härteste Test für New England in dieser Saison. St. Louis hatte die beste Bilanz in der Liga und die beste Offensive. Als er von der Pressekonferenz nach Hause fuhr, rief Bledsoe Belichick an, um ihm mitzuteilen, dass er bereit war, loszulegen.

„Schön zu hören", sagte Belichick.

Bledsoe wartete darauf, dass Belichick mehr sagen würde. Aber er tat es nicht. Stattdessen endete das Telefonat mit einem unbehaglichen Gefühl. Nachdem Bledsoe aufgelegt hatte, machte er sich zum ersten Mal Sorgen, dass er seinen Job nicht zurückbekommen könnte.

Jetzt, da Bledsoe gesund war, stand Belichick vor der schwierigsten Entscheidung seiner Karriere – ob er an Brady festhalten sollte. Er hatte in Abwesenheit Bledsoes bewundernswert gespielt. Aber der Punkt war, dass Bledsoe nicht mehr abwesend war und es eine ungeschriebene Regel gab, dass Starter – insbesondere Elite-Quarterbacks von Bledsoes Rang – ihren Job nicht wegen einer Verletzung verloren. Viele Veteranen in der Umkleidekabine schlossen sich dieser Philosophie definitiv an. „Ohne Tom gegenüber respektlos zu sein", sagte Adam Vinatieri. „Aber wenn Drew sich nicht verletzt hätte, wäre er nie zum Einsatz gekommen. Zu diesem Zeitpunkt war Drew Bledsoe unsere Franchise."

Vor allem konnte Belichick die Tatsache nicht ignorieren, dass Kraft eine Vorliebe für Bledsoe hatte. Wenn Belichick die Situation falsch handhabte, lief er Gefahr, Reibereien in der Umkleidekabine zu verursachen und möglicherweise sogar seine eigene Karriere zu gefährden. Wie auch immer er sich entschied, das Wichtigste war, zu gewinnen.

Sobald Bledsoe zum Training zurückkehrte, teilte Belichick die Anzahl der Einsätze mit der ersten Mannschaft zwischen ihm und Brady auf. Doch ein paar Tage vor dem Spiel gegen die Rams rief Belichick Bledsoe in sein Büro. Das Gespräch verlief sehr einseitig: Belichick redete und

Bledsoe hörte zu. Die Botschaft war eindeutig: Brady stand gegen die Rams in der Startelf.

Es fiel Bledsoe schwer, die Fassung zu wahren. In der NFL gibt es keine Loyalität mehr, sagte er sich. Es gab sie einfach nicht. Wenn du deine Arbeit auf dem Spielfeld gut machst, hey, dann pass auf, wenn du verletzt wirst. Verlass nicht das Feld. Tu alles, was nötig ist, um da draußen zu bleiben.

Aber nichts davon erwähnte er Belichick gegenüber. Genervt ging er einfach hinaus.

Mit Bledsoe an der Seitenlinie verlor New England gegen St. Louis mit 24:17 und fiel auf 5:5 zurück. In der Umkleidekabine nach dem Spiel waren die Spieler der Patriots frustriert und verärgert. Robert Kraft hörte aufmerksam zu, als Belichick die Mannschaft zusammenrief und ihr sagte, wie stolz er auf ihre Leistung sei. Dann rückte er die Dinge ins rechte Licht.

„Das ist das beste Team der Liga", sagte Belichick. „Sie haben sehr hart gespielt."

Während er sprach, änderte sich das Verhalten der Spieler.

„Erinnert euch an dieses Spiel", fuhr Belichick fort. „Vielleicht sehen wir sie ja wieder."

Die Spieler wussten, was Belichick vorschlug. Die Rams waren in der NFC. Die einzige Möglichkeit für die Patriots, sie wiederzusehen, war der Superbowl. Er teilte seiner Mannschaft mit, dass sie seiner Meinung nach gut genug sei, um sich mit der besten Mannschaft der Liga messen zu können. In einem Moment der Niederlage hatte Belichick es geschafft, alle zu noch mehr Einsatz zu motivieren.

Als Belichick sich am nächsten Morgen an die Medien wandte, wollten die Reporter in erster Linie über das sprechen, worüber er nicht sprechen wollte – wer im kommenden Spiel gegen New Orleans als Quarterback starten würde.

„Ich sehe diese Woche keine Veränderung", sagte Belichick.

Unter diesen Umständen hielt die Presse eine Erklärung für angebracht. Immerhin hatte er einen der besten Quarterbacks der Welt zur Verfügung, den er aber nicht einsetzte. In der Zwischenzeit hatte Brady im Spiel gegen die Rams ein paar Interceptions geworfen. Statistisch gesehen war es keines seiner besseren Spiele.

Belichick erkannte an, dass Brady im Spiel gegen die Rams einige Fehler gemacht hatte. Doch eine seiner Interceptions prallte von den Händen seines Receivers ab und landete in den Händen eines Verteidigers. Das hatte nichts mit Brady zu tun. Außerdem hatten die Rams eine starke Defense, aber Brady brachte trotzdem 19 von 27 Pässen für 185 Yards und einen Touchdown an. Wenn Brady nicht so stark wie sonst war, gab Belichick sich die Schuld. Es wäre für jeden schwer, gut zu spielen, nachdem er in der Woche zuvor nur die Hälfte der Trainingseinheiten absolviert hatte, so seine Überlegung.

Anstatt einen Wechsel auf der Quarterback-Position vorzunehmen, beschloss Belichick, die Art und Weise zu ändern, wie er in Zukunft mit Bledsoe und Brady im Training umgehen würde. Wenige Stunden nach dem Gespräch mit den Medien traf sich Belichick mit beiden Quarterbacks und erklärte ihnen, wie es weitergehen würde. „Wir gehen mit Tom", sagte er und sah Bledsoe an. „Er wird alle Reps bekommen. Und er wird spielen."

Bledsoe war nicht erfreut.

Aber Belichick hatte seine Gründe. Aus seiner Sicht war Tom bereit für das Spiel. Er war im Rhythmus. Drew hatte ohne eigenes Verschulden seit über zwei Monaten nicht mehr gespielt. Bei noch sechs ausstehenden Spielen der regulären Saison hielt es Belichick nicht für sinnvoll, die Chemie zu stören.

Bledsoe kaufte Belichick seine Erklärung nicht ab. Und er hielt es für Blödsinn, dass er nicht einmal die Chance bekam, sich um seine Stelle zu bewerben. Er war wütend und beschloss, mit Kraft zu sprechen.

Kraft und Bledsoe hatten im Laufe der Jahre viele Einzelgespräche geführt. Aber das in Krafts Büro in der Woche vor dem Spiel in New Orleans stach heraus. Kraft hörte hauptsächlich zu, als Bledsoe seinen Fall vortrug. Vor seiner Verletzung hatte er 111 von 114 regulären Saisonspielen bestritten. Abgesehen von Brett Favre war er der langlebigste Quarterback der Liga. Von dem Tag, an dem er in Foxborough angekommen war, hat er alles getan, was die Organisation von ihm verlangt hatte. Nicht ein einziges Mal hatte er sich beschwert. Aber er konnte nicht länger schweigen. Die Tatsache, dass er wegen eines Treffers, der ihn fast das Leben gekostet hätte, seinen Job verloren hatte, war schwer zu akzeptieren.

Kraft hatte Mitgefühl für Bledsoes Notlage und stand vor einem Dilemma. Bis zu diesem Zeitpunkt hatte er jede Personalentscheidung Belichicks mit Nachdruck unterstützt. Als Belichick beliebte Spieler, darunter auch solche, die ihre gesamte Karriere in New England verbracht hatten, entließ, hatte Kraft ihn unterstützt. Selbst als Belichick beschlossen hatte, Bobby Grier zu entlassen, hatte Kraft sich nicht eingemischt. Aber Bledsoe war anders. Er war eine Klasse für sich. Er war praktisch ein fünfter Sohn.

Kraft sagte Bledsoe, er würde mit Belichick sprechen.

Diese Situation bedeutete einen entscheidenden Moment für Kraft. Als Besitzer hatte er sicherlich die Macht, Belichick anzuweisen, Bledsoe wieder in die Startaufstellung zu bringen. Vom geschäftlichen Standpunkt aus wäre dies keine unangemessene Forderung. Kraft zahlte Bledsoe keine 100 Millionen Dollar, damit er an der Seitenlinie stand und ein Klemmbrett hielt. Doch Kraft hatte noch nie einem Trainer gesagt, wer spielen und wer sitzen sollte. Das jetzt zu tun würde die Dynamik mit Belichick deutlich verändern.

Als Kraft Belichick aufsuchte, beschloss er, Fragen zu stellen, anstatt sich für Bledsoe einzusetzen. Die Situation war auch für Belichick ein entscheidender Moment. Obwohl Kraft kein Wort über seine Vorliebe verlor, war klar, wem er die Treue hielt. Sie hätten sich nicht getroffen, wenn Bledsoe gespielt hätte. Aus Gründen der Selbsterhaltung hätte Belichick Kraft sagen können, was sein Chef seiner Meinung nach hören wollte. Stattdessen war er unzweideutig. Brady, so betonte er, sei der richtige Anführer zur richtigen Zeit für dieses Team. Als Cheftrainer war Belichick der Meinung, dass Brady auf dem Spielfeld die beste Ausgangsposition für das Team bot.

Kraft ging zurück in sein Büro, um über seinen nächsten Schritt nachzudenken. Er könnte sich auf die Seite seines Cheftrainers stellen oder auf die seines Quarterbacks. So oder so, es würde Spannungen geben. In seinen anderen Unternehmen war Kraft stets erfolgreich gewesen, indem er gute Manager einstellte und ihnen Entscheidungsbefugnisse einräumte. Er definierte eine gute Führungskraft als jemanden, der mutig und risikobereit war und keine Angst hatte, zu scheitern. Indem er sich für Brady entschied, hatte Belichick alle drei Elemente dieser Definition erfüllt.

Die anderen Dinge, die Kraft von seinen Managern erwartete, waren Ausführung und Verantwortlichkeit. Aber wenn er seinen Geschäftsführern keine Befugnisse erteilte, konnte er nicht erwarten, dass er sie zur Verantwortung ziehen konnte. Wenn er von Belichick Rechenschaft verlangen wollte, musste er ihm die Entscheidung überlassen.

Kraft traf sich erneut mit Bledsoe. Nachdem er sein Gespräch mit Belichick zusammengefasst hatte, sagte Kraft zu Bledsoe, dass Brady der erste Quarterback bleiben würde.

„Ich fühle mich furchtbar", sagte Kraft zu ihm. „Aber diese Entscheidung überlasse ich Bill."

Bledsoe verbarg seine Enttäuschung nicht.

„Schau, ich könnte es erzwingen", sagte Kraft. „Aber wenn ich das tue, wäre das nicht gut für dich."

Wenige Tage vor dem Spiel gegen die Saints erfuhr die Presse, dass Brady dauerhaft Stammspieler sein würde. Ein Reporter bat Belichick, zu beschreiben, wie Bledsoe auf die Nachricht reagiert hatte.

„Das müssen Sie Drew fragen", sagte Belichick.

Als Reporter Bledsoe in der Umkleidekabine bedrängten, war er nicht in der Stimmung, über seine Reaktion auf die Entscheidung Belichicks zu sprechen.

„Nächste Frage", sagte Bledsoe.

„Sind Sie frustriert?", fragte ein anderer Reporter.

„Nächste Frage", sagte Bledsoe.

Ein Reporter fragte ihn, wie er sich auf den Wettbewerb vorbereite, wenn er nicht trainieren könne.

„Nächste Frage."

Ein anderer Reporter fragte ihn nach seinem emotionalen Zustand.

„Nächste Frage."

Es war klar, dass Bledsoe wütend war. „Ich freue mich auf die Chance, mich um meinen Job zu bewerben", sagte er ohne Umschweife.

Am nächsten Tag beschuldigte der Sportjournalist des Boston Globe, Ron Borges, Belichick der Lüge. „Er hat Drew Bledsoe darüber belogen, wie die Wettbewerbssituation aussehen würde, wenn der Quarterback wieder gesund ist", schrieb Borges. „Das war keine Fehlkommunikation. Es gab keine Missverständnisse. Es gab keine Schadensbegrenzung. Er hat geflunkert."

Belichick, der unter Beschuss stand, hielt eine Pressekonferenz ab und verteidigte seine Entscheidung, an Brady festzuhalten. „Dafür bezahlt mich Mr. Kraft", sagte er. „Und genau das werde ich tun. Ich werde die Entscheidungen treffen, die meiner Meinung nach das Beste für das Football-Team sind. T-E-A-M, wie in Team."

Tom Brady wollte keine Reibereien mit Bledsoe. „Ich habe schon auf beiden Seiten von so etwas gestanden", sagte er der Presse. „Ich habe natürlich Mitgefühl mit ihm. Das sind die Gefühle, gegen die man ankämpft. Es ist das Gefühl, dass einer deiner besten Freunde und Mannschaftskameraden nicht so glücklich ist, wie er es normalerweise ist."

Obwohl es Bledsoes Verletzung war, die Brady die Möglichkeit gegeben hatte, zu spielen, bot Belichick ihm nun die Chance, seinen Job zu behalten. Es war ein einfacher Vorschlag – wenn Brady weiterhin gut spielte, würde er der erste Quarterback der Patriots für die Zukunft sein. Gleichzeitig brachte die Situation Brady auch in die Lage, Belichicks Arbeitsplatzsicherheit zu untergraben. Indem er sich an einen unerprobten Draft der sechsten Runde hängte, hatte Belichick seinen eigenen Job aufs Spiel gesetzt. Wenn Brady sich nicht bewährte, hätte das Konsequenzen. Vieles hing davon ab, was Brady als Nächstes tun würde.

Drei Tage, nachdem Belichick sich den Reportern gestellt hatte, spielte Brady sein bisher bestes Spiel, warf vier Touchdown-Pässe und schloss 19 von 26 Passversuchen ab. New England schlug New Orleans mit 34:17, und Brady wurde zum NFL-Spieler der Woche gewählt. Nach dem Spiel schrieb er die folgenden Worte auf den Spielball:

Für Papa,
ein Riesengewinn!! Ich wünschte, du wärst hier. Dieser Ball ist für mein Idol.
In Liebe,
dein Sohn

Für Belichick war das, was einen großartigen Quarterback ausmachte, seine Fähigkeit, nach einer schlechten Leistung wieder aufzustehen.

Brady tat das gegen New Orleans. Für Belichick war dies ein Wendepunkt in der Saison 2001. Das empfanden auch die Spieler so.

„Als Bledsoe zurückkam, war meine Frage: Wird Belichick diesen Weg gehen?“, sagte Linebacker Tedy Bruschi. „Er hat viel von ‚Mach deinen Job‘ gesprochen. Und er fragte: ‚Wie gut bist du von Woche zu Woche? Nun, als Drew zurückkam, spielte Tom ziemlich gut, und wir begannen, ein gutes Football-Team zu werden. Ich dachte: Sie erzählen uns all dieses Zeug über das Gewinnen von Football-Spielen und darüber, uns die besten Chancen dafür zu geben. Wer gibt uns Ihrer Meinung nach die besten Chancen auf den Sieg? Denn im Moment macht dieser Brady einen guten Job und wir werden als Team immer besser.

Wir hatten das Gefühl, dass wir an etwas dran waren“, so Bruschi weiter. „Wenn Bill das unterbrochen hätte, wäre es nicht mit dem vereinbar gewesen, was er uns seit seiner Einstellung gepredigt hat. Das war also ein Moment für mich. Als er Tom in der Mannschaft ließ, legitimierte es für mich das, was Bill gepredigt hatte.“

Selbst Bledsoe entschied sich bewusst für Brady. In der nächsten Woche, als New England in New York gegen die Jets antrat, stand Bledsoe neben Belichick, als Brady 1:46 Minuten vor Spielende an die Seitenlinie kam. New England hatte nur noch einen Punkt Vorsprung und stand vor einem kritischen Third Down. Wenn die Patriots zum Punt gezwungen würden, hätten die Jets die Chance, ein Field Goal zu schießen und das Spiel zu gewinnen. Belichick konnte sehen, dass Brady große Schmerzen hatte, weil er zuvor einen Schlag gegen die Rippen und die Brust bekommen hatte. Trotzdem rief Belichick einen Quarterback Sneak aus.

„Das ist es, was du willst, hm?“, fragte Brady und verzog das Gesicht.

Belichick nickte.

„Lass einfach den Ball laufen“, mischte sich Bledsoe ein. „Mach das erste Down und gewinne das Spiel.“

„In Ordnung“, sagte Brady. „Los geht's.“

Brady brauchte anderthalb Yards, nahm den Kopf runter, stürmte nach vorne und verschwand in einem Meer von breiten Körpern. Er ging so nahe an der First-Down-Marke zu Boden, dass die Offiziellen nachmessen mussten. Mit weniger als der Länge eines Footballs hatte er das erste Down geschafft.

„Ja!", schrie Belichick und reckte die Faust in die Luft.

Die Patriots schauten nie zurück. Mit Brady an der Spitze schlugen sie die Jets und jedes andere Team auf dem Spielplan.

20

DER PERFEKTE STURM

Am 6. Januar 2002 beendete New England die reguläre Saison in Carolina mit einem 38:6-Sieg gegen die Panthers. Mit einer Bilanz von 11:5 hatten sie den Titel in der AFC East Division gewonnen. Auf dem Rückflug herrschte eine feierliche Stimmung. Dann kam der Pilot über den Lautsprecher und verkündete, dass die Jets den Meister der AFC West, die Raiders, geschlagen hätten. Jubel erfüllte die Kabine. Durch die Niederlage der Raiders fielen sie auf 10:6 zurück, wodurch die Patriots sie in der Play-off-Rangliste überholen konnten. Das bedeutete, dass die Patriots in der Wild Card-Runde ein Freilos hätten und in der Divisionsrunde Heimvorteil.

Inmitten des Jubels tätigte Robert Kraft einen dringenden Anruf bei seinem Bauunternehmer. Der für den nächsten Tag geplante Abriss des Foxboro Stadium musste verschoben werden. Es würde ein weiteres Spiel dort geben.

Die unerwartete Wendung der Ereignisse brachte Kraft auf eine Idee. Noch nie war ein NFL-Play-off-Spiel zur besten Sendezeit übertragen worden. CBS und die NFL hatten beschlossen, dies zu ändern, indem sie eines der vier Play-off-Spiele der Divisionsrunde am Samstag, den 19. Januar 2002, zur besten Sendezeit ausstrahlten. Es war ein kühnes Experiment, das zur Folge hatte, dass die beliebten Fernsehserien Ein Hauch von Himmel und The District eingestellt wurden. Kraft bat darum, das Spiel der Patriots zur besten Sendezeit auszustrahlen.

Er bekam seinen Wunsch erfüllt. Der Präsident von CBS Sports, Sean McManus, war zuversichtlich, dass ein Aufeinandertreffen zwischen den notorisch einschüchternden und rebellischen Oakland Raiders und den unterlegenen New England Patriots, dem Aschenputtel, großes Kino versprach. Der Anpfiff war für 20.05 Uhr an der Ostküste angesetzt.

Tom Brady erkannte die Bedeutung seines ersten Play-off-Spieles als New England Patriot. Obwohl der 24-Jährige erst seit 18 Monaten in der Region lebte, wusste Brady, dass die Bostoner Sportfans zu den eifrigsten des Landes gehören. Doch die Patriots hatten noch nie eine Meisterschaft gewonnen. Jetzt würden Millionen von Menschen in den sechs New-England-Staaten vor den Bildschirmen sitzen und den Patriots für einen Sieg über die Raiders die Daumen drücken. Als Starting Quarterback der Patriots hatte Brady die Chance, für die New Englander das zu tun, was seine Jugendidole Joe Montana und Steve Young für die Einwohner San Franciscos getan hatten – ein tieferes Gemeinschaftsgefühl zu fördern, indem er eine Siegertradition begründete.

Am Tag des Spiels war der Himmel blau, und die Sonne schien in Foxborough. Die Temperatur lag bei fast fünf Grad. Für Mitte Januar in New England hätten die Bedingungen nicht besser sein können, als Brady sich auf den Weg ins Stadion machte. Aber er war erst ein paar Minuten im Auto, als sich der Himmel verdunkelte und es zu schneien begann. Er hatte noch nie im Schnee Football gespielt, nicht einmal in Ann Arbor. Das könnte lustig werden, sagte er sich.

Belichick verlangte, dass die Spieler drei Stunden vor dem Anpfiff eintrafen, daher hatte Brady sein Haus rechtzeitig verlassen. Er wohnte in der Nähe des Stadions, nahm die Nebenstraßen, um den Verkehr am Spieltag zu vermeiden, und schaffte die Strecke in der Regel in zehn Minuten. Doch dieses Mal gab es auf seinem gewöhnlichen Weg einen Stau. Brady versuchte eine andere Strecke, in der Hoffnung, zum hinteren Teil des Stadions zu gelangen. Doch als er sich der Route 1 näherte – der Hauptverkehrsstraße zum Foxboro Stadion – geriet er direkt in den größten Stau, den er je gesehen hatte. Alle Straßen, die zum und vom Stadion führten, waren verstopft. Eingekesselt stellte er den Wagen in die Parkposition und verschaffte sich einen Überblick. Er erkannte, dass er für eine Meile eine Stunde oder mehr brauchen könnte. Und Belichick duldete keine Unpünktlichkeit.

Während der Schnee immer mehr zunahm und die Wischerblätter die Windschutzscheibe frei hielten, griff Brady nach seinem Handy.

Frank Mendes war dreißig Jahre lang als Polizist im Bundesstaat Massachusetts tätig. In dieser Zeit leistete er Hunderte von Arbeitsstunden im Foxboro Stadium bei der Verkehrsüberwachung, bei Fußpatrouillen und bei der Begleitung von Gastmannschaften zum und vom Stadion an Spieltagen. Er wurde den Verantwortlichen der Patriots so vertraut, dass Mendes schließlich als Sicherheitsdirektor des Teams eingestellt wurde. Zu seinen Aufgaben gehörte es, für einen reibungslosen logistischen Ablauf am Spieltag zu sorgen. Er war schon fast im Stadion, als er Bradys Anruf erhielt.

„Ich stecke fest, Frank“, sagte Brady zu ihm.

Mendes lebte für Momente wie diesen. Plötzlich war es seine Aufgabe, den Starting Quarterback ins Spiel zu bringen.

„Wo bist du?“, fragte er.

„North Street, in der Nähe der Route One“, sagte Brady.

„Was fährst du?“

„Meinen gelben Jeep.“

Zum Glück hatte Mendes noch viele Freunde bei der örtlichen Polizei. Er rief die Zentrale an und schilderte dem diensthabenden Beamten die Situation. „Brady ist gestrandet“, sagte er. „Wir müssen ihn ins Stadion bringen.“

Nach einer Viertelstunde hörte Brady, wie eine Sirene sich näherte. Ein Polizist hielt an, kurbelte sein Fenster nach unten und sagte: „Folgen Sie mir.“

Mit blinkenden Polizeilichtern und heulenden Sirenen wurden Fahrzeuge voller Patriots-Fans auf den Seitenstreifen gedrängt, sodass eine schmale Gasse für Brady und seine Polizeieskorte entstand. Patriots Running Back Antowain Smith steckte in der gleichen Klemme wie Brady. Voller Angst, dass Belichick wegen einer Verspätung wütend auf ihn werden könnte, war Smith hocherfreut, als er in den Rückspiegel blickte und Bradys Jeep auf sich zukommen sah. Als der Polizist und Brady vorbeikamen, fuhr Smith hinter ihnen her und schloss sich der Eskorte an. Je näher Brady dem Stadion kam, desto mehr Spieler drängten sich hinter ihm in die Schlange. Es dauerte nicht lange, da führte der Polizist eine Autokolonne von Spielern an, während die Fans entlang der Strecke hupten und jubelten.

Dieser Vorfall war bezeichnend für die Art von Führungspersönlichkeit, die Brady bereits geworden war. Als das Unerwartete eintrat, fand er eine Lösung. Und die anderen Spieler reihten sich hinter ihm ein.

Als er endlich im Stadion ankam, zog sich Brady schnell um und eilte auf das Spielfeld, um loszulegen. Der Schneefall war heftig. Er trug Shorts und ein T-Shirt und bestaunte die riesigen Flocken, die vom Himmel fielen. Das Feld glich einem Winterkarneval. Ein Spiel unter diesen Bedingungen war der Traum eines kalifornischen Jungen.

Obwohl er das neue Stadion unbedingt eröffnen wollte, hatte Robert Kraft eine Schwäche für das Foxboro Stadium. Es war der Ort, an dem er und seine Söhne sich in die Patriots verliebt hatten, der Ort, an dem sein Traum, das Team zu besitzen, geboren worden war. Die Gelegenheit, ein Play-off-Spiel auszutragen, bevor das Gebäude abgerissen wurde, fühlte sich wie ein letztes Hurra an.

Zu diesem bedeutsamen Anlass lud Kraft seinen guten Freund Sanford „Sandy" Weill ein, sein persönlicher Gast beim Spiel der Raiders zu sein. Zu dieser Zeit war Weill Vorsitzender und CEO der Citigroup, dem größten und profitabelsten Finanzinstitut der Welt. Er war auch ein New Yorker und langjähriger Fan der Jets.

Weills Verbindungen zu den Jets gingen auf den Gründer des Teams zurück, den Unterhaltungsmanager Sonny Werblin, der Mitte der sechziger Jahre der Mannschaft ihren Namen gab und die Farben ihrer Trikots auswählte. Mit seinem Hintergrund im Showgeschäft half Werblin dabei, den Jets-Quarterback Joe Namath zu „Broadway Joe" zu machen, dem ersten echten Prominenten der NFL. Nachdem der Quarterback durch das berühmte Versprechen, die Jets würden die stark favorisierten Colts im Superbowl III besiegen, zum Superstar wurde, beriet Weill Namath auf Werblins Bitte hin bei Investitionen und Bankgeschäften. Dies war der Beginn von Weills langer und enger Zusammenarbeit mit den Jets und ihrem Gründer.

Weill war noch nie in Foxborough gewesen. Er hatte auch keinerlei Interesse an den Patriots. Dennoch war er geschmeichelt, als Kraft ihn und seine Frau zu einem so wichtigen Spiel einlud.

Ungefähr zwanzig Minuten vor dem Anpfiff standen Kraft und Weill an der Seitenlinie der Patriots in passenden blauen Patriots-Winterparkas und weißen Patriots-Division-Champion-Baseballmützen und unterhielten sich unter vier Augen in einem Beinahe-Schneesturm. Krafts Entscheidung, sich dafür einzusetzen, dass die Patriots am Abend und nicht um vier Uhr nachmittags spielen, erschien plötzlich wie ein Geniestreich. Oakland war ein Schönwetter-Team mit einer Reihe von Receivern, die über eine herausragende Geschwindigkeit verfügten. Seit vier Uhr nachmittags war die Temperatur in Foxborough um sechs Grad gefallen, und ein unerwarteter Schneesturm hatte das Spielfeld bedeckt. Eine kleine Armee von Landschaftspflegern war mit Laubbläsern unterwegs, um die Hofeinfahrten freizulegen. Der Schnee würde den Geschwindigkeitsvorteil der Raiders zunichtemachen. „Ideale Bedingungen", sagte Kraft zu Weill.

Ungefähr zwanzig Meter von der Stelle entfernt, an der sie standen, warf Brady seine letzten Aufwärmpässe, während Nellys #1 durch die Stadionanlage schallte. You better watch who you talkin' bout …running your mouth like you know me. Brady kannte den Text gut genug, um lautlos mitzusingen. Im Draft 2000 waren vor ihm 98 Spieler ausgewählt worden. Er war entschlossen, allen zu zeigen, dass die Experten, die gesagt hatten, er sei zu langsam und zu schwach, um in der NFL Quarterback zu spielen, ihn nicht kannten.

Durch das Schneetreiben entdeckte Brady Kraft und joggte zu ihm hinüber. Während er seinen Kinnriemen öffnete, sagte er: „Das werden wir schaffen."

„Versprochen?", fragte Kraft.

„Das verspreche ich", sagte Brady.

Kraft lächelte und zeigte auf Brady, gerade als Nellys Song beim Refrain war: I am number one.

In einiger Entfernung stand Drew Bledsoe schweigend und sah Kraft an, der Brady ansah.

Mit seinen 38 Jahren galt Raiders-Cheftrainer Jon Gruden als der beste aufstrebende Cheftrainer in der NFL. Im Jahr zuvor hatte er

Oakland zum AFC Championship Game geführt. Als Gruden erfuhr, dass Brady für die Patriots antrat, dachte er, dass die Chancen seines Teams, wieder in die AFC-Meisterschaft einzuziehen, gerade gestiegen waren. Oaklands beeindruckende Verteidigung bestand aus vielen Veteranen. Gruden konnte nicht glauben, dass Belichick Bledsoe nicht aufstellte.

In der ersten Halbzeit wirkte Brady überfordert, er brachte nur sechs von 13 Pässen für 74 Yards an und hatte eine Interception. Nachdem Oakland zur Halbzeit mit 7 : 0 geführt hatte, war Bledsoe heiß darauf, spielen zu dürfen. Belichick lehnte es jedoch ab, eine Änderung vorzunehmen. Im dritten Viertel lief es für die Patriots nicht besser. Im vierten Viertel, als Oakland mit 13 : 3 führte, wurden die Fans unruhig. Als Brady bei Third-and-eighteen einen unvollständigen Pass warf, waren die Buhrufe deutlich zu hören.

Wenn Belichick zu diesem Zeitpunkt den Quarterback gewechselt hätte, wäre niemand überrascht gewesen. Stattdessen änderte er das Tempo. Bei 12 : 29 verbleibenden Spielminuten wies er Brady an, mit der No-Huddle-Offensive zu beginnen. In den nächsten fünf Minuten trug Brady sein Team 67 Yards weit, wobei er neun Pässe in Folge bei fast völliger Dunkelheit anbrachte. Er beendete den besten Drive seiner jungen Karriere, indem er sechs Yards zurücklegte, drei potenziellen Tacklern auswich und in die Endzone lief. Es war der erste Rushing Touchdown seiner Karriere. Er sprang auf und schlug den Ball so hart, dass er das Gleichgewicht verlor und mit dem Gesicht voran in den Schnee fiel. 7:57 Minuten vor Spielende stand es 13 : 10. New England war lebendig, und das Foxboro Stadium tobte.

In den nächsten sechs Minuten gelang es Oakland nicht, das Spiel für sich zu entscheiden. Ohne Time-out und 2:06 Minuten vor Schluss bekam New England den Ball an der eigenen 46-Yard-Linie zurück. Wenige Augenblicke später erlief Brady ein First Down und wurde an der Seitenlinie der Patriots, an der 42-Yard-Linie der Raiders, ins Aus geschoben. Nachdem Brady aufgestanden war, ging er auf Offensivkoordinator Charlie Weis zu, um den nächsten Spielzug zu wählen.

„Drei von eins. Trips rechts. Wirf den Slant über die Rückseite“, sagte Weis zu ihm.

Bei diesem Spielzug mussten sich drei Receiver auf der rechten Seite aufstellen, während sich ein einzelner Receiver auf Bradys linker Seite, also auf der Rückseite, aufstellte. Weis wollte, dass Brady zu dem einzigen Receiver auf der Rückseite warf.

Während Weis Brady instruierte, hielt sich Raiders Defensive Back Eric Allen an der Seitenlinie der Patriots auf und hörte mit. Er rannte zum Huddle der Raiders und erklärte seinen Teamkollegen, was auf sie zukam. Er sagte einem Linebacker ausdrücklich, er solle den Slant unterbrechen. Damit war der Weg frei für das folgenreichste und umstrittenste Spiel in der Geschichte der NFL.

1:50 Minuten vor Schluss stand Brady vier Yards hinter der Line of Scrimmage, die Knie leicht gebeugt, eine Schicht Neuschnee auf seinem silbernen Helm. Beim Snap streckte er den Arm aus und bereitete sich darauf vor, zum einzigen Receiver auf der Backside zu werfen, der ein Slant-Muster zu seiner Linken lief. Im Vorgriff auf den Spielzug versperrte ein Verteidiger der Raiders den Passweg, sodass Brady seine Wurfbewegung unterbrechen musste. Sein einsekündiges Zögern war gerade genug Zeit für Raiders Cornerback Charles Woodson, der von Bradys rechter Seite blitzte, um zu springen und Brady zu treffen, als dieser gerade seinen Arm wieder ausstrecken wollte, um zu einem anderen Receiver zu werfen. Der Ball löste sich, als Woodson Brady zu Boden drückte.

Schiedsrichter Walt Coleman war zwölf Yards von Brady entfernt und verlor den Ball aus den Augen, der nicht weit von Bradys Füßen entfernt auf dem Schnee lag. Der Linebacker der Raiders, Greg Biekert, stürzte sich auf den Ball.

Brady lag auf dem Rücken und führte beide Hände an seinen Helm. „NEIN!!!!!", dachte er.

Coleman wertete das als Fumble.

Die Verteidiger der Raiders sprangen jubelnd auf und ab.

Brady war wütend auf sich selbst, weil er den Ball vertändelt hatte, und verließ das Feld in der Überzeugung, dass das Spiel vorbei war. Auch Belichick dachte, es sei vorbei. Alle dachte das. Oben in der Trainerloge ließ Robert Kraft den Kopf sinken und schloss die Augen. Die Fans strömten zu den Ausgängen.

Während die Raiders-Spieler im Schnee tanzten, erschien auf der Riesenleinwand im Stadion eine Wiederholung. Die Menge geriet plötzlich in Aufruhr. Bradys Arm schien in Bewegung gewesen zu sein, als der Ball losgeschlagen wurde, sodass es sich eher um einen unvollständigen Pass als um einen Fumble gehandelt haben könnte. Die Patriots hatten jedoch keine Möglichkeit, die Entscheidung auf dem Spielfeld anzufechten. Walt Coleman machte sich allein auf den Weg zur Seitenlinie, setzte sich ein Headset auf und versteckte seinen Kopf unter einer blauen Plane. Als Coleman auf den Wiedergabemonitor schaute, ertönte In The Air Tonight von Phil Collins über die Stadionanlage.

Belichick und Charlie Weis telefonierten mit Ernie Adams, der oben in der Kabine saß. Adams war der Regel-Guru des Teams. Nachdem er sich die Wiederholungen angesehen hatte, sagte Adams, dass das Spiel seiner Meinung nach als unvollständiger Pass und nicht als Fumble gewertet werden sollte. Er verwies auf die NFL-Regel 3, Abschnitt 22, Artikel 2, Anmerkung 2:

Wenn ein Spieler der Mannschaft A den Ball in der Hand hält, um ihn nach vorne zu spielen, ist jede absichtliche Vorwärtsbewegung seiner Hand ein Vorwärtspass, auch wenn der Spieler den Ball verliert, während er versucht, ihn zu seinem Körper zurückzuholen.

Die sogenannte Tuck-Regel war erst zwei Jahre zuvor in das Regelwerk aufgenommen worden. Die meisten Spieler und Trainer waren damit nicht vertraut. Aber Adams kannte die Regel wortgetreu. Und Belichick und die Patriots hatten einige persönliche Erfahrungen mit dieser Regel. Bereits im zweiten Spiel der Saison hatte Jets-Quarterback Vinny Testaverde einen Fumble erzielt, den die Patriots zurückeroberten, doch die Entscheidung wurde rückgängig gemacht und der Ball aufgrund der Tuck Rule an die Jets zurückgegeben.

Die Regel besagt, dass ein Vorwärtspass mit der Vorwärtsbewegung der Hand des Quarterbacks beginnt. Wenn ein Quarterback also plötzlich beschließt, einen Pass abzubrechen – mit anderen Worten, wenn er die Wurfbewegung beginnt, den Ball aber nicht loslässt –, ist die anfängliche Vorwärtspass-Bewegung erst beendet, wenn der Arm des Quarterbacks zum Stillstand gekommen ist. Dies zeigt sich entweder daran, dass der Quarterback den Ball an seinen Körper drückt, oder dass sein Arm anderweitig zum Stillstand kommt, zum Beispiel wenn er losrennt.

Neben Weis stehend, wollte Brady wissen, was Adams sagte.

„Was meinst du?“, fragte Brady.

„Ich denke, wir haben eine Chance“, sagte Weis. Dein Arm ging nach vorne. Es könnte ein unvollständiger Pass sein.“

Nach weniger als einer Minute nahm Coleman sein Headset ab, schaltete sein Mikrofon ein, sodass seine Stimme über die Lautsprecheranlage des Stadions zu hören war, und sprach 18 Wörter, die den Lauf der NFL-Geschichte verändern sollten: „Nach der Überprüfung des Spiels war der Arm des Quarterbacks in der Vorwärtsbewegung. Es ist ein unvollständiger Pass.“

Das Ende von Colemans Satz wurde von dem ohrenbetäubenden Gebrüll der mehr als sechzigtausend Fans übertönt.

An der Seitenlinie der Raiders stand Jon Gruden und war fassungslos. Raiders-Eigentümer Al Davis war wütend. „Ich bin der Meinung, und fast jeder auf der Welt, dass das Spiel ein Fumble war“, sagte Davis später. „Es hätte als Fumble gewertet werden müssen. Dass jemand dies ohne schlüssige, unbestreitbare Beweise rückgängig machen würde, ist einfach unglaublich.

Mike Pereira, der Vizepräsident der NFL für das Schiedsrichterwesen, hatte die Gegenreaktion vorausgesehen. „Ich wusste, dass die Entscheidung richtig war“, sagte Pereira. „Ich wusste auch, dass sie von der Mehrheit der Leute nicht akzeptiert werden würde, weil sie hier eine klare Absicht herauslesen würden, dass [Brady] nicht versucht hat, den Ball abzugeben, als er sich löste.“

Mit dem Umschwung kam neues Leben in die Patriots. Aber Oakland lag immer noch in Führung. Und mit etwas mehr als anderthalb Minuten Spielzeit und keiner Auszeit mehr, war New Englands Saison weiterhin in Gefahr.

Nach seiner Rückkehr auf das Spielfeld gelang Brady ein 13-Yard-Strike zu David Patten, der die Patriots bis an die 29-Yard-Linie der Raiders brachte. Drei Spielzüge später, 15 Sekunden vor Schluss, schickte Belichick den Kicker Adam Vinatieri für einen scheinbar unmöglichen

Field-Goal-Versuch aus 45 Yards im Schneetreiben. Die Feldbedingungen waren so schlecht, dass Vinatieri seinen Ansatz ändern musste, um nicht auszurutschen. Da er nicht viel Auftrieb bekommen konnte, schlug er einen flachen Line Drive, der nur knapp über die ausgestreckten Hände der Raiders-Verteidiger ging. Die Sichtverhältnisse waren so schlecht, dass die Fernsehzuschauer den Ball nicht sehen konnten, als er im verschneiten Himmel verschwand. Selbst die Zuschauer im Stadion sahen nichts, bis die Schiedsrichter unter dem Torpfosten die Arme hoben.

„Er ist gut! Er ist gut!", rief Patriots-Radiosprecher Gil Santos. „45 Yards! Adam Vin-A-Terry kickt ihn durch den Schnee. Und es steht unentschieden 13 : 13."

Die schneebedeckten Patriots-Fans schrien und sprangen auf und ab. Innerhalb von neunzig Sekunden waren sie von Verzweiflung zu Euphorie übergegangen. Es war, als ob Vinatieri Mutter Natur mit seinem Fuß geschlagen hätte. Im Foxboro-Stadion schien das Schicksal entschieden zu haben.

Belichick schickte Drew Bledsoe ins Mittelfeld zum Münzwurf in der Verlängerung, die New England gewann. Wenige Augenblicke später betrat Brady das Feld und brachte die Patriots mit allen acht Pässen, die er warf, 61 Yards weit. Dann, beim vierten Down, kam Adam Vinatieri zurück und versuchte einen 23-Yard-Kick, der das Spiel entschied. „Das wird ein hartes Field Goal", sagte Patriots-Radiosprecher Gil Santos. „Die Menge wird zeigen, ob er es schafft oder nicht."

Es war 11:35 Uhr. Mit dem Helm in der Hand und Schnee auf dem Kopf stand Brady direkt hinter Belichick an der Seitenlinie der Patriots und hielt den Atem an.

„Es kann losgehen", sagte Santos. „Snap. Ball am Boden. Der Kick ist da …"

60.000 Fans stießen ein kollektives „YEAH!" aus, das das Stadion zu erschüttern schien.

„Die Patriots gewinnen in der Verlängerung!", rief Santos.

In einer Szene, die daran erinnerte, wie George Bailey in It's a Wonderful Life durch verschneite Straßen rennt und „Hallo, Bedford Falls!" ruft, nachdem er entdeckt hat, dass er noch lebt, warfen sich Tom Brady und Bill Belichick einander in die Arme und schrien vor Freude.

„16 : 13!“, schrie Santos über den Äther. „Wir gehen zum AFC Championship Game.“

Im Foxboro Stadium herrschte absolutes Chaos. Gerade war etwas Magisches geschehen, und die Anwesenden wollten nicht, dass es zu Ende ging. Und die Spieler auch nicht. Sie lagen im Schnee und machten Schneeengel. Sie weinten. Sie blickten zum Himmel und dankten Gott, dem Allmächtigen. Und sie liefen durch das Stadion und umarmten die Fans. Das größte Spiel, das jemals im Foxboro Stadium ausgetragen wurde, war das letzte, und die Spieler und Fans waren begeistert, Teil davon zu sein.

In der Loge des Besitzers sprang Kraft umher und umarmte seine Frau und seine Söhne. In diesem Moment tat Sandy Weill etwas, das er sich nie hätte träumen lassen – er wurde zum Patriots-Fan. „Ich war ein Jets-Fan“, sagte Weill. „Aber ich habe gesehen, wie Bob sich verhalten hat, als Brady den Ball verlor und es so aussah, als hätten sie das Spiel verloren. Hier war ein Mann, dessen Team die Chance hatte, zum AFC Championship Game zu gehen, und es schien plötzlich zu 99,9 Prozent sicher zu sein, dass er es verloren hatte. Doch Bob war ein sehr großzügiger Verlierer und kein Spielverderber. Er hat viel besser reagiert, als ich es an seiner Stelle getan hätte. Kurz darauf wurde ich Zeuge des vielleicht aufregendsten Moments in Bobs Leben. Ich sagte: ‚Ich werde ab jetzt ein Patriots-Fan sein.‘“

Kraft lud Weill ein, ihn in die Umkleidekabine zu begleiten. Als Kraft Brady begegnete, küsste er ihn auf die Wange und umarmte ihn. Es war zwanzig Monate her, dass Brady Kraft auf den Stufen des Stadions zum ersten Mal begegnet war und kühn verkündet hatte: „Ich bin die beste Entscheidung, die diese Mannschaft je getroffen hat.“ Kraft war nun ein vollends überzeugt.

„Ich möchte dir einen guten Freund vorstellen“, sagte Kraft zu Brady. „Das ist Sandy Weill.“

Weill nickte bewundernd und reichte ihm die Hand.

In der Umkleidekabine herrschte ein freudiges Durcheinander. Aber einen Moment lang behandelte Brady Weill, als wären sie die einzigen beiden Menschen im Raum, ergriff dessen Hand und sagte: „Hi, ich bin Tom Brady.“

Augenblicke später sah Weill erstaunt zu, wie der frühreife Quarterback in ein Meer von Lichtern, Kameras und Reportern eintauchte. Bradys Selbstvertrauen und Charisma erinnerten Weill an etwas, das ihm sein alter Freund Sonny Werblin gesagt hatte, nachdem Joe Namath seine Vorhersage wahr gemacht hatte, dass die Jets die stark favorisierten Colts besiegen würden: „Ein echter Star erhellt einen Raum, wenn er hereinkommt. Namath hat die Präsenz eines Stars."

„Ist Tommy nicht etwas Besonderes?", fragte Kraft seinen Freund.

„Er hat die Präsenz eines Stars", sagte Weill.

21

WIR SIND ALLE PATRIOTS

Für CBS und die NFL war das Experiment, ein Play-off-Spiel am späten Abend zu übertragen, ein Quotenerfolg. Fast dreißig Millionen Zuschauer verfolgten den Sieg der Patriots gegen die Raiders und machten die Sendung damit zur drittmeistgesehenen Primetime-Show der gesamten Fernsehsaison 2001/2002. Nur der CBS Sunday Movie 9/11 und das Carol Burnett Special hatten in diesem Jahr mehr Zuschauer. „Es war die denkwürdigste Übertragung, an die ich mich erinnern kann", sagte Sean McManus, Präsident von CBS Sports. „Dank des Schnees hatten wir unglaubliche Bilder. Als die Entscheidung gegen die Raiders fiel, gab es eine große Kontroverse. Und die beiden Kicks von Vinatieri haben für Dramatik gesorgt."

New England war der größte Nutznießer der Primetime-Übertragung. Für den Rest des Landes diente das Spiel dazu, ein unternehmungslustiges Team vorzustellen, das von einem strengen, wortkargen Trainer und einem frühreifen Quarterback geführt wurde. Das Foxboro-Stadion glich einem Winterwunderland. Die Optik in Verbindung mit der umstrittensten Überprüfung und dem größten Kick in der Geschichte der NFL vermittelte den Eindruck, dass übernatürliche Kräfte die Patriots an diesem Abend angetrieben hatten. „Plötzlich herrschte Magie in Foxborough", sagte Steve Sabol, der langjährige Präsident von NFL Films. „Und plötzlich waren die Patriots das Team des Jahres, wie aus dem Bilderbuch."

Aber die Experten und NFL-Insider hatten nicht erwartet, dass die bahnbrechende Saison weitergehen würde. Eine Woche später reisten die Patriots nach Pittsburgh, um gegen die stark favorisierten Steelers um den Einzug in den Superbowl zu kämpfen. Während der CBS-Übertragung vor dem Spiel wurde der Analyst Deion Sanders gebeten, das Ergebnis vorherzusagen. „Tom Brady und das Brady Bunch haben eine wunderbare Saison hinter sich", sagte er und erntete Gelächter. „Aber ich wurde gerade von Sean McManus informiert, dass dies die letzte Folge von The Brady Bunch sein wird."

Etwas mehr als zwei Minuten vor Ende der ersten Halbzeit, als New England mit 7 : 3 in Führung lag, stürzte sich ein Verteidiger aus Pittsburgh auf Bradys Knie, als dieser seine Wurfbewegung vollendete. Bradys Körper verdrehte sich wie eine Brezel, als er zu Boden fiel, wo er sich vor Schmerzen krümmte und seinen linken Knöchel umklammerte. Wenige Augenblicke später humpelte Brady, der sein linkes Bein nicht mehr belasten konnte, vom Feld.

Während sich die Ärzte um Brady kümmerten, wurde Drew Bledsoe 1:40 vor der Halbzeitpause eingewechselt. Es war 106 Tage her, dass Bledsoe das letzte Mal einen Snap gemacht hatte. In seinem ersten Spielzug machte er einen Abschluss. Dann, bei seinem zweiten Spielzug aus dem Scrimmage, drängelte Bledsoe sich nach rechts und rannte los. Gerade als er die Seitenlinie der Patriots erreichte, kam ein Defensive Back der Steelers auf ihn zugerannt und landete einen Treffer, sodass Bledsoe aus dem Spielfeld geschleudert wurde. Der Spielzug ähnelte auf unheimliche Weise demjenigen, der Bledsoe im September außer Gefecht gesetzt hatte. Dieses Mal gab es Strafflaggen für unnötige Härte. Verärgert darüber, dass Bledsoe aus dem Spielfeld geworfen wurde, erhob sich Brady von der Bank, hüpfte auf einem Bein hinüber und fing an, mit den Steelers-Verteidigern zu reden. Trotz einer Platzwunde am Kinn sprang Bledsoe wieder auf. Schreiend und in die Hände klatschend rannte er zurück auf das Spielfeld. Er schlug auf die Helme seiner Mannschaftskameraden. Wenige Augenblicke später warf er einen Touchdown-Pass, der New England mit 14 : 3 in Führung brachte.

Pittsburgh erholte sich davon nicht, und Brady kehrte nicht zurück. Dank einer beherzten Leistung von Bledsoe besiegte New England Pittsburgh mit 24 : 17. Als die Game Clock abgelaufen war, liefen Bledsoe die Tränen über das Gesicht, und seine Mannschaftskameraden umarmten ihn. Dann entdeckte Bledsoe seinen Vater. Als sich ihre Blicke trafen, verlor Bledsoe die Fassung.

Robert Kraft hätte sich nicht mehr für ihn freuen können. Nachdem er den Quarterback umarmt und ihm gesagt hatte, wie sehr er ihn schätze, trat Kraft auf ein Podest und nahm für die Übergabe der Trophäe seinen Platz neben Belichick ein. „Mr. Kraft", sagte CBS-Moderator Jim Nantz, „heute ist der Jahrestag, an dem Sie Bill Belichick eingestellt haben. Können Sie mir sagen, was er für Ihre Mannschaft bedeutet hat?"

„Nun, ich denke, wir haben ihn bekommen, indem wir einen Erstrundenpick abgegeben haben. Es ist das billigste Geschäft, das ich je gemacht habe. Und eines der besten."

Belichick strahlte.

„Bill, was bedeutet dieser Moment für Sie, in Ihrem zweiten Jahr die Patriots in den Superbowl zu führen?", fragte Nantz.

„Es ist sehr aufregend und eine Ehre, die AFC im Superbowl zu vertreten", sagte er. „Aber hier geht es nur um unser Team. Die New England Patriots."

„Sie sind wirklich ein Musterbeispiel für ein Team", sagte Nantz. „Die Spieler feuern sich gegenseitig an. Bledsoe hat die ganze Saison über Brady die Daumen gedrückt. Und jetzt könnte es diese Woche eine kleine Kontroverse um den Quarterback geben. Wer wird anfangen?"

Belichick wich der Frage aus. Da Brady verletzt war, hatte es Belichick nicht eilig, öffentlich bekannt zu geben, wer in der Startelf stehen würde. Es hatte einen Vorteil, New Englands Gegner so lange wie möglich im Dunkeln zu lassen.

Doch weniger als 48 Stunden nach dem AFC-Meisterschaftsspiel sprach Belichick mit Bledsoe und Brady und teilte ihnen mit, dass Brady im Superbowl starten würde, sofern er am Mittwoch, Donnerstag und Freitag trainieren könne.

„Genau das habe ich von dir erwartet", sagte Bledsoe zu Belichick.

Superbowl XXXVI sollte anders werden als die bisherigen Superbowls. Nach dem 11. September hatte Commissioner Paul Tagliabue das Gefühl, die NFL müsse mehr als nur ein weiteres unterhaltsames Spektakel veranstalten. Entschlossen, aus der Tatsache Kapital zu schlagen, dass mehr als 100 Millionen Amerikaner vor den Bildschirmen sitzen würden, wollte er die Standardunterhaltung vor dem Spiel und in der Halbzeitpause streichen und durch patriotische Themen ersetzen, die die Einheit fördern und den Opfern der Terroranschläge und den Rettungskräften, die bei dem Versuch, sie zu retten, ums Leben gekommen waren, Tribut zollen würden. Auf Tagliabues Bitte hin wandte sich Robert Kraft an die Boston Pops und lud sie ein, als erstes Orchester bei einem Superbowl aufzutreten. Unter der Leitung von Keith Lockhart erklärten sich die Pops bereit, das Lincoln Portrait des Komponisten Aaron Copeland in der Pre-Game-Show zu spielen, während die Präsidenten Gerald Ford, Jimmy Carter, George H. W. Bush, Bill Clinton und First Lady Nancy Reagan die Worte Präsident Lincolns vorlasen. Der Nachrichtensender Fox, der das Spiel im Fernsehen übertrug, produzierte ein mitreißendes zehnminütiges Video mit Bildern der Freiheitsstatue, des Arlington-Friedhofs, des einstürzenden World Trade Centers, von Gettysburg und anderen bewegten Hintergrundbildern, die während des Spiels der Pops ausgestrahlt werden sollten.

Mit einem so starken Programm vor dem Spiel hatten die NFL und Fox Schwierigkeiten, einen entsprechenden Halbzeitauftritt zu finden. Am 27. Oktober 2001 hatte die Liga immer noch niemanden im Auge. An diesem Abend besuchte John Collins, der Vizepräsident für Marketing und Vertrieb der NFL, ein U2-Konzert im Madison Square Garden. Während der Show breiteten U2 von der Bühne aus eine riesige Schriftrolle aus, auf der die Namen aller in den Zwillingstürmen ums Leben gekommenen Menschen aufgeführt waren. Es war ein feierlicher Moment. Die Menschen um Collins herum weinten.

Am nächsten Morgen erzählte Collins seinen Kollegen in der NFL-Zentrale in der Park Avenue, was er gesehen hatte.

„Plötzlich hörte man: ‚Oh mein Gott, da ist mein Bruder'", sagte Collins.

An einer Stelle lud Bono, der ein blaues NYFD-Shirt und eine NYPD-Mütze trug, zahlreiche Feuerwehrleute und Polizisten aus New York City auf die Bühne ein, um mit der Band zu singen. Die Szene war einmalig. Das gesamte Publikum wurde mitgerissen.

„Das ist es, was wir versuchen wollten", sagte Collins. „Sie haben die Vision. Und wir haben die Plattform."

Tagliabue gefiel die Idee. Den Verantwortlichen bei Fox ebenfalls. „Es wurde viel darüber nachgedacht", sagte Tagliabue. „Es ging darum, zu zeigen, dass wir als Nation geeint, widerstandsfähig und entschlossen sind, aber vor allem darum, diejenigen zu respektieren, die ihr Leben verloren hatten."

Die Einladung wurde Ende November ausgesprochen, und U2 nahm sie bereitwillig an.

Am Mittwoch vor dem Superbowl sollte U2 eine Pressekonferenz im Superdome abhalten, um ihre Halbzeitshow vorzustellen. Ein Offizieller der Liga, der wusste, dass Jonathan Kraft ein großer U2-Fan war, lud ihn ein, daran teilzunehmen. Zuvor unterhielt sich Kraft mit Bono und The Edge über den ersten Auftritt der Band in Boston, den er 1980 in einem kleinen Club besucht hatte. Bald sprachen sie über Football und das bevorstehende Spiel. Bono und The Edge waren sich der Kontroverse um den Quarterback der Patriots und der Tatsache bewusst, dass Trainer Belichick noch nicht bekannt gegeben hatte, ob Brady oder Bledsoe beginnen würde.

„Sagen Sie mir", sagte Bono, „wer wird den Quarterback spielen?"

Kraft zögerte. Er war eine der wenigen Personen in der Organisation, die die Antwort kannten. Belichicks Bekanntgabe sollte später erfolgen. Bis dahin hieß es: Stillschweigen bewahren. Aber es war Bono, der fragte!

„Brady", sagte Kraft leise.

Bono hob die Augenbrauen und nickte.

Wenige Minuten später trat Brian McCarthy von der NFL auf ein Podium in einem Veranstaltungsraum unter dem Superdome, um die Medien zu begrüßen und die Band vorzustellen. Bevor er die Bühne an U2 übergab, erklärte McCarthy der Presse: „Jonathan Kraft war hinter der Bühne, und die einzige Person außer dem Trainer der Patriots, die weiß, wer in der Startelf steht, ist Bono. Das könnte eine der Fragen sein, die Sie hier stellen wollen."

Ein Knoten bildete sich in Krafts Magen, als die Band das Podium betrat.

„Bono, werden Sie uns sagen, wer der erste Quarterback sein wird?", fragte McCarthy.

„Oh, Scheiße", sagte Kraft zu sich selbst.

Bono zögerte. „Das ist ein sehr heikles Thema in unserer Band", sagte er mit einem Blick zu The Edge.

„In den letzten Tagen wurde viel Unsinn über die ganze Brady-gegen-Bledsoe-Sache geschrieben", sagte The Edge. „Und wir sind nicht hier, um diese Kontroverse heute noch zu verstärken. Wir werden also keine Fragen zu diesem Thema beantworten, okay?"

The Edge blickte dann wieder zu Bono und grinste. „Das liegt bei Coach Belichick", fuhr er fort. „Allerdings muss man sagen, dass Bledsoe einen überragenden langen Pass spielen kann, und ich denke, dass Bradys verletzter Knöchel ein kleines Problem darstellt. Ich hatte selbst so etwas, und das hat viel länger als eine Woche gedauert. Wie auch immer, wir sind nicht hier, um das zu diskutieren. Wir sind hier, um Frieden zu bringen."

„Wir sind hier, um Frieden zu bringen", fügte Bono hinzu. „Wir wollen Frieden zwischen Bledsoe und Brady stiften."

Die Presse lachte.

Kraft atmete endlich aus.

Es wurde nicht erwartet, dass der Superbowl ein großer Wettbewerb sein würde. Die St. Louis Rams hatten die beste Verteidigung der Liga. Und die Offensive der Rams, die als „Greatest Show on Turf" bekannt war, galt als eine der besten in der Geschichte der NFL. Die Wettanbieter in Las Vegas sahen die Rams mit 15 Punkten in der Favoritenrolle, ein enormer Vorsprung für ein Meisterschaftsspiel.

Bevor die Patriots nach New Orleans aufbrachen, hatte Belichick eine strenge Botschaft für sein Team. „Alle reisen mit dem Flugzeug nach Hause", sagte Belichick. „Macht also keine Pläne."

Oberflächlich betrachtet hörte es sich so an, als spielte Belichick auf jene Episode an, in der Bill Parcells beschlossen hatte, nicht mit dem Team aus New Orleans zurückzufliegen, nachdem die Patriots im Superbowl XXXI gegen Green Bay verloren hatten. Obwohl dieser Vorfall Belichick verärgert hatte, hatte er etwas anderes im Sinn, als er den Spielern sagte, sie sollten keine Pläne machen. Er wollte seinem Team eine Botschaft übermitteln: Macht keine Pläne für den Tag nach dem Superbowl, denn wir werden gewinnen, und dann müssen wir zur Siegesparade in Boston sein.

„Wenn man über Paraden spricht und jeden wissen lässt, dass man vorhat, das Spiel zu gewinnen", sagte Willie McGinest, „dann motiviert man das andere Team. Bill war da schon geschickter. Er hat einfach eine Regel noch einmal bestätigt, die schon die ganze Saison über galt: Wir reisen gemeinsam zurück. Alle."

Eine weitere Mannschaftsregel, die schon die ganze Saison über galt, war, dass die Spieler vor den Spielen als Team und nicht als Einzelspieler vorgestellt wurden. Dies war eine weitere Möglichkeit für Belichick, die Bedeutung des Teams gegenüber dem Einzelnen zu betonen. Das in der regulären Saison zu tun, war eine Sache. „Der Superbowl war eine andere Geschichte", sagte Linebacker Tedy Bruschi. „Für einen Spieler ist das der ‚Schau mich an'-Moment. Sie nennen deinen Namen. Sie nennen dein College. Sie nennen deine Position. Du rennst raus und hast deinen ‚Guck mal, Mama, ich habe es geschafft'-Moment. In diesem Jahr sollte die Verteidigung vorgestellt werden. Das aufzugeben, war für uns eine große Sache. Aber es war eine bewusste Entscheidung von unserer Seite. Wir haben beschlossen: Wir gehen als Team raus."

Ein Grund dafür, dass Belichick seine Spieler dazu brachte, sich selbstlos zu verhalten, lag darin, dass er mit gutem Beispiel voranging. Gleich nach der Ankunft der Mannschaft in New Orleans beschwerte sich Mannschaftskapitän Lawyer Milloy bei Belichick, sein Hotelzimmer sei so klein, dass er sich klaustrophobisch fühle. Eine Reihe anderer Mannschaftskapitäne, so Milloy, saßen im selben Boot. Daraufhin überließ Belichick Milloy seine geräumige Suite und zog in Milloys Zimmer. Er überzeugte auch einige seiner Assistenztrainer, mit Spielern Zimmer zu tauschen.

Die Entscheidung Belichicks, mit einem Spieler die Räume zu tauschen, sprach sich nicht nur in der Umkleidekabine herum, sondern auch bei Kraft. Das Gleiche galt für Belichicks Plan, das Superbowl-Protokoll zu ignorieren, nach dem die Spieler einzeln vorgestellt wurden. Als die Liga Wind von den Plänen der Patriots bekam, erhielt Kraft einen Anruf aus dem Büro des Commissioners. Ein Vertreter der Liga erinnerte Kraft daran, dass die Fernsehsponsoren viel Geld für den Werbeblock vor dem Spiel zahlten. Es sei wichtig, so die Liga, die Patriots auf traditionelle Art und Weise einzuführen.

Während Kraft zuhörte, dachte er daran, dass einer der Höhepunkte in der Karriere eines NFL-Spielers die Gelegenheit ist, seinen Namen am Superbowl-Sonntag zu hören und während der Eröffnungsfeier aus dem Tunnel zu laufen. Von diesem Moment träumen Jungs seit ihrer Kindheit. Die Tatsache, dass Belichick seine Stamm-Defensivspieler dazu brachte, auf dieses Privileg zu verzichten und stattdessen als Team auf das Feld zu laufen, war ein Beweis für eine neue Kultur, die in New England Fuß fasste.

Kraft teilte der Liga mit, dass er seinem Trainer den Rücken stärke.

Verärgert drohte die Liga Kraft mit einer Geldstrafe, falls sein Team nicht einlenken würde.

„Okay", sagte Kraft.

Die Moderatoren Pat Summerall und John Madden leiteten das Spiel für Fox. Summerall übernahm die Vorstellung der Spieler.

„Guten Abend, meine Damen und Herren, und willkommen zum Superbowl Thirty-Six", sagte er über die Lautsprecheranlage des Super Dome. „Und nun, meine Damen und Herren, hier sind die Champions der American Football Conference, die sich als Team vorstellen möchten – die New England Patriots."

In einer noch nie da gewesenen Szene kamen alle 53 Patriots-Spieler auf einmal aus dem Tunnel, angeführt von einem Kicker, einem Linebacker und einem Receiver.

„Als wir als Team rausgelaufen sind, hat das alles zusammengefasst", sagte Brady. „Das hatte noch nie jemand gemacht. Aber es war wichtig für uns und das, was wir das ganze Jahr über gemacht hatten."

In der Zwischenzeit, als die Offensivspieler der Rams vorgestellt wurden, blickte Receiver Ricky Proehl in eine Fernsehkamera und erklärte: „Heute Nacht wird die Dynastie geboren, Baby." Proehl hatte recht. Er hatte nur das falsche Team.

Belichick dachte nicht an eine Dynastie. Er konzentrierte sich darauf, die Offensive der Rams zu stören. Als New England früher in diesem Jahr gegen St. Louis gespielt hatte, war der Spielplan der Defensive darauf ausgerichtet, Quarterback Kurt Warner zu stoppen. Dieses Mal entschied sich Belichick, den Fokus auf Running Back Marshall Faulk zu legen. Der Plan war einfach: jedes Mal, wenn er den Ball berührte, auf ihn einschlagen, und jedes Mal auf ihn einschlagen, wenn er den Ball nicht berührte. „Haut ihm eine rein", sagte Belichick.

Seine Botschaft kam an. „Wir wussten, dass sie nicht körperbetont sind", sagte Willie McGinest. „Wir wussten, dass sie nicht getroffen werden wollten. Meine Aufgabe war es, jeden zu rammen, der mich überholte. Brich ihren Willen. Bring sie zum Aufgeben."

Belichick war der Meinung, dass Warner nicht annähernd so effektiv sein würde, wenn sie Faulk aus dem Spielfluss nahmen. In der ersten Halbzeit ging die Strategie auf. Faulk kam nie in Fahrt, und Warner wurde unruhig. Im zweiten Viertel warf er eine Interception, die Ty Law 47 Yards für einen Touchdown zurückgab und New England mit 7 : 3 in Führung brachte. Etwas mehr als eine Minute vor der Halbzeitpause gaben die Rams den Ball erneut ab. Brady führte die Patriots dann in weniger als fünfzig Sekunden über vierzig Yards und warf einen Touchdown-Pass, der sein Team mit 14 : 3 in Führung brachte.

Der Spielstand verblüffte das Publikum. Selbst die Sprecher wussten nicht, was sie sagen sollten.

„Wer hätte gedacht, dass es die New England Patriots im 36. Superbowl sein würden, die in der Offensive groß rauskommen?", fragte Madden.

„Das ist der 36. Schock-Dome", sagte Summerall.

Robert Kraft war nicht schockiert, dass sein Team zur Halbzeit in Führung lag. Seiner Meinung nach hatten mindestens sechs oder sieben Teams in der NFL talentiertere Kader als die Patriots. Aber New England hatte die ganze Saison über gezeigt, was man mit Teamwork und dem Zusammenhalt alles erreichen konnte. Dies war genau das, was das Land brauchte – dass alle an einem Strang zogen.

Als er von seiner Suite hinunterblickte, konnte er nicht fassen, dass die rot-weiß-blauen Trikots seiner Mannschaft mit den Farben der amerikanischen Flagge übereinstimmten. Ihm wurde klar, dass er, sollte New England gewinnen, die Gelegenheit haben würde, bei der Verleihung der Lombardi Trophy eine Ansprache an die Nation zu halten. Während Arbeiter in aller Eile eine Bühne für den Auftritt von U2 in der Halbzeitpause aufbauten, wandte er sich an seinen Sohn Jonathan.

„Was soll ich sagen, wenn wir gewinnen?“, flüsterte er ihm ins Ohr.

„Dad, ich weiß es nicht.“

„Nun, was soll ich deiner Meinung nach sagen?“

„Lass uns darüber reden“, sagte Jonathan.

Sie flüchteten ins Badezimmer, um ungestört zu sein. In den folgenden Minuten vertrat Robert die Ansicht, dass dieser Superbowl anders sei als alle anderen. Wenn die Patriots gewinnen würden, so betonte er, wolle er keine Siegerrunde drehen. Alle, nicht nur die Patriots-Fans, mussten sich als Teil des Sieges fühlen. Er wollte an das Einheitsgefühl und den Patriotismus der Nation anknüpfen. Seine Worte mussten über das Football-Spiel hinausgehen.

„In Ordnung“, sagte Jonathan. „Lass mich etwas schreiben.“

Sobald Robert gegangen war, klappte Jonathan den Toilettendeckel herunter, setzte sich und begann, Worte auf einen Miniaturnotizblock zu kritzeln: Glaube. Hoffnung. Demokratie. Vaterland. Patrioten. Er musste sich eine Rede ausdenken, die diese Themen miteinander verwob. Aber es musste eine Rede sein, die in weniger als zwanzig Sekunden gehalten werden konnte. Das war ungefähr die Zeit, die Fox für die Ausführungen seines Vaters vorsehen würde. Also musste er sich auf einen Absatz beschränken.

Helles weißes Licht erhellte den abgedunkelten Super Dome, als Bono die herzförmige Bühne betrat und die Worte „It's a beautiful day… Sky falls, you feel like it's a beautiful day“ schmetterte. Die lebhafte Darbietung eines Liedes, in dem es darum ging, Freude zu finden, nachdem man alles verloren hatte, brachte das Publikum dazu, aufzuspringen und euphorisch zu schreien. Als es zu Ende war, gingen die Lichter wieder aus, und ein Scheinwerfer beleuchtete ein riesiges Transparent mit der Aufschrift „11. September 2001“, das hoch über dem Spielfeld entrollt wurde. Es folgten die Namen der Opfer, beginnend mit denen, die sich an Bord des American Airlines Fluges 11 befunden hatten.

„Sleep, sleep tonight“, sang Bono. „And may your dreams be realized.“ Während sich die Band durch „MLK“ arbeitete, liefen die Namen tausender 9/11-Opfer unter den Überschriften weiter: „Das Pentagon“, „FDNY“, „NYPD“, „United Airlines Flug 175“ und so weiter. So viele Namen.

Der Halbzeitauftritt von U2 beim Superbowl XXXVI galt als der größte in der Geschichte des Superbowls. Ein Offizieller der Liga nannte es „das wichtigste Ereignis, das jemals in der National Football League stattfand". Zu dieser Zeit hatten die meisten Amerikaner aufgehört, mit dem Flugzeug zu reisen. Die Menschen gingen nicht zu großen Veranstaltungsorten. Es herrschte große Angst und Beklemmung darüber, was passieren könnte.

U2 beendeten ihren historischen, elfminütigen Auftritt mit Where the Streets Have No Name. Bono sagte einmal: „Wir spielen Where the Streets Have No Name immer dann, wenn wir es brauchen, dass Gott durch den Raum geht." Als The Edge die unverkennbaren Anfangsakkorde des Songs anschlug, erreichten die Schreie im Super Dome einen Höhepunkt. Während die Namen der Opfer noch über die Bühne liefen, rief Bono „America!", sprintete um die Bühne und stimmte einige der bekanntesten Texte der Popmusik an: „I want to run. I want to hide. I want to tear down the walls that hold me inside."

Noch immer im Badezimmer versteckt, schrieb Jonathan Kraft fieberhaft an einer Siegesrede für seinen Vater. Er verpasste einen epischen Auftritt seiner Lieblingsband, aber er wusste, wie wichtig es war, den richtigen Text zu finden. Sein Vater könnte die Gelegenheit haben, sich an das Land zu wenden. Der Ton musste perfekt sein.

Als er den letzten Satz aufschrieb, hörte er Bono „We're beaten and blown by the wind" singen.

„Scheiße! Es ist vorbei", sagte er sich. Er steckte die Rede in seine Anzugtasche und stürmte durch die Badezimmertür, wobei er beinahe ein paar Leute umgerannt hätte, als er in die erste Reihe der Suite eilte, gerade rechtzeitig, um Bono die letzten Zeilen singen zu hören: „We go there with you. It's all we can do."

Er bekam eine Gänsehaut, als Bono seine Lederjacke öffnete und eine in das Futter eingenähte amerikanische Flagge zum Vorschein kam. Während Bono seine Pose einnahm, schlug The Edge die letzten Akkorde an, und Jonathan weinte.

„Gott, wir müssen dieses Spiel gewinnen", sagte er zu sich selbst.

Die Offensive der Patriots stotterte in der zweiten Halbzeit und schaffte nur ein Field Goal. Die Offensive der Rams begann endlich zu funktionieren und erzielte im vierten Viertel zwei Touchdowns. Der zweite Treffer brachte 1:21 Minuten vor Schluss den 17:17-Ausgleich. Das Momentum hatte sich eindeutig verschoben.

Nach dem Kick-off der Rams wurde New England an seiner 17-Yard-Linie zurückgedrängt. Da keine Time-outs mehr zur Verfügung standen, stand Belichick vor der Entscheidung, entweder in die Knie zu gehen, die Uhr ablaufen zu lassen und zu versuchen, das Spiel in der Verlängerung zu gewinnen, oder zu versuchen, in Field-Goal-Reichweite zu kommen. Die zweite Option war mit einem großen Risiko verbunden: Ein Turnover könnte das Spiel für die Rams entscheiden.

Brady wandte sich an Weis. „Was ist unser Plan?", fragte er.

Weis und Belichick wogen die Möglichkeiten ab.

Fox-Co-Kommentator John Madden meldete sich in der Sendung zu Wort. „Da es keine Time-outs mehr gibt, denke ich, dass die Patriots bei dieser Feldposition einfach die Uhr ablaufen lassen müssen", sagte er. „Man muss jetzt auf Verlängerung spielen … Man will hier nichts erzwingen und will keine Dummheiten machen."

Höchstwahrscheinlich hätte jeder Headcoach in der NFL in dieser Situation Madden zugestimmt, vor allem, weil Brady im ersten Jahr Stammspieler war. Aber einer tat es nicht. Belichick sorgte sich um seine Verteidigung. Sie hatten den größten Teil der zweiten Halbzeit auf dem Feld verbracht und waren erschöpft. Wenn das Spiel in die Verlängerung ging und die Rams den Münzwurf gewannen, befürchtete Belichick, dass die Rams einfach das Feld ablaufen und das Spiel gewinnen würden. Um seiner Mannschaft die beste Chance auf einen Sieg zu geben, wollte er jetzt versuchen, in Field-Goal-Reichweite zu kommen.

„Lasst es uns versuchen", sagte Belichick.

Weis stimmte zu. „Los", sagte er zu Brady.

Der Plan lautete, Brady die Zwei-Minuten-Offensive ausführen zu lassen. Aber die oberste Priorität war, sicherzustellen, dass er nichts tat, was den Rams den Ball überlassen würde.

„Pass auf, dass du den Ball nicht verlierst", sagte Weis zu Brady.

Brady nickte.

„Hey!", brüllte Bledsoe Brady zu. „Geh einfach da raus und wirf ihn verdammt noch mal!"

Entschlossen joggte Brady auf den Huddle zu. Nach alldem, was passiert war, war Bledsoes Unterstützung in diesem kritischen Moment ein enormer Vertrauensvorschuss für Brady. Bledsoes Aufforderung, den Ball zu werfen, verlieh ihm neue Kraft.

Aber Brady war kein Revolverheld. Er war eher ein Spielleiter, der sich die von Belichick ständig gepredigte Philosophie zu eigen gemacht hatte: „Man kann nicht gewinnen, so lange man nicht aufhört zu verlieren." Mit anderen Worten: Vermeide die Fehler, durch die Spiele verloren gehen.

Belichick vertraute auf Bradys Fähigkeit, unter Druck Entscheidungen zu treffen. Auf den Sieg zu setzen ist nicht so gefährlich, dachte Belichick, denn Brady wird keinen Fehler machen. Mit kaum mehr als einer Minute Restspielzeit hatte Belichick keine Angst, den Ausgang des Superbowls in Bradys Hände zu legen.

Der Druck war spürbar, als Brady den Huddle betrat. Die meisten Spieler wären unter der Last des Augenblicks zusammengebrochen. Aber Brady genoss es. Vor mehr als 100 Millionen Zuschauern im Fernsehen stand die Saison der Patriots auf der Kippe. Während seine Mannschaftskameraden auf ihn blickten und auf Anweisungen warteten, hörte Brady zu, wie Charlie Weis durch den winzigen Funksender in seinem Ohr zu ihm sprach: „Okay, Tommy. Gun F. Links 51. Geh O-PECK. Such nach Patten gegen Mann. Wenn nicht, Troy oder J. R. Sei vorsichtig mit dem Ball."

Brady gab das Spiel an die Offensive weiter.

Receiver David Patten war Bradys wichtigstes Ziel. Die zweite und dritte Option waren Troy Brown oder Running Back J. R. Redmond kam aus dem hinteren Feld. „Lasst uns das Ding durchziehen", sagte Brady zu seinen Teamkollegen.

Die Rams stürmten mit vier Linemen und brachten die Pocket sofort zum Einsturz. Brady konnte sich gerade noch befreien, bevor er den Ball auf Redmond ablegte, der von einer Reihe von Verteidigern überrumpelt wurde. Er gewann fünf Yards.

„Ich bin nicht einverstanden mit dem, was die Patriots hier tun", sagte Madden auf Fox.

Im nächsten Spielzug warf Brady erneut schnell zu Redmond, der ein First Down erlief. Brady stürmte an die Line of Scrimmage und hielt die Uhr mit einem Spike an. Wenige Augenblicke später schloss er einen weiteren Pass ab, und der Receiver rannte an der 40-Yard-Linie der Patriots aus dem Spielfeld.

Es blieben noch 33 Sekunden.

Nachdem Weis den nächsten Spielzug zu Brady geschickt hatte, sah Belichick zu, wie die Rams acht Verteidiger an die Line of Scrimmage brachten. Ein Blitz stand bevor. Ein junger Quarterback konnte in dieser gefährlichen Situation leicht einen Fehler machen. Wenn er den Ball zu lange hielt, wurde er für einen Verlust gesackt, was praktisch sicherstellte, dass sie nicht rechtzeitig in Field-Goal-Reichweite kommen würden. Wenn er versucht, den Ball zu erzwingen, während er unter Druck stand, riskierte er eine Interception.

Als Brady den Snap nahm, wurde er sofort aus der Pocket gezwungen. Er rollte nach rechts und warf den Ball schnell ins Aus, um die Uhr zu stoppen. Statistisch gesehen wurde dies lediglich als unvollständiger Pass und als Verlust eines Downs gewertet. Aber vom Standpunkt der Entscheidungsfindung aus betrachtet, war es vielleicht der wichtigste Spielzug der Drives. Anstatt sich für einen großen Verlust sacken zu lassen, indem er zu lange in der Pocket blieb, oder zu versuchen, ein Spiel zu machen, indem er einen Pass erzwang, der höchstwahrscheinlich abgefangen würde, wurde Brady den Ball schnell wieder los. Dieser Schritt bestätigte das Vertrauen, das Belichick in ihn gesetzt hatte.

29 Sekunden vor dem Ende des Spiels stellte sich Brady wieder in die Shotgun. Diesmal blitzten die Rams nicht, und Brady schloss einen 23-Yard-Strike zu Troy Brown ab, der an der 36-Yard-Linie der Rams ins Aus lief und damit nur knapp außerhalb der Field-Goal-Reichweite war.

„Das ist unglaublich", sagte Madden in der Sendung. „Das ist etwas, was sie meiner Meinung nach – und das gebe ich als Trainer und als Analyst zu – nicht hätten tun sollen. Aber sie hatten den Mut dazu. Sie haben einen jungen Quarterback … Sie geben nicht nur die Spielzüge vor, sie machen sie auch!"

Es blieben noch 21 Sekunden. Brady warf einen kurzen Pass über die Mitte. Der Receiver wurde an der 30-Yard-Linie zu Boden gerissen. Die Uhr lief weiter, während der Schiedsrichter versuchte, den Ball vom Boden des Haufens zu bergen.

:14

:13

„Sie müssen sich beeilen“, sagte Fox-Sprecher Pat Summerall, als der Lärm der Menge zunahm.

:12

:11

Brady schlenderte an die Line of Scrimmage.

:10

:09

„Vielleicht kann er genau hier einen Spike machen und die Uhr anhalten“, sagte Summerall.

:08

:07

Brady nahm den Snap und warf den Ball in aller Ruhe auf den Rasen. Wie an einer Schnur sprang er zurück in Bradys Hand. Inmitten der Aufregung warf Brady den Ball behutsam zum Schiedsrichter.

„Was Tom Brady gerade getan hat, verursacht mir eine Gänsehaut“, sagte John Madden in der Sendung.

Oben in der Loge des Besitzers stieß Robert Kraft den Atem aus. In stummer Ehrfurcht starrte er durch das Fernglas auf Brady. „Wer macht das?“, dachte Kraft. Die meisten Quarterbacks wären in dieser Situation hektisch zur Line of Scrimmage gerannt, hätten den Snap genommen und den Ball eilig auf den Boden geschossen. Das war eine Sache des Adrenalins. Doch Brady ging mit der Uhr um, als hätte er kaum noch einen Puls. Und sein cooles Auftreten färbte eindeutig auf den Rest der Offensive ab, sodass es für sie leichter war, sich zu konzentrieren.

Scheinbar emotionslos schritt Brady langsam zur Seitenlinie, während Adam Vinatieri und die Field Goal Unit das Feld betraten. Wieder einmal lag das Ergebnis auf Vinatieris Fuß. Dieses Mal würde das Wetter keine Rolle spielen. Mit Blick auf den 48 Yards entfernten Torpfosten trat Vinatieri mit aller Kraft gegen den Ball. Als der durch die Luft segelte, machte Pat Summerall die letzte Äußerung in seiner glanzvollen Karriere als Superbowl-Kommentator: „Und jetzt ist es passiert“, sagte Summerall, als der Ball durch die Pfosten flog und der Superdome in Jubel ausbrach. „AD-DUM VIN-A-TARRY! Keine Zeit mehr auf der Uhr. Und die Patriots haben Superbowl 36 gewonnen. Un-glaub-lich!"

Belichick und Brady tackelten sich praktisch gegenseitig.

„Was sagst du dazu?", schrie Brady.

Belichick strich Brady über den Kopf, wie es ein Vater tun würde, nachdem sein Sohn in der Little League seinen ersten Homerun geschafft hatte.

Dann fand Brady Bledsoe. „Gut gemacht, Zwölf", sagte Bledsoe. „Du bist der Mann."

Die Rams waren fassungslos. Die Experten auch. The Brady Bunch hatte die Greatest Show on Turf geschlagen. Ron Jaworski, ESPNs Top-Analyst für die NFL, sagte, dass in den 29 Jahren, in denen er Football gespielt und analysiert hatte, Belichicks Trainerarbeit „die beste Trainerarbeit war, die ich je gesehen habe."

Während Konfetti durch die Luft flog, drängte sich Tom Brady auf die provisorische Bühne, wo die Trophäe überreicht wurde. Die Baseballkappe hatte er umgedreht, als er in das Meer der begeisterten Patriots-Fans auf den Tribünen der Endzone hinter der Bühne schaute. Sie zeigten auf ihn und schrien seinen Namen. Der Junge, den am Draft-Tag niemand haben wollte, war gerade der jüngste Quarterback geworden, der einen Superbowl gewann und zum Superbowl MVP ernannt wurde. Er entdeckte seine Schwestern in der Menge, die ihm zuwinkten. Brady, dem das Ausmaß seiner Leistung endlich bewusst wurde, hob die Hände an den Kopf und sprach die Worte: „Heilige Scheiße!" Seinen Schwestern, die sich mit ihm geärgert hatten, als Michigans Cheftrainer ihn verarschte, und die mit ihm geweint hatten, als er beim NFL-Draft Runde für Runde übergangen worden war, liefen Tränen über die Wangen, als sie unisono die Worte „Heilige Scheiße" zu ihrem kleinen Bruder sagten.

Ein paar Meter entfernt wurde Robert Kraft gerade die Lombardi-Trophäe überreicht. Er platzte fast vor Stolz und sagte sich, dass dies nicht der richtige Zeitpunkt für Schadenfreude sei.

Fox-Moderator Terry Bradshaw reichte ihm das Mikrofon.

„Die Fans von New England haben 42 Jahre auf diesen Tag gewartet", sagte Kraft im nationalen Fernsehen. „Spiritualität, Glaube und

Demokratie sind die Eckpfeiler unseres Landes. Wir sind alle Patrioten. Und heute Abend sind die Patriots Weltmeister.“

Jubel erfüllte den Superdome. In vier einfachen Sätzen hatte Kraft die Stimmung der Nation getroffen und die inspirierende Leistung seines Teams als etwas dargestellt, das den Fans im ganzen Land gehörte.

Es war nach Mitternacht und die Siegesfeiern liefen schon seit ein paar Stunden, als Tom Brady in Bill Belichicks Hotelzimmer auftauchte, wo der Trainer gerade mit Familienmitgliedern ein Corona trank. „Nimm ein Bier“, sagte Belichick und reichte Brady eine Flasche.

Brady brauchte ein Gespräch mit seinem Trainer. Als MVP des Superbowls wurde ihm der Fernsehspot „I'm going to Disney World“ angeboten, für den er später am Montag in Orlando sein musste. Aber er hatte nicht vergessen, was Belichick dem Team vor der Abreise nach New Orleans gesagt hatte: „Alle reisen mit dem Flugzeug nach Hause, also macht keine Pläne.“

„Ist es in Ordnung, wenn ich den Flug der Mannschaft verpasse, um nach Disney World zu fliegen?“, fragte er.

Verblüfft über diese Frage, sah Belichick ihn an und grinste. „Natürlich kannst du gehen“, sagte er. „Wie oft gewinnst du den Superbowl?“

22

WACHSENDE SCHMERZEN

Tom Brady war nicht der einzige Spieler, der nach dem Superbowl den Heimflug seines Teams schwänzte. Auch Drew Bledsoe war nicht mit an Bord. Und es war ihm völlig gleichgültig, wie Belichick darüber dachte.

Bledsoe war der unbesungene Held der Patriots in der Saison 2001. Hätte er die Dinge anders gehandhabt, nachdem er seinen Job an Brady verloren hatte, hätte er die Umkleidekabine spalten können, was die Saison zweifellos zum Scheitern gebracht hätte. Stattdessen akzeptierte er es, Bradys Ersatzmann zu sein, und trug seinen Teil dazu bei, ihn zu unterstützen. In dieser Hinsicht verkörperte Bledsoe Belichicks Mantra, das Team über den Einzelnen zu stellen, mehr als jeder andere im Kader.

Das war kein bisschen einfach. Der Weg vom Mannschaftsspieler über eine lebensbedrohliche Verletzung bis hin zum Comeback und zur Rolle des Klemmbretthalters, während sein Team eine der aufregendsten Partien der Sportgeschichte erlebte, war eine emotionale Achterbahn.

Brady hatte Verständnis für Bledsoes Situation. „Wenn man der Ersatz-Quarterback ist", sagte Brady, „hat man nicht einmal das Gefühl, zum Team zu gehören. Man fühlt sich wie ein Fan. Man hat immer das Gefühl, dass man nur Platz wegnimmt." Diese Situation belastete unweigerlich die Freundschaft zwischen Brady und Bledsoe.

Noch bevor die Patriots nach New Orleans kamen, dachte Bledsoe, dass seine Karriere in New England vorbei sei. Der unwahrscheinliche

Sieg gegen die Rams bestätigte ihn in seiner Meinung: Es ist jetzt Tommys Team.

Geistig ausgelaugt, konnte Bledsoe es kaum erwarten, die Pads abzulegen und nach Whitefish, Montana, zu fahren, wo er ein zweites Zuhause in den Bergen hatte. Er wollte Skifahren und den Kopf freibekommen. Er dachte sogar an Heliskiing.

Beim Verlassen der Umkleidekabine im Superdome traf er auf einen seiner besten Freunde, Scott Zolak. Bevor Brady kam, war Zolak Bledsoes Ersatzmann gewesen. Zolak hatte inzwischen einen Job beim Fernsehen angenommen, bei WBZ Channel 4, dem Bostoner CBS-Ableger, und sein erster Auftrag war die Berichterstattung über den Superbowl. Nach dem Spiel wurde er damit beauftragt, von Bledsoe eine Stellungnahme zu seiner Zukunft zu erhalten. Mit dem Mikrofon in der Hand fragte Zolak: „Freust du dich auf dein nächstes Projekt?"

„Du bist so ein Arschloch, dass du diese Frage stellst", sagte Bledsoe.

Zolak fühlte sich schlecht. Das Gespräch dauerte etwa fünf Sekunden.

Kurze Zeit später stieg Bledsoe in ein Privatflugzeug und nahm gegenüber seiner Frau und seinen beiden kleinen Jungen Platz. Schweigend starrte er aus dem Fenster in die Dunkelheit. Maura wusste, wie er empfand.

„Es ist ein seltsames Gefühl", sagte sie. „Man freut sich für seine Mannschaftskameraden, ist aber auch enttäuscht, dass man nicht am Spiel teilnehmen kann. Ich erinnere mich nur daran, dass es während des Fluges sehr ruhig war. Mit der Zeit wurde ihm klar, dass wir nach Montana gehen würden – seinem Lieblingsort. Er begann, sich ein wenig zu entspannen."

Als Bledsoes Flugzeug im verschneiten Whitefish landete, hatte er sich wieder seiner Familie zugewandt und sah nicht mehr so mürrisch aus. „Es ist ziemlich einfach, seine Denkweise zu ändern, wenn man sich auf das Wesentliche konzentriert", sagte Bledsoe.

Am Morgen nach dem Superbowl stiegen Bill Belichick und Tom Brady vor dem Teamhotel in New Orleans in den Fond einer Limousine. Sie hatten kaum geschlafen, und das Ausmaß ihrer Leistung war ihnen immer noch nicht ganz klar. Bereits in ihrer zweiten gemeinsamen Saison hatten sie die erste Meisterschaft in der 41-jährigen Geschichte der

Mannschaft errungen und die Spitze der Football-Welt erreicht. Die New York Times nannte den Sieg der Patriots über die stark favorisierten Rams eine „atemberaubende, magische … Überraschung", die „den Profi-Football erschütterte." Die Bostoner Medien verglichen Brady bereits mit den Sportlegenden Larry Bird und Bobby Orr.

Als die Limousine abfuhr, wandte sich Belichick an Brady.

„Tom, ich wollte dich nur wissen lassen, dass du ein ziemlich gutes Jahr hattest."

Brady lächelte. „Danke, Coach."

Die beiden hatten eine Fahrt begonnen, die als eine der gewaltigsten Fahrten der Sportgeschichte enden würde. Zu Beginn hatte Belichick einige weise Worte für Brady. Belichick freute sich, dass sein Quarterback zum Superbowl MVP ernannt worden war, und erinnerte ihn daran, dass der Erfolg der Patriots das Ergebnis einer beispielhaften Teamleistung war. Je mehr individuelle Aufmerksamkeit Brady erhielt, warnte Belichick, desto größer sei die Gefahr für die Teamdynamik.

Nach diesem Gespräch lehnte Brady in dieser Saison mehrere Werbemöglichkeiten ab. Er lehnte höflich ab, als seine Heimatstadt in Kalifornien einen Tom-Brady-Day zu seinen Ehren vorschlug. Und er lehnte eine Reihe von Dingen ab, die er als Ablenkung empfand, wie zum Beispiel eine Einladung zur exklusiven Oscar-Party von Vanity Fair. Er war fest entschlossen, den Respekt seiner Mannschaftskameraden nicht zu verlieren. Außerdem wollte er nicht enden wie so viele andere, die eine großartige Saison hatten und dann in der nächsten schlecht spielten. Seine größte Angst war es, als One-Hit-Wonder zu enden. Brady verkürzte daraufhin seinen Urlaub und kehrte im Frühjahr nach Foxborough zurück, um mit dem Training für die kommende Saison zu beginnen.

Robert Kraft war von Anfang an der Meinung, dass Bill Belichick das Zeug dazu hatte, einer der größten Trainer in dieser Sportart zu werden. Aber jetzt dachte er auch, dass Tom Brady ebenso in der Lage war, sich zu einem der ganz Großen auf seiner Position zu entwickeln. „Ich wusste es, als ich sah, wie er reagierte, nachdem es so schien, als hätten wir das Spiel verloren", sagte Kraft. „Nachdem er den Ball verloren und die Raiders ihn zurückerobert hatten, schien alle Hoffnung dahin zu sein. Dann wurde die Entscheidung rückgängig gemacht, und wir bekamen eine zweite Chance. Das war der Moment, in dem Brady mich wirklich davon überzeugt hat, dass er anders ist."

Football ist, wie das Leben, ein Spiel der zweiten Chancen. Gleichzeitig ist das Glück bedeutungslos, wenn man es nicht nutzt. Die Patriots hatten vielleicht Glück, als der Schiedsrichter den Fumble zurücknahm. Diese Entscheidung sicherte ihnen jedoch keineswegs den Sieg. Sie brauchten noch zwei Punkte. „Was Brady in dieser Situation getan hat, hat mir sehr viel über ihn als Football-Spieler und als Mensch gezeigt", sagte Kraft.

Der Sieg der Patriots in New Orleans bestärkte Kraft in dem Glauben, dass seine Mannschaft über das beste Duo der Liga verfügte. Belichick war der Architekt dessen, was als eine der größten Superbowl-Überraschungen in der Geschichte der NFL bezeichnet wurde. Und Brady führte den Spielplan präzise wie eine Maschine aus. Der risikoreiche Game-Winning-Drive war ein Beweis für das einzigartige Vertrauensverhältnis, das sich zwischen dem Coach und dem Quarterback entwickelt hatte.

Die Auswirkungen all dessen auf Drew Bledsoe machten Kraft schwer zu schaffen. Er setzte Bledsoes Situation ganz nach oben auf seiner Prioritätenliste für die Offseason, und besprach mit Belichick Bledsoes Zukunft kurz nach ihrer Rückkehr aus New Orleans.

Für Belichick war es ganz einfach. „Ein Football-Team kann nur einen Starting Quarterback haben", sagte er. „Am Ende kann es nur einen geben."

Kraft stimmte zu. Doch der Gedanke, sich von dem Spieler zu trennen, den er als einen seiner Söhne betrachtete, stimmte ihn melancholisch. Bledsoe hatte so viel für die Mannschaft getan. Außerdem war Bledsoes Familie Teil der Bostoner Gemeinde. Ihn einzutauschen, würde alles aus dem Gleichgewicht bringen.

Belichick hingegen hat alle emotionalen Faktoren aus der Gleichung entfernt. „Er hat keine Angst, jemanden loszuwerden, egal wie wichtig eine Person ist, egal, für wie wertvoll die Leute auf der Straße sie halten", erklärte sein Offensive Coordinator Charlie Weis. „Er hat nie Angst davor, eine Veränderung oder einen Schritt zu machen, der vielleicht als unpopulär empfunden wird." Der Football-Autor Peter

King drückte es noch deutlicher aus: Wenn es darum ging, Spieler zu entlassen, hatte Belichick die emotionale Distanz von Paulie Walnuts, einem fiktiven Mafia-Unterboss in der Serie Die Sopranos.

Widerwillig gab Kraft Belichick grünes Licht, Bledsoe zu verkaufen, und die Buffalo Bills boten New England bald einen Draft Pick der ersten Runde für ihn an. Bevor Belichick den Deal abschließen konnte, brauchte er Krafts Zustimmung. Kraft gab sie ihm. Als der Handel später am Tag bekannt gegeben wurde, gab Kraft eine Erklärung ab: „Lassen Sie mich als Patriots-Fan sprechen. Drew Bledsoe ist ein besonderer Spieler. Ich habe großen Respekt vor allem, was er für diese Mannschaft getan hat, nicht nur für seine Leistungen auf dem Spielfeld, sondern auch für seine Leistungen außerhalb des Spielfelds. Er hat unseren Fans einige der schönsten Erinnerungen in der Geschichte der Mannschaft beschert, und in den Herzen der Patriots-Fans wird immer ein besonderer Platz für ihn reserviert sein. Aus vielen Gründen und auf vielen Ebenen war dies ein schwieriger Handel."

Ein Jahr nach der Unterzeichnung eines 100-Millionen-Dollar-Vertrags war Drew Bledsoe fort.

Louisville Wide Receiver Deion Branch traf sich mit einigen Freunden in einer Wohnung, um den NFL Draft 2002 im Fernsehen zu verfolgen. Branch war in der Oberstufe und wartete darauf, seine Zukunft kennenzulernen. Eines der Gesprächsthemen bei dem Treffen war Tom Brady, der in jener Woche auf dem Titel von Sports Illustrated ohne Hemd und mit einem Football in der Hand zu sehen war. Die Schlagzeile lautete: „THE NATURAL: Eine turbulente Off-Season für den neuen Prinzen der NFL."

Die Aussicht, für den amtierenden Superbowl-Champion zu spielen und Pässe von Brady zu fangen, war alles, woran Branch denken konnte. Wochen zuvor hatte ein Scout der Patriots Louisville besucht und ihm zugesagt: „Wir werden dich mitnehmen." Aber Branch hatte dasselbe von einer Handvoll anderer Teams gehört. In der Mitte der zweiten Runde war Branchs Name noch nicht genannt worden, und Vorfreude und Ungewissheit machten ihm zu schaffen. Er sagte seinen Freunden, dass er spazieren gehen würde.

Branch war ein hervorragender College-Receiver und der hellste Stern im Team von Louisville. Der größte Kritikpunkt an ihm als NFL-Anwärter war seine Größe. Er war nur fünf Fuß und neun Zoll groß. Aber er besaß eine außergewöhnliche Schnelligkeit und eine unermüdliche Arbeitsmoral, die er seiner Mutter verdankte. Sie hatte zwei oder drei Jobs, um für ihre Kinder zu sorgen. Mit dem gleichen Engagement widmete er sich dem Football. Er dachte gerade an sie, als er durch ein Wohnviertel in der Nähe des Campus ging und sein Telefon klingelte. Der Anruf kam von einer unterdrückten Nummer.

„Hey, Deion, hier spricht Coach Belichick."

Branch holte tief Luft.

„Was hältst du davon, dich den Patriots anzuschließen?", fuhr Belichick fort.

„Darauf habe ich gewartet", sagte Branch. „Ich würde gern Teil dieser Mannschaft sein."

„Das ist genau das, was wir hören wollen", sagte Belichick, und erklärte ihm, er solle sich darauf einstellen, hart zu arbeiten.

Als Branch im Frühjahr in Foxborough zum Rookie-Camp eintraf, war er überrascht, Tom Brady dort zu sehen. Es war die Nebensaison für Veteranen, aber Brady trainierte auf eigene Faust. Irgendwann stellte Brady sich Branch vor. „Komm einfach rein und mach deine Arbeit", sagte Brady. „Wir erwarten Großes."

Brady hat seine neue Führungsrolle sehr gut angenommen. Im Sommer verlängerte Belichick Bradys Vertrag bis zur Saison 2006. Dabei behielt Brady das Gehalt von 375.000 Dollar aus seinem Rookie-Vertrag für die Saison 2002 bei. Dann stieg sein Gehalt auf 3,1 Millionen Dollar im Jahr 2003, 5,5 Millionen Dollar im Jahr 2004, 5,5 Millionen Dollar im Jahr 2005 und 6 Millionen Dollar im Jahr 2006. Obwohl dies eine beträchtliche Gehaltserhöhung für Brady darstellte, war es weit entfernt von dem Zehnjahresvertrag über 100 Millionen Dollar, den Kraft Bledsoe ein Jahr zuvor angeboten hatte. Aber Brady beschwerte sich nicht. Obwohl er die Mannschaft zu ihrer ersten Meisterschaft geführt hatte, hatte er das Gefühl, sich noch beweisen zu müssen.

Am Ende der Offseason hatte Brady viel Zeit damit verbracht, mit Branch im Einzeltraining zu werfen. Er mochte Branchs Arbeitsmoral und war der Meinung, dass der Junge aus Louisville gut in das

System der Patriots passte. Branch hatte sich noch immer nicht daran gewöhnt, dass er mit Tom Brady trainierte und von Bill Belichick gecoacht wurde.

Die Patriots begannen die Saison 2002 am 9. September in Foxborough mit einem Spiel gegen die Steelers im Rahmen des Monday Night Football. Das Spiel war das erste im neuen Stadion der Mannschaft. In einer aufwendigen Zeremonie vor dem Spiel mit Livemusik, Feuerwerk, Minuteman-Darstellern, die Musketen abfeuerten, und einem Besuch von Präsident George H. W. Bush, enthüllte Robert Kraft das erste Superbowl-Banner des Teams. „Wir haben 42 Jahre lang gemeinsam auf diesen Abend gewartet", sagte er vor 68.000 jubelnden Fans. „Ich möchte Sie in Ihrem neuen Zuhause willkommen heißen – dem Gillette Stadium."

Vor Beginn der neuen Saison war man sich in der NFL einig, dass die Saison 2001 der Patriots ein Glücksfall gewesen war. Als ESPN seine Vorhersagen für die Saison veröffentlichte, tippte kein einziger der 18 Experten des Senders darauf, dass die Patriots erneut den Superbowl gewinnen würden. Nur vier von ihnen waren der Meinung, dass New England seine Division gewinnen würde, was Chris Mortensen von ESPN zu einer Bemerkung veranlasste: „Das am meisten unterschätzte Team könnten die Titelverteidiger des Superbowls sein, die Patriots."

Pittsburgh galt als die beste Mannschaft in der AFC. Doch New England besiegte sie im Eröffnungsspiel mit 30:14, vor allem dank einer großartigen Leistung von Brady, der für dreihundert Yards und drei Touchdowns warf. In einem Abschnitt des Spiels warf Brady 25 Pässe in Folge, ohne einen Laufspielzug anzusetzen. Sein Lieblingsziel war Rookie Deion Branch, der sechs Pässe für 83 Yards fing und seinen ersten NFL-Touchdown erzielte.

Die Anwesenheit eines Speedsters auf der Wideout-Position brachte eine neue Dimension in die Offensive New Englands. In der nächsten Woche besiegten die Patriots die Jets mit 44:7. Brady zeigte wieder einmal eine starke Leistung, und Branch fing eine 49-Yard-Bombe für seinen zweiten Touchdown. In Woche drei warf Brady zum ersten Mal in seiner Karriere für mehr als vierhundert Yards, und New England gewann 41:38.

Aber Belichick war nicht zufrieden. Er war überzeugt, dass die Mannschaft so, wie sie spielte, nicht konstant gewinnen konnte. Die Verteidigung war zu löchrig, und die Offensive brauchte einen ausgewogeneren Angriff. Er hatte recht. Nach einem 3:0-Start verlor New England vier Spiele in Folge und beendete die Saison mit 9:7. Die Verteidigung der Patriots beendete das Jahr auf Platz 23 und war damit eine der schlechtesten der Liga. Ein Jahr nach dem Gewinn des Superbowl erreichte New England nicht die Play-offs.

Dass sich New England 2002 nicht für die Play-offs qualifizieren konnte, war auf lange Sicht vielleicht das Beste, was der Mannschaft passieren konnte. Während der Rest der Liga die Patriots als Eintagsfliege abtat, begannen New Englands erfahrene Spieler bereits nach dem Ende der Saison 2002, sich auf die Saison 2003 zu konzentrieren. Gemäß dem Tarifvertrag der Liga wurde das Training außerhalb der Saison als freiwillig angesehen; die Teams konnten die Spieler nicht zur Teilnahme verpflichten. Doch die Verantwortlichen in der Umkleidekabine New Englands, allen voran Willie McGinest und Mike Vrabel, beschlossen, dass in Foxborough Freiwilligkeit gleichbedeutend mit Pflicht ist. Die Botschaft kam an. Die Patriots hatten eine hundertprozentige Anwesenheit bei den Offseason-Trainings. Dieser Grad des Engagements war richtungsweisend für die kommende Saison.

Bill Belichick seinerseits nutzte die Offseason, um seine Verteidigung zu verstärken. Er verpflichtete den Pass-Rushing-Spezialisten Rosevelt Colvin, einen Linebacker der Bears, der als einer der begehrtesten Free Agents galt, und den Cornerback der Broncos, Tyrone Poole, der New Englands Pass Coverage verbessern sollte. Aber der Mann, den Belichick am meisten begehrte, war jemand, von dem er glaubte, dass er die allgemeine Härte und Intensität des Teams erhöhen würde.

Eine der Mannschaften, gegen die New England im Jahr 2002 verloren hatte, waren die San Diego Chargers. Während des Aufwärmens vor dem Spiel bemerkte Belichick, dass der Chargers-Sicherheitsmann Rodney Harrison mit einem seiner Teamkollegen in einen Streit geriet, und Belichick machte sich eine Notiz. Harrison hatte seine gesamte neunjährige Karriere in San Diego verbracht. In dieser Zeit erwarb er sich den Ruf, einer der härtesten Schläger der Liga zu sein. Außerdem kassierte er mehr als 100.000 Dollar an Geldstrafen und wurde als schmutziger Spieler bekannt. Der Ruf rührt von einer Reihe von Treffern her, darunter ein Zusammenstoß Helm gegen Helm im Jahr 2002, der eine der höchsten Geldstrafen in der Geschichte der Liga nach sich zog, und ein Schlag gegen Jerry Rice im Jahr 2002, der zu einer Suspendierung führte, weil er nach Ansicht der NFL „einfach grundlos versucht hat, den Gegner zu bestrafen."

Harrison ärgerte sich darüber, als schmutziger Spieler abgestempelt zu werden, aber er akzeptierte die Rolle des Schurken. „Jedem, gegen den ich gespielt habe, wollte ich wehtun", sagte Harrison später gegenüber NFL Films. „Ich will dich nicht ernsthaft verletzen. Denn ich will, dass du Karriere machen und dich um deine Familie kümmern kannst. Aber jedem, den ich tackle, will ich wehtun. Ja, so ist das, und ich werde mich nicht dafür entschuldigen."

Belichick hat genug von Harrison gesehen, um zu erkennen, was in ihm steckte. „Er war kein billiger Spieler", sagte Belichick. „Er war ein aggressiver Spieler. Und er war ein großartiger Spieler. Wenn sie in deinem Team sind, schätzt du sie, und du liebst ihre Zähigkeit. Ihre Lust am Wettkampf. Wenn sie in der anderen Mannschaft sind, kann man das schon übel nehmen."

Gegen Ende der Saison 2002 hörte Harrison, dass das Management der Chargers der Meinung war, er sei „am Ende" und „könne nicht mehr laufen." Seine Leistung war in jenem Jahr tatsächlich zurückgegangen, aber der Rückgang war hauptsächlich darauf zurückzuführen, dass er fast die gesamte Saison mit einer schweren Leistenzerrung gespielt hatte. Als San Diego ihn entließ, fühlte sich Harrison betrogen.

Aus der Sicht Belichicks sagte die Tatsache, dass Harrison verletzt gespielt hatte, viel über seine Mentalität aus. Nachdem er seine Nummer herausgefunden hatte, rief er Harrison an. Als Harrison an sein Handy ging, saß er gerade im Büro des Raiders-Besitzers Al Davis und bereitete sich auf die Unterschrift bei seinem Team vor. Harrison ging hinaus, um mit Belichick ungestört sprechen zu können.

„Ich weiß noch, als wir gegen euch gespielt haben", sagte Belichick zu ihm. „Beim Aufwärmen habe ich gesehen, wie du einen deiner Verteidiger angerempelt und ihm den Helm vom Kopf geschlagen hast."

Harrison war erstaunt. „Daran erinnerst du dich?“, fragte er.

Belichick überzeugte Harrison, nach New England zu fliegen und sich mit ihm zu treffen, bevor er eine Entscheidung über seine Zukunft traf. Als sie sich dann in Foxborough trafen, sah Belichick Harrison in die Augen und sagte zu ihm: „Ich brauche dich für diese Verteidigung. Ich wünsche mir, dass du eine Führungspersönlichkeit wirst.“

Die Kombination aus „brauchen“ und „wünschen“ war überzeugend. Harrison rief seinen Agenten an und sagte ihm, er wolle für die Patriots spielen.

Die Ankunft Rodney Harrisons in Foxborough verursachte einiges Erstaunen. Er war ein Strong Safety, und New England hatte bereits Lawyer Milloy, einen der besten Strong Safetys der Liga. Milloy war außerdem Mannschaftskapitän, in der Umkleidekabine äußerst beliebt und einer der härtesten Schläger in der Verteidigung.

Aber alle entdeckten sofort, dass Harrison noch härter traf. Und er brachte eine gewisse Schärfe mit, von der Belichick dachte, sie würde fehlen.

„Ich kam mit einem Laserfokus und so viel Wut“, sagte Harrison.

Ein Teil dieser Wut richtete sich gegen Tom Brady. Im Trainingslager ging Harrison auf Brady los, verspottete ihn, griff ihn an und warf ihn zu Boden. Seine Vorgehensweise ging Brady unter die Haut.

„Ich habe noch nie gesehen, dass Tom sich so sehr aus der Ruhe bringen lässt“, sagte Receiver Troy Brown. „Nicht einmal in Spielen.“

Aber Harrison hatte es nicht nur auf Brady abgesehen. Er erwischte jeden Offensivspieler, der den Ball berührte. Als Troy Brown bei einem Passspiel durch die Mitte kam, warf Harrison ihn nieder. Bei einem routinemäßigen Scrimmage-Spiel schlug er so hart auf Running Back Kevin Faulk ein, dass Faulk den Ball nach ihm warf, was zu einer Schlägerei führte, an der mehr als ein Dutzend Spieler beteiligt waren. „Es gab Kämpfe“, sagte Harrison. „Die Linienrichter haben mich geschubst und gestoßen und mich geschlagen.“

Belichick war von Harrisons aggressivem Spiel im Training begeistert. Er nannte Harrison „den besten Trainingsspieler, den es je gegeben hat. Er hat ein wenig für Unruhe gesorgt, aber nicht auf schmutzige Art und Weise. Nur auf eine sehr wettbewerbsorientierte Art und Weise. Er hat alle anderen besser gemacht.“

Mit Harrison auf dem Feld wurde das Training New Englands viel kämpferischer. „Ich trug viel Wut mit mir herum, weil ich immer wütend war“, sagte Harrison. „Ich war sauer, weil die Leute nicht an mich geglaubt haben. Ich wollte schon immer Leute schlagen.“

Harrisons Einstellung zum Football hatte ihre Wurzeln in seiner Erziehung. Als Kind hatte er ein Problem mit dem Stottern, und die anderen Kinder machten sich gnadenlos über ihn lustig. Als er im Alter von sechs Jahren Pee Wee Football spielen wollte, konnte seine Mutter die Anmeldegebühr von 40 Dollar nicht aufbringen. Jeder Penny, den sie auftreiben konnte, floss in seine Sprachtherapie. Sie sagte ihm, dass sie einfach nicht das Geld für Football habe. Aber er flehte sie an. Schließlich beschloss seine Mutter, die Stromrechnung nicht zu bezahlen, damit sie Rodney für Football anmelden konnte. Er war so gut, dass er schließlich die Chance bekam, eine katholische Schule zu besuchen, deren Schülerschaft zu 98 Prozent weiß war. „Ich musste Rodney jeden Tag zur Schule bringen“, erinnerte sich seine Mutter. „Ich hatte ein Auto, das nicht das war, was man ein gutes Auto nennt. Manchmal hatte das Auto eine Panne. Die Kinder warfen Dinge auf unser Auto und lachten.

Harrison verinnerlichte den ganzen Spott. „Ich habe gesehen, dass meine Mutter drei Jobs hatte“, sagte er. „Ich habe meine Mutter bei der Sozialhilfe gesehen. Ich habe gesehen, wie meine Mutter zu kämpfen hatte, als mein Vater nicht da sein wollte. Ich habe gesehen, wie sich die Leute über uns lustig gemacht haben. Und es brachte mich zum Weinen. Deshalb spiele ich mit so viel Leidenschaft und Gefühl. Weil ich es einfach satthatte, dass man über uns lacht.“

Die Spannungen, die Harrison zwischen seinen Mannschaftskameraden erzeugte, erreichten gegen Ende des Trainingslagers einen Punkt, an dem Willie McGinest ihn schließlich zur Seite nehmen musste.

„Rodney, wir wissen, dass du spielen kannst“, sagte McGinest zu ihm. „Wir respektieren dich. Aber man kann niemanden im Training k. o. schlagen.“

„Ich werde jetzt brav sein“, sagte Harrison. „Ich bin brav.“

Während Rodney Harrison in Foxborough Eindruck machte, bat Belichick den starken Safety Lawyer Milloy, eine Gehaltskürzung zu akzeptieren. Milloy befand sich im vierten Jahr eines Siebenjahresvertrags über 35 Millionen Dollar. Um unter die Gehaltsobergrenze zu kommen, wollte Belichick Milloys Jahresgehalt von 4,4 Millionen Dollar auf etwa 2,5 Millionen Dollar reduzieren. Milloys Agent weigerte sich. Mit 29 Jahren war Milloy im besten Alter. Er stand in 106 aufeinander folgenden Spielen in der Startelf und nahm an vier der letzten fünf Pro Bowls teil. Er war nicht der Meinung, dass Milloy eine Gehaltskürzung hinnehmen sollte.

Milloys Agent war deutlich. Aber das war Belichick auch. So sehr er Milloy als Football-Spieler auch schätzte, war er nicht bereit, ihm weiterhin 4,4 Millionen Dollar pro Jahr zu zahlen. Nicht, als er Rodney Harrison für sechs Jahre und 14,5 Millionen Dollar unter Vertrag hatte. Und nicht, wenn er zwei sehr beeindruckende Rookie Defensive Backs hatte, die unbedingt spielen wollten. Einer von ihnen – Eugene Wilson, ein knallharter Cornerback, der auch Safety spielen konnte – zeigte alle Anzeichen dafür, selbst ein Pro Bowl-Spieler zu werden. Und Wilson hatte einen Rookie-Vertrag über vier Jahre. Sein Gehalt betrug nur einen Bruchteil dessen, was das Team Milloy zahlte.

Am 2. September – nur fünf Tage vor dem Saisonauftakt 2003 – entließ Belichick Milloy. Die Spieler hatten schon geahnt, dass etwas nicht stimmte, als Belichick untypisch spät zu einer geplanten Mannschaftssitzung erschien. Sie waren jedoch fassungslos, als er ihnen zu Beginn des Treffens in sachlichem Ton mitteilte, dass Milloy entlassen worden sei. Er schien sich unbehaglich zu fühlen, als er Milloys Beitrag lobte und ihn als Opfer des Systems bezeichnete. Die Leute würden sich aufregen, räumte Belichick ein. Aber sie mussten sich damit abfinden.

Es war still im Raum, als Belichick kurz innehielt, bevor er zur Diskussion über den kommenden Gegner überging. Die Spieler waren zu geschockt, um sich zu konzentrieren. Einige starrten schweigend vor sich hin. Einige schüttelten nur den Kopf und dachten: „Was zum Teufel ist gerade passiert?“

Belichick hatte Kraft informiert, kurz bevor er seinen Spielern die Nachricht überbrachte. Kraft fühlte sich furchtbar. Er mochte Milloy sehr. Er war einer der besten Spieler der Mannschaft und hatte entscheidenden Anteil am Gewinn des Superbowl. Nachdem er einige

Stunden über Belichicks Entscheidung nachgedacht hatte, begab sich Kraft in Belichicks Büro, um die Situation weiter zu besprechen. Auf dem Weg dorthin begegnete er Brady, der ihn böse ansah.

„Wie konntest du ihn das tun lassen?“, fragte Brady.

Kraft war sprachlos. Er erlebte zum ersten Mal, dass Brady wütend auf ihn war.

Anstatt mit Belichick zu sprechen, ging Kraft zurück in sein Büro und rief Milloy an. Er wollte ihm persönlich seine Anerkennung aussprechen für alles, was er für die Patriots getan hatte, und ihm sagen, wie sehr er es bedauerte, dass er nicht mehr für das Team tätig sein würde. Aber Milloy war zu wütend, um zu reden, und legte auf.

Brady fuhr direkt vom Training zu Milloys Haus. Er brachte Ty Law mit. Sie waren ein eingeschworenes Trio. Ihre Freundschaft hatte sich im Sommer nach Bradys Anfangsjahr entwickelt. Zu Beginn des Trainingslagers 2001 stellten Milloy und Law fest, dass sich Bradys Körperbau in der Offseason verändert hatte. „Mann, du hast wirklich hart gearbeitet“, sagte Milloy zu ihm. „Du machst das gut, Mann“, fügte Law hinzu. „Mach weiter so.“ Das Lob und die Anerkennung von zwei der besten Defensive Backs der Liga hatte Bradys Selbstvertrauen enorm gestärkt. Nachdem Brady für Bledsoe eingewechselt worden war, verspotteten Milloy und Law ihn gnadenlos im Training, beschimpften ihn jedes Mal, wenn sie ihn abfingen, und sprachen schlecht über seine Mutter. Aber Brady gab nie nach, was ihn bei Milloy und Law beliebt machte. Die Freundschaft festigte sich, als Brady das Team als Quarterback zur Superbowl-Meisterschaft führte. Seitdem trafen sich die drei häufig auch abseits des Spielfelds.

Brady und Law saßen in Milloys Wohnzimmer und versuchten, ihn zu trösten, und es fiel ihnen schwer, sich mit der Tatsache abzufinden, dass er nicht mehr im Team war. Es war nicht fair. Milloy war es, der sich bei Kraft am meisten für die Einstellung Belichicks im Jahr 2000 eingesetzt hatte. Als Adam Viniateri im Superbowl XXXVI das Game-Winning Field Goal zum Sieg über die Rams schoss, war Milloy der erste Spieler, der zu Belichick lief und ihn hochhob. Er war einer der treuesten Unterstützer Belichicks.

Milloy fühlte sich genauso wie Rodney Harrison, als San Diego ihn entließ – verraten.

„Die NFL ist ein kaltes Geschäft, Bruder", sagte Law.

Später an diesem Tag informierte Belichick die Bostoner Medien. „Heute ist ein Tag, über den niemand glücklich ist", sagte er. „Wir wollten nicht, dass die Geschichte so endet. Dies ist der härteste Spieler, den ich je loslassen musste. Das war die schwierigste Situation, die ich je erlebt habe, hier und anderswo."

Die Reaktion vor Ort war schnell und in einigen Vierteln recht harsch. Der Patriots-Schreiber Kevin Mannix bezeichnete Belichick als „arroganten, größenwahnsinnigen, doppelzüngigen Abschaum."

Vielleicht nahm niemand den Verlust Milloys so persönlich wie Tedy Bruschi. Er und Milloy hatten eine besondere Beziehung. Sie waren gemeinsam in die Liga gekommen. In ihrem ersten Jahr waren sie Zimmergenossen im End Zone Motor Inn. Auf die Frage von Peter King von Sports Illustrated, wie er den Weggang von Milloy empfand, nahm Bruschi kein Blatt vor den Mund: „Ich bin den Patriots nicht so sehr verpflichtet wie meinem Team in Arizona oder der Roseville High", sagte Bruschi. „[Die Patriots] haben einen Mannschaftsspieler genommen und ihn fünf Tage vor der Saison vor die Tür gesetzt." Bruschi fiel es schwer, seine Wut auszudrücken. „Ich wünschte … Ich wünschte – es wären die alten Zeiten in diesem Spiel", fuhr er fort, „und ich könnte mein Herz für etwas riskieren. Aber wie macht man das an einem Ort, an dem Leute, die das Team geprägt haben, einfach kommen und gehen?"

Milloy unterschrieb sofort in Buffalo. New Englands Divisionsrivale bot ihm einen 5-Millionen-Dollar-Bonus und einen Vier-Jahres-Vertrag, der ihm mehr Geld einbrachte, als Belichick angeboten hatte. Auf die Frage, was er von seinem ehemaligen Trainer halte, sagte Milloy: „Er ist mir völlig egal. Mir geht es jetzt nur noch um die Buffalo Bills."

Einige Tage später reiste New England zum Saisonauftakt nach Buffalo. Das Team war so verbittert über Belichick, dass die Kommunikation zwischen den Spielern und dem Trainerstab zum Erliegen gekommen war. Vor dem Spiel stattete Milloy seinen ehemaligen Mannschaftskameraden einen emotionalen Besuch ab. Es wurden nur wenige Worte gesprochen. Aber es gab eine Menge Umarmungen. „Man konnte die Liebe in seinen Augen für alle Jungs in unserer Umkleidekabine sehen", sagte Deion Branch.

Das Spiel selbst war jedoch eine andere Geschichte. Milloy, der mit dem ehemaligen Patriots-Quarterback Drew Bledsoe wiedervereint war, spielte mit Wut, verzeichnete fünf Tackles und sackte Brady einmal. New England hingegen war lustlos. Die Bills demütigten sie mit 31 : 0. Es war die schlimmste Auftaktniederlage in der Geschichte der Patriots.

Danach wurde Milloy deutlich. „Ich vermisse meine Mannschaftskameraden", sagte er vor der Presse. „Ich vermisse die Fans. Es ist bedauerlich, dass sie mit einer Mannschaft zu tun haben, die gute Spieler abgibt. Da gibt es keine Loyalität."

18 Monate nach dem emotionalen Höhepunkt des Superbowl-Gewinns waren die Patriots ein Team in Aufruhr. Als er nach dem Spiel gegen die Bills in der Umkleidekabine stand, rief Linebacker Larry Izzo: „Wir müssen uns zusammenreißen!"

23

ALLES IN DER FAMILIE

Die Entscheidung Bill Belichicks, Lawyer Milloy zu streichen, war ein Schritt, der bei den meisten Teams für Chaos gesorgt hätte. Aber die Patriots waren nicht wie die meisten Teams aufgebaut. In den vergangenen zwei Jahrzehnten war die Widerstandskraft der Mannschaft ihre wichtigste Eigenschaft. Während der Ära Belichick-Brady hatte sich kein Team in irgendeiner Sportart so konsequent von demütigenden Niederlagen erholt und sich inmitten von Kontroversen hervorgetan wie die Patriots. Nach dem Spiel gegen die Bills ging Belichick während einer Filmsitzung auf seine Spieler los und wies sie wütend auf jeden Fehler hin. „Bill schrie uns an und brüllte herum", sagte Harrison. „Wir sind am Mittwoch rausgegangen und hatten eines der anstrengendsten Trainings aller Zeiten."

Als die Patriots am 14. September 2003 nach Philadelphia reisten, um gegen die Eagles anzutreten, war die Stimmung immer noch schlecht. In der beliebten ESPN-Sendung Sunday NFL Countdown, die vor dem Spiel ausgestrahlt wurde, sprach der ehemalige Pro Bowl-Linebacker und derzeitige TV-Analyst Tom Jackson mit seinem Co-Moderator Chris Berman über den Verlust der Moral in der Umkleidekabine der Patriots.

„Ich will das ganz klar sagen", sagte Jackson in der Sendung. „Sie hassen ihren Trainer. Und ihre Saison könnte vorbei sein, je nachdem, wie schnell sie diese emotionale Zerstörung wegen Lawyer Milloy überwinden können."

Erschüttert ging Belichick gleich nach der Übertragung zu Kraft. Jacksons Worte hatten Belichick verletzt und er wusste nicht, was er tun sollte.

Kraft hatte Belichick noch nie verletzt gesehen.

Verärgert rief Kraft den Präsidenten von ESPN an und beschwerte sich. „Das ging zu weit", sagte er.

Auch Jonathan Kraft war wütend. Während des Pregames begegnete er auf dem Spielfeld Paolantonio von ESPN und ging auf ihn los.

„Schreien Sie mich nicht an", sagte Paolantonio zu ihm. „Ich treffe keine redaktionellen Entscheidungen für ESPN."

Jacksons aufrührerische Äußerungen sorgten in der Umkleidekabine der Patriots für Aufregung. Die Spieler betrachteten seine Worte als Angriff auf ein Familienmitglied. „Auch wenn an dem, was er gesagt hat, vielleicht ein bisschen was Wahres dran ist, hat es mich wütend gemacht, als ich hörte, wie jemand anderes das über Bill sagte", erklärte Tedy Bruschi. „Es ist, als ginge es um meinen Bruder. ‚Ich bin zwar gerade stinksauer auf dich, aber ich liebe dich trotzdem.' Es gibt nur eine kleine Gruppe von Menschen, die das sagen und fühlen kann, und das waren wir als Spieler. Wir haben eine schwere Zeit durchgemacht, und vielleicht hatten wir in diesem Moment bestimmte Gefühle gegenüber Bill. Aber wir waren die Einzigen, die diese Gefühle haben konnten. Die Leute außerhalb unserer Umkleidekabine hatten kein Recht, darüber zu reden, weil sie kein Teil von uns waren."

In einem kritischen Moment, als Belichick und seine Spieler sich nicht einig waren, trug Jackson ungewollt dazu bei, sie zu einen. Plötzlich wurden all die negativen Emotionen, die die Spieler gegenüber Belichick empfanden, auf den Gegner New Englands gelenkt. An diesem Nachmittag vernichteten die Patriots die Eagles mit 31:10. Der Sieg in einem Auswärtsspiel gegen das beste Team der NFC half New England, das Blatt zu wenden. „Das hat uns gezeigt, dass wir immer noch ein gutes Team sind, und es an der Zeit ist, einfach loszulassen", sagte Bruschi. „Zu gewinnen, hilft uns dabei. Gewinnen ohne Lawyer. Gewinnen mit Rodney. Das hat uns die Augen dafür geöffnet, dass es uns gut gehen wird."

Nach dem Spiel der Eagles wollten die Reporter Belichicks Reaktion auf Tom Jacksons Kommentare vor dem Spiel wissen. Belichick schäumte vor Wut und sagte: „Ich werde diese Kommentare nicht mit irgendeiner Art von Antwort würdigen." Insgeheim wollte er Jackson die Zähne einschlagen, einen Zahn nach dem anderen.

Seine Spieler äußerten sich offener über Jackson. „Er lag völlig falsch", sagte Harrison. „Er war nicht in der Umkleidekabine. Wie kann er also sagen, dass wir unseren Trainer hassen? Eine ganze Menge von uns waren sauer auf Bill Belichick. Aber wir hassen ihn nicht."

Durch den Sieg in Philadelphia beflügelt, schlugen die Patriots eine Woche später die Jets in Grund und Boden. Zwei Wochen später erzielten sie 38 Punkte und schlugen ein sehr starkes Team der Tennessee Titans. Dann, innerhalb von drei Wochen, hielt die Patriots-Verteidigung den Gegner bei sechs, 13 und drei Punkten. Als die 7-2 Cowboys in der Mitte der Saison nach Foxborough kamen, schalteten die Patriots sie mit 12-0 aus.

Ein Teil des Handlungsdrucks im Team war auf Harrisons Auftauchen als Teamleiter zurückzuführen. Seine Spielweise, bei der er keine Gefangenen machte, und sein harter Spielstil trugen dazu bei, dass die Patriots 2003 eine Identität entwickelten, die sich stark von der des Aschenputtel-Teams von 2001 unterschied. Ein weiterer Faktor war Bradys zunehmende Fähigkeit, seine Mannschaftskameraden zu motivieren und sie auf dem Spielfeld und in der Umkleidekabine effektiv zu führen. „Er hat ein Händchen dafür, die Jungs so zu bearbeiten, dass sie es nicht persönlich nehmen", sagte Belichick. „Es ist schwer, seine natürlichen Führungsqualitäten zu beschreiben, aber er hat sie. Es ist wie mit der Pornografie – auch wenn man sie nicht definieren kann, erkennt man sie, wenn man sie sieht."

Die größte Veränderung im Team hatte jedoch mit der Einstellung zu tun, die direkt auf Belichick zurückzuführen war. „Lawyer war unser Kapitän", sagte Deion Branch. „Sein Weggang hat bei vielen von uns den Eindruck erweckt: ‚Mann, das ist verrückt. Sie entlassen den Kapitän!' Dadurch wurde uns klar, dass dies jedem von uns passieren kann. Von diesem Zeitpunkt an änderte sich meine jugendliche Einstellung, Spaß zu haben. Meine neue Denkweise war: ‚Dies ist ein

Geschäft. Ich werde hierherkommen, meine Arbeit machen und die Dinge auf sich beruhen lassen.‘“

Ob er es nun beabsichtigte oder nicht, Belichicks Entscheidung, einen Mannschaftskapitän kurzerhand zu entlassen, hatte seinen Spielern Angst eingeflößt. Dadurch wurde allen klar, dass niemand sicher war und dass man Woche für Woche Höchstleistungen erbringen musste, um seinen Arbeitsplatz zu behalten. Wie Linebacker Mike Vrabel es ausdrückte: „Du spielst für Belichick, und jede Woche ist ein Probetraining.“

Je mehr New England gewann, desto besser konnten die Spieler Belichicks Ansatz akzeptieren. Am 30. November trafen die Patriots in Indianapolis auf die Colts. Beide Teams gingen mit 9 : 2 in das Spiel. Die Colts hatten die bestbewertete Offensive der Liga. Die Patriots hatten die stärkste Verteidigung der NFL. Nachdem sich Brady und Manning den ganzen Nachmittag über ein Duell geliefert hatten, lief das Spiel auf vier Spielzüge an der Torlinie der Patriots hinaus.

45 Sekunden vor Schluss führte New England mit 38 : 34, und Colts Running Back Edgerrin James erkämpfte sich an der 2-Yard-Linie der Patriots ein First Down. Während die Uhr tickte, drängte Manning sein Team an die Line of Scrimmage, um den nächsten Spielzug auszuführen, bevor die Patriots Zeit zum Zurücksetzen hatten. Er übergab an James, der von Bruschi und Vrabel frontal getroffen wurde. Sie ließen James an der 1-Yard-Linie fallen.

Bei einem Second-and-One-Spiel drängte Manning sein Team erneut an die Linie, ohne ein Time-out zu nehmen. Wieder übergab er an James. Und wieder wurde er an der Line of Scrimmage von Bruschi getroffen, der von Rodney Harrison und Ted Washington unterstützt wurde. Sie tackelten James, ohne etwas zu erreichen, und zwangen Manning 18 Sekunden vor Spielende zu einer Auszeit.

Bei Third and Goal von der Eins warf Manning einen unvollständigen Pass und stoppte die Uhr bei 14 Sekunden. Die Colts waren auf einen letzten Spielzug aus.

Beim vierten und letzten Versuch gab Manning an James ab. Diesmal kam Willie McGinest von der Seite und ließ James für einen Verlust von einem Yard fallen.

An der Seitenlinie der Patriots brach ein Tumult aus, und die Abwehrspieler auf dem Feld bedrängten McGinest. Belichick aber blieb ausdruckslos. In vier aufeinanderfolgenden Spielzügen hatte seine Defense die stärkste Offense der Liga daran gehindert, zwei Yards vorzurücken. Es war eine herkulische Leistung, die den Sieg sicherte. Aber für Belichick hatten sie einfach ihre Arbeit getan. „Ihr habt noch nichts getan, um euch mit dem letzten Superbowl-Team zu vergleichen", sagte Belichick anschließend zu seinen Spielern. Am nächsten Tag stellte er Filmmaterial mit jedem Fehler zusammen, den sie im Spiel gegen die Colts gemacht hatten – verpasste Tackles, verpatzte Deckungen – und wies wütend auf jeden hin. Die Spieler sahen sich gegenseitig an, als wollten sie sagen: „Ich dachte, wir hätten gerade gewonnen." Belichick war dabei, in New England einen Standard zu etablieren, der den Erfolg an Superbowl Championships maß. Die Siege in der regulären Saison waren kein Grund zum Feiern. Es wurde erwartet, dass die Patriots diese Spiele gewannen. Und sie sollten sich dafür nicht auf die Schulter klopfen.

Die Patriots beendeten die reguläre Saison 2003 mit einem Heimspiel gegen die Buffalo Bills. Noch immer unter dem Eindruck der demütigenden 31:0-Niederlage in Buffalo in der ersten Woche sagte Belichick zu seiner Mannschaft: „In der Saison hat man nicht immer die Möglichkeit, eine Rechnung zu begleichen. Wir haben das hier. Wir müssen diese Woche ausnutzen." Brady warf in der ersten Halbzeit vier Touchdown-Pässe, und die Patriots-Defense setzte Drew Bledsoe so zu, dass sie ihn im dritten Viertel aus dem Spiel warfen. Im letzten Viertel, als sein Team mit 31:0 führte, nahm Belichick viele seiner Stammspieler heraus. Doch in den letzten Sekunden drangen die Bills bis zur Torlinie der Patriots vor. Entschlossen, den Shutout zu bewahren, setzten sich die Stammspieler an der Seitenlinie der Patriots ihre Helme auf und verlangten, wieder ins Spiel zu kommen. Dann, mit 13 Sekunden auf der Uhr, fing Linebacker Larry Izzo den Ball in der Endzone ab und versetzte die Patriots an der Seitenlinie und die Zuschauer im Gillette Stadium in helle Aufregung. „Das hat uns viel bedeutet", sagte Izzo. „Ich weiß, dass alle 53 Jungs in diesem Team die Null auf der Anzeigetafel halten wollten."

Im Mittelfeld fanden Tom Brady und Ty Law Lawyer Milloy und umarmten ihn. Die Bills waren bei 6-10. Die Saison ihres alten Mannschaftskameraden war vorbei. Milloy gratulierte Brady und Law. Mit 14 : 2 Punkten war New England das beste Team der Liga und hatte sich den Heimvorteil für die Play-offs gesichert. Dankbar, zu den Patriots zu gehören, drehten sich Brady und Law um und joggten vom Spielfeld, wobei jeder seinen Zeigefinger in die Luft hielt.

Die Saison der Patriots mit 14 Siegen war die beste in der Geschichte der Mannschaft. Es war auch das erste Mal, dass die Mannschaft zu Hause 8 : 0 gewonnen hatte. Vor den Play-offs hatten sie eine Siegesserie von zwölf Spielen hingelegt. Als er nach dem Spiel gegen die Bills gefragt wurde, wie er die Saison seines Teams einschätze, sagte Belichick: „Nicht schlecht." Er sagte der Presse dasselbe, was er auch seinem Team sagte: „Wir gehen jetzt in die zweite Saison, und alle stehen 0 : 0. Es kommt darauf an, wie man von hier aus weitermacht."

Die Spieler schlossen sich seinen Worten an.

„Ich glaube nicht, dass wir uns für großartig halten", sagte Brady. „Ich glaube nicht, dass wir uns selbst auf dieses Podest stellen, unschlagbar zu sein oder großartige Spieler zu sein. Ich denke, wir sind stolz auf unsere Bescheidenheit, darauf, gute Spieler zu sein und in jeder Rolle im Team einen Beitrag zu leisten. Und deshalb ist niemand jemals zufrieden."

Die Verantwortlichen bei CBS hätten nicht glücklicher sein können. Die New England Patriots waren das heißeste Team der NFL, und Tom Brady war der größte Star der Liga, wodurch das AFC-Paket des Senders immer wertvoller wurde. Robert Kraft musste sich nicht sonderlich anstrengen, damit der Sender das Divisional-Play-off-Spiel zwischen den Patriots und den Titans am 10. Januar 2004 zur besten Sendezeit um 20 Uhr ausstrahlte.

Es waren minus 15 Grad, und bei Wind fühlt es sich an wie minus 20, was es zum kältesten Spiel in der Geschichte Foxboroughs machte. Belichick sagte seinen Spielern, dass die Titans die härteste Herausforderung sein würden, der sie in der gesamten Saison gegenübergestanden hätten. Quarterback Steve McNair war der bestbewertete Passer der Liga und wurde gerade zum NFL Co-MVP ernannt. Entschlossen begann

Brady das Spiel, indem er über das ganze Feld lief und einen Touchdown-Pass über 41 Yards zur 7:0-Führung seines Teams warf. Nachdem Tennessee beim nächsten Ballbesitz den Ausgleich erzielt hatte, führte Brady sein Team zu einem weiteren Punkteversuch. Von da an versteiften sich beide Verteidigungen. Der Spielstand blieb 14:14, bis Adam Vinatieri in den letzten Minuten ein Field Goal aus 46 Yards zum Sieg schoss.

Der Sieg bei eisigen Temperaturen war für New England der dreizehnte in Folge und brachte ihnen die AFC-Meisterschaft ein. Doch in der Umkleidekabine herrschte danach eine ganz normale Stimmung. „Wir machen hier keine Freudensprünge", sagte Bruschi. „Wir wissen, was wir tun wollen. Wir sind nur einen Schritt näher dran."

Eine Woche später hatten die Patriots die Colts zu Gast, ein Team, das mit dem anderen Co-MVP der NFL, Peyton Manning, in den ersten beiden Runden der Play-offs durchmarschiert war. In zwei Play-off-Spielen hatte Manning acht Touchdown-Pässe geworfen und keine Interceptions. Belichick wies seine Verteidigung an, besonders physisch auf Mannings Receiver einzuwirken. „Vergesst den Werfer und konzentriert euch auf diejenigen, die versuchen, den Ball zu fangen", sagte er. Die Botschaft kam an. „Das ist wahrscheinlich der einfachste Spielplan, den wir je hatten", sagte Ty Law. „Einfach rausgehen und sie an der Line of Scrimmage zusammenschlagen. Wenn man die Jungs in der Saison und in der Nachsaison beobachtet, wie sie große Zahlen schreiben, sieht man eine Menge Jungs, die durch die Secondary laufen. Wir haben gesagt, dass wir das nicht mit uns machen lassen."

Um sich auf New England vorzubereiten, trainierten die Colts die ganze Woche im Freien und verkündeten, sie seien „immun gegen New Englands Kälte." Zum Zeitpunkt des Spiels schneite es, und die Fans der Patriots hielten Schilder hoch mit der Aufschrift: „Das ist nicht Peyton's Place."

Zum zweiten Mal in dieser Woche eröffnete Brady das Spiel, indem er sein Team aufs Feld trieb und einen Touchdown-Pass warf, der sein Team mit 7:0 in Führung brachte. Bei Mannings erstem Drive wurde er in der Endzone von Rodney Harrison abgefangen. Bei seinem zweiten Ballbesitz wurde Manning von Ty Law abgefangen. Zum

Ende der ersten Halbzeit war das Spielfeld von Schneematsch bedeckt, und New England führte mit 15:0.

„Hört zu", sagte Belichick seinem Team in der Halbzeitpause, „wir waren schon einmal in dieser Situation. In Indianapolis sind sie über uns hergefallen. Wir müssen uns an unseren Spielplan halten. Spielt körperbetont. Und noch wichtiger, achtet auf den Football."

In der zweiten Halbzeit setzte New England das Spiel gegen die Colts-Receiver fort, und Ty Law fing Manning zwei weitere Male ab. „Es ging nur darum, körperlich, körperlich, körperlich mit ihren Receivern umzugehen", sagte Harrison. „Wir wollten den Jungs eins aufs Maul geben und sie wissen lassen, dass wir hier sind."

New England gewann 24-14. Der Präsident der Colts, Bill Polian, war wütend und jagte die Offiziellen mit sarkastischen Rufen vom Spielfeld: „Tolles Spiel!" Später beschwerte er sich beim Wettbewerbsausschuss der Liga, weil die Patriots-Verteidiger wiederholt Colts-Empfänger fünf Yards hinter der Scrimmage-Linie angefasst hatten.

Die Patriots waren das einzige Team in den letzten zehn Jahren, das ein drittes Mal in den Superbowl einziehen konnte. Als Brady das Spielfeld verließ, skandierten die Fans: „M-V-P, M-V-P, M-V-P."

In der Umkleidekabine nahm Kraft Brady zur Seite und teilte ihm mit, dass das Weiße Haus angerufen habe. Präsident George W. Bush hatte Brady eingeladen, während der Rede zur Lage der Nation vor dem Kongress neben First Lady Laura Bush Platz zu nehmen. Der Präsident wollte dazu aufrufen, dass Sportler ein gutes Vorbild sein sollten, indem sie sich von Steroiden fernhalten.

Brady war begeistert und erklärte, dass er mitgehe.

Kraft sagte ihm, er könne mit Jonathan fliegen, der von einem Kongressabgeordneten aus Massachusetts eingeladen worden war.

Zwei Tage nach dem Sieg gegen die Colts kehrten die Patriots ins Gillette Stadium zurück, um sich auf ihren Superbowl-Gegner, die Carolina Panthers, vorzubereiten. Es war der 20. Januar 2004, und kaum war das Training beendet, eilte Brady mit Jonathan Kraft zum Flughafen und bestieg ein Privatflugzeug nach Washington, D. C. Während des Fluges sprachen Brady und Kraft über die Chancen der Patriots gegen Jacksonville. Kraft äußerte sich zurückhaltend. Brady war eindeutig.

„Wir werden gewinnen", sagte er.

Das Gespräch drehte sich dann darum, wie schwer es sei, in der NFL über einen längeren Zeitraum hinweg zu gewinnen.

„Das Problem sind die Quarterbacks", sagte Brady. „Ich habe es mir angesehen. Wenn Quarterbacks in ihren Dreißigern sind, heiraten und Kinder bekommen, kann man sehen, wie sie alle nachlassen."

Darüber hatte Kraft nicht viel nachgedacht. Aber was Brady sagte, klang sinnvoll. Mit der Zeit verloren die Quarterbacks etwas von ihrem Kampfgeist. Die Anforderungen des Lebens, wie Vater und Ehemann zu sein, trugen dazu bei. Aber auch das Alter.

„Letztendlich nimmt die Natur ihren Lauf", sagte Kraft.

„Nun, nicht mit mir", sagte Brady.

Bradys Mannschaftskameraden waren überrascht, als sie ihn an diesem Abend im Fernsehen sahen, wie er in Anzug und Krawatte zwischen Joyce Rumsfeld und Alma Powell in der Loge der First Lady saß und applaudierte, als Präsident Bush sprach. Am nächsten Tag, beim Training, machten sich alle über ihn lustig. McGinest gab ihm den Spitznamen „Little Bush".

Doch als das Team in Houston ankam, ging es nur noch ums Geschäft. Nachdem sich die Patriots durch die Play-offs gequält hatten, bereiteten sie sich auf ein Panthers-Team vor, das mit der gleichen Art von Smash-Mouth-Football erfolgreich war. Belichick erwartete, dass der Superbowl wie ein Schwergewichtskampf sein würde – zwei Teams, die sich sechzig Minuten lang gegenüberstehen. Am Tag des Spiels versammelte er seine Spieler und Mitarbeiter in einem großen Besprechungsraum im Mannschaftshotel. In Anzug und Krawatte stand er vor ihnen, bückte sich, griff in eine Kiste, holte die Lombardi-Trophäe heraus, die die Patriots zwei Jahre zuvor gewonnen hatten, und stellte sie auf einen Tisch.

„Seht mal, Leute", sagte Belichick, „darum spielen wir."

Er hielt inne, während die Spieler auf den silbern schimmernden Football starrten, der auf einem Ständer mit drei konkaven Seiten stand.

„Lasst uns diese Woche ins rechte Licht rücken", sagte er. „Es geht nicht um die Partys. Es geht um die Trophäe. Nur 37 Teams können von sich behaupten, das geschafft zu haben. Ihr könnt das 38. sein."

Alle nickten. Alle waren fokussiert.

Robert Kraft, der vom hinteren Teil des Raumes aus zuschaute, gefiel, was er sah. Vor dem größten Spiel des Jahres war das Team in perfekter Harmonie. Vor allem Rodney Harrison hatte sich zu einem idealen Anführer in der Verteidigung und einem außergewöhnlichen Teamkollegen entwickelt. Brady hatte sich mit ihm angefreundet. Die beiden brachten jeden Tag ein bemerkenswertes Maß an Intensität und Konzentration in die Arbeit ein. Das brachte Kraft zum Nachdenken über Belichicks unpopuläre Entscheidung zu Beginn der Saison, Lawyer Milloy zu entlassen. Nach Ansicht Krafts war dies der richtige Schritt.

Die Entlassung eines Spielers – insbesondere eines Spielers, der von seinen Mannschaftskameraden geliebt wird und einen großen Beitrag zum Erfolg der Mannschaft geleistet hat – ist hart. Kraft hatte das nötige Selbstbewusstsein, um zu erkennen, dass er emotional mit seinen Spielern verbunden war. Belichick hingegen verfolgte bei Personalentscheidungen einen analytischen Ansatz. Seine Disziplin, dachte Kraft, tat dem Team gut. Obwohl er sich in Bezug auf Timing und Kommunikation mehr Einfühlungsvermögen gewünscht hätte, erkannte Kraft, dass Belichicks Bereitschaft, sich von Spielern zu trennen – vor allem von solchen, die er besonders bewunderte, wie Milloy –, die Patriots in die Lage versetzen würde, in der Ära der Gehaltsobergrenzen Jahr für Jahr zu glänzen.

„Wenn ihr an unsere Saison zurückdenkt", sagte Belichick zu den Spielern, „dann war der Grund, warum ihr gewonnen habt, egal, in welch schwieriger Situation ihr wart, der, dass ihr die Situation erkannt, auf den Ruf gehört und … euren … Job gemacht habt." Er hielt inne und lenkte ihre Aufmerksamkeit wieder auf die Trophäe. „Es gibt einen Champion", fuhr er fort. „Wenn wir gut spielen, werden wir es sein. Viel Glück heute, Männer. Spielt wie Champions."

Beim Anstoß zum Superbowl XXXVIII kam es nach dem Anpfiff zu einem Schlagabtausch zwischen zwei Spielern, bei dem der Head-Officer seinen Hut verlor, als Mitglieder beider Teams in das Gedränge kamen und anfingen, sich zu schubsen und zu stoßen. Es war ein Vorbote der Dinge, die da kommen sollten. Die Schläge waren heftig. Ballträger wurden umgeworfen. Die Helme wurden abgeschlagen. Nach dem Schlusspfiff wurde geschubst und gedrängelt. Und es gab Scharmützel, die von den Schiedsrichtern unterbrochen werden mussten. Die Abwehrkräfte dominierten. In den ersten 27 Spielminuten konnte keine der beiden Mannschaften ein Tor erzielen.

Als Mike Vrabel den Panthers-Quarterback Jake Delhomme von hinten sackte, schlug er auf Delhommes Wurfarm, sodass dieser den Ball verlor. Richard Seymour eroberte den Fumble für die Patriots an Carolinas 20-Yard-Linie zurück. Wenige Augenblicke später traf Brady Deion Branch für einen Touchdown.

Es war, als wäre ein Schalter umgelegt worden. In den letzten vier Minuten der ersten Halbzeit erzielten die beiden Teams zusammen 24 Punkte. New England führte zur Halbzeit mit 14:10.

Kaum war die erste Halbzeit zu Ende, verließ Commissioner Paul Tagliabue seine Suite und begab sich in die CBS-Kabine, um ein Radiointerview zu geben. Danach kehrte er in seine Suite zurück, als die zweite Halbzeit begann. Seine 32-jährige Tochter, eine Highschool-Lehrerin aus Baltimore, die mit ihrem Vater nach Houston gereist war, um das Spiel zu besuchen, begrüßte ihn mit einem angewiderten Gesichtsausdruck.

„Was ist los?“, fragte Tagliabue.

„Hast du die Halbzeitshow gesehen?“, fragte sie.

Das hatte er nicht.

„Es war furchtbar“, sagte sie. „Es war schrecklich. Das war beleidigend.“

Tagliabue, der sich normalerweise nicht aus der Ruhe bringen ließ, hatte Mühe, die Fassung zu wahren. Einen Monat zuvor war er auf dem Weg zum Kennedy-Flughafen, als er einen dringenden Anruf von Roger Goodell erhielt, der ernsthafte Bedenken wegen der Halbzeitunterhaltung beim Superbowl äußerte. CBS erlaubte MTV, einem seiner Flaggschiffe, die Halbzeitshow zu produzieren. Aber MTV hatte die NFL nicht über die Darsteller informiert, und Goodell wollte nicht über den Inhalt und die Texte der Show im Unklaren gelassen werden. Er forderte Tagliabue auf, CBS-Präsident Les Moonves sofort anzurufen. „Sagen Sie ihm, er soll MTV in die Schranken weisen“, sagte Goodell zu Tagliabue. „Und sagen Sie ihm, dass wir die Halbzeitshow nicht von jemand anderem produzieren lassen, wenn er uns nicht garantiert, dass es uns gut dabei geht." Tagliabue wandte sich sofort an Moonves und äußerte seine Vorbehalte, die Halbzeitshow an MTV zu übergeben. „Unsere Leute sind sehr besorgt, dass das nicht gut gehen wird", sagte er zu Moonves. „Es bedarf Ihres persönlichen Engagements, um sicherzustellen, dass alles zufriedenstellend funktioniert." Moonves hatte Tagliabue versichert, dass er sich keine Sorgen zu machen brauche.

Doch nun erfuhr Tagliabue, dass bei der Show die Rapper P-Diddy und Nelly sich in den Schritt gegriffen und sexuell eindeutige Texte vorgetragen hatten, und dass der notorisch frauenfeindliche Kid Rock einen widerlichen Auftritt hatte, als er mit einer amerikanischen Flagge als Hemd auf die Bühne kam, die er später ablegte, während zwei spärlich bekleidete Frauen hinter ihm tanzten und amerikanische Flaggen schwenkten. Zu allem Überfluss sangen Justin Timberlake und Janet Jackson Rock Your Body, und während sie die Schlusszeile des Liedes sangen – „I bet I'll have you naked by the end of this song" – riss Timberlake Jacksons BH ab und entblößte ihre Brust.

Tagliabue konnte nicht glauben, was er da hörte.

„Wenn ich am Dienstag wieder zur Schule gehe", sagte seine Tochter zu ihm, „werde ich nicht erklären können, wie eine so anstößige Halbzeitshow unter deiner Aufsicht gesendet werden konnte."

Tagliabues Frau war mit ihrer Tochter einer Meinung. Die gesamte Halbzeitshow war eine Schande.

Peinlich berührt und wütend suchte Tagliabue Goodell auf, der die Halbzeitshow gesehen hatte und sich bereits darüber aufregte. Jeder Gast in der Suite der NFL war entsetzt. Und die PR-Leute der Liga wurden mit Anrufen überschwemmt. Goodell war so wütend, dass er am liebsten Justin Timberlake geschlagen hätte. Stattdessen beauftragte Tagliabue Goodell damit, Moonves aufzuspüren. CBS hatte eine Menge zu erklären.

Während sich die Verantwortlichen der NFL und von CBS abmühten, baute New England eine 21:10-Führung auf und schien sich abzusetzen. Doch im vierten Viertel gelang es Carolina, mit zwei schnellen Spielzügen zu punkten. Der zweite kam durch einen Passspielzug über 85 Yards zustande, der Carolina mit 22:21 in Führung brachte.

Sieben Minuten vor Spielende lagen die Patriots zum ersten Mal seit November in einem Spiel zurück.

An der Seitenlinie der Patriots herrschte bei einigen Spielern eine gewisse Nervosität. Ty Law konnte sehen, dass Rodney Harrison befürchtete, das Spiel würde ihnen entgleiten. „Rodney, wir werden dieses Spiel nicht verlieren", sagte Law zu ihm. „Weißt du, warum? Weil wir Tom Brady haben."

Brady brauchte vier Minuten, um sein Team über das gesamte Spielfeld zu führen. 2:51 Minuten vor Spielende warf er einen Ein-Yard-Touchdown-Pass zu Linebacker Mike Vrabel. Dann gelang New England mit 29:22 die Führung.

Doch Carolina legte in neunzig Sekunden achtzig Yards zurück und glich das Spiel aus.

Bei einer verbliebenen Spielzeit von 1:08 blieb Brady ruhig. Er sah sich mit einem Szenario konfrontiert, das mit dem am Ende des Superbowls gegen die Rams fast identisch war, versammelte die Offensive und sagte ihnen ganz sachlich, dass sie die Pflicht hatten, das zu schaffen. In den folgenden 59 Sekunden schloss er methodisch Pässe für 13, 20, 13, 4 und 17 Yards ab und brachte die Patriots an die 23-Yard-Linie der Panthers. Dann, neun Sekunden vor Schluss, nahm er eine Auszeit, und Belichick schickte die Field Goal-Einheit los. Als Brady und Adam Vinatieri aneinander vorbeigingen, trafen sich ihre Blicke und sie berührten sich an den Händen. Aber keiner von ihnen sagte ein Wort. Brady hatte seine Arbeit getan. Jetzt war Vinatieri an der Reihe.

An der Seitenlinie der Patriots knieten die Spieler im Kreis und verneigten sich. In der Box des Besitzers drückte Kraft seiner Frau und seinen Söhnen die Hand und zog sie an sich. Während im Reliant Stadion Blitzlichter aufflackerten, schoss Vinatieri den Ball. Als der Ball in Richtung Torpfosten segelte, hob Vinatieri triumphierend die Arme. Vier Sekunden vor Schluss spaltete sein Kick über 41 Yards die Latte und brachte New England mit 32:29 in Führung. Seine Mannschaftskameraden bedrängten ihn. Die Trainer sprangen auf. Und Krafts Familie erdrückte ihn beinahe.

Brady blieb jedoch stoisch und verzog keine Miene. Auch Belichick feierte nicht. In dem Moment, in dem er wusste, dass der Kick gut war, drehte er sich um und forderte das Kick-off-Team auf, sich bereit zu machen. New England hatte noch einen weiteren Spielzug. Erst nachdem die Spieler des Spezialteams der Patriots wenige Augenblicke später den Kick-Returner der Panthers in die Zange genommen hatten, hob Belichick endlich die Arme und stieß einen Schrei aus.

Brady stürmte mit seinen Mannschaftskameraden auf das Spielfeld, die Arme weit ausgebreitet, ein Jubeln im Gesicht. Mit 26 Jahren war er der jüngste Starting Quarterback, der zwei Superbowls gewann. Er hatte 32 von 48 Passversuchen für 354 Yards und 3 Touchdowns abgeschlossen. Aber es war seine Coolness unter Druck während des makellosen Game-Winning-Drives, die ihm seine zweite Superbowl MVP-Auszeichnung einbrachte.

Belichick suchte Harrison auf, umarmte ihn und sagte ihm, wie froh er sei, dass die Patriots ihn bekommen hätten. Harrison traten die Tränen in die Augen. Bevor er in New England unterschrieb, fragte Belichick ihn nie: „Bist du verletzt?" oder „Kannst du noch laufen?" oder „Kannst du noch spielen?" Er sah ihm einfach in die Augen und sagte: „Ich weiß, was du kannst." Niemand außer seiner Mutter hatte so viel Vertrauen in ihn gesetzt. Als Konfetti auf ihm landete und Tränen über sein Gesicht liefen, war Harrison von der Zuneigung zu seinem Trainer überwältigt. Für Harrison war dieser Moment wie ein Märchen. „Ich habe zehn Jahre darauf gewartet", sagte er.

Belichick wurde von Reportern um Interviews gebeten, darunter auch von zwei verschiedenen Personen, die sich von ESPN an ihn wandten. Er sagte zu beiden Nein. Er hatte nicht vergessen, was ESPNs Tom Jackson in der ersten Woche der Saison über ihn gesagt hatte. Aber als Chris Berman persönlich an ihn appellierte, wollte Belichick einem Freund nicht absagen. Die beiden liefen über das Reliant Field zur ESPN-Bühne, wo Jackson bereits am Set war. Als Belichick sich näherte, streckte Jackson die Hand aus.

Belichick starrte ihn an und sagte: „Fuck you."

Jackson ging davon. Belichick setzte sich zu einem Einzelgespräch mit Berman zusammen.

24

EINE EIGENE LIGA

Am Morgen nach dem Superbowl saß Sean McManus in seinem Hotelzimmer in Houston und wartete auf die TV-Einschaltquoten des Spiels, als er einen unerwarteten Anruf von Mel Karmazin erhielt. Karmazin war Präsident von Viacom geworden, als das Medienkonglomerat CBS aufkaufte, und er war die meiste Zeit der Nacht wach gewesen, um sich mit den Folgen der Superbowl-Halbzeitshow zu beschäftigen. Der Vorsitzende des Bundesausschusses für Kommunikation, Michael Powell, nannte die Entblößung von Jacksons Brust einen „geschmacklosen, krassen und bedauernswerten Trick" und drohte damit, alle CBS-Sender und Tochtergesellschaften im Land zu untersuchen und möglicherweise Geldstrafen zu verhängen. Der Präsident von MTV Networks schob die Schuld auf einen „Fehler eines Künstlers." Justin Timberlake sagte nichts. Und Janet Jackson behauptete über einen Sprecher, dass ihre entblößten Brüste das Ergebnis eines „Garderobenfehlers" waren.

„Ich muss es einfach wissen", sagte Karmazin zu McManus, „Was wussten Sie? Und wann haben Sie es erfahren?"

„Ich hatte keine Ahnung", sagte McManus. „Und ich kann mir nicht vorstellen, dass irgendjemand bei MTV etwas weiß und so etwas zulässt."

„Okay, das ist alles, was ich wissen wollte", sagte Karmazin. „Übrigens, gute Arbeit bei dem Spiel."

Kurze Zeit später erhielt McManus die Nachricht, dass die Einschaltquoten im Fernsehen unschlagbar waren. Eine Rekordeinschaltquote von

143,6 Millionen Zuschauern war zu verzeichnen. Das war eine großartige Nachricht. Aber es ärgerte ihn, dass der spannendste Superbowl aller Zeiten von Kontroversen überschattet wurde. Paul Tagliabue war so erzürnt, dass er schwor, nie wieder einem Sender zu erlauben, eine Halbzeitshow zu produzieren.

Später an diesem Tag rief Kraft McManus an, um ihm und dem Rest des Teams bei CBS Sports zu gratulieren. Als Vorsitzender des NFL-Ausschusses für Fernsehübertragungen war Kraft besorgt über jegliche Kontroverse zwischen der Liga und ihren Fernsehpartnern. Aber es war ihm nicht klar, warum die FCC aus dem Vorfall mit Janet Jackson eine so große Sache machte. Ihre Brust war nicht länger als eine Sekunde zu sehen. Es ging so schnell, dass man es verpasste, wenn man blinzelte. Kraft erschien das Ganze hochgespielt, und er war sicher, alles würde sich bald legen.

Andererseits war der Einfluss, den sein Team auf die NFL hatte, einschneidend. Mit zwei Superbowl-Siegen in drei Jahren und einem Team, das von Tom Brady und Bill Belichick angeführt wurde, waren die Patriots zum Aushängeschild der Liga geworden. Und aus Sicht der Fernsehsender hatten die Patriots sich zum Kronjuwel des AFC-Fernsehpakets von CBS entwickelt. Seit dem umstrittenen Schneespiel gegen die Raiders hatten die Patriot-Spiele durchweg hervorragende Einschaltquoten erzielt. Den Verantwortlichen der Liga und den leitenden Angestellten von CBS war klar, dass sich das Kräfteverhältnis in der NFL nach Foxborough verschoben hatte.

Zurück in New England, war Kraft wie im Rausch. In einer Region, die lange von den Red Sox beherrscht wurde, waren die Patriots die neuen Könige. Am 3. Februar 2004 säumten schätzungsweise 1,5 Millionen Menschen bei winterlichem Wetter die Straßen Bostons, um die Superbowl-Siegparade des Teams zu sehen. Es war der geschäftigste Tag in der Geschichte der öffentlichen Verkehrsmittel des Bundesstaates. Hunderttausende von Fans drängten sich auf der City Hall Plaza zu einer Kundgebung am Ende der Paradenstrecke. Als die Mannschaft eintraf, ertönte AC/DCs For Those about to Rock, während auf einer riesigen Leinwand die Höhepunkte der Saison 2003 gezeigt wurden.

„Wir sind wieder daaaa!“, sagte Brady der jubelnden Menge von einer Plattform vor dem Rathaus aus.

Der Lärm des Publikums hallte von den Gebäuden in der Innenstadt wider.

„Wir wollten auf keinen Fall ohne die Lombardi-Trophäe hierher zurückkehren“, so Brady weiter. „Einer war schön. Zwei noch viel schöner. Aber ich brauche Nummer drei!“

Die Fans waren außer sich.

Als Belichick zu sprechen versuchte, war die begeisterte Menge so laut, dass seine Stimme übertönt wurde. Ty Law ergriff das Mikrofon und forderte Belichick zu einem Hip-Hop-Tanz mit dem Team auf. „Zeig mir was!“, schrie Law Belichick zu. „Zeit mir was. Zeig mir was.“

Während seine Spieler ihn anfeuerten, hob Belichick die Arme über den Kopf und begann, unbeholfen auf und ab zu wippen.

„Wir sind die ersten Menschen in der Geschichte, die Bill Belichick tanzen sehen“, sagte Patriots-Radiosprecher Gil Santos, der die Feierlichkeiten moderierte.

Brady und Kraft machten mit und versetzten das Publikum in helle Aufregung.

Es war eine Party, wie man sie in Boston noch nie gesehen hatte.

Am folgenden Abend trat Belichick in der Late Show mit David Letterman auf. Angeblich dort, um über den Superbowl zu sprechen, ließ Belichick nichts aus, als Letterman ihn fragte, ob er etwas von Janet Jacksons „Garderobenfehlfunktion“ während der Halbzeitshow gewusst habe. „Nein, das kann ich im Brustton der Überzeugung sagen“, scherzte Belichick.

Mit dem Tuck-Rule-Spiel und dem Fiasko in der Halbzeitpause des Superbowls wurden die Patriots mit den beiden größten Kontroversen in der NFL seit der Jahrhundertwende in Verbindung gebracht. Dennoch gelang es der Mannschaft, sich aus der Auseinandersetzung herauszuhalten. Als sich das Team im Rosengarten des Weißen Hauses versammelte, behandelte Präsident George W. Bush sie, als wären sie Amerikas Team.

„Die mächtigen New England Patriots sind zurück“, sagte Bush und sah Kraft dabei an. „Genau, wie Sie es mir gesagt haben. Es ist mir eine große Ehre, das Team wieder hier begrüßen zu dürfen. Ich freue mich besonders, Tom Brady zu sehen. Ich versuche herauszufinden, wie es ist, mit einer echten Berühmtheit zusammen zu sein.“

Bush lobte die Mannschaft für ihre gute Leistung unter Druck und hob besonders den Kicker Adam Vinatieri hervor. „Ich schätze auch den Trainer sehr", fuhr er mit Blick auf Belichick fort. „Ich weiß nicht, wie es in der Umkleidekabine ist, aber ich erinnere mich, als Sie vor zwei Jahren hier waren und sagten, Sie würden ein paar Worte sagen, und dann waren es ungefähr vier."

Alle im Rosengarten lachten.

„Ich habe mich hinreißen lassen", sagte Belichick.

Das Publikum lachte noch lauter.

„Das gefällt mir an diesem Team", sagte Bush mit Blick auf Kraft. „Sie haben tausend Stunden ehrenamtliche Arbeit für Gemeinden in Massachusetts und New England geleistet. Damit geben Champions anderen ein unglaublich wichtiges Beispiel. Ich weiß, dass Sie den Boys and Girls Club und das Dana-Farber Cancer Institute, den Massachusetts 9/11 Fund und R.O.S.E. Fonds zur Beendigung häuslicher Gewalt unterstützt haben. Dafür möchte ich Ihnen wirklich danken."

Kraft strahlte.

„Ich hoffe natürlich, dass ich nächstes Jahr wieder hier bin, um Sie zu sehen", sagte Bush und erntete Gelächter. „Ihre Hoffnung ist es, wiederzukommen."

Zu Beginn der Offseason 2004 stand für Robert Krafts Mannschaft eine Frage im Raum: Könnten die New England Patriots die erste NFL-Dynastie des 21. Jahrhunderts werden?

Seit Beginn der Superbowl-Ära hatte die NFL vier Dynastien gehabt: die Green Bay Packers in den sechziger Jahren, die Pittsburgh Steelers in den 70er-Jahren, die San Francisco 49ers in den Achtzigern und die Dallas Cowboys in den Neunzigern. Jedes dieser Teams hat im selben Jahrzehnt mindestens drei Meisterschaften gewonnen. Doch seit die Liga Mitte der 90er-Jahre eine Gehaltsobergrenze und die Free Agency eingeführt hatte, war es keinem NFL-Team gelungen, drei Superbowls zu gewinnen. Kraft rechnete damit, dass Belichick das ändern würde.

Mit dem gleichen Ziel vor Augen reiste Belichick wenige Tage vor dem NFL Draft 2004 nach Hartford, Connecticut. Er brachte Scott Pioli mit. In einem Restaurant trafen sie sich mit Corey Dillon, dem Running Back der Cincinnati Bengals. Er war erst der vierte Spieler in der Geschichte der NFL, der in jeder seiner ersten sechs Spielzeiten mehr als tausend Yards erlaufen hat. Doch in seiner siebten Saison verletzte er sich und wurde von den Bengals auf eine Ersatzrolle zurückgestuft. Genervt und weil er sich nicht gewürdigt fühlte, warf Dillon seinen Helm, seine Schulterpolster und seine Stollenschuhe in die Tribüne des Paul Brown Stadions, als er nach dem letzten Spiel der Saison 2003 das Spielfeld verließ. Er kritisierte auch den Besitzer der Bengals, Mike Brown, gegenüber der Presse: „Mit der Familie Brown in Cincinnati werden wir niemals gewinnen."

Belichick betrachtete Dillon als das fehlende Teil, das New England brauchte, um ein starkes Ground Game zu etablieren. Brown, der Dillon loswerden wollte, hatte Belichick die Erlaubnis gegeben, mit ihm zu sprechen.

Pioli sagte Dillon, was entscheidend sein würde. „Hör zu, wenn wir dich nehmen, wirst du weniger Geld nehmen müssen", sagte er zu Dillon, der in den verbleibenden zwei Jahren seines Vertrags in Cincinnati 3,3 und 3,8 Millionen Dollar verdienen sollte. „Wir können nicht so viel Geld in der Running Back-Position binden", fügte Pioli hinzu.

Belichick meldete sich zu Wort: „Was sind deine Beweggründe?"

„Coach, ich bin seit sieben Jahren in der Liga", sagte Dillon. „Und ich war noch nie in den Play-offs. Gar nicht davon zu reden, eine Meisterschaft zu gewinnen. Ich war noch nicht mal in den Play-offs."

Belichick gefiel, was er hörte.

„Ich will gewinnen", so Dillon weiter. „Wenn Sie für mich verhandeln, sagen Sie mir einfach, was ich nehmen soll."

Als Belichick nach Foxborough zurückkehrte, teilte er Kraft mit, dass er einen Deal mit Cincinnati ausgearbeitet hatte, der Corey Dillon im Tausch gegen einen Second-Draft-Pick nach New England bringen würde. Dillon hatte zugestimmt, eine Gehaltskürzung von 1,55 Millionen Dollar hinzunehmen, um für die Patriots zu spielen.

Kraft war begeistert von der Idee, die Offensive um einen Elite-Running Back zu erweitern. Brady hatte sie zu zwei Meisterschaften geführt, ohne dass ein Tausend-Yard-Rusher hinter ihm stand. Mit Dillon im Backfield würde sich Bradys Passspiel noch mehr öffnen, was es für die Verteidigung nahezu unmöglich machen würde, New

Englands Offensive zu stoppen. Was Dillons Ruf als Querulant anging, war Kraft nicht besorgt. Belichicks Genialität bestand darin, dass er Dinge in Spielern sah, die alle anderen übersahen. In Dillon sah Belichick einen hartnäckigen Konkurrenten, der es leid war, für eine Organisation zu spielen, die nicht auf den Sieg aus war. Er war so hungrig auf eine Meisterschaft, dass er alles tun würde, um zu gewinnen. Mit anderen Worten: Dillon würde perfekt in die Umkleidekabine der Patriots passen.

Als der Deal Mitte April bekannt gegeben wurde, beschrieb ihn ein NFL-Reporter folgendermaßen: „Die Bengals werden mit dem ständig unzufriedenen Dillon einen wichtigen Grund für Kopfschmerzen los."

Nachdem bei der FCC mehr als 200.000 Beschwerden über die Halbzeitshow des Superbowl eingegangen waren, berief der Kongress eine Anhörung ein, um zu klären, ob der Timberlake-Jackson-Stunt gegen das Sittengesetz verstoßen hatte. Paul Tagliabue und Mel Karmazin wurden als Zeugen aufgerufen. Tagliabue teilte dem Kongress mit, dass er ein Problem mit allen Aspekten der MTV-Halbzeitunterhaltung habe. Er übernahm die Verantwortung dafür, dass die Liga keine angemessene Kontrolle über den „Charakter, den Inhalt, die Texte, die Choreografie und andere kritische Elemente der Show" behalten hatte, und versprach, dass dies nie wieder geschehen würde. Karmazin beschränkte seine Aussage auf „den Vorfall mit Janet Jackson." Er bezeichnete es als „bedauerlich", sagte aber den Gesetzgebern, dass er persönlich fünfzig Zeugen befragt und stundenlang Probebänder gesichtet habe und keine Beweise dafür gefunden habe, dass irgendjemand bei CBS oder MTV von den Vorgängen gewusst habe. Er sagte den Gesetzgebern auch, dass Jackson und ihr Choreograf sich eine Stunde vor dem Auftritt mit Timberlake getroffen hatten, um Änderungen an der Choreografie zu besprechen.

Dennoch wurde Karmazin von republikanischen Abgeordneten gerügt. „Sie wussten, was Sie taten", sagte die Abgeordnete Heather Wilson aus New Mexico zu ihm. „Sie wissen, dass Schock und Unanständigkeit für Aufregung sorgen, die Ihre Taschen füllt … Aber das amerikanische Volk hat die Nase voll von Unanständigkeit, und Sie scheinen es einfach nicht zu verstehen."

Die NFL wurde nicht sanktioniert. Doch nach der Anhörung verhängte die FCC gegen CBS die höchste Geldstrafe, die je gegen einen Fernsehsender verhängt worden war. Ein U. S. Berufungsgericht hob die Strafe schließlich auf.

Kraft schätzte die Art und Weise, in der Karmazin die NFL von jeglicher Verantwortung freigesprochen hatte und die Situation frontal angegangen war.

Zuvor, als Karmazin seine Aussage vor dem Kongress vorbereitete, hatte Kraft ihn angerufen und um einen persönlichen Gefallen gebeten. Kraft erklärte, dass nur sehr wenige Entertainer für Jonathan wirklich wichtig waren. Einer von ihnen war Howard Stern. Er hörte ihn jeden Morgen. Obwohl Jonathan nie um etwas gebeten hatte, wollte Kraft seinen Sohn zu seinem vierzigsten Geburtstag überraschen und ein privates Abendessen mit Stern arrangieren.

Stern, der als „König aller Medien" galt, war berüchtigt dafür, ein Einsiedler zu sein. Die Vorstellung, mit Fremden essen zu gehen, war ihm ein Gräuel.

„Howard hasst so etwas", sagte Karmazin zu Kraft.

Kraft wusste das. Er wusste auch, dass er Karmazin in eine unangenehme Lage brachte. Stern stand Karmazin so nahe, dass er alles tun würde, was er verlangte.

„Ich hasse es, Sie zu fragen", sagte Kraft. „Aber es ist für meinen Sohn. Es würde ihm wirklich viel bedeuten."

Kurze Zeit später erhielt Jonathan eine Sprachnachricht von Karmazin, in der er ihn und seine Frau sowie Robert und Myra zu einem feierlichen Abendessen bei Jean-Georges in New York einlud. Jonathan nahm an, dass sie den Sieg in der Superbowl feiern würden. Als sie in dem Restaurant mit Blick auf den Central Park ankamen, bemerkte Jonathan einen leeren Stuhl. Karmazin sagte, dass Tagliabue sich ihnen möglicherweise anschließen wird. Einige Minuten später spürte Jonathan einen Schlag auf seine Schulter. Er drehte sich um, und kurzzeitig raubte ihm eine Masse langer schwarzer Haare die Sicht.

„Hallo, ich bin Howard Stern. Herzlichen Glückwunsch zum Geburtstag. Darf ich mich einen Moment setzen?"

Alle im Restaurant starrten Stern an. Auch gegen ihn wurde von der FCC ermittelt, und Anfang der Woche hatte er landesweit Schlagzeilen gemacht, als die Viacom-Tochter Clear Channel Communication ihn wegen „vulgärer, beleidigender und anstößiger" Inhalte suspendierte. Stern setzte sich und verbrachte eine Stunde mit den Krafts. Es wurde eine Beziehung aufgebaut. Es war das beste Geburtstagsgeschenk, das Jonathan je erhalten hatte.

Kraft revanchierte sich und schenkte seinem Freund einen Superbowl-Ring mit der Aufschrift „KARMAZIN". Als Kraft für jeden seiner Trainer und Spieler einen mit 32 Diamanten besetzten Superbowl-Ring bestellt hatte, hatte er einen zusätzlichen für Karmazin anfertigen lassen. Es war seine Art, sich bei einem lieben Freund zu bedanken.

Das Band zwischen Kraft und Karmazin – und damit auch zwischen den Patriots und CBS – vertiefte sich immer mehr.

Die Patriots eröffneten die Saison 2004 mit einem Sieg gegen die Colts. Brady stellte Manning erneut in den Schatten und warf über 335 Yards und drei Touchdowns. Und Corey Dillon trug den Ball 15 Mal über 86 Yards. Es war der sechzehnte Sieg in Folge für die Mannschaft.

In der Umkleidekabine versammelte Tedy Bruschi anschließend seine Mannschaftskameraden zu dem, was zu seinem Ritual nach dem Spiel geworden war.

„Was halten wir von einem Sieg?", fragte er.

„Ooooh, ja!", rief das Team unisono.

Dieser Herbst war in New England ein wahres Feuerwerk. Die Boston Red Sox waren auf dem besten Weg, ihre erste World Series seit 1918 zu gewinnen, und die Patriots schrieben Woche für Woche die Geschichte neu. Am 3. Oktober besiegte New England Buffalo und wurde damit erst das vierte NFL-Team, das 18 Spiele in Folge gewann.

Dennoch schimpfte Belichick über die Fehler seiner Mannschaft – ein Fumble bei einem Punt und ein 98-Yard-Kick-Return für einen Touchdown der Bills. „So können wir nicht weitermachen, wenn wir irgendwas erreichen wollen", sagte er zu seinen Spielern.

Eine Woche später besiegten die Patriots die Dolphins mit 24:10 und waren damit das erste Team in der 85-jährigen Geschichte der NFL, das 19 Spiele in Folge gewann. „Was halten wir von 19 hintereinander?", fragte Bruschi hinterher und löste damit den bekannten Chor in der Umkleidekabine aus: „Ooooh, ja!“ Damit landete Brady zum zweiten Mal in weniger als zwei Monaten auf dem Cover der Sports Illustrated. „Denken Sie daran, wie lange es her ist, dass wir verloren haben“, sagte Kraft dem Magazin. „Britney Spears war seither zweimal verheiratet.“

Als Nächstes schlug New England Seattle.

Dann gewannen die Patriots in Foxborough mit 13:7 gegen die Jets (5:0) und bauten damit ihre Siegesserie auf 21 aus. Unter dem Jubel der Fans rannte Brady vom Spielfeld und sah aus wie ein Kind auf einem riesigen Spielplatz, als er übermütig einen Football in das Oberdeck des Gillette Stadiums feuerte.

An Halloween verloren die Patriots endlich ein Spiel in Pittsburgh. Aber sie starteten sofort wieder eine neue Siegesserie. Drei Spiele vor Ende der regulären Saison 2004 lagen die Patriots mit 12:1 in Führung, als sie zu einem Monday Night Football-Spiel nach Miami reisten, um gegen die Dolphins anzutreten, die mit 2:11 die schlechteste Bilanz in der AFC aufwiesen. Vier Minuten vor Spielende lag New England mit elf Punkten in Führung und schien einen weiteren Sieg in greifbarer Nähe zu haben. In den letzten Minuten warf Brady jedoch zwei Interceptions, Miami kam wieder heran und New England verlor 29:28. Es war die größte Überraschung der Saison und sorgte für Schlagzeilen in den Zeitungen des ganzen Landes. Statistisch gesehen hatte Brady, der an diesem Abend insgesamt vier Interceptions warf, die schlechteste Leistung seiner Karriere.

Es war bereits nach drei Uhr morgens, als die Patriots wieder in New England landeten und mit Shuttle-Bussen zum Gillette Stadium fuhren. Erschöpft, sauer und schlecht gelaunt traten die Spieler in die dunkle Winterluft, suchten ihre Fahrzeuge auf dem Spielerparkplatz auf und fuhren nach Hause. Brady war wütend auf sich selbst und ging stattdessen ins Stadion. In einem Filmraum schaute er sich eine Stunde lang an, was er in Miami falsch gemacht hatte, und weitere drei Stunden schaute er sich Filme über den kommenden Gegner der Patriots an.

„Ich habe im Spiel gegen Miami vier Picks geworfen“, sagte Brady. „Als Spieler möchte ich nie der Grund sein, warum wir verlieren. Ich muss nie der Grund sein, warum wir gewinnen. Ich möchte einfach nicht der Grund sein, warum diese Mannschaft das Spiel verliert.

So wie ich es sehe, geben sie mir den Ball", fuhr er fort. „Jeder, der dich anfeuert – alle Trainer und alle Spieler, ihre Frauen, ihre Familien – es geht nur um den Ball. Wenn ich vier Picks in einem Spiel werfe, haben wir keine Chance. Es ist einfach vorbei. Ich habe nur selten eines dieser Spiele. Aber wenn es passiert, dann tut es weh bis ins Mark. Diese Partien haben mich als Spieler verändert. Denn das will ich nicht sein. Ich will nur meine Arbeit machen. Eine gute Führungspersönlichkeit sein, ein großartiger, zuverlässiger Spieler, auf den die Mannschaft zählen kann."

Man erfährt viel über einen Menschen, wenn man weiß, was er tut, wenn niemand zuschaut. Vielleicht mehr als jeder andere Spieler im Kader der Patriots verbrachte Brady viel Zeit allein. Einen Großteil dieser Zeit verbrachte er im Dunkeln, drückte immer wieder auf die Play- und Rewind-Tasten, studierte seine Fehler und seinen kommenden Gegner.

Brady ging in der Nacht nach dem Dolphins-Spiel nicht nach Hause. Als am Dienstagmorgen die Sonne aufging, machte er im Stadion ein kurzes Nickerchen und war sofort wieder auf den Beinen, als seine Mannschaftskameraden später am Tag zur Teambesprechung zurückkehrten.

„Nach dieser Niederlage wollte ich lernen und weitermachen", sagte Brady. „Es war nicht so, dass die Saison vorbei war. Wir hatten eine großartige Saison. Wir hatten ein tolles Team. Wir hätten dieses Spiel einfach nicht verlieren dürfen. Und der Grund, warum wir verloren haben, war, dass ich so gespielt habe, wie ich gespielt habe. Ich wollte einfach nicht, dass das noch einmal passiert."

Die Patriots gewannen ihre letzten beiden Spiele der regulären Saison und schlossen das zweite Jahr in Folge mit 14:2 ab. Corey Dillon sollte endlich in die Play-offs kommen. Im Jahr 2004 erzielte er mit 345 Carrys für 1.635 Yards und 12 Touchdowns eine neue Karrierebestleistung. Wie Rodney Harrison bereute er nie, eine erhebliche Gehaltskürzung in Kauf genommen zu haben, um in New England zu spielen.

Die Colts kehrten am 16. Januar 2005 für ein Play-off-Rückspiel nach Foxborough zurück. Trotz der besseren Bilanz von New England war Indianapolis der Favorit auf den Sieg. Die Colts hatten eine der erfolgreichsten Offensiven der jüngeren Geschichte, und Peyton Manning hatte rekordverdächtige 49 Touchdown-Pässe geworfen und war zum zweiten Mal in Folge zum MVP der Liga gewählt worden. Eine Woche zuvor, im Wildcard-Play-off-Spiel gegen Denver, hatten die Colts allein in der ersten Halbzeit 35 Punkte erzielt, und Manning hatte für mehr als 450 Yards und vier Touchdowns geworfen.

In der Zwischenzeit wurde die Secondary von New England durch Verletzungen dezimiert. Mannings Erzfeind Ty Law brach sich den Fuß, und zwei weitere Stammspieler fielen ebenfalls aus, sodass Belichick den Receiver Troy Brown als Verteidiger einsetzen musste. Die Spieler der Patriots wurden die ganze Woche über mit der Frage bombardiert, ob sie in der Lage sein würden, Manning zu bremsen. Der fehlende Respekt vor den Fähigkeiten der Patriots machte sich in der Umkleidekabine bemerkbar. Aber das motivierte die Spieler. Das ganze Team profitierte davon.

Vor dem Spiel forderte Colts-Trainer Tony Dungy seine Spieler auf, das Wetter und die Bedingungen im Gillette Stadium zu ignorieren. Aber als Manning seinen Receivern Pässe zum Aufwärmen zuwarf, konnte er seinen Atem durch die Gesichtsmaske ausströmen sehen. Es herrschten minus 4 Grad, und der Wind brachte die Temperatur unter minus 9 Grad. Die Fans der Patriots hielten Schilder mit der Aufschrift: „IHR KÖNNT HIER NICHT GEWINNEN." Während des Spiels fiel Schnee.

Belichick wies seine Verteidigung an, jeden Receiver und Running Back der Colts bei jedem Spielzug zu treffen. Er wollte sogar, dass die Blocker getroffen wurden. New England jagte und tackelte Mannings Receiver unerbittlich, und zum ersten Mal in diesem Jahr konnten die Colts keinen Touchdown erzielen. Manning warf vier Interceptions. Brady zerlegte die Colts-Defense mit Kurzpässen, während Dillon mit 23 Carrys 144 Yards erlief. Zu Beginn des letzten Drittels führten die Patriots mit 13 : 3, bevor Brady aus einem Yard Entfernung in die Endzone lief und das Spiel mit 20 : 3 entschied.

Niemand bezog seine Kraft so sehr aus Respektlosigkeit wie Brady. Nachdem er den Ball gespiket und Teamkameraden einen Kopfstoß verpasst hatte, pirschte er sich an die Seitenlinie der Patriots. „Das waren 94 Yards!“, schrie er seine Offensivreihe an. „Ihr Jungs seid heute verdammt gut drauf. Ich liebe das!“

Es war die Art von feurigem Ausbruch, die ihn bei seinen Teamkollegen beliebt machte und ihn von Manning und jedem anderen Quarterback in der Liga unterschied. Zum zweiten Mal in Folge wurden die Superbowl-Ambitionen der Colts im Schnee von Foxborough zunichtegemacht.

Um wieder in den Superbowl einzuziehen, mussten die Patriots über Pittsburgh gehen, wo sie in diesem Jahr verloren hatten. Die Steelers hatten in der gesamten Saison nur ein Spiel verloren. Seit Belichick Cheftrainer der Patriots geworden war, war sein Team 14-mal auf einen Gegner getroffen, den es zuvor in der Saison besiegt hatte. Belichicks Bilanz bei Begegnungen mit zweiter Chance war 14:0. Doch am Vorabend des AFC-Meisterschaftsspiels sah sich Belichick mit der Tatsache konfrontiert, dass er dieses Mal möglicherweise ohne Brady auskommen musste.

Brady zitterte bei 39 Grad Fieber, hatte eine Infusion im Arm und eine Schüssel Suppe neben seinem Bett in Zimmer 304 des Four Points Sheraton in Pittsburgh. Er hatte eine schwere Grippe. Außer den Teamärzten wussten nur Belichick und Kraft, wie sehr Brady zu kämpfen hatte. Am nächsten Tag, auf der Busfahrt vom Hotel zum Heinz Field, lag Brady quer über zwei Sitze und rollte sich in Fötushaltung zusammen. Mit dem Windfaktor lag die Temperatur bei minus 18 Grad. Dies wäre das kälteste Spiel in Pittsburgh in der Geschichte der Steeler. Als Brady das Spielfeld zum Aufwärmen betrat, trug er jedoch nur Shorts und ein T-Shirt. Er fühlte sich höllisch schlecht, war aber fest entschlossen, weder Pittsburgh noch seine eigenen Mannschaftskameraden wissen zu lassen, dass er krank war.

Als Belichick die Mannschaft vor dem Spiel in der Umkleidekabine versammelte, fasste er sich kurz. „Meine Herren, sehen Sie sich in diesem Raum genau um“, sagte er. „Gegen die Steelers und das Heimpublikum haben wir heute Abend nur uns selbst.“

An der Sieben-Minuten-Marke des ersten Viertels befand sich Pittsburgh in einer Fourth-and-One-Situation an der 38-Yard-Linie von New England. Als die Steelers den Versuch wagten, beorderte Belichick die Linebacker Tedy Bruschi und Ted Johnson an die Seitenlinie. „Roscoe Lena Nase!", sagte er ihnen. Das war Football-Sprache und bedeutete: „Bewege den Nose Tackle auf die Seite des Balles, auf der wir einen Lauf der Steelers erwarten." Die Patriots setzten den 340 Pfund schweren Keith Traylor in die Lücke zwischen dem Center und dem rechten Guard. Es war die Lücke, durch die Steelers' Fullback Jerome Bettis laufen wollte.

Beim Snap füllte Traylor die Lücke, während Bruschi und Johnson Bettis stoppten und ihn hinter der Line of Scrimmage aufhielten und ein anderer Verteidiger den Ball abfing. Die Patriots holten sich den Fumble zurück. Im nächsten Spielzug warf Brady einen 61 Yards langen Touchdown-Pass zu Deion Branch. Wenige Minuten später traf New England erneut. Etwas mehr als zwei Minuten vor Ende der ersten Halbzeit fing Rodney Harrison Roethlisberger ab und lief den Ball 87 Yards weit für einen Touchdown zurück. Zur Halbzeit führte New England mit 24:3 und besiegte Pittsburgh mit 41:27. Brady war zu schwach, um seine typische Intensität an der Seitenlinie zu zeigen. Aber er hatte eine der größten Partien seiner Karriere gespielt.

Nach einer solch starken Leistung stand Brady auf einer provisorischen Bühne, als Greg Gumbel von CBS ihm die Lamar Hunt Trophy überreichte. Brady gab ihn sofort an Belichick weiter. „Das ist für dich", sagte er zu ihm.

Brady bemühte sich immer um Belichicks Zustimmung. Er würde bei eisigen Temperaturen mit Grippe spielen, um sich Belichicks Lob zu verdienen. Doch selbst als Brady ihm eine Trophäe überreichte, brachte Belichick es nicht über sich, Brady zu sagen, dass er stolz auf ihn sei. Als er in der Pressekonferenz nach dem Spiel von einem Reporter aufgefordert wurde, sich zu Brady zu äußern, sagte Belichick: „Nicht jedes Spiel ist perfekt, aber die meisten sind ziemlich gut. Er scheint immer spielbereit zu sein. Er ist immer vorbereitet. Er hat den Spielplan immer im Griff. Er sieht die Dinge auf dem Spielfeld gut. Ich glaube nicht, dass ihn die Größe des Spiels oder der Lärm der Zuschauer stört. Er kann sich einfach auf das konzentrieren, was er tun muss. Und das macht er normalerweise ziemlich gut. Es gibt keinen Quarterback, den ich lieber hätte. Er ist ein hervorragender Football-Spieler."

Die Patriots waren auf dem Weg zurück in die Superbowl, um gegen die Philadelphia Eagles anzutreten.

Am Morgen des Superbowl XXXIX versammelte Belichick sein Team in einem schwach beleuchteten Ballsaal in ihrem Hotel in St. Augustine, Florida. Er stand neben einem Overhead-Projektor am Kopfende des Raumes und hielt eine Kopie einer E-Mail in der Hand, die ein Mitarbeiter der Eagles an einen Mitarbeiter der Red Sox geschickt hatte. „Lass mich nur eine Kleinigkeit vorlesen", sagte er. „Ich fand das irgendwie interessant. Zuerst konnte ich es nicht glauben. Aber es ist tatsächlich wahr. Ich spreche von der Parade in Philadelphia nach dem Spiel, klar? Sie ist um elf Uhr, falls jemand daran teilnehmen möchte."

Mit dem Stift in der Hand blickte Tom Brady von seinem Notizblock auf. Er konnte nicht glauben, dass die Eagles bereits eine Siegesparade geplant hatten. Das machte ihn wütend.

„Sie wird von der Broad Street bis zur Washington Avenue reichen", so Belichick weiter. „Vorbei an der City Hall, dann den Benjamin Franklin Parkway hinunter und schließlich zum Kunstmuseum. Und die Eagles werden in Doppeldeckerbussen unterwegs sein."

Als Belichick eine Pause machte, wippte Willie McGinest in seinem Stuhl zurück, nickte und kaute seinen Kaugummi. Tedy Bruschi fühlte sich beleidigt. Rodney Harrison konnte es kaum erwarten, jemanden zu schlagen.

„Und die Willow Grove Naval Air Station wird auch mit ihren Jets rüberfliegen," fuhr Belichick fort, „falls euch das interessiert."

Die richtigen Knöpfe zu drücken, war ein wichtiger Bestandteil von Belichicks Trainerphilosophie. Das Gleiche galt für das Vertiefen der Botschaft. „Macht – eure – Arbeit", sagte er. „Macht – eure – Arbeit. Kümmert euch einfach um euren Auftrag. Wisst, wie er lautet. Führt ihn aus. Und kümmert euch darum.

„Wir arbeiten seit über sechs Monaten an diesem Projekt. Und heute habt ihr die Chance, etwas ganz Besonderes zu tun. Es hängt alles von eurer Leistung heute Abend ab.

Macht euren Job. Spielt körperbetont. Und ihr werdet heute Abend wieder Champions sein. Okay?"

Alle nickten.

„Viel Glück heute Abend, Männer."

Mit baumelndem Kinnriemen schritt Brady langsam auf das Spielfeld im Alltel Stadion in Jacksonville, während seine Mannschaftskameraden an ihm vorbei eilten und einen Huddle bildeten. Die Patriots waren im Begriff, ihre erste Serie von Spielzügen durchzuführen. Vor den Augen von mehr als 78.000 Fans schaute Brady zu Running Back Corey Dillon, der versuchte, nicht an die Bedeutung des Augenblicks zu denken. Brady wusste, dass Dillon während seiner gesamten Karriere zu Beginn eines Spiels mit Nervosität zu kämpfen hatte. Er wusste auch, dass Dillon ihn die ganze Saison über im Huddle als beruhigenden Einfluss betrachtet hatte.

Brady schloss seinen Kinnriemen und rief leidenschaftslos einen Passspielzug aus. Dann leckte er sich die Finger seiner Wurfhand, näherte sich der Line of Scrimmage und begutachtete die Verteidigung. Er deutete auf den Middle Linebacker der Eagles, ein Hinweis an Dillon, dass es seine Aufgabe sei, ihn aufzufangen, wenn er blitzte.

Beim Snap ließ sich Brady zurückfallen, und der Linebacker stürmte unberührt in das Backfield der Patriots. Dillon trat vor, senkte seine Schulter und stieß ihn um, während Wide Receiver Deion Branch seine Route änderte und über die Mitte in den offenen Raum lief, der durch den blitzenden Linebacker frei wurde. Brady lieferte einen perfekten Strike, den Branch für einen 13-Yard-Lauf einlochte. Dillon stand auf, wischte sich den Staub von der Stirn und kehrte zum Huddle zurück, als Brady ihm zunickte und seinen Block bestätigte. Es war klar, dass Dillons Aufregung verschwunden war.

Dillon trug den Ball 18 Mal für 75 Yards und einen Touchdown. Der einzige Offensivspieler der Patriots, der ihn überragte, war Branch. Während der gesamten Saison war Branch Bradys Lieblingsziel. In privaten Trainingseinheiten ließ er Branch immer wieder Routinemuster laufen und sagte: „Ich möchte diesen Ball mit geschlossenen Augen werfen können und wissen, dass du da sein wirst." Die Chemie zwischen den beiden bewährte sich gegen die Eagles. Brady bediente Branch zwölf Mal und schloss elf dieser Pässe für 133 Yards ab. Mit seinen elf Empfängen stellte Branch den Superbowl-Rekord ein und verhalf den Patriots zu einem komfortablen Vorsprung im vierten Viertel.

Die ersten beiden Meisterschaften der Patriots waren durch Field Goals in letzter Sekunde gewonnen worden, sodass Belichick keine Gelegenheit hatte, das Ritual zu erleben, in den letzten Momenten des Superbowls mit Eiswasser geduscht zu werden. Als Rodney Harrison neun Sekunden vor Schluss den Quarterback Donovan McNabb abfing und damit den 24:21-Sieg New Englands gegen Philadelphia besiegelte, war Tedy Bruschi entschlossen, Belichick die Ehre zu erweisen. Während die Fernsehkameras auf Belichick gerichtet waren, schlich sich Bruschi von hinten an ihn heran und schüttete ihm einen Eimer Gatorade mit Eiswasser über den Kopf. Als Belichick sich umdrehte, um zu sehen, wer ihn überlistet hatte, warf Bruschi seine Arme um ihn.

„Wenn Sie Bill Belichick kannten, als er Trainer der Cleveland Browns war", sagte Fox-Kommentator Chris Collingsworth, „sie hatten dort eine erfolgreiche Saison. Und jetzt zu sagen, dass seine Bilanz in den Play-offs besser ist als die des großen Vince Lombardi, ich weiß nicht, ob es in Cleveland jemanden gibt, der sich nicht ein wenig am Kopf kratzt und sagt: ‚Glaubst du, was wir hier sehen?'"

„Es gibt heute keinen besseren Trainer als Bill Belichick", sagte der Moderator Joe Buck.

Es war nach drei Uhr morgens, und die Siegesfeier der Patriots im World Golf Village in St. Augustine war noch in vollem Gange, als Brady mit der Lombardi-Trophäe durch den VIP-Bereich schritt und mit seinen Teamkollegen für Fotos posierte. Er freute sich besonders darüber, dass Deion Branch zum Superbowl MVP ernannt worden war. „Es ist großartig, einen Typen wie Deion gewinnen zu sehen", sagte Brady einem Reporter. „Der Mann hat alles für dieses Team getan, was er konnte. Und das ist ein Team voller Jungs, die sich gegenseitig anfeuern."

In all dem Jubel gratulierte Jonathan Kraft Belichick. Tage zuvor hatte Jonathan eine E-Mail vom Produzenten Howard Sterns erhalten. Im Falle eines Sieges der Patriots hoffte Stern, dass Belichick am Montagmorgen für ein paar Minuten in seiner Radiosendung zu Gast sein würde. Kraft hatte die E-Mail Belichick gezeigt, der so etwas nie tat. Dies war jedoch eine persönliche Anfrage Krafts, der Belichick versicherte, dass Stern keine unangenehmen Fragen stellen würde.

Nachdem er die ganze Nacht wach gewesen war, meldete sich Belichick kurz vor acht Uhr morgens. „Es ist sehr aufregend, dabei zu sein", sagte Belichick. „Ich bin ein großer Fan der Sendung und folge Ihnen seit Jahren."

Belichick beantwortete eine Reihe von Fragen zu seinem Trainerstil und dem Superbowl-Sieg der Patriots. Dann fragte Stern, ob er nach dem Spiel mit seiner Frau geschlafen habe. Belichick nahm es gelassen und wies darauf hin, dass dafür wirklich keine Zeit gewesen sei. Stern bot ihm daraufhin an, ihn in den Stripclub Scores mitzunehmen, wenn Belichick das nächste Mal in New York sein würde.

Danach wurde Stern mit E-Mails von Zuhörern aus dem ganzen Land überschwemmt, die davon überzeugt waren, dass er einen Schauspieler zu Gast hatte, der sich als Belichick ausgab. „Wenn das Belichick war, bin ich die Königin von England", sagte ein Zuhörer. Sterns Produzent gab eine öffentliche Erklärung ab, in der es hieß: „Wirklich, es war Bill Belichick."

Belichick konnte es sich leisten, darüber zu lachen. Er war der erste Trainer in der Geschichte der NFL, der drei Superbowls in vier Jahren gewann, und die New England Patriots waren offiziell eine Dynastie.

25

EIN TAG IM LEBEN

Tom Brady war die Seele der New England Patriots geworden. Tedy Bruschi war das Herzstück. Nach einer weiteren Siegesparade durch die Straßen von Boston flogen die beiden in einem Privatflugzeug nach Hawaii, um am 13. Februar 2005 am Pro Bowl teilzunehmen. Brady war schon einmal dabei gewesen, aber für Bruschi war es die erste Einladung zum All-Star-Spiel der NFL. In den Ledersitzen in 30.000 Metern Höhe zogen die beiden Bilanz über ihre Freundschaft.

Von dem Moment an, als er nach New England kam, hatte Brady versucht, Bruschis Umgang mit dem Spiel anzunehmen – nie eingebildet oder schadenfroh nach Siegen, immer sein Spiel für sich sprechen lassend. Schon früh erkannte Bruschi Bradys Führungsqualitäten und fühlte sich besonders von seiner Kontaktfreude angezogen. Verbunden durch ihre kalifornischen Wurzeln und ihren katholischen Glauben, erzählten sie einander Dinge über sich, die sie sonst niemandem im Team verrieten.

Ihre gemeinsame Zeit in Honolulu war eine schöne Erholung. Nach dem Pro Bowl hatte Brady etwas zu besprechen. Bei einem Essen in ihrem Hotel sprach er davon, wie cool es sei, dass sie in vier Jahren drei Superbowls gewonnen hätten. Das einzige andere Team, das das geschafft hat, waren die Cowboys in den frühen neunziger Jahren. Dann grinste Brady.

„Was?“, fragte Bruschi.

„Dreifach“, sagte Brady.

„Dreifach?“, fragte Bruschi.

Die New York Yankees hatten zwischen 1998 und 2000 drei World Series-Meisterschaften in Folge gewonnen. Die Los Angeles Lakers hatten zwischen 2000 und 2002 drei NBA-Meisterschaften in Folge gewonnen. Doch seit der Einführung des Superbowls Mitte der sechziger Jahre hat kein NFL-Team jemals drei Lombardi-Trophäen in Folge gewonnen. Brady lehnte sich auf seinem Stuhl vor.

„Wir müssen die Mannschaft sein, die das schafft", sagte Brady.

„Ma-a-ann", sagte Bruschi, „das wäre ziemlich gut."

36 Stunden später lag Bruschi wieder zu Hause in seinem Bett und träumte, dass Steelers-Running Back Jerome Bettis auf ihn zustürmte. Als er sich auf den Aufprall vorbereitete, wachte Bruschi plötzlich auf. Seine Fäuste waren geballt, seine Arme ausgestreckt, seine Muskeln angespannt. Er spürte ein kribbelndes Gefühl in seinem linken Arm und seinem linken Bein. Es war vier Uhr morgens und seine Frau Heidi schlief neben ihm. Nachdem er wiederholt eine Faust gemacht hatte, um die Durchblutung seines Armes zu fördern, stand Bruschi auf, um ins Bad zu gehen. Sobald er aufgestanden war, war sein linkes Bein so taub, dass er das Gleichgewicht verlor und sich am Bettpfosten festhalten musste, um nicht auf den Boden zu stürzen.

Die Unruhe weckte Heidi auf. „Was machst du da?", fragte sie.

„Ich glaube, ich habe falsch auf meinem Arm geschlafen oder so", sagte er.

Da er nicht mehr laufen konnte, kroch Bruschi ins Badezimmer.

Heidi war daran gewöhnt, ihren Mann nach Spielen so angeschlagen zu sehen, dass er kaum gehen konnte, ohne zu stöhnen und zu ächzen. Aber dies war anders. Nachdem er sich wieder ins Bett gelegt und bis zehn Uhr geschlafen hatte, wachte Bruschi in noch schlechterer Verfassung auf. Sein Kopf schmerzte. Als er versuchte, aufzustehen, war er desorientiert. Und die linke Seite seines Körpers wurde zunehmend taub.

Besorgt rief Heidi den Patriots-Trainer Jim Whalen an, der ihr riet, Bruschi ins Krankenhaus zu bringen.

Bruschi war nicht davon überzeugt, dass das nötig war; er hatte keine großen Schmerzen. Dann hörte er, wie sein fünfjähriger Sohn TJ von links ins Schlafzimmer huschte. Obwohl er ihn hören konnte,

konnte Bruschi seinen Sohn nicht sehen, bis dieser in die rechte Seite seines Blickfelds trat und sagte: „Guten Morgen, Daddy." Plötzlich erschrocken, drehte sich Bruschi zu Heidi um und sagte: „Wähl den Notruf."

Ein Nachbar kam vorbei, um bei den Kindern zu bleiben, während die Sanitäter Bruschi auf eine Trage legten und ihn aus dem Haus rollten. Seine kleinen Jungs folgten ihm, und Heidi kämpfte mit den Tränen. „Daddy macht nur einen Ausflug", sagte sie.

Weinend zog Bruschi seine Söhne an sich, küsste sie wiederholt und sagte ihnen, dass er sie liebe. Als sich die Türen des Krankenwagens schlossen und er auf dem Weg in die Klinik war, rief Bruschi erneut verzweifelt Jim Whalen an.

„Was stimmt nicht mit mir, Jim? Was ist hier los?"

Bruschi hatte einen leichten Schlaganfall erlitten. Die Ärzte im Massachusetts General Hospital stellten fest, dass er mit einem kleinen Loch im Herzen geboren worden war. Der Schlaganfall war aufgetreten, als ein Blutgerinnsel durch das Loch trat und den Blutfluss zum Gehirn behinderte. Er hatte Glück. Wäre das Gerinnsel nur ein paar Millimeter in eine andere Richtung gewandert, hätte er sterben können. Die linke Gesichtshälfte war abgesackt, er hatte seine Koordination auf der linken Seite verloren und konnte auf dem linken Auge praktisch nichts mehr sehen.

Das Krankenhaus beobachtete ihn rund um die Uhr, um sicherzustellen, dass er kein Aneurysma erlitt, bevor sich das Gerinnsel auflöste. Sobald er sich stabilisiert hatte, wurde er auf Blutverdünner gesetzt, um eine Operation zur Reparatur seines Herzens vorzubereiten. Danach würde eine lange Zeit der körperlichen Rehabilitation folgen. Es gab eine Menge zu verarbeiten.

Die Patriots hielten sich über Bruschis Gesundheitszustand bedeckt. Doch sein Krankenhausaufenthalt wurde schnell zur Top-Story in New England und sorgte landesweit für Schlagzeilen. An dem Tag, an dem er nach Hause entlassen wurde, campierte eine Schar von Kameraleuten und Fotografen vor dem Krankenhaus. Als Bruschi heraustrat und sie sah, bestand er darauf, aus seinem Rollstuhl zu steigen und zum Auto zu gehen. „Halt meine Hand, damit ich nicht falle", sagte er zu Heidi. In den Abendnachrichten waren erschreckende Bilder von ihm zu sehen, wie er sich roboterhaft bewegte und der Presse matt zuwinkte. Blass und unsicher sah der Spieler aus, der den Kampfgeist der Patriots verkörperte.

Bruschis Situation verschlimmerte die Situation in Foxborough noch. Unmittelbar nach dem Superbowl wurden Belichicks zwei Top-Assistenztrainer abberufen. Offensivkoordinator Charlie Weis übernahm den Posten des Cheftrainers in Notre Dame. Defensive Coordinator Romeo Crennel verließ das Team, um Cheftrainer bei den Cleveland Browns zu werden. Beide waren hervorragende Lieutnants, die Belichick seit seiner Ankunft in New England zur Seite gestanden hatten. In ihrer Abwesenheit beförderte Belichick ein paar deutlich jüngere Assistenten – Josh McDaniels und Eric Mangini.

Gleichzeitig musste Belichick schwierige Entscheidungen über den Kader treffen. Eine Reihe altgedienter Spieler, die maßgeblich an der Superbowl-Meisterschaft beteiligt waren, standen für die Free Agency zur Verfügung. Außerdem mussten die Patriots einige große Gehälter streichen, um unter der Gehaltsobergrenze zu bleiben. Obwohl Belichick in den Medien immer wieder so dargestellt wurde, als würde er Personalentscheidungen „ohne Gefühle" treffen, und er von seinen eigenen Spielern als jemand wahrgenommen wurde, der kaum eine emotionale Bindung zu ihnen hatte, war das Ablösen von Teammitgliedern der Aspekt des Trainierens, den er am ärgerlichsten fand. „Jungs, die für dich gespielt und gewonnen haben", sagte Belichick, „und alles tun, was du von ihnen verlangst – laufen, Gewichte heben, trainieren, hart sein, persönliche Opfer bringen. Dann sagst du: ‚Du kommst nicht in die Mannschaft'. Es gibt nichts Schlimmeres."

Doch um der Konkurrenz voraus zu sein und die Patriots immer wieder in die Lage zu versetzen, zu gewinnen, musste er die Sentimentalität aus der Gleichung streichen. Zu Beginn der Offseason entschied sich Belichick, den erfahrenen Offensive Lineman Joe Andruzzi nicht wieder zu verpflichten, und er entließ eine Reihe wichtiger Defensivspieler, darunter Linebacker Roman Phifer und Lineman Keith Traylor. Die schwerste Entscheidung war jedoch die Trennung von Star-Cornerback Ty Law. Law hatte seine gesamte zehnjährige Karriere in New England verbracht und hielt mehrere Teamrekorde, darunter die meisten Interceptions. Er wurde allgemein als der beste Cornerback in der

Geschichte des Teams angesehen. Während der Saison ’04 hatte sich Law mehrere Knochen im Fuß gebrochen und sich die Bänder gerissen. Da sein Vertrag noch ein Jahr lief, war Law auf dem besten Weg, bis zur Eröffnung des Trainingslagers im Sommer wieder im Einsatz zu sein. Aber die Patriots würden ihm für dieses letzte Jahr seiner Dienste 12,5 Millionen Dollar schulden. Durch seine Entlassung würde Belichick das Team unter der Deckelung halten. Außerdem wäre Law, der immer noch einer der besten Cornerbacks der Liga war, frei, bei einem anderen Team für noch mehr Geld zu unterschreiben.

Law humpelte Ende Februar durch einen Flughafen, als er einen Anruf von einem der Assistenten Belichicks’ erhielt. Mitten in der Halle auf seine Krücken gestützt, hörte Law dem Assistenten zu, der ihm mitteilte, dass das Team eine andere Richtung einschlagen und ihn entlassen wolle.

Im Hinterkopf wusste Law, dass es hier nur ums Geschäft ging. Doch die Nachricht auf diese Weise zu erhalten, fühlte sich so kalt an, dass er wütend wurde. Tief im Inneren war er verletzt. Er wollte schon immer als Patriot in den Ruhestand gehen. Es fühlte sich an, als wäre er aus der Familie rausgeworfen worden. Als Belichick später anrief und versuchte, die Wogen zu glätten, wollte Law nichts davon hören.

Robert Kraft war zu Hause, als er am frühen Abend des 8. März einen Anruf von Bruschi erhielt. Kraft konnte an Bruschis Stimme erkennen, dass er niedergeschlagen war.

„Ich habe angerufen, um Ihnen mitzuteilen, dass ich mich zur Ruhe setze“, sagte Bruschi.

„Ich weiß, Tedy“, sagte Kraft leise.

Kraft hatte an Bruschis Bett im Krankenhaus Wache gehalten. Er war auch von den Ärzten unterrichtet worden. Das Letzte, was er wollte, war, dass Bruschi wieder daran dachte, Football zu spielen. Er sagte ihm, er solle sich auf seine Gesundheit, seine Frau und seine Kinder konzentrieren.

Bruschi hatte ein schlechtes Gewissen, als hätte er Kraft irgendwie im Stich gelassen. Insgeheim hatte er Kraft immer als Vaterfigur betrachtet. Kraft würde mit Bruschi ein Bier trinken und über Aspekte des Lebens außerhalb Footballs sprechen. Kraft erkundigte sich routinemäßig nach dem Wohlbefinden von Heidi und den Kindern. Er kannte ihre Geburtsdaten. Und an Thanksgiving war es Kraft, der Bruschi fragte, ob er weißes oder dunkles Fleisch bevorzuge. Bruschi wollte weiter für ihn spielen.

Am nächsten Morgen ließ sich Bruschi von seiner Frau zum Stadion fahren, damit er seinen Spind ausräumen und mit Belichick sprechen konnte. Jahrelang hatte sich Bruschi gewünscht, dass Belichick sich deutlicher ausdrücken würde. Komm schon, Mann, dachte er, gib mir einen Schulterklopfer oder so. Selbst als Bruschi im Krankenhaus lag, rief Belichick an, anstatt ihn zu besuchen. Aber schließlich erkannte Bruschi, dass Belichick sich tatsächlich um ihn kümmerte, nur hatte er eben eine andere Art und Weise, es zu zeigen. Und Bruschi war lange genug dabei, um die Vorteile von Belichicks vertrauensvoller Beziehung zu den Spielern zu erkennen.

„Fragen Sie einen von Bills Spielern, ob sie jemals mit Bill Belichick Pizza gegessen und Bier getrunken haben", sagte Bruschi und meinte es als rhetorische Frage. „Tief in ihrem Inneren wissen all diese Spieler, was ich weiß – wenn ich meinen Job nicht mache, bin ich weg vom Fenster. Damit ist eine Menge Drama ausgeräumt. Es heißt nicht: ‚Mann, ich dachte, du wärst mein Freund. Wir haben zusammen zu Abend gegessen. Wir haben zusammen ein Bier getrunken. Du hast die Geburt meiner Kinder miterlebt.' All die Dinge, die persönliche Beziehungen ausmachen."

Aber Bruschi war im Begriff, den Spieß umzudrehen, indem er Belichick mitteilte, dass er am Ende sei. Es war ein Gespräch, das Bruschi von Angesicht zu Angesicht führen wollte.

Belichick saß hinter seinem Schreibtisch, als Bruschi hereinkam und ihm gegenüber Platz nahm. Nach einigem Small Talk sagte Bruschi: „Ich bin eigentlich hier, um dir zu sagen, dass ich nächstes Jahr nicht mehr für euch da sein werde. Ich gehe in den Ruhestand."

Belichick hörte aufmerksam zu. Dann sagte er: „Hast du schon einmal daran gedacht, ein Jahr Urlaub zu nehmen, so wie Mark Fields es getan hat?"

Fields war Linebacker bei den Carolina Panthers und hatte die Saison 2003 ausgesetzt, nachdem bei ihm die Hodgkin-Krankheit diagnostiziert worden war. Bruschi sah seine Situation anders.

„Nein“, sagte er. „Ich habe immer noch mit dieser Herzoperation zu kämpfen und kann kaum laufen. Ein Jahr Auszeit wird mir nicht helfen. Ich habe mich entschieden. Ich gehe in den Ruhestand.“

Belichick machte keinen Druck. Er wünschte Bruschi das Beste und sagte, das Team sei für ihn da, wenn er etwas brauche.

Bruschi fragte, ob es für ihn in Ordnung sei, sich im Stadion zu erholen.

„Auf jeden Fall, Tedy“, sagte Belichick. „Du wirst hier immer willkommen sein.“

Bruschi spürte, wie er langsam die Fassung verlor. Er begriff allmählich, dass seine Zeit als Football-Spieler vorbei war. Er stand auf, schüttelte Belichick die Hand und ging hinaus. Als er zum Minivan kam, war er völlig fertig. Heidi stieg aus und legte ihre Arme um ihn.

„Was ist los, Daddy?“, fragte TJ, als sich Bruschi zwischen seinen Söhnen auf den mittleren Platz setzte.

„Daddy ist nur ein bisschen traurig, Buddy“, sagte Bruschi. „Nur ein bisschen traurig.“

Tom Brady befand sich im Urlaub in Mexiko, als er von Bruschis Schlaganfall erfuhr. Sobald er wieder in Boston war, fuhr er zu Bruschis Haus, wo sich sein Freund nach seiner Herzoperation erholte. Bruschi war erschöpft. Seine Sehkraft war immer noch beeinträchtigt. Und er hatte blaue Flecken am ganzen Körper.

Brady verstand nicht, wie so etwas passieren konnte. Eben noch waren sie dabei, die Patriots auf den dritten Platz zu hieven. Im nächsten Moment versuchte sein Freund zu gehen, ohne zu stolpern.

Bruschis lebensverändernde Erfahrung kam zu dem Zeitpunkt, als Brady sich mit seiner eigenen neuen Realität auseinandersetzte – dem extremen Ruhm.

Am 16. April 2005 wurde Brady mit lautem Jubel begrüßt, als er die Bühne im Studio 8H am Rockefeller Plaza in New York betrat. Er trug Jeans, ein Hemd mit Kragen und einen blauen Blazer. „Vielen Dank“, begann er. „Es fällt mir schwer zu glauben, dass ich heute Abend tatsächlich hier bin und Saturday Night Live moderiere.“

Wie aufs Stichwort blickte Brady direkt in die Kamera. „Ich bin mir sicher, dass einige von Ihnen zu Hause denken: ‚Er ist kein Schauspieler‘, was auch stimmt. Aber ich bin Profisportler. Und ich bin es gewohnt, live aufzutreten, unter Druck, vor Millionen von Menschen. Mein Team, die New England Patriots, hat drei der letzten vier Superbowls gewonnen."

Robert Kraft hätte sich keinen idealeren Botschafter für seine Football-Mannschaft ausdenken können. In einer Stadt, die für ihre Sportlegenden bekannt ist, hatte Brady eine Anziehungskraft, die Bostoner Größen wie Ted Williams, Larry Bird und Bobby Orr verwehrt geblieben war. Ein Unterhaltungskritiker sagte über seinen SNL-Auftritt: „Brady erinnert an Gary Cooper, und das kann man auch, wenn man 1,93 Meter groß und gut aussehend ist und die Proportionen einer Oscar-Statuette hat."

Im selben Monat, in dem Brady in Sketchen mit den SNL-Komikern Seth Meyers und Kenan Thompson tanzte und sang, wurde er auch von GQ fotografiert, nahm an der Vanity Fair Oscar-Party in Los Angeles teil, trat in der ABC-Sendung This Week mit George Stephanopoulos auf, um über Politik zu diskutieren, und war Ehrengast beim White House Correspondents' Dinner in Washington. Mitten in alldem begann Brady, sich mit der Schauspielerin Bridget Moynahan zu treffen.

Mit seinen 27 Jahren war Brady das Gesicht der NFL geworden und der strahlendste und größte Star des Spiels. Aber mit all dem Licht kam auch eine Menge Hitze. Der Sportjournalist Charlie Pierce vom Boston Globe begann Interviews mit Bradys Familienmitgliedern, Highschool- und College-Kollegen und Mitarbeitern der Patriots für ein Buch über ihn mit dem Titel Moving the Chains: Tom Brady and the Pursuit of Everything. Und im Juni setzte sich Brady mit dem 60 Minutes-Korrespondenten Steve Kroft im Gillette Stadium zusammen und beantwortete zahlreiche Fragen für einen Beitrag, der später im Herbst ausgestrahlt werden sollte.

Doch trotz seines Erfolgs war Brady immer noch auf der Suche. Als er im April in New York war, um für seinen SNL-Auftritt zu proben, nutzte er die Gelegenheit, Lorne Michaels, das sechzigjährige kreative Genie hinter der Show, zu studieren. Michaels hatte SNL dreißig Jahre lang geleitet. Nachdem er Michaels einige Tage lang bei seiner Arbeit beobachtet hatte, suchte Brady nach Dingen, die er in seinen eigenen Ansatz einbauen konnte: Was treibt ihn an? Wie schafft er es, motiviert zu bleiben? Wie behält er den Überblick?

Bradys Vorteil war seine Bescheidenheit, eine Tugend, die in der hyperkompetitiven Arena des Profisports nur selten anzutreffen ist. Auch nachdem er in den Mittelpunkt des Interesses gerückt war, blieb er bei seinen Mannschaftskameraden beliebt und seinen Trainern gegenüber formbar. Im Frühjahr 2005 unterzeichnete Brady einen neuen Sechs-Jahres-Vertrag über 60 Millionen Dollar, der ihn bis zur Saison 2010 begleiten sollte. Zu dieser Zeit hatte Peyton Manning einen Siebenjahresvertrag über 99 Millionen Dollar und Quarterback Michael Vick einen Zehnjahresvertrag über 130 Millionen Dollar. Weder Manning noch Vick hatten zuvor an einem Superbowl teilgenommen. Bradys Bereitschaft, für so viel weniger zu spielen als andere Top-Quarterbacks, ließ dem Team Millionen übrig, um andere großartige Spieler zu verpflichten. „In der NFL gilt: Je mehr du einnimmst, desto weniger Geld haben die anderen", sagte Brady nach der Unterzeichnung seines Vertrags. „Andere Leute müssen auch viel Geld bekommen, weil viele andere Leute dazu beitragen."

Gegen Ende des Sommers, als der Medienrummel endlich abflaute, traf der Autor Charlie Pierce Brady in der Trainingseinrichtung der Patriots. „Hätten Sie etwas dagegen, wenn ein Buch über Sie geschrieben würde?", fragte er.

„Um die Wahrheit zu sagen", sagte Brady, „gibt es nur ein wirkliches Problem, das ich damit habe. Ich weiß nicht, ob ich alt genug für so ein Buch bin."

Pierce würde später schreiben: „Es ist eine Antwort, die darauf hinweist, dass er trotz seiner Leistungen und trotz des ganzen Honigs, den er von außen erhält, nicht zu den Bedingungen von irgendjemandem vollendet werden wird, sondern zu seinen eigenen."

Es war Mitternacht, als Robert und Myra Kraft im Louvre in Paris ankamen. Das Museum war dunkel und die öffentlichen Eingänge waren verschlossen. Regisseur Ron Howard und Schauspieler Tom Hanks standen kurz vor dem Beginn der Dreharbeiten zu The Da Vinci Code, einem Spielfilm, den Howard nach dem internationalen Bestseller von Autor Dan Brown drehte. Als sich die Krafts einem Sicherheitskontrollpunkt näherten, begrüßte Brown sie mit Umarmungen und führte sie durch die ikonische Glaspyramide des Museums zum Set.

Kraft hatte Browns Buch kurz nach dessen Veröffentlichung im Jahr 2003 gelesen. Es gefiel ihm so gut, dass er Brown schrieb und den Autor einlud, am 5. Oktober desselben Jahres ein Spiel der Patriots zu besuchen. Als Brown Robert und Myra für den ersten Drehtag in den Louvre einlud, war das für ihn eine Art, sich zu revanchieren. Als Kraft am Set eintraf, hielten Ron Howard und Tom Hanks inne, um ihn zu begrüßen und ihm zu seinem dritten Superbowl-Titel zu gratulieren. Eine Reihe von Darstellern waren große Patriots-Fans, darunter auch Howards persönlicher Assistent, der Kraft einlud, auf dem Regiestuhl Platz zu nehmen.

Doch Kraft wurde bald unruhig, als er Hanks dabei zusah, wie er immer wieder dieselbe Szene spielte und immer wieder denselben Satz sagte. Nach einer Weile wandte sich Kraft an Brown und flüsterte: „Wow, Filmemachen ist nicht wirklich ein Zuschauersport, oder?" Schließlich stieg Kraft wieder in sein Flugzeug und flog mit Myra nach London. Danach besuchten sie das Finale von Wimbledon und anschließend Israel, wo die Menge „DY-NA-STY" skandierte, als Kraft neben dem israelischen Finanzminister Benjamin Netanjahu stand und bei der Einweihung des ersten Football-Feldes in Jerusalem die Lombardi-Trophäe in die Höhe hielt.

Während Brady und Belichick zu zwei der bekanntesten Sportpersönlichkeiten Amerikas wurden, wuchs Krafts globales Profil als Eigentümer und Architekt eines der erfolgreichsten und finanziell profitabelsten Teams der Welt weiter an. Wenige Monate nach dem dritten Superbowl-Sieg der Patriots erreichte die Mannschaft einen Wert von 1 Milliarde Dollar, womit sich das Team in bester Gesellschaft befand. Zu diesem Zeitpunkt waren weltweit nur drei andere Sportmannschaften 1 Milliarde Dollar wert – die britische Fußballmannschaft Manchester United und die NFL-Teams Washington Redskins und Dallas Cowboys.

Noch zehn Jahre zuvor galten die Patriots als das schlechteste Team in der NFL, sowohl in Bezug auf Siege und Niederlagen als auch auf die finanzielle Stabilität. In den zehn Jahren seit Krafts Übernahme war der Wert des Teams um 445 Prozent gestiegen und hatte damit den Dow Jones Industrial Average, den S&P 500 und den Nasdaq im selben Zeitraum weit übertroffen. Im Jahr 2005 war das Team schuldenfrei, erwirtschaftete jährliche Einnahmen in Höhe von fast 250 Millionen Dollar, war mit 62.000 Dauerkarteninhabern voll ausgelastet und hatte eine bezahlte Warteliste mit weiteren 50.000. Schlagzeilen wie „Kraft-ing a Model Franchise“ und „Krafts Turn Patriots into Financial Winners“ erschienen auf den Wirtschaftsseiten führender Zeitungen und in Finanzzeitschriften. Forbes setzte Kraft sogar auf die Titelseite unter der Überschrift „UNLIKELY DYNASTY“ und erklärte: „Kraft hat die Patriots zu einer der wertvollsten Sportmannschaften der Welt gemacht.“

Bei all dem Erfolg der Patriots hat sich Kraft in Positionen wiedergefunden, die andere NFL-Besitzer nicht nachvollziehen konnten. Im Sommer 2005 nahm Kraft eine Einladung von Sandy Weill an, zusammen mit Rupert Murdoch und den CEOs von IBM, Intel, United Technologies, ALCOA und International Paper nach Russland zu reisen, um sich mit Präsident Wladimir Putin zu treffen. Weill versuchte, den Handel zwischen den Vereinigten Staaten und Russland zu fördern. Als die amerikanischen Wirtschaftsführer anschließend für ein Gruppenfoto mit Putin posierten, forderte Weill Kraft auf, dem russischen Staatschef seinen Superbowl-Ring zu zeigen.

Kraft holte ihn aus seiner Tasche und reichte ihn Putin.

Putin bewunderte die Größe des Ringes und seine 124 Diamanten. „Mit diesem Ring könnte ich jemanden umbringen“, sagte er, während er ihn an seinen Finger steckte und eine Faust machte.

Verblüfft sagte Kraft: „Sie könnten jemanden auch ohne töten. Sie waren der Chef des KGB.“

Die Gruppe lachte.

Als Putin den Ring abnahm, streckte Kraft seine Hand aus. Doch Putin steckte den Ring in seine eigene Tasche.

Verblüfft schaute Kraft zu Weill, der unmerklich den Kopf schüttelte, um Kraft zu signalisieren, nichts zu sagen. Aber Putin hat seinen Ring gestohlen. Kraft konnte es nicht fassen.

Putin verabschiedete sich von der Gruppe und reiste mit einigen seiner Mitarbeiter ab.

Tage später, als Kraft in Europa weilte, wurde der Vorfall bekannt. Die Associated Press berichtete: „Der russische Präsident Wladimir Putin ist mit dem Superbowl-Ring des Besitzers der New England Patriots, Robert Kraft, abgehauen …“ Innerhalb von 24 Stunden entwickelte sich die Geschichte zu dem, was der Boston Globe als „internationalen Zwischenfall" bezeichnete. Die russische Regierung vertrat den Standpunkt, dass der Ring ein Geschenk war. Russlands führende Wirtschaftszeitung berichtete, dass Geschenke an russische Präsidenten zwar normalerweise in der russischen Staatskasse aufbewahrt werden, Krafts Superbowl-Ring jedoch in der Kreml-Bibliothek deponiert wurde. Die russische Botschaft in Washington lehnte es unterdessen ab, mitzuteilen, ob ein Antrag auf Rückgabe des Ringes gestellt wurde.

Bald darauf erhielt Kraft einen Anruf aus dem Weißen Haus. Das Schreckgespenst, dass der russische Präsident dem Besitzer des bekanntesten amerikanischen Sportteams Schmuck gestohlen haben soll, beeinträchtigte die ohnehin wackeligen diplomatischen Beziehungen zwischen den beiden Supermächten. Die Bush-Regierung schlug vor, dass es im Interesse des Landes wäre, wenn Kraft die Kontroverse beenden würde, indem er öffentlich erklärte, dass er den Ring als Geschenk gedacht hatte.

Aber der Ring war kein Geschenk gewesen. Krafts Name war eingraviert.

Kraft war nicht glücklich. Nachdem er aufgelegt hatte, entschied er zähneknirschend, dass er unter den gegebenen Umständen der Bitte der Bush-Regierung nachkommen würde. Myra unterstützte seine Entscheidung. Später an diesem Tag gab Kraft eine offizielle Erklärung ab, in der er einräumte, dass er den Ring ursprünglich nicht als Geschenk geplant hatte, aber seine Meinung geändert hatte, als er sah, wie sehr Putin ihn mochte. „Zu diesem Zeitpunkt beschloss ich, ihm den Ring als Symbol meines Respekts und meiner Bewunderung für das russische Volk und die Führung Präsident Putins zu geben", sagte Kraft.

Der Vorfall war ein Gradmesser dafür, wie sichtbar die Organisation der Patriots geworden war. Und als Folge dieser Episode wurde in Moskau ein Patriots-Fanclub gegründet.

Kaum war Kraft aus Übersee zurückgekehrt, besuchte ihn Linebacker Ted Johnson zu Hause. Das Trainingslager stand kurz bevor, und Johnson wollte ihm etwas persönlich sagen: Nach zehn Jahren bei den Patriots hatte er beschlossen, sich zur Ruhe zu setzen.

Im Laufe seiner Karriere hatte sich Johnson den rechten Bizeps gerissen, den linken Bizeps gerissen, den Fuß gebrochen, beide Schultern operieren lassen müssen, unzählige Sehnen gerissen und eine Reihe von

er Patriots-Tempel: Gillette Stadium in Foxborough, Massachusetts

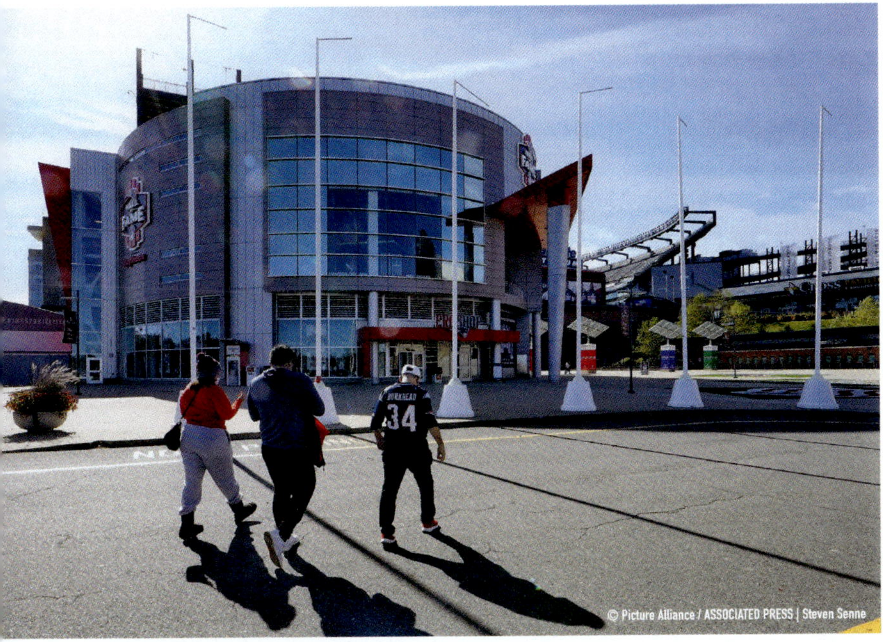

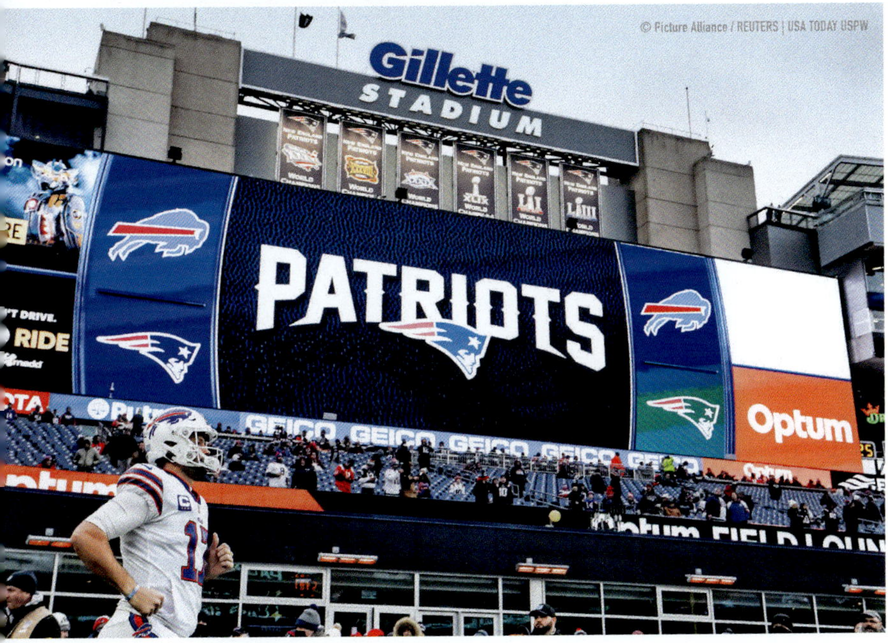

Josh Allen, Quarterback der Buffalo Bills, läuft ein ...

Der Besitzer: Robert Kraft

Der Vater des Erfolgs: Head Coach Bill Belichick

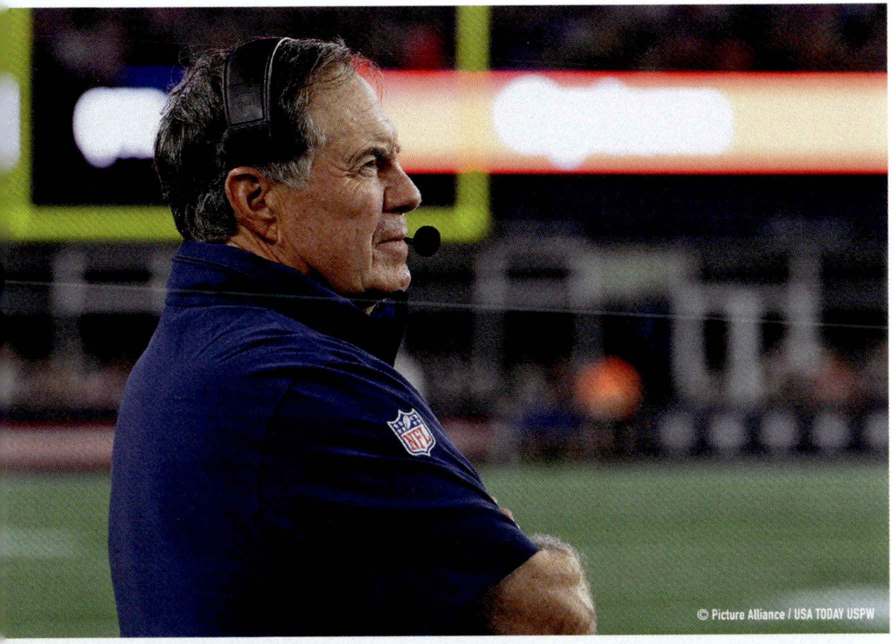

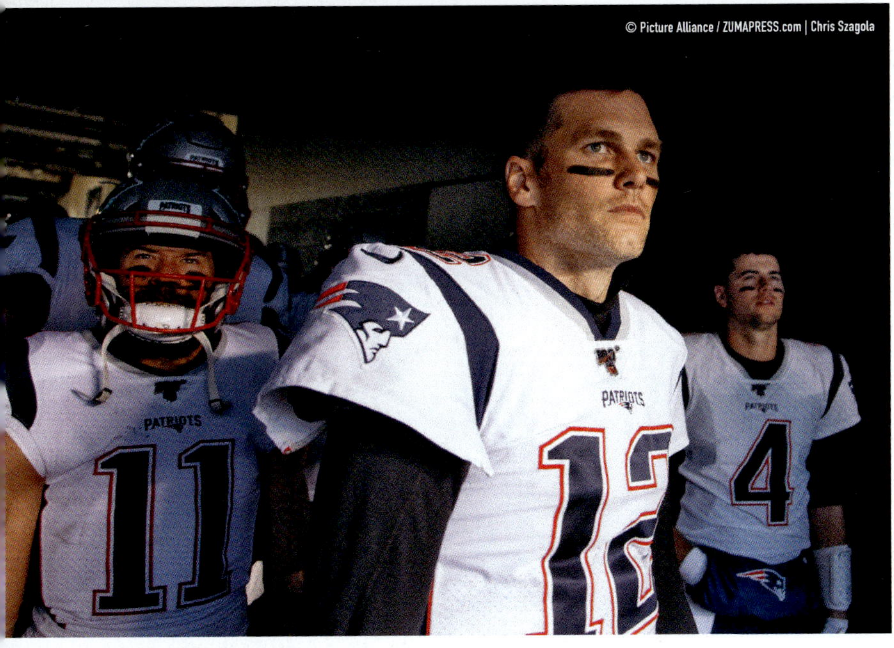

Der Superstar: Quarterback Tom Brady

Tom Brady und sein Beschützer, Tackle Sebastian Vollmer

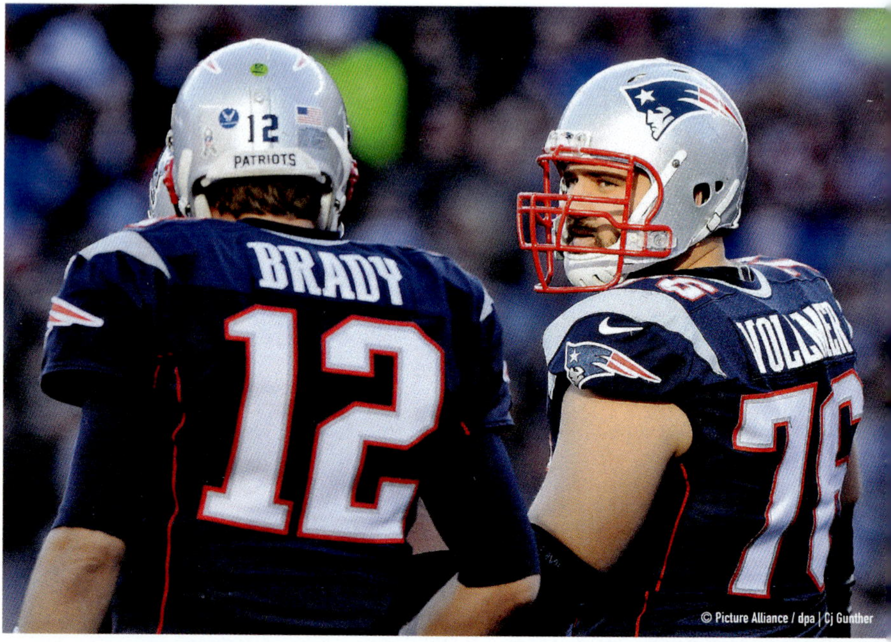

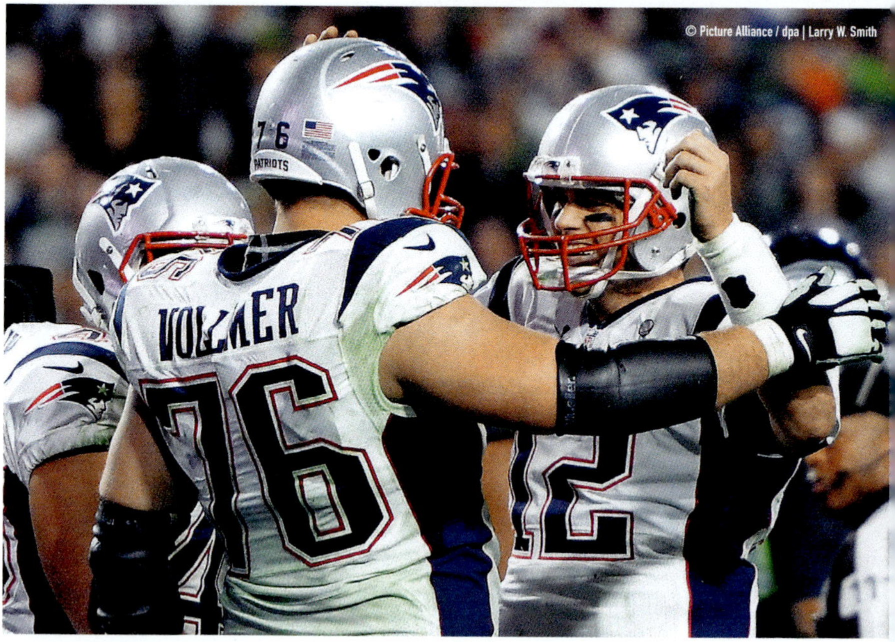

Es darf gefeiert werden: Brady und Vollmer in den letzten Sekunden des Super Bowl XLIX zwischen den New England Patriots und den Seattle Seahawks am 1. Februar 2015.

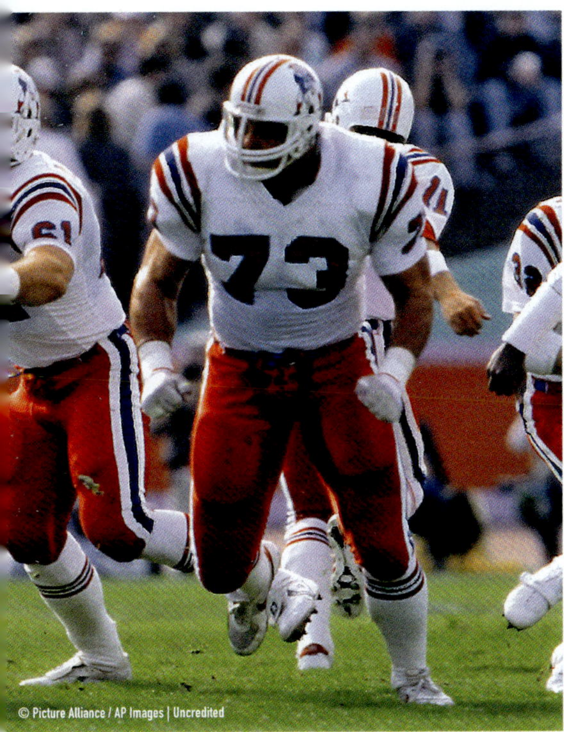

Guard John Hannah spielte von 1973 bis 1985 bei den Patriots. Er war der erste Spieler des Teams, der in die Hall of Fame aufgenommen wurde.

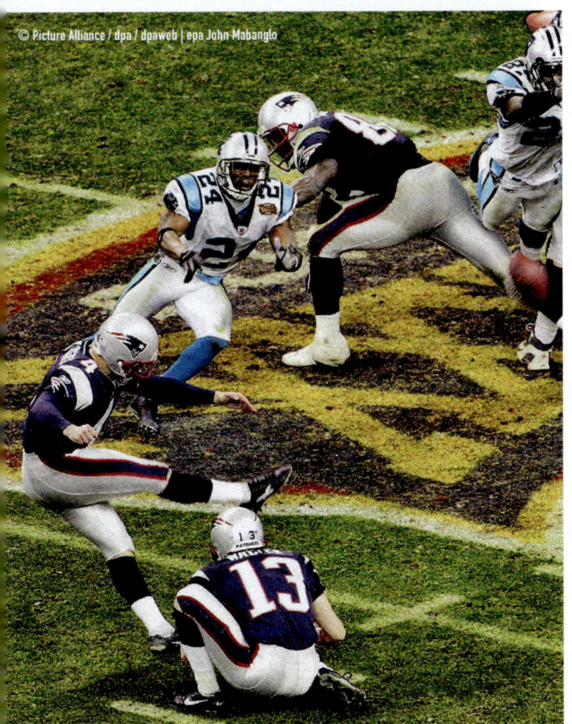

Adam Vinatieri beim spielentscheidenden Feldtreffer im Super Bowl XXXVIII gegen die Houston Texans 2004: Der legendäre Kicker entschied gleich zwei Super Bowls in letzter Sekunde.

Der alles entscheidende Interception von Cornerback Malcolm Butler im Super Bowl XLIX gegen die Seattle Seahawks 2015.

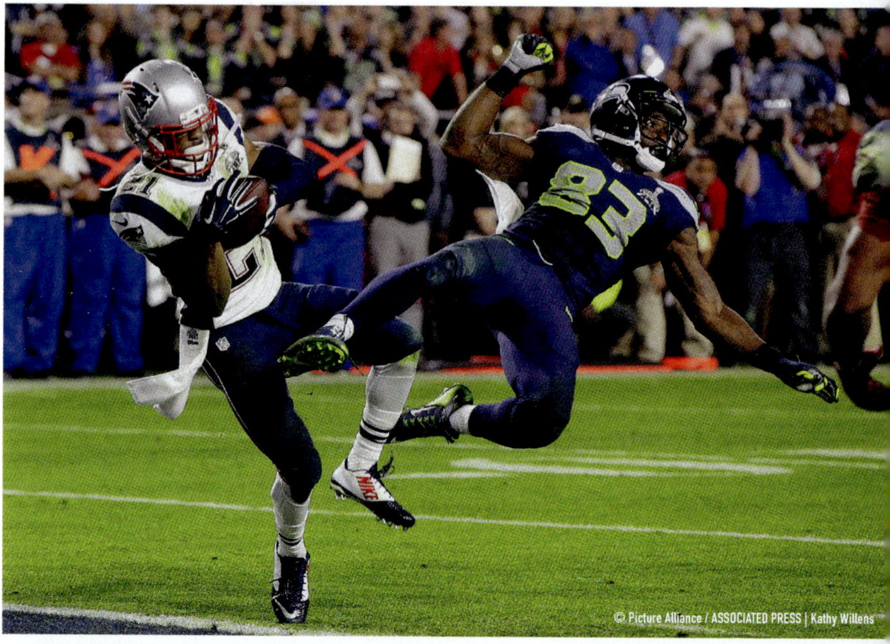

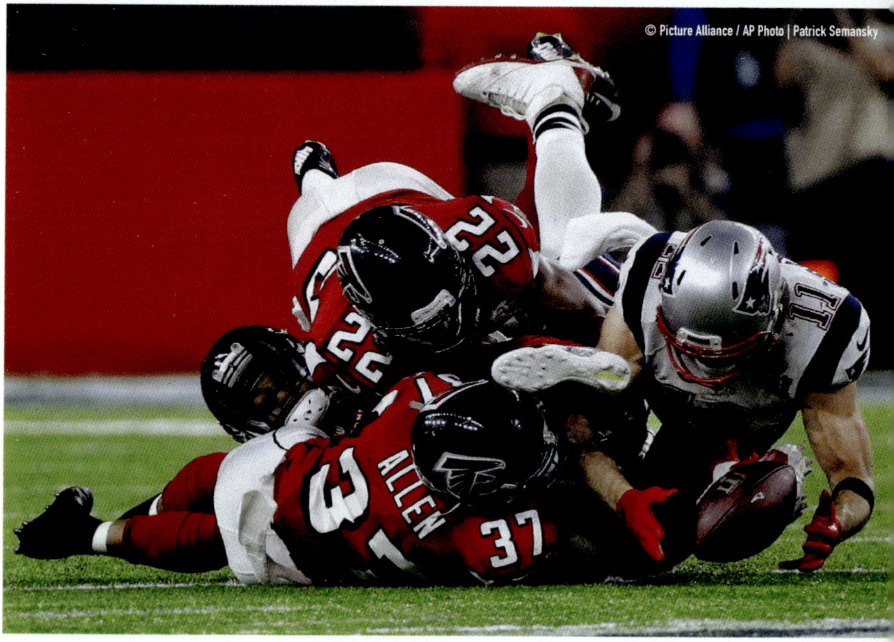

Ricardo Allen und Keanu Neal von den Atlanta Falcons versuchen vergeblich, zu verteidigen: der unfassbare Fang von Julian Edelman im Super Bowl LI 2017.

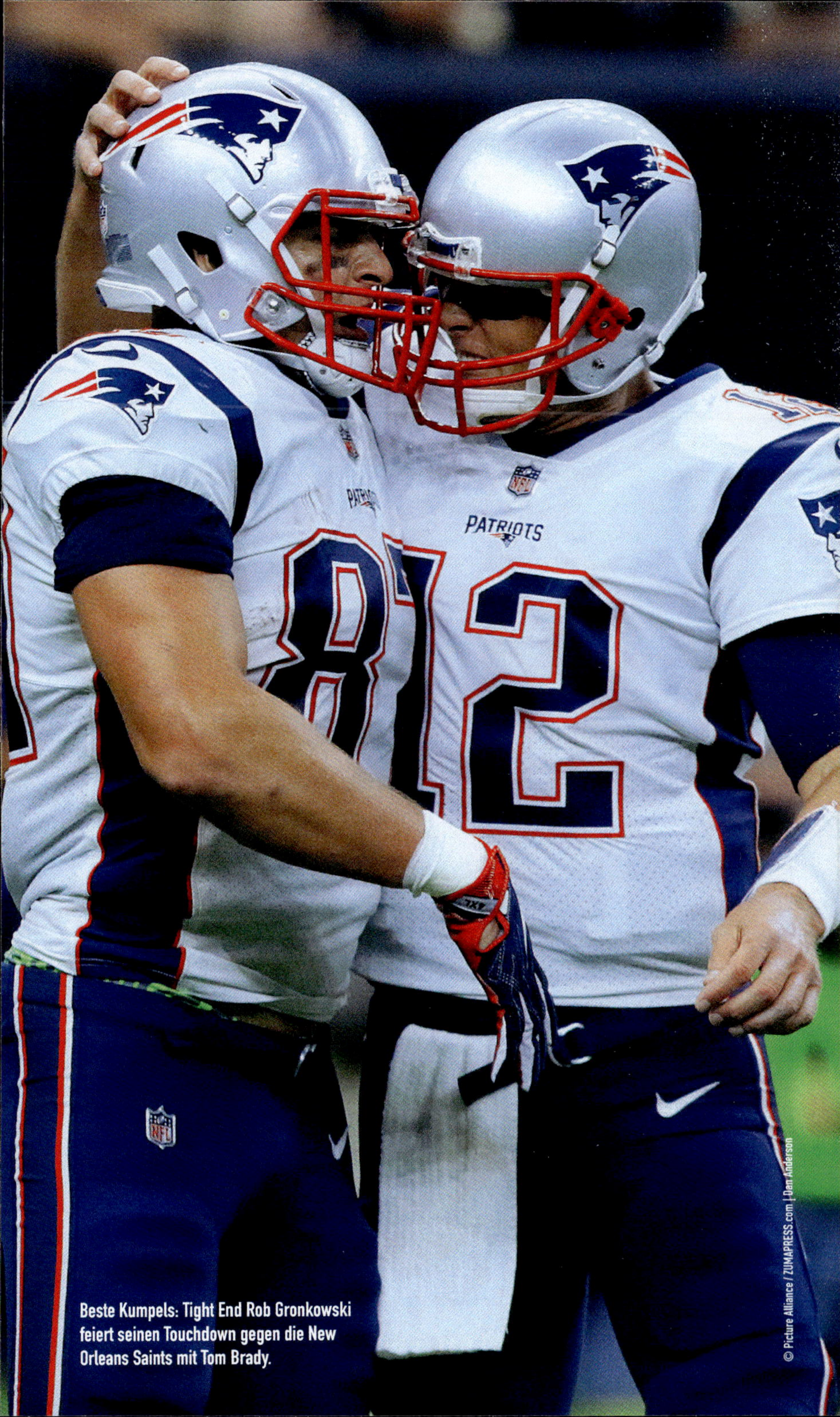

Beste Kumpels: Tight End Rob Gronkowski feiert seinen Touchdown gegen die New Orleans Saints mit Tom Brady.

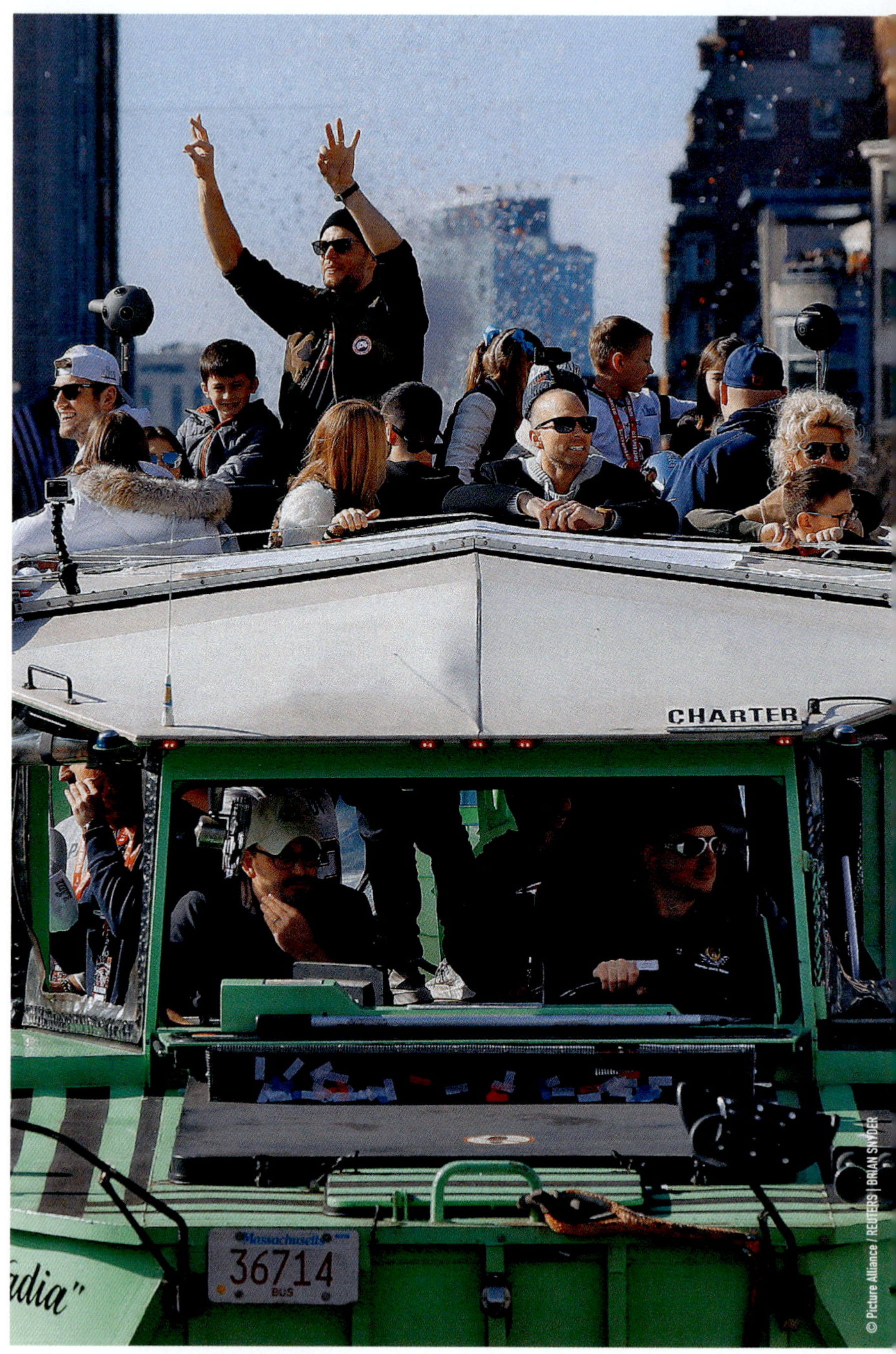

Siegesparade in Boston: Tom Brady und sein Team feiern am 5. Feburar 2019 den Super Bowl LIII.

Kopfverletzungen erlitten. Aber er hatte sich nie durch körperliche Beschwerden vom Spielfeld fernhalten lassen. In letzter Zeit traten bei Johnson jedoch immer mehr alarmierende Symptome auf – Gedächtnisverlust, Depressionen, Reizbarkeit und Schlaflosigkeit, um nur einige zu nennen. Also suchte er einen Neurologen auf, der ihm sagte, dass seine Symptome wahrscheinlich auf Gehirnerschütterungen zurückzuführen seien. Ihm wurde mitgeteilt, dass es zu schweren und dauerhaften gesundheitlichen Problemen führen würde, sollte er weiterhin Football spielen.

Im Sommer 2005 war das öffentliche Bewusstsein für die langfristigen gesundheitlichen Folgen von Gehirnerschütterungen noch relativ gering. Chronische traumatische Enzephalopathie (CTE), die durch wiederholte Kopfverletzungen hervorgerufene neurodegenerative Erkrankung, war bisher noch nicht öffentlich mit einem NFL-Spieler in Verbindung gebracht worden. Und die erste Klage gegen die NFL von Spielern im Ruhestand, die wiederholt Gehirnerschütterungen erlitten hatten, ließ noch sechs Jahre auf sich warten. Aber Johnsons Arzt stellte die Verbindung her, und Johnson war nicht bereit, dessen medizinischen Rat zu ignorieren. Plötzlich fühlte er sich bei dem Gedanken, einen weiteren Treffer zu landen, körperlich krank.

Kraft war von Johnsons Prognose ernüchtert und unterstützte seine Entscheidung, sich zurückzuziehen, voll und ganz. Er meinte, Johnsons Gesundheit und seine Familie hätten jetzt Priorität, und sagte ihm seine Unterstützung zu. Zu diesem Zweck sicherte er Johnson zu, dass er den 400.000-Dollar-Roster-Bonus erhalten würde, auf den er Anspruch gehabt hätte, wenn er 2005 gespielt hätte.

Johnson war dankbar. An diesem Abend zogen die beiden ihre Schuhe aus, lehnten sich mit ein paar Bier in Krafts Wohnzimmer zurück und redeten bis Mitternacht. Am nächsten Tag gaben die Patriots eine offizielle Erklärung von Johnson heraus, in der es unter anderem hieß:

Mit großem Bedauern habe ich beschlossen, mich vom Football zurückzuziehen. Die Entscheidung fiel mir nicht leicht, aber das Leben hat manchmal seinen ganz eigenen Zeitplan. Ich kann die schweren kurz- und langfristigen Komplikationen der Gehirnerschütterungen, die ich im Laufe der Jahre erlitten habe, nicht länger ignorieren.

Johnson hob die Krafts hervor und dankte ihnen dafür, ihm das Gefühl gegeben zu haben, Teil der Patriots-Familie zu sein. Er würdigte auch seine Mannschaftskameraden, seine Trainer und die Fans. Belichick erwähnte er jedoch nicht.

Dennoch gab Belichick seine eigene öffentliche Erklärung zu Johnson ab. „Ted hat mich heute über seine Entscheidung informiert und wir hatten ein gutes Gespräch", sagte er. „Obwohl sein Rücktritt unerwartet kommt, respektieren wir seine Entscheidung und unterstützen ihn auf seinem weiteren Weg. Es versteht sich von selbst, aber Ted Johnson ist eine Klasse für sich. Er war während seiner gesamten Karriere ein wichtiger Bestandteil dieser Verteidigung und der Organisation der New England Patriots. Teds Markenzeichen waren eine Arbeitsmoral und Zähigkeit, die ihresgleichen suchten. Er geht als Champion in den Ruhestand."

Die Beziehung zwischen Belichick und Johnson war umstritten. Im Jahr 2002 ging es zwischen den beiden so weit, dass Johnson seinen Spind ausräumte, aus dem Gebäude stürmte und mit Kündigung drohte. „Ich wollte da raus, ich hasste den Mann, ich war wütend, verletzt, angewidert, und im nächsten Jahr war ich Kapitän", sagte Johnson über diese Zeit. „Und ehrlich, wir haben das hinter uns gelassen."

Doch als Johnson sich von den Patriots entfernte, verhärtete sich seine Meinung über Belichick.

26

VERLUSTE

Im Mannschaftssport gibt es nur eine Sache, die schwieriger ist, als eine Dynastie aufzubauen – sie aufrechtzuerhalten.

Seit der Saison 2001, als Tom Brady die Position des Quarterbacks übernahm, hatten die Patriots die NFL beherrscht. Zwischen 2001 und 2004 war das Team mit einer Gesamtbilanz von 56:16 und einer Gewinnquote von 778 Punkten das beste der Liga. All dieser Erfolg hatte viel Neid hervorgerufen. Im Jahr 2005 würde jeder auf die Patriots schießen. Wie ein gegnerischer Scout es ausdrückte: „Sie werden dieses Jahr von jedem das Beste sehen."

Belichick wusste, womit seine Mannschaft zu kämpfen hatte. Er wusste auch, dass er in die Saison 2005 ohne einige der härtesten Vollstrecker in seiner notorisch physischen Verteidigung gehen würde. Ty Law war der beste Shutdown-Cornerback im Spiel und hatte dem Team Selbstvertrauen und Bravour verliehen. Roman Phifer war ein durchschlagender Tackler, der in vier Jahren nur vier Spiele verpasst hatte. Und Ted Johnson war der Inbegriff eines 250 Pfund schweren Middle Linebackers, der die Blocker rücksichtslos angriff und seinen Teamkollegen den Weg zu den Ballträgern freimachte. Die drei hinterließen eine beträchtliche Lücke.

Dann war da noch Bruschi. Während des Sommers hatte er unermüdlich mit Physiotherapie gearbeitet und war bemerkenswert genesen. Dr. David Greer, der Leiter seines medizinischen Teams im Massachusetts General Hospital, sagte, es gebe keine medizinischen Gründe, die ihn daran hindern, zum Football zurückzukehren. Bruschi hatte auch Zweit- und Drittmeinungen von anderen Kardiologen und Neurologen eingeholt, die alle mit seinem Hausarzt übereinstimmten. Dennoch hatte er beschlossen, das Jahr auszusetzen und zu versuchen, seine Kräfte für ein Comeback im Jahr 2006 zu sammeln. Sein Fehlen machte sich sofort bei der Eröffnung des Trainingslagers bemerkbar. Der Gesamtrückgang in der Verteidigung war erheblich.

In der Zwischenzeit wirkte die Offensive stärker als je zuvor. Vor allem Tom Brady und Deion Branch schienen genau da weiterzumachen, wo sie im Februar beim Superbowl aufgehört hatten. Während eines dreitägigen Camps spielten Brady und Branch mehr als fünfzig Pässe.

Aber Belichick war nicht zufrieden. Nach einer morgendlichen Trainingseinheit hielt er Brady und Branch an, als sie gemeinsam vom Spielfeld gingen.

„Schaut her, ihr zwei Wichser“, brüllte Belichick.

Beide Spieler drehten sich zu ihm um.

„Du hast schon fünfzig Fänge“, fuhr Belichick fort, schaute Branch an und wandte sich dann schnell an Brady. „Wirf den Ball nicht mehr zu Deion.“

Brady versuchte zu erklären, aber Belichick unterbrach ihn.

„Such dir jemand anderen, dem du den Ball zuwerfen kannst!“, fuhr Belichick ihn an.

Der Rest der Welt mochte Brady anders behandeln, aber Belichick achtete darauf, dies nicht zu tun.

Frustriert sagte Brady nichts mehr. Als er zum Nachmittagstraining auf das Spielfeld zurückkehrte, fand er bei jedem Snap zwei Verteidiger um Branch herum drapiert. In den nächsten Tagen konnte Branch sich nicht öffnen. Brady konnte nur nach dem Training auf sein Lieblingsziel werfen, wenn sie allein waren.

„Was ist hier los?“, fragte Branch. „Das ist verrückt.“

Brady war stinksauer. Doch anstatt sich offen über Belichick zu beschweren, kanalisierte er seine Wut auf dem Trainingsplatz und schrie die Offensive an, härter zu arbeiten. Er wollte nicht nur Belichicks Verteidigung schlagen. Er wollte sie zertrümmern.

Am 1. September 2005 gab Tedy Bruschi Jackie MacMullan vom Boston Globe ein exklusives Interview. Es war das erste Mal, dass er mit einem Journalisten ausführlich über seinen Schlaganfall sprach. Er beschrieb nicht nur die erschütternde Tortur, sondern bestätigte auch, dass er wieder spielen wolle. Er schloss jedoch aus, 2005 zu spielen. „Ich brauche Zeit", sagte er zu MacMullan. „Ich glaube, ich bin körperlich schneller geheilt als emotional."

Auf die Frage MacMullans, ob Bruschi über eine Rückkehr im Jahr 2005 nachdenken würde, sagte er: „Ich sage Ihnen gleich, dass das nicht passieren wird."

Am nächsten Morgen war MacMullans Artikel mit der Schlagzeile „Bruschi plant, nächstes Jahr zu spielen" das Gesprächsthema in ganz New England. An diesem Nachmittag war Belichick in seinem Büro und bereitete sich auf den Saisonauftakt gegen die Raiders vor, der in zwei Tagen stattfinden sollte. Außerdem wollte er seine Verteidigung verstärken, indem er in letzter Minute einen Linebacker in den Kader aufnahm. Als Bruschi vorbeikam, lud Belichick ihn ein, sich zu setzen.

Am frühen Morgen hatte sich Bruschi mit Dr. Greer getroffen. Sie prüften die Ergebnisse von Bruschis letztem Echokardiogramm. Die Ergebnisse waren großartig. Dann überraschte Greer ihn und Heidi, indem er ihnen mitteilte, dass Bruschi bei bester Gesundheit sei. Die Prognose begeisterte Bruschi. Nachdem er die Arztpraxis verlassen hatte, sagte er seiner Frau, dass er nicht mehr ein Jahr warten wolle, um wieder zu spielen. Sie unterstützte seine Entscheidung.

Anstatt all das bei seinem Treffen mit Belichick auszusprechen, sagte Bruschi ihm einfach, dass er auf der PUP-Liste (Physically Unable to Perform) bleiben wolle.

Belichick sah darin keinen Sinn. Es gab nur einen einzigen Grund, einen Spieler auf der PUP-Liste für 2005 zu belassen, nämlich dann, wenn er 2005 in den aktiven Kader zurückkehren würde.

„Lass mich das klarstellen", sagte Belichick. „Es gibt immer noch keine Möglichkeit, dass du dieses Jahr überhaupt spielst, richtig?"

Als Bruschi schwieg, hob Belichick die Augenbrauen.

„Ich werde dieses Jahr spielen", sagte Bruschi.

„Ich möchte sicher sein, dass wir hier auf derselben Seite stehen", sagte Belichick. „Willst du mir sagen, dass es der falsche Schritt wäre, dieses Jahr einen weiteren Linebacker zu holen?"

„Ja. Das wäre der falsche Weg."

Kraft war überrascht, als Bruschi in seinem Büro auftauchte und ihm mitteilte, dass er sich gerade mit Belichick getroffen hatte, um ihm mitzuteilen, dass er bis Mitte der Saison wieder spielen wolle.

„Ist Heidi damit einverstanden?", fragte Kraft.

Bruschi versicherte ihm, dass sie es war. Die Ergebnisse des Echokardiogramms bestätigten die Schlussfolgerung aller Ärzte, die sie aufgesucht hatten, nämlich dass es keinen medizinischen Grund gab, der ihn vom Football-Spielen abhielt.

Nachdem er geduldig zugehört hatte, sagte Kraft: „Du musst noch eine weitere Person treffen."

Bruschi verstand nicht, was er meinte.

Kraft erzählte ihm von Dr. Matthew Fink, einem der landesweit führenden Experten für Schlaganfall und Intensivneurologie. Er war an das renommierte New York-Presbyterian Hospital/Weill Cornell Medical Center in New York City angeschlossen. Kraft bestand darauf, dass Bruschi und seine Frau zusammen nach New York fuhren, um ihn zu treffen.

„Bei den wichtigen Entscheidungen im Leben misst man neunmal und schneidet einmal", sagte Kraft zu ihm. „Das ist einer dieser Momente."

Bruschi nickte.

„Ihr könnt mein Flugzeug nehmen", sagte Kraft.

Nach dem Sieg zum Saisonauftakt wurde New England eine Woche später von den Carolina Panthers übel zugerichtet. In der dritten Woche erlitt das Team einen schweren Rückschlag, als Rodney Harrison sich das Knie verletzte und für die Saison ausfiel. Eine Woche später erzielte San Diego 41 Punkte gegen die Patriots. Dann verprügelte Denver die Verteidigung New Englands. Nach sechs Wochen stand es 3 : 3 für New England, und der Rest der Liga witterte Blut im Wasser.

Dann sickerte die Nachricht durch, dass Bruschi rechtzeitig zum nächsten Spiel der Patriots zurückkehren würde. Der Spezialist in New York hatte bestätigt, dass er wieder Football spielen konnte. Bruschi und die Patriots dachten, dass die Nachricht von seinem Comeback positiv aufgenommen werden würde. Stattdessen löste sie heftige Kritik aus und entfachte eine landesweite Debatte darüber, ob es jemandem, der einen Schlaganfall erlitten hatte, erlaubt sein sollte, Football zu spielen. Spieler aus der Hall of Fame sprachen sich dagegen aus. Zeitungskolumnisten meinten, Bruschi sei egoistisch und könne sich nur schwer vom Ruhm lösen. Bostons führende Sportradio-Talkshow-Moderatoren bezeichneten die Situation als lebensbedrohlich. Und Tom Jackson von ESPN fragte sich laut, wie die Leute reagieren würden, wenn „wir an einem Sonntagnachmittag zusehen und Tedy Bruschi auf dem Spielfeld etwas zustößt. Sagen Sie mir, wie sich die Liga und die Patriots fühlen würden, wenn das passiert."

Angesichts all dieser Untersuchungen rieten die Anwälte des Teams Kraft dringend, Bruschi eine Verzichtserklärung unterschreiben zu lassen, um das Team von der Haftung zu befreien, falls etwas schiefgehen sollte. Kraft entschied sich jedoch gegen diesen Ansatz.

In dem Bemühen, die Bedenken zu zerstreuen, sprach Bruschis Neurologe mit der Presse. „Tedy war neurologisch normal, sonst hätten wir ihn nicht spielen lassen", so Dr. Greer. „Er könnte zwar immer noch am Kopf getroffen werden und einen Schlaganfall erleiden, aber das ist nicht anders als bei jedem anderen Spieler." Zu den Bedenken, dass das Gerät, das über dem Loch in Bruschis Herz installiert wurde, durch die heftigen Zusammenstöße während des Spiels verrutschen könnte, sagte Greer: „Das Herz ist tief in der Brusthöhle geschützt. Und es übt mehr Energie auf das Gerät aus als jeder Brustschlag."

Am ersten Tag, an dem Bruschi wieder auf dem Trainingsplatz stand, sprach Belichick mit der Mannschaft. „Es wird ein großes Medieninteresse an Tedy geben", sagte er seinen Spielern. „Und ich rate euch allen, sich nicht zu seiner Gesundheit zu äußern. Nicht einmal ich habe einen Kommentar abgegeben. Die einzige Person, die sich zu Tedys Gesundheit äußern sollte, ist Tedy."

Bruschi vermutete, dass seine Mannschaftskameraden Fragen hatten. Tatsächlich war noch nie ein Profi-Footballspieler nach einem Schlaganfall zurück ins Spiel gekommen. Auch hatte noch nie jemand mit dem Gerät, das in Bruschis Herz eingesetzt worden war, Profi-Football gespielt. Viele befürchteten, dass Bruschi bei einem heftigen Zusammenstoß auf dem Spielfeld sterben könnte. An Bruschis erstem Tag nach seiner Rückkehr begann der Linebacker-Coach das Training mit einer 9-gegen-7-Übung, bei der er sich mit einem 240 Pfund schweren Fullback bei voller Geschwindigkeit messen musste. Es gilt als der brutalste Spielzug, den ein Linebacker machen muss. Bruschi gab Vollgas. Das tat der Fullback auch, indem er Bruschi die Schulter in die Brust rammte. Für Bruschi wirkte es wie eine Explosion in seinem Helm. „Okay, ich bin in Ordnung", sagte er sich. „Ich bin immer noch hier. Los geht's."

Willkommen-zurück-Schilder und Banner füllten das Gillette Stadium, und 68.000 Fans standen und brüllten, als Bruschi am 30. Oktober 2005 bei einem Sonntagabendspiel gegen die Bills auf ESPN mit seinen Teamkollegen aus dem Tunnel lief. Who Are You? von The Who ertönte über die Lautsprecheranlage, während Bruschi an der Seitenlinie auf und ab hüpfte und wie Rocky Schattenboxen machte, was einen Chor von „BROOOOO" auslöste, der durch das Stadion hallte. Als Bruschi seine Frau in der Menge sah, winkte er ihr zu, und sie legte ihre Hand auf ihr Herz.

Bruschis Rückkehr gab seinem Team Auftrieb. Er spielte 64 der 77 Defensivzüge des Spiels. Er hatte 44 Hits und führte das Team mit elf Tackles an. Die Patriots spielten ihr beherztestes Spiel der Saison, schlugen Buffalo und verbesserten sich auf 4-3. Und Bruschi wurde der erste Schlaganfall-Überlebende, der seine Karriere im Profi-Football wieder aufnahm. Allein dadurch, dass er das Spielfeld betrat, wurde er zu einer Inspiration für Schlaganfallpatienten im ganzen Land.

In der Umkleidekabine tat Belichick danach etwas, das nicht seinem Naturell entsprach.

„Ich werde das jetzt aufschlüsseln", sagte er. „Los geht's. Alle aufstehen."

Die Spieler versammelten sich um ihn, so wie sie es normalerweise nach einem Spiel um Bruschi tun würden.

„Ich möchte wissen, wie wir uns dabei fühlen, Tedy Bruschi zurückzuhaben", sagte Belichick.

„OOOOOH, YEAH!", rief das Team.

Belichick legte daraufhin seine Arme um Bruschi.

Man hatte das Gefühl, dass die Patriots von einem Medienzirkus verfolgt wurden. Eine Woche nach Bruschis öffentlichkeitswirksamer Rückkehr veröffentlichte der mit dem Pulitzerpreis ausgezeichnete Autor David Halberstam ein Buch voll des Lobes über Bill Belichick, und Steve Krofts positives Porträt über Tom Brady wurde in 60 Minutes ausgestrahlt. Doch weder Belichick noch Brady schwelgten in vergangenen Erfolgen. Sie interessierten sich nur für das, was vor ihnen lag – ein Monday-Night-Football-Showdown in Foxborough mit den 7:0 Indianapolis Colts. Sports Illustrated pushte das Interesse an dem Spiel, indem es Manning und Brady auf die Titelseite setzte und es ankündigte als: „DAS DUELL."

In allen sechs bisherigen Begegnungen hatten Brady und die Patriots Manning und die Colts besiegt. Zu Beginn der Übertragung sagte ABC-Sprecher John Madden, dass der ganze Druck auf Manning und den Colts laste. „Wenn du ‚The Man' sein willst, musst du ‚The Man' schlagen", sagte Madden. „Und wenn man ‚Das Team' sein will, muss man ‚Das Team' schlagen."

Auch ohne Bruschi in der Aufstellung spielten die Colts die Patriots in Grund und Boden. Das Ergebnis lautete 40:21, womit New England auf 4:4 zurückfiel. Danach waren Belichick und Brady nicht in der Stimmung zu reden. Belichick verließ die Pressekonferenz nach dem Spiel binnen zweieinhalb Minuten. Brady blieb für zwanzig Sekunden. In Wirklichkeit war der Druck, gewinnen zu müssen, in New England viel größer als in Indianapolis oder anderswo. Mit dem Gewinn von drei Superbowls in vier Jahren hatten die Patriots unrealistische Erwartungen geweckt – nichts weniger als eine Meisterschaftssaison würde ihnen genügen. Und der größte Teil dieser Belastung ruhte auf den Schultern des Trainers und des Quarterbacks.

Am späten Nachmittag des 19. November 2005 ging Bill Belichick gerade den Plan für das Spiel gegen die Saints am nächsten Tag durch, als er einen Anruf von seinem Vater erhielt, der gerade vom Navy-Temple-Spiel in Annapolis nach Hause gekommen war. Belichicks Vater rief immer nach Navy-Spielen an. Es war praktisch ein Ritual. Und Belichick empfand die Anrufe nie als Unterbrechung. Sie waren eine willkommene Gelegenheit, mit dem Mann zu fachsimpeln, den er am meisten verehrte.

Stephen Belichick sah sein erstes Football-Spiel 1924 und verliebte sich sofort. Nachdem er 1941 eine Saison in der NFL gespielt hatte, verbrachte er den Rest seiner Karriere als Trainer und Scout. Einen großen Teil davon bei der Navy. Fast sechzig Jahre lang hat er Tausenden von jungen Männern das Spiel beigebracht. In all diesen Jahren erregte Stephen Belichick nie öffentliche Aufmerksamkeit, bis er als Vater von Bill Belichick bekannt wurde. Aber kein Titel hätte ihn stolzer machen können.

Die Navy hatte an diesem Tag Temple aus dem Rennen geworfen. Nachdem er ein paar Minuten über das Spiel gesprochen hatte, dankte Belichick seinem Vater für den Anruf. Dann richtete er seine Aufmerksamkeit wieder auf die Saints. Nach Mitternacht erhielt Belichick einen weiteren Anruf, in dem ihm mitgeteilt wurde, dass sein Vater gerade gestorben war. Stephen Belichick hatte sich das Spiel USC-Fresno State im Fernsehen angesehen, als sein Herz stehen blieb. Er war 86.

Belichick hatte gewusst, dass dieser Tag kommen würde, und hatte im Voraus darüber nachgedacht. Aber das machte die Sache nicht einfacher. Er verehrte seinen Vater so sehr, dass er einmal sagte, wenn sein Vater Feuerwehrmann gewesen wäre, hätte er auch den Beruf des Feuerwehrmanns gewählt. Stattdessen wählte er den Beruf des Trainers, weil er der Sohn eines Trainers war. Football war im Hause Belichick schon immer viel mehr als nur ein Spiel. Es war eine Lebensweise, ein ganzjähriges Unterfangen, nach dem man seinen Kalender ausrichtete.

Für Bill lag eine gewisse poetische Gerechtigkeit in der Tatsache, dass sein Vater beim Ansehen eines Football-Spieles gestorben war. Es war eine passende Art zu gehen.

Später am Morgen informierte Belichick Kraft.

Kraft nahm an, dass Belichick sofort nach Annapolis aufbrechen würde.

Belichick sagte, er würde das nach dem Spiel tun.

„Du solltest jetzt gehen“, sagte Kraft. „Sei bei deiner Mutter.“

„Mein Vater würde wollen, dass ich dieses Spiel trainiere“, sagte Belichick.

Tom Brady war der einzige Spieler, der vor dem Spiel über Belichicks Vater informiert wurde. Kraft fand, er müsse es wissen. Für den Rest des Teams schien dieser Nachmittag ein typischer Sonntag im Gillette zu sein, aber für Brady war es anders. „Das war ein schwerer Moment“, sagte er. „Damals war ich in meinen Zwanzigern. Wenn man in seinen Zwanzigern ist, denkt man nicht an den Tod seiner Eltern. Aber Bill war in seinen Fünfzigern. Er war in einem Alter, in dem das passiert. Es war eine Chance für mich zu wachsen, zu sehen, wie er damit umging."

Brady warf drei Touchdown-Pässe, und die Patriots besiegten die Saints mit 24:17 und verbesserten sich auf 6:4. In der Umkleidekabine versammelte Belichick anschließend die Mannschaft.

„Hört mal, etwas Persönliches", sagte Belichick, der in der Mitte des Raumes auf und ab ging, „ich habe dieses Spiel heute mit schwerem Herzen gecoacht. Mein Vater ist letzte Nacht verstorben."

Einige Spieler starrten Belichick an. Andere schauten zu Boden. Keiner von ihnen war es gewohnt, Belichick verletzlich zu sehen.

„Ich werde mich also in Annapolis persönlich um einige Dinge kümmern müssen", fuhr er fort. „Das ändert nichts an dem, was wir tun. Fangen wir an, das zu klären."

Mit einem Football in der Hand trat Kraft in der Mitte des Kreises an Belichicks Seite.

„Er hat mitten in der Nacht erfahren, dass sein Vater gestorben ist", sagte er dem Team. „Wir haben heute Morgen miteinander gesprochen und ich habe ihm gesagt, dass ich weiß, dass alle dafür Verständnis haben, wenn er gehen will. Er sagte, er wisse, sein Vater würde wollen, dass er dieses Spiel coacht."

Belichick schürzte die Lippen, als Kraft fortfuhr.

„Es ist einfach ein großartiges Beispiel für das Engagement, das er für dieses Team hat und was es ihm bedeutet", sagte Kraft. „Ich möchte ihm diesen Ball widmen und ihn Bill zum Gedenken an seinen Vater schenken."

Belichick nahm den Ball und sah Kraft an. „Danke", sagte Belichick.

Unter dem Beifall der Spieler und Trainer schüttelten Belichick und Kraft die Hände und umarmten einander.

„Danke", flüsterte Belichick. „Ich weiß das zu schätzen."

Kraft nickte, trat einen Schritt zurück und reichte Belichick die Hand zum Homie-Handschlag.

Die Beerdigung fand drei Tage später in der Naval Academy Chapel statt. Belichick hielt die Grabrede.

„Ich weiß, dass mein Vater voll und ganz verstand, so wichtig Football auch war, was die Rolle eines Fähnrichs war, als er hierherkam, um zu dienen, zu verteidigen und, wenn es sein muss, für sein Land zu sterben“, sagte Belichick den Zuhörern. „Er hat Spieler trainiert, Football zu spielen, zu gewinnen, die Armee zu schlagen und zu trainieren, für ihr Land zu kämpfen.“

Belichick hielt inne und sah seine Mutter an. Als er ein kleiner Junge war, hatte sie ihm oft vorgelesen. Sie hatte laut gelesen. Und wenn es ein Wort gab, das Bill nicht verstand, hielt sie inne und erklärte es. Das erste Buch, in das sich Belichick verliebt hatte, war Pu der Bär. Er las es so oft, dass er den Einband abwetzte. Damals begann seine Liebe zu Büchern. Ein Großteil von Belichicks Streben nach Wissen stammte von seiner Mutter. Und jetzt, da sein Vater nicht mehr lebte, erkannte er, welch großen Einfluss seine Mutter sowohl auf ihn als auch auf seinen Vater ausgeübt hatte.

„Du warst die wahre Kraft hinter zwei Trainern in dieser Familie“, sagte er ihr. „Und ich liebe dich.“

Dann drehte er sich um, um seinem Vater ein letztes Lebewohl zu sagen.

„Dad, mögest du in Frieden ruhen.“

Als Belichick sich wieder hinsetzte, klopfte Kraft ihm sanft auf die Schulter. Einige Tage später saß Kraft in der Gästeloge im Arrowhead Stadium und schaute auf Belichick hinab, als dieser die Patriots gegen die Chiefs trainierte. New England verlor in Kansas City. Aber das war für Kraft kein Thema. Er dachte an seinen eigenen Vater, wie sehr er ihn verehrt hatte, wie erschüttert er war, als er starb, und wie sehr er ihn auch drei Jahrzehnte später noch vermisste. So lange er sich erinnern konnte, wollte Kraft nichts anderes, als seinen Vater zu beeindrucken. Selbst mit 64 versuchte er immer noch, der Mann zu sein, auf den sein Vater stolz sein würde.

In dieser Hinsicht konnte Kraft Belichicks Entscheidung nachvollziehen, am Tag nach dem Tod seines Vaters als Trainer zu arbeiten und nur wenige Tage nach der Beerdigung wieder ganz zu seinen Aufgaben zurückzukehren. Bei der Beerdigung war eine der lustigsten Erinnerungen an Stephen Belichick von Konteradmiral Thomas C. Lynch erzählt worden, dem Superintendenten der U. S. Naval Academy. Lynch war Kapitän der Navy-Footballmannschaft, als Steve Belichick dort Trainer war. Er erinnerte sich daran, wie er am 22. Oktober 1962 mit den anderen Fähnrichen vor dem Fernseher saß, als Präsident John F. Kennedy die Nation darüber informierte, dass er eine Seeblockade um Kuba anordnete, um die Präsenz sowjetischer Raketen zu bekämpfen. Lynch sagte, Trainer Belichick sei wütend gewesen. „Es kam sozusagen Rauch aus seinen Ohren", sagte Lynch bei der Beerdigung. „Er sagte: ‚Wissen diese Leute nicht, dass wir dieses Wochenende Pitt haben?'"

Die Geschichte war zwar lustig, verriet aber auch viel über den Mann, der Bill Belichick am meisten beeinflusst hatte. Es erklärte auch Belichicks Zielstrebigkeit. Genau wie sein Vater lebte Belichick für seine Arbeit als Trainer. Eine solche Klarheit ist in jedem Beruf selten.

New England beendete die Saison mit 10:6 und gewann damit zum dritten Mal in Folge die AFC East Division. In der Wild Card-Runde der Play-offs besiegten die Patriots die Jaguars. Der Sieg bescherte Belichick und Brady eine perfekte 10:0-Bilanz in den Play-offs. Kein Trainer-Quarterback-Tandem in der Geschichte der Liga hatte jemals zehn Post-Season-Spiele in Folge gewonnen. Doch eine Woche später endeten New Englands Hoffnungen auf den dritten Superbowl-Sieg in Folge in Denver, als die Patriots ein hart umkämpftes Spiel gegen die Broncos verloren. Bei Bradys letztem Pass – einem verzweifelten Wurf in den letzten Sekunden – landete er flach auf dem Rücken in der Endzone der Broncos, als der Ball in die Hände eines Verteidigers segelte. Niemand machte sich die Mühe, ihm aufzuhelfen. Und die Fans nutzten die Gelegenheit, ihn zu verspotten.

Diese Niederlage bezeichnete das erste Mal, dass Belichick und Brady ein Play-off-Spiel verloren, seit sie bei den Patriots waren. Für eine Mannschaft, die sich so sehr ans Gewinnen gewöhnt hatte, war die Stimmung auf dem Rückflug gedrückt.

Ein paar Tage später lud Kraft Brady ein, mit ihm und Myra nach Israel zu reisen. Kraft hatte sich viele Gedanken über die Zukunft gemacht und darüber, wie Brady da hineinpasste. Genauso wie Kraft Belichick in eine eigene Trainerklasse einordnete, war er davon überzeugt, dass Brady der außergewöhnlichste Football-Spieler war, den die NFL je gesehen hatte. Krafts Einschätzung, dass Brady eines Tages der Größte aller Zeiten werden könnte, hatte ebenso viel mit Bradys Persönlichkeit zu tun wie mit seinen Spielfähigkeiten. Auf jeden Fall hatte Kraft die Absicht, Brady lange in New England zu halten. Und er wollte ihre persönliche Beziehung auf eine neue Ebene bringen.

Brady betrachtete die Einladung, mit Kraft ins Heilige Land zu reisen, als einmalige Gelegenheit. Er war in einer gläubigen katholischen Familie aufgewachsen, und sein Vater hatte sogar erwogen, Priester zu werden. Brady wollte also unbedingt die Geburtsstätte des Christentums besuchen. Kurz nach der Landung nahm Kraft ihn mit zur Klagemauer. Brady schlängelte sich durch die Reihen der hölzernen Schreibtische, an denen Juden alte Texte studierten, trat an die Wand und sprach ein kurzes Gebet, während Kraft neben ihm auf Hebräisch betete. Dann schrieb Brady traditionsgemäß ein Gebet auf ein Stück Papier, faltete es zusammen und steckte es in einen Spalt in der Wand.

Es war ein spiritueller Auftakt zu einer unvergesslichen Reise, die Spaziergänge durch die alten Straßen Jerusalems, Besuche christlicher heiliger Stätten und Diskussionen über die Tatsache beinhaltete, dass Christen, Juden und Muslime die Stadt alle als heilig betrachten. Eines Tages nahm Kraft Brady mit in das Football-Stadion, das er am Rande der Stadt gebaut hatte, und Brady warf Pässe zu israelischen Kindern. An einem anderen Tag arrangierte Kraft über den Premierminister eine Privataudienz bei einigen Scharfschützen der israelischen Armee für sie. Das Treffen fand in einer Militärbasis statt.

Der in Boston geborene israelische Soldat Avi Sandler und sein Kamerad Label Garelik erhielten von ihrem Kommandeur die Anweisung, eine Waffendemonstration für ein paar angesehene amerikanische Besucher durchzuführen. Als Sandler und Garelik den Schießstand betraten, sahen sie zwei Amerikaner, die grüne Armeewesten über ihrer Zivilkleidung trugen. Einer von ihnen trug eine Sonnenbrille. Die Soldaten fanden, dass der Mann mit der Sonnenbrille Tom Brady ähnelte, aber sie konnten sich nicht vorstellen, was er in Israel zu suchen haben könnte. Dann nahm der Mann seine Brille ab.

„Sind Sie Tom Brady?“, fragte Sandler.

Brady nickte. Den Soldaten fielen die Kinnladen herunter.

„Wollen Sie mit uns Football spielen?“, fragte Garelik.

Brady lächelte. „Ich vermische nicht Geschäftliches mit Privatem“, sagte er.

Wenige Minuten später fiel Brady die Kinnlade herunter, als die Soldaten eine Vielzahl von Waffen abfeuerten, darunter auch Maschinengewehre. Schließlich gaben sie Brady und Kraft Gewehre in die Hand und luden sie zum Schießen ein. Sie warnten Brady, dass seine Waffe gegen seine Wurfschulter zurückprallen würde. Aber das war ihm egal. Schießübungen an der Seite des israelischen Militärs waren der Höhepunkt der Reise.

Später in der Nacht nahm Kraft Brady in eine Rooftopbar in Jerusalem mit. Bei einem Drink unterhielten sich die beiden Männer über Bradys Beziehung zu Bridget Moynahan. Dann erzählte er einige persönliche Anekdoten über seine Ehe mit Myra und warum sie mehr als vierzig Jahre lang zusammengeblieben waren.

Brady nahm alles in sich auf. Er konnte nicht anders, als über das erstaunliche Leben nachzudenken, das er führte. Beruflich konnte er sein Leben dem widmen, was er liebte, während er an der Seite des größten Football-Trainers der Welt arbeitete. Gleichzeitig hatte er einen der erfolgreichsten Geschäftsmänner der Welt als persönlichen Mentor. Belichick nahm Brady mit in dunkle Räume, um Filme anzuschauen; Kraft führte ihn ins Heilige Land.

Als der Abend zu Ende ging, sagte Brady zu Kraft: „Es bedeutet mir sehr viel, dass du mich hierher eingeladen hast."

Kraft hob sein Glas.

27

RELOAD

Es war noch nicht einmal April und ein Bostoner Sportkolumnist hatte bereits verkündet: „Jetzt ist es offiziell: Die Offseason der Patriots ist eine Katastrophe."

Nach dem Ausscheiden bei den Play-offs hatten die Patriots beschlossen, zwei der dienstältesten Spieler in New England – Linebacker Willie McGinest und Kicker Adam Vinatieri – nicht wieder zu verpflichten. Als Vinatieri im März 2006 zum Erzrivalen Colts wechselte, waren nicht nur die lokalen Sportjournalisten bestürzt. Die Fans machten sich im Radio und im Internet Luft.

Die Bewohner New Englands empfanden die Entscheidung, sich von dem größten Kicker aller Zeiten zu trennen, als herzlos. Vinatieri hatte den Status eines Volkshelden erreicht und war nach Brady der zweitbeliebteste Spieler. Er war der beste Torschütze aller Zeiten und hatte zwanzig Torschüsse, die ein Spiel entschieden. 18 dieser Treffer fielen in der letzten Minute oder in der Verlängerung, darunter vier in der Postseason, von denen zwei den Superbowl gewannen. Der Boston Globe bezeichnete seinen Weggang als einen „Tritt in den Hintern für die Patriots."

Anfänglich verärgert über Belichick, sah Vinatieri die positive Seite. Er würde den Rest seiner Karriere damit verbringen, in einem großartigen Team in der Halle zu kicken. Nachdem er einen Fünfjahresvertrag mit den Colts unterzeichnet hatte, machte er sich nicht einmal die Mühe, die Patriots zu informieren.

„Sie hatten so viele Chancen, mich unter Vertrag zu nehmen", sagte Vinatieri. „Sie haben sich entschieden, das zu tun, was sie getan haben. Es gibt keine Feindseligkeit von meiner Seite. Ich liebe die Familie Kraft. Bill Belichick ist ein großartiger Trainer. Ich werde meine Kumpel vermissen, die noch in der Umkleidekabine sind. Ich habe es gehasst zu gehen, aber in einem Unternehmen muss man manchmal harte Entscheidungen treffen. Sie hätten mich behalten können. Das haben sie nicht."

Zu Beginn der Saison '06 traf Belichick eine weitere unpopuläre Entscheidung. Nachdem Deion Branch wegen eines Vertragsstreits das Trainingslager verpasst hatte, tauschte Belichick Bradys Lieblingsreceiver und engen persönlichen Freund mit Seattle aus gegen einen zukünftigen Erstrunden-Draft-Pick. Der Verlust von Branch stellte für Brady eine mentale Belastung dar. Aber er war nicht der Einzige, der über diesen Schritt frustriert war. „Ich glaube, keiner von uns hat damit gerechnet, dass so etwas passieren könnte", sagte Defensive End Richard Seymour. „Das hat mir die Luft zum Atmen genommen. Wirklich. Die Nummer 83 nicht im Trikot der Patriots zu haben, tut definitiv weh."

Dennoch war New England 2006 eine Macht. Belichick hatte den Kicker Stephen Gostkowski als Ersatz für Vinatieri verpflichtet und einen der besten Linebacker aller Zeiten, Junior Seau, aus dem Ruhestand geholt, um New Englands Verteidigung zu verstärken. Die Patriots erreichten ein 12:4, gewannen zum vierten Mal in Folge die AFC East Division und waren auf dem besten Weg, eine weitere Meisterschaft zu gewinnen.

Nachdem New England die Jets in der Wild Card-Runde der Playoffs hinausgeworfen und in der Divisionsrunde die als Favorit gehandelten San Diego Chargers ausgeschaltet hatte, reiste die Mannschaft zum AFC Championship Game nach Indianapolis. Als die Patriots in der ersten Halbzeit mit 21:3 in Führung gingen, sah es so aus, als würden sie auf Kosten der Colts zum dritten Mal in vier Jahren den Superbowl erreichen.

In der Halbzeitpause rief Adam Vinatieri seine neuen Teamkollegen zusammen, indem er ihnen in der Umkleidekabine eine völlig untypische Standpauke hielt. Unter Führung von Manning gelang den Colts in der zweiten Halbzeit das größte Comeback, das es je in einem Conference-Meisterschaftsspiel gab, und sie schlugen die Patriots mit 38 : 34.

Die Niederlage war mit Abstand die verheerendste, die es in der Ära Belichick-Brady bis dahin gegeben hatte. New England hatte das gesamte Spiel über bis zur letzten Minute geführt. „Wie die Kinder, die es satthatten, von den Klassentyrannen verprügelt zu werden", schrieb NFL-Reporterin Judy Battista, „schlugen die Colts zurück."

„Ich glaube, jeder in dieser Stadt hat es aus seinen eigenen Gründen gebraucht", sagte Vinatieri, der drei Field Goals geschossen und zwölf Punkte beigesteuert hatte. „Meine Gründe mögen andere sein als ihre, aber wir alle mussten New England schlagen."

Selbst in den Meisterschaftsjahren trafen sich Kraft und Belichick am Ende jeder Saison und sprachen die gleiche Frage an: „Was können wir tun, um uns zu verbessern?" Als sie sich kurz nach der enttäuschenden Niederlage in Indianapolis trafen, hätten sie zu dem Schluss kommen können, dass die Verbesserungen, die das Team für 2007 vornehmen muss, nur schrittweise gingen. Schließlich fehlten ihnen am Ende nur vier Punkte und sechzig Sekunden, um den vierten Superbowl in sechs Jahren zu erreichen. Doch Kraft und Belichick hatten schon lange erkannt, dass die Offensive der Colts über mehr Feuerkraft verfügte als die von New England. Diese Diskrepanz war im AFC-Meisterschaftsspiel deutlicher denn je. Die Patriots vermissten vor allem die sicheren Hände von Deion Branch. Als das Spiel auf der Kippe stand, ließen die Receiver der Patriots zwei wichtige Pässe von Brady fallen, die zu einem Touchdown für den Sieg hätten führen können.

Belichick wollte einige hochkarätige Receiver nach New England holen. Kraft gefiel Belichicks Denkweise. Aber jeder Versuch, New Englands Offensivkraft zu erhöhen, würde das Team über die Gehaltsobergrenze bringen. Dies führte Kraft und Belichick zu einer weiteren Frage: Könnten sie mehr Kapital auftreiben?

Das Gespräch drehte sich bald um Brady. Er hatte das mit Abstand höchste Einkommen auf der Gehaltsliste der Patriots. Eine

Möglichkeit, Geld für Ausgaben freizusetzen, wäre eine Reduzierung des Jahresgehalts von Brady, was eine Umstrukturierung seines Vertrags bedeuten würde.

Es wäre Krafts Aufgabe, mit Brady zu sprechen.

Die Niederlage in letzter Sekunde gegen Manning und die Colts war für Brady zutiefst frustrierend. Zu Beginn der neuen Saison hatte er jedoch viel mehr im Kopf als Football. Gegen Ende der Saison 2006, Ende November, hatte er sich von Bridget Moynahan getrennt. Das Paar „habe seine dreijährige Beziehung vor einigen Wochen einvernehmlich beendet", hatte ein Vertreter Moynahans im Dezember gegenüber dem People-Magazin erklärt. Aber die Geschichte hatte noch mehr zu bieten, und das sollte bald bekannt werden.

Später im Dezember, kurz vor Weihnachten, willigte der 29-jährige Quarterback in ein Blind Date mit dem 26-jährigen brasilianischen Supermodel Gisele Bündchen ein. Das Date wurde von einem Freund Bradys arrangiert, der Bündchen kannte und darauf bestand, dass die beiden viel gemeinsam hätten.

Brady und Bündchen lernten sich im Turks & Frogs kennen, einer türkischen Weinbar im New Yorker Stadtteil Greenwich Village. Zu diesem Zeitpunkt war Bündchen auf mehr Titelseiten von Zeitschriften zu sehen als jedes andere Model, und sie war das Gesicht von zwanzig internationalen Marken, angefangen mit Dior bis Versace. Mit einem geschätzten Vermögen von 150 Millionen Dollar war sie eine der reichsten Frauen in der Modeindustrie. Brady wusste jedoch nichts über ihren Reichtum oder die von ihr vertretenen Marken.

Auch Bündchen verfolgte den American Football nicht und wusste nichts über Brady und seine Leistungen. Sie kannte mehr Leute in Hollywood als im Sport. Ein Jahr zuvor hatte sie sich von ihrem langjährigen Freund Leonardo DiCaprio getrennt. Alleine und inmitten einer Selbstfindungsphase wollte Bündchen gerade keine ernsthafte Beziehung eingehen.

Frisch nach der Trennung von Moynahan war Brady auch nicht erpicht auf eine neue Beziehung. Aber er und Bündchen unterhielten sich an diesem Abend schließlich drei Stunden lang. „Ich wusste es sofort – als ich ihn das erste Mal sah", sagte Bündchen später. „Ich musste über Weihnachten nach Hause fahren, aber ich wollte nicht weg. Kennst du das Gefühl, dass du nicht genug bekommen kannst? Seit dem ersten Tag, an dem wir uns kennengelernt haben, gab es nicht einen Tag, an dem wir nicht miteinander gesprochen haben."

Nachdem sie zwei Monate lang miteinander ausgegangen waren, machten Brady und Bündchen im Februar 2007 gemeinsam Urlaub in Paris. Während ihres Aufenthalts berichtete die Klatschkolumnistin der New York Post, Liz Smith, dass Moynahan im dritten Monat mit Bradys Kind schwanger sei. Smiths Kolumne überraschte Brady, der Bündchen erklären musste, dass er Vater werden würde. „Ich hatte das Gefühl, dass meine Welt auf den Kopf gestellt worden war", erklärte Bündchen später. „Natürlich war das keine leichte Zeit."

Während die Boulevardpresse ihren großen Tag hatte, als Brady und seine Familie eine heikle persönliche Angelegenheit verarbeiteten, sah sich Belichick selbst einer Reihe von Herausforderungen in der Öffentlichkeitsarbeit gegenüber. Während der gesamten Saison 2006 wurde Belichick von Geschichten über seinen schlechten Sportsgeist verfolgt. Die meisten davon gingen auf seine Fehde mit dem ehemaligen Assistenztrainer Eric Mangini zurück. Nachdem er sechs Jahre lang unter Belichick in New England trainiert hatte, verließ Mangini das Team nach der Saison 2005 und wurde Cheftrainer der Jets. Es war hinlänglich bekannt, dass sich Belichick und Mangini nicht freundschaftlich getrennt hatten. Das erste Mal, als sie im September 2006 gegeneinander trainierten, gewann New England. Statt des üblichen Händedrucks in der Mitte des Spielfelds ging Belichick an Mangini vorbei und schaute weg, während er ihm die Hand reichte.

Die Reaktion der Presse auf Belichicks sogenannten „no-look handshake" war wahrscheinlich übertrieben. Aber nachdem die Jets im November die Patriots in Foxborough besiegt hatten, waren aller Augen auf ihn gerichtet. Belichick machte die Sache noch schlimmer, indem er nichts sagte, als Mangini seine Hand ergriff und ihm bei einer weiteren peinlichen Begegnung nach dem Spiel alles Gute wünschte. Als er sich Mangini nach dem Sieg der Patriots gegen die Jets in den Play-offs durch ein Meer von Kameraleuten näherte, schubste Belichick einen Fotografen des Boston Globe aus dem Weg und stieß ihm die Kamera ins Gesicht. Der Vorfall wurde landesweit im Fernsehen aufgezeichnet und löste in der Presse heftige Kritik aus.

„Hier ist Belichicks Problem“, schrieb Globe-Kolumnist Brian McGrory, „und es hat nichts mit der Tatsache zu tun, dass er sich kleidet, als käme er aus den Appalachen und die Persönlichkeit eines nassen Mopps hat: Er denkt, er steht über allen anderen … Er glaubt, drei Superbowl-Meisterschaften geben ihm das Recht auf schlechtes Benehmen. Das tun sie nicht.“

Belichick rief den Fotografen zu Hause an und entschuldigte sich. Er äußerte sich auch im Radio zu dem Vorfall und sagte: „Ich wollte ihn da oben wirklich nicht treffen. Ich habe versucht, ihn einfach aus dem Weg zu schieben und zu Eric zu gelangen. Es war nicht … Es war ganz sicher nicht nötig, und ich – ich wünschte, das wäre nicht passiert.“

Einige Wochen später, nach der Niederlage im AFC-Meisterschaftsspiel gegen Indianapolis, erntete Belichick noch mehr Kritik für die Art und Weise, wie er an Peyton Manning vorbeiging und es versäumte, ihm zu gratulieren. „Hier ist ein Mann, der schon jetzt als einer der größten Trainer in der Geschichte der NFL gilt“, sagte Bob Costas. „Ich würde mir wünschen, dass Bill Belichicks persönliche Höflichkeit an seine persönliche Größe als Trainer heranreichte.“

Zur selben Zeit veröffentlichten die Boulevardzeitungen in Boston und New York Behauptungen aus der Klage eines Bauarbeiters in New Jersey, der Belichick eine Affäre mit seiner Frau vorwarf, die zum Scheitern der Ehe geführt habe. Die Frau des Mannes hatte als Empfangsdame für die New York Giants gearbeitet, als Belichick der Defensivkoordinator des Teams war. In den Gerichtspapieren behauptete sie, ihre Beziehung zu Belichick sei platonisch gewesen und bezeichnete ihn als „Freund der Familie“. In den Scheidungsanhörungen im November 2006 und Januar 2007 sagte sie jedoch aus, dass Belichick sie während der Scheidung unterstützte, indem er ihr ein Stadthaus kaufte und ihr monatliche Barzahlungen zukommen ließ.

Für Belichick verblassten all diese Probleme jedoch im Vergleich zu der Entscheidung des Linebackers Ted Johnson, die Tatsache öffentlich zu machen, dass sein Leben seit seinem Rücktritt 17 Monate zuvor außer Kontrolle geraten war. Am 2. Februar 2007, zwei Tage bevor die Colts im Superbowl XLI gegen die Bears antraten, erschien Johnson auf der Titelseite der New York Times unter der Schlagzeile: „Dunkle

Tage folgen auf eine steile Karriere in der NFL." Die beunruhigende Geschichte beschrieb Johnsons Abhängigkeit von Amphetaminen, seinen Kampf mit Depressionen und seine kürzliche Verhaftung wegen häuslicher Gewalt. „Irgendetwas stimmt nicht mit mir", sagte Johnson der Times. „Mit meinem Gehirn stimmt etwas nicht. Und ich weiß, wann es angefangen hat."

Johnsons erschütternder Bericht las sich wie eine Anklageschrift, und er zeigte mit dem Finger direkt auf Belichick. Johnson enthüllte, dass er im Jahr 2002 Gehirnerschütterungen erlitten habe. Der erste ereignete sich während eines Vorsaisonspiels gegen die Giants im August desselben Jahres. Vier Tage später, als das Team zum Vollkontakttraining zurückkehrte, wurde Johnson vom Teamtrainer angewiesen, ein rotes Trikot zu tragen, das die Mannschaftskameraden darauf hinwies, dass er nicht getroffen werden dürfe. Doch nach einer Stunde wurde Johnson ein blaues Trikot überreicht und er wurde aufgefordert, es anzuziehen. Johnson sagte der Times, er habe dies getan aus Angst, sonst seinen Job zu verlieren. „So etwas passiert im Football immer wieder", sagte Johnson. „An diesem Tag waren es Bill Belichick und Ted Johnson. Aber das passiert ständig."

Laut Johnson musste er bei dem ersten Spielzug, der nach seinem Trikotwechsel aufgerufen wurde – „ace-ice" – vier Yards sprinten und einen hart anstürmenden Blocker frontal treffen. Im Moment des Aufpralls sah Johnson Sterne, wurde desorientiert und von einem warmen Gefühl überwältigt. Danach teilte er dem Trainer wütend mit, dass er eine weitere Gehirnerschütterung erlitten habe, was später von einem Neurologen im Massachusetts General Hospital bestätigt wurde. Aus Wut über Belichick verließ Johnson kurzzeitig das Team.

Am selben Tag, an dem die Times-Geschichte erschien, veröffentlichte Jackie MacMullan vom Boston Globe einen noch längeren, anschaulicheren Bericht über Johnsons Gehirnerschütterungen und deren Folgen. Johnson erzählte MacMullan von seiner heftigen Konfrontation mit Belichick nach der Gehirnerschütterung, die er sich am 14. August 2002 im Training zugezogen hatte.

„Ich habe ihm gesagt: ‚Du hast mit meiner Gesundheit Gott gespielt'", sagte Johnson. „‚Du wusstest, dass ich nicht hätte spielen dürfen, und hast mir trotzdem das blaue Trikot gegeben.'

Bill sagte: ‚Ich musste sehen, ob du spielen kannst.' Da habe ich die Kontrolle verloren. Ich sagte zu ihm: ‚Nach all den Jahren musstest du sehen, ob ich spielen kann?'

Bill gab schließlich zu: ‚Hey, Ted, ich habe Mist gebaut. Ich habe einen Fehler gemacht.'"

Als MacMullan sich an Belichick wandte, sagte dieser zu ihr: „Wenn Ted das Gefühl hatte, dass er nicht bereit war, mit uns zu trainieren, hätte er es mir sagen sollen."

Belichick erzählte MacMullan auch, dass er sich an das umstrittene Treffen mit Johnson erinnerte. „Das war ein Wendepunkt für uns", sagte Belichick. „Wir hatten ein langes Gespräch und haben beide versucht, den Standpunkt des anderen zu verstehen.

Ich bin mir sicher, dass ich mich in diesem Gespräch für Dinge entschuldigt habe, die ich gesagt oder getan habe, so wie er sich für seine Handlungen und seine Gefühle nach seiner Entscheidung, das Team zu verlassen, entschuldigt hat. Wenn ich einen Fehler gemacht oder Ted in irgendeiner Weise verletzt habe, fühle ich mich nicht wohl dabei.

Ich hatte den Eindruck, dass wir das Treffen mit den Worten verließen: ‚Wir haben beide Fehler gemacht. Lasst uns vorwärts gehen und auf ein höheres Niveau kommen.' Und genau das haben wir getan."

Bevor Johnson sich zu Wort meldete, hatte die NFL sehr wenig über Gehirnerschütterungen gesagt. Mit seiner Entscheidung, sich während des Superbowl-Wochenendes zu äußern, änderte Johnson das. „Wir sind sehr besorgt über das Problem der Gehirnerschütterungen, und wir werden uns weiterhin intensiv damit befassen und alles tun, um die Gesundheit unserer Spieler zu schützen", so die Liga in einer Erklärung gegenüber der Times. Und am Tag vor dem Superbowl gab Gene Upshaw, der Geschäftsführer der NFL-Spielervereinigung, eine Pressekonferenz und sagte: „Wenn ein Trainer oder jemand anderes sagt: ‚Du hast keine Gehirnerschütterung, geh wieder rein', dann musst du nicht gehen und solltest es auch nicht. Du weißt, wie du dich fühlst. Das ist es, was wir in all den Jahren versucht haben, nämlich den Trainer aus der Entscheidungsfindung herauszunehmen. Es sind die Mediziner, die entscheiden müssen."

Dass Johnsons Leidensweg öffentlich wurde, war ein besonders ernüchternder Moment für Belichick und die Mannschaft. Während seiner zehnjährigen Karriere hatte Johnson den Patriot Way verkörpert. Er war ein Mannschaftskapitän, der sich den Respekt seiner Teamkameraden erworben hatte, von denen viele, darunter Tedy Bruschi, Willie McGinest, Larry Izzo und Roman Phifer, ihn unterstützten.

Kurz nachdem sich die Wogen geglättet hatten, gab Belichick ein außergewöhnliches Interview mit der Boston-Globe-Journalistin Bella English. English deckte Sport nicht. Als sie in Belichicks Büro ankam, sagte er es ihr gleich zu Beginn: „Als erstes möchte ich klarstellen, dass dies nicht von mir initiiert wurde." Auf ihre Frage, was das für einen Unterschied mache, sagte er: „Ich möchte nicht, dass jemand denkt, dass dies eine Art Wahlkampfveranstaltung ist."

English fragte Belichick nach all den Kontroversen des vergangenen Jahres, in die er verwickelt war. Er beantwortete einige der Fragen. Er sagte, es sei ein Fehler gewesen, den Fotografen zu schubsen. Er betonte, dass er und Peyton Manning seit der Abfuhr nach dem AFC-Titelspiel Freunde geworden seien. Und er teilte freiwillig mit, dass er und seine Frau geschieden seien. Auf die Frage nach der Beziehung zu seinen Spielern antwortete er: „Einige von ihnen liebe ich. Ich kann nicht behaupten, dass ich 53 Typen liebe. Ich respektiere sie alle, und ich hoffe, sie respektieren mich."

Keiner von Belichicks Spielern sprach mit English. Die Mannschaftskapitäne Mike Vrabel und Tedy Bruschi reagierten nicht auf Bitten um Stellungnahme. Kraft war die einzige Person aus der Patriots-Organisation, die mit English sprach. Auf die Frage nach Belichicks Ruf, im Umgang mit den Medien kurz angebunden zu sein – oder noch schlimmer –, konzentrierte sich Kraft auf die positiven Eigenschaften seines Trainers.

„Einer der Gründe, warum ich ihn als Trainer und Mensch mag, ist, dass er nie prahlerisch und selbstgefällig ist", sagte Kraft. „Er macht niemandem etwas vor, und das ist für mich in dieser Phase meines Lebens sehr wichtig. Ich werde dies sagen: Ich habe noch nie erlebt, dass er mich belogen hat. Vielleicht sagt er mir etwas nicht, aber er hat mich noch nie angelogen." Er hielt inne und fügte hinzu: „Ich sage nicht, dass er immer zuvorkommend ist."

English fragte Kraft nach dem Bericht der Boulevardpresse über Belichicks Rolle im Scheidungsfall in New Jersey. Kraft sagte, er habe mit Belichick noch nicht darüber gesprochen. „Ich versuche auch, niemanden zu verurteilen", sagte Kraft, „denn niemand kennt das Privatleben von irgendjemandem. Ich kann nur sagen, ich glaube, dass Bills Hauptaugenmerk nach Football auf seinen Kindern liegt, und davor habe ich großen Respekt."

English sprach auch mit ihrem Kollegen Michael Holley, der zwei Jahre mit Belichick verbracht hatte, als er 2005 sein Buch Patriot Reign schrieb. Holley kannte Belichick besser als jeder Bostoner Journalist. Er sagte English: „Selbst derjenige, der ihn hasst, wird sagen, dass er ein großartiger Trainer ist. Er ist nicht daran interessiert, mit ihnen befreundet zu sein, und sie sind nicht daran interessiert, mit ihm befreundet zu sein. Alles, was sie von ihm erwarten, ist: ‚Gebt uns eine Chance zu gewinnen'. Ich glaube nicht, dass die Leute sagen würden, Bill Belichick sei ein großer Mann. Er ist ein großartiger Trainer. Er ist ein interessanter Mann."

Englishs ausführliches Porträt von Belichick erschien am 4. März 2007. Am nächsten Tag verpflichtete Belichick den Receiver Wes Welker von den Miami Dolphins für einen Fünfjahresvertrag im Wert von 18 Millionen Dollar. Zwei Tage später verpflichtete Belichick den Wide Receiver Donté Stallworth von den Philadelphia Eagles für einen Sechsjahresvertrag im Wert von 30 Millionen Dollar. Welker war ein hochtalentierter Kick- und Punt-Returner, der sich in Miami gerade als effektiver Receiver zu etablieren begann. Stallworth konnte geradezu fliegen. Die Aufnahme von Welker und Stallworth in den Kader veränderte New Englands Offensive sofort.

Belichick war aber noch nicht fertig. Er hatte etwas viel Verwegeneres im Sinn. Er wollte sich den elektrisierendsten und rätselhaftesten Spieler der NFL vornehmen – Oakland Raiders Wideout Randy Moss. Moss, der sich selbst als „Laune der Natur" bezeichnete, war 1,93 Meter groß, lief die 40 Yards in 4,25 Sekunden und hatte einen vertikalen Sprung von 1,30 Meter. Er war im Eins-gegen-Eins so schwer zu decken, dass die Teams „Moss Rules" entwickelten, um ihn abzuwehren. Selbst das war nutzlos. Wenn er doppelt gedeckt wurde, konnte Moss einfach jeden überholen und ausstechen. Er war der mit Abstand talentierteste Receiver der Liga.

Aber die Patriots hatten unter der Gehaltsobergrenze keinen Platz mehr, um Moss zu verpflichten. Um etwas Spielraum zu schaffen, sprach Kraft mit Brady, und die beiden arbeiteten die Nacht hindurch an einer Umstrukturierung seines Vertrags. Brady stimmte zu, sein 6-Millionen-Dollar-Gehalt im Jahr 2007 auf 720.000 Dollar zu reduzieren und im Gegenzug einen Bonus von 5,28 Millionen Dollar zu erhalten. Außerdem erhielt er eine Erhöhung seines Grundgehalts für 2009 um 2,9 Millionen Dollar. Obwohl die Änderungen an Bradys Vertrag halfen, konnte sich New England Moss immer noch nicht leisten – sein Vertrag mit Oakland sicherte ihm für die nächsten zwei Jahre 21 Millionen Dollar zu. Doch Moss war sehr unzufrieden und wollte weg aus Oakland.

Außerdem hatten die Raiders gerade einen neuen Trainer, Lane Kiffin, eingestellt, der der jüngste Head Coach in der modernen NFL-Geschichte war. Mit seinen 31 Jahren hatte Kiffin nicht viel Erfahrung mit dem Abschluss von Verträgen, und Belichick war der Meister. Er bot Oakland im Austausch für Moss einen Draft-Pick der vierten Runde im Draft 2007 an. Da Kiffin wusste, dass Moss aussteigen wollte, hielt er dies für das Beste, was er tun konnte. Der Besitzer der Raiders, Al Davis, stimmte zu, da er erkannte, dass er zumindest 21 Millionen Dollar aus den Büchern seines Teams streichen würde.

Es gab noch eine weitere Schwierigkeit. Belichick wollte Moss nur einen Einjahresvertrag mit einem Grundgehalt von 2,5 Millionen Dollar anbieten. Das entsprach einer Gehaltskürzung von 6 Millionen Dollar. Es war an Belichick, das Geschäft abzuschließen.

Der erste Tag des NFL Draft 2007 war schon Stunden zuvor zu Ende gegangen, aber am Sonntag, dem 29. April, um 3.30 Uhr morgens, war Belichick in Foxborough immer noch am Telefon. Er tätigte einen Anruf bei Randy Moss.

Es war 2.30 Uhr nachts in Houston, und Moss betrat gerade mit Freunden einen Nachtclub, als sein Handy zu summen begann und er den Anruf entgegennahm.

„Hi, Randy. Hier ist Bill Belichick."

„Mann, verpiss dich! Wer zum Teufel ist da?"

„Bill Belichick."

„Du verarschst mich, Mann", sagte Moss, bevor er das Gespräch beendete.

Augenblicke später rief Belichick erneut an.

„Randy, hier ist Bill Belichick."

„Das will ich nicht hören, Mann. Wer ist das denn nun wirklich?"

„Nein, Randy, hier ist Bill Belichick."

Moss hielt schließlich inne und erkannte, dass es wirklich Belichick war.

Belichick wartete.

„Coach, ich entschuldige mich", sagte Moss.

Ohne beleidigt zu sein, kam Belichick auf den Punkt. „Randy, die Raiders wollen dich eintauschen", begann er. Belichick teilte Moss daraufhin mit, dass er einen Deal abgeschlossen habe, der ihn nach New England bringen würde, und dass der Besitzer der Raiders, Al Davis, diesem vorläufig zugestimmt habe. Es gab ein paar Bedingungen. Der wichtigste Punkt war, dass Moss eine beträchtliche Gehaltskürzung akzeptieren musste.

Es stellte sich heraus, dass Moss dazu bereit war. Er hatte in seiner Karriere viel Geld verdient. Das Einzige, wonach er sich sehnte, war eine Super-Bowl-Meisterschaft, und New England war seine beste Chance, eine zu bekommen.

Belichick erklärte ihm, er würde auch eine körperliche Untersuchung bestehen müssen. Und die Untersuchung musste bis zum Beginn des zweiten Tages des Drafts, also am selben Tag, abgeschlossen sein.

„Ich werde es auf den Punkt bringen", sagte Belichick. „Al Davis hat gesagt, wenn du bis zehn Uhr morgens nicht hier bist, ist der Deal hinfällig."

Zu Moss' Glück hatte er sein eigenes Privatflugzeug. Dieser legte auf und fing sofort an, High-Fives mit seinen Freunden machen und wahllos Leute im Nachtclub zu umarmen.

„Was ist los?", fragte einer seiner Freunde.

„Ich bereite mich darauf vor, ein Patriot zu werden", sagte Moss.

Robert Kraft war sich darüber im Klaren, was es bedeuten würde, Randy Moss für New Englands Offensive zu verpflichten. Mit ihm und Brady wären die Patriots nicht zu stoppen. Außerdem konnte Kraft sich nicht über die Umstände beruhigen – New England musste lediglich einen Draft Pick der vierten Runde abgeben. Belichick war im Grunde mit schwerem Diebstahl davongekommen.

Krafts einzige Sorge galt dem Ruf, in dem Moss stand. Seit seinem Eintritt in die Liga war Moss verhaftet worden, weil er mit seinem Fahrzeug einen Verkehrspolizisten gerammt hatte, und mehrfach zu Geldstrafen verurteilt, weil er einen Schiedsrichter mit einer Wasserflasche nass gespritzt und Sponsoren im Mannschaftsbus beschimpft hatte. Am berüchtigtsten war der Vorfall, bei dem er so tat, als würde er seine Hose herunterziehen und den Packer-Fans im Lambeau Field den Hintern zeigen, nachdem er während eines landesweit im Fernsehen übertragenen Play-off-Spieles im Jahr 2005 einen Touchdown für die Vikings erzielt hatte. Nachdem die Liga ihn mit einer Geldstrafe von 10.000 Dollar belegt hatte, verkaufte Minnesota ihn einen Monat später an Oakland.

Belichick spielte alle Medienberichte über Moss' Verhalten abseits des Spielfelds herunter. Für ihn war nur wichtig, ob Moss in die Teamkultur der Patriots passen würde. Und Moss beantwortete diese Frage zu Belichicks Zufriedenheit, als er zustimmte, auf seinen Vertrag in Oakland zu verzichten, um für New England zu spielen. Mehr als alles andere wollte er eine Meisterschaft.

Dennoch sagte Kraft zu Belichick, er wolle sich mit Moss persönlich treffen, sobald seine medizinische Untersuchung abgeschlossen sei.

Kraft saß gerade hinter seinem Schreibtisch, als Moss in sein Büro geführt wurde. Moss nahm auf dem leeren Stuhl neben Jonathan Kraft Platz, auf der gegenüberliegenden Seite von Roberts Schreibtisch. Nach dem Austausch von Höflichkeiten lehnte sich Kraft nach vorne, stützte die Ellbogen auf den Schreibtisch, verschränkte die Hände und sagte: „Ich weiß, wie großartig du bist." Dann zeigte Kraft auf das Patriots-Logo auf seinem Hemd. „Dieses Logo ist ein Synonym für die Familie Kraft. Jeder, der nach New England kommt, trägt tatsächlich unseren Familiennamen."

Moss nickte.

„Du kannst nicht die Menge anpöbeln oder auf den Torpfosten hauen, wie du es in Minnesota getan hast", so Kraft weiter. „Denn wenn du das tust, ist es mir egal, was Belichick sagt. Ich feuere dich."

Moss nickte erneut.

„Ich möchte nur, dass du das weißt", sagte Kraft. „Und ich will es gleich vorweg sagen. Weil das mein Familienname ist."

Einige Augenblicke herrschte betretenes Schweigen.

„Ich möchte Teil der Kraft-Familie sein", begann Moss, bevor er zum Ausdruck brachte, wie dankbar er war, in New England zu sein. Das Gespräch dauerte dreißig Minuten und deckte alles ab von der Familie bis zum Geschäft. Am Ende betonte Moss, wie sehr er sich wünschte, für Belichick zu spielen, wie sehr er sich darauf freute, mit Brady zu spielen, und wie begeistert er davon war, ein Patriot zu sein. Dann stand er auf, ging zu Krafts Seite des Schreibtischs und umarmte ihn. „Danke, Mr. Kraft", sagte er.

„In Ordnung", sagte Kraft leise und klopfte ihm auf die Schulter.

Nachdem Moss gegangen war, wandte sich Robert an Jonathan.

„Was meinst du?", fragte er.

„Er ist klug", sagte Jonathan. „Er ist wirklich klug. Ich mag ihn. Ich mag ihn sehr."

„Ich mag ihn auch", sagte Robert.

Aber das Treffen, das Moss wirklich beeindruckte, war seine Begegnung mit Myra Kraft. Moss wusste um ihren Ruf als Philanthropin und Verfechterin der Frauenrechte. Als Moss sie im Front Office der Patriots sah, sprach sie ihn mit einem Lächeln an.

„Mrs. Kraft", sagte Moss, „egal, was Sie über mich gehört haben …"

Sie unterbrach ihn. „Ich weiß. Ich weiß. Wir haben unsere Hausaufgaben gemacht, was Sie betrifft. Ich bin nur froh, dass Sie hier sind." Dann beugte sie sich vor, reckte sich und küsste ihn auf die Wange.

Moss war gerührt. Bis zu diesem Zeitpunkt hatte er Football immer als reinen Männersport betrachtet. Myra hatte sein Denken verändert.

Bei der ersten Teambesprechung, an der Randy Moss teilnahm, saß er neben Donté Stallworth. Beide waren Neulinge und fragten sich, was sie erwarten würde. Belichick sprach zunächst über die AFC-Meisterschaftsniederlage gegen Indianapolis, die die vorherige Saison beendet hatte. Er erwähnte, dass sie eine 21:3-Führung verspielt hatten. Dann zeigte er Videomaterial von jedem Fehler, den die Mannschaft in der zweiten Halbzeit gemacht hatte. Einer der Fehler war ein Fehlpass von Brady.

„Was ist das denn für ein beschissener Wurf?", blaffte Belichick. „Ich kann den verdammten Johnny Foxborough von der anderen Straßenseite dazu bringen, einen besseren Wurf zu machen als diesen."

„Oh, mein Gott!“, dachte Moss.

„Heilige Scheiße!“, dachte Stallworth. „Ist das echt?“

Moss und Stallworth warfen sich einen diskreten Blick zu. „Oh-oh“, flüsterte Moss. „Worauf haben wir uns da eingelassen?“

Brady saß in der ersten Reihe, verzog keine Miene und machte sich Notizen. Er mochte es nicht unbedingt, wenn man ihn vor seinen Mannschaftskameraden ausgrenzte und beschimpfte. Kein Spieler mochte das. Aber jeder war anfällig für Belichicks vernichtende Kritik, und Brady wollte nicht anders behandelt werden als seine Mannschaftskameraden.

Dennoch war Brady anders. Und jeder seiner Mannschaftskameraden wusste das. Er war der bestbezahlte Spieler des Teams, der erfolgreichste Quarterback der NFL, der fünfte Sohn des Besitzers und der Anführer der erfolgreichsten Mannschaft des Jahrzehnts. Abseits des Spielfelds war er der berühmteste Football-Spieler Amerikas, und er hatte eine romantische Beziehung mit der Frau, die der Rolling Stone gerade zum „schönsten Mädchen der Welt“ erklärt hatte. Allein in diesem Sommer war Gisele auf den Titelseiten von Vanity Fair, Vogue, Cosmopolitan, Harper's Bazaar und W zu sehen. In der Zwischenzeit brachte Bradys Ex-Freundin gleich zu Beginn des Trainingslagers den gemeinsamen Sohn Jack zur Welt. Bei alldem, was Brady zu tun hatte, bewunderten seine Mannschaftskameraden seine Konzentration und sahen in ihm den ultimativen Anführer. Jedes Mal, wenn Neulinge Zeuge wurden, wie Belichick Brady zur Rede stellte, wirkte das wie ein Schock.

Belichicks Vorliebe für die Forderung nach Selbstlosigkeit, Disziplin und strikter Beachtung von Details hatte seine Wurzeln in der militärischen Umgebung, in der er aufgewachsen war. „Als ich aus der High School kam, war das alles, was ich kannte“, sagte Belichick. „Ich hatte keinen Blick für egoistische Spieler oder Jungs, die nicht das tun wollten, was sie tun sollten. Das gab es an der Naval Academy nicht, und das gab es auch nicht in Annapolis. Wenn man so aufwächst und nur das sieht, dann prägt es einen und beeinflusst die eigene Philosophie, weil man nur das kennt.“

Obwohl er auf die Beschimpfungen und Einschüchterungstechniken hätte verzichten können, war Bradys Bereitschaft, sein Ego zurückzustellen und sich Belichicks militaristischen Methoden zu unterwerfen, ein wesentlicher Bestandteil des Erfolgs der Patriots. Bradys Anpassungsfähigkeit setzte den Maßstab. Indem er nicht rebellierte oder sich beschwerte, gab er den Ton für jeden Neuankömmling an, der sich den Patriots anschloss. „Das war unser erstes Football-Treffen mit Bill Belichick", sagte Moss. „Der Faktor Verantwortlichkeit spielte eine große Rolle, da er wusste, dass, wenn er Tom Brady zu einem höheren Standard anhielt, alle anderen sich besser anschlossen, oder man wird rausgeschmissen."

„An diesem Tag", so Stallworth, „haben wir die Wahrheit über New England erfahren: Wenn Tom Brady sich so etwas anhören musste, war niemand mehr sicher."

Alles, woran Brady dachte, war, mit diesen neuen Receivern wieder aufs Spielfeld zu kommen. Er fühlte sich wie neugeboren.

28

TRANSZENDENZ

Die Patriots begannen die Saison 2007 wie Rennpferde, die aus der Startbox kommen. Als er im Tunnel des Giants Stadium stand und darauf wartete, vor dem ersten Spiel gegen die Jets vorgestellt zu werden, konnte Brady es kaum erwarten, loszulegen. Running Back Kevin Faulk zog Receiver Donte Stallworth zur Seite. „Halt dich von Brady fern, bevor wir rausgehen", warnte Faulk. „Er wird dir eine Kopfnuss verpassen. Er ist zu aufgeregt." Augenblicke später schrie Brady auf: „Lasst uns verdammt nochmal anfangen!" und hämmerte seinen Helm gegen Stallworths Helm, so dass dieser zurückgeworfen wurde. „Shit!", dachte Stallworth. „Der Kerl meint es ernst."

Im ersten Drive führte Brady die Offense in zwölf Spielzügen über 91 Yards und schloss den Drive mit einem Touchdown-Strike zu Wes Welker ab. Moss war den ganzen Tag über offen und fing neun Pässe für 183 Yards. Zeitweise sah es so aus, als ob die Patriots mit den Jets spielten. In einem Spielzug warf Brady einen Pass über 55 Yards durch die Luft in eine Dreifachdeckung. Moss fing ihn im Laufschritt und glitt in die Endzone zum Touchdown. New England gewann auswärts mit 38 : 14.

Doch die Spielchen hinter den Kulissen zwischen den Jets und den Patriots überschatteten schnell die Geschehnisse auf dem Spielfeld. In einem auffälligen Schritt, der weitreichende Folgen haben sollte, beschloss Jets-Coach Eric Mangini, Bill Belichick wegen eines Verstoßes gegen eine Regel des NFL-Handbuchs, dem Game Operations Manual, zur Rede zu stellen. Die Regel verbot den Mannschaften die Verwendung von Videoaufzeichnungsgeräten auf dem Feld während der Spiele. Damit sollte unter anderem verhindert werden, dass gegnerische Defensivtrainer gefilmt werden, wenn sie mit Handzeichen mitteilen, welche Verteidigung bei jedem Snap gespielt werden soll. Im Gegensatz zu den Offensivtrainern, die dem Quarterback die Spielzüge über ein in den Helm integriertes Kommunikationsgerät mitteilten, signalisieren die Defensivtrainer die Spielzüge von der Seitenlinie aus.

Es war üblich, dass man versuchte, die Abwehrsignale der gegnerischen Mannschaft zu entschlüsseln. Ein Patriots-Scout, der in der Pressetribüne saß, könnte beispielsweise durch ein Fernglas auf einen Jets-Coach schauen und dabei in ein Handgerät flüstern: „Vier Minuten verbleiben zweites Viertel, Second-and-Five, linke Hand auf die Schulter, zurück zum Knie, hoch zum Hut.“ Das war zulässig. Doch ein Jahr zuvor hatte die Liga ein Memo herausgegeben, in dem sie die Teams ausdrücklich daran erinnerte, dass das Regelwerk die Aufnahme derselben Art von Informationen mit einer Videokamera verbietet.

Mangini vermutete, dass Belichick das Memo ignorieren würde. Während der ersten Halbzeit des Jets-Spiels hatte sich der 26-jährige Patriots-Videoassistent Matt Estrella mit einer auf die Seitenlinie der Jets gerichteten Kamera hinter der Bank der Patriots postiert. Kurz vor der Halbzeit verließ Estrella das Spielfeld und war auf dem Weg zur Umkleidekabine der Patriots, als er vom Sicherheitspersonal der Jets aufgehalten wurde. Estrellas Kamera und Film wurden konfisziert, und er wurde in ein Büro geführt, in dem Offizielle der Ordnungskräfte saßen, die zur Überwachung des Stadions vor Ort waren.

Mark Briggs, der Sicherheitschef der Patriots, kam Estrella zu Hilfe. Briggs, ein strenger ehemaliger Militäroffizier, forderte die Rückgabe des Bandes. Als die Jets-Leute sich weigerten, wurde der Streit so heftig, dass ein paar Polizisten eingriffen, um die Situation zu deeskalieren.

Kurz vor Beginn der zweiten Halbzeit rief Briggs in der Gästesuite an und erzählte den Krafts, was vor sich ging. Kurze Zeit später tauchte Ray Anderson, der leitende Vizepräsident für Football-Operationen bei der NFL, in der Suite der Krafts auf. Anderson, ein in Harvard ausgebildeter Jurist, hatte das Memo über die Videoaufzeichnung verfasst.

Er informierte Robert über die Geschehnisse in der ersten Halbzeit und berichtete, dass der NFL-Sicherheitsdienst das Band an sich genommen hatte und es zur Überprüfung in die NFL-Zentrale nach New York transportierte.

Andersons Briefing überraschte Kraft. Unmittelbar nach dem Spiel suchte Kraft Belichick in der Umkleidekabine auf.

„Bill, nehmen wir das auf?", fragte er.

Belichick starrte ihn ausdruckslos an.

Ein Jahr zuvor war der 47-jährige Roger Goodell zum Nachfolger von Paul Tagliabue als NFL-Commissioner gewählt worden. Fünf weitere Kandidaten von außerhalb der Liga waren in Betracht gezogen worden. Es bedurfte fünf Abstimmungsrunden unter den 32 NFL-Besitzern, bis Goodell die nach den Statuten der Liga erforderliche Zweidrittelmehrheit erreichte. Kraft hatte sich für Goodell eingesetzt, indem er Besitzer anrief, die noch unentschlossen waren, ob sie ihn unterstützen wollten. Kraft brachte ein einfaches Argument vor – die NFL ist ein sehr kompliziertes Geschäft; der Commissioner hat 32 Chefs; die steile Lernkurve würde es für jemanden, der von außen kommt und in der Lage ist, die Dinge vom ersten Tag an zu leiten, fast unmöglich machen; Goodell war eine bekannte Größe, die intern unter Tagliabue ausgebildet worden war; Goodell war der am besten Qualifizierte für den Job.

In den Monaten vor der Abstimmung hatte Kraft Goodell bei sich zu Hause empfangen und viele Stunden mit ihm über die Initiativen der Liga gesprochen. Kein Besitzer hatte eine engere persönliche und Arbeitsbeziehung zu Goodell entwickelt als Kraft, sodass die Anschuldigung der Jets gegen die Patriots Goodell in eine unangenehme Lage brachte. Zwei Tage nach dem Saisonauftakt gab sein Büro eine Erklärung ab, in der es bestätigte, dass eine Untersuchung im Gange sei und dass eine Entscheidung darüber, ob die Patriots gegen die Ligaregeln verstoßen hätten, in Kürze fallen werde.

Aber das Image der Patriots war bereits angeschlagen. So lautete die Schlagzeile im Boston Herald vom Mittwochmorgen: „Pats, Lies and Videotape." Die meiste Kritik richtete sich an Belichick. Eine Schlagzeile in der New York Daily News lautete: MANGINI NIMMT BELITRICK VON DEN PATS HOCH. „Wenn Bill Belichick in SpyGate tatsächlich schuldig ist", schrieb Daily News-Kolumnist Gary Myers, „dann darf

Roger Goodell einen dreimaligen Superbowl-Gewinner nicht bevorzugen. … Wenn Belichick den Spionagering eingerichtet hat, bedeutet das, dass er betrogen hat, und Betrüger müssen bestraft werden."

Belichick gab daraufhin eine einzeilige Erklärung ab, in der er bestätigte, dass er bereits mit dem Commissioner gesprochen hatte, aber noch nicht über die Entscheidung der Liga informiert worden war. „Ich möchte mich bei allen entschuldigen, die davon betroffen sind, vor allem bei den Besitzern, den Mitarbeitern und den Spielern", sagte Belichick. „Nach der Entscheidung der Liga werde ich weitere Kommentare abgeben."

Seine Erklärung trug nicht zur Beilegung der Kontroverse bei. Als Belichick später am Tag zu seiner wöchentlichen Pressekonferenz im Medienraum der Patriots erschien, um über das bevorstehende Spiel der Mannschaft gegen die San Diego Chargers zu sprechen, wurde er von 15 Fernsehkameras und einer Reihe von nationalen Medienvertretern begrüßt, die nicht gekommen waren, um über Football zu sprechen. Nachdem er 14 Fragen zum Thema Videoaufzeichnung beantwortet hatte, war Belichick verärgert. „Gibt es Fragen zu den Chargers?", fragte er. „Irgendetwas über das Football-Spiel?"

Belichick stand unter Beschuss. Am nächsten Tag lautete die Schlagzeile in USA Today: „Pats-Coach steht wegen Zeichenklau NFL-Disziplinierung bevor." Und die Sportkolumnistin der Zeitung, Christine Brennan, schrieb: „Heimlich die gegnerische Seitenlinie zu filmen, um zu versuchen, die Signale der gegnerischen Abwehrtrainer zu stehlen, ist falsch." CNN und andere Kabelsender behandelten die Situation, als handele es sich um einen politischen Korruptionsskandal. Der Kolumnist der New York Times, Dave Anderson, schrieb: „In der Biografie des Patriots-Besitzers Robert K. Kraft im Medienhandbuch des Teams von 2006 wird damit geprahlt, dass der dreimalige Superbowl-Champion ‚oft als Modell-Mannschaft bezeichnet wird'. Jetzt nicht mehr. Jetzt scheint es sich um einen vorbildlichen Betrug zu handeln." Der einflussreiche Sportkolumnist Tom Pedulla meldete sich zu Wort: „Es geht um nichts Geringeres als um den Stolz und das Ansehen der Patriots."

Sogar Spieler von rivalisierenden Mannschaften, die Meisterschaftsspiele gegen New England verloren hatten, mischten sich in den Kampf ein. Der Receiver der Pittsburgh Steelers, Hines Ward, behauptete ohne Angabe von Beweisen, die Patriots hätten die Spielzüge der Steelers während des AFC-Meisterschaftsspiels 2002 im Voraus gekannt. „Sie kannten eine Menge unserer Zeichen“, sagte Ward. „Es steht außer Frage, dass einige ihrer Spieler einiges von uns weitergegeben haben.“ Auch die Mitglieder des Teams der Philadelphia Eagles, die den Superbowl gegen New England verloren hatten, fragten, ob sie aufgrund von Betrug verloren hatten. Und der amtierende NFL-MVP der San Diego Chargers, Running Back LaDainian Tomlinson, dessen Team im Vorjahr von New England aus den Play-offs geworfen worden war, sagte: „Ich glaube, die Patriots leben nach dem Motto: ‚Wenn du nicht betrügst, dann versuchst du es nicht.‘“

Kraft war wütend. Der Ruf seiner Mannschaft wurde in den Dreck gezogen. Plötzlich wurde alles, was die Patriots im letzten Jahrzehnt erreicht hatten, infrage gestellt. Kraft sprach mit Belichick über die Situation.

Belichick bestritt nicht, dass eine Regel der Liga gebrochen worden war. Sie hatten nämlich die Seitenlinie der Jets während der ersten Halbzeit auf Video aufgenommen. Er betonte jedoch, dass die Aufnahmen keinen Einfluss auf den Ausgang des Spiels hatten. Für Belichick war es ganz einfach: Es war ein „Ding“, weil die Patriots beteiligt waren.

Kraft stimmte zu, dass das Thema überbewertet wurde. Das änderte jedoch nichts an der Tatsache, dass unzulässige Videoaufnahmen gemacht worden waren. „Darum geht es uns nicht“, sagte er zu Belichick.

Belichicks Handlungen entsprangen seiner Besessenheit, alles über seine Gegner zu wissen. Kraft nahm es unterdessen übel, wenn seine Organisation etwas tat, von dem er nichts wusste, vor allem etwas, das dem Image des Teams schadete.

„Auf einer Skala von eins bis hundert, wie hilfreich ist das?“, fragte Kraft.

„Eins“, sagte Belichick.

„Dann bist du ein Schmock“, sagte Kraft.

Am 13. September verhängte Goodell über Belichick eine Geldstrafe von 500.000 Dollar. Es war die höchste Geldstrafe, die in der Geschichte der Liga je gegen einen Trainer verhängt wurde.

„Dieser Vorfall“, schrieb Goodell, „stellt einen kalkulierten und bewussten Versuch dar, seit langem bestehenden Regeln zu umgehen, die das Fair Play und den ehrlichen Wettbewerb auf dem Spielfeld fördern sollen.“

Goodell räumte zwar ein, dass New Englands Aufnahmen keinen Einfluss auf den Ausgang des Spiels hatten, bedachte die Patriots aber dennoch mit einer Geldstrafe in Höhe von 250.000 Dollar und entzog dem Team seinen Erstrunden-Draft-Pick für 2008.

Die Sanktionen waren beispiellos. Noch nie hatte ein Team zur Strafe einen Erstrundenpick verloren. Und keine Mannschaft und kein Trainer wurde jemals wegen unangemessener Videoaufnahmen bestraft.

Die härteste Strafe wurde jedoch vor dem Gericht der öffentlichen Meinung verhängt. Nach Goodells Entscheidung erklärte die New York Times: „ES IST OFFIZIELL: Bill Belichick, einer der erfolgreichsten Trainer der modernen Sportära, ist ein verurteilter Betrüger.“

Auf dem Spielfeld waren Eric Mangini und die Jets Belichick und den Patriots nicht gewachsen. Aber die Entscheidung, Belichick zu melden – und die Art und Weise, wie die Jets dies taten – hatte Belichick und die Patriots auf eine viel persönlichere und dauerhaftere Weise gezeichnet.

Obwohl dies nichts zur Schadensbegrenzung beitrug, entschuldigte sich Belichick ein zweites Mal und ausführlicher. „Ich entschuldige mich nochmals bei der Familie Kraft und allen Personen, die direkt oder indirekt mit den New England Patriots zu tun haben, für die Peinlichkeit, die Ablenkung und die Strafe, die mein Fehler verursacht hat“, sagte er in einer offiziellen Erklärung. „Wie der Commissioner einräumte, hatte unser Einsatz des Videos von der Seitenlinie keinen Einfluss auf das Ergebnis des Spiels von letzter Woche. Wir haben niemals Videos von der Seitenlinie verwendet, um uns während des Spiels einen Wettbewerbsvorteil zu verschaffen.

Zu meinen Aufgaben als Cheftrainer gehört es, dafür zu sorgen, dass unser Football-Betrieb in Übereinstimmung mit den Ligaregeln und allen akzeptierten Auslegungen dieser Regeln durchgeführt wird. Ich habe eine Bestimmung der Verfassung und der Geschäftsordnung falsch interpretiert.“

Vor dem Spiel der Patriots gegen die Chargers wurde Brady vom Pressekorps in San Diego gefragt, ob er eine Antwort auf LaDainian Tomlinsons Vorwurf habe, die Patriots seien Betrüger. „Wenn ich auf alles, was die Leute über mich oder uns sagen, eine Antwort hätte, dann wäre ich den ganzen Tag damit beschäftigt, auf alles zu antworten", sagte Brady. „Ich denke, ein Teil der großartigen Sache hier ist, dass wir kontrollieren, was wir kontrollieren können. Das ist unsere Einstellung, unsere Arbeitsmoral und unsere Vorbereitung."

Brady hielt seinen Mund. Das taten auch seine Mannschaftskameraden. Während Belichick die ganze Woche über an den Pranger gestellt wurde, hörten seine Spieler nie eine Klage von ihm. Selbst als ein Bostoner Kolumnist Belichicks verstorbenen Vater in die Sache hineinzog – „Was würde Steve Belichick zum Sündenfall seines Sohnes sagen?", schrieb er – predigte Belichick in der Praxis weiterhin eine Botschaft: Fokus. Fokus. Fokus. Und in seiner Pressekonferenz vor dem Spiel gegen die Chargers praktizierte Belichick, was er predigte.

Reporter: Möchten Sie etwas zu den Behauptungen sagen, dass dies in der Vergangenheit geschehen ist?

Belichick: Meine ganze Aufmerksamkeit gilt den San Diego Chargers. Ich arbeite nur daran, mich auf dieses Team vorzubereiten.

Reporter: Möchten Sie die Fans ansprechen?

Belichick: Wir ziehen weiter nach San Diego. Das ist es, was ich anspreche.

Reporter: Können Sie erklären, wie Sie die Vorschrift falsch interpretieren konnten?

Belichick: Das spielt keine Rolle. Wir ziehen weiter.

Reporter: Können Sie eine halbe Million Dollar in Raten zahlen, oder müssen Sie sie im Voraus bezahlen?

Belichick: Ich denke nur an die Chargers.

Die Spieler nahmen sich Belichicks Verhalten zum Vorbild.

Das Gillette Stadium fühlte sich feindlich an. Als Tom Brady das Spielfeld zum Aufwärmen betrat, ertönte Lose Yourself von Eminem aus dem Soundsystem.

No more games, I'ma change what you call rage

Tear this motherfuckin' roof off like two dogs caged

Schweigend und mit stählernem Blick starrte Brady die Spieler der Chargers an, als er an ihnen vorbei joggte. Auch Bruschis Blick war tödlich, ebenso wie Vrabels und Seymours und Izzos und der aller anderen Spieler, die für den Gewinn der drei Lombardi-Trophäen gekämpft hatten, die die Kritiker die ganze Woche über zu beschmutzen versucht hatten. Und Neulinge wie Moss, Welker und Seau, die noch nie erlebt hatten, wie es ist, eine Meisterschaft zu gewinnen, fanden sich plötzlich in einer emotionsgeladenen Atmosphäre wieder, als 68.000 lautstarke Fans mit Schildern wie „In Bill We Trust" auf den Beinen waren und brüllten und klatschten, als Belichick das Feld betrat. Alle waren so aufgeregt, dass es sich wie ein Endspiel anfühlte. Nach einer Woche voller Turbulenzen war es für New England an der Zeit, dem Rest der Liga eine Botschaft zu übermitteln.

Beim ersten Ballbesitz der Patriots ging Brady im Wesentlichen zur Zwei-Minuten-Offensive über und warf bei jedem Spielzug, wobei er sechs von sieben Pässen abschließen konnte. Der siebte führte zu einem Touchdown. Nach weniger als drei Minuten waren die Patriots in der Endzone, Brady reckte die Faust in den Himmel, die Minutemen feuerten ihre Musketen ab, und die New Englanders jubelten.

„Es ist fast so, als hätten die Patriots gesagt: ‚Wir brauchen keine Kameras'", sagte NBC-Moderator Al Michaels über den Lärm hinweg. „Ich garantiere, dass heute Abend keine auf die Trainer von San Diego gerichtet sein werden."

Beim ersten Spielzug der Chargers fingen die Patriots den Ball ab. Wenige Minuten später warf Brady einen weiteren Touchdown-Pass, diesmal zu Moss. Brady joggte vom Spielfeld und klopfte Belichick wortlos auf den Hintern. Bevor die Chargers wussten, wie ihnen geschah, lagen sie in der ersten Halbzeit bereits mit 24 : 0 zurück. Trotz der vielen Ablenkungen, die das Team umgaben, setzten die Spieler Belichicks Spielplan einwandfrei um. Die Patriots gewannen in der zweiten Woche in Folge mit 38 : 14. Als die letzten Sekunden auf der Uhr abliefen, ging Brady an der Seitenlinie auf Belichick zu, legte den Arm um ihn, lächelte ihn schließlich an und ließ ihn wissen, dass das Team hinter ihm stand.

In der Umkleidekabine trommelte Bruschi anschließend alle zusammen. „Wie fühlen wir uns, wenn wir in den Hintern treten und den besten Trainer der Liga haben", rief er. Das „Ooohhh, yeahhhhh," war außerhalb der Umkleidekabine zu hören.

Kaum war das Spiel vorbei, sah sich New England mit einer neuen Welle der Kritik konfrontiert. Jay Glazer von Fox NFL Sunday hatte das beschlagnahmte Patriots-Video vom Jets-Spiel in die Hände bekommen, das im NFL-Hauptquartier unter Verschluss gehalten wurde. Fox strahlte den Film wenige Stunden vor dem Spiel Patriots-Chargers aus, und die Kontroverse wurde neu entfacht. Peinlich berührt und verärgert leitete Roger Goodell eine Untersuchung in seinem eigenen Büro ein, um herauszufinden, wer das Video weitergegeben hatte. In der Zwischenzeit leitete er auch eine Nachuntersuchung gegen die Patriots ein und schickte Beamte der Liga nach Foxborough, um Behauptungen nachzugehen, Belichicks Mitarbeiter hätten vor 2007 andere Teams abgehört. Die Patriots arbeiteten bei der Untersuchung mit. Und wenige Tage später gab die Liga bekannt: „Alle Bänder, Dokumente und sonstigen Unterlagen in dieser Angelegenheit wurden dem Ligabüro übergeben und vernichtet, und die Patriots haben schriftlich bestätigt, dass keine Kopien oder sonstigen Unterlagen existieren."

Goodell hat nie verraten, was auf den zusätzlichen Bändern war, die von den Patriots übergeben wurden. Doch seine Entscheidung, sie zu vernichten, führte zu einer Gegenreaktion gegen ihn und die Patriots. Colts-Präsident und GM Bill Polian führte die Anklage an und bestand darauf, dass Teams, die gefilmt wurden, es verdienten, die Bänder zu sehen. „Wir hatten allen Grund zu der Annahme, dass wir zu den abgehörten Teams gehörten", sagte Polian, „und deshalb waren wir der Meinung, dass wir ein Recht darauf haben, zu erfahren, was mit uns gemacht wurde, in welchem Umfang und welcher Art."

Goodells Vorgehen erregte auch die Aufmerksamkeit des U. S. Senators Arlen Specter, ranghöchster Republikaner im Justizausschuss des Senats. Seiner Ansicht nach hatte Goodell Beweise für die Verfehlungen der Patriots vernichtet. „Das erfordert eine Erklärung", sagte Specter der New York Times. „Die N.F.L. hat in unserem Land einen sehr bevorzugten Status mit ihrer kartellrechtlichen Freistellung. Das amerikanische Volk hat ein Recht darauf, sich der Integrität des Spiels zu vergewissern. So wie in anderen Fällen, wenn Tonbänder durch die CIA vernichtet werden. Oder wann immer jemand Aufnahmen vernichten lässt."

Die Entscheidung Specters, sich in die Situation einzumischen, hob die Kontroverse auf eine neue Ebene.

Die Patriots profitierten von der Belagerungsmentalität, die Foxborough erfasst hatte, und schlugen die Bills in Woche drei mit 38:7. Kein Team in der Geschichte der NFL hatte jemals eine Saison mit 38 Punkten in drei aufeinander folgenden Spielen begonnen. Dennoch erhöhte Belichick weiterhin die Intensität in den Trainingseinheiten der Patriots. Während der Zwei-Minuten-Übungen in der vierten Woche gelang es Brady und Moss nicht, ein einfaches Fünf-Yard-Out-Pattern zu spielen. Am nächsten Tag zeigte Belichick dem gesamten Team einen Film von diesem Spiel. Dann explodierte er.

„Wollt ihr mich verarschen?", brüllte Belichick. „Ich habe meinen verdammten All-Pro-Wide-Receiver und meinen All-Pro-Quarterback, und ihr könnt nicht mal ein Fünf-Yard-Out schaffen? Tom, wenn Johnny Foxborough nicht zur Verfügung steht, kann ich den örtlichen Highschool-Quarterback holen, um ein verdammtes Five-Yard-Out zu machen."

Je mehr Belichick Druck machte, desto härter spielte sein Team. In der Umkleidekabine der Patriots trugen die Spieler weiße T-Shirts mit der Aufschrift „I EAT IT" auf der Vorderseite und „HUMBLE PIE" auf der Rückseite. Brady und Moss liebten die Kameradschaft.

Dazu trug auch bei, dass die Kritiker außerhalb New Englands weiterhin Belichick und die Patriots wegen Spygate aufs Korn nahmen. Je lauter diese Stimmen wurden, desto mehr ließen die Patriots es an ihren Gegnern aus.

Vierte Woche – Patriots 34, Bengals 13.

Woche fünf – Patriots 34, Browns 17.

In einem Radiointerview in Boston sagte Brady: „Wir versuchen, Teams zu killen. Wir versuchen, sie aus dem Weg zu räumen, wenn wir können."

Als New England in Woche sechs Dallas besuchte, waren beide Teams noch ungeschlagen. Das als mögliche Superbowl-Vorwegnahme angekündigte Spiel zwischen den Patriots und den Cowboys war das meistgesehene NFL-Spiel der regulären Saison seit 1996. Mehr als 29 Millionen Zuschauer schalteten ein, und die Offensive der Patriots stahl allen die Show. Manchmal wirkte Brady, als wäre er ein Junge und das Cowboy Stadium sein Spielplatz. In einem Fall im vierten Viertel rief Brady im Huddle einen neuen Spielzug aus. Er wurde speziell für Moss entwickelt und erst wenige Tage zuvor in das Spielbuch aufgenommen. Receiver Donté Stallworth war unsicher, welche Route er laufen sollte, und schaute Brady an, als der Huddle begann.

„Tommy, was soll ich tun?", fragte Stallworth.

„Geh einfach in die Tiefe", sagte Brady.

Beim Snap lief Stallworth zehn Yards mit halber Geschwindigkeit. Dann, gerade als der Verteidiger auf ihn zukam, setzte Stallworth zum Sprint an. Unter Druck und wissend, dass Moss gedeckt war, entdeckte Brady Stallworth, trat vor und ließ den Ball fliegen, wobei er Stallworth perfekt in der Bewegung für einen 69-Yard-Touchdown traf.

Als Brady und Stallworth die Seitenlinie erreichten, sahen sie sich an und lachten. „Wir haben uns einen Spielzug spontan ausgedacht, während die Uhr lief", sagte Stallworth.

Brady warf einen Mannschaftsrekord von fünf Touchdown-Pässen, und New England besiegte Dallas mit 48:27.

Nach dem Spiel in Dallas erschien Brady auf der Titelseite von Sports Illustrated mit der Schlagzeile: JA, SO GUT. Brady hatte die beste Saison seines Lebens. Durch die Hinzunahme von Welker, Stallworth und Moss waren Brady und die Offense auf dem besten Weg, eine Reihe von Rekorden aufzustellen. Unter Bradys Anleitung war Welker zum besten Slot Receiver der Liga aufgestiegen und führte das Team bei den Empfängen an. Stallworth blühte unter Bradys Improvisationstalent auf. Und Moss führte die Liga bei den Touchdown-Empfängen an.

Dennoch setzte Belichick Brady weiter unter Druck. Vor dem gesamten Team sagte Belichick zu Brady, dass er vielleicht besser abschneiden würde, wenn er sich nicht so viele Sorgen um sein nächstes GQ-Cover-Shooting mit Gisele machen würde. Und Belichick erinnerte Brady häufig daran, dass er jederzeit die Straße hinunter zur Foxborough High gehen und „fucking Johnny Foxborough" holen könne, damit der einen besseren Ball warf.

In Woche sieben schloss Brady 21 von 25 Passversuchen für 354 Yards und 6 Touchdowns ab. Nach einer 42:0-Führung in der ersten Halbzeit schlugen die Patriots Miami mit 49:28.

In Woche acht vernichteten die Patriots die Redskins mit 52:7.

Mit jedem Spiel machten sich die Patriots mehr über die Vorstellung lustig, dass das Filmen von Handzeichen irgendetwas mit ihrer Dominanz zu tun haben könnte. Die Spiele waren so einseitig, dass die Teams begannen, New England zu beschuldigen, zu viele Punkte zu machen. Gegen die Redskins zum Beispiel versuchten die Patriots zweimal einen vierten Versuch in der Schlussphase des Spiels, einmal bei einer 38:0-Führung und ein zweites Mal bei einer 45:0-Führung. Beide Male konnte New England den Drive mit einem First Down am Leben erhalten und anschließend einen Touchdown erzielen. Als ein Reporter Belichicks Entscheidungen in der Pressekonferenz nach dem Spiel infrage stellte, wurde er unwirsch: „Was sollen wir denn tun?“, schnauzte er. „Ein Feldtor schießen? Es steht 38:0. Es ist der vierte Versuch. Wir sind einfach da draußen und spielen.“

Belichick stand zwei Monate lang unter Beobachtung und hatte keine Geduld für schlecht informierte Fragen. Sein Ton gegenüber der Presse wurde zunehmend abweisend und konfrontativ. Im Gegenzug wurde er in den Medien verstärkt als Bösewicht dargestellt und als „Bill BeliCheat“, „Darth Belichick“ und „Bill Voldemort“ bezeichnet.

„Es ist mir egal, was alle anderen denken“, sagte Belichick auf einer Pressekonferenz. „Ich kann Ihnen sagen, was dieses Team denkt. Wir erwarten, dass wir jede Woche gewinnen.“

Kraft war sensibler für das, was die anderen dachten. Er schützte vor allem die Marke des Teams und wählte daher einen eher diplomatischen Ansatz im Umgang mit der Presse. Aber er stand voll und ganz hinter Belichick und hatte nicht die Absicht, ihn zu bitten, seinen Ansatz zu ändern. Er hatte Belichick eingestellt, um zu gewinnen, nicht, um ein Medienliebling zu sein.

Einerseits hasste Kraft die Tatsache, dass der Ruf seiner Mannschaft nach der Spionagebeschwerde der Jets so stark gelitten hatte. Aber das nahm er Belichick nicht übel. Natürlich wäre es ihm lieber gewesen, Belichick hätte mehr Zurückhaltung geübt. Seiner Meinung nach war der wahre Grund für die vielen Beschwerden über die Patriots jedoch der bemerkenswerte Erfolg des Teams. In einer Liga, die auf Gleichheit ausgerichtet war, hatten die Patriots einen Weg gefunden, sich von der Masse abzuheben. Der größte Teil der gegen sie erhobenen Vorwürfe war durch Eifersucht und Neid motiviert. Die NFL ist ein rücksichtsloses Wettbewerbsgeschäft, erinnerte sich Kraft. Für den Erfolg brauchte man mental starke Menschen. Und Belichick verkörperte mentale Stärke.

Krafts Haltung gegenüber Belichick war von den Erfahrungen der Vergangenheit geprägt. In den ersten Tagen seiner Eigentümerschaft hatte Kraft viele stressige Situationen aufgrund der schwierigen Persönlichkeit und des Trainerstils von Bill Parcells ertragen müssen. Aber Parcells hatte noch nie eine Lombardi-Trophäe gewonnen. Mit Belichick hatte Kraft einen Trainer, der sich gründlicher vorbereitete, unerbittlicher arbeitete und konsequenter gewann als jeder andere Trainer in der Branche. Seine Persönlichkeit war kompliziert. Aber die größten Führungspersönlichkeiten waren in der Regel auch die komplexesten Menschen. In Belichicks Fall war sein dickes Fell, auch wenn das manchmal unattraktiv war, entscheidend für seine Größe.

Zur Halbzeit der Saison 2007 waren die Patriots das furchterregendste Team der NFL und auf dem besten Weg, als eines der dominantesten Teams aller Zeiten in die Geschichte einzugehen. Krafts Rat an Belichick war einfach: „Mach weiter mit dem, was du tust."

Als die Patriots (8:0) am 4. November 2007 in Indianapolis gegen die Colts (7:0) antraten, nannte die New York Times dieses Spiel „eines der am sehnlichsten erwarteten Spiele der regulären Saison seit mindestens einem Jahrzehnt." Noch nie in der Geschichte der NFL waren zwei ungeschlagene Teams so spät in der Saison aufeinander getroffen. Nicht zuletzt dank des Brady-Manning-Faktors war die Rivalität zwischen den Patriots und den Colts die stärkste in der Liga. Und nachdem es Manning im Vorjahr gelungen war, sein Team im AFC-Meisterschaftsspiel an den Patriots vorbeizuführen und den Colts den ersten Superbowl-Titel zu bescheren, dachten viele in der Liga, sie würden Zeuge des Endes einer Dynastie und des Beginns einer neuen werden.

Zum ersten Mal in dieser Saison geriet New England früh in Rückstand und lag das ganze Spiel über zurück. Als er zehn Minuten vor Schluss mit zehn Punkten zurücklag, trat Belichick an die Seitenlinie und schrie seine Spieler an: „Sechzig Minuten! Sechzig Minuten! Habt ihr mich verstanden?“

Wenige Augenblicke später schloss Brady eine 55-Yard-Bombe zu Moss ab, gefolgt von einem Touchdown-Pass zu Welker. Beim nächsten Ballbesitz der Patriots brauchte Brady nur drei Spielzüge, um sein Team wieder in die Endzone zu bringen. Innerhalb von drei Minuten erzielten die Patriots 14 Punkte, um die Colts mit 24:20 zu besiegen und sich auf 9:0 zu verbessern. Danach wurde Belichick gefragt, ob sein Team ungeschlagen bleiben würde.

„Das ist mir alles egal“, sagte er. „Es ist nur ein Spiel.“

Brady schloss sich Belichick an. „Wir stehen 9:0, aber das ist alles nicht wichtig“, sagte Brady. „Was zählt, ist der Januar.“

Zum zweiten Mal innerhalb von vier Wochen erreichte ein Spiel der Patriots mit 33,8 Millionen Zuschauern einen Zuschauerrekord und war damit das einschaltquotenstärkste Spiel der regulären NFL-Saison am Sonntagnachmittag. Und obwohl Belichick versuchte, es herunterzuspielen, wusste er genau, dass nach dem Sieg gegen die Colts die Frage für den Rest der Saison lauten würde, ob sein Team perfekt bleiben könnte. Nur ein einziges anderes Team – die Miami Dolphins von 1972 – hatte es geschafft, eine ganze Saison ohne Niederlage zu überstehen, und das zu einer Zeit, als die Teams noch 14 Spiele auf dem Plan hatten. Seit der Umstellung der Liga auf ein 16-Spiele-Programm im Jahr 1978 war kein Team mehr ungeschlagen.

Jeder Spieler in der Umkleidekabine der Patriots wollte das erste Team sein, das 16:0 gewann. Und jedes Team, das noch auf dem Spielplan der Patriots stand, war entschlossen, sie zu stoppen.

Die Patriots hatten sich zu einem solchen Quotenbringer für die Sender entwickelt, dass die NFL das Spiel Patriots-Bills, das ursprünglich am Sonntag, dem 18. November, um 13.00 Uhr auf CBS ausgestrahlt werden sollte, auf den 20.00 Uhr Primetime-Slot auf NBC verlegte. Zuvor hatte Receiver Terrell Owens beim 28:23-Sieg der Cowboys über die Redskins vier Touchdown-Pässe gefangen und damit Dallas zu einem 9:1-Sieg verholfen. Vor dem Spiel in Buffalo sprach Brady Moss in der Umkleidekabine der Patriots an.

„Hast du gesehen, dass Terrell Owens vier Touchdowns erzielt hat?“, fragte Brady.

Moss hatte davon nichts gehört. Aber er wollte Owens sofort übertreffen.

Das wollte Brady auch.

„Lass uns heute Abend den Ball werfen", sagte Moss.

Als Brady und Moss das Spielfeld zum Aufwärmen betraten, war es kalt, und der vom Eriesee kommende Wind peitschte durch das Rich Stadium. Nicht gerade ideale Wurfbedingungen. Aber Belichick ging auf Brady zu und sagte: „Wir werden den Ball trotzdem werfen."

Brady nickte.

An der Acht-Minuten-Marke des ersten Viertels warf Brady einen Touchdown-Pass zu Moss. Zu Beginn des zweiten Viertels warf Brady einen weiteren Touchdown-Pass zu Moss. Neun Minuten später warf Brady einen weiteren Touchdown-Pass zu Moss. Elf Sekunden vor Ende der ersten Halbzeit warf Brady seinen vierten Touchdown-Pass zu Moss und brachte die Patriots mit 35:7 in Führung. Als sie die Seitenlinie erreichten, ging Belichick auf Moss zu, kicherte und sagte: „Du bist fertig."

Nachdem Owens in einem Spiel vier Touchdowns gefangen hatte, übertraf Moss ihn prompt, indem er vier in einer Halbzeit fing. Die Patriots dominierten in jeder Phase des Spiels und gewannen mit 56:10, sodass es nun 10:0 stand.

Am nächsten Tag zeigte Belichick in der Mannschaftssitzung einen Film von jedem Fehler, den die Patriots gegen Buffalo gemacht hatten, und ging auf seine Spieler los. „Egal, ob man Tom Brady oder der 53. Mann auf der Liste ist", sagte der Pro Bowl Offensive Lineman Dan Koppen, „man verlässt die Teambesprechung mit dem Gefühl, das Spiel verloren zu haben."

Belichick wollte nichts weniger als Perfektion.

Die ganze Sportwelt war von der ungeschlagenen Saison der Patriots hingerissen. Eine Woche vor dem Spiel stand es 15:0 für die Patriots. Die New York Giants waren das einzige Team, das zwischen ihnen und der ersten 16:0-Saison der Geschichte stand. Die beiden Teams sollten am Samstag, 29. Dezember, im Giants Stadium aufeinandertreffen. Das Spiel sollte exklusiv auf dem NFL Network ausgestrahlt werden, dem neuen Premium-Kabelsender der Liga, der landesweit nur 35 Millionen Haushalte erreichte. Das Interesse an dem Spiel war jedoch so groß, dass der Kongress der NFL einen Brief schickte, in dem er drohte, den kartellrechtlichen Status der Liga zu überdenken, wenn sie die Übertragung des Spiels nicht für alle amerikanischen Haushalte durch kommerzielle Netzwerke öffnen würde. Die Liga reagierte mit der Ankündigung, das Spiel auf CBS und NBC zu übertragen. Es würde das erste Mal in der Geschichte sein, dass ein NFL-Spiel auf drei Sendern übertragen wird. „Wir haben diesen außergewöhnlichen Schritt unternommen, weil er im besten Interesse unserer Fans ist", sagte Roger Goodell in einer Erklärung.

Der Rummel im Vorfeld des Spiels war für cin reguläres Saisonspiel beispiellos. NFL Network strahlte mehr als sechzig Stunden Programm vor den Spielen aus. Die Zahl der Medienausweise war die zweithöchste, die für einen Superbowl ausgestellt wurde.

Kurz bevor Tom Brady und Bill Belichick Geschichte machen sollten, waren sie beim Aufwärmen einen Moment allein auf dem Spielfeld.

„Wir sind so bereit, wie wir nur sein können", sagte Belichick.

Brady nickte.

„Ein guter Tag zum Werfen", sagte Belichick.

Brady lächelte. „Ist das nicht immer so?"

„Ja."

Das Stadion war mit mehr als 79.000 Fans gefüllt, und die Patriots wurden mit Buhrufen begrüßt, als sie das Spielfeld betraten. Wenige Minuten später gingen die Giants mit 7 : 0 in Führung und begeisterten die Zuschauer.

Bei einem Rückstand von 7 : 3 im zweiten Viertel warf Brady einen Pass in die hintere Ecke der Endzone. Moss übersprang einen Verteidiger und brachte die Patriots mit 10 : 7 in Führung. Mit diesem Touchdown stellten die Patriots mit 508 Punkten einen neuen Rekord für die meisten erzielten Punkte in einer einzigen Saison auf. Als Moss an der Seitenlinie ankam, hielt Belichick ihn auf.

„Das war ein weiteres gutes Beispiel dafür, wie man hochgeht und den Ball bekommt", sagte Belichick.

„Richtig."

„Anstatt ihn den ganzen Weg nach unten kommen zu lassen", sagte Belichick.

„Ja."

„Wenn es irgendeinen Raum gibt und man ihn sich holen kann", sagte Belichick, „dann solltest du hochgehen und ihn holen, denke ich."

„Richtig", sagte Moss.

Das Spiel war der unterhaltsamste Wettkampf der gesamten Saison. Jedes Mal, wenn New England in Führung ging, holte sich New York den Vorsprung zurück. Als New York im vierten Viertel mit 28:23 vorn lag, warf Brady einen 65-Yard-Touchdown-Pass auf Moss und brachte New England damit endgültig in Führung. Für Moss war es seine 23. Touchdown-Reception in dieser Saison, womit er den Rekord von Jerry Rice brach. Für Brady war es der fünfzigste Touchdown-Pass der Saison, womit er den Rekord von Peyton Manning brach. Die Zuschauer im Giants Stadium waren fassungslos. Die gesamte Patriots-Verteidigung sprang von der Bank auf, die Fäuste in der Luft.

Es war eine magische, historische Nacht in East Rutherford. Auf demselben Spielfeld, auf dem die Jets 17 Wochen zuvor die Patriots des Betrugs beschuldigt hatten, erreichte die Patriots-Dynastie einen neuen Höhepunkt, indem sie die Giants in einem Spiel für die Ewigkeit mit 38:35 besiegte. Mehr als 34,6 Millionen Zuschauer schalteten ein und machten die Show damit zur meistgesehenen Fernsehsendung seit der Oscar-Verleihung zehn Monate zuvor.

Nach dem letzten Spielzug hob Brady ruhig seinen rechten Arm und streckte den Zeigefinger aus. Endlich lächelte Belichick. „Ich liebe es", sagte er, als er hocherhobenen Hauptes und umringt von Kameras das Spielfeld verließ.

29

UNLÖSBAR

New England zog in die Play-offs ein und schlug Jacksonville in der Divisionsrunde und San Diego in der AFC Championship. Als die Patriots am 3. Februar 2008 in Glendale, Arizona, zum Superbowl XLII antraten, führten sie bereits mit 18 : 0 und galten als das beste Team in der Geschichte der NFL.

Sie hatten den besten Spieler – Brady hatte für mehr als fünftausend Yards geworfen und wurde zum ersten Mal zum NFL MVP ernannt.

Sie hatten den besten Trainer – Belichick war zum NFL-Trainer des Jahres ernannt worden.

Mit 589 Punkten hatten sie die höchste Punktzahl in der Geschichte der Liga, darunter neun Spiele, in denen sie dreißig oder mehr Punkte erzielt hatten.

Sie hatten das beste Receiving-Korps – Wes Welker führte die Liga mit 112 Empfängen an, und er und Moss hatten zusammen 31 Touchdowns gefangen, so viele wie kein anderes Duo in der NFL-Geschichte.

Und die Mannschaft hatte einen noch nie da gewesenen durchschnittlichen Siegesvorsprung von zwanzig Punkten pro Spiel.

Die einzige noch offene Frage war, ob die Patriots die beste Saison in der Geschichte der NFL mit dem Gewinn des Superbowls krönen konnten. In einem Szenario, das von einem Hollywood-Filmstudio nicht besser hätte geschrieben werden können, schafften es die New York Giants – ein Team, das sechs Spiele verloren hatte und nicht einmal in der Superbowl sein sollte –, zwei hoch favorisierte Teams in den Play-offs zu schlagen, um ein Rückspiel gegen New England zu erreichen. Kein Team hatte gegen die Patriots härter gespielt als die Giants in dem epischen Thriller, der die reguläre Saison beendet hatte. Als die Giants in Glendale ankamen, war das gesamte Team in Schwarz gekleidet, um den Patriots zu signalisieren, dass es Zeit für ihre Beerdigung war.

In der Superbowl-Woche ließ Belichick sein Team ein hartes Training absolvieren. Er unterstrich auch das Thema, das er schon die ganze Saison über betont hatte: Finish. Schon im Trainingslager hatte Belichick das Konzept eingeführt, Teambesprechungen, Trainingsübungen, Spielzüge und Spiele zu Ende zu bringen. Die Idee war entstanden, nachdem es dem Team nicht gelungen war, die Colts in der zweiten Hälfte des AFC-Meisterschaftsspiels 2006 zu besiegen.

Um die Saison mit 19:0 zu beenden, müssten die Patriots die New York Giants ein weiteres Mal besiegen.

Zwei Tage vor dem Superbowl hielt Roger Goodell in Phoenix eine Pressekonferenz ab. In seinen Ausführungen wies er darauf hin, dass er kürzlich einen Brief von Senator Arlen Specter erhalten habe. Der Senator wollte, dass Goodell vor dem Justizausschuss des Senats erschien und erklärte, warum er die sechs von den Patriots im September übergebenen Videobänder vernichtet hatte. Goodell erklärte den Medien, dass die Aufnahmen – einige aus der Vorsaison '07 und einige aus der regulären Saison '06 – nicht bewiesen hätten, dass die Patriots gegen irgendwelche Regeln verstoßen hätten. Und nach dem Durchsickern des Filmmaterials der Jets an der Seitenlinie hatte Goodell beschlossen, die sechs Bänder zu vernichten, um das Risiko weiterer Lecks zu vermeiden.

„Wir wollten diese Informationen nehmen und vernichten", sagte Goodell. „Es kann sein, dass sie es vorschriftsmäßig gesammelt wurden, aber das konnten wir nicht feststellen. Deshalb waren wir der Meinung, dass sie zerstört werden sollten.

An diesem Abend waren Robert und Jonathan auf dem Weg zur jährlichen Party des Commissioners, als sie einen dringenden Anruf von Stacey James erhielten, der Leiterin der Kommunikationsabteilung des Teams. James informierte sie darüber, dass der Boston Herald am nächsten Morgen einen Artikel veröffentlichen wollte, in dem das

Team beschuldigt wurde, heimlich das letzte Training der St. Louis Rams vor dem Spiel im Louisiana Superdome vor dem Superbowl XXXVI im Februar 2002 aufgezeichnet zu haben – eine berührungsfreie Einheit, bei der ein Team seine Spielzüge in einem langsameren Tempo durchgeht.

„Das ist völliger Blödsinn!“, sagte Jonathan.

„Stacey“, sagte Robert, „sagen Sie dem Herald, dass da nichts dran ist. Und sagen Sie ihnen, dass sie die Geschichte auf eigene Gefahr bringen.“

Einige Minuten später rief James zurück. Der Reporter, so sagte er, bleibe dabei.

„Dann erklären Sie dem Reporter“, sagte Jonathan, „dass er einen Redakteur zur Verfügung stellen muss, um unsere Seite anzuhören, bevor er eine so schwerwiegende Anschuldigung druckt.“

Die Krafts riefen sofort Dan Goldberg an, ihren Anwalt. Während der Party des Commissioners telefonierten Jonathan und Goldberg eine Stunde lang mit einem Redakteur des Herald, der angab, die Geschichte seines Reporters sei gut recherchiert. Kraft versicherte ihm, dass die Geschichte falsch sei und dass das Team bereit sei, eine eidesstattliche Erklärung abzugeben, dass die Rams vor dem Superbowl nicht gefilmt worden seien. Nach einem einstündigen Gerangel schaltete sich ein Anwalt des Herald in das Gespräch ein. An diesem Punkt kam Goldberg zur Sache.

„Wenn Sie diese Geschichte veröffentlichen, handelt es sich um Verleumdung“, sagte er. „Und am Ende wird uns der Herald gehören.“

Am nächsten Tag veröffentlichte der Herald die Geschichte. Sie basierte auf einer einzigen ungenannten Quelle. Die Behauptung, ein Mitarbeiter der Patriots habe die Rams vor dem Superbowl illegal gefilmt, enthielt Zündstoff und ging sofort viral. Am Ende des Tages hatte ESPN.com seine eigene Schlagzeile: „Report: Quelle behauptet, die Patriots hätten die Rams vor dem Superbowl gefilmt.“

Am Vorabend des Superbowls standen die Patriots also vor einer weiteren Kontroverse. „Das ist eine schwerwiegende Anschuldigung und ich hoffe, dass sie nicht wahr ist“, sagte der ehemalige Rams-Cheftrainer Rudy Martz. „Wenn es genug Substanz gibt, sollte die Liga das natürlich prüfen.“ Der ehemalige Rams-Quarterback Kurt Warner erklärte gegenüber ESPN, dass er dem zustimme.

Belichick war wütend. In seinen 34 Jahren als Trainer hatte er noch nie ein Video vom Training einer anderen Mannschaft gesehen. Die Geschichte im Herald war erfunden. Aber da ihm weniger als 24 Stunden blieben, um sich auf die Giants vorzubereiten, wollte er sich und sein Team nicht durch die Vorwürfe ablenken lassen.

Die Liga gab an, dass sie die neue Behauptung untersuchen würde, und ließ sogar Mitglieder des Football-Teams der Patriots, einschließlich des Vizepräsidenten für Spielerpersonal Scott Pioli, in das Hotel der Liga kommen, damit sie am Vorabend des Superbowl zu den Vorwürfen befragt werden konnten.

Kraft war verärgert. Später am Tag ließ er das Team eine offizielle Erklärung abgeben: „Die Behauptung, die New England Patriots hätten am Tag vor dem Superbowl XXXVI im Jahr 2002 den Trainingsdurchgang der St. Louis Rams aufgezeichnet, ist absolut falsch."

Nach dem Superbowl beabsichtigten die Patriots, selbst eine Untersuchung einzuleiten – gegen den Boston Herald und seine Berichterstattungsmethoden.

Aus Sicht der Patriots war der Superbowl XLII von Anfang an seltsam. Zum ersten Mal in dieser Saison punktete New England nicht im ersten Viertel. Nachdem die Patriots im ersten Spielzug des zweiten Viertels einen Touchdown zur 7:3-Führung erzielt hatten, punktete keine der beiden Mannschaften mehr, bis Quarterback Eli Manning elf Minuten vor Ende des vierten Viertels einen Touchdown-Pass auf David Tyree warf und die Giants mit 10:7 in Führung brachte.

Keinem anderen Team war es gelungen, die starke Offensive der Patriots so spät im Spiel auf einen Touchdown zu beschränken. Ein Großteil des Erfolgs der Giants beruhte auf dem Selbstvertrauen, das sie bei der 38:35-Niederlage gegen die Patriots einen Monat zuvor gewonnen hatten. „Psychologisch gesehen hat sich das letzte reguläre Saisonspiel trotz der Niederlage unglaublich positiv ausgewirkt", sagte ein Giants-Funktionär. „Als wir an diesem Abend das Spielfeld verließen, sagten unsere Jungs zu sich selbst und zueinander: ‚Wenn wir noch einmal gegen diese Wichser spielen, werden wir ihnen die Scheiße aus dem Leib prügeln.'"

In den ersten drei Vierteln des Superbowls hatte die Verteidigung der Giants Brady unerbittlich unter Druck gesetzt und geschlagen, während sie gleichzeitig Moss ausschaltete und die Ballträger mit harten Schlägen traktierte. Wes Welker war der einzige Spieler, den die Giants nicht einschränken konnten.

Als die Patriots acht Minuten vor Spielende an ihrer eigenen 24-Yard-Linie in Ballbesitz kamen und mit drei Punkten zurücklagen, waren Brady und seine Teamkollegen am Ende ihrer Kräfte. Dann machte sich Brady an die Arbeit. Abschluss an Welker. Abschluss an Moss. Ein Lauf für neun Yards. Abschluss an Welker. Abschluss an Faulk. Abschluss an Welker. Abschluss an Moss. Abschluss an Faulk. Plötzlich konnten die Giants die Patriots nicht mehr aufhalten. Und bei einem Third-and-Goal von der Sieben-Yard-Linie der Giants fand Brady Moss für einen Touchdown. 2:42 Minuten vor Spielende hatte New England die Führung mit 14 : 10 zurückerobert.

Wie schon so oft in seiner Karriere hatte Brady in letzter Minute aus dem Rückstand noch einen Treffer erzielt. An der Seitenlinie der Patriots schnappte sich Linebacker Tedy Bruschi Linebacker Junior Seau und sagte zu ihm: „One stop!" Um eine perfekte 19 : 0-Saison zu beenden und die vierte Lombardi Trophy zu gewinnen, mussten die Patriots nichts anderes tun, als die Giants in einem letzten Drive zu stoppen.

Die erste Gelegenheit, das Spiel zu beenden, ergab sich, als die Giants 1:40 vor dem Ende des Spiels mit 1:40 standen. Aber New England konnte sie nicht aufhalten, und die Giants erzielten gerade genug Yards, um den Drive aufrechtzuerhalten.

Dann, 1:20 vor Spielende, warf Manning einen Fehlpass, der dem Patriots-Verteidiger Asante Samuel durch die Finger ging; der sicherste Verteidiger der Patriots ließ fallen, was eine spielentscheidende Interception gewesen wäre.

Beim nächsten Spielzug ließ sich Manning zurückfallen, um einen Pass zu spielen, und wurde sofort verschlungen. Defensive End Jarvis Green packte Manning von hinten am Trikot und hielt ihn fest, während Richard Seymour gleichzeitig eine Hand an Manning bekam. Seymour wollte Manning gerade zu Boden ziehen, als Offensive Lineman Shaun O'Hara verzweifelt die Hand ausstreckte und Seymour an der Kehle packte. „Ich sagte: ‚Scheiß drauf'", gab O'Hara später zu. „Ich habe seine Luftröhre so fest wie möglich zugedrückt und nicht mehr losgelassen."

Die Offiziellen übersahen O'Haras illegalen Griff, durch den Seymour von Manning getrennt wurde. Und trotz des Griffes von Green konnte sich Manning befreien, bevor der Schiedsrichter abpfiff. Manning eilte aus dem Gedränge und warf den Ball 45 Yards weit ins Feld. Patriots-Verteidiger Rodney Harrison und Giants-Receiver David Tyree sprangen gleichzeitig danach. Unerklärlicherweise gelang es Tyree, obwohl Harrison ihn im Griff hielt, die Arme voll auszustrecken, und so drückte er den Ball mit einer Hand gegen seinen Helm, während er rückwärts fiel. Obwohl Tyree zu Boden stürzte, löste sich der Ball nicht von seinem Helm.

Der „Helmet Catch", wie er später genannt wurde, schien der Schwerkraft zu trotzen, hielt den Drive der Giants in Gang und brachte sie in die Position zu punkten. Um das beste Team in der Geschichte der NFL zu schlagen, hatten Eli Manning und David Tyree zusammen das gemacht, was Steve Sabol von NFL Films als „das größte Spiel, das der Superbowl je hervorgebracht hat" bezeichnete.

Die Patriots waren fassungslos. Wenige Augenblicke später sah die Verteidigung erschöpft und geschlagen aus, als Manning einen Routine-Pass auf den frei stehenden Plaxico Burris warf und die Giants mit 17 : 14 in Führung brachte.

Es waren nur noch 29 Sekunden auf der Uhr, als Tom Brady und die Offensive auf das Spielfeld trabten. Nach einem unvollständigen Pass und einem Sack wurden die Patriots bis an ihre eigene 16-Yard-Linie zurückgedrängt und hatten nur noch 19 Sekunden auf der Uhr. Kurz vor der 23 entschied sich Brady, etwas zu tun. Während Moss die linke Seite des Feldes entlanglief, rollte Brady sich nach rechts, um sich ein paar Sekunden mehr Zeit zu verschaffen, machte dann ein paar Schritte nach vorne und ließ den Ball fliegen. Seine perfekte Spirale flog 68 Yards durch die Luft und erreichte Moss' Hände im selben Moment, in dem ein Verteidiger seine Hand zwischen Moss' Hände streckte, um das Spiel zu unterbrechen. Wie in der gesamten Saison fehlten auch in diesem Fall nur wenige Zentimeter zur Perfektion.

Die Giants setzten sich mit 17 : 14 durch.

Der Jubel der Giants-Fans im University of Phoenix Stadium war ohrenbetäubend. New York hatte New England einen Schlag in die Seele versetzt. Robert und Jonathan Kraft waren völlig demoralisiert und fürchteten sich vor der Szene in der Umkleidekabine. Schweigend fuhren sie mit dem Aufzug von der Suite-Ebene nach unten und betraten einen Gang unter dem Stadion. Schließlich brach Robert das Schweigen.

„Wir müssen zu John und Steve gehen und ihnen gratulieren", sagte er.

Jonathan sah seinen Vater an. „Wirklich?"

Die Giants gehörten John Mara und Steve Tisch. Der Gedanke, auf das Feld zu gehen, zu ihnen zu gehen und zu beglückwünschen, war nicht verlockend. Es war auch nicht üblich. Es war ja nicht so, dass die Besitzer der Rams, Panthers oder Eagles die Krafts aufgesucht hätten, nachdem die Patriots sie im Superbowl besiegt hatten. Und Jonathan Kraft verstand plötzlich besser, warum die Besitzer der Verlierer nach einem Superbowl nicht nach denen des Gewinners suchten – das größte Spiel im amerikanischen Sport zu verlieren, ist eine kolossale Enttäuschung; man möchte nur noch sein Gesicht in den Händen vergraben und das Gebäude verlassen.

Aber Robert war es ernst. Die Patriots hatten gerade eine Saison hinter sich, in der sie des Betrugs beschuldigt worden waren und anschließend 18 Spiele in Folge fair und ehrlich gewonnen hatten. Nun, da ein Team sie fair und deutlich geschlagen hatte, hielt Kraft es für unumgänglich, den Siegern die Hand zu reichen.

Jonathan folgte seinem Vater auf das Spielfeld, durch eine Menge euphorischer Giants-Spieler und -Fans, die sich darüber freuten, die Patriots besiegt zu haben. Es regnete Konfetti. Die Krafts fühlten sich miserabel.

Schließlich erreichten sie John Mara und Steve Tisch, die erstaunt waren, sie zu sehen.

Kraft streckte seine Hand aus.

Wes Welker weinte haltlos. Randy Moss grölte. Lineman und Linebacker weinten. Der Anblick und die Geräusche von Schmerz und Elend in der Umkleidekabine der Patriots waren überwältigend. Belichick sah sich um und wusste, dass er etwas sagen musste. Innerlich war er genauso zerrissen wie seine Spieler. Aber er stand mit schmerzverzerrtem Gesichtsausdruck auf und übernahm die volle Verantwortung für die Niederlage.

„Wir haben euch nicht gut genug vorbereitet", sagte er zu seinem Team. „Und das fällt auf mich zurück, und das tut mir wirklich leid."

Die Spieler waren es nicht gewohnt, dass sich Belichick entschuldigte. Aber als er im größten Tief seiner Mannschaft die Schuld auf sich nahm, machte er sich bei allen in der Umkleidekabine beliebt.

Nach der Niederlage seiner Mannschaft sehnte sich Kraft nach einer Erklärung, was schiefgelaufen war. Aber er hatte nach dem Superbowl nichts mehr von Belichick gehört oder gesehen. Schließlich, vier Tage nach seiner Rückkehr aus Arizona, saß Kraft am späten Nachmittag mit Jonathan in seinem Büro, als Belichick mit stoischem Gesichtsausdruck hereinkam.

„Wie fühlst du dich?", fragte Kraft.

„Sagen wir einfach, ich bin seit Sonntag nicht mehr auf hohe Gebäude gestiegen", sagte Belichick.

„Was zum Teufel soll das bedeuten?", fragte Kraft.

„Das bedeutet, dass er springen würde", warf Jonathan ein.

Es war ein langer Winter in Foxborough. Das deprimierende Ende der besten Saison in der Geschichte der Mannschaft hatte sich wie ein Schatten über Foxborough gelegt. Doch Kraft und Belichick hatten noch immer mit den Folgen von Spygate zu kämpfen. Angesichts der Dominanz der Patriots in dieser Saison war die Kontroverse um das Abhören der Jets aus dem Bewusstsein der Öffentlichkeit verschwunden. Doch der Bericht des Boston Herald, in dem das Filmen beim Training eines Superbowl-Gegners als weitaus schwerwiegenderes Vergehen bezeichnet wurde, hatte die Kontroverse neu entfacht und dazu beigetragen, dass der Justizausschuss des Senats unter der Leitung von Arlen Specter eine Untersuchung einleitete. Roger Goodell hielt den Bericht des Herald für unbegründet. Dennoch war der Commissioner unzufrieden mit der Art und Weise, wie Belichick auf die Erkenntnisse der Liga im Fall der Jets reagiert hatte. Goodell hatte insbesondere erwartet, dass Belichick seine Rolle bei den Aufnahmen an der Seitenlinie im September offener darlegen würde.

„Mir wurde zugesichert, dass er seine Seite der Geschichte erzählen würde", sagte Goodell. „Er ist da rausgegangen und hat die Presse abgewürgt. Ich habe das Gefühl, dass ich betrogen wurde."

Um die Angelegenheit ein für alle Mal aus der Welt zu schaffen, wollte Goodell, dass Belichick zu den Ligaversammlungen kam und sich bei den Besitzern und Trainern entschuldigte.

Belichick sah keinen Sinn darin. Er war auch nicht gerade in der Stimmung, die Situation noch einmal zu überdenken, vor allem nach der verheerendsten Niederlage seiner Karriere. Das Letzte, was er tun wollte, war, mit einer Gruppe von Eigentümern in Anzügen zu sprechen, die ihn für einen ungehobelten Trainer hielten, der sich nachlässig in Kapuzenpullis mit abgeschnittenen Ärmeln kleidete. Belichick war es egal, was sie dachten. Er trug seine Kapuze wie eine Krone und hielt es nicht für nötig, etwas wieder aufzuwärmen, das er für überflüssig hielt.

Aber Kraft überredete Belichick, es zu tun.

Auch Kraft war nicht erpicht darauf, die Situation erneut zu erörtern. Aber die Folgen hatten nicht nur den Patriots geschadet. Auch der Ruf der Liga hatte Schaden genommen. Nach Ansicht Krafts mussten die Patriots also Reue zeigen. Er war der Meinung, dass die Patriots langfristig davon profitieren würden, wenn sie das tun würden, was im besten Interesse der Liga sei.

Am 1. April 2008 nahmen Kraft und Belichick an den Ligatreffen im Breakers in Palm Beach teil. In einem Ballsaal sprachen sie mit Besitzern und Cheftrainern. Als Kraft sprach, war seine Kehle wie zugeschnürt. Er sprach in sehr persönlichen Worten über seine Familie und sagte seinen Kollegen, dass er die NFL als seine zweite Familie betrachte. Er sah sich im Raum um und entschuldigte sich. Und er versprach, dass seine Mannschaft in Zukunft niemals etwas tun würde, was die Liga in Verlegenheit bringen könnte. Das Publikum klatschte gerührt, als Kraft sich setzte.

Als Belichick das Wort ergriff, war aus seiner Haltung klar zu erkennen, dass er nicht unbedingt dabei sein wollte. Auch das Publikum war nicht besonders gastfreundlich. Viele Besitzer und Teamverantwortliche waren ihm gegenüber verbittert. Ein Teil ihrer Verachtung lag in der Tatsache begründet, dass Belichick einfach mehr gewonnen hat als jeder andere. Sie hielten ihn auch für arrogant. Sein knapper Vortrag war dabei nicht hilfreich. Als Belichick wiederholte, was er Monate zuvor in seiner öffentlichen Entschuldigung gesagt hatte – dass er die Regel über das Abhören falsch interpretiert hatte –, war die Spannung im Raum spürbar. Kein einziger Besitzer oder Trainer glaubte, dass Bill Belichick eine Regel missverstanden hatte.

Danach sprach Belichick mit den Medien und hatte Gelegenheit, die Jets zurechtzuweisen. „Glauben Sie, dass die Jets dasselbe getan haben, als sie gegen Ihre Mannschaft spielten?", fragte ein Reporter.

„Da müssen Sie mit den Jets sprechen", sagte Belichick.

„Werden Sie wütend, wenn die Leute sagen, dass die Titel befleckt sind?"

„Ich kenne die Wahrheit", sagte Belichick. „Jeder hat das Recht auf eine eigene Meinung. Ich kann nicht kontrollieren, was alle denken."

Etwas mehr als einen Monat später waren die Patriots bereit, den Boston Herald wegen Verleumdung zu verklagen. Nach Rücksprache mit ihren Anwälten beschlossen die Krafts jedoch, das Angebot des Herald anzunehmen, eine beträchtliche Menge an kostenloser Werbung zur Verfügung zu stellen, das Versprechen abzugeben, den schuldigen Reporter dauerhaft aus dem Patriots-Ressort zu entfernen und eine Entschuldigung zu veröffentlichen, die ein Eingeständnis des Fehlverhaltens beinhaltete. Am 14. Mai 2008 räumte der Boston Herald ein, dass die bahnbrechende Geschichte über das illegale Filmen der Rams durch die Patriots vor dem Superbowl falsch war. Die Entschuldigung, die auf der Titelseite abgedruckt war, lautete: „SORRY, PATS." Auf der gesamten Rückseite stand: „UNSER FEHLER." Darin schrieb die Zeitung:

Am 2. Februar 2008 berichtete der Boston Herald, dass ein Mitglied des Videoteams der New England Patriots am Tag vor dem Superbowl XXXVI den Probedurchgang der St. Louis Rams aufgenommen hat. Der Boston Herald stützte sich in seinem Bericht vom 2. Februar 2008 zwar auf Quellen, die er für glaubwürdig hielt, doch wissen wir heute, dass dieser Bericht falsch war und dass es nie eine Aufzeichnung der Trainingseinheit gab.

Vor der Veröffentlichung des Artikels vom 2. Februar 2008 besaß der Boston Herald weder ein Band mit dem Durchgang der Rams vor dem Superbowl XXXVI, noch sprachen wir mit jemandem, der es hatte. Wir hätten die Behauptung nicht ohne genauere Überprüfung veröffentlichen dürfen.

Der Boston Herald bedauert den Schaden, der dem Team durch die Veröffentlichung der Anschuldigung entstanden ist, und entschuldigt sich aufrichtig bei seinen Lesern und den Besitzern, Spielern, Mitarbeitern und Fans der New England Patriots für unseren Fehler.

Das Eingeständnis und die Entschuldigung des Herald fanden außerhalb Bostons nur wenig Beachtung. In den folgenden Jahren zitierten Mitglieder des Superbowl-Teams der Rams die Originalgeschichte und behaupteten, die Patriots hätten betrogen.

Könnte. Sollte. Würde. Diese Sätze gingen Kraft jedes Mal durch den Kopf, wenn er an die Superbowl-Niederlage gegen die Giants zurückdachte. Er hatte keinen Zweifel daran, dass die Trainer und Spieler das Gleiche dachten. Jedes Spiel zu gewinnen, außer dem letzten, ist eine Qual. Man kommt nie wirklich darüber hinweg.

Besorgt, dass die Psyche seines Teams langfristig Schaden nehmen könnte, suchte Kraft nach etwas, das die Stimmung aufhellen würde – etwas, das nichts mit Football zu tun hatte, etwas Außergewöhnliches, Aufmunterndes. Ihm wurde klar, er wüsste genau, wen er anrufen müsse.

Die Krafts kannten Elton John seit den 80er-Jahren. Jeden Sommer flogen Robert und Myra zu Eltons Haus in England, um seine jährliche Spendenaktion für seine AIDS-Stiftung zu unterstützen. Im Laufe der Jahre waren sie sich so nahegekommen, dass Elton begann, Kraft wie einen Bruder und als einen seiner engsten Freunde zu betrachten. Als die Krafts im Sommer 2008 ihre Feier zum 45. Hochzeitstag planten, baten sie Elton, auf ihrer Party zu spielen. Die Krafts luden nicht nur mehr als fünfhundert ihrer engsten Freunde ein, sondern auch die Spieler und Trainer der Patriots sowie deren Ehefrauen. Die Veranstaltung fand im Gillette Stadium statt.

An einem warmen Sommerabend war ein Teil des Feldes wie ein gehobenes Restaurant eingerichtet, mit weißen Tischdecken, Kellnern im Smoking, bunten Blumenarrangements, edlem Wein und einer Bühne mit einem Flügel. Eine Videomontage der Patriots-Saison 2007 wurde auf einer riesigen Leinwand abgespielt, während eine Parade von Gästen ihre Plätze einnahm: Donald und Melania Trump. Les und Julie Moonves. Shari Redstone. Roger und Jane Goodell. Paul und Chan Tagliabue. Sandy und Joan Weill. Die Präsidenten von Harvard, MIT, Massachusetts

General Hospital und dem Dana Farber Cancer Institute. Die CEOs von Fidelity, Pepsi, BankBoston, Gillete, Staples, MGM und Reebok. Die Besitzer der Red Sox, Celtics und Bruins. Brady und Gisele. Die Bruschis. Die Seymours. Die Wilforks. Belichick.

Myra und Robert betraten die Bühne. Nachdem Myra die Gäste begrüßt hatte, ergriff Robert das Mikrofon. „Wir kommen nicht oft genug zusammen, um gute Zeiten zu feiern", sagte er. „Nicht um Geld für eine Wohltätigkeitsorganisation zu sammeln. Nicht mit irgendwelchen Hintergedanken. Nur um zu feiern. Wir haben eine Menge zu feiern."

Elton betrat die Bühne und begann, seine Hits zu spielen: Love Lies Bleeding, The Bitch Is Back, Tiny Dancer, Levon, Rocket Man. Während seines Auftritts schien der Wandel, den Kraft in Foxborough herbeigeführt hatte, ausgeprägter denn je. Einst ein verschlafener Weiler in New England, hatte sich die Stadt dreißig Meilen südwestlich von Boston zu einem Zentrum von Macht und Einfluss entwickelt. Es war nicht nur das neue Epizentrum der NFL, sondern auch der Ort, an dem sich Staatsoberhäupter und Industriekapitäne amüsierten. Ein zukünftiger Präsident und die First Lady der Vereinigten Staaten saßen an einem Tisch. In der Nähe saßen die Vorstandsvorsitzenden der amerikanischen Fernsehsender mit ihren Ehefrauen. Der größte Trainer in der Geschichte der NFL saß an einem anderen Platz. Das Topmodel der Welt war extra aus Brasilien angereist, jetzt mit dem beliebtesten Sportler Amerikas verlobt, und stand kurz vor der Aufnahme in die Patriots-Familie. Sie alle bekamen ein Ständchen von einem der größten Entertainer der Welt.

In einer Pause zwischen den Nummern gab Elton zu, dass er ein großer Patriots-Fan ist. Dann zollte er Robert und Myra Anerkennung. „Dies ist ihr Lied", sagte Elton. „Es war schon immer ihr Lied." Er spielte die ersten Noten von Moon River. Als er anfing zu singen, erschien auf der Riesenleinwand im Stadion eine Szene aus Frühstück bei Tiffany. Alle sahen zu, wie Holly Golightly in einer Straße in Manhattan aus einem gelben Taxi stieg und sich dem Schaufenster von Tiffany's näherte. Myra weinte, als die Erinnerungen wieder hochkamen. Als das Lied zu Ende war, wurden Ausschnitte aus dem Film auf dem Bildschirm durch ein Schwarz-Weiß-Bild von Robert und Myra an ihrem Hochzeitstag ersetzt.

Brady saß unter dem Sternenhimmel auf dem Feld, auf dem er normalerweise auftrat, und blickte nachdenklich zu Myra und Robert. Sie hatten sein Leben beeinflusst. Und er bewunderte ihre eheliche Beziehung. Es erinnerte ihn sehr an das, was er als Kind in seinem eigenen Haus gesehen hatte – ein Ehemann und eine Ehefrau, die sich gegenseitig ergänzten, unterstützten und respektierten. Er drehte sich um und lächelte Gisele an. Mit dreißig Jahren freute er sich auf die Ehe.

Elton war noch nicht fertig.

„Ich möchte zu Protokoll geben, dass dieses Team im letzten Jahr die erstaunlichste Saison hatte", sagte er. „Achtzehn und Null zu erreichen, ist eine unglaubliche Leistung. Und ich weiß, dass Sie wahrscheinlich denken: ‚Na ja, da war das enttäuschende Ende'. Aber Enttäuschungen gibt es immer im Leben. Es wird uns nichts garantiert. Und manchmal kann man nicht immer bekommen, was man will. Aber ich war letztes Jahr so verdammt stolz auf euch.

„Das", so Elton weiter, „ist für die Mannschaft, den Trainer und die Organisation. Go Patriots!"

Er begann mit seinem 80er-Jahre-Hit I'm Still Standing.

Die Patriots eröffneten die Saison 2008 mit einem Heimspiel gegen die Chiefs am 7. September. Die Erwartungen waren sehr hoch. Nach der Saison 2007 sahen alle, von den Fans über die NFL-Prognostiker bis hin zu den Wettanbietern in Las Vegas, New England als Favorit auf den Superbowl-Sieg. Die Offensive hatte keine Schlüsselspieler verloren, und die Defensive hatte Linebacker Jerod Mayo hinzugewonnen, einen Erstrunden-Draft-Pick aus Tennessee, von dem Belichick erwartete, dass er sich sofort als Spieler durchsetzen würde.

Beim zweiten Ballbesitz der Patriots stand Brady in der Pocket und schaute nach rechts zu Randy Moss. Als Brady zum Wurf ansetzte, sah er nicht, dass Chiefs-Safety Bernard Pollard – Spitzname „The Bone Crusher" – von seiner blinden Seite blitzte. Gerade als Brady den Ball freigab und sein ganzes Gewicht auf sein linkes Bein verlagerte, warf Pollard, der zu Boden gegangen war, sich nach vorn und traf mit seinem Helm seitlich Bradys linkes Knie. Brady brach schreiend zusammen und fiel zu Boden, wobei er sich das Knie hielt.

„Er hatte starke Schmerzen“, sagte Pollard später. „Wenn du einen Schrei hörst, weißt du das.“

Bei 7:27 im ersten Viertel herrschte eine unheimliche Stille im Gillette Stadium, als das medizinische Personal Brady in der Mitte des Feldes umringte. Wenige Augenblicke später humpelte Brady, gestützt von zwei Männern, vom Spielfeld und wurde in die Umkleidekabine geführt. Er kehrte nicht zurück.

Nach 15 Spieltagen der Saison 2008 waren alle Wetten darauf, dass New England wieder in den Superbowl einziehen würde, hinfällig. Mit Ersatz-Quarterback Matt Cassel an der Spitze konnten die Patriots einen Sieg gegen Kansas City einfahren. Aber in der Pressekonferenz nach dem Spiel ging es nur um Brady. Auf die Frage nach seinem Zustand blieb Belichick vage. Auf die Frage, ob er Pollards Treffer für schmutzig halte, brachte Belichick seine Meinung zum Ausdruck. Seinen Spielern sei immer beigebracht worden, dass sie den Quarterback oberhalb der Knie und unterhalb der Schultern treffen müssen.

Am späten Nachmittag lag Brady in seinem Haus in Boston im Bett, das linke Knie hochgezogen und mit Tränen in den Augen. Er hatte Schmerzen. Seine Saison war vorbei. Er starrte an die Decke und fühlte sich ersetzbar. Er war getroffen worden. Der Schiedsrichter hat abgepfiffen. Er wurde vom Feld genommen. Ein anderer Quarterback betrat das Feld. Die 25-sekündige Spieluhr lief. Und das Spiel wurde ohne ihn fortgesetzt. Es war eine deprimierende Erkenntnis.

Bemerkenswerterweise hatte Brady zu diesem Zeitpunkt bereits 13 Jahre lang Football gespielt – fünf Jahre in Michigan und acht Jahre in New England –, ohne ein Spiel wegen einer Verletzung zu verpassen. Seit er Anfang 2001 für Drew Bledsoe eingesprungen war, hatte er 128 Spiele in Folge begonnen, eine halbe Ewigkeit in der NFL. Mit gebrochenem Herzen und fassungslos kämpfte er damit, die Ungewissheit seiner Zukunft in den Griff zu bekommen.

Nach etwa einer Stunde führte Gisele zwei Besucher ins Schlafzimmer. Robert und Myra waren direkt aus dem Stadion gekommen. Kraft warf einen Blick auf Brady und verlor beinahe die Fassung. Er hatte Brady noch nie so verletzlich, so traurig gesehen. Ohne ein Wort zu sagen, beugte er sich vor und umarmte ihn.

Im Hinterkopf konnte Kraft nicht umhin, sich zu fragen, ob Brady jemals wieder spielen würde.

An diesem Abend behielt Kraft seine Befürchtungen für sich. Er versprach Brady, alles in seiner Macht Stehende zu tun, um ihm in den kommenden schwierigen Tagen zu helfen. „Wir stehen hinter dir", sagte er zu seinem Quarterback.

„Du gehörst zur Familie", fügte Myra hinzu. „Wir kümmern uns um die Familie."

Am nächsten Tag wurde bei medizinischen Tests festgestellt, dass sowohl das vordere Kreuzband als auch das mediale Seitenband in Bradys linkem Knie gerissen waren. Eine Operation war erforderlich.

An diesem Nachmittag stand Belichick vor 16 Fernsehkameras und einer Schar von nationalen und lokalen Reportern.

„Wir leiden mit Tom", sagte Belichick. „Niemand hat härter gearbeitet und mehr für dieses Team getan als Tom … Er hat eine Position ausgefüllt. Er hat das gut gemacht. Es wird jetzt jemand anderes auf dieser Position spielen."

30

ERLAUBEN SIE MIR, MICH ERNEUT VORZUSTELLEN

Anfang Oktober flogen Tom und Gisele mit Robert und Myra nach Los Angeles, wo der renommierte orthopädische Chirurg Dr. Neal ElAttrache Bradys Knie in der Kerlan-Jobe-Klinik operierte. Nach der Operation blieb Brady zur Nachbehandlung und Reha in L. A.

Zurück in New England versuchte Belichick, das Geschäft wie gewohnt weiterzuführen. „Als Team müssen wir alle nur unsere Arbeit machen", sagte er zu seinen Spielern.

In Bradys Abwesenheit änderte sich Belichicks Vorgehensweise nicht. Aber die Ergebnisse schon. Obwohl Ersatz-Quarterback Matt Cassel eine bewundernswerte Leistung zeigte, endete sein zweiter Einsatz mit einer deutlichen Heimniederlage gegen Miami, wodurch New Englands Siegesserie von 21 Spielen in der regulären Saison unterbrochen wurde. In den darauffolgenden neun Wochen verlor New England vier weitere Male und rutschte auf 7-5 ab.

Während sein Team kämpfte, kehrte Brady Ende November nach Foxborough zurück, um seine Reha bei den Patriots zu beginnen. Aber Belichick wollte nicht, dass Brady zu den Spielen kam. „Jedes Mal, wenn wir einen Incomplete Pass werfen, wird die Kamera auf dich an der Seitenlinie gerichtet", sagte Belichick zu ihm. „Und das brauchen wir nicht." Brady stimmte zu. Stattdessen verfolgte er die Spiele von seinem Haus in Boston aus im Fernsehen. Es war eine merkwürdige Erfahrung. Schließlich kehrte er nach L. A. zurück, um seine Arbeit dort wieder aufzunehmen.

Obwohl die Patriots die letzten vier Spiele gewannen und es am Ende 11:5 stand, schafften sie es zum ersten Mal seit 2002 nicht in die Play-offs. Das Team war ohne Brady einfach nicht dasselbe. Und da Brady sich bedeckt hielt und das Team über seine Fortschritte Stillschweigen bewahrte, war die Frage, die sich während der Offseason in der gesamten Liga stellte, ob er nach seiner Rückkehr der gleiche Quarterback sein würde. Auf jeden Fall veranlasste der Verlust des amtierenden MVP der NFL für die gesamte Saison 2008 die Liga dazu, die „Brady-Regel" einzuführen, eine neue Bestimmung zum besseren Schutz von Quarterbacks. Nach der neuen Regel war es den Abwehrspielern untersagt, sich auf die Beine des Quarterbacks zu stürzen.

Am 1. Februar 2009 wachte Brady in dem Haus auf, das er mit Gisele Bündchen in L. A. teilte. Es war Superbowl-Sonntag und die Steelers und die Cardinals standen sich in Tampa gegenüber. Da er unbedingt spielen wollte, rief Brady seinen Kniechirurgen und einige andere Freunde an und bat sie, ihn auf dem Football-Platz der UCLA zu treffen. Fünf Monate waren seit Bradys Operation vergangen, und er hatte einige Monate lang trainiert und geworfen. Aber am Superbowl-Sonntag wollte er zu den Spielern werfen, die Routen liefen. Auf einem verlassenen Feld rannte Brady. Er sprang. Brady legte ein Drehmoment auf sein Knie. Es fühlte sich befreiend an.

Während seiner Abwesenheit vom Team hatte Brady viel Zeit gehabt, über seine Situation und seine Zukunft nachzudenken. In einem Beruf, in dem die durchschnittliche Karrieredauer eines Spielers weniger als drei Jahre beträgt, hatte Brady bereits neun Spielzeiten hinter sich. Mit 31 Jahren war er für einen NFL-Spieler in die Jahre gekommen. Doch in dieser Zeit war er davon überzeugt, dass er erst die Halbzeit seiner Karriere erreicht hatte, und er beschloss, noch zehn Jahre zu spielen und sich erst mit 41 Jahren zur Ruhe zu setzen. Er konnte sich nicht vorstellen, warum er jemals etwas anderes tun wollte. Was könnte man vergleichen? Sprünge aus Flugzeugen? Bungee-Jumping von Klippen? Flüge zum Mond? Nichts, was ihm einfiel, klang so, als ob es dem nahekommen könnte.

Das Einzige, was Brady neben dem Footballspielen wirklich interessierte, war, seinen einjährigen Sohn großzuziehen und zu heiraten.

Und die Auszeit vom Spiel trug dazu bei, seine Pläne in dieser Hinsicht zu konkretisieren. Am 26. Februar 2009 heiratete er Gisele in einer privaten, unauffälligen Zeremonie in Santa Monica. Aus Bündchens Sicht war Brady eine perfekte Partie. Sie war in einer großen katholischen Familie aufgewachsen, und ihre Eltern waren 37 Jahre lang verheiratet. „Er steht seiner Familie sehr nahe", sagte sie. „Er ist katholisch. Seine Eltern sind seit vierzig Jahren verheiratet. Er hat ein reines Herz." Sie sah die Ehe als „jemanden zu lieben, mit dem man wachsen möchte, mit dem man dieselben Werte, dieselben Gefühle und dieselben Überzeugungen teilt". Sie betrachtete Brady als ihren Seelenverwandten.

Für Brady war die Heirat mit Gisele das Beste, was ihm je passiert war. Sie verstand ihn. Sie akzeptierte ihn. Und sie wusste sehr wohl, welches Engagement erforderlich war, um in einer Sache der Beste der Welt zu sein. Mit ihr an seiner Seite glaubte Brady, sein Ziel erreichen zu können, bis in seine frühen Vierziger hinein an der Spitze zu stehen.

Nach der Hochzeit rief Brady Wes Welker und Randy Moss an, damit sie gemeinsam mit dem Werfen beginnen konnten. Sie jammerten und stöhnten, dass sie gerade eine lange Saison hinter sich hätten und eine Auszeit brauchten. Brady wollte davon nichts hören. Er wollte die verlorene Zeit wieder aufholen.

Vor dem NFL Draft 2009 führte Belichick ein Gespräch mit Rick Gosselin, einem Football-Reporter der Dallas Morning News, der für seine Expertise bei der Analyse von Draft-Picks bekannt war. Belichick respektierte Gosselin.

„Ein Junge, den Sie sich vielleicht ansehen sollten, ist dieser Quarterback von der Kent State", sagte Gosselin zu Belichick. „Ich glaube nicht, dass er Quarterback spielen kann, aber ich habe gehört, dass er ein ziemlich guter Spieler ist."

Der Quarterback an der Kent State war Julian Edelman, ein Linkshänder, der nur fünf Fuß zehn Zoll groß war und weniger als zweihundert Pfund wog. Für NFL-Verhältnisse war er ein Zwerg. In seinem offiziellen Draft-Bericht wurde er als „zu klein und unkonventionell" beschrieben und es wurden Fragen zu seiner Ausdauer gestellt. Scouts bezeichneten ihn einfach als „einen Unbekannten."

Belichick beschloss, sich selbst ein Bild zu machen. Er sah sich eine Reihe von Spielen auf Film an und war besonders beeindruckt von Edelmans Leistung gegen Ohio State während seines Abschlussjahres. Kent State wurde in diesem Spiel besiegt, aber Edelman spielte wie ein Besessener. Obwohl er kein nennenswertes Blocking hatte und nur halb so groß war wie die Verteidiger von Ohio State, lief Edelman wie ein Wilder. Selbst nachdem sein Team mit vier Touchdowns in Rückstand geraten war, kämpfte er um jedes einzelne Yard und spielte jedes Down, als stünde der Sieg auf dem Spiel. Belichick gefiel seine Hartnäckigkeit.

„Was sollen wir mit Julian machen?", fragte er seine Mitarbeiter. „Ist er ein Receiver? Ist er ein Punt-Returner? Ist er ein Defensivspieler? Ist er vielleicht ein Typ, der mehrere Positionen spielen kann?"

Niemand bei den Patriots kannte die Antwort. Die gute Nachricht war, dass niemand sonst in der Liga besonders an einem winzigen, linkshändigen Quarterback von der Kent State interessiert war. Am Draft-Tag wurde er von allen übersehen. In der siebten Runde wählte Belichick ihn mit der Gesamtnummer 232 aus.

Die Patriots wählten zehn Spieler vor Edelman, darunter Safety Patrick Chung in der ersten Runde und Offensive Tackle Sebastian Vollmer in der zweiten Runde. Es war schon vor ihrer Ankunft klar, wo Chung und Vollmer ihren Platz finden würden. Aber als Edelman nach Foxborough kam, war Belichick nicht sicher, was er mit ihm machen sollte. Während des Rookie Camps hat er Edelman beim Fangen von Punts beobachtet. Es war klar, dass er nicht wusste, was er da tat. Belichick kam auf ihn zu und fragte ihn, ob er schon einmal einen Punt gespielt habe. Edelman hatte das nicht. „Das macht man so", sagte Belichick und gab ihm eine kurze Anleitung. Er brachte ihm bei, wie sich ein Ball dreht, wie er ausbricht und so weiter.

Edelman versprach, hart zu arbeiten.

Rookie-Quarterback Brian Hoyer wurde 2009 nicht gedraftet. Nachdem New England nach der Saison 2008 den Back-up-Quarterback Matt Cassel verkauft hatte, nahm Belichick Hoyer für wenig Geld unter Vertrag, in der Hoffnung, dass er sich zu einem brauchbaren Backup für Brady entwickeln könnte. An Hoyers zweitem Tag in Foxborough nahm er an seiner ersten Teambesprechung teil. Die

Anwesenheit von Brady, Moss und Welker beeindruckte ihn. Dann ging das Licht aus und der Film begann. Zunächst war ein Spielzug zu sehen, bei dem Brady dreißig Yards nach unten zu Welker warf. Der Pass war unvollständig.

„Brady, wie lange spielst du schon?", fragte Belichick. „Du versuchst, den Ball zu diesem Zwerg auf dem Feld zu spielen, und der Running Back ist bei einem Fünf-Yard-Hitch völlig frei? Es ist das erste Down. Nimm das mit und mach weiter."

Wie andere Neulinge vor ihm war auch Hoyer fassungslos und eingeschüchtert.

Aber Brady freute sich einfach, wieder zu arbeiten. Belichicks Sticheleien zu ertragen, bedeutete, dass das Leben zur Normalität zurückkehrte.

Nach neun gemeinsamen Jahren hatten Belichick und Brady eine merkwürdige Beziehung. Außerhalb des Spiels sprachen sie kaum miteinander. Auf dem Footballplatz waren sie jedoch auf einer so hohen Ebene verbunden, dass sie ihre eigene Sprache hatten. Sie hatten so viel Zeit miteinander verbracht, in Einzelgesprächen, Teambesprechungen, Filmsitzungen, Trainingseinheiten und unter hohem Druck stehenden Spielsituationen, dass sie oft die Gedanken des anderen kannten und praktisch immer auf derselben Seite waren.

Die Trennung während der gesamten Saison 2008 hatte beide daran erinnert, wie sehr sie das vermisst hatten, was man leicht als selbstverständlich hätte ansehen können. Neben ihrem unübertroffenen Siegeswillen hatten Brady und Belichick vor allem eines gemeinsam: Es gab buchstäblich keinen Ort auf der Welt, an dem sich die beiden Männer wohler fühlten als auf dem Football-Feld.

Am 13. August 2009, kurz vor Beginn des ersten Saisonvorbereitungsspiels, stand Brady neben Belichick an der Seitenlinie des Lincoln Financial Field in Philadelphia, als die Nationalhymne gesungen wurde. Brady hatte viel vor – es war das erste Mal, dass er sein operativ repariertes Knie testen konnte. Sobald die Hymne zu Ende war, wandte sich Belichick an ihn.

„Das Einzige, was ich in Philadelphia anfeuern kann, ist die Nationalhymne", scherzte Belichick.

Das zauberte ein Lächeln auf Bradys Gesicht.

Auch Belichick lächelte. „Es ist schön, dass du wieder hier bist", sagte Belichick.

„Es ist schön, wieder da zu sein", sagte Brady.

Die Spiele der Vorsaison spielen für die Tabelle keine Rolle. Sie sind jedoch wichtig, um herauszufinden, wer zu Beginn der regulären Saison in den endgültigen Kader aufgenommen wird. Vor allem Neulinge werden getestet und unter die Lupe genommen. Vor Beginn des Testspiels in Philadelphia erfuhr Belichick in letzter Minute, dass der Star-Slot-Receiver Wes Welker wegen einer leichten Verletzung aussetzen würde. Belichick wandte sich an Rookie Julian Edelman, dessen Größe, Geschwindigkeit und sichere Hände denen von Welker bemerkenswert ähnlich waren.

Bei so viel Aufmerksamkeit für Brady und seine Rückkehr blieb praktisch unbemerkt, dass sein erster Passabschluss – ein Sechs-Yard-Quickie – zu Edelman ging. Der Rookie war an diesem Tag Bradys Lieblingsziel und führte alle Receiver mit fünf Fängen an. Aber erst in einer Punting-Situation machte Edelman auf sich aufmerksam.

Normalerweise brachte Welker Punts zurück, und Belichick hatte Edelman gebeten, diese Aufgabe ebenfalls zu übernehmen. Im zweiten Viertel fing Edelman einen Punt an der 25-Yard-Linie der Patriots ab. Als eine ganze Reihe von Angreifern auf ihn zustürmte, änderte er so schnell die Richtung, dass die Spieler auf ihn zu sprangen und ihn verfehlten. Dann drehte er sich um, beschleunigte und rannte 75 Yards weit für einen Touchdown, der die Menge elektrisierte.

Als Belichick zusah, wie Edelman alle anderen in den Schatten stellte, dachte er an den Schläger der New York Yankees, Lou Gehrig. Im Sommer 1925 war Gehrig ein unbekannter Spieler auf der Bank der Yankees. Als der First Baseman der Yankees, Wally Pipp, wegen einer leichten Verletzung ein paar Spiele aussetzen musste, sprang Gehrig ein. Zu dieser Zeit war Pipp ein Star-Slugger, der zweimal die American League in Homeruns angeführt hatte. Aber Gehrig spielte so gut und so schnell, dass er nie wieder auf die Bank zurückkehrte. Die Yankees entließen Pipp schließlich am Ende der Saison. Gehrig spielte seine gesamte Karriere bei den Yankees. In 17 Spielzeiten gehörte er sechs World Series Championship-Teams an und verdiente sich den Spitznamen „The Iron Horse" (das eiserne Pferd) für seine Ausdauer, da er

2.130 Spiele in Folge bestritt. Er ging als der größte First Baseman aller Zeiten in die Geschichte ein. Pipp hingegen wurde zu einem vergessenen Mann.

Während sich Edelmans Teamkollegen in der Endzone auf ihn stürzten, ging Belichick an der Seitenlinie zu Welker hinüber.

„Hast du schon mal von Wally Pipp gehört?", fragte er.

„Wally was?", fragte Welker.

„Wally Pipp", wiederholte Belichick.

„Nein …", sagte Welker.

„Du hast noch nie von ihm gehört?", fragte Belichick noch einmal.

„Nein …", sagte Welker.

„Nun, er hat vor Lou Gehrig First Base gespielt."

„Oh, okay."

„Lou Gehrig hat etwa 2.300 Spiele in Folge gespielt."

Welker begann zu begreifen. „Der kleine Mann", sagte Welker in Anspielung auf Edelmans Spitznamen.

„Das könnte eine Punt-Return-Geschichte sein", sagte Belichick zu ihm.

Nach dem Spiel drängte sich eine Schar von Reportern um Edelmans Spind. Es war das erste Mal, dass die Presse ihm wirklich Aufmerksamkeit schenkte. Als er zu seinem Touchdown-Lauf befragt wurde, nahm sich der Rookie ein Beispiel an Brady und lenkte das Lob auf seine Teamkollegen.

„Ich muss noch eine Menge lernen", sagte Edelman. „Dieser Spielzug – der Punt Return – wurde von allen so ausgeführt, wie wir ihn geplant hatten. Das eine führte zum anderen. Eine echte Teamleistung. Die Blöcke waren da. Sie haben ihre Aufgabe erfüllt. Ich habe meine gemacht."

Hätte Belichick Edelmans Reaktion benotet, hätte er eine Eins plus vergeben. Der Junge schaffte es sogar geschafft, eine Anspielung auf Belichicks Mantra „Macht euren Job" einzubauen.

„Ich bin da, wenn der Trainer mich braucht", so Edelman weiter. „Wenn jemand ausfällt, müssen Spieler einspringen und die Lücken füllen. Ich habe nur versucht, dem Team zu helfen."

Die Schlagzeilen am nächsten Tag drehten sich um die Tatsache, dass Bradys Rückkehr in die NFL ohne Zwischenfälle verlaufen war.

Aber es war nicht zu leugnen, dass die Patriots einen Rohdiamanten gefunden zu haben schienen, als sie Julian „Little Man“ Edelman von der Kent State mit der 232. Gesamtauswahl in der siebten Runde des NFL Draft auswählten.

Als Brady am 14. September 2009 vor dem Saisonauftakt gegen die Bills das Spielfeld betrat, rappte Jay-Z den Eröffnungs-Text „Allow me to reintroduce myself“. Diese Worte waren sicherlich passend für Brady. Aber sie waren auch für die Mannschaft im Allgemeinen geeignet. In der Vorsaison hatte sich der Kader stark verändert. Belichick hatte Linebacker Mike Vrabel ausgetauscht und Linebacker Larry Izzo entlassen. Safety Rodney Harrison hatte sich zurückgezogen. Tedy Bruschi hatte sich während des Trainingslagers zurückgezogen. Und wenige Tage vor dem Spiel gegen die Bills wechselte Belichick unerwartet den All-Pro Defensive End Richard Seymour zu den Raiders. Diese sechs Spieler waren das, was vom Kern der Verteidigung während des Superbowl-Laufes des Teams übrig geblieben war. In den vergangenen acht Jahren waren sie die Kapitäne auf dem Spielfeld und die Anführer in der Umkleidekabine und definierten, was es bedeutete, ein Patriot zu sein.

Das Team, das Belichick zum Saisonauftakt aufstellte, war kaum wiederzuerkennen, verglichen mit dem, das die Dynastie aufgebaut hatte. Von den 53 Spielern im Kader der Patriots hatten nur sechs im Trikot der Patriots einen Superbowl gewonnen. Eine Reihe von neuen Spielern – Jerod Mayo, Rob Ninkovich, Patrick Chung – übernahmen Führungsrollen und machten sich die Kultur der Patriots zu eigen. Der größte Teil des Kaders bestand jedoch aus jungen Spielern und Neulingen, die noch eine große Lernkurve durchlaufen mussten.

Brady und Belichick gingen jedoch in ihre zehnte gemeinsame Saison. Da Brady zum ersten Mal seit einem Jahr in einem regulären Saisonspiel als Center fungierte, war Belichick der Meinung, dass er bei seinen ersten Passversuchen verständlicherweise überhastet wirkte. Einer ging unvollständig an Kevin Faulk und ein anderer an Laurence Maroney vorbei. Als Brady an die Seitenlinie kam, ging ihm Belichick entgegen.

„Tom, sieh mal“, sagte er. „Beruhige dich, Kumpel. Tritt in den Wurf.“

„Ich treffe sie direkt in die Hände", sagte Brady.

„Der Wurf zu Kevin da draußen?", fragte Belichick.

„Ich wurde gestört, als ich ihn geworfen habe", sagte Brady.

„In Ordnung", sagte Belichick. „Der zu Maroney?"

„Der ging in seine Hände", betonte Brady.

„Es war über seinen Kopf hinweg", sagte Belichick.

„Ach, der", sagte Brady.

„Ja. Tritt einfach ein. Okay?"

Es dauerte nicht lange, bis Brady seine Form wiedergefunden hatte. Am Ende des Spiels führte Buffalo mit sechs Punkten. Als die Zeit ablief, inszenierte Brady einen Drive, den er mit einem Touchdown-Pass in letzter Sekunde abschloss. New England gewann 25-24.

Fünf Wochen nach Beginn der Saison schimpfte Belichick in einer Mannschaftssitzung darüber, dass die Patriots zu diesem Zeitpunkt das einzige Team der Liga waren, das keinen einzigen Passspielzug über mehr als vierzig Yards zustande brachte. „Wir haben keine großen Spielzüge!", brüllte er.

Im nächsten Spiel gegen Tennessee warf Brady gleich fünf Touchdown-Pässe im ersten Viertel und stellte damit einen NFL-Rekord auf. New England gewann dann mit 59:0. In der Umkleidekabine sagte Belichick anschließend zur Mannschaft: „Ich kann nicht mehr über ‚keine großen Spielzüge' sprechen. Ich schätze, das hat mich zum Schweigen gebracht."

Brady und Belichick waren sich zwar einig, doch im Laufe der Saison '09 erkannten beide, dass das Team nicht auf der Höhe war. Es fiel ihnen schwer, Spitzenteams zu schlagen. Besonders besorgniserregend war die Art und Weise, wie sie verloren – indem sie spät im Spiel große Spielzüge zuließen und mentale Fehler machten. In der elften Woche der Saison wurde New England in New Orleans vernichtend geschlagen, als Brady und Belichick in den letzten Minuten gemeinsam an der Seitenlinie standen und zur Anzeigetafel blickten, auf der Saints 38, Patriots 17 stand.

„Junge, ich sage dir, wir haben noch einen langen Weg vor uns", sagte Belichick.

„Wir haben uns den Arsch aufgerissen", sagte Brady.

„Wir haben einfach keine mentale Stärke. Wir können nicht das Spiel spielen, das wir spielen müssen."

„Du sagst es", erwiderte Brady.

„Wir müssen einen Weg finden, ein stärkeres Team zu sein, wenn wir auswärts spielen", sagte Belichick.

„Sie haben uns in den Hintern getreten", sagte Brady.

„Das haben sie wirklich", sagte Belichick. „Ich kann diese Mannschaft einfach nicht dazu bringen, so zu spielen, wie wir spielen müssen. Es ist so verdammt frustrierend."

„Wir machen es in Schüben", sagte Brady. „Wir machen das einfach nicht vier Viertel lang."

Die Saison war ein hartes Stück Arbeit. Doch Brady hatte Grund zum Feiern. Anfang Dezember brachte Bündchen einen Jungen zur Welt und nannte ihn Benjamin. Gleichzeitig hat New England eine Siegesserie von drei Spielen hingelegt und sich mit einer Bilanz von 10:5 den Titel in der AFC East gesichert. Trotz eines gebrochenen Fingers, einiger geprellter Rippen und einer geprellten Schulter stand Brady in jedem Spiel in der Startelf und führte eine der besten Offensiven der Liga an. Das lag zum großen Teil an Welker. Er hatte sich zum produktivsten Receiver in der NFL entwickelt. Er führte die Liga mit 123 Receptions an und die Patriots mit 1.348 Receiving Yards. Welker war nicht nur Bradys Lieblingsziel, sondern machte es den Teams auch schwerer, Moss, der 83 Fänge für 1.264 Yards gemacht hatte, zu doppeln.

Pünktlich zu den Play-offs hatten Brady und die Offensive sich zusammengerauft. Doch beim vierten Spielzug der Patriots im letzten Spiel der regulären Saison knickte Welkers linkes Knie ein, als er nach einem Pass von Brady einen Cut machen wollte. Welker krümmte sich vor Schmerzen, als er vom Spielfeld gerollt werden musste. Er hatte die gleiche Knieverletzung wie Brady erlitten und sich dabei das vordere Kreuzband und das Innenband gerissen.

Ohne Welker verlor New England gegen Houston. Nach dem Spiel fuhr Kraft Brady nach Hause. Die Fahrt gab ihnen Zeit zum Reden. In dieser Nacht schrieb Brady eine E-Mail an Kraft: „Ich wollte mich nur für die Heimfahrt bedanken. Ich bin dir wirklich dankbar für alles, was du für mich tust, und für die Unterstützung und Liebe, die du mir immer entgegengebracht hast. Ich genieße es immer, mit dir und deiner Familie zusammen zu sein … Ich weiß, dass wir uns alle wegen Wes schlecht fühlen, aber wir werden trotzdem einen Weg finden, das zu gewinnen. Weiter nach Baltimore."

Eine Woche später, am 10. Januar 2010, empfingen die Patriots die Ravens in der Wild Card-Runde der Play-offs. Gleich im ersten Spielzug erlief Ravens Running Back Ray Rice 83 Yards für einen Touchdown. Nach 17 Sekunden lag New England bereits mit 7:0 zurück. Im dritten Spielzug der Patriots wurde Brady von hinten angegriffen und fiel um. Wenige Minuten später erzielte Baltimore einen weiteren Treffer. Vor Ende des ersten Viertels lagen die Patriots mit 24:0 zurück. Davon erholten sie sich nicht.

Während Welker auf Krücken von Krafts Suite aus zusah, wurde Moss von Baltimore jedes Mal, wenn er die Scrimmage-Linie verließ, mit einem Double-Team bearbeitet und aufgerieben. Und Ray Lewis schikanierte, verspottete und schlug Brady. Die Ravens schlugen New England mit 33:14. Es war das erste Mal, dass die Patriots unter Belichick ein Play-off-Spiel zu Hause verloren. Es war auch das erste Mal, dass die New-Englander ihr eigenes Team in der Ära Belichick-Brady ausbuhten. Nach dem Spiel sagte Brady: „Ich hätte uns auch ausgebuht, so, wie wir gespielt haben.

In New England war man sich einig, dass der Lauf der Patriots zu Ende war. In den neun Jahren, in denen Brady als Starting Quarterback fungierte, hatten die Patriots die höchste Gewinnquote in der NFL. Sie hatten in dieser Zeit mehr Divisionstitel und Conference Championships gewonnen als jedes andere Team. Außerdem hatten sie die einzige perfekte reguläre Saison mit 16 Spielen in der Geschichte hingelegt. Doch gegen die Ravens wirkten die Patriots leblos. Noch nie wurde die Mannschaft auf heimischem Terrain so gründlich gedemütigt. Die harte Realität war, dass die Patriots seit sechs Jahren keinen Superbowl mehr gewonnen hatten.

„Es war großartig, solange es dauerte", schrieb der Kolumnist des Boston Globe, Dan Shaughnessy, „aber selbst ein sturer Patriots-Fan muss anerkennen, dass die Dynastie vorbei ist."

Die Geschichte bestätigte diese Schlussfolgerung. Keine der früheren NFL-Dynastien hatte länger als ein Jahrzehnt Bestand. Nachdem die Steelers in den 70er-Jahren innerhalb von sechs Jahren vier Superbowls gewonnen hatten, waren sie am Ende. Die 49ers hatten in den 80er-Jahren in neun Jahren vier Meisterschaften gewonnen. Und in den Neunzigern war die Cowboys-Dynastie nach dem Gewinn von drei Superbowls in vier Jahren schnell verblasst.

Belichick war mit der Geschichte bestens vertraut. Er war der einzige Cheftrainer, der lange genug dabei war, um gegen die Steelers aus den Siebzigern, die 49ers aus den Achtzigern und die Cowboys aus den Neunzigern gecoacht zu haben. Und er war überzeugt, dass die Patriots noch nicht am Ende waren. Er war auch noch nicht bereit, aufzugeben. Im Alter von 56 Jahren plante er, bis weit in seine Sechziger hinein Trainer zu bleiben. Wie Brady hatte auch er Schwierigkeiten, sich etwas vorzustellen, das nichts mit Football zu tun hatte.

Am Morgen nach der brutalen Niederlage gegen Baltimore stand Belichick noch vor Sonnenaufgang auf und fuhr im Dunkeln zum Stadion. Als er sein Auto auf dem leeren Parkplatz vor dem Gillette Stadium abstellte und in die kalte Luft trat, dachte er bereits darüber nach, was das Team tun musste, um sich zu verbessern. Ermutigt wurde er durch die Tatsache, dass einige der jüngsten Spieler im Kader der Patriots sich vielversprechend zeigten. Vor allem Julian Edelman war erneut für Wes Welker eingesprungen und hatte bewiesen, dass er in der Lage war, zukünftig einen wichtigen Beitrag zu leisten.

Nach Belichicks Meinung war Edelman gegen die Ravens der beste Spieler auf dem Feld. Er spielte so, wie er es gegen die Ohio State getan hatte, als er an der Kent State war. Der Spielzug, der Belichick besonders auffiel, war der, den Edelman spät im Spiel gemacht hatte. Als der Sieg außer Reichweite schien, fing er einen Pass beim vierten und zehnten Versuch, durchbrach fünf Tackles und kämpfte sich zu einem First Down.

Vor dem NFL Draft 2010 war Belichick fest entschlossen, mehr Spieler mit dem gleichen Maß an Intensität und Entschlossenheit zu finden. In den nächsten Monaten konzentrierte er sich auf seine Ziele. Dann, am 22. April 2010, stand Commissioner Roger Goodell am ersten Tag des Draft in der Radio City Music Hall am Rednerpult und verkündete: „Mit dem 42. Pick im NFL-Draft 2010 wählen die New England Patriots Rob Gronkowski, Tight End, Arizona."

31

ES IST NIRGENDS BESSER ALS DAHEIM

Rob Gronkowski war einen Meter 98 groß und wog 265 Pfund. Der Zwanzigjährige, eine stämmige Gestalt in einem enganliegenden grauen Anzug, legte einen Arm um seine Mutter und einen Arm um seinen Vater, als sie sich mit Gronkowskis vier Brüdern hinter der Bühne im Green Room der Radio City Music Hall zusammensetzten. Die Gronkowski-Familie feierte als Team und sang und schunkelte im Gleichklang. Sobald der Commissioner seinen Namen als neuestes Mitglied der Patriots verkündete, kämpfte der einfach nur „Gronk" genannte Tight End mit den Tränen, erzählte seiner Mutter, wie sehr er sie liebe, und dankte seinem Vater dafür, ein so großes Vorbild zu sein.

Wenige Augenblicke später gab Gronkowski dem lautstarken Publikum im überfüllten Saal einen ersten Eindruck davon, wen die Patriots gerade ausgewählt hatten. Anstatt der Tradition zu folgen, am Draft-Tag mit dem Trikot seines neuen Teams auf die Bühne zu gehen, kam Gronkowski mit einem Patriots-Helm in der Hand heraus. Die Aktion brachte die überwiegend aus New York stammenden Zuschauer in Rage und zauberte Goodell ein Lächeln ins Gesicht. Nachdem er dem Commissioner die Hand geschüttelt hatte, begrüßte Gronkowski den NFL Network-Kommentator Deion Sanders und stellte sich den Kameras.

„Wie aufgeregt bist du, mein Großer?", fragte Sanders und lächelte. „Du hast mir gerade fast die Schulter ausgekugelt."

„Mann, ich bin so aufgeregt, Mann", sagte Gronkowski. „Dies ist eine großartige Mannschaft. Es ist fantastisch. Einer der besten Quarterbacks wird mir die Bälle zuwerfen. Das ist der schönste Moment meines Lebens, Mann. Das ist unglaublich."

Dann kam seine Familie auf die Bühne, bildete einen Kreis um ihn und begann zu skandieren: „Gronk! Gronk! Gronk!" Er setzte den Helm auf, ballte die Fäuste, spannte die Arme an und begann zu schreien. Der beispiellose Jubel war so überschwänglich, dass der Trainerstab der Patriots Gronkowski auf seinem Handy anrufen musste, um ihn aufzufordern, die Bühne zu verlassen, damit der Commissioner den nächsten Pick verkünden konnte.

Belichick hielt Gronkowski für einen Schuss ins Blaue. Als Freshman in Arizona hatte er nicht viel gespielt. In seinem zweiten Studienjahr hatte er nur dreißig Pässe gefangen. Und er hatte seine gesamte Juniorensaison wegen einer Rückenoperation verpasst. Dann kam er zum Draft. Was die Erfolgsbilanz anging, gab es also nicht viel, worauf man aufbauen konnte. Aber Gronkowski hatte einen NFL-Körper und großartige Hände, und er konnte blocken. „Sie werden ihn lieben", versicherte sein College-Trainer Belichick. „Ihm geht es nur ums Gewinnen."

Gewinnen überzeugte Belichick. Seit 2001 hatten die Patriots 121 Spiele gewonnen, darunter drei Superbowls. Kein NFL-Team hatte in dieser Zeit mehr Spiele oder so viele Superbowls gewonnen. Fotos von jedem Sieg der Patriots in der Ära Belichick schmückten die vielen Gänge des Gillette Stadium. Doch in der Nebensaison 2010 wurde jedes einzelne Bild entfernt. Auf die Frage eines Reporters nach dem Grund sagte Belichick nur: „Die Wände mussten gestrichen werden."

Das war noch nicht alles. Die wichtigste Lektion, die Belichick in all den Jahren seines Studiums der Football-Geschichte gelernt hatte, war, dass sich das Spiel ständig veränderte. Belichicks Vorbilder waren Leute wie der legendäre Trainer der Cleveland Browns, Paul Brown, ein Innovator, der seine Profikarriere in den vierziger Jahren begann. Brown war der erste Trainer, der Film zum Auskundschaften von Gegnern einsetzte, er entwickelte die moderne Gesichtsmaske und erfand das Zugspiel. Wie sein Idol war auch Belichick ein Innovator. Damit die Patriots an der Spitze blieben, glaubte Belichick, sich ständig anpassen zu müssen. Zu Beginn der Saison 2010 plante er die Einführung eines neuen Offensivschemas, das auf einer Double-Tight-End-Formation basierte.

Traditionell setzten die Teams einen Tight End in der Offensive ein. Ein zweiter Tight End kam nur in Short-Yardage-Situationen auf das Feld, wenn ein zusätzlicher Blocker benötigt wurde. Belichick plante jedoch, praktisch bei jedem Spielzug zwei Tight Ends einzusetzen. Und anstatt seine Tight Ends in einer Dreierreihe mit dem Offensive Lineman aufzustellen, plante er, sie wie Slot Receiver und Wide Receiver aufzustellen und sie zu primären Zielen zu machen. Die Aussicht, einen Riesen wie Gronkowski als Außenreceiver aufzustellen, würde die Verteidigung vor allerlei Probleme stellen.

Zwei Runden nach der Verpflichtung von Gronkowski überraschte Belichick alle, indem er einen weiteren Tight End verpflichtete – Aaron Hernandez aus Florida. Hernandez galt als noch athletischer als Gronkowski und wurde als der beste Tight-End-Anwärter im Draft gehandelt. Doch der Rest der Liga scheute davor zurück, ihn aufgrund seines negativen Pre-Draft-Berichts auszuwählen. Sie warnte vor seinem geringen Selbstwertgefühl, seiner emotionalen Unreife und seinen zahlreichen Problemen außerhalb des Spielfelds. Unter anderem war Hernandez wegen eines nicht bestandenen Drogentests suspendiert und mehrfach beim Kiffen erwischt worden. Beim NFL Scouting Combine hatte er den Teams erzählt, dass sein Drogenkonsum nach dem unerwarteten Tod seines Vaters begonnen hatte, als Hernandez noch in der High School war. Aber Floridas Trainer Urban Meyer hatte Belichick erklärt, dass Hernandez ein gutes Kind und ein extrem harter Arbeiter sei, und vor dem Draft hatte Hernandez den Patriots einen Brief geschickt, in dem stand, dass er bereit sei, einen zweiwöchentlichen Drogentest während seiner Rookie-Saison auf sich zu nehmen und etwas von seinem Gehalt zurückzugeben, sollte er jemals positiv getestet werden. „Ich bitte Sie, mir zu vertrauen, wenn ich sage, dass Sie sich absolut keine Sorgen machen müssen, wenn es um mich und den Konsum von Drogen geht“, schrieb Hernandez.

Die Patriots sorgten sich nicht um Gras. Sie sorgten sich vor allem wegen Hernandez’ Alter. Hernandez war nur wenige Monate nach seinem 22. Geburtstag, als er von den Patriots gedraftet wurde, und damit der jüngste Spieler in der gesamten NFL. Aber sobald Hernandez in

Foxborough ankam, zeigte er große Arbeitsmoral und den Wunsch, die hohen Standards der Mannschaft zu erfüllen. Belichick war davon überzeugt, dass er talentiert genug war, um sich als Neuling sofort zu etablieren. Zusammen mit Gronkowski könnte New England das jüngste und dynamischste Tight-End-Duo der Liga haben.

Tom Brady war verärgert. Trotz seiner erfolgreichen Comeback-Saison nach der Knieoperation flüsterten einige der angesehensten Sportjournalisten in Boston, dass er langsam „sehr langweilig" aussehe. Und sie wiesen auf die katastrophale Play-off-Niederlage gegen Baltimore am Ende der Saison hin, als Beweis dafür, dass Brady im Jahr 2009 zu altern begann. „Wir alle wissen, was wir gesehen haben", schrieb der Kolumnist des Boston Globe, Bob Ryan, „und was wir gesehen haben, war ein unbeständiger Quarterback, der seine guten und seine weniger guten Tage hatte, und dann, am Ende, einen wirklich schrecklichen Tag im größten Spiel des Jahres. Manning regiert jetzt, und die neuen Lieblinge des Monats heißen Rivers, Brees und Romo. Brady hat plötzlich einiges aufzuholen."

Kritik und Zweifel von sogenannten Experten, die nicht wirklich verstanden, wie Brady tickte, waren für ihn immer eine externe Motivationsquelle gewesen. Aber was Brady im Sommer 2010 wirklich frustrierte, war die Ungewissheit über seine Zukunft. Er befand sich im letzten Jahr eines Sechsjahresvertrags, der für die Saison 2010 ein Gehalt von 6,5 Millionen Dollar vorsah. Als der Vertrag 2005 ausgehandelt wurde, war beiden Seiten klar, dass Bradys Grundgehalt bis 2010 weit unter seinem Marktwert liegen würde. Es war immer beabsichtigt gewesen, vor der Saison '10 einen neuen Vertrag abzuschließen.

Kraft und Brady begannen kurz nach der Play-off-Niederlage gegen die Ravens im Januar, über Zahlen zu sprechen. Brady machte deutlich, dass er noch viele Jahre bei den Patriots bleiben wolle, und Kraft versicherte ihm, dass er das Gleiche wolle. Nach einigem Hin und Her beschlossen sie jedoch, dass sich keiner von ihnen wohl dabei fühlte, mit dem anderen zu verhandeln. Sie einigten sich darauf, dies Belichick und Bradys Agenten, Don Yee, zu überlassen.

Aber Belichick schien es nicht eilig zu haben, an einem neuen Vertrag für Brady zu arbeiten. Aus seiner Sicht waren ernsthafte Vertragsgespräche verfrüht, bis die Patriots besser wussten, wie das neue

Arbeitsabkommen zwischen den NFL-Besitzern und der NFL Players Union aussehen würde. Da der aktuelle Tarifvertrag auslief, war unklar, wie viel Gehaltsspielraum die Patriots unter dem neuen Tarifvertrag haben würden.

Es half auch nicht, dass Belichick nie ein persönliches Interesse an Brady gezeigt hatte, wie es Kraft getan hatte. Brady erkannte, dass Belichick alle seine Spieler auf die gleiche Weise behandelte. So arbeitete er. Doch Brady war ein Beziehungsmensch. Und er war Belichicks produktivster Patriots-Spieler und derjenige, der am meisten für die Ausführung von Belichicks Spielplänen verantwortlich war. Aus geschäftlicher Sicht wäre es also vorteilhaft gewesen, eine Beziehung zu pflegen, die über das „X“ und „O“ hinausgeht. Es wäre auch sinnvoll gewesen, den Mitarbeiter zu belohnen, der die meiste Verantwortung trug und am produktivsten für die Mannschaft war. Aber das war nicht die Art, wie Belichick arbeitete.

Als Brady Ende Juli ins Trainingslager kam, versuchte er, sich ganz auf Football zu konzentrieren. Die Patriots verfügten über einen Receiver-Kern, zu dem Moss, Welker, Edelman und die Neuzugänge Gronkowski und Hernandez gehörten. Brady hatte seine Hausaufgaben über die Neulinge gemacht. Vom ersten Tag an setzte er sie unter Druck.

Sowohl Gronkowski als auch Hernandez waren eingeschüchtert. Es war schon nervenaufreibend genug, mit Moss und Welker in einem Huddle zu stehen, während Belichick zusah. Aber wenn Brady sie dann auch noch wie ein Drill-Sergeant anbrüllte, war das überwältigend. Jedes Mal, wenn Gronkowski oder Hernandez den kleinsten Fehler machten, stürzte Brady sich auf sie.

Gronkowski war überzeugt, dass Brady ihn nicht mochte. Und je länger das Camp dauerte, desto mehr kam Gronkowski darauf, dass er Brady nicht besonders mochte. Als Gronkowski eine der vielen Fragen Bradys, wo er bei einem bestimmten Spielzug sein sollte, nicht beantworten konnte, sagte Brady zu ihm: „Ich werde einfach nicht mehr zu dir werfen.

Belichick sagte kein Wort. Er mochte es, wenn Brady die Neulinge provozierte. Die guten würden sich durchsetzen. Diejenigen, die das nicht taten, würden nicht lange hier sein.

Gronkowski war unglücklich.

Kraft wusste, dass Brady vor dem Trainingslager einen neuen Vertrag unterschreiben wollte. Er wusste auch, dass Brady sich von Belichick unterschätzt fühlte. Und Kraft verstand warum. Von dem Tag an, als Brady im Jahr 2000 als Rookie nach Foxborough gekommen war, hatte er zu Belichick aufgeschaut und alles getan, um sich seine Anerkennung zu verdienen. Nach zehn Jahren, drei Superbowl-Titeln, einer regulären Saison mit 16:0 Punkten und einer erkämpften Rückkehr nach einer Knieoperation war Brady immer noch der Erste, der morgens das Stadion betrat, und der Letzte, der es abends verließ. Er hörte nie auf, wie ein Quarterback zu arbeiten, der darum kämpft, ins Team zu kommen. Aus all diesen Gründen war Kraft bestrebt, Brady eine vierjährige Vertragsverlängerung zu gewähren.

Ende der ersten Augustwoche gab Belichick den Spielern vor dem ersten Saisonvorbereitungsspiel der Mannschaft ein paar Tage frei. Kraft schickte Brady eine E-Mail und lud ihn zu einer Runde Golf am Kap ein. Nach ein paar Stunden auf dem Platz fuhren sie zurück zu Krafts Sommerhaus, wo sie sich mit Jonathan trafen. Beim Mittagessen besprachen die drei Bradys Zukunft. Brady sagte, er habe nicht vor, langsamer zu werden. Er befand sich in der besten Verfassung seines Lebens. Er war entschlossen, weitere Meisterschaften zu gewinnen. Und er bekräftigte, dass er seine Karriere in New England beenden wolle. Aber er war besorgt, dass Belichick ihn vielleicht nicht mehr lange haben wollte.

Als Kraft zuhörte, wusste er, dass er vor einer komplizierten Herausforderung stand. Auf dem Spielfeld waren Belichick und Brady das beste Trainer-Quarterback-Gespann der Liga. Es gab niemanden, der ihnen diesen Platz streitig machte. Ein Jahrzehnt lang hatten die beiden das Spiel durch dieselbe einzigartige Linse betrachtet. Doch irgendwann sollten ihre Ansichten auseinandergehen. Ein Teil von Belichicks Genialität war sein rigoroser analytischer Ansatz, der nahelegte, dass Bradys beste Zeit wahrscheinlich hinter ihm lag und dass seine verbleibenden Jahre als Elite-Quarterback zweifellos gezählt waren. Brady hingegen war ein Ausreißer, der körperlich und geistig so gebaut war, dass er den versicherungsmathematischen Alterstabellen der NFL trotzte. Er befand sich nicht nur in hervorragender Verfassung, sondern sein Wissen über das Spiel wuchs auch von Jahr zu Jahr.

Wenn es um Belichicks Trainermethoden ging, hat sich Kraft nie geäußert. Er erkannte die Genialität Belichicks, die darin lag, den größten Star des Teams genauso zu behandeln wie den dreiundfünfzigsten Mann im Kader. Wenn überhaupt, dann nahm Belichick Brady am härtesten ran, was es einfacher machte, alle anderen von der Team-First-Mentalität zu überzeugen. Gleichzeitig erkannte Kraft, wie wichtig Brady für den Erfolg von Belichicks Ansatz war. Obwohl er der erfolgreichste Quarterback der Liga ist, war Brady nachsichtig genug, Belichicks Methoden zu ertragen. Peyton Manning hätte niemals auf sich genommen, was Brady durchmachen musste. Auch John Elway oder Brett Favre oder Dan Marino oder Aaron Rogers hätten das nicht getan.

Der Trick bestand darin, herauszufinden, wie man Belichick und Brady langfristig zusammenhalten konnte, ohne Belichick auf die Füße zu treten oder Brady in eine Position zu bringen, in der er sich gefangen fühlte.

Kraft blickte über den Tisch hinweg zu Brady. „Du hast mehr für diese Mannschaft getan als jeder andere Spieler", sagte er. „Ich möchte, dass du unser Quarterback bist, solange du dich entschließt, Football zu spielen. Ich liebe dich wie einen Sohn. Das weißt du."

Brady nickte.

Kraft gab ihm ein Versprechen – er würde sich nie in Belichicks Trainerentscheidungen einmischen, aber wenn es jemals zu einem Punkt käme, an dem Belichick ihn nicht mehr als Stammspieler haben wollte, würde er Brady erlauben, sich ein anderes Team zu suchen. In diesem Fall, so Kraft, würden sie die Sache gemeinsam besprechen, sich die Hand geben und sich auf eine Lösung einigen. Brady hatte das verdient.

Brady dankte ihm.

Das dringlichste Problem, so Kraft, sei es, einen Vertrag abzuschließen.

Brady stimmte zu. Da der Beginn der regulären Saison nur noch wenige Wochen entfernt war, ging er davon aus, dass Belichick zu beschäftigt sein würde, um die Gespräche mit Don Yee wieder aufzunehmen.

Kraft widersprach nicht.

Brady wandte sich an Jonathan. „Würdest du mit Don daran arbeiten?“

Die Frage traf Jonathan unvorbereitet. Er war nie in Verhandlungen mit Spielern involviert und hatte auch keine Lust dazu, aber das war Tom. „Ich bin einverstanden, wenn RKK einverstanden ist“, sagte Jonathan.

Robert stimmte zu.

Später am Abend schrieb Robert eine E-Mail an Brady, dankte ihm für seinen Besuch am Kap und versicherte ihn seiner Zuneigung.

„Ich hatte eine tolle Zeit und es gibt keinen Ort, an dem ich lieber gewesen wäre“, schrieb Brady zurück. „Ich hoffe, du weißt, wie sehr ich dich respektiere und bewundere und zu dir aufschaue.“

Don Yee sorgte für frischen Wind in der Welt der Sportagenten. Er hatte kein Ego. Er war nicht durch Geld motiviert. Er war immer sehr herzlich. Und seine Visitenkarte war seine Integrität. Yee war auch ein Pragmatiker. Die NFL betrachtete er als das ultimative darwinistische Umfeld, und er hielt Bill Belichick für den ultimativen Praktiker innerhalb dieses Umfelds. Für Yee war das, was Belichick jedem anderen Trainer überlegen machte, seine zielstrebige Konzentration auf den Sieg, ohne jegliche Sentimentalität für irgendjemanden oder irgendetwas. Yees Ansicht nach hatte Brady zehn Jahre lang für den besten Trainer, den einflussreichsten Besitzer und die beste Mannschaft gespielt. Wenn er sich in der Liga umschaute, konnte sich Yee keinen anderen Quarterback vorstellen, der einen reibungsloseren, erfolgreicheren Lauf mit einer Mannschaft hatte.

Yee schätzte, dass ein wesentlicher Faktor für Bradys Glück in New England seine ungewöhnlich enge Beziehung zu Kraft war. Für Yee war dies jedoch nicht der richtige Zeitpunkt für Sentimentalitäten. Die Situation erforderte Realismus. Brady war gerade 33 geworden. Ein Jahr zuvor hatte er eine rekonstruktive Knieoperation hinter sich. Auf dem Papier näherte er sich schnell dem Ende der Fahnenstange. Da er wusste, wie Belichick arbeitete, war Yee entschlossen, einen Vertrag zu gestalten, der seinen Klienten davor schützte, entbehrlich zu werden. Das war seine Einstellung, als Jonathan Kraft zwei Tage nach Bradys Mittagessen mit den Krafts am Kap auf ihn zukam.

Kraft und Yee verstanden sich gut. Aber sie hatten unterschiedliche Vorstellungen davon, wie man vorgehen sollte. Kraft schlug einen langfristigen Vertrag für Brady vor. Yee bevorzugte eine kürzere Laufzeit. Als Kraft andeutete, dass die Patriots bereit waren, einen lukrativen Vertrag anzubieten, der Brady bis zu seinem 36. Lebensjahr in Foxborough halten würde, entgegnete Yee, er wolle nicht, dass der Vertrag länger als drei Jahre lief. Im Idealfall hätte Yee einen Zweijahresvertrag bevorzugt. Er wies darauf hin, dass vier Jahre in der NFL praktisch eine Lebenszeit sind. Wenn Brady 36 wurde, war er bereits ein Mann mittleren Alters. Viele persönliche und berufliche Umstände könnten sich ändern. Vor allem, vielleicht wollte Belichick ihn zu diesem Zeitpunkt nicht mehr für sein Team spielen lassen. Ein kürzerer Vertrag würde Brady mehr Kontrolle über seine Zukunft bieten und gleichzeitig Bill die Flexibilität geben, die er sich bei Spielerverträgen wünscht, insbesondere bei solchen mit älteren Spielern.

Kraft betonte, dass die Patriots nicht in zwei Jahren noch einmal Vertragsverhandlungen mit Brady führen wollten. Sie zogen es vor, einen Vierjahresvertrag abzuschließen, der den Wünschen Bradys entsprach.

Doch Yee setzte sich für einen Dreijahresvertrag ein. Er hatte genug mit Belichick zu tun, um zu wissen, dass er bei hochpreisigen Veteranen dazu neigte, sie im letzten Jahr oder in den letzten zwei Jahren eines Vertrags zu verkaufen oder zu entlassen. Ein kürzerer Vertrag schützte Brady vor dieser Wahrscheinlichkeit.

Während des gesamten Monats August gingen Yee und Kraft weiter hin und her. Ende des Monats hatte Kraft genügend Zusicherungen für Bradys Schutz gegeben, sodass Yee sich mit der Idee eines Vierjahresvertrags anfreunden konnte. Beide Seiten waren jedoch noch weit voneinander entfernt, was Bradys Entschädigungen anging. Yee wollte 80 Millionen Dollar, durchschnittlich 20 Millionen Dollar pro Saison. Die Patriots blieben bei 64 Millionen Dollar hängen, was im Durchschnitt 16 Millionen Dollar pro Jahr ausmacht. Mit Yees Zahl wäre Brady nach Peyton Manning der am zweithöchsten bezahlte Spieler der Liga. Mit der Zahl der Patriots lag Brady hinter fünf anderen Quarterbacks, von denen keiner auch nur annähernd so erfolgreich war wie er.

Brady hatte genug. Am 26. August schickte er Robert um 1:43 Uhr eine E-Mail. „Wir sind seit sieben Monaten mit diesen Verhandlungen beschäftigt", schrieb er darin.

„Ich versuche, mich auf eine Saison vorzubereiten, und ich möchte nach diesem Wochenende nicht mehr über meine Zukunft nachdenken. Ich habe Don gestern Abend gesagt, dass ich es leid bin, darüber zu reden. Wenn wir bis Anfang nächster Woche keine Einigung erzielen können, werden wir ohne eine Vereinbarung weitermachen.

„Es gibt sicher keinen Ort, an dem ich lieber wäre als hier, und keine Person, für die ich lieber spielen würde als für dich. Aber ich habe mir auch den Arsch aufgerissen und werde mir auch weiterhin den Arsch aufreißen. Und offen gesagt, die Angebote, die ich in letzter Zeit gesehen habe, würde ich nicht annehmen, wenn man bedenkt, was wir erreicht haben und noch erreichen werden. Ich bin ein bisschen wütend und frustriert, dass du das nicht so siehst. Ich bin sicher, du hältst das für fair. Aber bei mir funktioniert es nicht …

„Es gibt keinen Menschen, den ich mehr respektiere als dich. Du bist jemand, auf den ich mich in den letzten zehn Jahren verlassen habe, wenn es darum ging, mich bei den wichtigsten Entscheidungen in meinem Leben zu unterstützen. Und dafür bin ich für immer dankbar und fühle mich privilegiert, hier zu sein und zu deiner Familie zu gehören. Ich werde dir immer das Beste wünschen und habe jede Sekunde, die ich hier war, seit ich vor zehn Jahren gedraftet wurde, genossen. Ich entschuldige mich für die lange E-Mail. Schlaf gut. Tom."

Nachdem er das gelesen hatte, konnte Kraft nicht mehr schlafen. Brady, so befürchtete er, dachte daran, zu gehen.

In Wirklichkeit war Kraft mit Brady nicht uneins. Aber wie Belichick hatte auch Kraft gehofft, dass das neue Arbeitsabkommen der Liga vor dem Abschluss von Bradys Vertrag ausgearbeitet würde. Des Wartens überdrüssig, verfasste Kraft eine ausführliche E-Mail-Antwort. Darin sagte er all die Dinge, die Belichick nie sagen würde, und er erklärte, warum die Verhandlungen so lange dauerten. Aber er verstand Bradys Frustration.

„Ich spreche als 69-jähriger Mann (der sich für 28 hält), wenn es keine harten Gefühle gibt, wird es große Traurigkeit und einen inneren Bruch geben, der nie wieder repariert werden kann, wenn wir nicht gemeinsam klug genug sind, um das Problem zu lösen", schrieb er. „Ich denke, es ist auch wichtig zu sagen, dass das, worüber wir uns heute den Kopf zerbrechen, in zehn Jahren wie eine Kleinigkeit im großen Bild erscheinen wird."

Später am Nachmittag schrieb Brady zurück an Kraft. „Ich weiß deine aufrichtige Antwort zu schätzen", schrieb er. „Ich hoffe, du hast nicht das Gefühl, dass ich undankbar bin. Und ich hoffe, dass ich so lange hier sein werde, wie du mich hier haben willst. Ich freue mich sehr auf das, was vor uns liegt. Ich danke dir. Ganz herzliche Grüße. Tommy."

Auch Randy Moss war frustriert über seine Vertragssituation. Eine Woche vor Beginn der regulären Saison beschloss er, seinen Unmut öffentlich zu äußern.

„Wenn man so viel geleistet und so viel Arbeit investiert hat, hat man das Gefühl, nicht erwünscht zu sein", sagte er am 6. September einem Reporter von CBS Sports. „Ich nehme das gelassen hin und spiele mein letztes Jahr, und was die Zukunft bringt, ist, was sie bringt, aber es ist ein schlechtes Gefühl – das Gefühl, nicht gewollt zu sein. Es ist nicht so, dass meine Produktion zurückgegangen ist. Ich spreche von einem persönlichen Standpunkt aus. Ich weiß nicht, wie es um den Vertrag von Tom oder wem auch immer steht."

Moss fügte hinzu: „Ich bin schon etwas älter und weiß, wie es in diesem Geschäft zugeht – je älter man wird, desto mehr lassen die eigenen Fähigkeiten vermeintlich nach. Aber ich glaube, ich werde klüger darin, wie ich meine körperlichen Fähigkeiten einsetzen kann. Das ist das Frustrierende daran – wenn man so viel Herzblut in etwas steckt und das Gefühl hat, nicht erwünscht zu sein."

Belichick war nicht erfreut. Kraft war es auch nicht. Den Spielern der Patriots wurde beigebracht, sich nicht öffentlich zu beschweren. Vor allem Vertragsverhandlungen waren wie Familienangelegenheiten – manchmal chaotisch, aber immer intern geführt. Brady wusste das besser als jeder andere. In den vergangenen zehn Jahren hatte er seine Frustration nicht ein einziges Mal öffentlich geäußert. Doch als Moss dies tat, verstand Brady, worauf er hinauswollte, und er legte Wert darauf, ihm öffentlich mitzuteilen, was er ihm oft unter vier Augen gesagt hatte.

„Es gibt nur einen Randy Moss, der dieses Spiel jemals spielen wird", sagte Brady gegenüber der Presse, als er auf die Kommentare von Moss angesprochen wurde. „Er ist wahrscheinlich der beste Downfield-Receiver in der Geschichte der NFL. Die Fänge, die er macht, bei denen ihr seht, dass er 65 Yards das Feld entlang rennt, du wirfst, und er rennt einfach und fängt. Das ist unmöglich zu machen."

Die Vorsaison endete damit, dass Brady und Moss, immer noch in der Schwebe waren.

Jonathan Kraft und Don Yee hatten einen ganzen Monat in die Vertragsverhandlungen mit Brady investiert. Es war nun an Robert und Brady, das Geschäft abzuschließen. Am Tag, nachdem Moss mit seinen Beschwerden an die Öffentlichkeit gegangen war, rief Kraft Brady an. Yee wollte 80 Millionen Dollar. Die Patriots boten 64 Millionen Dollar. Kraft schlug vor, die Differenz zu teilen und sich auf 72 Millionen Dollar für vier Jahre zu einigen. Mit 18 Millionen Dollar pro Jahr wäre Brady der bestbezahlte Spieler in der Geschichte der Liga, gemessen am durchschnittlichen Jahresgehalt.

Brady stimmte begeistert zu.

Ein paar Tage später stand Brady früh auf, machte sich einen grünen Smoothie, gab seiner Frau einen Abschiedskuss und verließ das Haus im Bostoner Stadtteil Back Bay vor 6.30 Uhr. Der Saisonauftakt gegen die Bengals war nur noch drei Tage entfernt, und Brady konnte es kaum erwarten, ins Stadion zu kommen. Das Training war erst am frühen Nachmittag, aber er hatte vor, früh zu kommen, um zu trainieren, Filme zu studieren und seinen Vertrag zu unterschreiben, dessen Wortlaut in den letzten 48 Stunden ausgearbeitet worden war.

Mit dem Smoothie auf dem Schoß lenkte Brady seinen schwarzen Audi S8 durch eine vertraute Seitengasse und kam schließlich an eine Kreuzung. Die Ampel war grün. Als er anfuhr, sah er plötzlich einen Minivan zu seiner Linken, der auf ihn zuraste.

Erschrocken wich Brady aus.

Der Lieferwagen krachte in Bradys Auto, überschlug sich und landete auf dem Dach. Glasscherben und Autoteile flogen umher. Eine Frau, die mit ihrem Hund in der Nähe der Kreuzung spazieren ging, stürzte auf den Rücken. Zwei Insassen waren in dem Fahrzeug eingeklemmt.

„Was zum Teufel ist gerade passiert?", sagte Brady zu sich selbst.

Aufgewühlt und bedeckt von dem Smoothie taumelte Brady aus seinem Auto.

Die gestürzte Frau mit dem Hund stand auf. „Oh, mein Gott", sagte sie, „geht es Ihnen gut?"

„Ich glaube schon", sagte Brady.

„Wählen Sie den Notruf", sagte sie.

Brady griff nach seinem Telefon. Wenige Minuten später lag er auf dem Rücksitz eines Krankenwagens und wurde von Sanitätern untersucht. Sein Auto hatte einen Totalschaden, und die Ersthelfer setzten die Rettungsschere ein, um die Insassen aus dem anderen Fahrzeug zu befreien. Brady schien in einem Schockzustand zu sein.

„Entspannen Sie sich", sagte ihm ein Sanitäter.

„Mir geht es gut", sagte Brady. „Ich muss an die Arbeit gehen."

Der Fahrer und der Beifahrer des Lieferwagens befanden sich in ernstem Zustand und wurden in die Notaufnahme gebracht. Brady weigerte sich, ins Krankenhaus zu fahren, stieg aus dem Krankenwagen und verließ die Unfallstelle zu Fuß. Als er ein paar Minuten später durch die Tür seines Hauses trag, war klar, dass etwas mit ihm passiert war.

„Was ist los?", rief seine Frau.

„Ich hatte gerade einen Unfall", sagte er.

Sie nahm ihn in die Arme, und Brady ließ seinen Gefühlen freien Lauf.

Eine Stunde später fuhr Brady mit einem anderen Auto zum Stadion. Er machte Krafttraining. Dann trainierte er, als wäre nichts geschehen.

Als Kraft von dem Unfall erfuhr, war er erschüttert. Und als er die Bilder vom Unfallort sah, hielt er es für ein Wunder, dass Brady mit dem Leben davongekommen war. Wäre Brady nicht ausgewichen, hätte das Ergebnis dramatisch schlechter ausfallen können.

Nach seiner Ankunft im Stadion ging Brady direkt zur Geschäftsstelle, um seinen Vertrag zu unterschreiben. Gleich von dort ging er zum Film schauen. Es gab keine Feierlichkeiten und kein Händeschütteln. Es war an der Zeit, sich an die Arbeit zu machen. Die Saison hatte begonnen.

In den ersten Minuten der Saison 2010 lief Randy Moss das Spielfeld hinunter, zog eine doppelte Deckung auf sich und Brady warf unter dem

Spielfeld auf den frei stehenden Aaron Hernandez, der 45 Yards bis zur 14-Yard-Linie der Bengals lief. Zwei Spielzüge später warf Brady einen kurzen Pass auf Welker, der hinter Gronkowski kam, der einen Verteidiger aus dem Weg räumte, sodass Welker in die Endzone flitzen konnte. Die beiden Spielzüge integrierten perfekt die Rookie-Tight-Ends mit den Elite-Veteranen-Receivern und gaben einen Vorgeschmack auf Belichicks neuen offensiven Spielplan. Die Patriots erspielten sich eine 31 : 3-Führung und demolierten anschließend die Bengals.

Brady und Moss landeten auf der Titelseite der Sports Illustrated mit der Schlagzeile „SERIOUS FUN: Tom Brady und die Pats kümmern sich ums Geschäft (wie immer)." Doch die Atmosphäre in Foxborough war eher ernst als lustig. Gegen Ende des Spiels hatte Gronkowski seinen ersten Touchdown-Pass von Brady gefangen. Gronkowski schrie aus Leibeskräften und stieß seine Mannschaftskameraden mit der Brust an, beruhigte sich aber schnell wieder, als ein streng dreinblickender Brady in der Endzone auf ihn zukam, keine Emotionen zeigte und ihm einen sanften Faustschlag verpasste, der zu bedeuten schien: Es gibt noch viel zu tun.

Unmittelbar nach dem Spiel trat Moss an das Rednerpult im Presseraum und verkündete: „Ich möchte euch und die Fans – die echten Fans von New England – wissen lassen, dass ich nicht hier bin, um Ärger zu machen, sondern um das letzte Jahr meines Vertrags zu spielen." Dann äußerte er sich, ohne dass eine Frage gestellt wurde, zu seiner Vertragssituation. „Ich will den Sieg nicht schmälern", sagte er. „Aber bevor die Saison beginnt – ich möchte nicht in Woche zehn, elf oder zwölf über einen Vertrag sprechen."

Moss räumte ein, dass seine Äußerungen ihn mit Belichick in Konflikt bringen würden. Auf die Frage eines Reporters, wie es um seine Beziehung zu Kraft stehe, sagte Moss nur: „Gut."

Belichick und Kraft sprachen über die Situation. Sie waren auf derselben Seite. Drei Wochen später gab New England Moss gegen einen Draft der dritten Runde an Minnesota.

„In diesem Geschäft", so Belichick, „gibt es komplexe und oft schwierige Entscheidungen, aber es ist meine Verantwortung, sie auf der Grundlage dessen zu treffen, was meiner Meinung nach sowohl kurz- als auch langfristig das Beste für unser Football-Team ist."

Zu diesem Zeitpunkt stand es 3 : 1 für die Patriots, die in der Liga die meisten Punkte erzielten. Aber die abrupte Entlassung von Moss sorgte in der gesamten Liga für Verwunderung. Der Verlust eines Hall of Fame-Receivers würde die meisten Offensiven erheblich beeinträchtigen. Aber die Patriots waren nicht wie andere Teams aufgebaut. New Englands Kader war mit jungen, aufstrebenden Talenten auf der offensiven Seite gespickt. Und unter Belichick galt lange Zeit die Regel: „Nächster!" Die Idee war, dass niemand unersetzlich ist.

Fünf Tage nach dem Weggang von Moss schloss Belichick einen unerwarteten Handel mit Seattle ab, der den erfahrenen Receiver Deion Branch zurück nach New England brachte.

Brady hasste es, Moss gehen zu sehen. Aber er war froh, Branch zurückzubekommen. Nach nur drei Trainingstagen mit seinem alten Team trat Branch am 17. Oktober gegen die Ravens an. Obwohl New England eine neue Offensive einsetzte, fing Branch neun Pässe und erzielte den entscheidenden Touchdown. Die Menge bereitete Branch einen stürmischen Willkommensapplaus, der ihm die Tränen in die Augen trieb.

New England schlug Baltimore in der Verlängerung und verbesserte sich auf 4-1.

Am 31. Oktober empfingen die Patriots die Vikings, sodass Moss drei Wochen nach seinem Abschied nach Foxborough zurückkehrte. Anfang der Woche hatte die NFL Moss mit einer Geldstrafe von 25.000 Dollar belegt, weil er sich geweigert hatte, nach dem Spiel Interviews zu geben. Ein paar Stunden vor dem Spiel entdeckte Moss Robert und Myra Kraft auf dem Spielfeld.

Kraft war enttäuscht über einige der Dinge, die Moss in seinen letzten Monaten in New England gesagt und getan hatte. Aber er mochte Moss sehr, und er schätzte den Beitrag, den er für die Mannschaft geleistet hatte. Als sich Moss näherte, reichte Kraft ihm die Hand, sagte ihm, dass er ihn vermisse und dass er immer Teil der Patriots-Familie sein werde.

Moss war zerknirscht.

Dann wandte er sich an Myra. „Danke, dass ich Teil von etwas Besonderem sein durfte", sagte er zu ihr.

Myra lächelte und umarmte ihn.

New England fertigte Minnesota ab, verbesserte sich auf 6:1 und etablierte sich als das Team mit der besten Bilanz in der Liga. Minnesota fiel auf 2-5. Am Ende des Spiels wurde Moss von den Zuschauern der Patriots mit lang anhaltenden Ovationen bedacht. Die große Unterstützung erinnerte ihn daran, wie sehr er es geliebt hatte, in New England zu spielen. Mit Tränen in den Augen joggte er vom Spielfeld.

Nach einem kurzen Zwischenstopp in der Umkleidekabine der Vikings betrat Moss den Medienraum des Gillette Stadium, trug eine schwarze Boston Red Sox-Kappe und wandte sich an die Presse.

„Ich wurde mit einer Geldstrafe von 25.000 Dollar belegt, weil ich nicht mit Ihnen allen gesprochen habe", begann er. „Mir persönlich ist das völlig egal. Gleichzeitig werde ich für den Rest des Jahres keine Fragen mehr beantworten, wenn die Liga mich mit einer Geldstrafe von 25.000 Dollar belegt. Wenn es ein Interview geben wird, dann werde ich es führen. Ich werde meine eigenen Fragen beantworten."

Er hielt inne und holte tief Luft. „Ich hatte noch keine Gelegenheit, mit den Jungs zu sprechen", fuhr er fort. „Das ist also keine Beleidigung für die Minnesota Vikings und ihre Organisation. Die [Patriots-]Kapitäne – Wilfork, Tommy Boy, Mayo, Kevin Faulk – ich vermisse diese Jungs, Mann. Ich vermisse das Team … Es war schwer für mich, hierherzukommen und zu spielen. Es war die ganze Woche ein Auf und Ab der Gefühle … Ich möchte den Jungs nur sagen, dass ich sie verdammt vermisse. Jeden einzelnen Helm in dieser Umkleidekabine."

Er hielt inne und versuchte, die Fassung zu wahren. „Coach Belichick hat mir die Möglichkeit gegeben, Teil von etwas Besonderem zu sein", fuhr er fort. „Das ist etwas, das ich mir zu Herzen nehme. Mir fehlen die Worte. Hier gibt es eine Menge Erinnerungen. Für die Fans der New England Patriots war der Beifall am Ende des Spiels wirklich herzerwärmend.

Ich kann nicht genug über dieses Team und diese Organisation sagen. Ich werde dieses Interview jetzt beenden. Ich weiß nicht, wie oft ich noch hier oben in New England sein werde. Aber ich werde die New England Patriots und Coach Belichick mit einem Salut verlassen, Mann."

Moss hob seine Hand wie ein Soldat an seine Mütze. „Ich liebe euch. Ich vermisse euch. Ich bin raus." Er verließ das Rednerpult und verschwand hinter einem Vorhang.

Am nächsten Tag wurde er von Minnesota entlassen.

In seiner elften Saison war Brady feuriger denn je. Bei einem Spiel mitten in der Saison in Pittsburgh gegen den Superbowl-Champion schrie er seine Offensive Linemen an der Seitenlinie an, nachdem das Team in einer kurzen Yardage-Situation kein First Down erzielen konnte. Später, bei einem Quarterback-Keeper, lief Brady vier Yards weit, nahm drei Tackler in die Zange und überstand einen Frontalzusammenstoß, um einen Touchdown zu erzielen und sein Team mit 24:3 in Führung zu bringen. Frustrierte Steelers stürzten sich auf Brady, woraufhin die Linemen der Patriots begannen, Leute von ihm wegzuziehen. Ein Kampf brach aus. Es ertönten Pfiffe und es wehten Fahnen. Als Brady schließlich aus dem Haufen auftauchte, ging er zum hinteren Ende der Endzone, stieß einen Urschrei aus und feuerte den Ball in den Boden, was die Zuschauer in Pittsburgh anspornte und sein Team aufputschte.

Das Spiel in Pittsburgh war auch eine bahnbrechende Leistung für Gronkowski, der drei Touchdown-Pässe fing. Mit viel Hilfe von Wes Welker hatte Gronkowski Überstunden gemacht, um zu lernen, wie er seine Routen genau so ablaufen konnte, dass es Brady gefiel. Ein paar Wochen später spielte Gronkowski fehlerfrei bei Monday Night Football gegen die Jets, und die Patriots gewannen 45:3 und verbesserten sich auf 10:2.

Gronkowski war überrascht, als Brady ihn ein paar Tage nach dem Spiel gegen die Jets in die Mangel nahm, als der Tight End ein einfaches Zehn-Yard-Muster nicht präzise genug ausführen konnte. Brady war so wütend, dass Gronkowski dachte, er wolle ihn schlagen. Gronkowski hatte sein Limit erreicht. Egal, was er tat, er konnte Brady offenbar nicht zufriedenstellen. Er hatte die Nase voll und wollte Brady ins Gesicht springen.

Doch eine Woche später in Chicago änderte sich alles, als Brady denselben Spielzug aufrief, den Gronkowski im Training nicht präzise genug ausgeführt hatte. Dieses Mal lief er genauso, wie Brady es verlangt hatte: Gronkowski drehte sich um, während ein Linebacker ihn festhielt, und Bradys Pass war perfekt an die einzige Stelle platziert, an der Gronkowski ihn fangen konnte. Er sammelte ihn für einen Touchdown ein. Danach behandelte Brady ihn nie wieder wie einen Rookie.

Und Gronkowski verstand Brady endlich – er wollte nicht, dass seine Rookie-Tight Ends gut sind, sondern dass sie die besten der Liga werden.

New England schlug die Bears mit 36:7.

Abgesehen von einer Niederlage in der zweiten Woche gegen die Jets und einer unglücklichen Niederlage gegen die Browns in der Mitte der Saison waren die Patriots 2010 nicht zu stoppen. Vor allem die Offensive arbeitete wie eine Maschine. In den letzten acht Wochen der Saison erzielte New England in jedem Spiel mehr als dreißig Punkte. Welker führte das Team bei den Receptions an. Gronkowski und Hernandez kamen zusammen auf 87 Fänge und 16 Touchdowns. Und Brady war nahezu fehlerlos, warf 36 Touchdown-Pässe und nur vier Interceptions, was ihm die höchste Quarterback-Bewertung in der NFL einbrachte.

Ein Jahr, nachdem die Patriots-Dynastie für beendet erklärt worden war, schloss New England die Liga mit einer Bestmarke von 14:2 ab und galt als Favorit auf den Gewinn des Superbowls. Doch in der ersten Runde der Play-offs wurden die Patriots von den Jets überrumpelt. Nachdem New England einige Wochen zuvor New York mit mehr als vierzig Punkten besiegt hatte, verlor die Mannschaft am 16. Januar 2011 zu Hause mit 28:21. Die Spieler der Jets feierten, indem sie auf dem Patriots-Logo tanzten und im Mittelfeld Salti schlugen.

Am nächsten Tag war es kalt und trüb in Boston. Brady und Bündchen machten mit ihrem einjährigen Sohn einen Spaziergang am Charles River. Brady war melancholisch.

„Wie geht es dir?", fragte Bündchen.

„Mir geht es nicht gut", sagte er.

„Warum nicht?", fragte sie.

„Ich denke nur an das blöde Football-Spiel gestern Abend", sagte er.

In den vergangenen zehn Jahren waren die Patriots das einzige Team in der NFL, das keine einzige Niederlage einstecken musste. Und sie hatten die meisten Meisterschaften gewonnen. Dennoch hasste Brady das Verlieren und nahm das Ausscheiden in den Play-offs besonders schwer. Nachdem sie so hart gearbeitet hatten, um auf 14:2 zu kommen, war es ein großer Wermutstropfen, von einer unterlegenen Mannschaft ausgeschaltet zu werden.

„Du wirst es überwinden“, sagte Bündchen.

„Dieser kleine Kerl hilft mir“, sagte er und lächelte endlich. „Sieh ihn dir an.“

Bradys Perspektive änderte sich.

32

DIE PASSAGE

Im März 2011 reisten Robert und Myra Kraft nach Israel. Sie brachten den NBC-Sportmoderator Al Michaels mit, einen engen Freund der Familie. Während ihres Aufenthalts in Jerusalem besuchten sie ein Football-Spiel im Kraft Family Stadium, mit einem Patriots-Logo in der Mitte des Spielfelds und einem orthodoxen Juden als Schiedsrichter, dessen Tallit-Fransen unter seinem T-Shirt und seinen Beikeles hervorlugten. Die von Kraft mitbegründete Freizeit-Footballliga für Erwachsene war die einzige israelische Sportliga, in der auch Palästinenser spielten. Michaels staunte über den Anblick von Juden und Palästinensern, die in derselben Mannschaft spielen. Dies sei ein perfektes Beispiel für das, sagte Kraft, was er am Sport am meisten liebe – seine Fähigkeit, Menschen zusammenzubringen.

Kraft besuchte auch eine Reihe seiner israelischen Unternehmen in der Region, in denen er seit langem Palästinenser aus dem Gazastreifen und dem Westjordanland beschäftigt. In Begleitung eines amerikanischen Fernsehteams rief Kraft Unternehmer aus den USA und dem Nahen Osten dazu auf, sich ihm anzuschließen und zur Schaffung von Arbeitsplätzen im Westjordanland, im Gazastreifen und in Israel beizutragen. „Ich setze mich für einen dauerhaften Frieden in dieser Region der Welt ein", sagte er vor Reportern.

In der Presse wurde Krafts Besuch als Geschäftsreise dargestellt. Sein Hauptmotiv für die Reise ins Heilige Land war jedoch ein viel persönlicheres. Ohne dass jemand außerhalb der Familie davon wusste, kämpfte Myra gegen Krebs. In jenem Frühjahr hatte sie Robert gesagt, dass sie nach Israel gehen wolle, bevor sie zu schwach zum Reisen werde. 47 Jahre zuvor hatten sie ihre Flitterwochen in Jerusalem verbracht, und seither hatte Myra die Stadt regelmäßig besucht. Sie betrachtete sie als ihr zweites Zuhause und sehnte sich danach, sie ein letztes Mal zu sehen.

Während sich die Krafts im Nahen Osten aufhielten, scheiterten in der Heimat die langwierigen Tarifverhandlungen zwischen der NFL und der NFL Players Union. Beide Seiten konnten sich nicht auf einen neuen Tarifvertrag einigen. Die Eigentümer sperrten die Spieler aus den Mannschaftseinrichtungen aus und brachten den Ligabetrieb zum Stillstand. Daraufhin reichten Tom Brady, Peyton Manning und Drew Brees im Namen aller Spieler eine Kartellklage gegen die NFL ein. Die beiden Seiten waren so weit auseinander, dass der Beginn der Saison 2011 gefährdet war.

Kaum war Kraft in die USA zurückgekehrt, erhielt er einen Anruf von DeMaurice Smith, dem Vorsitzenden der Spielergewerkschaft. Der ehemalige Patriots-Quarterback Drew Bledsoe hatte Smith versichert, dass, wenn es jemanden gäbe, der die Sackgasse durchbrechen könnte, es Kraft sei. Smith fragte Kraft, ob er dabei helfen würde, Gespräche zwischen den beiden Seiten zu vermitteln.

Kraft erklärte sich bereit, einzuspringen. Als erstes schlug er vor, die Anwälte aus dem Prozess herauszuhalten und persönliche Gespräche zwischen einer kleinen Gruppe von Spielern und Besitzern zu beginnen. Beide Seiten vereinbarten eine Reihe von Treffen. Bei der ersten Veranstaltung erinnerte Kraft daran, dass zahllose Menschen im ganzen Land – von den Mitarbeitern der Teams und der Stadien bis hin zu externen Anbietern – von der NFL abhingen. Millionen von Menschen richteten ihren Terminkalender im Herbst auf die NFL-Spiele aus. „Football ist Teil der Americana", sagte Kraft. „Die einzige Frage ist, wie wir den Football zurückbekommen."

Über einen Zeitraum von drei Monaten arbeitete die kleine Gruppe von Spielern und Eigentümern an einer Lösung. Während dieser Zeit wurde Myra ins Krankenhaus eingeliefert. Kraft pendelte zwischen dem Krankenhaus und den Sitzungen hin und her und versäumte kein einziges Treffen. Zu diesem Zeitpunkt wussten die Besitzer und Spieler bereits, dass Myra schwer krank war. Sie wussten auch, dass

Myra darauf bestand, dass ihr Mann an den Verhandlungen teilnahm. Seine Anwesenheit stärkte die Entschlossenheit aller, auf die Streitereien zu verzichten und gemeinsam an der Beilegung ihrer Differenzen zu arbeiten.

Als im Juli klar wurde, dass das Krankenhaus nichts mehr tun konnte, wurde Myra nach Hause verlegt, wo sie in ihren letzten Tagen hospizlich betreut wurde. An ihrem Bett sitzend, rieb Kraft stundenlang Myras Füße, legte seinen Kopf in ihren Schoß, sagte ihr, wie sehr er sie liebe, und flüsterte ihr den Text ihres Lieblingsliedes zu. „Oh, dream maker, you heart breaker, wherever you're goin', I'm goin' your way."

Am 20. Juli 2011 starb Myra zu Hause. Sie war 68.

Kraft weinte.

Tom Brady machte mit seiner Familie Urlaub in Costa Rica, als er plötzlich mitten in der Nacht mit dem unguten Gefühl aufwachte, dass etwas passiert war. In der Dunkelheit griff er nach seinem Telefon. Es gab eine Nachricht von Krafts persönlicher Assistentin: „Myra ist verstorben."

Brady brach zusammen. Im Laufe des Sommers hatte er viele Tage mit Robert an Myras Seite im Krankenhaus verbracht. Ein paarmal hatte Brady sogar im Krankenhaus geschlafen, um Kraft Gesellschaft zu leisten und ihm zu helfen, die Tortur zu überstehen. Brady wusste, wie sehr Kraft es hasste, allein zu sein. Das war der Grund, warum er Myra überallhin mitnahm. Ohne sie würde er verloren sein.

Brady packte seine Koffer und flog zurück nach Boston. Als er am Tag der Beerdigung in der Synagoge eintraf, wurde Brady in einen privaten Raum im hinteren Teil des Gebäudes geleitet, der für Familienmitglieder reserviert war. Mit Tränen in den Augen barg Kraft seinen Kopf an Bradys Brust und flüsterte: „Wo ist meine Partnerin?"

Brady legte seine Arme um Robert und hielt ihn fest.

Viele Menschen kamen zur Beerdigung. DeMaurice Smith und Roger Goodell – Kontrahenten in den Tarifverhandlungen – kamen gemeinsam. Titanen der Wirtschaft saßen mit Freiwilligen zusammen, die für die vielen Wohltätigkeitsorganisationen arbeiteten, die Myra in der Stadt Boston gesponsert hatte. Ehemalige und aktuelle Spieler der Patriots füllten die Kirchenbänke.

„Wer sonst als Myra Kraft könnte eine solch eklektische Zusammenkunft von Juden und Nicht-Juden, Schwarzen und Weißen, Arbeitern und Angestellten, Spielern und Besitzern zusammenbringen?", sagte Rabbi Wes Gardenswartz zu den Trauernden.

Ein Kantor brachte ihnen ein Ständchen mit dem Lied „Moon River." Jeder von Myras Söhnen hielt eine Laudatio auf sie. Als Jonathan das Wort ergriff, erzählte er, wie sich seine Mutter in Johannesburg einem weißen Polizisten entgegenstellte und verlangte, dass er sie zusammen mit den Schwarzen, die er festnahm, verhaftete. „Meine Mutter hat die Welt voller Empathie betrachtet", erklärte Jonathan den Zuhörenden. „Mein Vater hat keine wichtigen Entscheidungen getroffen, ohne vorher mit ihr zu sprechen. Sie entschied sich, meinem Vater eine Lebenspartnerin zu sein, und er suchte in allen Fragen ihren Rat."

Danach beugte sich Robert zum hinteren Teil des Leichenwagens und küsste Myras Sarg.

Nach der Beerdigung begann die Schiwa – eine siebentägige Trauerzeit. Tagelang besuchten Trauernde das Haus der Krafts, um Myra die letzte Ehre zu erweisen. Einer der ersten, die auftauchten, war Randy Moss. Er war quer durch das Land geflogen, um eine Beileidskarte zu überbringen. Er unterschrieb sie mit: „Randy Moss Kraft." Unter Tränen erzählte er Robert, wie sehr er Myra vermissen würde.

Während der Schiwa einigten sich die Besitzer und Spieler der NFL auf einen neuen Tarifvertrag. Kraft verließ für ein paar Stunden sein Haus und flog für die Bekanntgabe nach Washington. Auf einer Pressekonferenz stellte sich der Center der Indianapolis Colts, Jeff Saturday, einer Schar von Reportern. Saturday hatte die Verhandlungen im Namen der Spieler mitgeführt. Flankiert von einigen seiner Kollegen und einigen Eigentümern gab er die historische Vereinbarung bekannt.

„Ein besonderer Dank geht an Myra Kraft, die selbst in ihrem schwächsten Moment Mr. Kraft erlaubte, zu kommen und die Sache auszufechten", sagte er mit einem Lächeln. Er wandte sich an Kraft. „Ohne ihn", fuhr er fort, „kommt dieses Geschäft nicht zustande. Ich will nicht dramatisch sein, aber er ist ein Mann, der uns geholfen hat, den Football zu retten, und dafür sind wir sehr dankbar. Wir sind dankbar für seine Familie und für die Gelegenheit, die er uns gegeben hat, dieses Geschäft abzuschließen."

Saturday legte seinen Arm um Kraft und zog ihn an sich. „Vielen Dank", sagte er. „Wir wissen das wirklich zu schätzen."

Mit den Tränen kämpfend, lehnte Kraft seinen Kopf an Saturdays Brust. „Das bedeutet mir sehr viel", flüsterte er.

Im Judentum gibt es fünf Phasen der Trauer. Das erste Stadium ist die Verzweiflung. Kraft hatte das Gefühl, dass er es nie in die zweite Phase schaffen würde. Nach 48 Jahren Ehe fühlte er sich plötzlich leer und verloren. Seine engsten Freunde riefen ihn an und versuchten, ihn zu einem Abendessen zu überreden. Aber er hatte keine Lust, das Haus zu verlassen. Kraft, der normalerweise unbändig optimistisch ist, war deprimiert.

Brady besuchte ihn während des Sommers regelmäßig. In Bradys Nähe erkannte Kraft, dass seine einzige Hoffnung, den Kummer zu überwinden, darin bestand, in der Nähe des Teams zu sein. Also verbrachte er so viel Zeit wie möglich im Stadion. Die Spieler hatten beschlossen, die Saison 2011 Myra zu widmen. Kraft beschloss, ihre Initialen, MHK, in die Trikots der Patriots einnähen zu lassen. Es wäre das erste Mal, dass der Name der Ehefrau eines Besitzers auf einem NFL-Trikot erschien. Goodell stimmte der Idee sofort zu.

Es war offiziell – die Saison 2011 würde zu Ehren von Myra gespielt werden.

Im Jahr 2010 hatte Brady so perfekt gespielt, dass er zum ersten Mal einstimmig für den Associated Press NFL Most Valuable Player Award nominiert wurde, seit die Nachrichtenorganisation ein landesweites Gremium von Medienmitgliedern, die über die Liga berichteten, zur Wahl des Preisträgers einsetzte. Brady hatte alle fünfzig Stimmen erhalten. Am Tag der Preisverleihung hatte er ein Interview mit dem NFL-Network-Analysten Michael Lombardi geführt. „Sie haben 518 Punkte erzielt", sagte Lombardi. „Der beste Torschütze der Liga. Wie können Sie die Offensive der Patriots im nächsten Jahr verbessern?"

Das war eine gute Frage. Aber für Brady war es nichts Neues. Während seiner gesamten Laufbahn wurde er immer von dem Bestreben angetrieben, vom Besten zum noch Besseren zu gelangen. Ein Grund für seinen Vorsprung vor den Gegnern lag darin, dass er nie das Gefühl hatte, das Quarterbacking zu beherrschen; es gab immer Raum für Verbesserungen. Belichick hatte die gleiche Einstellung zum Coaching. Wenn seine Teams mit großem Vorsprung gewannen, feierte er nicht, sondern konzentrierte sich auf kleine Fehler, die vor dem nächsten Gegner abgestellt werden mussten. Der Schlüssel war, niemals selbstzufrieden zu werden, weder als Einzelner noch als Team.

Als die Saison 2011 am 12. September beim Monday Night Football in Miami eröffnet wurde, hatte Belichick bereits Anpassungen an der Offensive vorgenommen, die sie noch schlagkräftiger machen sollten als im Vorjahr. In der ersten Offensivserie kamen die Patriots ohne Huddle aus. Brady gab die Spielzüge vor und brauchte weniger als drei Minuten, um die Offensive achtzig Yards voranzutreiben, bevor er einen Touchdown-Pass auf Gronkowski warf.

Teams greifen in der Regel auf eine No-Huddle-Offensive zurück, wenn sie in Rückstand geraten und die Zeit knapp wird. Gegen Miami setzte Belichick diese Methode während des gesamten Spiels ein. Auf diese Weise nahm er dem Trainerstab die Verantwortung für die Spielzüge ab und übertrug sie allein Brady, sodass dieser die Verteidigung an der Line of Scrimmage beobachten und auf der Grundlage seiner Beobachtungen Anpassungen vornehmen konnte. Als New England an seiner eigenen 1-Yard-Linie stand, erkannte Brady, dass Miami einen Blitzangriff starten würde. In der Shotgun-Formation stehend, gab er einen schnellen Pass auf Welker, der den perfekt getimten Wurf fing und 99 Yards für einen Touchdown lief, der einen NFL-Rekord bedeutete. Die Verteidigung war die ganze Nacht über auf und erschöpft. Brady zeigte die beste Leistung seiner Karriere und warf für 518 Yards. Seit den 1950er-Jahren gab es nur vier Fälle, in denen ein NFL-Quarterback in einem Spiel so viele Yards geworfen hatte. New England gewann 38:24.

Eine Woche später, bei der Heimpremiere New Englands, setzte Belichick wieder auf die No-Huddle-Offense. Diesmal warf Brady für 423 Yards, und die Patriots besiegten die Chargers mit 35:21 und gingen mit 2:0 in Führung. Nach nur zwei Spielen hatte Brady bereits fast tausend Yards geworfen. Und während Welker sein Lieblingsziel blieb, war die größte Veränderung in der Offensive der Patriots das Auftauchen von Gronkowski und Hernandez. In den ersten beiden

Spielen fing Gronkowski zehn Pässe für 172 Yards und drei Touchdowns, und Hernandez fing 14 Pässe für 165 Yards und zwei Touchdowns. Das war eine noch nie da gewesene Leistung auf der Position des Tight End.

Die Teams wussten einfach nicht, wie sie sich gegen zwei große, außergewöhnlich athletische Tight Ends verteidigen sollten, die gleichzeitig auf dem Spielfeld waren. Gronkowski war so stark, dass er die Leute einfach überrollte. In einem Spiel gegen die Redskins streckte er sich voll aus, als er in der Mitte des Feldes einen Pass abfangen wollte. Bevor ein Verteidiger ihn berühren konnte, sprang er auf und begann mit dem Ball zu laufen. Ein Verteidiger sprang auf seinen Rücken, während ein anderer sich mit voller Wucht in Gronkowskis Beine warf und sich an seiner Taille festhielt. Er schleppte beide Verteidiger zehn Meter weit mit, bevor er sie abschüttelte. Er legte weitere zwanzig Yards zurück, blieb aufrecht stehen, nachdem er von einem dritten Verteidiger am Knöchel getroffen worden war, und wurde schließlich von einem vierten Verteidiger zu Fall gebracht, nachdem er vierzig Yards zurückgelegt hatte. Was Hernandez betraf, so neigte er dazu, die Verteidiger zu übersehen. Es war fast unmöglich, ihn im Eins-gegen-Eins zu decken, und sobald er den Ball im offenen Feld hatte, war er schwer zu fassen.

In einer dunklen Zeit für Kraft waren die beiden Tight Ends ein willkommener Lichtblick. Der eine war laut und lebenslustig, der andere leise und zurückhaltend. Gronkowski machte donnernde Spikes, wenn er einen Treffer erzielte, und wurde zu einer viralen Sensation in den sozialen Medien. Nachdem er mit bloßem Oberkörper zusammen mit der Freundin eines College-Freundes, die sein Trikot trug, für Fotos posiert hatte, erfuhr Gronkowski, dass die Freundin seines Freundes ein Star aus einem Erwachsenenfilm war, der auf Twitter viele Anhänger hatte. Als sie Bilder von sich mit „Gronk" postete, fand er sich in unerwünschten Schlagzeilen wieder, wie „Pornostar nennt Rob Gronkowski ‚einen Gentleman'" und „Get the Gronk Party Started." Er ging zu Kraft und entschuldigte sich für die Peinlichkeiten, die er der Franchise zugefügt hatte. Kraft schätzte seine Reue, aber er war nicht besorgt. Gronkowski hatte immer seine Familie um sich. Und er hatte eine ansteckende, fröhliche Persönlichkeit, die die Stimmung in der Umkleidekabine prägte. Nach der Twitter-Episode mit dem Pornostar klopfte Kraft ihm auf die Schulter und sagte ihm, er solle die Ohren steifhalten. „Du bist jetzt bei den New England Patriots. Solche Dinge werden aus dem Zusammenhang gerissen, weil wir in der Öffentlichkeit stehen. Also pass einfach auf dich auf."

Hernandez war viel zurückhaltender und hatte nie eine Familie um sich. Aber er hatte beobachtet, dass Kraft immer von seinen Söhnen umgeben war und dass diese ihren Vater häufig auf die Wange küssten. Hernandez begann, Kraft jedes Mal auf die Wange zu küssen, wenn er ihn sah. Und er sagte Kraft, wie glücklich er sich fühle, ein Patriot zu sein und Myras Initialen auf seinem Trikot zu tragen.

Im Jahr 2011 war Aaron Hernandez' College-Kollege Tim Tebow das größte Thema im Sport. Nachdem die Broncos die Saison mit 1:4 begonnen hatten, wurde der Starting Quarterback zugunsten von Tebow auf die Bank gesetzt. Als bekennender Evangelikaler führte Tebow die Broncos zu einer historischen Siegesserie, die von Sports Illustrated als „erstaunlich", „unglaublich", „umwerfend" und „unbegreiflich" bezeichnet wurde. In einem Zeitraum von acht Wochen gewann Denver sieben Spiele. In sechs dieser Spiele sorgte Tebow für ein Comeback in letzter Minute, drei davon in der Verlängerung. Tebow, der sich nach Touchdowns niederwarf und Jesus Christus offen für seinen Erfolg pries, war zur meistdiskutierten und umstrittensten Figur im Sport geworden. Der Kolumnist der New York Times, Frank Bruni, bezeichnete ihn als den „Messias in luftiger Höhe."

Mit der Tebow-Mania im Fieberwahn und einer sechs Spiele andauernden Siegesserie der Broncos reisten die 10-3 Patriots nach Denver zum Showdown im Mile High Stadium. CBS strahlte das Spiel in mehr Märkten aus als jedes andere Spiel im Jahr 2011, und es erzielte die höchsten Einschaltquoten eines regulären Saisonspiels auf dem Sender seit dem Spiel zwischen den Patriots und den Colts im Jahr 2007. Als Tebow den ersten Touchdown erzielte, heizte er die Menge mit seinem Jubel in der Endzone und seinem Fist-Pumping an der Seitenlinie an. Zwei Minuten später warf Brady einen 33 Yards langen Touchdown-Pass zu Chad Johnson. Dann warf er einen zu Hernandez. Dann erlief er einen von einem Quarterback-Keeper. Tebow konnte nicht mithalten. Hernandez fing neun Pässe für 129 Yards. New England besiegte Denver mit 41:23, beendete damit Tebows Serie von atemberaubenden Finals und verhalf den Patriots zur besten Bilanz in der NFL.

„Wir werden uns wiedersehen", sagte Brady zu Tebow nach dem Spiel. „Ich habe so ein Gefühl."

Zu Beginn der Saison 2011 beauftragte der Patriots-Offensive Lineman Matt Light den renommierten Künstler Brian Fox, eine Hommage an Myra Kraft zu malen. Es sollte ein Überraschungsgeschenk für Robert sein. Alle Spieler und Trainer beteiligten sich. Fox hatte zuvor Porträts von Jackie Robinson, Keith Richards, Muhammad Ali und Jim Morrison gemalt. Zu diesem besonderen Anlass malte er eine Gruppe von Patriots, die sich nach oben zu den Initialen MHK strecken.

An Heiligabend schlugen die Patriots die Dolphins im Gillette Stadium nach einem Rückstand. Nach dem Spiel überreichte Light das Bild an Kraft. Umringt von seinen Spielern war Kraft zu Tränen gerührt. Er ließ das Porträt in seinem Büro aufstellen.

Eine Woche später machten die Patriots das letzte Spiel der regulären Saison zu Hause gegen Buffalo. New England brauchte einen Sieg, um sich den ersten Platz in den Play-offs zu sichern. Doch im zweiten Viertel gingen die Bills mit 21:0 in Führung. Vor der Halbzeit wies Kraft seinen Stabschef an, in sein Büro zu gehen, das Bild zu holen und es auf einer Staffelei in der Mitte der Umkleidekabine der Patriots aufzustellen. Als die Mannschaft in die Halbzeitpause ging, sahen alle Spieler das Bild. Keiner sagte ein Wort. In der zweiten Halbzeit erzielten die Patriots 49 unbeantwortete Punkte.

Als die Patriots 1:30 Minuten vor Spielende den Ball zurückerhielten, setzte Belichick seine Stammspieler ein und schickte Back-up-Quarterback Brian Hoyer und den Rest der zweiten Mannschaft ins Rennen, um die Zeit auslaufen zu lassen. Gronkowski näherte sich und bat darum, wieder hineinzugehen. Er war sieben Yards davon entfernt, den Allzeitrekord für Receiving-Yards eines Tight Ends aufzustellen. Belichick schickte ihn für einen weiteren Spielzug aufs Feld, und Hoyer warf ihm einen Pass über 22 Yards zu, wodurch er in dieser Saison 1.327 Receiving-Yards erzielte. Außerdem stellte Gronkowski mit 17

Touchdown-Receptions eines Tight Ends einen neuen NFL-Rekord auf.

So ein Jahr war das für New England. Das Team beendete die Saison mit 13:3 und erzielte damit zum zweiten Mal in Folge die beste Bilanz in der AFC. Brady hatte seine MVP-Saison aus dem Vorjahr verbessert, warf für 5.235 Yards und übertraf damit seinen Rekord aus dem Jahr 2007. Wes Welker führte die Liga mit 122 Empfängen an. Hernandez und Gronkowski waren mit über 2.200 Yards und 24 Touchdowns das produktivste Tight End-Tandem in der Geschichte der NFL. Und Belichick wurde der einzige Trainer in der Geschichte der Liga, der in fünf verschiedenen Spielzeiten mindestens 13 reguläre Saisonsiege errungen hatte.

Auf dem Weg in die Play-offs erinnerte Belichick sein Team jedoch daran, dass es sich um eine Saison mit nur einem Spiel handelt. Sie hatten ein ganzes Jahr lang hart gearbeitet, um wieder in dieselbe Position zu gelangen, in der sie zwölf Monate zuvor gewesen waren, als sie in der ersten Runde der Play-offs gegen die Jets verloren hatten. Dieses Mal würden sie auf den brandheißen Tim Tebow und die Broncos treffen. Während die Patriots als bestplatziertes Team in der ersten Runde ein Freilos genossen, hatten die Broncos Pittsburgh in der Wild-Card-Runde besiegt, als Tebow in der Verlängerung einen 80-Yard-Touchdown-Pass zum Sieg warf. Seine Heldentaten machten ihn zum Gesprächsthema im ganzen Land und warfen ein ungewöhnlich grelles Licht auf sein Rückspiel gegen Brady und die Patriots am 14. Januar 2012 in Foxborough.

Vier Jahre waren vergangen, seit die Patriots das letzte Mal ein Play-off-Spiel gewonnen hatten. Für die meisten Teams waren vier Jahre ohne einen Play-off-Sieg die Regel. Aber für die Patriots in der Ära Belichick-Brady war eine vierjährige Durststrecke beispiellos. In der Nacht vor dem Broncos-Spiel forderte Belichick seine Spieler auf, „ihren Job zu machen" und „als Team zu spielen".

Das nationale Rampenlicht war auf Tebow gerichtet. Aber Brady war der Star. Beim ersten Drive setzte er auf die No-Huddle-Offensive und stellte Hernandez als Running Back ins Backfield. Brady spielte einen Pass auf Gronkowski. Dann lief Hernandez den Ball für 43. Yards. Dann warf Brady einen Touchdown zu Welker. Nach weniger als zwei

Minuten Spielzeit führte New England mit 7:0. Bis zur Halbzeit hatte Brady fünf Touchdown-Pässe geworfen, die meisten in der Geschichte der NFL-Postseason. Drei davon wurden von Gronkowski gefangen, der damit die meisten Touchdowns in einer Halbzeit in der Geschichte der NFL-Postseason erzielte. Beim ersten Drive der Patriots in der zweiten Halbzeit warf Brady seinen sechsten Touchdown-Pass und brachte New England mit 42:7 in Führung. Dieser ging an Hernandez, der nach seinem Treffer an die Seitenlinie lief, zur Trainerloge aufblickte und vor Kraft salutierte.

„Es geht los", sagte CBS-Sprecher Jim Nantz. Er und Co-Kommentator Phil Simms waren sich einig, dass sie Zeugen der größten und dominantesten Play-off-Leistung in Bradys zwölfjähriger Karriere wurden. Tebow spielte die zweite Geige. Die Patriots vernichteten die Broncos mit 45:10.

Bradys Einfluss auf Gronkowski wurde deutlich, als ein CBS-Reporter die beiden nach dem Spiel zu einem Interview auf dem Spielfeld einlud.

„Wie fühlt es sich an, herauszukommen und 45 Punkte aufzuhängen, sechs Touchdowns zu werfen, drei davon zu diesem Kerl?", fragte der Reporter Brady.

„Nun, die Skill Guys hatten einen großartigen Tag", sagte Brady und spielte seine Rolle herunter. „Die Offensivlinie hat großartig geblockt. Es gab eine gute Ausführung. Es gibt definitiv Dinge, die wir hätten besser machen können."

Besser machen können? Der Reporter versuchte, Brady dazu zu bringen, etwas Anerkennung zu zeigen.

„Das klingt rhetorisch", sagte Brady. „Aber es geht nur um die nächste Woche."

Während Brady sprach, hörte Gronkowski aufmerksam zu, studierte sein Verhalten und die Art und Weise, wie er Lob abwehrte. Als sich der Reporter an ihn wandte, folgte Gronkowski Bradys Beispiel.

„Gronk, drei Touchdowns", sagte der Reporter. „Und ein paar waren ziemlich gute Fänge. Wie fühlt es sich an?"

„Es ist eine Saison mit einem Spiel", sagte Gronkowski. „Wir haben gut gespielt. Die Offensive hat großartig gespielt. Die gesamte Verteidigung hat großartig gespielt."

„Hernandez", sagte der Reporter. „Sprechen Sie darüber, wie Sie beide sich gegenseitig ausspielen."

„Hernandez ist ein Biest", sagte Gronkowski. „Ich liebe es, mit ihm zu spielen. Ich kann es kaum erwarten, diese Woche wieder gemeinsam mit ihm da rauszugehen."

Nach Bradys Leistung gegen Denver erklärte ihn die New York Times zum „überragenden Quarterback seiner Generation." Der Sieg bescherte Brady und Belichick außerdem ihren fünfzehnten gemeinsamen Postseason-Sieg, womit sie die Marke des Steelers-Tandems, Trainer und Quarterback Chuck Noll und Terry Bradshaw, aus den 70er-Jahren übertrafen. Am 22. Januar 2012 standen die Patriots zum sechsten Mal in der Ära Brady-Belichick im AFC Championship Game. Erneut trafen sie auf die hart gesottenen Baltimore Ravens, das Team, das sie zwei Jahre zuvor in den Play-offs dominiert hatte.

Vor dem Spiel glich das Gillette Stadium einer Heimkehrfeier. Kraft bat Familienfreund Steven Tyler von Aerosmith, die Nationalhymne zu singen. Und Kraft lud die ehemaligen Spieler Drew Bledsoe, Troy Brown, Ty Law und Tedy Bruschi ein, nach Foxborough zurückzukommen, als Ehrenteamkapitäne zu fungieren und mit ihm und seiner Familie in seiner Suite zu sitzen. Nachdem er 16 Jahre lang bei jedem Heimspiel der Patriots neben Myra gesessen hatte, hatte sich Kraft nicht daran gewöhnt, an Spieltagen einen leeren Platz rechts von sich zu haben. Für die AFC-Meisterschaft bat er Bruschi, Myras Platz zu übernehmen.

Die Ravens waren eine viel größere Herausforderung als die Broncos. Angeführt von Ray Lewis machte Baltimores bedrohliche Defense New England das Leben schwer und ließ in drei Vierteln nur einen Rushing Touchdown und drei Field Goals zu. Elf Minuten vor Spielende lagen die Patriots mit 20:16 zurück, und Gronkowski hatte das Spiel nach einem Bänderriss im Knöchel verlassen. In einer kritischen Fourth-and-Goal-Situation von der 1-Yard-Linie der Ravens aus nahm Brady den Snap, sprang über die Linemen und durchbrach mit dem Ball die Torlinie. Während er in der Luft war und sein Rücken frei lag, rammte Lewis Brady seinen Helm in die Nieren. Brady überschlug sich und landete in der Menge. Als er wieder auftauchte, schoss er den Ball in die Luft und begeisterte damit das Publikum. New England führte 23-20.

Aber die Ravens bewegten sich feldabwärts und schafften es, den Ausgleich zu erzielen und das Spiel in die Verlängerung zu schicken. 15 Sekunden vor dem Ende des Spiels stellte sich der All-Pro-Kicker der Ravens, Billy Cundiff, für ein Field Goal über 32 Yards auf. In zwei Jahren hatte Cundiff noch nie ein Field Goal im vierten Viertel verfehlt. Aber er schlug unerklärlicherweise einen weiten Haken nach links und versetzte das Gillette Stadium in Aufruhr.

In der Owner's Suite sprangen ehemalige Patriots-Spieler zusammen mit dem Sänger von Aerosmith auf. Bledsoe klatsche Jonathan Kraft so fest ab, dass er ihn fast umstieß. Robert drehte sich zu Bruschi um, und die beiden Männer hielten sich aneinander fest. Niemand konnte glauben, dass Cundiff den Schuss verfehlt hatte.

„Myra hat es links verhindert", sagte Kraft zu Bruschi.

Bei der Übergabe der Trophäe Minuten später auf dem Spielfeld wurde Kraft von seinen Söhnen, Brady und Belichick flankiert, als Jim Nantz die Ehrung an Drew Bledsoe übergab. Die Fans skandierten „DREW", als der Quarterback Kraft sagte: „Du bist großartig", und ihn auf die Wange küsste, bevor er ihm die Meisterschaftstrophäe überreichte.

„Ich habe zwei Wangen", sagte Kraft. „Gib mir einen auf die andere."

Bledsoe küsste ihn erneut.

Kraft hob die Trophäe über seinen Kopf.

„Mr. Kraft", sagte Nantz. „Was für eine Saison. Wie erfüllend das ist. Und ich weiß, dass jeder Schritt auf dem Weg dorthin auch emotional war."

Kraft zögerte. Das Letzte, was er wollte, war, im nationalen Fernsehen zusammenzubrechen. „Nun, ich möchte diesen großartigen Spielern und den Trainern gratulieren", sagte er. „Sie sind eine große Bruderschaft. Sie sind eine Familie."

Während er sprach, jubelten die Fans und hielten „MHK"- und „WIN IT FOR MYRA"-Schilder hoch.

Mit der Trophäe in der Hand fuhr Kraft fort: „Ihr alle in diesem Stadion gehört zur Familie. Ich danke euch für die Unterstützung, die ihr uns in diesem emotionalen Jahr gewährt habt."

Er berührte die MHK-Anstecknadel am Revers seines Mantels, küsste seine Finger, blickte zum Himmel und lächelte.

Die Patriots waren auf dem Weg zurück in dem Superbowl.

33

BREAKING BAD

In der Pressekonferenz nach dem AFC-Meisterschaftsspiel hörte Belichick zu, als ein Reporter darauf hinwies, dass er und Brady das erste Trainer-Quarterback-Tandem in der NFL-Geschichte waren, das fünf Superbowls zusammen erreicht hat. Belichick neigte dazu, sich nicht mit Meilensteinen aufzuhalten. Auf die Frage, ob er eine gewisse Genugtuung darüber empfinde, was er und Brady gemeinsam erreicht hätten, antwortete Belichick kühl. „Alles, was mit Gewinnen zu tun hat, macht mich stolz", sagte er. „Es gibt keinen Quarterback, den ich lieber hätte als Tom Brady. Er ist der Beste. Er tut so viel für uns, auf so viele Arten und auf so vielen verschiedenen Ebenen. Ich bin sehr glücklich, dass er unser Quarterback ist, und über das, was er für dieses Team tun kann. Es ist schön, mit ihm und all unseren anderen Spielern zu gewinnen."

Für Belichicks Verhältnisse war das ein großes Lob. Bezeichnenderweise hob er Brady nicht besonders hervor. Selbst bei Fragen, die speziell darauf abzielten, ihn dazu zu bringen, über seinen langjährigen Partner zu sprechen, wich Belichick oft aus.

Brady hatte sich daran gewöhnt, mehr Kritik als Komplimente zu hören. Ein paar Minuten später stand er am selben Mikrofon und machte sich Vorwürfe, weil er nicht besser gespielt hatte. Er spielte herunter, dass er den spielentscheidenden Touchdown erzielt hatte, und konzentrierte sich auf die Tatsache, ein paar Interceptions geworfen zu haben. „Als Quarterback will man nie den Ball abgeben", sagte Brady. „Man will die freien Leute treffen. Man will daraus

Kapital daraus schlagen. Ich wünschte, ich hätte das heute besser gemacht … Ich bin froh, dass wir weitergehen. Ich hoffe, dass ich es in ein paar Wochen besser machen kann."

Später wurde Brady von einem Reporter gebeten, über seine Beziehung zu seinem Vater zu sprechen. Brady versuchte, nicht emotional zu werden, und sagte, dass sein Vater in seiner Kindheit sein Idol gewesen sei. Dann hielt er einen Moment inne, um über seine Erziehung nachzudenken. „Es ist großartig, in einem Haus aufzuwachsen, in dem man von seiner Mutter und seinem Vater unterstützt wird", fuhr er fort. „Ich würde sicherlich nicht hier stehen, wenn ich nicht die liebevolle Unterstützung meiner Eltern und meiner Schwestern hätte."

Die Beziehung zwischen Trainer und Quarterback ist einer Ehe sehr ähnlich. Und in der hyperkompetitiven, ultrastressigen Welt des Profi-Footballs hat die Ehe zwischen Belichick und Brady am längsten gehalten und den meisten Erfolg gebracht. Was sie von allen anderen unterschied, war ihre mentale Stärke. Belichick definierte mentale Stärke als das Bestreben, sein Bestes für das Team zu geben, auch wenn es für einen persönlich nicht so gut läuft. Brady war der Inbegriff dieser Definition.

Kurz nachdem Belichick und Brady das Gillette Stadium nach dem Ravens-Spiel verlassen hatten, stand der Cheftrainer der New York Giants, Tom Coughlin, in der Umkleidekabine der Gäste im Candlestick Park in San Francisco, wo sein Team gerade die 49ers im NFC-Meisterschaftsspiel besiegt hatte. Eli Manning hatte tapfer gespielt, und Coughlin brauchte keinen Journalisten, um über seinen Quarterback zu sprechen.

„Eli ist einfach so – so – zuverlässig", sagte Coughlin dem Reporter von Sports Illustrated, Peter King. „Absolut zuverlässig. Vertrauenswürdig. Clever. Unglaublich fleißig. Beständig wie der Tag lang ist. Was ich an ihm liebe, ist, dass ich weiß, was er 365 Tage im Jahr macht. Er tut etwas, das uns helfen wird, Football-Spiele zu gewinnen."

Die Patriots und die Giants waren auf dem Weg zu einem Rückspiel im Superbowl XLVI in Indianapolis.

Aus Sicht der Einschaltquoten hätte sich die NFL nichts Besseres vorstellen können als eine Fortsetzung des Superbowls zwischen den

Giants und den Patriots. Die Giants gingen früh mit 9:0 in Führung, bevor die Offensive der Patriots im zweiten Viertel ins Rollen kam. Im letzten Spielzug der ersten Halbzeit warf Brady einen Touchdown-Pass und brachte sein Team mit 10:9 in Führung. Im ersten Drive der zweiten Halbzeit zog Brady sein Team erneut über das ganze Feld und erzielte mit Hernandez einen weiteren Touchdown, der die Patriots mit 17:9 in Führung brachte. In der Endzone feierte Hernandez, indem er vorgab, einen Banktresor zu öffnen, das Geld zu nehmen und es in die Luft zu werfen. Als er das Spielfeld verließ, berührte Brady den MHK-Aufnäher auf seinem Trikot, schaute nach oben und zeigte in den Himmel. Die Saison, die Myra Kraft gewidmet war, sollte wie im Bilderbuch enden.

Doch nachdem die Giants mit zwei Field Goals bis auf zwei Punkte herangekommen waren, geriet die Offensive der Patriots ins Stocken. Da Gronkowski durch einen verletzten Knöchel behindert wurde, hatten die Patriots Mühe, das Spiel zu gewinnen. Gegen Ende des vierten Viertels ließ der sonst so sichere Wes Welker einen Pass fallen, der den Patriots ein entscheidendes First Down bescherte und es den Giants praktisch unmöglich machte, den Ball rechtzeitig zurückzuerobern, um zu punkten. Stattdessen wurde New England zum Punt gezwungen. Und 3:46 Minuten vor Schluss, als die Giants an ihrer eigenen 12-Yard-Linie standen, betrat Eli Manning das Spielfeld. Die Verteidigung der Patriots sah sich mit einer Situation konfrontiert, die bedrohlich an die am Ende des letzten Superbowls gegen die Giants erinnerte.

Manning marschierte mit seinem Team organisiert nach unten und schloss einen bemerkenswerten Pass über 38 Yards auf Mario Manningham ab, dessen akrobatische Annahme an der Seitenlinie Vergleiche mit dem Helmet Catch aufkommen ließ. Wenige Augenblicke später erzielten die Giants einen Treffer zur 21:17-Führung, wobei weniger als eine Minute zu spielen war.

Mit so wenig Zeit zur Verfügung brachte Brady sein Team fast bis zur Mittellinie, bevor er gezwungen war, im letzten Spielzug einen Hail Mary-Pass über 68 Yards durch die Luft fliegen zu lassen. Nachdem er von Hernandez in der Endzone gefällt wurde, fiel der Ball wenige Zentimeter vor Gronkowskis ausgestreckten Händen zu Boden. Zum zweiten

Mal in vier Jahren hatten die Patriots in der letzten Minute gegen die Giants verloren.

Als Konfetti in das tobende Lucas Oil Stadium fiel, stand Robert Kraft allein in seiner Suite, die Hände in den Hosentaschen, mit leerem Gesichtsausdruck, und starrte geradeaus, als würde er in einen Abgrund blicken. Dann endlich blickte er auf, als suchte er Myra. Er hatte sich das so sehr für sie gewünscht.

Der Superbowl zwischen den Patriots und den Giants war mit 166,8 Millionen Zuschauern die meistgesehene Sendung in der amerikanischen Fernsehgeschichte. Mehr als die Hälfte der US-Bevölkerung hatte zumindest einen Teil der Übertragung gesehen. Das Spiel stellte auch den Rekord für die meisten Tweets pro Sekunde während eines Sportereignisses auf. Mehr als ein Jahrzehnt lang hatten die Spiele mit Tom Brady, Bill Belichick und den New England Patriots die Zuschauer in ihren Bann gezogen. Doch die zweite verheerende Niederlage gegen die Giants hinterließ den Eindruck, dass die Sonne über dem epischen Lauf der Patriots endlich untergehen könnte.

„Sie haben drei Titel gewonnen", bemerkte die Football-Reporterin der New York Times, Judy Battista, „aber keinen seit der Saison 2004, was ihre Dynastie in weite Ferne rücken lässt, während die Giants der einzige Wiederholungsmeister der letzten fünf Jahre sind."

Erhobenen Hauptes lobte Belichick seine Spieler für ihren Einsatz und zollte den Giants Anerkennung für ihren hart erkämpften Sieg. Brady beglückwünschte Manning. „Eli hat im vierten Viertel einige großartige Würfe gemacht", sagte er, „und er hat den Sieg verdient. Sie haben es besser gemacht als wir."

Er fügte hinzu: „In diesem Spiel kommt es immer auf ein oder zwei Spielzüge an. Wenn du es schaffst, feierst du. Wenn du das nicht tust, schläfst du eine Woche lang nicht … Aber ich komme lieber zu diesem Spiel und verliere, als dass ich nicht hierher komme."

Kraft traf die Niederlage gegen die Giants schwer. Aber die Enttäuschung über den Verlust des Superbowls war nicht vergleichbar mit dem Schmerz über den Verlust seiner Frau. Die ganze Saison über war er in ein leeres Haus zurückgekehrt. Alles dort erinnerte ihn an Myra. Die Nähe zum Team hatte ihm geholfen, den Herbst und den ersten Teil des Winters zu überstehen, aber als die Saison schließlich zu Ende war, wurde seine Depression immer stärker. Er hörte auf, sich um sich selbst zu kümmern. Er schlief nicht. Die unermüdlichste Person in der Patriots-Organisation kam nur selten zur Arbeit.

Zwölf Jahre lang waren Kraft, Belichick und Brady die ewigen Konstanten in der scheinbar unzerstörbaren Dynastie der Patriots gewesen. Natürlich erhielten Belichick und Brady die meiste Anerkennung für das, was sich auf dem Spielfeld ereignete. Aber innerhalb der Organisation wussten alle, von Belichick bis hin zu den Spielern, dass Kraft der Anführer war. „Das Wichtigste in jeder Organisation ist die mentale Stärke des Besitzers", sagte der pensionierte Linebacker Tedy Bruschi. „Die Leute reden über die mentale Stärke der Spieler, aber der Besitzer muss davon mehr als jeder andere haben."

Jonathan Kraft war an der Seite seines Vaters durch alle Höhen und Tiefen gegangen, seit Robert das Team fast zwanzig Jahre zuvor gekauft hatte. Aber er hatte seinen Vater noch nie so kämpfen sehen wie seit Myras Tod. Jonathan und seine Brüder fürchteten, ihn zu verlieren.

„Man hört von Paaren, die seit fünfzig Jahren verheiratet sind", sagt Jonathan, „deren Leben völlig miteinander verwoben waren, und wenn einer seinen Partner verliert, will der andere nicht mehr leben. Sie bauen sehr schnell ab."

Jonathan konnte den Gedanken nicht ertragen, seinen Vater zu verlieren. Auch seine Brüder konnten das nicht. Sie sprachen im Frühjahr 2012 getrennt voneinander mit Robert, brachten ihre Bedenken zum Ausdruck und betonten, wie wichtig es sei, einen Weg aus der tiefen Trauer zu finden, in der er sich befand. Sie erinnerten ihn daran, dass Myra von ihm erwarten würde, dass er sich wieder seinen Geschäften widmete, wieder Kontakt zu seinen Freunden aufnahm und wieder in die philanthropische Arbeit investierte, für die sich die beiden während ihres Ehelebens eingesetzt hatten.

Sie sagten ihrem Vater auch, dass es für ihn wichtig sei, eine Partnerin zu finden. Das war ein heikles Thema. Aber Jonathan argumentierte, Myra würde wollen, dass er sein Glück findet.

Einer von Krafts engsten Freunden sagte ihm das Gleiche und versicherte ihm, das Letzte, was Myra wollen würde, wäre, ihn allein zu Hause vor dem Fernseher sitzen zu sehen mit Tränen in den Augen.

Im Sommer 2012 wurde Kraft die 32-jährige Schauspielerin Ricki Lander vorgestellt. Sie lebte in Los Angeles, wo sie sich kennenlernten. Auf Landers erster Reise in den Osten, wo sie Zeit mit Kraft verbringen wollte, um ihn besser kennenzulernen, beschloss er, sie nach New York mitzunehmen. In der Hoffnung, Lander zu beeindrucken, brachte Kraft sie in seine Wohnung im Plaza Hotel. Er war seit mehr als einem Jahr nicht mehr dort gewesen. Nach Myras Tod hatte er Brady gesagt, er könne seine Wohnung nutzen, wann immer er wolle. Obwohl Brady und Bündchen eine eigene Wohnung in New York hatten, nahmen sie Krafts Angebot an und übernachteten bei ihm, wenn auswärtige Gäste ihre eigene Wohnung nutzten.

In dem Glauben, seine Wohnung sei leer, brachte Kraft Lander dorthin und ließ sie die Aussicht auf den Central Park bewundern. Dann führte er sie herum. Als er die Tür zum Hauptschlafzimmer öffnete, wurden sie überrascht vom Anblick einer Masseurin, die sich über eine Massageliege beugte, auf der eine nackte schöne Frau lag. Es war Bündchen, die Kraft „G" nannte.

„G, ich wusste nicht, dass du hier bist", sagte Kraft.

Bündchen zuckte mit keiner Wimper. „Hallo, Robert."

Irritiert sah Lander Kraft an.

„Keine Sorge", sagte Bündchen mit ihrem schweren portugiesischen Akzent. „Er ist mit meinem Mann befreundet."

Kraft lächelte Lander an und hob die Hände. „Willkommen in meinem Leben", sagte er.

Die Masseurin nahm ihre Arbeit wieder auf, und Kraft führte Lander zurück ins Wohnzimmer, wo ein gerahmtes Bild von Kraft mit Brady und Elton John auf einem Tisch stand.

Lander beschloss, dass es viel Spaß machen würde, mit Kraft zusammen zu sein.

Kraft fand ihr sonniges Gemüt anziehend. Schließlich verbrachte er den Rest des Sommers mit ihr.

Krafts Söhne fühlten sich bestätigt.

Bill Belichick hatte in der Offseason zwei oberste Prioritäten: Er wollte seine beiden Star-Tight Ends mit langfristigen Verträgen ausstatten. Im Jahr 2011 hatten Gronkowski und Hernandez die Liga aufgemischt. Jeder von ihnen hatte in derselben Saison mehr als tausend

Einsätze absolviert, eine bemerkenswerte Leistung in der heutigen Zeit. Gronkowskis übergroßer Körperbau und seine außergewöhnliche Athletik – er konnte aus dem Stand mehr als 80 Zentimeter hoch springen und hatte die Kraft eines Innenverteidigers – machten es unmöglich, ihn im Eins-gegen-Eins zu decken. Und Hernandez' Vielseitigkeit schien keine Grenzen zu kennen – im Play-off-Spiel gegen Denver trat der schnelle Tight End 21 Mal als Running Back auf. Beide Spieler hatten noch zwei Jahre Restlaufzeit bei den Verträgen, die sie als Neulinge unterzeichnet hatten. Belichick beschloss, diese Verträge zugunsten neuer Vereinbarungen aufzulösen. Er verhandelte zunächst mit Gronkowskis Agenten.

Ein Thema, das bei Gronkowskis Vertragsgesprächen zur Sprache kam, war seine überlebensgroße Persönlichkeit außerhalb des Spielfelds. Nach nur zwei Spielzeiten hatte sich Gronk den Ruf erarbeitet, der schillerndste Charakter der Patriots und das beste Partytier der Liga zu sein. Sports Illustrated nannte ihn „einen Schutzpatron der Blödmänner … die größte Hoffnung und der schlimmste Albtraum der Liga." Nach dem AFC-Meisterschaftssieg über die Ravens wurde Gronkowski von einem Reporter des spanischen ESPN-Senders Deportes interviewt. Auf Spanisch und Englisch wurde er gefragt, ob er zu feiern gedenke. Gronkowski lächelte und sagte: „Si, yo soy fiesta", was so viel heißt wie: „Ja, ich bin die Party." Der Satz war eine virale Sensation und brachte Gronkowski den Spitznamen „El Gronko" ein.

Im Sommer 2012 wurde Gronkowski seinem Motto „Ich bin die Party" gerecht. Bei einer im Fernsehen übertragenen Karaoke-Veranstaltung in Boston sang er auf der Bühne Sexy and I Know It. Er war Co-Moderator bei Access Hollywood Live. Er trat in der Dating-Show The Choice auf. Auf dem roten Teppich der ESPY Awards lieferte er sich einen Ringkampf mit seinen Brüdern. Und er posierte nackt für die Titelseite des ESPN The Magazine. All das war völlig untypisch für das zugeknöpfte Team der Patriots, das Belichick wie eine Militäreinheit führte. Aber Belichick sah in Gronkowski ein harmloses Kind mit einem großen Herzen in einem erwachsenen Körper. Gronkowski verbrachte mehr Zeit mit kranken Kindern in Bostoner Krankenhäusern als jeder andere Spieler im Kader. Er rasierte sich den Kopf, um Geld für die Krebsforschung zu sammeln. Und er zog sich einen Schlafanzug der Patriots an und verbrachte die Nacht auf dem Boden einer Kinderkrebsstation, wo er die Kinder mit Geschenken überraschte und sie in Rollstühlen herumschob, als wären sie Rennwagen. Außerdem hatte Gronkowski immer seine Familie um sich, insbesondere seinen Vater. Sie waren beste Freunde.

Und dann war da noch etwas: Mit 23 Jahren war Gronkowski bereits der beste Tight End der Liga. Belichick unterzeichnete mit ihm einen Vertrag über sechs Jahre und 54 Millionen Dollar. Mit einem Durchschnittsgehalt von 9 Millionen Dollar pro Jahr war Gronkowski der bestbezahlte Tight End in der Geschichte der Liga.

Im Gegensatz zu Gronkowski hielt sich Aaron Hernandez sehr bedeckt. Abgesehen von seinen Taten auf dem Spielfeld blieb er aus den Schlagzeilen heraus. Es gab keine Tweets darüber, dass er mit einem Pornostar posierte, keine viralen Videoclips, in denen er seine Zweisprachigkeit unter Beweis stellte oder in einem Nachtclub Karaoke sang. Er posierte auch nicht ohne Hemd auf Selfies mit Fans oder erschien nackt auf dem Cover einer Sportzeitschrift. Es war nicht so, dass Hernandez keine Persönlichkeit abseits des Spielfelds hatte. Die hatte er. Aber er hatte hart gearbeitet, um sie zu verbergen. Als Belichick mit Hernandez' Agenten verhandelte, konzentrierte er sich auf die Zukunft des Tight Ends, nicht auf seine Vergangenheit. Doch im Sommer 2012 wurde Hernandez von seiner Vergangenheit eingeholt.

Hernandez war ein 18-jähriger Studienanfänger an der University of Florida, als die Fernsehserie Breaking Bad im Januar 2008 ausgestrahlt wurde. Die von der Kritik als eine der besten aller Zeiten gefeierte Serie drehte sich um die fiktive Figur Walter White, einen depressiven Highschool-Chemielehrer, der sich heimlich dem Verbrechen zuwendet und Meth herstellt und verkauft. Sein Handlanger war Jesse Pinkman, ein 18-jähriger ehemaliger Schüler, der seinen Weg suchte, als sein Lehrer wieder in sein Leben trat und ihn überredete, sein Partner bei seinem Meth-Geschäft zu werden. Pinkman, der von Anfang an eine gequälte Seele war, geriet damit in eine Situation, die ihm über den Kopf wuchs, und wurde schließlich zum Mörder.

Der Verlauf von Hernandez' realem Leben ähnelte auf unheimliche Weise dem von Pinkman in der Fiktion. Was die Patriots nicht wussten: Hernandez war in einem turbulenten Elternhaus aufgewachsen. Sein

Vater, Dennis Hernandez, ein ehemaliger Football-Spieler, dessen Spitzname „The King" war, hatte ihn als Kind schwer verprügelt. Die Misshandlungen wurde oft durch die kleinsten Dinge ausgelöst. Manchmal wurde Hernandez ohne ersichtlichen Grund geschlagen. Auch sein Vater war mehrfach mit dem Gesetz in Konflikt geraten, unter anderem wurde er verhaftet, weil er versucht hatte, Kokain von einem verdeckten Ermittler zu kaufen.

Auch Hernandez' Mutter war bereits verhaftet worden. Als Aaron elf Jahre alt war, wurde sie wegen ihrer Rolle in einem illegalen Sportwettgeschäft angeklagt, das sie angeblich von zu Hause aus betrieb. Obwohl Hernandez' Mutter ihren Mann mehr als einmal aus dem Haus warf, nahm sie ihn immer wieder auf.

Hernandez, der Angst vor seinem Vater und sich seiner Mutter entfremdet hatte, verbrachte seine Teenagerjahre mit einer Gruppe kleinkrimineller Gleichaltriger. Dann, als Hernandez 16 Jahre alt war, starb sein Vater unerwartet. Ein Jahr später verließ Hernandez die High School nach der Hälfte seines Abschlussjahres, um mit einem Football-Stipendium die University of Florida zu besuchen. Er war erst 17. Seiner Mutter sagte er später: „Ich war das glücklichste kleine Kind der Welt, und du hast mich kaputtgemacht. Und ich hatte gerade meinen Vater verloren, musste aufs College gehen, und ich hatte niemanden."

Als Hernandez das College verließ und von den Patriots gedraftet wurde, waren seine Freunde zu Hause bereits zu ernsteren kriminellen Aktivitäten übergegangen, die mit illegalen Drogen, Waffen und Gewalt zu tun hatten. Mit seinem neuen NFL-Gehalt stellte Hernandez zwei seiner Freunde aus seiner Heimatstadt als seine „persönlichen Assistenten" ein. Am Ende der Saison 2011 nahm Hernandez Drogen, mit denen ihn einer der beiden versorgte, und er war von Waffen besessen. Während der Verhandlungen über Hernandez' neuen Vertrag besuchte ihn sein Agent Brian Murphy zu Hause. Murphy versuchte seinem Klienten klarzumachen, dass sein neuer Vertrag die Leute dazu bringen würde, ihn zu respektieren, wies jedoch darauf hin, dass ein Vertrag Hernandez nicht als Person definieren würde. „Nein, nein", sagte Hernandez zu seinem Agenten. „Ich verschaffe mir meinen Respekt durch Waffen." Dann holte er eine Schusswaffe aus seinem Schrank. Obwohl

Murphy wusste, dass sein Klient ernsthafte Probleme außerhalb des Spielfelds hatte, hielt er es nicht für seine Aufgabe, diese Informationen an die Patriots weiterzugeben.

Am 15. Juli 2012 wurde Live Free or Die – die erste Folge der letzten Staffel von Breaking Bad – auf AMC ausgestrahlt. Darin versucht Jesse Pinkman, seine Spuren zu verwischen, nachdem er seinen ersten Mord begangen hatte. Zufälligerweise war Hernandez wenige Stunden nach der Ausstrahlung der Folge in seinen ersten Mord verwickelt. In dieser Nacht gingen Hernandez und sein Marihuana-Lieferant, ein Freund namens Alexander Bradley, ins Cure, einen Bostoner Nachtclub. Drinnen stieß ein Fremder namens Daniel de Abreu angeblich mit Hernandez zusammen und verschüttete versehentlich ein Getränk über ihn, dann ging er weg, ohne sich zu entschuldigen. Später, gegen 2.30 Uhr, hielt Bradley an einer Ampel in der Nähe des Cure an, und Hernandez entdeckte de Abreu und einen weiteren Mann im Auto neben ihnen. Das Fenster von Hernandez' Fahrzeug ging runter und er schrie: „Yo! Was geht, Nigger?" Dann wurden fünf Schüsse auf de Abreus Fahrzeug abgefeuert, wobei de Abreu und sein Beifahrer Safiro Furtado getötet wurden. Hernandez und sein Freund fuhren davon.

Bis zum Morgen hatte die Bostoner Polizei festgestellt, dass es sich bei den beiden Opfern um legale Einwanderer aus Kap Verde handelte, die gemeinsam in einer örtlichen Reinigungsfirma arbeiteten. Keiner von ihnen war vorbestraft. Da es keine Zeugen, keine Tatwaffe und kein offensichtliches Motiv gab, leitete die Polizei eine Untersuchung des Doppelmordes ein.

Etwas mehr als einen Monat später, am 26. August 2012, unterzeichnete Hernandez eine Vertragsverlängerung mit den Patriots in Höhe von 41 Millionen Dollar. Der Vertrag beinhaltete einen Bonus in Höhe von 12,5 Millionen Dollar und war damit der größte für einen Tight End in der Geschichte der NFL. Hernandez war erst 22 Jahre alt.

Am folgenden Tag veranstaltete die Patriots-Organisation ihre jährliche Kick-off-Gala im Gillette Stadium. Die jährliche Spendenaktion brachte Millionen für wohltätige Zwecke ein. Auf der Veranstaltung gab Hernandez bekannt, dass er 50.000 Dollar an den Myra Kraft Giving Back Fund spenden wird. Er überreichte Robert Kraft persönlich einen Scheck, umarmte ihn und küsste ihn auf die Wange.

„Man kann nicht einfach herkommen und rücksichtslos sein eigenes Ding machen“, sagte Hernandez an diesem Abend vor den Medien. „Man wird durch Bill Belichicks Art verändert. Man wird durch die Patriots verändert. Und jetzt, wo ich ein Patriot bin, muss ich anfangen, wie einer zu leben und die richtigen Entscheidungen für sie zu treffen.“

Zu diesem Zeitpunkt hatten die Ermittler der Bostoner Mordkommission bereits die Aufnahmen der Sicherheitskameras aus dem Nachtclub erhalten, in dem die beiden Opfer des Drive-by-Shootings zuletzt lebend gesehen worden waren. Bei der Durchsicht des Bandes stellte der leitende Ermittler zu seiner Überraschung fest, dass er einen der Gäste wiedererkannte. „Da ist Aaron Hernandez!“, sagte er.

„Wo?“, fragte sein Partner.

„Genau da!“, sagte der Detektiv und zeigte auf ihn.

Beide fanden es kurios, dass Hernandez an diesem Abend zufällig in dem Club gewesen war.

„Warum reden wir nicht mit Aaron?“, scherzte der Partner.

„Ha“, sagte der leitende Ermittler. „Nein, nein.“

Die Polizei hatte keinen Grund, Hernandez zu verdächtigen.

Die Patriots auch nicht.

Die Saison 2012 begann mit Rob Gronkowski auf dem Cover der Sports Illustrated NFL Preview-Ausgabe, die voraussagte, dass der Tight End der Patriots und sein jugendlicher Gegenspieler Hernandez ein Schlüssel dafür sein würden, dass der 35-jährige Tom Brady der erste Quarterback in der Geschichte der NFL wird, der sechs Superbowls erreicht. „Er will spielen, bis er vierzig ist“, hieß es im Scouting-Bericht des Magazins, „aber der Sand in der Sanduhr läuft durch.“

Die Denver Broncos sollten das Team sein, das den Patriots die Vorherrschaft in der AFC streitig machte. In der Offseason hatte sich der 36-jährige Peyton Manning den Broncos angeschlossen, nachdem er von den Colts nach mehreren Nackenoperationen entlassen worden war, die ihn gezwungen hatten, die Saison 2011 auszusetzen. Als die Colts sich entschieden, ihren Spieler zugunsten des aufstrebenden Quarterbacks Andrew Luck abzugeben, entschied sich Manning, seine Karriere in Denver zu beenden, wo er die besten Chancen auf einen zweiten Superbowl-Ring sah.

Im Jahr 2012 galten Brady und Manning allgemein als die beiden besten Quarterbacks des 21. Jahrhunderts. Ihre zwölf direkten Begegnungen zwischen 2001 und 2010 hatten die Rivalität zwischen den Patriots und den Colts angeheizt. Brady hatte Manning in acht dieser Wettkämpfe besiegt und drei Superbowls gewonnen, Manning dagegen nur einen. Am 7. Oktober 2012 kehrte Manning mit seinem neuen Team ins Gillette Stadium zurück. Brady und die Patriots setzten sich mit 31 : 21 durch und ließen die Broncos auf 2 : 3 zurückfallen. Doch danach führte Manning sein Team zu einer Siegesserie von elf Spielen, die er mit 13 : 3 als bester Spieler der AFC beendete.

Brady führte die Patriots mit 12 : 4 zur zweitbesten Bilanz in der AFC. In der dritten Saison in Folge hatten die Patriots die erfolgreichste Offensive der Liga und erzielten 557 Punkte. Damit waren sie erst das zweite Team in der Geschichte der NFL, das in drei aufeinanderfolgenden Spielzeiten mehr als 500 Punkte erzielen konnte.

Doch in der Saison 2012 waren Gronkowski und Hernandez angeschlagen und traten nur selten gemeinsam in Spielen auf. Hernandez verpasste zu Beginn des Jahres sechs Spiele wegen einer Knöchelverletzung. Gronkowski spielte die erste Hälfte der Saison mit unerträglichen Rückenschmerzen. Einige Wochen nach Hernandez' Rückkehr brach sich Gronkowski im zehnten Spiel der Saison den Unterarm und musste operiert werden. Zwei Wochen, nachdem Gronkowski ausgefallen war, verletzte sich Hernandez an der Schulter. Obwohl er operiert werden musste, spielte Hernandez den Rest der Saison. Dennoch warf Brady für fast 5.000 Yards und hatte die wenigsten Interceptions in der Liga. Sein Lieblingsziel blieb Wes Welker.

Auf dem Spielfeld beeindruckte Hernandez weiterhin, spielte trotz Schmerzen und zeigte sich bereit, alles zu tun, was die Trainer von ihm verlangten. In der Umkleidekabine war sein Verhalten jedoch immer unberechenbarer geworden. Vor Beginn der Saison 2012 hatten die Patriots den Free Agent Wide Receiver Brandon Lloyd unter Vertrag genommen. An Lloyds erstem Tag bei den Patriots war er auf dem Weg in die Umkleidekabine, als Wes Welker ihm auf die Schulter klopfte.

„Er schaut mir mit großen Augen ins Gesicht", erinnert sich Lloyd, „und sagt: ‚Dein Spind steht zwischen Gronkowski und Hernandez. Ich will dich nur warnen, dass er [Hernandez] darüber sprechen wird, von seiner Mutter gebadet worden zu sein. Er wird seine Genitalien vor dir ausbreiten, während du auf deinem Hocker sitzt. Er wird sein Handtuch nehmen und versuchen, sich vor deinen Augen abzutrocknen, während du an deinem Spind sitzt. Er wird über schwulen Sex sprechen. Tu einfach dein Bestes, um das zu ignorieren. Notfalls geh einfach weg.'"

Lloyd wurde ein wichtiger Bestandteil der Offensive der Patriots. Im Jahr 2012 fing er 74 Pässe für 911 Yards. Doch im Laufe der Saison wurde Welkers Warnung vor Hernandez für Lloyd immer deutlicher. „Es gab Phasen, in denen er der hypermaskulin-aggressivste Mensch im Raum war und bei Wutanfällen jemanden verprügeln wollte", sagte Lloyd. „Oder er ist die sensibelste Person im Raum und spricht über das Kuscheln mit seiner Mutter. Oder fragte mich: ‚Glaubst du, dass ich gut genug bin, um zu spielen?' Wir hatten also diese Momente, in denen wir uns gut verstanden haben. Aber es gab auch diese Momente, in denen er bereit war, auf andere Spieler in der Umkleidekabine loszugehen."

Brady versuchte, einen beruhigenden Einfluss auf Hernandez auszuüben, indem er ihn durch sein Beispiel und durch Gespräche ermutigte, den Weg der Patriots einzuschlagen. Aber Hernandez verbrachte seine freie Zeit zunehmend mit seinen Freunden, den Ex-Häftlingen aus dem nahe gelegenen Bristol, Connecticut. Die Spieler der Patriots wussten nicht, wie tief Hernandez drinsteckte. Aber jeder in der Umkleidekabine erkannte, dass seine Freunde Ärger bedeuteten. Das ging so weit, dass mehr als ein Spieler Hernandez diplomatisch bat, seine Freunde nicht mitzubringen.

Brady war hoch motiviert. Gronkowski war rechtzeitig zu den Play-offs in die Mannschaft zurückgekehrt. Mit einer chirurgisch implantierten Metallplatte, die in die Knochen seines Unterarms geschraubt worden war, brachte Gronkowski die Offensive der Patriots auf Hochtouren. Doch beim achten Offensivspiel der Patriots in der Divisionsrunde der Play-offs gegen die Houston Texans fing Gronkowski einen Pass ab und landete mit seinem gesamten Körpergewicht auf seinem Unterarm, der dabei brach und seine Post-Season beendete. Auch der Starting Running Back ging im ersten Viertel zu Boden. Die Patriots passten sich an. Hernandez und Welker stiegen auf. Und Brady warf für

344 Yards und drei Touchdowns und führte die Patriots zu einem 41:28-Sieg.

Es wurde erwartet, dass die Patriots zum AFC-Meisterschaftsspiel nach Denver reisten. Doch Manning und die Broncos wurden in der Divisionsrunde zu Hause von den Ravens besiegt. Zum zweiten Mal in Folge empfingen die Patriots am 20. Januar 2013 Ray Lewis und die Ravens im AFC Championship Game in Foxborough.

Trotz Gronkowskis Fehlen waren die Patriots favorisiert und gingen zur Halbzeit mit 13:7 in Führung. In seiner Karriere hat Brady zu Hause 68:0 gewonnen, nachdem er zur Halbzeit geführt hatte. Lewis hatte jedoch vor dem Spiel erklärt, dass er sich nach der Saison zurückziehen werde. Er war der emotionale Anführer seines Teams, und seine Mannschaftskameraden wussten, dass Lewis nicht wollte, dass seine Karriere mit einer Niederlage gegen die verhassten Patriots endete. In der zweiten Halbzeit stand die Verteidigung der Ravens hinter Lewis und schloss die Patriots aus, und die Offensive der Ravens erzielte drei Touchdowns. Die Patriots-Fans strömten bereits zu den Parkplätzen, und sein Team lag in den letzten Minuten mit 28:13 zurück, doch Brady lief trotzdem das Feld ab. Sein letzter Pass wurde anderthalb Minuten vor Spielende an Aaron Hernandez übergeben. Der nächste Pass von Brady wurde abgefangen und das Spiel damit beendet.

An der Seitenlinie der Ravens vergoss Lewis Freudentränen, während seine Mannschaftskameraden sich freuten. „Die Ravens werden in die Superbowl einziehen", rief Terrell Suggs, Linebacker der Ravens. „Die Ravens werden den Superbowl erreichen. In der zweiten Halbzeit ausgeschaltet! In Foxborough!"

Brady stapfte mit gesenktem Kopf vom Spielfeld.

In der Umkleidekabine der Ravens hielt Suggs seine Tirade aufrecht. „Das sind die arrogantesten Arschlöcher der Welt, angefangen bei Belichick bis hinunter zu den Spielern", sagte er vor der Presse. Doch schließlich nahm er seine Aussagen zurück. „Was wäre diese Liga ohne Twelve und die New England Patriots?", sagte er. „Die Leute mögen sie nicht, weil sie gewinnen. Sie sind ein großartiges Team. Und sie haben jedes Recht, so zu sein, wie sie sind."

34

WEITERGEHEN

Im Sommer 2010 unterzog sich Tom Brady einer Untersuchung durch den medizinischen Stab der Patriots. Er hatte gerade seine erste volle Saison nach einer rekonstruktiven Knieoperation hinter sich, und das Team wollte sehen, wie es um sein Knie bestellt war. Brady überstand die Prüfung mühelos, und vor allem sah sein Knie stark aus. Dennoch hatte der Mannschaftsarzt Bedenken hinsichtlich der langfristigen Stabilität und Gesundheit von Bradys Knie. Diese Bedenken stützten sich fast ausschließlich auf Messdaten, die darauf hindeuteten, dass Football-Spieler drei Jahre nach der Operation sehr anfällig für erneute Verletzungen in einem rekonstruierten Knie sind.

Im Sommer 2013 war klar, dass diese Warnungen nicht auf Brady zutrafen. Vier Jahre nach seiner Knieoperation hatte er alle 71 regulären Saison- und Play-off-Spiele für die Patriots bestritten. Und zwischen 2010 und 2012 hatte er drei der erfolgreichsten Saisons seiner Karriere hinter sich. Er war jetzt 35, aber anstatt mit dem Alter langsamer zu werden, schien er stärker zu werden.

Bradys Ausdauer war für die Ärzte schwer zu erklären. Abgesehen von der Knieverletzung, die ihn dazu gezwungen hatte, die Saison 2008 zu verpassen, hatte er zwölf Saisons gespielt, ohne ein Spiel wegen einer Verletzung zu verpassen. In der NFL war eine solche Serie praktisch nicht zu beobachten. Ein großer Teil von Bradys Erfolg ist auf extreme Veränderungen seines Lebensstils zurückzuführen. Damit hatte er bereits 2004 begonnen, als er Alex Guerrero aufsuchte, einen Personal Trainer, der traditionelle chinesische Medizin studiert hatte, bevor er eine Rehabilitationspraxis in Los Angeles eröffnete, in der er Elite-Leichtathleten betreute. Brady lernte Guerrero während des Trainingslagers im Jahr 2004 kennen, als Guerrero persönlicher Trainer des Patriots-Linebackers Willie McGinest war. Während des Camps in jenem Jahr hatte Brady eine Ellbogensehnenentzündung, die so weit fortgeschritten war, dass er nicht mehr ohne Schmerzen werfen konnte. Er hatte alle möglichen traditionellen Behandlungen hinter sich – Eis, Wärme, Elektrostimulation, chiropraktische Therapie, Stretching. Als nichts von dem, was das Trainingspersonal versuchte, funktionierte, sagte McGinest zu Brady, dass er da einen Mann kenne.

Brady suchte verzweifelt nach einer Schmerzlinderung und rief Guerrero an, der feststellte, dass die wahre Ursache des Problems nicht in Bradys Ellbogen lag. Vielmehr handelte es sich um eine extreme Verspannung in Unterarm und Bizeps, den Muskelregionen unterhalb und oberhalb des Ellenbogens. Obwohl Brady eine hohe Schmerzgrenze hat, sprang er fast vom Behandlungstisch, als Guerrero begann, die verklebten Muskeln in seinem Arm zu bearbeiten. Nach seiner ersten Behandlung stellte Brady jedoch eine drastische Verringerung seiner Ellbogenschmerzen fest. Nach weiteren Behandlungen warf er ohne Schmerzen.

In diesen Sitzungen schlug Guerrero vor, dass Brady seine Muskeln dehnen müsse, um sie geschmeidiger zu machen. Das traditionelle Training für Football-Spieler bestand lange Zeit vor allem aus Gewichtheben. Aber der ständige Gebrauch von freien Gewichten, so Guerrero, führe zu einem enormen Verschleiß der Gelenke. Durch die Verengung und Anhäufung von Muskelmasse wurden die Sportler auch anfälliger für Muskelrisse.

„Warum weiß nicht jeder davon?", fragte Brady Guerrero.

Es war eine gute Frage, die den Kern der Frage traf, wie Football-Spieler trainierten und sich von Verletzungen erholten. Im Großen und Ganzen hatten Profi-Footballmannschaften jahrzehntelang die Methode des Gewichthebens angewandt, weil sie darauf ausgerichtet war, die Kraft zu steigern und Muskelmasse aufzubauen.

Aber Guerrero lenkte Brady weg vom Gewichtheben und hin zur Verwendung von Seilen, Bändern und Übungsbällen. Er führte auch einen ganzheitlicheren Trainingsansatz ein, der sich auf Flüssigkeitszufuhr, Ernährung, Nahrungsergänzungsmittel und kognitive Fitness konzentrierte.

Brady hatte sich Guerreros Methoden bereits vor seiner Knieoperation zu eigen gemacht. Nach der Operation unterzog ihn Guerrero jedoch einem aggressiven Rehabilitationsprogramm, das ihn schneller als erwartet wieder voll belastbar machte. Gleichzeitig erhöhte Brady seine Flüssigkeitszufuhr – er trank mindestens drei Liter Wasser pro Tag und nahm viele Elektrolyte zu sich – und hielt eine strenge Diät ein, bei der er auf Zucker, Koffein, Milchprodukte, gebleichtes Mehl und entzündungsfördernde Lebensmittel wie Tomaten verzichtete.

Bradys Effektivität war so ausgeprägt, dass auch seine Teamkollegen Wes Welker, Rob Gronkowski und Julian Edelman begannen, mit Guerrero zu arbeiten. Edelman gab ihm den Spitznamen Mr. Miyagi, nach dem Karatemeister in Karate Kid.

Kraft war überzeugt, dass Brady noch einige seiner besten Jahre vor sich hatte. Und nach dem Ende der Saison 2012 sprach er mit Brady über eine weitere Vertragsverlängerung. Zu diesem Zeitpunkt hatte Brady nur noch eine Priorität: weitere Meisterschaften zu gewinnen. Er hatte eine Menge Geld verdient. Er hatte eine Menge Preise gewonnen. Aber die Patriots hatten seit 2004 keinen Superbowl mehr gewonnen. In der scheinbar letzten Phase seiner Karriere war Brady fest entschlossen, noch mehr Ringe zu gewinnen.

Mit demselben Ziel vor Augen arbeitete Kraft mit Brady zusammen, um seinen Vertrag zu verlängern. Aufgrund des 2010 unterzeichneten Vertrags waren sich die beiden bereits einig, dass es für beide Parteien hilfreich war, langfristige, garantierte Verträge zu unterzeichnen, die mit hohen Antrittsprämien ausgestattet waren, um das niedrigere Durchschnittsgehalt in den letzten Jahren des Vertrags auszugleichen. Brady war sich darüber im Klaren, dass Kraft seinen Vertrag noch einmal umstrukturieren würde, bevor die weniger gut bezahlten Jahre eintraten. In der Zwischenzeit blieben die Patriots unter der Gehaltsobergrenze und hatten mehr Flexibilität, um andere Spieler zu verpflichten.

Im Einklang mit dieser Philosophie einigten sich Kraft und Brady im Frühjahr 2013 darauf, die verbleibenden zwei Jahre von Bradys

Vertrag aus dem Jahr 2010 umzustrukturieren und eine beträchtliche Reduzierung des Grundgehalts in Kauf zu nehmen, um im Gegenzug einen Fünfjahresvertrag über 60 Millionen Dollar abzuschließen, bei dem das gesamte Geld für den Fall einer Verletzung garantiert wurde. Es war die höchste Verletzungsgarantie in der Geschichte der NFL und beinhaltete einen Bonus von 30 Millionen Dollar. Und da Brady ein niedrigeres Grundgehalt erhielt, hatten die Patriots mehr Spielraum, um andere Schlüsselspieler zu verpflichten, die die Chancen der Patriots auf weitere Superbowl-Meisterschaften verbessern würden.

Nach der Unterzeichnung des neuen Vertrags postete Brady auf seiner Facebook-Seite: „Einfach gewinnen."

Einer der Spieler, bei denen Brady darauf zählte, dass die Patriots ihn wieder unter Vertrag nehmen würden, war der Free Agent Wes Welker. Im Jahr 2012 hatte Welker das Team mit 118 Empfängen und 1.354 Receiving-Yards erneut angeführt und war damit der erste Spieler in der NFL-Geschichte, der fünf Saisons mit 100 Fängen hatte. Seit seinem Wechsel zu den Patriots im Jahr 2007 hatte Welker 672 Pässe für mehr als 7.400 Yards gefangen und führte die Mannschaft in beiden Kategorien an. Selbst Kraft hatte öffentlich erklärt, er wolle, dass Welker „ein lebenslanger Patriot" sei.

Aber Welkers Beziehung zu Belichick war angespannt, und Belichick entschied, dass er bereit war, sich von dem 32-jährigen Receiver zu trennen. Am 13. März 2013 unterzeichnete Welker einen Vertrag als Free Agent bei den Denver Broncos.

Brady war sehr enttäuscht. Genau wie Kraft.

Nach sechs Jahren in Foxborough war Welker erleichtert, von Belichick wegzukommen. „Es war einfach hart, einer dieser Deals, bei denen man ihn ertragen muss", sagte Welker einem Reporter, nachdem er die Stadt verlassen hatte. „Aber er macht das mit jedem. So ist er nun mal."

Für Welker war der Abschied von Brady der schwerste Teil des Abschieds von New England. Er hatte mehr Bälle von Brady gefangen als jeder andere Receiver in der Geschichte der Patriots. Außerdem hatte er von Brady sehr viel darüber gelernt, wie man ein professioneller Football-Spieler wird. Mit ihm zu spielen, war der Höhepunkt von Welkers Karriere. Doch dann ging es weiter nach Denver, wo er mit Bradys Rivalen Peyton Manning zusammenspielte.

Einen Tag, nachdem Welker zu den Broncos wechselte, verpflichtete Belichick Receiver Danny Amendola mit einem Fünfjahresvertrag über 31 Millionen Dollar.

Trotz seiner Frustration über verschiedene Personalentscheidungen der Patriots konnte sich Brady auf vieles freuen. Im Frühjahr wurden er und Guerrero Geschäftspartner und gründeten TB12 Inc., eine Delaware-Gesellschaft mit Sitz in Foxborough. Das Leitbild des Unternehmens bot eine „umfassende und maßgeschneiderte Methode, die auf ganzheitliche und präventionsorientierte Weise eine schnellere Genesung von Verletzungen und eine längere Lebensdauer der Leistung fördert.“ Brady und Guerrero eröffneten ihr erstes TB12 Performance and Recovery Center direkt neben dem Gillette Stadium und mieteten die Räumlichkeiten am Patriot Place von Kraft, der Brady bei der Gründung seines Unternehmens unterstützte.

Für Kraft war es eine gute Nachricht, dass Brady weiterhin in New England Wurzeln schlug.

Es war eine harte Saison für Rob Gronkowski. Im Januar hatte er sich einer zweiten Operation an seinem gebrochenen Unterarm unterzogen. Kurz darauf entwickelte er eine Staphylokokkeninfektion, die eine dritte Operation erforderlich machte, um die infizierte Hardware in seinem Unterarm zu entfernen und eine neue Hardware einzusetzen. Im Frühjahr stellte sich heraus, dass der Riss in seinem gebrochenen Knochen immer noch nicht verheilt war, woraufhin die Ärzte ein Stück Knochen aus seiner Hüfte entnahmen und in den Riss in seinem Unterarm einfügten.

Die Knochentransplantation war die vierte Operation an Gronkowskis Unterarm innerhalb von fünf Monaten. Die Ärzte warnten, dass die Situation für seine Karriere bedrohlich geworden war – sein Unterarm würde nur eine bestimmte Menge an Traumata aushalten, bevor er dauerhaft geschädigt würde. Sollte er eine weitere Infektion oder andere Komplikationen erleiden, die eine weitere Operation erforderlich machen, wäre Gronkowski wahrscheinlich als Football-Spieler am Ende.

Aus Angst, irgendetwas zu tun oder irgendwohin zu gehen, schränkte Gronkowski wegen des fragilen Zustands seines Armes alle seine normalen Aktivitäten ein. Keine Trainingseinheiten. Nicht laufen. Kein

Ausgehen mit Freunden. In dieser Zeit wurde bei ihm auch ein Bandscheibenvorfall diagnostiziert, der eine Rückenoperation erforderlich machte.

Gronkowski, der normalerweise immer glücklich war, war demoralisiert. Aber seine Mutter war seine wichtigste Stütze, die ihm durch die Infektion, die Operationen und die Reha half. Sie verwaltete seine Medikamente, sorgte dafür, dass seine Infusionen regelmäßig gewechselt wurden, und kochte viele Mahlzeiten für ihn. Auch sein Vater und seine Brüder waren eine große Unterstützung.

Im Gegensatz dazu war Aaron Hernandez weitgehend auf sich allein gestellt, als er am 27. März zur Schulteroperation nach Los Angeles flog. Der gleiche Chirurg, der Bradys Knie operierte, operierte auch Hernandez. Am Vorabend des Eingriffs schrieb Brady eine SMS an Hernandez: „Viel Glück! Ich hoffe, alles geht gut … Grüße dich, mein Bruder, und hoffe, dich bald zu sehen."

Nach der Operation blieb Hernandez zur Reha in Südkalifornien. Alex Guerrero arbeitete weiter mit ihm zusammen. Eine Woche nach seiner Genesung schrieb Belichick eine SMS an Hernandez.

Belichick: Ich wollte mich nur melden. Die Operation scheint gut verlaufen zu sein. Hoffentlich geht es dir gut!! Lass mich wissen, wie es weitergeht. Beste Grüße, BB

Hernandez: Die Operation ist gut verlaufen und es geht mir gut. Ich war bei Alex und werde auch weiterhin bei Alex sein, bis es Zeit ist, wieder an den OTAs [Organized Team Activities] teilzunehmen! Ich hoffe, dass bei dir alles gut gelaufen ist. Ich kann es kaum erwarten, gesund zu werden und wieder auf dem Platz zu stehen. Wir bleiben in Kontakt.

Aber Hernandez ging es alles andere als gut. Er war paranoid geworden. Überzeugt, dass die Polizei ihn im Zusammenhang mit der Schießerei in Boston verdächtigte, verhielt er sich unberechenbar. Einen Monat vor seiner Operation war er nach Florida geflogen, wo er und sein Komplize Alexander Bradley in einem Strip-Club in Miami 10.000 Dollar Schulden machten. Am Ende stritten sie sich über die Rechnung. Bradley sagte später aus, dass Hernandez in dieser Nacht eine Waffe auf Bradleys Gesicht richtete. Stunden später fanden Polizeibeamte Bradley mit einer Schusswunde zwischen den Augen auf einem Parkplatz. Obwohl er ins Krankenhaus eingeliefert wurde und zahlreiche Operationen über sich ergehen lassen musste, weigerte sich Bradley, den Schützen gegenüber den Ermittlern zu identifizieren. Einige Zeit später schrieb Bradley jedoch eine SMS an Hernandez: „Ich habe nur noch ein Auge und ein schweres Kopftrauma. Du bist verantwortlich für das, was du getan hast."

Kurz nachdem er Belichick mitgeteilt hatte, dass er es kaum erwarten könne, wieder auf dem Spielfeld zu stehen, kaufte Hernandez einen gepanzerten Geländewagen für 110.000 Dollar. Er beschaffte weitere Waffen und Munition. Und er stellte einen Ex-Knacki als Vollzeit-Leibwächter ein.

Alex Guerrero ermutigte Hernandez unterdessen immer wieder, die notwendigen Veränderungen in seinem Leben vorzunehmen, die ihn, seine Verlobte und sein kleines Mädchen glücklich machen würden.

„Am Ende des Tages liegt es an mir, ein Mann zu sein, der groß genug ist, um die Dinge zu ändern!" Hernandez schrieb Guerrero eine SMS. „Du hast es heute auf den Punkt gebracht, was mich wach gemacht hat, und hoffentlich wach genug, um auf dem Weg zu bleiben, auf dem ich sein will, und nicht mit der Zeit eine falsche Richtung einzuschlagen, wie ich es in der Vergangenheit immer getan habe!"

„Ich weiß, dass du es in dir hast", schrieb ihm Guerrero.

Vier Tage später entdeckte ein jugendlicher Jogger in North Attleboro, Massachusetts, gegen 17.30 Uhr eine Leiche in einem Industriegebiet. Auf das Opfer, einen 27-jährigen Schwarzen aus Boston namens Odin Lloyd, war sechs Mal geschossen worden. Polizeibeamte fanden einen Schlüsselbund in Lloyds Tasche. Sie gehörten zu einem Mietwagen, der zuletzt an Aaron Hernandez vermietet worden war, der weniger als eine Meile vom Fundort der Leiche Lloyds entfernt wohnte. In dieser Nacht standen Polizeibeamte vor Hernandez' Tür und befragten ihn über Lloyd und das Mietfahrzeug. Aufgeregt sagte Hernandez: „Was sollen die ganzen Fragen?" Dann ging er zurück in sein Haus, schloss die Tür und verriegelte sie.

Am folgenden Abend kehrte ein Trupp staatlicher und örtlicher Polizeibeamter in Hernandez' gehobenes Viertel zurück. Vor den Augen einer kleinen Schar von Reportern und Nachbarn durchsuchten die Ermittler Hernandez' Wohnung, machten Fotos und beschlagnahmten

Gegenstände. In dieser Nacht war Hernandez' Verbindung zu den Mordermittlungen die Top-Story in Boston.

Am nächsten Morgen, dem 19. Juni, standen die Nachrichtenwagen des Fernsehens vor dem Gillette Stadium, als Kraft um acht Uhr morgens eintraf. Als er erfuhr, dass Hernandez trainierte, ging er in den Kraftraum. Es war niemand sonst in der Nähe. Kraft forderte Hernandez auf, ihm in das verlassene Büro des Kraft- und Konditionstrainers der Mannschaft zu folgen.

„Ich möchte, dass du mir in die Augen siehst", sagte Kraft zu Hernandez.

Hernandez hielt seinem Blick stand.

„Hast du es getan", fragte Kraft.

„Mr. Kraft, ich habe es nicht getan."

Kraft starrte ihn an.

„Ich bin völlig unschuldig", fuhr Hernandez fort.

Kraft glaubte ihm.

„Kanntest du Odin Lloyd?", fragte Kraft.

Hernandez sagte, sie kannten sich privat.

Das Gespräch dauerte weniger als zehn Minuten. Es endete damit, dass Kraft anbot, Hernandez bei der Suche nach einem Anwalt zu helfen, und Hernandez sagte, sein Agent habe ihm bereits einen besorgt. Dann umarmte und küsste ihn Hernandez.

Hernandez traf sich auch mit Belichick, der ihn direkt fragte, ob er in den Mord an Lloyd verwickelt sei. „Absolut nicht", sagte Hernandez.

Aber wenn er nicht Kraft oder Belichick gegenüberstand, verhielt sich Hernandez wie ein Mann, der wusste, dass seine Zeit abgelaufen war. Zu Beginn der Woche hatte er Jonathan Kraft in der Cafeteria getroffen.

„Ich habe etwas, das ich dir geben möchte", sagte Hernandez zu ihm. „Komm mit."

Kraft folgte Hernandez in die Umkleidekabine, wo der Tight End einen Umschlag mit der Aufschrift „Jonathan" aus seinem Spind nahm und ihn ihm überreichte.

„Mach ihn auf", sagte Hernandez.

Kraft riss das Siegel auf und zog ein Foto von Hernandez' kleiner Tochter hervor. Verblüfft sah Kraft zu Hernandez auf.

„Würdest du mir einen Gefallen tun?", fragte Hernandez. Bevor Kraft antworten konnte, sprach Hernandez weiter. „Wenn ich in deinem Büro bin, sehe ich all die Bilder deiner Kinder. Würdest du das in dein Büro mitnehmen? Ich möchte, dass du sie wie dein kleines Mädchen betrachtest."

Kraft nickte.

Eine Woche, nachdem Hernandez Kraft und Belichick versichert hatte, er sei unschuldig, tauchten die Behörden am 26. Juni bei ihm zu Hause auf, verlasen ihm seine Rechte und klagten ihn im Zusammenhang mit dem Tod von Odin Lloyd an. Jonathan Kraft arbeitete gerade an seinem Schreibtisch, als er aufblickte und sah, wie Hernandez live im Fernsehen mit den Händen auf dem Rücken von sechs Polizisten in Zivil zu einem Polizeifahrzeug geführt wurde. Er rief sofort seinen Vater in Israel an.

„Er wurde verhaftet", sagte Jonathan zu Robert.

Robert war fassungslos und wollte es nicht wahrhaben.

„Sie führen ihn in Handschellen aus seinem Haus", sagte Jonathan.

Robert erinnerte sich an etwas, das ein Mitarbeiter Belichicks an dem Tag gesagt hatte, an dem das Team Hernandez verpflichtet hatte: „Urban Meyer schwört auf den Jungen."

Robert und Jonathan konferierten mit Belichick, der sich im Urlaub in Kroatien befand, und brachten ihn auf den neuesten Stand.

„Kennen wir die Fakten?", fragte Belichick.

Robert hatte nicht die Absicht zu warten, bis das Gerichtsverfahren seinen Lauf nahm. Die Organisation war lange genug getäuscht worden.

„Leute", sagte Jonathan, „er wird wegen Mordes verhaftet! Das ist eine ernste Sache."

„Wir müssen uns von ihm trennen", sagte Robert.

Obwohl er gern mehr Fakten gehabt hätte, stimmte Belichick zu, dass dies die richtige Vorgehensweise war.

Innerhalb einer Stunde gaben die Patriots eine Erklärung ab, in der sie mitteilten, dass Hernandez nicht länger Mitglied des Teams sei:

Letzte Woche wurde ein junger Mann ermordet, und wir sprechen der Familie und den Freunden, die seinen Verlust betrauern, unser Mitgefühl aus. Worte können die Enttäuschung nicht ausdrücken, die wir empfinden bei dem Wissen, dass in der Folge dieser Ermittlungen einer unserer Spieler verhaftet wurde … Zum jetzigen Zeitpunkt glauben wir, dass diese Entscheidung einfach die richtige ist.

Auch die NFL gab eine Erklärung ab:

Die Verwicklung eines NFL-Spielers in einen Fall dieser Art ist äußerst beunruhigend. Die Patriots haben Aaron Hernandez entlassen, der nun vor Gericht erscheinen wird. Gleichzeitig sollten wir den jungen Mann, der in diesem Fall das Opfer war, nicht vergessen und diese Gelegenheit nutzen, um der Familie und den Freunden von Odin Lloyd unser tiefes Mitgefühl zu bekunden.

Am Nachmittag erschien Hernandez in einem überfüllten Gerichtssaal und wurde wegen Mordes angeklagt. Die Staatsanwaltschaft erklärte, Lloyd sei wie bei einer Hinrichtung getötet worden. Auf einem Überwachungsvideo war zu sehen, wie Hernandez in seiner Einfahrt mit einer Waffe aus seinem Fahrzeug stieg, kurz nachdem ein Nachtschichtarbeiter auf dem Industriegelände Schüsse aus dem Bereich gehört hatte, in dem Lloyds Leiche gefunden wurde. Die Patronenhülsen am Tatort stimmten mit denen überein, die in Hernandez' Fahrzeug gefunden wurden.

Hernandez zeigte keine Gefühlsregung, als er den Ausführungen der Staatsanwälte zu der Anklage gegen ihn lauschte. In drei Saisons hatte er mehr als zweitausend Yards und 18 Touchdowns erzielt. All das spielte jetzt keine Rolle mehr. Mit 23 war seine vielversprechende NFL-Karriere vorbei. Ihm drohte eine lebenslange Haftstrafe ohne Bewährung.

Am nächsten Tag lautete die Schlagzeile in der New York Times: „Ehemaliger Tight End der Patriots wird des Mordes angeklagt.“ Ähnliche Schlagzeilen erschienen überall im Land. Nachrichtensprecher, Kabelsender und ESPN berichteten über die Geschichte.

Kraft war das alles sehr peinlich. Im Laufe seiner langen Geschäftskarriere war er schon oft belogen worden. Aber er hatte schon immer einen guten Riecher für Unehrlichkeit, wenn er ihr begegnete. Hernandez war die erste Person, die ihn getäuscht hatte. Es war peinlich für Kraft, dass er Hernandez bis zum Schluss geglaubt hatte. Und es war eine herbe Enttäuschung, dass Hernandez drei Jahre lang das Trikot der Patriots getragen hatte.

Auch Belichick war getroffen. Er hatte Hernandez gedraftet, ihn in die Gruppe geholt und ihm eine Rekordvertragsverlängerung angeboten. Rückblickend sahen diese Entscheidungen mit jedem Tag schlechter aus. Nur eine Woche nach Hernandez' Verhaftung wegen des Mordes an Odin Lloyd brachten die Bostoner Behörden Hernandez mit dem ungelösten Doppelmord in Verbindung, der sich ein Jahr zuvor vor dem Nachtclub ereignet hatte. Die Verbindung von Hernandez zu drei Morden hatte die gesamte Organisation in Verruf gebracht.

Die Situation lastete immer noch schwer auf Belichick, als das Team zum Beginn des Trainingslagers 2013 nach Foxborough zurückkehrte. Am ersten Tag des Trainingslagers, am 24. Juli, hatte Belichick einen gequälten Gesichtsausdruck und raufte sich die Haare, als er in den Presseraum ging, um sich den Medien zu stellen.

„Ich werde heute auf die Situation von Aaron Hernandez eingehen", begann er. „Ich hatte das Gefühl, dass es wichtig genug sei, dies vor dem Beginn des Camps zu tun. Es ist ein trauriger Tag. Es ist wirklich ein trauriger Tag in vielerlei Hinsicht. Unsere Gedanken und Gebete sind bei der Familie des Opfers … Es ist schrecklich, wenn jemand aus der eigenen Organisation in eine Mordermittlung verwickelt ist."

Belichick sprach sieben Minuten lang über Hernandez. Normalerweise verbrachte er keine sieben Sekunden damit, über Angelegenheiten der Spieler außerhalb des Spielfeldes zu sprechen. Doch die Sache mit Hernandez war beispiellos. Das war die Art von Dingen, die die Moral einer Organisation zerstören und das Team ins Trudeln bringen konnten. Er versuchte, das zu vermeiden.

„Es ist Zeit für die New England Patriots, nach vorne zu schauen", sagte Belichick. „Dabei geht es um das, um was es uns immer ging. Eine erfolgreiche Football-Mannschaft aufzubauen. Ein starker Pfeiler in der Gemeinschaft zu sein. Wir wollen ein Team sein, auf das unsere Fans stolz sein können. Dafür sind wir hier."

Kurze Zeit später versammelte er seine Spieler und übermittelte ihnen die gleiche Botschaft.

„Es ist Zeit für die New England Patriots, weiterzumachen", sagte Belichick.

Vier Jahre lang hatte sich Julian Edelman als der ultimative Allzweckspieler der Patriots geplagt. Er spielte als Verteidiger. Er spielte

Receiver. Er gab Schüsse zurück. Und er brachte mehr als siebzig Punts für fast tausend Yards zurück und stellte einen neuen NFL-Rekord für die durchschnittlichen Yards pro Return auf. Außerdem riss er sich in einem Jahr das mittlere und das vordere Kreuzband und brach sich in einem anderen Jahr den Fuß. Edelmans Engagement und Intensität ließen dabei nie nach.

Nach dem Weggang von Welker, den Verletzungen von Gronkowski und der Verhaftung und Entlassung von Hernandez übernahm Edelman 2013 an der Seite von Neuzugang Danny Amendola die Rolle des Stammspielers. Beim Saisonauftakt, als Amendola mit einer Leistenverletzung ausfiel, fing Edelman beide Touchdown-Pässe von Brady. Eine Woche später fing er 13 von 19 Abschlüssen von Brady gegen die Jets. In Woche drei führte Edelman das Team erneut bei den Receptions an. Und im vierten Saisonspiel der Patriots kam er auf 118 Receiving-Yards. Als Rob Gronkowski Ende Oktober in die Mannschaft zurückkehrte, stand es 5 : 1 für die Patriots, und Edelman hatte sich zu Bradys Lieblingsziel entwickelt.

Gronkowskis Anwesenheit war ein sofortiger Auftrieb. Mit dem von Woche zu Woche stärker werdenden Gronkowski begann die Offensive endlich zu funktionieren, als die 7-3 Patriots am 24. November in einem Sonntagabendspiel im Gillette Stadium die 9-1 Broncos empfingen. Das Duell der beiden Spitzenteams der AFC gegen Ende der Saison hatte den Charakter eines Play-off-Spieles. Vor dem Spiel wurde Broncos-Receiver Wes Welker auf seine umstrittene Beziehung zu Belichick angesprochen. Welker wollte nicht zu viel sagen, machte aber deutlich, dass er froh war, weiterzukommen. Seine Zurückhaltung, mehr zu diesem Thema zu sagen, führte er auf den anhaltenden Einfluss Belichicks zurück.

„Wenn ich den Medien in Denver Rede und Antwort stehe", sagte Welker, „mache ich mir keine Gedanken darüber, was die Leute von den Broncos denken werden. Ich mache mir Sorgen, was Belichick denken wird. Ist das nicht verrückt?"

In einem der kältesten Spiele, die jemals im Gillette Stadium stattfanden, brachte Peyton Manning die Broncos zu einer 24 : 0-Halbzeitführung. In den letzten fünfzig Jahren gewannen nur sechs NFL-Teams nach einem so großen Rückstand.

Doch die Patriots erzielten in der zweiten Halbzeit 31 Punkte in Folge und übernahmen die Führung. Zwei Spielzüge standen exemplarisch für das Comeback der Patriots. Einer davon war ein kurzer Pass auf Edelman, bei dem er im Zickzack um zwei Verteidiger herumlief, bevor er auf die Torlinie zustürmte und wie Superman in die Endzone sprang. Der andere war ein Fang in Bewegung durch Gronkowski, der zwei große Treffer einstecken musste und vier Verteidiger umkurvte, bevor er sich auf die Torlinie stürzte.

Die Patriots gewannen in der Verlängerung mit 34:31. Es war das größte Comeback in Bradys Karriere.

Da Gronkowski wieder voll einsatzfähig war, festigte der dramatische Sieg der Patriots gegen die Broncos die Position der beiden Teams als Spitzenreiter der AFC. Doch eine Woche später rannte ein Abwehrspieler der Cleveland Browns mit vollem Tempo in Gronkowskis Knie, als dieser gerade sein Bein absetzte. Die Wucht des Schlages riss Gronkowski um, sodass er mit seinem gesamten Gewicht auf dem Kopf landete. Er erlitt eine Gehirnerschütterung und verletzte sich das Knie, beides im selben Spiel. Nachdem er vom Spielfeld getragen worden war, landete Gronkowski auf dem Rücksitz einer Ambulanz und wurde ins Krankenhaus gebracht. Er fühlte sich benommen. Punkte tanzten vor seinen Augen. Ihm war übel. Und sein Knie schwoll an wie ein Softball. Sein Vater saß mit besorgter Miene neben ihm. Unterwegs zu seiner sechsten Operation in zwei Jahren befürchtete Gronkowski, dass seine Karriere vorbei sei.

Die Patriots beendeten die Saison mit 12:4, und Julian Edelman wurde erst der dritte Spieler in der Teamgeschichte, der 100 Pässe für 1.000 Yards fing. Doch Gronkowskis Abwesenheit und der Verlust anderer Schlüsselspieler machte sich in den Play-offs bemerkbar. Nachdem sie die Colts in der Divisionsrunde mit 43:22 besiegt hatten, reisten die Patriots nach Denver, um im AFC-Meisterschaftsspiel ein Rückspiel gegen die Broncos zu bestreiten. Die Broncos führten von Anfang an und bauten bis zum Beginn des vierten Viertels eine 23:3-Führung auf. Die Patriots waren nicht in der Lage, sich zu erholen, und verloren schließlich mit 26:16.

Zum zweiten Mal in Folge zogen die Patriots im AFC Championship Game den Kürzeren.

Mit dem Sieg über die Patriots wurde Peyton Manning der erste Quarterback, der zwei verschiedene Teams in den Superbowl führte. Sein Versuch, seine zweite Lombardi-Trophäe zu gewinnen, wurde jedoch vereitelt, als die Denver Broncos in der Superbowl XLVIII von den aufstrebenden Seattle Seahawks vernichtet wurden. In der Zwischenzeit war es neun Jahre her, dass die Patriots einen Superbowl gewonnen hatten. In der Zwischenzeit hatte das Team jedes Jahr die Play-offs erreicht, mit Ausnahme des Jahres, in dem Brady wegen einer Verletzung fehlte. Mit Brady als Quarterback hatte das Team in acht Jahren fünf AFC-Meisterschaften gewonnen und war in zwei Superbowls vertreten. Kein anderes Team war auch nur annähernd so beständig erfolgreich. Doch unterm Strich blieb es dabei, dass Belichick und Brady die Lombardi Trophy seit der Saison 2004 nicht mehr gewonnen hatten.

Am Tag nach der Niederlage in Denver schrieb Dan Shaughnessy vom Boston Globe in einer Kolumne mit dem Titel „Die Tage der Meisterschaft sind für die Patriots vorbei“: „Die Vernichtung am Sonntag in Mile High war nur der jüngste Beweis dafür, dass die Tage der Superbowl-Meisterschaft in Foxborough schon lange vorbei sind und sich das sprichwörtliche Fenster für Brady schließt. Am Ende der nächsten Saison werden sie seit zehn Jahren keinen Superbowl mehr gewonnen haben.“

Es war nicht das erste Mal, dass Shaughnessy das Ende der Patriots-Dynastie ankündigte. Doch dieses Mal stimmten ihm viele andere Medienvertreter zu.

Öffentlich lehnte es Belichick ab, über die Zukunft zu spekulieren. Aber er war schon lange der Meinung, dass Veteranen im Rahmen der Gehaltsobergrenze zu viel bezahlt wurde. Und bei der Entscheidung, wann man sich von einem langjährigen Spieler trennen sollte, war er der Meinung, besser ein Jahr zu früh als zu spät. Bei der Festlegung dieses Zeitplans berücksichtigte er viele Faktoren, darunter die Verletzungshistorie eines Spielers, sein Alter, seine Statistiken und sein Gehalt. Als er sich Brady ansah, deuteten die Zahlen auf einen Leistungsabfall hin. Seine Abschlussquote von 60,5 Prozent im Jahr 2013 war seine niedrigste seit 2003. Mit 25 Touchdown-Pässen erzielte er den niedrigsten Wert seit 2006. Und sein Gesamt-Quarterback-Rating – 87,3 – war so niedrig wie seit 2003 nicht mehr.

Was das Alter anging, so wäre Brady zu Beginn der Saison 2014 37 Jahre alt und würde in seine fünfzehnte Saison gehen. In der modernen Geschichte hatten nur vier Elite-Quarterbacks – Joe Montana, John Elway, Dan Marino und Steve Young – mehr als 15 Saisons gespielt. Alle vier waren in ihrer letzten Saison 38 Jahre alt.

Angesichts dieser Zahlen war es für Belichick an der Zeit, eine Nachfolgeregelung zu treffen.

Kraft hingegen legte nicht so viel Wert auf die Zahlen, wenn es um Brady ging. Aber er hatte nichts gegen Belichicks Entscheidung, Notfallpläne zu erstellen. Er war auch nicht dagegen, einen Quarterback zu verpflichten, zumal es ziemlich klar war, dass das Team Bradys Backup Ryan Mallett in der Offseason verkaufen würde. Also brauchte das Team einen anderen Quarterback.

Doch Kraft rechnete damit, dass Brady noch viele Jahre lang der Quarterback der Patriots sein würde. Vor diesem Hintergrund hatte er Brady kürzlich vorgeschlagen, ein Haus auf einem Grundstück zu bauen, das sich in seiner Nähe befand, in Chestnut Hill. Nachdem er und Bündchen zwei Kinder bekommen hatten, war Brady bereit, von Boston in die Vorstadt zu ziehen. Sie kauften das Grundstück, das Kraft vorgeschlagen hatte. Kraft wollte einfach nichts tun, was den Eindruck erwecken könnte, dass man sich von Brady trennen wollte.

Am Draft-Tag saß Kraft zwischen Belichick und Jonathan im War Room der Patriots, als sich das Team darauf vorbereitete, den Quarterback Jimmy Garoppolo aus Eastern Illinois mit der 72. Wahl in der zweiten Runde auszuwählen.

Belichicks Assistent tippte Garoppolos Nummer ein und reichte Belichick das Telefon.

„Hey, Jimmy, hier ist Coach Belichick", sagte er. „Wie geht es dir?"

Mit ernster Miene starrte Kraft Belichick an.

„Herzlichen Glückwunsch", sagte Belichick zu Garoppolo. „Wir haben dich gerade zum Patriot gemacht."

Belichick reichte Kraft das Telefon.

„Jimmy, herzlichen Glückwunsch", sagte Kraft zu ihm. „Schön, dass du zu unserer Mannschaft gehörst."

Die Auswahl erregte viel Aufmerksamkeit. Es war das erste Mal in seinen 14 Drafts als Patriots-Cheftrainer, dass Belichick einen Zweitrunden-Pick für einen Quarterback verwendete.

„Wir wissen, wie es um Toms Alter und Vertragssituation bestellt ist", sagte Belichick anschließend. „Ich glaube nicht, dass man nur einen Quarterback in seinem Team haben möchte. Ich denke, das ist verantwortungslos dem gesamten Team oder der Organisation gegenüber."

Brady hatte immer genau auf alles geachtet, was Belichick sagte. Er kannte auch Belichicks Erfolgsbilanz, wenn es darum ging, hochpreisige Veteranen loszuwerden, bevor sie einen Produktions- und Leistungsabfall zeigten. 14 Jahre lang hatte Brady in der ersten Reihe gesessen, als Belichick Bledsoe, Milloy, Law, Seymour, Welker und eine lange Liste anderer beliebter Spieler hinter sich ließ. Belichicks Philosophie, dass es besser ist, ein Jahr zu früh als ein Jahr zu spät zu sein, wenn man sich von Spielern trennt, hatte den Patriots gute Dienste geleistet.

Mit der Wahl von Jimmy Garoppolo war die Sache klar. Das gab Brady eine Menge Stoff zum Nachdenken für den Sommer 2014.

35

WEITER NACH CINCINNATI

In den frühen Morgenstunden des 15. Februar 2014 verhafteten die Behörden in Atlantic City den Star-Running Back der Baltimore Ravens, Ray Rice. Die Nachricht von der Verhaftung erschien erstmals am nächsten Tag in der Baltimore Sun. Die Sun berichtete auszugsweise:

Der Sicherheitsdienst rief Beamte gegen 2.50 Uhr am Samstag nach einem häuslichen Streit zwischen Rice und Janay Palmer, der von der Videoüberwachung aufgezeichnet wurde, laut einer Erklärung der Polizei zum Revel Casino. Das Filmmaterial schein zu zeigen, dass beide Parteien in eine körperliche Auseinandersetzung verwickelt sind.

Palmer war die Verlobte von Rice. Sie wurde ebenfalls verhaftet.

Der Anwalt von Rice beschrieb den Vorfall als „eine sehr kleine körperliche Auseinandersetzung".

Zu Beginn hätte niemand erwartet, dass sich ein vermeintlich unbedeutender Streit zwischen einem Spieler und seiner Verlobten in einem Casino zur größten Krise in der achtjährigen Amtszeit von Roger Goodell als NFL-Commissioner auswachsen würde.

Doch Tage nach der Verhaftung von Rice und Palmer veröffentlichte die Klatsch-Website TMZ ein Video, auf dem zu sehen ist, wie Rice eine bewusstlose Palmer aus einem Casino-Aufzug zerrt. Obwohl aus dem Video nicht hervorging, was sich in dem Aufzug abgespielt hatte, ließen die Behörden die Anklage gegen Palmer bald fallen und klagten Rice wegen schwerer Körperverletzung an. Als Ersttäter nahm Rice umgehend an einem Diversionsprogramm teil, das ihm eine

Gefängnisstrafe ersparen sollte, wenn er die Bewährungsauflagen erfüllte.

Nachdem die NFL die Angelegenheit untersucht hatte, traf sich Goodell im Sommer mit Rice und berief eine disziplinarische Anhörung ein. Als er Commissioner wurde, hatte Goodell den Ausdruck „Schutz des Schildes" geprägt, um sein Verhalten zu erklären, wenn er etwas Unpopuläres tun musste, zum Beispiel einen Spieler suspendieren, ein Team mit einer Geldstrafe belegen oder eine harte Haltung gegenüber der Spielergewerkschaft einnehmen. Das „Schild" war eine Anspielung auf das kultige NFL-Logo. Sein Treffen mit Rice überzeugte Goodell, dass der beste Weg zum Schutz des Schildes in diesem Fall darin bestand, ihn für zwei Spiele zu suspendieren.

Doch angesichts der Aufnahmen, die zeigten, wie eine bewusstlose Frau aus einem Aufzug gezerrt wurde, löste das milde Strafmaß sofortige Empörung aus. Die Washington Post beschuldigte Goodell, „einen Mangel an Sensibilität an den Tag zu legen, der seine anderen Verfehlungen in Sachen Disziplin, Urteilsvermögen und Mitgefühl in den Schatten stellt." Der Football-Berichterstatter der Sports Illustrated, Don Banks, bezeichnete die Zwei-Spiele-Sperre als „unangemessen" und sagte, sie entbehre „jeder Logik und Erklärung". Und NPR wies darauf hin, dass Spieler, die beim Kiffen erwischt wurden, von der NFL routinemäßig mit einer Sperre von vier Spielen belegt werden. Frauengruppen und Anwälte von Opfern häuslicher Gewalt protestierten, und die nationale Interessengruppe Credo sammelte mehr als 100.000 Unterschriften für eine Petition, in der die NFL aufgefordert wird, mehr gegen das Problem der häuslichen Gewalt zu unternehmen. „Dies ist kein Einzelfall", sagte Credos politische Direktor in einer Erklärung. „Die NFL hält eine Kultur aufrecht, die Gewalt gegen Frauen toleriert. Die Verantwortung für diese Kultur geht direkt an die Spitze – Commissioner Roger Goodell."

Nachdem die Liga unter Beschuss geraten war, entschuldigte sich Goodell bei den NFL-Besitzern für seine Entscheidung in der Rice-Sache mit den Worten: „Ich habe es nicht richtig gemacht." Obwohl Goodell die Strafe für Rice nicht erhöhte, nahm er bedeutende Änderungen an der Richtlinie für persönliches Verhalten der Liga vor und verhängte eine obligatorische Sperre von sechs Spielen für jeden Spieler, der sich einer Körperverletzung, eines tätlichen Angriffs, häuslicher Gewalt oder sexueller Übergriffe schuldig machte. Die neue Politik verbannte auch Wiederholungstäter für mindestens ein Jahr aus der Liga.

Unmittelbar nach Bekanntgabe der neuen Politik wurde der Defensive Lineman der San Francisco 49ers, Ray McDonald, verhaftet und wegen tätlichen Angriffs auf seine schwangere Verlobte angeklagt. Da McDonald eine Anklage drohte, wurde er weder von den 49ers noch von der NFL suspendiert. Goodell sagte, er könne keine Strafe verhängen, bevor eine vollständige Untersuchung abgeschlossen sei. Erneut sah sich die Liga mit einer Gegenreaktion konfrontiert. Die Vorsitzende der Minderheit im U. S. Repräsentantenhaus, Nancy Pelosi, die seit langem Fan der 49ers war, rügte das Team ihrer Heimatstadt dafür, dass McDonald trotz der schweren Anschuldigungen spielen durfte.

Als die Patriots am 7. September die Saison 2014 in Miami eröffneten, konnte Robert Kraft nicht umhin, sich mit dem Problem der Öffentlichkeitsarbeit zu beschäftigen, mit dem Goodell und die Liga konfrontiert waren. Nachdem sein Team gegen die Dolphins verloren hatte, flog Kraft nach New York, um sich mit Goodell zu treffen. Am nächsten Morgen veröffentlichte TMZ ein Video aus dem Aufzug, das den Vorfall mit Ray Rice zeigte. Zum ersten Mal sah die Öffentlichkeit, wie Rice seine Verlobte mit einem Treffer ins Gesicht bewusstlos schlug, sodass sie zu Boden sank.

Kraft war entsetzt, rief sofort Goodell an und fragte ihn, ob er von dem Video im Aufzug gewusst habe. Goodell versicherte ihm, dass dies nicht der Fall sei. Die Liga würde einen Aufruhr erleben.

Die Ravens lösten daraufhin den Vertrag mit Rice auf, und Goodell suspendierte ihn auf unbestimmte Zeit. Doch die Forderungen nach einem Rücktritt des Commissioners wurden lauter.

„Die NFL ist vom Weg abgekommen“, sagte die Präsidentin der National Organization for Women, Terry O'Neill, gegenüber ESPN. „Die einzige praktikable Lösung ist, dass Roger Goodell zurücktritt.“

Da die NFL-Besitzer unter Druck standen, Goodell abzusetzen, setzte sich Kraft bei seinen Kollegen dafür ein, ihm beizustehen. Kraft ging auch zu CBS This Morning und verteidigte Goodells Charakter. Charlie

Rose fragte Kraft, ob der Commissioner von dem Aufzugsvideo gewusst habe. „Er wusste nichts von dem Video“, sagte Kraft. „Wer das bezweifelt, kennt ihn nicht.“

Nach seinem Interview rief Kraft den CBS-Präsidenten Les Moonves an und drängte ihn, für Goodell ein Interview mit jemandem von CBS News zu arrangieren, damit der Commissioner zur Öffentlichkeit sprechen und sein Vorgehen erklären könne.

„Wir müssen Roger auf Sendung bringen“, sagte Kraft. „Sofort.“

Moonves stimmte zu. Der Sender hatte in diesem Jahr gerade 250 Millionen Dollar für das Recht zur Übertragung von acht Donnerstagabendspielen bezahlt. Die erste Sendung sollte in nur 48 Stunden ausgestrahlt werden. Und wie es das Schicksal so wollte, standen die Ravens im Mittelpunkt des Spiels. Moonves sagte, er werde die Nachrichtenabteilung anrufen.

Kraft legte auf und informierte Goodell über sein Gespräch mit Moonves.

Ein paar Stunden später traf Norah O'Donnell von CBS im NFL-Hauptquartier ein und setzte sich mit Goodell zusammen.

„Wünschst du dir, du hättest dieses Video gesehen, bevor es von TMZ veröffentlicht wurde?“, fragte O'Donnell.

„Auf jeden Fall“, sagte Goodell.

„Warum?“

„Als wir uns mit Ray Rice und seinen Vertretern trafen, war unklar, was tatsächlich passiert ist.“

„Was war daran unklar, dass sie bewusstlos auf dem Boden lag und an den Füßen herausgezogen wurde?“, fragte O'Donnell.

„Daran war nichts unklar“, sagte Goodell. „Das war das Ergebnis, das wir gesehen haben. Wir wussten nicht, wie es dazu kommen konnte.“

Goodell übernahm die Verantwortung für seine Fehler. Doch gleich nach der Ausstrahlung des Interviews berichtete die Associated Press, dass eine Kopie des Aufzugsvideos bereits Monate zuvor an die Liga geschickt worden war.

Da die Integrität der Liga ernsthaft angezweifelt wurde, bemühte sich Goodell, das Vertrauen der Öffentlichkeit wiederherzustellen. Am nächsten Tag beauftragte die NFL den ehemaligen FBI-Direktor

Robert Mueller mit einer unabhängigen Untersuchung, um festzustellen, ob irgendjemand in der Liga das Video im Aufzug vor seiner Veröffentlichung gesehen hatte, und um die Ermittlungen der Liga zu überprüfen.

Einen Tag, nachdem Mueller seine Ermittlungen aufgenommen hatte, war in der New York Times folgende Schlagzeile zu lesen: „NFL wieder erschüttert, als Adrian Peterson Kindesmisshandlung vorgeworfen wird." Peterson, Running Back bei den Minnesota Vikings, war einer der größten Stars der Liga. Die Behörden beschuldigten ihn, seinen vierjährigen Sohn mit einem Ast geschlagen zu haben.

Gleichzeitig erklärte eine parteiübergreifende Gruppe von 16 US-Senatorinnen, sie seien „schockiert und angewidert" von dem Fahrstuhlvideo und forderten Goodell und die NFL auf, eine Null-Toleranz-Politik einzuführen, die ein deutlicheres Zeichen der Intoleranz gegenüber Gewalt gegen Frauen setzt. In einem Brief an Goodell schrieben sie: „Wir sind zutiefst besorgt, dass die im letzten Monat angekündigte neue Politik der NFL es einem Spieler erlauben würde, eine Gewalttat gegen eine Frau zu begehen und nach einer kurzen Suspendierung zurückzukehren."

Mitte September gab Goodell eine Pressekonferenz, in der er einräumte, dass die ganze Situation verpfuscht worden war.

„Ich habe mich in vielerlei Hinsicht geirrt, angefangen bei dem Prozess, den ich geleitet habe, bis hin zu der Entscheidung, die ich getroffen habe", sagte Goodell. „Aber jetzt werde ich es richtig machen und alles tun, was dafür notwendig ist."

Er begann damit, dass er Adrian Peterson für die gesamte Saison ohne Bezahlung suspendierte.

Kraft hatte Goodell während des ganzen Tumults zur Seite gestanden. Aber auch in Foxborough gab es Ärger. Die Patriots starteten zwar mit 2:1 in die Saison, spielten aber nicht gut. Vor allem die Offensive hatte zu kämpfen. Es wurde spekuliert, dass die Ära Belichick-Brady endgültig am Ende sei.

Am 29. September 2014 flog Kraft nach Kansas City, wo die Patriots beim Monday Night Football gegen die Chiefs (1:2) antraten. Er und Jonathan sahen zu, wie die Offensive der Patriots ins Stocken geriet und die Chiefs in der ersten Halbzeit eine 17:0-Führung herausspielten. Es war acht Jahre her, seit die Patriots in der ersten Hälfte eines Spiels ausgeschaltet worden waren. Und die 303 Yards der Chiefs in der ersten Halbzeit waren die meisten, die die Patriots in einer ersten Halbzeit zuließen, seit Belichick das Team im Jahr 2000 übernommen hatte.

In der Halbzeitpause sagte Belichick zu seiner Mannschaft: „Diese zweite Halbzeit wird unsere Saison bestimmen. Ich will sehen, was für eine Football-Mannschaft wir haben."

Im dritten Viertel legten die Chiefs noch einen drauf und gingen mit 27 : 0 in Führung. Dann, im vierten Viertel, als sein Team mit 34 : 7 zurücklag, warf Brady eine Interception, die für einen Touchdown zurückgegeben wurde. Zehn Minuten vor Schluss, als die Chiefs mit 41 : 7 führten, nahm Belichick Brady aus dem Spiel.

Mit finsterer Miene saß Brady allein auf der Bank und schüttelte den Kopf, während eine ESPN-Kamera auf ihn gerichtet war.

„So frustriert habe ich Tom Brady seit dem Jahr 2000 noch nie erlebt", sagte ESPN-Moderator Mike Tirico.

„Sie haben eindeutig als Football-Team zu kämpfen", sagte Co-Kommentator Jon Gruden. „Und er kämpft mit sich selbst. Und sie haben noch einen langen Weg vor sich, um ihre Probleme in der Offensive zu lösen."

Wenige Augenblicke später betrat Rookie-Quarterback Jimmy Garoppolo das Spielfeld und gab sein Debüt für die Patriots. Er führte das Team in drei Minuten achtzig Yards weit. Im letzten Spielzug des Drives schloss Garoppolo einen scharf geworfenen Pass auf Gronkowski ab, der sich durch vier Tackler kämpfte und mit Volldampf in die Endzone lief. Es schien ein bedeutungsloser Touchdown zu sein. Aber für Gronkowski war es etwas Persönliches. Nach zwei Jahren mit schweren Verletzungen kämpfte er sich nach einer rekonstruktiven Knieoperation zurück und versuchte, sich wieder als Gronk zu etablieren, der Tight End, der Tackles brach, Verteidiger mitriss und Touchdowns erzielte. Sein Vater saß auf der Tribüne im Arrowhead Stadium und musste sich eine Träne wegwischen, als Rob ein Tor erzielte.

Als die Zeit ablief, bekamen die Patriots noch einmal den Ball. Obwohl das Spiel eigentlich schon gelaufen war, beschloss Receiver Danny Amendola, einen Verteidiger zu blocken, der sich daran störte. Es kam zu einem Kampf. Amendola war sauer und riss dem Verteidiger den Helm vom Kopf, woraufhin er eine Verwarnung erhielt.

Der Endstand lautete 41 : 14. Es war die schlimmste Niederlage der Patriots seit elf Jahren.

Doch als Belichick das Spielfeld verließ, fühlte er sich ermutigt. Seine Mannschaft hätte in der zweiten Halbzeit den Sieg einfahren können. Sie lagen weit zurück und wussten, dass sie den Rückstand nicht mehr aufholen würden. Sie waren auf dem absteigenden Ast. Die Menschenmenge war in heller Aufregung. Doch Amendola geriet in eine Schlägerei und riss einem Mann den Helm ab. Gronkowski setzte sich gegen vier Tackler durch und erlief am Ende des Spiels einen Touchdown. Obwohl die Patriots vernichtend geschlagen wurden, gaben sie nie auf.

Aus Belichicks Sicht hatte die Mannschaft auf seine Halbzeitansprache reagiert. Selbst in der Niederlage hatten sie ihm gezeigt, was für eine Mannschaft sie waren – eine, die nicht aufgab. Das war die Art von Denkweise, die den Rest der Saison bestimmen könnte.

Doch Belichick deutete nichts von alledem an, als er in seiner Pressekonferenz nach dem Spiel ans Rednerpult trat. Streng und düster erklärte er das Offensichtliche – die Mannschaft musste sich in jeder Phase des Spiels verbessern.

Ein Reporter wies darauf hin, dass das Team, sobald Garoppolo ins Spiel kam, das Feld entlanglief und einen Touchdown erzielte. „Wird die Quarterback-Situation diese Woche bewertet?“, fragte der Reporter.

Ungläubig verdrehte Belichick die Augen und schüttelte den Kopf, als wolle er sagen: Jetzt mach mal halblang. Er machte sich nicht die Mühe, die Frage zu beantworten.

Es war gegen Mitternacht, als Brady aus dem Arrowhead Stadium stapfte und den Mannschaftsbus bestieg. Wenn er eines nie wollte, dann, dass jemand auf die Idee käme, es könnte jemanden geben, der seine Arbeit besser machte als er. Nach dem Spiel gegen die Chiefs befürchtete er, dass die Leute genau das denken würden. Er setzte sich allein auf einen Stuhl, holte sein iPad heraus und begann, sich den Film über den nächsten Gegner der Patriots, die Cincinnati Bengals, anzusehen. Er studierte sie auf dem Weg zum Flughafen. Auf dem

Rückflug nach New England und auf der Busfahrt vom Flughafen zum Gillette Stadium studierte er sie weiter.

Als der Rest des Teams die Shuttle-Busse verließ, in seine Autos stieg und nach Hause fuhr, um etwas zu schlafen, betrat Brady das Stadion ein paar Stunden vor Sonnenaufgang und verbrachte den Rest der Nacht in einem Filmraum. Allein bereitete er sich weiter auf die Bengals vor. Er ging nicht nach Hause. Er schlief nicht.

Später am Dienstagmorgen traf Brady auf den Quarterback-Trainer. „Wir werden diese Woche gut spielen", sagte Brady zu ihm, „und ich werde alles tun, was ich kann, damit wir dieses Spiel gewinnen."

Bradys wichtigste Eigenschaften als Quarterback waren nie seine körperlichen Attribute. Sein scharfer Verstand, sein Durchsetzungsvermögen, sein unerbittlicher Kampfgeist und sein unablässiges Streben nach Selbstoptimierung unterschieden ihn von allen anderen Spielern. Was Brady nach der Niederlage in Kansas City tat, war dasselbe, was er 2004 nach einer peinlichen Niederlage beim Monday Night Football in Miami getan hatte: Er blieb im Stadion und lernte, während alle anderen nach Hause gingen und schliefen. Der große Unterschied war, dass Brady dieses Mal zehn Jahre mehr Erfahrung und einen jungen Quarterback auf den Fersen hatte.

Die Schlagzeilen vom Dienstag waren nicht freundlich. Auf der Rückseite des Boston Herald war zu lesen: „VON SCHLECHT ZU SCHLECHTER." Auf der Titelseite des Sportteils des Boston Globe stand: „RESTLOS FERTIG". Der Globe bezeichnete die Niederlage gegen die Chiefs als eine der „schlechtesten Leistungen der Ära Belichick/Brady". Die nationalen Medien stimmten dem zu.

Als das Team am Dienstagnachmittag zu Besprechungen ins Stadion zurückkehrte, vermied es Belichick absichtlich, über das Spiel der Chiefs zu sprechen. Ob Sieg oder Niederlage, ob mit großem oder kleinem Vorsprung, Belichicks Herangehensweise war konsequent: Sobald ein Spiel zu Ende ist, richtet sich die ganze Aufmerksamkeit auf das nächste. Genauso wenig, wie es von Vorteil war, sich nach einem großen Sieg auf seinen Lorbeeren auszuruhen, war es von Vorteil, sich mit einer großen Niederlage zu lange zu beschäftigen.

Am nächsten Tag hielt Belichick seine wöchentliche Pressekonferenz ab, um über das bevorstehende Spiel gegen die Bengals zu sprechen.

Stattdessen wurde er mit Fragen über Brady bombardiert. Eine nach der anderen schnitt er sie ab.

„Bill, Sie haben Toms Alter beim Draft erwähnt …"

„Wir sind auf dem Weg nach Cincinnati", sagte Belichick.

„Bill, glauben Sie, dass ein 37-jähriger …"

„Wir sind auf dem Weg nach Cincinnati. Hier geht es nicht um die Vergangenheit. Es geht nicht um die Zukunft. Im Moment bereiten wir uns auf Cincinnati vor."

„Haben Sie das Gefühl, dass das Talent, das Sie hier haben, gut ist?", fragte ein Reporter.

„Wir machen uns bereit für Cincinnati", sagte Belichick.

„Ich frage ja nur: Glauben Sie, dass Sie genug getan haben, um Tom Brady zu helfen?"

„Wir bereiten uns auf Cincinnati vor."

Belichick war nicht daran interessiert, was die Presse interessierte. Das einzige Publikum, das ihn interessierte, waren seine Spieler. Und indem er die Medien abwürgte, hatte Belichick sein Kernpublikum erreicht.

„In der Sekunde, in der Bill sagte: ‚Wir machen uns bereit für Cincinnati', sagte jeder Spieler: ‚Puh!'", sagte Rob Gronkowski. „Als Spieler wollte ich nicht über das Spiel der Chiefs sprechen. Keiner von uns wollte das. Indem Bill das tat, was er in dieser Pressekonferenz tat, konnten wir alle seinem Beispiel folgen und jedem sagen: ‚Wir sind auf dem Weg nach Cincinnati'. Es war ein großartiges Modell nach einem großen Verlust. Diese wenigen Worte waren die ganze Woche über leicht zu verwenden. Denn man muss sofort weitermachen, und ‚Wir machen uns bereit für Cincinnati' gab uns eine Möglichkeit, das zu tun."

Seit dem Beginn der Ära Belichick-Brady war die Stimmung in New England noch nie so schlecht gewesen. In einer Woche, in der der erste Ebola-Fall in den USA bestätigt wurde, beherrschten die Notlage eines 2:2-Teams und die Zukunft seines Quarterbacks die Nachrichten. „JETZT ODER NIE: Der Weg, Zweifler zum Schweigen zu bringen: GEWINNEN!", lautete die Schlagzeile im Boston Herald am Sonntag, den 5. Oktober 2014. Dazu gab es ein Foto von Brady mit den Händen in den Hüften. An diesem Abend, als das Spiel landesweit im

Fernsehen auf NBC übertragen wurde, hielten die begeisterten Zuschauer in Foxborough große rot-weiß-blaue Banner mit der Aufschrift:

WIR GLAUBEN … VERTRAUEN BILL & TOM

WIR GLAUBEN IMMER NOCH AN BRADY.

Mit Wut in den Augen ging Brady kurz vor dem Anpfiff an der Seitenlinie der Patriots auf Kraft zu und sagte: „Wir werden ihnen in den Arsch treten."

Kraft war nicht beunruhigt. Er hatte alle Presseberichte darüber gelesen, dass Brady am Ende sei. Kraft war der Meinung, dass es keinen besseren Weg gab, Tommys Kampfgeist zu stimulieren, als ihn abzuschreiben.

Kraft wandte sich an Jonathan und sagte: „Tommy wird heute Abend einen großen Auftritt haben."

Gleich im ersten Spielzug gelang Brady ein Zwanzig-Yard-Abschluss. Dann warf er einen dreißig Yards langen Abschluss. Bei einem Fourth-and-One-Spiel erlief er ein First Down und schimpfte mit dem Linebacker, der ihn angegriffen hatte. Die Patriots spielten wütend und beendeten den Drive über achtzig Yards und zehn Spielzüge mit einem beeindruckenden Lauf für einen Touchdown. Als Brady zur Seitenlinie joggte, begrüßte ihn Belichick mit einem Faustschlag und einem Klaps auf den Hintern.

Beim nächsten Ballbesitz der Patriots bediente Brady Gronkowski mit einem 27 Yards langen Passspiel. Der Abschluss markierte einen wichtigen persönlichen Meilenstein für Brady, der damit erst der sechste Spieler in der Geschichte der NFL war, der für mehr als fünfzigtausend Yards warf. Als der Stadionsprecher auf die Leistung hinwies und Bradys Bild auf der Jumbo-Leinwand des Stadions erschien, begannen die Fans „BRAY-DEE, BRAY-DEE, BRAY-DEE" zu skandieren.

Die Menge jubelte immer noch, als Brady an die Line of Scrimmage eilte, den nächsten Snap nahm und einen Touchdown-Pass abwarf, der New England mit 14:0 in Führung brachte.

Das Gillette Stadium explodierte.

Brady feierte in der Endzone mit seinen Mannschaftskameraden. Sie gaben ihm den Ball zum Spiken. Brady gab ihn dann an Edelman weiter, der ihn zu Brady zurückwarf, der ihn zu Edelman zurückwarf, der ihn zu Brady zurückwarf, der ihn spikte. „BRAY-DEE, BRAY-DEE, BRAY-DEE"-Sprechchöre schallten durch das Stadion, während Aloe Blacc über die Lautsprecheranlage spielte: „Go ahead and tell everybody, I'm the man, I'm the man, I'm the man."

„Tom Brady, zumindest im ersten Viertel, spielt die Rolle von Mark Twain", witzelte NBC-Moderator Al Michaels. „‚Berichte über meinen Tod sind stark übertrieben.'"

Brady ließ nicht locker und brachte 23 von 35 Pässen für 292 Yards und zwei Touchdowns an. Die Patriots schlugen die Bengals mit 43 : 17 und fügten ihnen damit die erste Saisonniederlage zu. Als die letzten Sekunden auf der Spieluhr abliefen, standen Brady und Belichick nebeneinander an der Seitenlinie. Brady lächelte. Belichick streckte seine Hand aus. Und Brady schüttelte sie. Seit 2001, als Brady die Position des Quarterbacks übernommen hatte, hatten die Patriots 161 Spiele gewonnen. Für Belichick und Brady waren nur wenige Spiele so befriedigend wie dieses.

Brady, dem das Schwarz der Augen über die Wangen lief, lächelte, als er nach dem Spiel die Umkleidekabine betrat. Kraft begrüßte ihn mit einer Umarmung.

„Das haben wir gebraucht", sagte Brady.

„Als du sagtest: ‚Wir werden ihnen in den Arsch treten', wusste ich es", sagte Kraft.

„Das war großartig", sagte Brady.

Sobald alle Spieler in der Umkleidekabine waren, rief Belichick sie zusammen.

„Wir legen hier keinen Wert auf individuelle Statistiken", begann Belichick. „Aber fünfzigtausend Yards, Tom."

Die Spieler jubelten und klatschten, als Brady nach vorne trat und Belichick ihm den Spielball überreichte.

Brady umarmte Belichick und klopfte ihm wiederholt auf den Rücken.

„BRAY-DEE! BRAY-DEE! BRAY-DEE!", skandierten die Spieler.

Brady hielt den Ball über seinen Kopf, als wollte er ihn sich aufsetzen.

„Ziemlich gut“, sagte Belichick. Dann hielt er inne, übertönt vom Lärm. „Ziemlich gut für einen Draft der sechsten Runde“, brüllte er schließlich.

„Nicht schlecht“, sagte Brady.

Belichick streckte seine Hand aus und Tom schüttelte sie, während die Sprechchöre weitergingen.

„Das ist alles nur euretwegen“, sagte Brady. „Verdammt, ich liebe euch. Ihr wisst das. Ich liebe euch alle.“

Er spikte den Ball, und der Jubel erreichte seinen Höhepunkt.

Obwohl er der Anführer des Teams war, war Brady nicht derjenige, der das Team nach den Spielen in der Umkleidekabine analysierte. In seiner 14-jährigen Karriere war das nie sein Stil gewesen. Doch inmitten des Gefühlsausbruchs fühlte er sich inspiriert.

„Kommt schon“, sagte Brady und forderte sie auf, näher zu kommen. „Lasst uns das zusammenfassen.“

Die Spieler legen alle ihre Hände in die Mitte des Kreises. Als Belichick seine Hand berührte, schrie Brady auf: „TEAM auf drei. Eins. Zwei. Drei.“

„TEAM!“, riefen alle.

„Gute Arbeit, Mann“, sagte Belichick zu Brady. „Gute Arbeit.“

Nachdem alle Spieler Brady einzeln gratuliert hatten, kehrte er zu seinem Spind zurück, wo Kraft bereits wartete.

„Weißt du was?“, flüsterte Kraft ihm ins Ohr. „Du hast es verdient.“

„Wir alle haben das“, sagte Brady.

„Ja, wir alle“, sagte Kraft. „Aber was du für dieses Team getan hast …“

Die Niederlage gegen die Kansas City Chiefs erwies sich als eines der wichtigsten Spiele für die Patriots-Dynastie überhaupt. Sie beflügelte Brady und katapultierte den 37-jährigen Quarterback in neue Sphären, die niemand für möglich gehalten hätte. Dies bot Belichick die Gelegenheit, einige der klügsten Coaching-Maßnahmen seiner Karriere durchzuführen. Und es richtete ein Team neu aus, das seine Schlagkraft verloren hatte. Belichicks Mantra „Auf nach Cincinnati“ gab den Kurs vor. Aber Brady war derjenige, der für die Patriots am Steuer saß. Mehr als jeder andere gab er das Tempo vor und bestimmte das endgültige Ziel des Teams. Obwohl keiner seiner Mannschaftskameraden wusste, dass er nach der Niederlage gegen die Chiefs die Nacht im Stadion verbracht hatte, waren sie alle von seinem Elan angetan.

„Ich liebe Football", sagte Gronkowski. „Aber Tom liebt Football noch mehr. Das ist für uns alle inspirierend."

Nach dem Sieg gegen die Bengals hatten die Patriots einen Lauf, gewannen die nächsten drei Spiele und trafen auf die Denver Broncos, das Team mit der besten Bilanz in der Liga. Es war das sechzehnte Mal, dass Brady und Manning gegeneinander antraten. Im zweiten Viertel sorgte Brady mit einem Touchdown-Pass auf Edelman für eine 13:7-Führung der Patriots. Wenige Minuten später trug Edelman einen Punt über 84 Yards zum Touchdown zurück und schoss den Ball auf die Tribüne, was das Stadion in helle Aufregung versetzte.

Schreiend rannte Brady den ganzen Weg von der Bank zur gegenüberliegenden Ecke des Spielfelds, um Edelman in der Endzone einen Kopfstoß zu verpassen und zu gratulieren. Als Edelman auf die Bank zurückkehrte, war er sich nicht sicher, ob er sich etwas eingebildet hatte. Er wandte sich an Brady. „Warst du in der Endzone nach meinem Punt Return?", fragte Edelman.

Brady lächelte. „Du bist mein Mann. Das war ein unglaubliches Spiel."

Brady und die Patriots spielten mit viel mehr Emotionen als Manning und die Broncos, und der Spielstand war nie knapp. Als sein Team im vierten Viertel mit 37:21 führte, warf Brady einen Pass über die Mitte des Feldes, der sein Ziel verfehlte. Gronkowski sprang und fing den Ball mit einer Hand hinter dem Rücken aus der Luft, als zwei Verteidiger auf ihn zukamen. „Mann, das war unglaublich!", sagte Brady. „Wie zum Teufel hast du das gefangen?"

Gronkowski hatte es persönlich genommen, als Skeptiker zu Beginn der Saison auf Brady losgingen. Um Brady zu schützen, spielte er mit mehr Entschlossenheit als je zuvor. Auch Edelman würde alles für Brady tun. Mithilfe seiner beiden Lieblingstargets übertrumpfte Brady Manning zum elften Mal. Die Patriots schlugen das beste Team der Liga mit 43:21 und verbesserten sich auf 7:2.

In der Umkleidekabine wandte sich Belichick anschließend an sein Team. „Wir haben noch einen langen Weg vor uns", sagte er. „Ich sag's euch nur. Mit sieben Spielen ist in dieser Liga nichts zu gewinnen. Das ist einfach nicht genug! Das ist nicht annähernd genug!"

Eine Woche später reisten die Patriots nach Indianapolis, um in einem landesweit im Fernsehen übertragenen Sonntagabendspiel gegen die brandheißen Colts anzutreten. Und wieder entschieden die Patriots das Spiel für sich. Gegen Ende des vierten Viertels hatte Gronkowski genug vom Trash-Talking, das Colts Defensive Back Sergio Brown äußerte. Als Brady einen Laufspielzug an der Goalline der Colts ansetzte, machte Gronkowski den Weg für den Ballträger frei, indem er Brown blockte. Nachdem der Ballträger die Torlinie überquert hatte und der Schiedsrichter die Hände hob, um einen Touchdown zu signalisieren, blockte Gronkowski Brown weiter, trieb ihn zehn Yards weit ins Aus, stieß ihn gegen einen Fernsehkameramann und ließ ihn auf dem Kopf landen. Fahnen wurden geschwenkt und die Fans im Lucas Oil Stadium buhten ihn aus, als die Wiederholung auf dem Großbildschirm zeigte, wie Gronkowski Brown behandelte, als wäre er eine Stoffpuppe. Die NBC-Moderatoren Chris Collingsworth und Al Michaels konnten es nicht fassen. „Gronk da drüben mischt alles auf, als wäre es ein Nachtclub", sagte Collingsworth.

Zwei Minuten später fing Gronkowski einen Pass von Brady, durchbrach einen Tackle, überwältigte einen weiteren potenziellen Tackler, schlug einen dritten Tackler weg, ließ zwei Verteidiger hinter sich und sprang über zwei weitere Verteidiger, als er zum Touchdown in die Endzone stürmte.

„Gronkowski!", rief Al Michaels. „Wie ein führerloser Lastwagen."

„Oh, Mann!", sagte Collingsworth. „Wie geht man gegen diesen Kerl vor?"

Das Spiel verkörperte Gronkowskis Rückkehr und die Dominanz der Patriots. Nachdem sie die Colts mit 42:20 in Verlegenheit gebracht hatten, beendeten die Patriots die reguläre Saison mit einer Bilanz von 12:4 und sicherten sich damit den ersten Platz in den AFC-Play-offs. Seit der demütigenden Niederlage gegen die Chiefs in der vierten Woche hatten die Patriots 10:2 gewonnen und im Durchschnitt 32 Punkte pro Spiel erzielt. Und nach all den personellen Veränderungen bei den Spielern hatte sich um Brady ein neuer Kern von Stars gebildet. Edelman hatte 2013 und 2014 mit insgesamt 97 Receivern die drittmeisten in der

NFL, und Gronkowski wurde 2014 zum NFL-Comeback-Spieler des Jahres gewählt.

Die Patriots waren für einen weiteren Superbowl-Lauf gerüstet.

Robert Mueller übergab der National Football League am 8. Januar 2015 seinen Bericht über den Fall Ray Rice. Mueller hatte keine Beweise dafür gefunden, dass irgendjemand in der Liga das Video im Aufzug gesehen hatte, bevor es von TMZ veröffentlicht wurde. Dennoch kam Mueller zu dem Schluss, dass die Liga über eine Kopie der Strafanzeige verfügte, in der Rice beschuldigt wurde, „[Palmer] mit der Hand geschlagen zu haben, wodurch sie bewusstlos wurde". Der Liga lag auch eine Kopie der Anklageschrift der Grand Jury vor, in der ein Verhalten beschrieben wird, das „extreme Gleichgültigkeit gegenüber dem Wert des menschlichen Lebens" zeigt.

„Diese Informationen lieferten nicht die Details, die das Video im Aufzug zeigte", schrieb Mueller, „aber sie hätten die Liga darauf aufmerksam machen müssen, dass ein schwerer Übergriff stattgefunden hatte und dass sie eine gründlichere, unabhängige Untersuchung hätte durchführen müssen."

Den NFL-Besitzern war das peinlich.

„Diese Angelegenheit hat dem Ruf der NFL geschadet, weil wir es versäumt haben, angemessene Strafen zu verhängen", erklärten der Eigentümer der New York Giants, John Mara, und der Eigentümer der Pittsburgh Steelers, Art Rooney II, in einer gemeinsamen Erklärung.

Zwei Tage, nachdem Muellers Bericht veröffentlicht worden war, empfingen die Patriots die Baltimore Ravens in der Divisionsrunde der Play-offs. Unter Belichick hatten die Patriots in Play-off-Spielen zu Hause 12:3 gewonnen. Zwei dieser Niederlagen waren gegen die Ravens, das einzige Team, das sich nicht davon einschüchtern ließ, ins Gillette Stadium zu kommen.

Die Ravens gingen im ersten Viertel mit 14:0 in Führung und überraschten die Patriots. Nachdem Brady sein Team zum Ausgleich geführt hatte, erzielten die Ravens zwei weitere Touchdowns. Nach der Hälfte des dritten Viertels lagen die Patriots mit 28:14 zurück.

Als das Spiel zu entgleiten drohte und die Offense nicht mehr in der Lage war, den Ball zu bewegen, setzte Belichick eine Offensivformation ein, die noch keine Defense je in einem NFL-Spiel gesehen hatte. Die Patriots setzten normalerweise fünf Offensive Linemen ein – einen Center, zwei Guards und zwei Tackles, die alle Nummern zwischen 50 und 79 trugen. Spieler mit diesen Nummern dürfen in der Regel nicht als Passempfänger eingesetzt werden, außer in den seltenen Fällen, in denen sich der Spieler gegenüber dem Schiedsrichter als spielberechtigt erklärt, der seinerseits die Verteidigung benachrichtigt. Nachdem sich ein Lineman der Patriots verletzt hatte, ersetzte Belichick ihn durch Back-up-Tight End Michael Hoomanawanui, der die Nummer 47 trug. Belichick ließ ihn als linken Tackle aufstellen. Dann stellte Belichick alle anderen Receiver auf der rechten Seite der Line of Scrimmage auf. Da es links von Hoomanawanui keine Receiver gab, wurde er nach den Regeln zu einem Eligible Receiver. Und da er keine Nummer zwischen 50 und 79 trug, war er nicht verpflichtet, sich beim Schiedsrichter zu melden. Aber die Ravens bekamen nicht mit, was die Patriots vorhatten. Sie waren verwirrt.

Beim Abwurf rannte Hoomanawanui das Feld hinunter. Die Ravens dachten, er sei kein Eligible Receiver, und versäumten es, ihn zu decken. Brady warf ihm einen schnellen Strike zu, und Hoomanawanui stürmte das Feld für einen 16-Yard-Lauf.

Die Ravens waren von diesem Spielzug so verblüfft, dass Brady ihn noch einmal ausführte. Wieder war Hoomanawanui frei und legte weitere 14 Yards zurück.

Wütend stürmte Ravens-Coach John Harbaugh auf das Spielfeld, schrie die Offiziellen an und erhielt eine Strafe für unsportliches Verhalten. Die Ravens bestanden darauf, dass die Formation illegal war. Aber das war sie nicht.

Wenige Augenblicke später warf Brady einen Touchdown-Pass zu Gronkowski, der den Ball spikte, die Menge anheizte, das Momentum veränderte und den Rückstand auf einen Touchdown verkürzte.

Bei ihrem nächsten Ballbesitz riefen die Patriots einen weiteren Spielzug auf, den sie noch nie in einem Spiel verwendet hatten. Brady warf einen Rückwärtspass zu Julian Edelman, wodurch der Pass zu einem Seitwärtspass wurde, sodass Edelman den Ball nach dem Fangen werfen konnte. Er warf den Ball zu einem frei stehenden

Danny Amendola, der 51 Yards für einen Touchdown zurücklegte und das Spiel mit 28 Punkten beendete. Der Spielzug, der als „Doppelpass" bekannt ist, täuschte die Ravens. Edelman hatte in seiner gesamten Profikarriere noch nie einen Pass geworfen.

Die Ravens antworteten mit einem Drive, der in einem Field Goal zur 31:28-Führung endete.

Fünf Minuten vor Ende des vierten Viertels warf Brady einen 23-Yard-Pass, der Brandon LaFell beim Überqueren der Goalline perfekt in die Hände fiel und die Patriots mit 35:31 in Führung brachte. Es war Bradys 46. Touchdown-Pass in der Nachsaison, womit er den Rekord von Joe Montana brach und das Gillette Stadium in Aufruhr versetzte.

Wenige Augenblicke später fingen die Patriots Joe Flacco ab, den Quarterback der Ravens, und besiegelten damit den Sieg. Zum vierten Mal in Folge waren die Patriots auf dem Weg zum AFC Championship Game.

Das böse Blut zwischen den Ravens und den Patriots schwappte nach dem Spiel über.

Coach Harbaugh kritisierte die Spielzüge der Patriots mit den Worten: „Das war ganz klar Betrug." Er fügte hinzu: „So etwas hat noch nie jemand gemacht. Es handelt sich um illegale Tricks, und ich bin sicher, dass die Liga einige Anpassungen vornehmen wird."

„Halten Sie das für billig oder schmutzig?", fragte ein Reporter im Anschluss.

„Ich werde das nicht kommentieren", sagte Harbaugh und deutete damit an, dass das Spiel tatsächlich billig oder schmutzig war.

Als er von Harbaughs Bemerkung über den Betrug erfuhr, wollte Brady sich wehren. Stattdessen lächelte er. „Vielleicht müssen die Jungs das Regelbuch studieren und es herausfinden", sagte er. „Wir wussten offensichtlich, was wir taten. Ich weiß nicht, was daran betrügerisch sein soll."

Die Ravens waren wütend.

Am 18. Januar 2015 empfingen die Patriots die Colts im AFC Championship Game. Einen Tag zuvor hatte der Ausrüstungsmanager der Colts dem Generalmanager, Ryan Grigson, eine E-Mail geschickt und ihm mitgeteilt, dass ein Assistenztrainer der Baltimore Ravens angerufen und sich über die Patriots beschwert habe. In der E-Mail hieß es unter anderem:

Was die Spielbälle betrifft, so ist es in der Liga bekannt, dass die Balljungen der Patriots, nachdem die Spielbälle von den Offiziellen überprüft und für den Spielgebrauch herausgebracht wurden, mit einer Ballnadel etwas Luft herauslassen, weil ihr Quarterback einen kleineren Football mag, damit er ihn besser greifen kann. Es wäre großartig, wenn jemand in der Lage wäre, die Luft in den Spielbällen zu überprüfen, während das Spiel weitergeht, damit sie keinen illegalen Vorteil erhalten.

Grigson leitete die E-Mail als „FYI“ an zwei Mitglieder der NFL-Abteilung für Football-Operationen weiter und fügte hinzu: „Alles, was die Indianapolis Colts wollen, ist ein völlig gleiches Spielfeld. Ich danke Ihnen, dass Sie nicht nur für uns darum kümmern, sondern auch für den Schutzschild und die allgemeine Integrität unseres Spiels.“

Die Liga setzte sich mit den Colts in Verbindung und fragte, ob sie eine konkrete Quelle für eine solch schwerwiegende Anschuldigung hätten. Die Colts legten nichts vor und verwiesen lediglich auf „Gerüchte in der Liga.“

Nach den NFL-Regeln müssen die Bälle einen Druck von 12,5 bis 13,5 Pfund pro Quadratzoll (PSI) aufweisen. Der Oberschiedsrichter wurde über die Bedenken der Colts informiert und sagte, er werde dafür sorgen, dass alle Standardprotokolle für die Ballsicherheit vor dem Spiel eingehalten werden.

Die Patriots erspielten sich eine 14 : 0-Führung. Dann, im zweiten Viertel, fing Colts-Linebacker D’Qwell Jackson Brady ab. Jackson sagte, er wolle den Ball als Souvenir haben, nahm ihn mit zur Seitenlinie der Colts und gab ihn dem stellvertretenden Ausrüstungsleiter. Ein Mitglied des Ausrüstungspersonals der Colts steckte ein Druckmessgerät in den Ball, ein Verstoß gegen die Ligaregeln, den das Team später zugeben sollte. GM Ryan Grigson beharrte darauf, dass der abgefangene Ball zu wenig Luft habe. Kurze Zeit später betrat er die NFL-Suite im Gillette Stadium und sagte zu Troy Vincent, dem Vizepräsidenten der Liga für Football Operations: „Wir spielen mit einem kleinen Ball.“

Als die erste Halbzeit zu Ende war, wurde Belichicks Stabschef Berj Nejarian mitgeteilt, dass die Liga alle Spielbälle der Patriots benötige. Ohne zu wissen, warum, sammelte Nejarian die Bälle ein und gab sie weiter. In der Halbzeitpause trafen sich die Liga- und Spieloffiziellen im Umkleidebereich der Offiziellenkabine. In einer unkoordinierten, chaotischen Aktion, angeführt von einem der Liga-Offiziellen, der die E-Mail von Ryan Grigson am Vorabend erhalten hatte, begann die Gruppe eilig, den Luftdruck der Bälle zu testen.

Mit zwei Druckmessgeräten überprüften die Offiziellen zunächst die elf Spielbälle New Englands. Beiden Messgeräten zufolge lagen die Kugeln leicht unter dem erforderlichen Mindestdruck von 12,5 PSI. Aber keiner der Bälle zeigte auf beiden Messgeräten den gleichen Wert an. Der Ball mit der Nummer 7 zum Beispiel zeigte auf einem Messgerät 11,85 PSI an, auf dem anderen 12,30.

Die Offiziellen hatten nur Zeit, vier Bälle der Colts zu überprüfen. Einem Messgerät zufolge lagen alle vier bei oder über 12,5. Beim anderen Messgerät lagen drei der vier knapp unter der 12,5er-Schwelle.

Die Offiziellen füllten alle zu wenig aufgepumpten Bälle mit Luft auf und kehrten auf das Spielfeld zurück. In der zweiten Halbzeit legte Brady richtig los, und die Patriots gewannen mit 28:0 gegen die Colts. Zu Beginn des vierten Viertels führten die Patriots mit 45:7. Belichick nahm Brady aus dem Spiel und ersetzte ihn durch Jimmy Garoppolo. Als Brady das Stadion verließ, jubelten ihm die Fans zu, während im Stadion Aloe Blaccs „I'm the man/I'm the man/I'm the man" gespielt wurde, und auf der Großbildleinwand war Brady zu sehen, wie er die Faust ballte und schrie: „Los geht's!"

Die Niederlage gegen die Chiefs zu Beginn der Saison und die dadurch ausgelöste „Himmel stürzt ein"-Mentalität in New England war längst Geschichte. Brady und Belichick waren auf dem Weg zurück in den Superbowl – zum sechsten Mal in Folge. Kein Quarterback war jemals in sechs Superbowls vertreten gewesen. Und kein Trainer hatte jemals 21 Play-off-Spiele gewonnen.

Im Gillette Stadium herrschte Karnevals-Stimmung, als die Spieler feierten und eine provisorische Bühne für die Übergabe der AFC-Meisterschaftstrophäe aufgebaut wurde. Zuvor hatte der ehemalige

Patriots-Cheftrainer Pete Carroll die Seattle Seahawks zum Sieg im NFC-Meisterschaftsspiel gecoacht. Als es in Foxborough zu schneien begann, bat Jim Nantz Belichick um einen Kommentar.

„Jim“, sagte Belichick und hob die Trophäe in die Höhe, „ich habe nur eines zu sagen. Wir sind auf dem Weg nach Seattle.“

36

DER NEID DER LIGA

Der Sieg der Patriots über die Colts war eines der einseitigsten AFC-Meisterschaftsspiele der jüngeren Geschichte. Sportkolumnist Bob Kravitz berichtete über das Spiel für WTHR, die NBC-Tochtergesellschaft in Indianapolis. Nach dem Spiel ging Kravitz in die Umkleidekabine der Colts. Als er in die Presseloge des Gillette Stadium zurückkehrte, um sein Handy zu holen, entdeckte er eine Textnachricht, in der er gebeten wurde, einen Kontakt anzurufen. Auf der Rückfahrt zu seinem Hotel rief Kravitz an und erhielt einen Tipp, der das Potenzial hatte, einen Tsunami an Kontroversen über die Patriots auszulösen. Um 0.55 Uhr twitterte Kravitz: „Eilmeldung: Eine Quelle der Liga sagt mir, die NFL prüft, ob die Patriots Sonntagnacht die Luft aus den Bällen gelassen haben. Mehr dazu später."

Über Nacht lasen viele Sportjournalisten Kravitz' Tweet. Noch vor Sonnenaufgang machte der Begriff Deflategate auf Twitter die Runde. Ein Journalist, der den Tweet sah, war Bob Glauber von Newsday, der hoch angesehene Präsident der Pro Football Writers of America. Um sieben Uhr morgens setzte Glauber einen eigenen Tweet ab, in dem er berichtete, dass ein NFL-Sprecher bestätigt habe, dass die Liga prüfe, ob die Bälle für das AFC-Meisterschaftsspiel ordnungsgemäß aufgepumpt worden seien.

Kurz nach Glaubers Tweet meldete sich Brady beim Bostoner Sportsender WEEI für sein wöchentliches Interview am Montagmorgen. Er war überrumpelt, als er auf die Berichte über zu wenig gefüllte Bälle angesprochen wurde. „Bisher dachte ich, ich hätte schon alles gehört“, sagte Brady. „Das ist das Letzte, was mir Sorgen bereitet. Auf so etwas reagiere ich nicht mal.“

Zunächst konnte Brady die Behauptung nicht glauben. Doch gleich nach seinem Radiointerview erhielt er eine SMS: „Ruf mich an, wenn du Zeit hast.“ Sie kam von John Jastremski, dem stellvertretenden Ausrüstungsleiter des Teams. Jastremski war für die Vorbereitung der Bälle nach Bradys Wünschen verantwortlich. Er war auch derjenige, der den Luftdruck in jedem Ball einstellte, bevor die Bälle von der Spielleitung geprüft wurden.

Weniger als eine Minute, nachdem er Jastremskis SMS erhalten hatte, rief Brady ihn an.

Jastremski war erschrocken und verwirrt. „Keine Ahnung, was passiert ist“, sagte er zu Brady.

Brady war nicht übermäßig beunruhigt. Er kannte Jastremski, seit er zwölf Jahre zuvor als Balljunge für die Quarterbacks gearbeitet hatte. Im Laufe der Jahre hatte sich Jastremski in der Geräteabteilung hochgearbeitet. Er war fleißig und gewissenhaft und sehr stolz auf seine Arbeit.

Jastremski war im Vorfeld des AFC-Meisterschaftsspiels besonders akribisch vorgegangen. Ungefähr eine Woche vor dem Spiel hatte Brady die zwölf Spielbälle und zwölf Ersatzbälle ausgewählt. Anschließend behandelte Jastremski jedes einzelne Exemplar mit Lederpflegemittel und rieb stundenlang von Hand, damit es einzog. Am Mittag des Spieltages hatte Brady darum gebeten, die Spielbälle zu sehen. Sie fühlten sich gut an, aber es war Regen angesagt. Als Brady die Befürchtung äußerte, dass das Öl des Lederpflegemittels die Bälle rutschig machen könnte, wenn sie nass sind, verbrachte Jastremski die nächsten zwei Stunden damit, das Lederkonservierungsmittel von den Bällen zu entfernen, sie zu bürsten, sie mit Schmutz zu behandeln und jeden Ball kräftig zu reiben, während er selbst Lederhandschuhe trug. Dann stellte er den Luftdruck in jedem Ball auf 12,6 PSI ein und legte alle Bälle auf eine Truhe im Geräteraum, damit Brady sie überprüfen konnte. Gegen 2.30 Uhr kehrte Brady zurück und stellte erfreut fest, dass sich die Bälle ganz anders anfühlten. Nachdem Brady die zwölf ausgewählt hatte, die ihm am besten gefielen, packte Jastremski sie in eine Tasche und stellte die Tasche in den Geräteraum. Kurz darauf inspizierten die Schiedsrichter jeden Ball, prüften den Luftdruck und bescheinigten, dass jeder Ball den NFL-Spielballregeln entsprach.

Doch bis zur Halbzeit waren elf der zwölf Spielbälle der Patriots offenbar zu wenig aufgepumpt.

„Ich kann es nicht erklären", sagte Jastremski zu Brady.

Brady war sich sicher, dass es dafür eine logische Erklärung geben musste.

Jastremski befürchtete jedoch, dass die Schuld auf ihn zurückfallen würde.

Bevor er auflegte, versuchte Brady, ihn zu beruhigen.

Als Belichick am Montagmorgen im Stadion eintraf, war er entsetzt, als er erfuhr, dass die Liga eine Untersuchung einleitete, um zu klären, warum die Bälle seines Teams in der ersten Hälfte des Spiels am Vorabend unter dem Grenzwert von 12,5 PSI gelegen hatten. Kraft war von der Liga in einem förmlichen Schreiben benachrichtigt worden. Ihm gefiel es nicht, dass sein Team mit einer weiteren Untersuchung konfrontiert wurde. Aber er war zuversichtlich, dass dies zu nichts führen würde.

Ungläubig erzählte Belichick Kraft, dass er in seiner gesamten Zeit als Cheftrainer noch nie mit seinen Mitarbeitern, Spielern oder dem Personal des Spielbetriebs über den Luftdruck in Bällen gesprochen habe. Die Vorstellung, dass sein Team irgendwie in die Manipulation von Bällen verwickelt war, um sich einen Vorteil zu verschaffen, klang für ihn ziemlich weit hergeholt.

Als Brady im Stadion ankam, traf er sich mit Kraft. Kraft sagte ihm, wenn er etwas falsch gemacht habe, sei es am besten, es einfach zuzugeben. „Wir werden uns darum kümmern", sagte Kraft. Brady versicherte ihm, dass er keine Luft abgelassen habe. Er habe auch niemanden angewiesen, die Luft aus den Bällen unter das nach den Ligaregeln zulässige Maß zu leiten. Und er hatte keine Kenntnis davon, dass irgendjemand so etwas getan hatte.

Kraft war klar, dass weder Belichick noch Brady über allgemeine Kenntnisse darüber verfügten, was mit den Bällen geschieht, wenn sie vor dem Spiel den Offiziellen zur Kontrolle übergeben werden. Auch hatte keiner von ihnen besondere Kenntnisse darüber, was mit den

Bällen geschehen war, nachdem sie vor dem Colts-Spiel inspiziert worden waren.

Kraft forderte alle Mitarbeiter der Patriots auf, mit Wells und seinem Team uneingeschränkt zu kooperieren und transparent zu sein. Außerdem wies er alle Vollzeit- und Teilzeitbeschäftigten an, sich den Ermittlern der Liga für Interviews zur Verfügung zu stellen und auf Verlangen Kommunikationsgeräte auszuhändigen. Je schneller die Sache aus der Welt geschafft wurde, desto besser.

Später am Morgen besuchte Brady Jastremski.

„Du bist gut, Jonny Boy", schrieb er.

Jastremski war ein Typ aus der Arbeiterklasse, der es nicht gewohnt war, im Rampenlicht zu stehen, und den die Aussicht, in eine öffentlichkeitswirksame Kontroverse verwickelt zu werden, überwältigte. Es bedeutete ihm sehr viel, eine solche SMS von Brady zu erhalten. Er ließ Brady wissen, dass er ziemlich nervös war.

„Du hast nichts falsch gemacht, Kumpel", schrieb Brady.

„Ich weiß. Ich werde alles gut machen", schrieb Jastremski.

Obwohl die Liga Kraft formell darüber informiert hatte, dass gegen sein Team ermittelt wurde, gab die NFL keine öffentliche Erklärung ab, in der sie bestätigte oder dementierte, dass eine Untersuchung im Gange war. Aber es gab zahlreiche Lecks in den Medien, die aus „Liga-Quellen" stammten. Vieles von dem, was unmittelbar nach dem AFC-Meisterschaftsspiel geschrieben wurde, waren Mutmaßungen. Und einige der aufrührerischsten Berichte waren fiktiv. Dennoch kamen sie von hoch angesehenen Journalisten der Mainstream-Medien. Um 22.57 Uhr am Dienstag twitterte Chris Mortensen von ESPN:

Die NFL hat festgestellt, dass elf der Patriots-Bälle, die im AFC-Titelspiel am Sonntag verwendet wurden, nach Angaben der Liga jeweils 2 lbs zu wenig Luft hatten.

Mortensen war der NFL-Insider schlechthin mit einem ausgezeichneten Ruf. Doch sein Tweet war falsch – elf Bälle der Patriots hatten keinen zu geringen Luftdruck. Ein Ball hatte einen um 2 lbs zu niedrigen Luftdruck. Doch innerhalb einer Stunde nach seinem Tweet titelte die Washington Post: „Report: Elf Bälle, die von den

Patriots verwendet wurden, hatten zu wenig Luft.“ Der Post-Artikel zitierte einen weiteren Twitter-Post von Mortensen:

Die NFL-Regeln schreiben vor, dass die Bälle für ihre Spiele auf 12 ½ bis 13 ½ lbs aufgepumpt werden müssen. Bälle mit zu wenig Luft sind weicher und möglicherweise leichter zu werfen und zu fangen, was den Patriots im AFC-Meisterschaftsspiel gegen die Colts, das unter kalten, regnerischen Bedingungen stattfand, einen Vorteil verschafft haben könnte.

Die Gerüchteküche brodelte, dass die Patriots gegen die Colts betrogen hatten, indem sie Bälle mit einem um 2 lbs zu niedrigen Luftdruck verwendeten. Die Baltimore Ravens legten sofort nach. Die CBS-Filiale in Baltimore berichtete:

Da gegen die Patriots ermittelt wird, weil sie bei ihrem Play-off-Sieg gegen die Colts möglicherweise zu wenig Luft in die Bälle gepumpt hatten, glaubten einige an der Seitenlinie von Baltimore, dass es Unregelmäßigkeiten bei den Kicking-Bällen gegeben haben könnte, die in ihrem AFC-Divisions-Play-off-Spiel in Foxborough, Massachusetts, am 10. Januar verwendet wurden.

Baltimores Kicking- und Punting-Einheiten erreichten nicht ihre normale Tiefe und Weite, und einige glaubten, die verwendeten Bälle hätten Luft verloren.

Wenn der Tweet des Sportkolumnisten Bob Kravitz aus Indianapolis die „Deflategate“-Kontroverse auslöste, dann goss Mortensen mit seinem Tweet noch Gas ins Feuer. Nur wenige Stunden nach Mortensens Tweets war Kravitz wieder auf Twitter:

Wenn Bob Kraft ein wahrer Mann von Integrität ist, wird er es der Liga aus den Händen nehmen und Belichick feuern. Ich bin nicht gespannt darauf.

Pats-Fans: Gebt eure Vorstellung auf. Euer brillanter Cheftrainer ist auch ein Betrüger. 11 von 12 Bällen haben Luft verloren. Das muss die Schuld der Balljungen sein, oder?

Wenn Roger Goodell auch nur einen Funken Integrität besitzt und nicht seine ganze Zeit damit verbringt, in Krafts Villa zu Soireen vor den Spielen zu gehen, wird er Belichick nicht nur eine Geldstrafe aufbrummen und Draft-Entscheidungen wegnehmen, sondern den Cheftrainer für die kommende Saison suspendieren.

In New England wurde Kravitz als ein Werkzeug in den Händen des Colts-Besitzers James Irsay angesehen. Doch außerhalb von New England wurden Kravitz' Forderungen nach einer Bestrafung der Patriots begrüßt. Am Donnerstagmorgen, dem 22. Januar, war „Deflategate“ auf Twitter in aller Munde und wurde zum meistdiskutierten Thema des Landes. Sogar die Moderatoren von The View verbrachten den Vormittag damit, ihre Empörung über die Patriots auszudrücken. Rosie O'Donnell plädierte dafür, die Patriots von der Teilnahme am Superbowl zu disqualifizieren.

Während O'Donnell seine Meinung äußerte, trat Belichick im Medienraum des Gillette Stadium ans Podium, um seine am meisten erwartete Pressekonferenz abzuhalten, seit er 18 Monate zuvor die Verhaftung von Aaron Hernandez angesprochen hatte. Es machte Belichick wütend, dass die außergewöhnliche Saison seines Teams von einem Medienzirkus über den Luftdruck in Bällen überschattet wurde. Sein Team war nach der Niederlage in Woche vier in Kansas City bereits abgeschrieben. Seitdem trotzten sie allen, die sagten, die Dynastie sei vorbei, indem sie die Saison mit der besten Bilanz in der AFC abschlossen und in den Play-offs zwei sehr gute Football-Teams besiegten, um sich das Ticket für den Superbowl zu sichern. Das, so meinte Belichick, sollte die Geschichte sein.

„Was die Bälle angeht“, begann er in strengem Ton, „so wird Ihnen sicher jeder meiner aktuellen oder ehemaligen Spieler sagen, dass die Bälle, mit denen wir trainieren, so schlecht sind, wie sie nur sein können. Nass. Klebrig. Kalt. Schlüpfrig. Ich mache sie so schlecht wie möglich. Und immer, wenn sich die Spieler über die Qualität der Bälle beschweren, mache ich sie schlechter. Und dann ist Schluss mit dem Gejammer. Wir benutzen den Zustand der Bälle also nie als Ausrede. Wir spielen mit dem oder kicken mit dem, was da ist.“

Als er innehielt, klickten die Auslöser der Kameras.

„Ich denke, wir alle wissen, dass Quarterbacks, Kicker und Spezialisten bestimmte Vorlieben bei Bällen haben“, fuhr er fort. „Sie wissen viel mehr darüber als ich. Sie sind da viel empfindlicher als ich. Ich höre sie von Zeit zu Zeit darüber reden. Aber ich kann Ihnen sagen – und sie werden es Ihnen sagen –, dass ich in dieser Frage niemals Sympathie empfinde. Zero!

Toms persönliche Vorlieben bei Bällen sind etwas, worüber er viel detaillierter und informativer sprechen kann, als ich es je könnte."

Unnachgiebig und energisch erklärte Belichick sechs Minuten lang, dass er in seiner Karriere noch nie jemanden – weder Spieler noch Mitarbeiter – nach dem Luftdruck der Bälle gefragt habe und er keine Erklärung dafür habe, warum die Spielbälle der Patriots in der ersten Hälfte des Colts-Spiels unter dem vorgeschriebenen Wert von 12,5 PSI gelegen hätten.

Kaum hatte er seine Ausführungen beendet, wurde er mit Fragen von Reportern bombardiert, die sich gegenseitig übertönten.

„Ich habe Ihnen alles gesagt, was ich weiß", sagte Belichick und unterbrach sie damit.

„Coach, ungeachtet dessen, was Sie heute hier gesagt haben, gibt es eine Menge Leute, die Ihre Integrität infrage stellen …"

„Ich habe Ihnen alles gesagt, was ich weiß", unterbrach ihn Belichick.

„Sie sagen, dass Sie um jeden Preis gewinnen wollen", so der Reporter weiter. „Was sagen Sie zu Kritikern, die Ihren Charakter infrage stellen, was weit über Football hinauszugehen scheint?"

Belichick starrte ihn an. „Ich habe Ihnen alles gesagt, was ich weiß", wiederholte er.

„Coach", sagte ein anderer Reporter, „ich nehme an, Sie haben mit Tom über dieses spezielle Thema und die Geschehnisse gesprochen."

„Ich habe keine Erklärung für das, was passiert ist."

„Coach, was glauben Sie, warum diese Kontroversen Sie weiterhin verfolgen?"

„Ich habe keine Erklärung für das, was passiert ist."

Ursprünglich war Brady am Donnerstag nicht für eine Ansprache an die Medien vorgesehen. Doch gleich nach Belichicks Pressekonferenz erhielt er eine E-Mail von einem persönlichen Assistenten mit dem Anhang „Deflated – BIA Between the Lines Report". Es handelte sich um einen Bericht, der von einer Bostoner Firma für Verhaltensbewertung erstellt wurde. Die Firma hatte Bradys erstes Radiointerview über zu wenig gefüllte Bälle analysiert und festgestellt, dass seine

Antworten den Eindruck erweckten, er habe etwas zu verbergen. „Sie sollten dies lesen, bevor Sie ein Interview geben", sagte Bradys Assistent zu ihm. Er fügte hinzu: „Belichick hat Ihnen das jetzt wirklich in den Schoß gelegt. Nehmen Sie das nicht auf die leichte Schulter."

Die ganzen Spekulationen begannen Brady zu belasten. Er sagte sich, er müsse seine Emotionen unterdrücken und sich auf die Seahawks vorbereiten und konzentrieren. Der erste Schritt bestand seiner Meinung nach darin, die Fragen der Medien zu beantworten, damit er das Thema hinter sich lassen konnte. Sechs Stunden nach Belichicks Pressekonferenz ging Brady zusammen mit Stacey James, dem Vizepräsidenten für Kommunikation der Patriots, in den Medienraum, um seine eigene Pressekonferenz abzuhalten.

James hatte Vorbehalte gegen ein Gespräch Bradys mit der Presse. Es waren mehr Journalisten im Stadion, um Brady zu befragen, als nach der Anklageerhebung gegen Aaron Hernandez. Es würde nicht die übliche Gruppe von Patriots-Schlagzeilenschreibern sein, die Fragen stellen. Der Medienraum der Patriots sah aus wie ein Besprechungsraum im Weißen Haus. Der Saal war bis auf den letzten Platz mit Fernsehreportern und Journalisten nationaler Zeitungen gefüllt. Die Kabelsender planten, das reguläre Programm zu unterbrechen, um Bradys Pressekonferenz live zu übertragen. Jake Tapper von CNN stand in seinem Studio in Washington bereit, und der Sender ließ am unteren Rand des Bildschirms einen Chyron laufen, auf dem zu lesen war: „EILMELDUNG – TOM BRADY WIRD GLEICH ÜBER ‚DEFLATE-GATE' SPRECHEN."

Beunruhigt schlug James vor, Brady vorzubereiten, bevor er sich in den Kampf stürzte.

Brady bedankte sich und sagte ihm, das sei nicht nötig.

Die Aussicht, sich einem Raum voller Kameras und Reporter gegenüber zu sehen, machte Brady nichts aus. Er hatte sein Leben in einer Pocket verbracht, wo er von dreihundert Pfund schweren Männern bedrängt wurde, die ihn zerlegen wollten. Er traf routinemäßig Entscheidungen in Sekundenbruchteilen, wenn die Zeit ablief und es um das Spiel ging. Und das alles vor einem Millionenpublikum im nationalen Fernsehen. Er war an Situationen mit hohem Druck gewöhnt. Fragen zu beantworten hatte für ihn nichts Einschüchterndes. Außerdem hatte er nichts zu verbergen.

In einer Jogginghose, einem grauen Sweatshirt und einer Patriots-Pom-Mütze betrat Brady den Raum und trat unter dem Klacken der Kameraauslöser an das Rednerpult.

„Leute, wie geht's?", fragte er, die Hände in den Taschen.

Plötzlich wurde sein Bild auf eine Großbildleinwand am Times Square und auf Fernsehbildschirme in Flughafenterminals, Hotellobbys, Restaurants und Bars in ganz Amerika projiziert.

„Natürlich würde ich lieber hier oben sein und über die Seahawks sprechen und mich auf den Superbowl vorbereiten, was wir in den letzten Tagen versucht haben", sagte er. „Aber Coach Belichick hat es heute Morgen mit euch besprochen, und ich wollte euch die Möglichkeit geben, die Fragen zu stellen, die ihr wollt. Und ich werde mein Bestes tun, um zu antworten, wenn ich es kann. Und von dort aus machen wir weiter."

Damit öffnete er den Raum für Fragen.

„Wann und wie haben Sie die Bälle angeblich verändert?", rief ein Reporter über die Fragen der anderen hinweg.

„Ich habe den Ball in keiner Weise verändert", sagte Brady ruhig. Dann erklärte er, wie er vor jedem Spiel die Bälle auswählte, die er verwenden wollte. Und er betonte, dass er auf keinen Fall möchte, dass jemand die Spielbälle berührt, ihnen Luft entzieht oder Luft hinzufügt, sobald sie ausgewählt sind.

„Peter Alexander von NBC News. Das hat eine Menge unangenehmer Gespräche für Menschen in diesem Land ausgelöst, die Sie – einen dreimaligen Superbowl Champion und einen zweimaligen MVP – als ihr Idol betrachten."

Brady nickte und sah Alexander in die Augen.

„Die Frage, die sie sich stellen", so Alexander weiter, „lautet: Was ist mit unserem Helden los?"

Brady lächelte.

„Können Sie also gleich antworten – ist Tom Brady ein Betrüger?"

Brady lachte leise, aber er fand das alles nicht lustig. „Das glaube ich nicht. Ich bin sicher, dass ich mich immer an die Regeln gehalten habe. Ich würde nie etwas tun, was gegen die Regeln verstößt. Und ich glaube an Fair Play. Ich respektiere die Liga und alles, was sie tut, um ein sehr wettbewerbsfähiges Spielfeld für alle NFL-Teams zu schaffen."

„Tom", fragte ein anderer Reporter, „was sagen Sie den Skeptikern, die sagen: ‚Sehen Sie, die Patriots haben schon früher Verstöße begangen. Wie können wir nur glauben, was Brady und der Trainer jetzt sagen?'"

„Nun, jeder hat eine Meinung", sagte er. „Jeder hat das Recht, zu glauben, was er will. Ich verurteile niemals das Glaubenssystem eines anderen. Ich denke, es gehört zum Beruf des Sportlers dazu, in dieser Position offen für Kritik zu sein."

Auf Nachfrage erklärte er wiederholt, er habe keine Kenntnis davon, dass irgendjemand etwas mit den Bällen gemacht habe.

Die Pressekonferenz war die längste in Bradys Karriere. Er beantwortete 61 Fragen. Seine Integrität wurde infrage gestellt. Seine Beweggründe wurden infrage gestellt. Bei alldem fühlte er sich nie beleidigt oder ging in die Defensive. Als er die Gelegenheit hatte, die Liga wegen der undichten Stellen zu kritisieren oder die Medien dafür zu schelten, dass sie die Situation über Gebühr aufbauschen, tat er es nicht. Als er das Mikrofon verließ, lächelte er, dankte den Journalisten und winkte ihnen zu.

„Das war Tom Brady", sagte Jake Tapper von CNN, „der Quarterback der New England Patriots, die in ein paar Sonntagen in den Superbowl einziehen werden, und er gab – nichts zu. Er habe nicht geschummelt, sagte er. Er habe die Bälle in keiner Weise verändert oder die Luft entweichen lassen. Er wisse nicht, was passiert ist."

Kaum war die Pressekonferenz zu Ende, wurde Brady von Fachleuten heftig kritisiert. Talkshow-Moderator Mike Francesa verbrachte eine ganze Stunde auf WFAN in New York damit, Brady für sein „Mauern" zu rügen, Belichick und Kraft zu kritisieren und die NFL dafür zu schelten, dass sie Brady vor dem Superbowl nicht befragt habe. „Die Liga sollte sich schämen", sagte er.

Nachdem der Journalist Charles Pierce, der 2006 eine Biografie über Brady geschrieben hatte, die Pressekonferenz und die Reaktion seiner Kollegen darauf gesehen hatte, zeigte er Verständnis für die missliche Lage des Quarterbacks. „Er klang sehr wie ein Mann, der erklärt, wie er einem Flugzeugabsturz entkommen ist", schrieb Pierce. Pierce gehörte zu einer Minderheit von Reportern, die die Medienberichterstattung über die Situation als einen „urkomischen" Kommentar zu dem, was er „den Journalismus der moralischen Raserei" nannte, betrachteten.

Die Reaktion auf seine Pressekonferenz verletzte Brady. Im Gegensatz zu Belichick, der daran gewöhnt war, verleumdet zu werden, und dessen Temperament besser geeignet war, damit umzugehen, nahm Brady sich die persönliche Kritik sehr zu Herzen. In dieser Hinsicht war Brady Kraft sehr ähnlich. Es war besonders schmerzhaft, als Betrüger bezeichnet zu werden, vor allem von Fachleuten.

„Ich habe nicht geglaubt, was Tom Brady zu sagen hatte", sagte der ehemalige Jaguars-Quarterback Mark Brunell nach der Pressekonferenz auf ESPN. „Diese Bälle hatten weniger Luft. Jemand muss es getan haben."

„Es ist offensichtlich, dass Tom Brady etwas damit zu tun hat", sagte der berühmte Quarterback Troy Aikman einem Radiosender in Dallas. „Dass die Luft aus den Bällen entweicht, passiert nur, wenn der Quarterback es will. Das kann ich Ihnen versichern."

Auf ESPN sagte der Steelers Hall of Fame-Running Back Jerome Bettis: „Ich bin enttäuscht von dir, Tom Brady."

„Das ist Betrug", sagte der ehemalige Steelers-Receiver und jetzige Sprecher Hines Ward. „Egal, wie man es dreht und wendet, es hilft Tom Brady, den Football besser zu greifen, besonders bei schlechten Wetterbedingungen wie Regen."

In der ersten Hälfte des Spiels gegen die Colts brachte Brady nur 11 von 21 Pässen für 95 Yards an, wobei er einen Touchdown-Pass und eine Interception warf. Nachdem die Bälle in der Halbzeit wieder aufgepumpt wurden, stiegen Bradys Werte in der zweiten Halbzeit deutlich an. Er brachte 12 von 14 Pässen für 131 Yards, 2 Touchdowns und 0 Interceptions an. Aber zu diesem Zeitpunkt der Kontroverse befasste sich niemand mehr mit den Zahlen.

In der Zwischenzeit kam einer der bissigsten Kommentare von Bradys bevorstehendem Superbowl-Gegner, dem extravaganten Defensive Back der Seahawks, Richard Sherman. „Ich glaube, die Leute haben manchmal ein schiefes Bild von Tom Brady", sagte Sherman zu Reportern. „Dass er einfach ein sauberer Typ ist, der alles richtig macht und nie ein böses Wort zu jemandem sagt. Und wir wissen, dass er anders ist."

Roger Goodell hatte das AFC-Meisterschaftsspiel besucht. Er wusste jedoch nicht, dass Fragen über den Luftdruck in den Bällen der Patriots aufgeworfen worden waren, bis er später in der Nacht davon erfuhr. Er war auf dem Heimweg vom Gillette Stadium, als er einen Anruf erhielt und ihm mitgeteilt wurde, dass es eine Unregelmäßigkeit mit den Bällen gab. Unregelmäßigkeit? Anfänglich dachte sich Goodell nicht viel dabei. Doch als sich später am Morgen die Informationen wie ein Lauffeuer in den sozialen Medien verbreiteten, wusste Goodell, dass er ein Problem hatte.

Für Goodell musste es bei jeder Ligaangelegenheit, in die die Patriots verwickelt waren, um die Wahrnehmung genauso gehen wie um den Inhalt. Es war in der gesamten Liga bekannt, dass er und Kraft eine ungewöhnlich enge Beziehung hatten. Einige NFL-Besitzer nahmen dies übel. Erschwerend kam die oft unausgesprochene, aber dennoch allgegenwärtige Eifersucht der gesamten Liga auf Kraft und sein Team hinzu. Während die NFL mit ihren Strategien und ihrer Politik die Gleichheit fördern wollte, erlebten die Patriots eine beispiellose Serie von 14 Siegen in Folge, in denen das Team sechs Mal den Superbowl erreichte. Mit einem Weltklasse-Quarterback, der entschlossen schien, Vater Zeit zu besiegen, einem genialen Trainer, dessen Siegesdurst mit jeder Meisterschaft zu wachsen schien, und einem Besitzer, der es schaffte, sein Star-Quarterback-Trainer-Duo länger zusammenzuhalten als jeder andere Besitzer einer Dynastie-Mannschaft zuvor, gab es viel Beneidenswertes.

Im Endeffekt wusste Goodell, wie der Rest der Liga – und damit auch die Fangemeinde – über die Patriots dachte. Sobald also der Verdacht aufkam, dass die Patriots den Luftdruck in den Bällen manipuliert hatten, waren die Würfel gefallen, sowohl in New England als auch im Rest des Landes. „Wenn man das ganze Land zu diesem Thema beleuchten würde", erklärte Goodell, „hätte man in New England nur eine Farbe. Der Rest des Landes würde in einer anderen Farbe leuchten."

Diese Tatsache spielte eine Rolle bei Goodells Umgang mit den Ermittlungen und bei der Frage, wie seine Maßnahmen von den Fans im ganzen Land wahrgenommen werden würden. Sie wollen wissen, sagte er sich, dass die Liga fair geführt wird und dass Robert nicht irgendeinen Vorteil bekommt, den sonst niemand bekommt.

Gleichzeitig wollte Goodell Kraft gegenüber nicht unfair sein und die Patriots härter bestrafen, nur um zu beweisen, dass er nicht parteiisch gegenüber einem Freund war.

Seiner Meinung nach war es seine Aufgabe, den Ball in die Mitte zu spielen.

Das war viel leichter gesagt als getan. Zu Beginn stützte sich Goodell stark auf Jeffrey Pash, den Chefsyndikus der NFL, der als Ansprechpartner der Liga für die Untersuchung fungierte. Pash wandte sich an den bekannten Strafverteidiger Theodore „Ted" Wells und bat ihn, eine „unabhängige Untersuchung" für die Liga durchzuführen. Wells hatte den ehemaligen Berater von Vizepräsident Dick Cheney, Lewis „Scooter" Libby, verteidigt, als dieser der Lüge gegenüber dem FBI beschuldigt wurde. Wells hatte auch den ehemaligen New Yorker Gouverneur Eliot Spitzer vertreten, als dieser in eine Prostitutionsaffäre verwickelt war. Die Liga beauftragte Wells und sein Team von der Anwaltskanzlei Paul, Weiss mit einer Untersuchung und einer Stellungnahme zu der Frage, was den Luftdruckabfall in den Bällen der Patriots während des AFC-Meisterschaftsspiels verursacht haben könnte.

Am Freitag, volle fünf Tage nachdem die Colts hinter den Kulissen darauf gedrängt hatten, dass die NFL die Patriots unter die Lupe nahm, gab die Liga endlich eine offizielle Erklärung ab: „Die Untersuchung wird gemeinsam von NFL Executive Vice President Jeff Pash und Ted Wells von der Anwaltskanzlei Paul Weiss geleitet." Die Liga gab zum ersten Mal bekannt, dass Pash und Wells gemeinsam gegen die Patriots ermittelten und dass bereits fast vierzig Befragungen von Teammitgliedern, Spieloffiziellen und Dritten mit relevanten Informationen und Fachkenntnissen stattgefunden hatten, gab aber keine Auskunft darüber, ob die bisherigen Ergebnisse auf ein Fehlverhalten hindeuteten.

„Die Regeln sollen die Fairness und Integrität unserer Spiele schützen", hieß es in der Erklärung der Liga. „Wir nehmen die Behauptungen ernst, dass gegen diese Regeln verstoßen wurde, und werden diese Angelegenheit ohne Kompromisse oder Verzögerungen vollständig untersuchen."

Für die Art und Weise, wie die Liga die Forderungen der Colts behandelte, war Kraft zu ungeduldig, und er wurde proaktiv. Die Patriots engagierten ihre eigenen wissenschaftlichen Experten und führten eine Reihe von Simulationen durch, um zu erklären, warum Bälle, die Stunden vor dem AFC-Meisterschaftsspiel auf 12,5 PSI aufgepumpt worden waren, zur Halbzeit weniger Luft hatten.

Für Belichick und seine Mitarbeiter war das alles Neuland. Belichick war jedoch von den Simulationsergebnissen fasziniert, die zeigten, dass der Luftdruck in den Bällen leicht unter den Mindestwert der Liga fielt, wenn man sie in einer warmen, trockenen Umgebung wie einer Umkleidekabine auf den Mindestwert von 12,6 PSI aufpumpte und sie dann bis zu zwei Stunden auf ein kaltes, nasses Feld legte. Dies erklärte auch, warum selbst die vier getesteten Bälle der Colts zur Halbzeit einen niedrigeren PSI-Wert aufwiesen als zu Beginn des Spiels. Da die Bälle der Colts aber auf Wunsch von Quarterback Andrew Luck zunächst auf 13,0 PSI aufgepumpt worden waren, lagen sie trotz des Druckverlusts in der ersten Halbzeit nicht unter dem Mindestwert von 12,5 PSI.

Nachdem er viel Zeit damit verbracht hatte, die Wissenschaft des atmosphärischen Drucks und der Temperatur zu studieren, beschloss Belichick, am Samstag vor der Abreise des Teams nach Phoenix eine improvisierte Pressekonferenz einzuberufen. Er war es leid, in die Defensive gedrängt zu werden, und ging in die Offensive.

„Dieses Team war in der regulären Saison das beste Team der AFC", sagte er vor einer großen Gruppe von Journalisten im Medienraum der Patriots. „Wir haben in den Play-offs zwei Spiele gegen zwei gute Football-Mannschaften gewonnen. Das beste Team der Nachsaison – das ist es, was dieses Team ist. Ich weiß das, weil ich jeden Tag mit ihnen zusammen war, und ich bin stolz auf dieses Team.

Ich möchte Ihnen nur mitteilen, was ich in der letzten Woche gelernt habe. Es ist mir peinlich, darüber zu sprechen, wie viel Zeit ich im Vergleich zu der anderen wichtigen Aufgabe, die vor uns liegt, darauf verwendet habe. Ich bin kein Wissenschaftler. Ich bin kein Experte für Bälle. Ich bin kein Experte für Ball-Abmessungen. Ich sage Ihnen nur, was ich weiß. Ich würde nicht sagen, dass ich die Mona Lisa Vito der Football-Welt bin, denn sie war im Bereich der Autoexpertise tätig, klar?“

Die Reporter lächelten über die Anspielung auf die Rolle der Schauspielerin Marisa Tomei als Sachverständige in der berühmten Gerichtsszene in Mein Cousin Vinny. Belichick liebte diesen Film und hatte ihn dutzende Male gesehen. Aber die Angriffe auf sein Team hatten ihn nicht in die richtige Stimmung für Humor versetzt.

„Es bestand zu keinem Zeitpunkt die Absicht, die Integrität des Spiels zu beeinträchtigen oder sich einen Vorteil zu verschaffen“, sagte er. „Ganz im Gegenteil, wir sind der Meinung, dass wir uns in unseren Vorbereitungen, in unseren Verfahren und in der Art und Weise, wie wir jedes Spiel, das wir im Zusammenhang mit dieser Angelegenheit bestritten haben, behandelt haben, genau an die Spielregeln gehalten haben. Wir versuchen, alles richtig zu machen. Wir gehen umsichtig vor. Das ist nun schon seit vielen Jahren so … Wir begrüßen die Untersuchung der Liga in dieser Angelegenheit.“

Seine beherzte Verteidigung seines Teams veranlasste einen Reporter, Spygate anzusprechen.

„Ich meine, das ist eine ganz andere Diskussion“, sagte Belichick. „Der Typ gibt Signale vor achtzigtausend Menschen, okay? Wir haben ihn also dabei gefilmt, wie er vor achtzigtausend Menschen Signale gab, wie es auch viele andere Teams zu dieser Zeit taten, okay? Aber vergessen Sie das. Wenn ich mich damals geirrt habe, sind wir dafür bestraft worden.“

Später an diesem Abend wurde die Absurdität der Situation in der Popkultur noch weiter ausgedehnt, als im Eröffnungsprogramm von Saturday Night Live eine Pressekonferenz im Gillette Stadium stattfand, bei der der Komiker Beck Bennett Bill Belichick und Taran Killam Tom Brady spielte. In dem Sketch wurden beide in Szene gesetzt, als ein

Ausrüstungsmanager der Patriots an der Pressekonferenz teilnahm und mit einem Reporter in einen spannungsgeladenen Schlagabtausch geriet, der die Auseinandersetzung zwischen Jack Nicholson und Tom Cruise im Gerichtssaal in Eine Frage der Ehre parodierte.

„Du willst die Wahrheit nicht hören, denn tief in deinem Inneren, über das du auf Superbowl-Partys nicht sprichst, willst du mich an dem Ball haben. Du brauchst mich an diesem Ball", sagte der Ausrüstungsmanager.

„Haben Sie die Luft aus den Bällen gelassen?", fragte der Reporter.

„Ich habe die mir aufgetragene Arbeit erledigt", rief der Manager.

„Haben Sie die Luft aus den Bällen gelassen?", rief der Reporter.

„Und ob ich das getan habe!"

Als Kraft zu Beginn der Superbowl-Woche in Phoenix aus dem Flugzeug stieg, konnte er nur mit Mühe die Fassung wahren. Er hatte die Nase voll davon, wie sein Team bereits von der öffentlichen Meinung verurteilt worden war. Er hatte die Nase voll von den Indiskretionen aus dem Ligabüro. Und er hatte die Nase voll von den Angriffen auf die Integrität von Brady und Belichick. Sobald er das Mannschaftshotel erreicht hatte, berief Kraft eine außerplanmäßige Pressekonferenz ein.

„In Anbetracht der Ereignisse der letzten Woche wollte ich mir eine Minute Zeit nehmen, um das Thema Luftdruck anzusprechen, bevor wir diese Woche mit den Medienveröffentlichungen beginnen", sagte er in ernstem Ton. „Ich habe mit Trainer Belichick gesprochen. Ich habe mit Tom Brady gesprochen. Ich habe mir die Zeit genommen, um nach bestem Wissen und Gewissen zu verstehen, wie die Bälle für den Spieltag vorbereitet werden, und ich möchte klarstellen, dass ich vorbehaltlos davon überzeugt bin, dass die New England Patriots bei diesem Prozess nichts Unangemessenes getan oder gegen die NFL-Regeln verstoßen haben.

„Tom, Bill und ich sind schon seit 15 Jahren zusammen. Das sind meine Jungs und sie sind für mich wie eine Familie. Bill, Tom und ich haben im Laufe der Jahre viele schwierige Diskussionen geführt, und ich habe nie erlebt, dass sie gelogen hätten."

Kraft richtete seine Aufmerksamkeit auf Goodell und sprach eine Warnung aus.

„Wenn die Wells-Untersuchung nicht in der Lage ist, definitiv festzustellen, dass unsere Organisation den Luftdruck in den Bällen manipuliert hat“, sagte er, „würde ich erwarten und hoffen, dass sich die Liga bei unserem gesamten Team und insbesondere bei Coach Belichick und Tom Brady für das entschuldigt, was sie in der vergangenen Woche ertragen mussten. Ich bin enttäuscht über die Art und Weise, wie diese ganze Angelegenheit gehandhabt und darüber berichtet wurde.“

Kraft versuchte, den Druck von seinem Team auf die Liga zu verlagern.

Die Seattle Seahawks versuchten, als erstes Team seit den Patriots in den Jahren 2003 und 2004 zwei Superbowls zu gewinnen. Tom Brady spielte um viel mehr. Nach Hunderten von NFL-Spielen gab es kein Spiel, das Brady mehr gewinnen wollte als Superbowl XLIX. Es war so viel über ihn gesagt worden. Sein Vater hatte ihn ermutigt, durch sein Spiel auf dem Feld zu antworten.

In der ersten Halbzeit stellte Brady mit zwanzig von 27 Versuchen einen Superbowl-Rekord für Completions in einer Halbzeit auf. Der zwanzigste Abschluss war ein Touchdown-Pass auf Gronkowski dreißig Sekunden vor Ende der Halbzeit, der die Patriots mit 14 : 7 in Führung brachte.

Doch die Seahawks erzielten 17 unbeantwortete Punkte und gingen zu Beginn des vierten Viertels mit 24 : 14 in Führung. Noch nie hatte ein Team einen Superbowl gewonnen, wenn es im vierten Viertel mit zehn Punkten zurücklag. Außerdem hatten die Seahawks die beste Verteidigung im Football. In den vorangegangenen acht Spielen hatten sie im vierten Viertel insgesamt nur 13 Punkte zugelassen.

Zwölf Minuten vor Schluss startete Brady einen Drive von der 32-Yard-Linie der Patriots. In den nächsten vier Minuten brachte er sein Team mit zwei 21-Yard-Pässen auf Edelman über das ganze Feld, bevor er Amendola mit einem kurzen Touchdown-Pass bediente und die Führung der Seahawks auf 24 : 21 verkürzte. Es blieben acht Minuten.

Eine Minute später wurden die Seahawks zum Punt gezwungen. Brady und die Offense bekamen den Ball an ihrer eigenen 36-Yard-Linie zurück. Diesmal skandierten die Patriots-Fans: „Bray-dee, Bray-dee!“

Brady betrat den Huddle. „Wir brauchen eine große Meisterschaftsaktion", sagte er zu seinen Teamkollegen. „Das ist es, was wir brauchen."

In den nächsten fünf Minuten zerlegte er die Seahawks-Defensive mit neun Passfehlern in Folge. Der letzte war ein Drei-Yard-Touchdown-Strike zu Edelman, der die Patriots 2:02 Minuten vor Spielende mit 28:24 in Führung brachte. Brady stellte mit 37 Completions in einem Superbowl einen Rekord auf und schaffte das beeindruckendste Comeback seiner langen Karriere. Und er war 37 Jahre alt.

„Das war ein großartiges Spiel, Jules", sagte Brady zu Edelman. „Ein Meisterschaftsspiel."

„Es bedeutet nichts, wenn wir es nicht gewinnen", sagte Edelman.

„Wir werden gewinnen", sagte Brady.

Doch eine Minute später warf Seahawks-Quarterback Russell Wilson einen tiefen Ball zu Receiver Jermaine Kearse. Kearse sprang auf, um den Ball zu erwischen, doch der wurde von Patriots Defensive Back Malcolm Butler abgefangen. Sowohl Kearse als auch Butler stürzten auf den Rasen. Als Kearse auf dem Rücken landete, prallte der Ball von seinem Bein ab, traf seinen Fuß, sein Knie und prallte von seiner Hand ab, als ein anderer Verteidiger der Patriots über ihn hinweg sprang.

„Und das war's", sagte der Moderator Al Michaels.

Noch auf dem Rücken liegend jonglierte Kearse den Ball, bevor er ihn sich schnappte, aufstand und in Richtung Endzone lief.

„Heiliger … wow!", sagte Ansager Chris Collingsworth.

„Ist er mit dem Ball aufgestanden?", fragte Michaels.

Butler sprang auf und stieß Kearse aus dem Spielfeld.

„Unglaublich!", sagte Collingsworth.

„Sieh dir das an", sagte Michaels, als die Sofortwiederholung im Fernsehen erschien.

„Wie viele verschiedene Spielzüge werden die Patriots auf diese Weise haben?", fragte Collingsworth. „Mario Manningham. David Tyree. Und jetzt Kearse! Das soll wohl ein Witz sein. Nicht schon wieder."

An der Seitenlinie der Patriots stand Brady, starrte Brady die Wiederholung auf dem Jumbo-Bildschirm im Stadion an und schüttelte ungläubig den Kopf.

Bei 1:06 verbleibenden Minuten hatten die Seahawks den Ball an der 5-Yard-Linie der Patriots.

Belichick stand vor der gleichen Frage wie beim letzten Superbowl-Auftritt seines Teams gegen die Giants: Sollte er die Seahawks sofort punkten lassen, um Brady Zeit zu geben, einen letzten Versuch zu unternehmen?

Beim Snap übergab Wilson an Running Back Marshawn Lynch, der vier Yards zurücklegte, bevor er 18 Zentimeter vor der Goalline angegriffen wurde.

Bei weniger als einer Minute Restspielzeit überlegte Belichick, ob er eine Auszeit nehmen sollte. Aber er beschloss, die Uhr laufen zu lassen. Es war die mutigste Entscheidung seiner Trainerkarriere.

Seine Entscheidung schien die Seitenlinie der Seahawks zu verunsichern.

Die Spieluhr ging von 1:01 auf 0:26 zurück, als Russell sich in der Shotgun-Formation aufstellte und den Snap übernahm. Innerhalb einer Sekunde schoss er einen Pass zu einem Receiver, der eine Slant Route lief.

Malcolm Butler sprang in die Überholspur.

„Von Malcolm Butler an der Torlinie abgefangen!", rief Michaels.

Butler hatte den Ball an der 1-Yard-Linie.

„Unglaublich!", sagte Michaels.

Die Patriots-Verteidiger stürzten sich auf Butler.

Die Spieler der Seahawks waren fassungslos.

Das Stadion war in heller Aufregung.

Wie ein Kind hüpfte Brady an der Seitenlinie auf und ab und kreischte.

In einem Spielzug, der als einer der größten NFL-Spielzüge aller Zeiten und gleichzeitig als einer der schlechtesten in die Geschichte des Footballs eingehen sollte, holte Butler, ein unbekannter Free Agent aus West Alabama, der noch nie als Profi eine Interception gemacht hatte, die Patriots vom Rande der Niederlage zurück.

Doch es blieben zwanzig Sekunden. Brady setzte seinen Helm auf und trabte auf das Spielfeld.

Die Patriots befanden sich immer noch in einer prekären Lage. Als der Ball an der 1-Yard-Linie der Patriots lag, hatte Brady nicht die Möglichkeit, einfach den Snap zu nehmen und das Spiel mit einem Kniefall zu beenden. Das würde zu einem Zwei-Punkte-Safety führen und den Ball wieder in die Hände der Seahawks legen. Die Patriots mussten einen Spielzug ausführen und versuchen, den Ball zu erobern.

Als Brady an die Line of Scrimmage trat, rief Belichick eine Auszeit, und Brady joggte zur Seitenlinie. In diesem kritischen Moment zeigte sich der Wettbewerbsvorteil von 15 Jahren gemeinsamer Erfahrung. Sie dachten beide das Gleiche – die Seahawks hatten eine extrem aggressive Verteidigung. Und der Defensive Lineman Michael Bennett war anfällig für Abseitsstellungen. Im Jahr 2014 führte er die Liga mit zehn Abseits-Penalties an. Belichick wollte, dass Brady versuchte, die Seahawks ins Abseits zu locken. Brady dachte dasselbe.

Die Seahawks drängten an die Line of Scrimmage. Brady wählte einen Hard Count. Bennett sprang und berührte einen Spieler der Patriots. Eine Flagge ging hoch. Belichick streckte die Faust in die Luft. Die Fünf-Yard-Strafe brachte den Ball an die 6-Yard-Linie. Das Spiel war praktisch vorbei.

Brady hatte genug Spielraum. Er musste nur noch zwei weitere Snaps machen und jedes Mal in die Knie gehen. Doch beim ersten Down von der 6-Yard-Linie, als Brady kniete, begannen die Spieler zu drängeln und zu schubsen. Linebacker Bruce Irvin ohrfeigte Gronkowski. Gronkowski schlug auf ihn ein und geriet dann mit Michael Bennett aneinander. Sie landeten auf dem Boden. Eine Schlägerei brach aus. Es wurden Hiebe ausgeteilt. Die Helme wurden abgerissen. Flaggen gingen hoch.

Im Gedränge blieb Brady mit dem Ball in der Hand auf dem Knie hocken, während um ihn herum das Chaos herrschte. Als sich die Wogen geglättet hatten, wurde Irvin des Feldes verwiesen, die Seahawks erhielten eine weitere 15-Yard-Strafe, und Brady versammelte sein Team ein letztes Mal und schrie seine Mitspieler an, konzentriert zu bleiben.

Dann machte er den letzten Snap zu und kniete nieder.

Als die Spieler der Patriots eine Kühlbox mit Eiswasser auf Belichick warfen und jubelnd auf das Spielfeld rannten, zog sich Brady in die Endzone zurück, um allein zu sein. Er kniete nieder und umklammerte den Ball. Noch nie hatte ein Team nach einem Zehn-Punkte-Rückstand im vierten Viertel einen Superbowl gewonnen. Um das zu schaffen, hatte Brady in dem, was Peter King später als „das beste Viertel seines Lebens“ bezeichnen sollte, 53 und 74 Yards lange Touchdown-Läufe inszeniert. Brady neigte den Kopf und genoss den Moment, als er plötzlich von jemandem unterbrochen wurde, der in seinen persönlichen Bereich eintrat. Als Brady die Stollenschuhe der Person sah, blickte er auf und erkannte Richard Sherman, der ihn zuvor in der Woche beschimpft hatte. Brady wäre lieber allein geblieben, stand aber dennoch auf und schüttelte ihm die Hand.

„Du bist ein großartiger Spieler“, sagte Sherman.

Brady nickte.

37

NEW ENGLAND GEGEN ALLE

Als Julian Edelman bei der Verleihung der Lombardi Trophy neben Gronkowski auf der Bühne stand, beugte er sich über das Geländer und reichte seinem Vater die Hand. „Wir haben es geschafft, Dad", sagte er zu ihm. „Wir haben es geschafft."

Frank Edelman, der das Trikot seines Sohnes trug und weinte, ergriff die Hand.

„Ich liebe dich", sagte Julian und hatte einen Kloß im Hals. „Ohne dich wäre ich nicht hier."

Belichick stellte sich hinter Edelman und legte seine Arme um ihn.

„Coach, danke, dass Sie mich in diesen Moment geführt haben", sagte Edelman und drückte ihn.

„Danke, dass du das für mich getan hast", sagte Belichick.

„Du hast mir das beste Jahr meines Lebens geschenkt", sagte Edelman.

„Wisst ihr was?", sagte Belichick und trat einen Schritt zurück, um Edelman und Gronkowski zu betrachten. „Ihr seid da rausgegangen und habt gewonnen."

Gronkowski nickte.

„Es ist ein Spiel der Spieler", sagte Belichick.

„Das ist der beste Mannschaftssieg, an dem ich je beteiligt war", sagte Gronkowski.

Edelman umarmte Belichick erneut und sagte: „Ich würde alles für dich tun."

Die Patriots, die zu Beginn der Saison schon abgeschrieben waren, hatten sich durch karrierebedrohende Verletzungen von Schlüsselspielern, eine zermürbende Reihe von Spielen und durch Anschuldigungen von rivalisierenden Teams durchgesetzt. Trotz aller Widrigkeiten hatten sich die Patriots zu einer ungewöhnlich engen Bruderschaft zusammengeschlossen, und sie strotzten nur so vor Emotionen.

Als Kraft das Podium für die Übergabe der Trophäe erreichte, war Goodell bereits auf seinem Platz und wartete darauf, dem Team zu gratulieren, gegen das seine Behörde ermittelt hatte. In der Aufregung nahm Kraft den NBC-Sprecher Dan Patrick zur Seite. „Kann ich zwanzig Sekunden Sendezeit bekommen?", fragte er.

Patrick lächelte. „Mr. Kraft", sagte er, „ich denke, Sie verdienen so viel Zeit, wie Sie wollen."

Kraft hatte etwas, das er sich von der Seele reden wollte, und er wollte es im nationalen Fernsehen tun. Es war eine große Genugtuung, dass sein Team nach zehn Jahren Pause wieder den Superbowl gewonnen hatte. Und er war begeistert, dass die Mannschaft ein historisches Comeback im vierten Quartal geschafft hatte. Dennoch konnte Kraft nicht anders, als sich zu ärgern, wenn er bedachte, wie viel die Liga getan hatte, um die Chancen seines Teams zu vereiteln. Die NFL hatte acht Ermittler nach Foxborough entsandt und die gesamte Woche vor der Reise des Teams nach Phoenix damit verbracht, Trainer, Spieler und Mitarbeiter zu überprüfen. Gleichzeitig hatte die Liga falsche und aufrührerische Informationen an die Presse weitergegeben und damit die Medien weiter angeheizt. Das war verdammt lächerlich, fand Kraft. Während sich die Seahawks auf das Spiel gegen die Patriots vorbereiteten, mussten sich Belichick, Brady und der Rest der Organisation gegen eine von den Rivalen ausgeheckte Untersuchung wehren.

„Ich bin hier, um die Lombardi-Trophäe an die New England Patriots zu überreichen", sagte Patrick, „der Commissioner der National Football League, Roger Goodell."

Buhrufe übertönten seine Stimme.

„Wow!", sagte Goodell und ignorierte den Lärm. „Was für eine Nacht. Herzlichen Glückwunsch an beide Teams. Aber vor allem gratuliere ich den Patriots und ihren Fans."

Als Goodell die Trophäe an Kraft überreichte, gingen die lautstarken Buhrufe sofort in euphorischen Jubel über. Goodell trat in den Hintergrund, und Kraft wandte sich an die Kamera, während Patrick das Mikrofon hielt.

„An alle Patriots-Fans da draußen", sagte Kraft, „wo auch immer ihr seid, dies ist unsere vierte Superbowl-Meisterschaft in den letzten 14 Jahren. Die erste, den wir gewonnen haben, war für mich etwas ganz Besonderes, weil es zu einer Zeit stattfand, in der es in unserem Land sehr viel bedeutete. Ich hätte nie gedacht, dass sich eine andere Trophäe so besonders anfühlen könnte."

Kraft hielt den Lombardi hoch.

„Aber die hier schon!", sagte er.

Die Patriots-Fans jubelten lautstark.

„Und jeder echte Patriots-Fan versteht das", so Kraft weiter. „Ich möchte mich bei dem großartigen Trainerstab und den Spielern bedanken, denn wir sind alle Patriots. Und heute Abend sind die Patriots einmal mehr Weltmeister."

Unter Jubel übergab Kraft die Trophäe an Belichick, der ans Mikrofon trat.

„Ich bin so stolz auf all diese Spieler", sagte Belichick mit brüchiger Stimme. „Ich liebe diese Spieler."

Belichick überreichte Brady die Trophäe.

Patrick teilte Brady mit, dass er zum Superbowl MVP ernannt worden war.

Brady, der mental erschöpft war, nahm die Nachricht mit einem Achselzucken zur Kenntnis. Er hatte gerade zwei der schwierigsten Wochen seines Lebens hinter sich. Seine Integrität war angezweifelt und er war weithin verspottet worden. „Ich möchte meiner Familie und all meinen Freunden danken, die mich unterstützt haben", sagte er und umklammerte die Lombardi-Trophäe, während ihm die Tränen in die Augen schossen. „Alle meine Teamkollegen. Ich liebe euch, Leute. Das ist für euch."

Als Dan Patrick Brady mitteilte, dass er aufgrund seiner Ernennung zum Superbowl MVP einen neuen kirschroten Chevy Colorado mit Doppelkabine erhalten würde, sagte Brady ihm, er solle die Schlüssel Malcolm Butler geben. Der Rookie, so Brady, habe den Truck verdient.

Es war ein triumphales Ende der emotionalsten Saison in der Ära Brady-Belichick. Das Ganze gipfelte darin, dass die beiden zusammen mit Terry Bradshaw und Chuck Noll von den Steelers das einzige Quarterback-Coach-Tandem waren, das vier Superbowls gewann. Und Brady war erst der dritte Quarterback mit vier Lombardi-Trophäen, gleichauf mit Bradshaw und Joe Montana.

Vor mehr als 55 Millionen amerikanischen Haushalten – so viele wie noch nie – und mehr als 161 Millionen Zuschauern hatte Brady eine Superbowl-Performance hingelegt, die ihresgleichen suchte – er brachte 37 von 50 Pässen für 328 Yards und 4 Touchdowns an. „Es untermauerte das Argument, dass Brady, der bereits auf der Liste der besten Quarterbacks der Geschichte steht, tatsächlich der größte aller Zeiten ist", erklärte Sports Illustrated. Die New York Times nannte den Superbowl XLIX „Bradys Quintessenz". Und der Offensivkoordinator der Patriots, Josh McDaniels, sagte der Presse hinterher: „Ich trainiere seit 14 Jahren, und ich habe noch nie jemanden gekannt, der mehr mentale Stärke hat. Es war ein passendes Ende für ihn."

Doch als Brady auf der Pressekonferenz nach dem Spiel gefragt wurde, wie er sein eigenes Vermächtnis einschätzen würde, lehnte er ab. „Nein, das werde ich nicht tun", sagte er. „Ich habe noch eine Menge Football vor mir."

Am Tag nach dem Superbowl in Phoenix wurde Boston von einem Schneesturm heimgesucht, bei dem mehr als ein Meter Schnee fiel. Das hielt die Stadtverwaltung jedoch nicht davon ab, die berühmten amphibischen „Duck Boats" im Stil des Zweiten Weltkriegs hervorzuholen und eine große Siegesparade für die Patriots zu veranstalten. Fans aus ganz Neuengland strömten in die Innenstadt Bostons, bildeten riesige Menschenmassen entlang der Parade-Route und riefen stolz „Bray-dee, Bray-dee" und „Bill, Bill, Bill", während sie Schilder mit der Aufschrift hochhielten: „LASS DIE LUFT RAUS!"

Schneeflocken wehten durch die Luft, als Bauarbeiter auf dem Prudential Center eine Patriots-Flagge an einem riesigen Kran befestigten und sie über dem Startpunkt der Parade herabließen. Im Führungsboot feuerte Kraft die Menge an, indem er die Lombardi-Trophäe in der

Hand hielt und die Faust in die Luft stieß. Unter den Klängen von Stevie Wonders „Sir Duke“ bewegte sich die Prozession der Boote auf Rädern die Boylston Street hinunter, durch den Copley Square, am Boston Common vorbei zur Tremont Street und weiter zum City Hall Plaza. Die Fans jubelten, als Belichick sich eine Patriots-Pom-Pom-Mütze aufsetzte, Gronkowski tanzte und Malcolm Butler sich verbeugte, um den Gruß einer Gruppe von College-Studenten auf einem Schneehügel entgegenzunehmen.

Edelman trug eine dunkle Sonnenbrille und seinen Grizzly-Adams-Bart und nahm von einer jungen Frau ein handgefertigtes Schild mit der Aufschrift „YOU HAD ME AT HELLO“ entgegen. Dann kletterte er auf das Dach seines Duck Boats, zog seinen Pullover aus und hob eine Fahnenstange. Edelman trug nur ein T-Shirt und schwenkte die Fahne der Patriots, als wollte er eine Revolution anführen. Auf den Straßen herrschte eine euphorische Stimmung.

Für Edelman, Gronkowski, Butler und praktisch jeden anderen Spieler war es die erste Parade in Boston. Für Brady war es die vierte. Brady, der nicht mehr jung, ledig und sorglos war, verbrachte die meiste Zeit der Fahrt mit dem Duck Boat damit, seinen Sohn im Arm zu halten und den Moment in sich aufzunehmen.

Im Gegensatz zu seinen Mannschaftskameraden hatte Brady so viel mehr im Kopf, so viel mehr lastete auf seinen Schultern und so viel mehr Verantwortung hatte er zu tragen. Er war mit einer der bekanntesten und erfolgreichsten Frauen der Welt verheiratet. Er hatte drei Kinder. Er hatte sein eigenes Unternehmen. Er war der beste Spieler in der beliebtesten Sportart Amerikas. Sein Prominentenstatus war dem von Rockstars und Hollywood-Schauspielern ebenbürtig. Und er war das Ziel der intensivsten NFL-Untersuchung in der Geschichte der Liga.

Als die Parade zu Ende war, reiste Belichick nach New York, um in David Lettermans Show aufzutreten, die Spieler machten mit ihren Saisonplänen weiter, Kraft bereitete sich darauf vor, im Prozess gegen Aaron Hernandez auszusagen, und Brady rüstete sich, um für seinen Ruf zu kämpfen.

Ted Wells und sein Team hatten eine funktionierende Theorie entwickelt, um den Luftdruckverlust in den Bällen der Patriots im

AFC-Meisterschaftsspiel zu erklären. Im Mittelpunkt der Theorie standen zwei Angestellte der Patriots – der Ausrüstungsassistent John Jastremski und der Umkleideraumwächter Patrick McNally.

Wells bestätigte, dass die Spielleitung die Bälle inspiziert und bescheinigt hatte, dass sie etwa drei Stunden vor dem Anpfiff ordnungsgemäß aufgepumpt waren. Aufnahmen der Sicherheitskamera außerhalb der Umkleidekabine der Offiziellen zeigten, dass McNally die Bälle aus der Umkleidekabine der Offiziellen entfernt hatte, um sie kurz darauf auf das Spielfeld zu bringen. Unterwegs hielt McNally an einer Toilette am Ende des Stadiontunnels an. Etwa neunzig Sekunden später tauchte er auf und ging auf das Spielfeld, wo er die Bälle ablegte.

Ein Physiker, der als Sachverständiger für Wells tätig war, kam zu dem Schluss, dass der Luftverlust in den Bällen der Patriots nicht ausschließlich auf die Wetterbedingungen zurückzuführen war und wahrscheinlich auch ein menschliches Eingreifen erforderte. Wells betrachtete den neunzigsekündigen Boxenstopp auf der Toilette als eine Gelegenheit für menschliches Eingreifen. Bei der Befragung bestand McNally jedoch darauf, dass er die Luft nicht aus den Bällen gelassen habe. Er habe den Waschraum aus demselben Grund betreten wie alle anderen auch.

Wells befragte auch den Schiedsrichter, der sagte, dass es nicht dem Protokoll entsprach, dass McNally die Bälle auf das Spielfeld brachte, ohne vorher die Offiziellen zu informieren. Ein Wachmann, der vor der Umkleidekabine der Patriots positioniert war, sagte den Ermittlern jedoch, dass es für McNally „Routine war, ohne Begleitung mit den Spielbällen zum Spielfeld zu gehen." Ein zweiter Zeuge bestätigte den Bericht des Wachmanns.

McNally und Jastremski übergaben auch ihre Textnachrichten und E-Mails. Es gab nichts, was sie mit dem AFC-Meisterschaftsspiel in Verbindung gebracht hätte. Zuvor hatten die Schiedsrichter in einem Spiel gegen die Jets die Bälle mit Luft gefüllt und damit versehentlich zu stark aufgepumpt. Nach dem Spiel hatte Jastremski McNally eine SMS geschickt: „Die Schiedsrichter haben uns verarscht ... Ein paar von ihnen [die Bälle] hatten fast 16 (PSI)." Obwohl es nicht Jastremskis Schuld war, hatte Brady sich bei ihm lautstark darüber beschwert, wie schrecklich sich die Bälle angefühlt hätten. Jastremski teilte Bradys Unmut mit McNally, der sarkastisch zurückschrieb: „Scheiß auf Tom", und Jastremski aufforderte, „den Ball aufzublasen, damit er wie ein Rugbyball aussieht, damit Tom sich vor Sonntag daran gewöhnen kann."

Das SMS-Geplänkel zwischen McNally und Jastremski war zuweilen frech und oft komisch. In einem Text nach dem Jets-Spiel bezeichnete sich McNally sogar scherzhaft als „der Deflator." In Wirklichkeit war McNally jedoch nur ein Teilzeitmitarbeiter, der keine Verantwortung für die Vorbereitung der Spielbälle trug. Er hatte auch kaum Gelegenheit, sie zu manipulieren, außer vielleicht bei seinem Zwischenstopp auf der Toilette. Bei der Befragung durch sehr erfahrene Anwälte, die es gewohnt waren, mit ausgeklügeltem, wirtschaftskriminellem Verhalten umzugehen, blieben McNally und Jastremski konsequent – sie hatten nie die Luft aus den Spielbällen für das AFC-Meisterschaftsspiel gelassen.

Tom Brady hatte seine Vorbildfunktion immer ernst genommen. In den frühen 2000er-Jahren, als er zum ersten Mal mit dem Ruhm in Berührung kam, verbrachte Brady den größten Teil einer Woche in New York City, um für seinen ersten Auftritt bei Saturday Night Live zu proben. Eines Abends luden ihn ein paar Bekannte zu einem Abend in der Stadt ein. Jung, ledig und auf der Höhe der Zeit, dachte sich Brady: Warum nicht? Doch in letzter Minute änderte er seine Meinung. Er konnte tausend gute Entscheidungen treffen, dachte er, und wenn er eine schlechte Entscheidung traf, würde man sich an diese erinnern. Schließlich verbrachte er die Nacht allein in seinem Hotelzimmer in Midtown Manhattan.

Bradys Entscheidung in dieser Nacht war ein Beispiel dafür, warum der größte Star der NFL 15 Jahre lang nie in Schwierigkeiten geraten war oder in seinem Privatleben etwas getan hatte, das seine Familie, die Patriots oder die Liga in Verlegenheit gebracht hätte.

Ted Wells wusste nicht, dass Brady die Nacht allein in seinem Hotelzimmer verbracht hatte. In Wirklichkeit kannte Wells Brady überhaupt nicht. Aber man hatte ihm gesagt, dass Brady einen guten Ruf hatte und ein vorbildliches Mitglied der NFL-Gemeinschaft war.

Einige Tage vor der geplanten Befragung Bradys teilte Wells Bradys Agenten mit, dass er das Mobiltelefon seines Klienten sehen wolle. Wells interessierte sich insbesondere für alle Textnachrichten, E-Mails und Telefonanrufe zwischen Brady und Jastremski sowie zwischen Brady und McNally, die auf den September 2014 zurückgingen.

Als Brady von der Anfrage erfuhr, willigte er ein und sagte, er habe nichts zu verbergen. Nach dem Tarifvertrag war die Liga jedoch nicht befugt, einen Spieler zu zwingen, sein Telefon oder dessen Inhalt herauszugeben. Als die Liga gegen Quarterback Brett Favre ermittelte, weil er einem Angestellten der New York Jets unzüchtige Nachrichten und Fotos von sich geschickt hatte, hatte Favre sein Telefon nicht herausgegeben. Obwohl Brady bereit war, sein Telefon auszuhändigen, um seinen Namen reinzuwaschen, riet ihm sein Agent, Don Yee, dringend, Wells' Bitte abzulehnen. Bradys Telefon war voll mit persönlichen Mitteilungen. Und die Liga hatte schließlich einen schrecklichen Ruf für undichte Stellen. Brady befolgte seinen Rat.

Am 2. März schrieb Yee Wells eine E-Mail und teilte ihm mit, dass sein Antrag geprüft worden sei. „Aber", sagte Yee ihm, „wir lehnen das höflich ab."

Wells schrieb zurück und forderte Yee auf, es sich noch einmal zu überlegen.

Am 6. März traf Brady Wells und sein Team im Gillette Stadium. Yee und Bradys Anwalt waren dabei. Zu Beginn fragte Wells Yee, ob sie es sich anders überlegt hätten.

„Wir lehnen das höflich ab", sagte Yee.

Er gab dazu keine Erklärung ab, und Wells verlangte auch keine. Wells informierte Brady auch nicht darüber, dass er bestraft werden würde, wenn er seine persönliche elektronische Kommunikation nicht herausgab.

Aber im Kopf hatte sich Wells bereits ein Bild von Brady gemacht, bevor er überhaupt seine erste Frage gestellt hatte. Wells sagte später unter Eid über Yee's Rat an Brady aus: „In meiner fast vierzigjährigen Praxis war das eine der schlechtesten Entscheidungen, die ich je erlebt habe, weil sie seiner [Toms] Glaubwürdigkeit geschadet hat."

Das Gespräch verlief reibungslos. Brady beantwortete alle Fragen und erklärte unmissverständlich, dass er in keinerlei Bemühungen um das Ablassen der Luft aus den Bällen verwickelt gewesen sei. Er wusste auch nichts von einem Versuch, die Luft aus den Bällen zu lassen, der von einem anderen Mitglied der Patriots unternommen wurde.

Nach Bradys Befragung erklärte Wells später: „Er beantwortete jede Frage, die ich ihm stellte. Er hat sich nicht geweigert, eine Frage zum Hin und Her zwischen Mr. Brady und meinem Team zu beantworten. Er war absolut kooperativ."

Zur gleichen Zeit hatte Wells Belichick befragt, der bestätigte, seiner Meinung nach habe Brady nichts mit der Veränderung an den Spielbällen zu tun gehabt. Wells und sein Team hatten niemanden befragt, der andeutete, dass Brady an einem Versuch, den Luftdruck der Bälle zu verändern, beteiligt war oder davon wusste.

Doch Wells kam nicht darüber hinweg, dass Brady sein Telefon nicht aushändigen wollte.

Abgesehen von den Ermittlungen der Liga und der Verurteilung von Aaron Hernandez wegen Mordes ersten Grades zu lebenslanger Haft ohne Bewährung, war das Frühjahr für die Patriots eine Zeit, in der sie sich darüber klar werden mussten, dass ihre beispiellose Kontinuität sie in den Annalen der NFL-Geschichte hervorgehoben hatte. Seit Brady 2001 Quarterback geworden war, war die Gewinnquote der Patriots (.759) die beste in der NFL. Der Kern dieses Siegerteams – Robert und Jonathan Kraft, Bill Belichick und Tom Brady – hatte sich bereits gebildet, als Brady am 16. April 2000 ausgewählt wurde. Damals war es noch unvorstellbar, dass die vier 15 Jahre später gemeinsam im Bostoner Fenway Park stehen würden, jeder mit einer der vier Lombardi-Trophäen, die sie gemeinsam gewonnen hatten.

Doch am 13. April 2015 forderte der Red-Sox-Sprecher die Zuschauer auf, den viermaligen Superbowl-Champion zu begrüßen. Plötzlich tauchten Robert Kraft, Jonathan Kraft, Bill Belichick und Tom Brady hinter einer riesigen amerikanischen Flagge auf, die über dem Grünen Monster drapiert war. Mit ihren Trophäen in der Hand verließen die vier triumphierend das linke Feld, während „Beautiful Day" von U2 erklang und die Fans der Red Sox jubelten.

Als sie das Spielfeld erreichten, übergab der Bruder eines Opfers des Boston-Marathons Brady einen Baseball. Als Brady auf den Hügel trat und sich darauf vorbereitete, den ersten Pitch zu werfen, bildeten die Krafts und Belichick einen Halbkreis hinter ihm. Bradys Wurf landete im Handschuh von Red-Sox-Star David Ortiz, der daraufhin zum Hügel lief und mit den vier anderen Männern für Fotos posierte, während die Fenway-Anhänger sie mit Jubel und langen stehenden Ovationen überschütteten.

In Boston waren die Patriots die Könige. Kraft war der beliebteste Sportvereinsbesitzer der Stadt. Belichick galt neben dem legendären Celtics-Coach Red Auerbach als der beste Trainer aller Zeiten. Und kein Sportler in irgendeiner Sportart aus irgendeiner Zeit war so beliebt wie Brady. Er wurde mehr verehrt als Ted Williams, Larry Bird oder Bobby Orr und wurde nun mit Paul Revere verglichen, und seine Popularität kam immer mehr der von JFK gleich. Die laufende NFL-Untersuchung hatte die Treue der New Englander zu Brady und den Patriots nur noch verstärkt.

Doch die Stigmatisierung durch die Menschen außerhalb New Englands hatte Brady zutiefst verletzt. Diese ganze Erfahrung hatte ihn dazu veranlasst, sich mehr nach innen zu wenden, seinen Kreis zu verkleinern und sich noch enger mit der Familie und seinen vertrautesten Freunden zu umgeben. Der größte Star der amerikanischen Sportszene sehnte sich nach Privatsphäre.

Eine Woche, nachdem er die Fans der Red Sox im Fenway Park angefeuert hatte, blieb Brady zurück, als der Rest des Teams nach Washington reiste, um von Präsident Barack Obama geehrt zu werden. Es war das erste Mal, dass er nach einem Superbowl-Sieg nicht an einer Zeremonie im Weißen Haus teilnahm, und seine Gründe dafür waren persönlicher, nicht politischer Natur. Unter anderem kündigte seine Frau in dieser Woche ihren Rückzug vom Laufsteg an. Ihre letzte Show war in Sao Paulo. Nach zwanzig Jahren in der Branche sagte Bündchen: „Es ist ein Privileg, aufhören zu können." Mit 34 Jahren wollte sich das bestbezahlte Supermodel der Geschichte anderen Interessen widmen, und Brady wollte bei einem so bedeutenden Ereignis für sie da sein.

Flankiert von mehr als 125 Spielern und Mitarbeitern der Patriots lobte Präsident Obama das Team.

„Selbst diejenigen von uns, die andere Teams anfeuern, sind der Meinung, dass die Patriots die beste Mannschaft sind, die es je im Profisport gegeben hat", sagte er. „Es ist eine seltene Sache, diese Art von konstanter Exzellenz aufrechtzuerhalten."

Der Präsident warf Belichick, der Anzug und Krawatte trug, einen Blick über die Schulter zu und verzog keine Miene.

„Ich bin besonders dankbar dafür, dass der Trainer sich heute in Schale geworfen hat", sagte er.

Kraft grinste. Die Spieler brachen in Gelächter aus.

„Wir hatten eine Schere bereit, falls er die Ärmel abschneiden wollte", so Obama weiter.

Belichick lachte.

„Formelle Hoodies sind erlaubt", sagte Obama.

Wenige Augenblicke später überreichte Kraft dem Präsidenten ein Patriots-Trikot. Dann überließ Kraft das Podium Belichick.

„Von Präsident Obama so herzlich empfangen zu werden, die Gelegenheit zu haben, ihm die Hand zu schütteln und mit ihm zu sprechen, einen Gruß auszutauschen, gibt einem das Gefühl, so patriotisch zu sein, wie man sich nur fühlen kann", sagte Belichick. „Ich bin stolz darauf, Amerikaner zu sein. Ich bin stolz, im Weißen Haus zu sein. Ich bin stolz, ein New England Patriot zu sein."

Nachdem Belichick und die Patriots 2007 für das unzulässige Filmen der Jets bestraft worden waren, hatte die NFL die Beweislastnorm für die Untersuchung angeblicher Verstöße gegen die Integrity ft he Game Policy der Liga gesenkt. Auf Drängen von Goodell wurde die seit Langem geltende Vorschrift der „eindeutigen und überzeugenden Beweise" in eine „überwiegende Mehrheit der Beweise" geändert. Nach dem neuen Standard musste die Liga nur feststellen, dass eine mehr als 50-prozentige Wahrscheinlichkeit besteht, dass gegen eine Regel verstoßen wurde – also „eher wahrscheinlich als unwahrscheinlich" war.

Diese Änderung hatte erhebliche Auswirkungen auf die Deflategate-Untersuchung. Am 6. Mai 2015 veröffentlichte die NFL den Wells-Bericht, ein 139-seitiges Dokument, das zu dem Schluss kam, dass es „eher wahrscheinlich als unwahrscheinlich" war, dass das Ausrüstungspersonal der Patriots – McNally und Jastremski – „an einem absichtlichen Versuch beteiligt war, Luft aus den Spielbällen der Patriots abzulassen, nachdem die Bälle vom Schiedsrichter untersucht worden waren.“

Obwohl es keine Aussage von irgendjemandem gab, die darauf hindeutete, dass Brady das Ausrüstungspersonal angewiesen oder auch nur vorgeschlagen hatte, die Luft aus den Bällen unter den Grenzwert von 12,5 PSI abzulassen, kam Wells zu dem Schluss, dass „es wahrscheinlicher ist, dass Brady zumindest allgemein von den unangemessenen Aktivitäten von McNally und Jastremski wusste, die mit dem Ablassen von Luft aus den Spielbällen der Patriots zu tun hatten.“

Allgemein wusste? Die Spielergewerkschaft und Bradys Agent waren wütend. In der Geschichte der NFL wurde noch nie ein Spieler bestraft, weil er etwas allgemein wusste. Aus Sicht der Gewerkschaft käme dies einer Suspendierung eines Spielers gleich, der allgemein weiß, dass ein Mannschaftskamerad leistungssteigernde Mittel nimmt. Aber in diesem Fall war die Gewerkschaft der Ansicht, dass selbst diese Analogie nicht passte, da Brady gesagt hatte, er wisse nichts davon, dass McNally oder Jastremski etwas Unrechtes getan hätten.

Mit der Stellungnahme von Wells in der Hand musste Goodell entscheiden, ob und welche Strafe angemessen war. Er begann damit, die Patriots mit einer Geldstrafe in Höhe von 1 Million Dollar zu belegen und dem Team die Draft-Wahl für die erste Runde 2016 sowie die Draft-Wahl für die vierte Runde 2017 zu entziehen. Außerdem verlangte er von den Patriots, Jastremski und McNally zu suspendieren.

Doch Goodell sparte sich seine härteste Strafe für Brady auf und suspendierte ihn für die ersten vier Spiele der Saison 2015, was einem Gehaltsverlust von 2 Millionen Dollar entsprach.

Kraft war wütend. Seiner Meinung nach wäre Deflategate ohne Spygate nie passiert. Eine frühere Sünde hatte einer fadenscheinigen Behauptung eines eifersüchtigen Rivalen über Luftdruck Nahrung gegeben. Und die Liga hatte sich an dem Betrug beteiligt. Die vernichtendste Behauptung der gesamten Deflategate-Kontroverse war die Behauptung Chris Mortensens, die „NFL habe herausgefunden, dass 11 der Patriots-Bälle, die im AFC-Titelspiel am Sonntag verwendet wurden, nach Angaben der Liga um jeweils 2 lbs zu wenig Luft hatten." Jemand von der NFL fütterte Mortensen mit diesen aufrührerischen Informationen, die einen Schatten auf die Patriots vor dem Superbowl warfen. Eine der wichtigsten Schlussfolgerungen des Wells-Berichts lautete, dass Mortensens Informationen gefälscht waren. Nur ein einziger Ball der Patriots lag 2 lbs unter dem von der Liga vorgeschriebenen Mindestluftdruck, und es ist unklar, ob dieser Ball es überhaupt auf das Spielfeld geschafft hatte. Obwohl die Patriots den NFL-Justiziar Jeffrey Pash und seine Mitarbeiter mehrfach aufforderten, den Sachverhalt öffentlich richtigzustellen, taten sie dies nie. Nicht direkt nach Mortensens Tweet. Nicht zwei Wochen vor dem Superbowl. Auch nicht, nachdem der Wells-Bericht veröffentlicht wurde. In der Zwischenzeit war Bradys Erbe befleckt worden.

Das Vorgehen der Liga brachte Goodell direkt in Konflikt mit Kraft. Kraft war jahrelang Goodells größter Fürsprecher, angefangen bei seinen Bemühungen, ihm zu helfen, Commissioner zu werden, bis hin zu seiner beherzten Verteidigung Goodells und seines Rufs während seines Umgangs mit dem Fall Ray Rice. Nun behandelte Goodell Brady härter, als er anfangs Rice behandelt hatte.

Instinktiv wollte Kraft zurückschlagen. Einige seiner engsten Freunde ermutigten ihn, genau das zu tun. Einer von ihnen, ein CEO, gab Kraft einen einfachen Rat: „Sag Goodell, er kann dich mal."

Einige von Krafts Söhnen, die nicht an der Mannschaft beteiligt waren, sahen das ähnlich. Ihr Vater hatte sich immer bemüht, die Liga an die erste Stelle zu setzen. Er hatte die Fernsehverträge ermöglicht, die die Liga und ihre Besitzer bereichert hatten. Er hatte im Tarifkonflikt vermittelt und die Besitzer und Spieler zusammengebracht, um beide Seiten vor einer lähmenden Aussperrung zu bewahren. Und er hatte seinen Kopf hingehalten, um Goodell nach der Veröffentlichung des Aufzugsvideos, auf dem Rice seine Verlobte schlug, öffentlich zu verteidigen. Nach alldem schien es für ihren Vater an der Zeit zu sein, eine Seite aus dem Spielbuch des ehemaligen Raiders-Besitzers Al Davis zu nehmen, der die Liga bei mehr als einer Gelegenheit vor Gericht gebracht hatte.

Kraft hatte jedoch kein Interesse daran, die Liga zu verklagen. Stattdessen griffen die Patriots den Wells-Bericht aggressiv an, indem sie eine Website wellsreportcontext.com einrichteten und eine 20.000 Wörter umfassende Widerlegung der Schlussfolgerungen von Wells veröffentlichten. Der Anwalt der Patriots, Daniel Goldberg, nahm die von der Liga angeführten wissenschaftlichen Beweise auseinander und bezeichnete Wells' Ergebnisse als „unvollständig, unrichtig und ohne Kontext." Goldberg beschuldigte Wells auch, Beweise manipuliert zu haben, um Brady schlecht aussehen zu lassen. Zur gleichen Zeit veröffentlichten Wissenschaftler des American Enterprise Institute einen vernichtenden Bericht, der die Wissenschaftler, auf die sich Wells bei seinen Erkenntnissen gestützt hatte, auseinandernahm.

In der Zwischenzeit wurde es zu einem Freizeitsport in New England, Goodell zu verhöhnen. Fans riefen in Radio-Talkshows an und wetterten gegen ihn. Die Journalisten zerrissen ihn. Bei Spielen der Red Sox wurden „Free Tom Brady"-Sprechchöre üblich. Sogar die Generalstaatsanwältin von Massachusetts, Maura Healey, meldete sich zu Wort: „Ich wünschte, die NFL würde ein Zehntel der Zeit, die sie dafür aufwendet, für Themen wie häusliche Gewalt und sexuelle Übergriffe verwenden. Ich bin nur erstaunt über die Tatsache, dass jemand wie Ray Rice eine Sperre von zwei Spielen erhält, während Tom Brady wegen entleerter Bälle mit einer Sperre von vier Spielen rechnen muss. Das ergibt für mich keinen Sinn."

Wells sah sich einer derartigen Gegenreaktion ausgesetzt, dass er den außergewöhnlichen Schritt unternahm, seine eigene Glaubwürdigkeit öffentlich zu verteidigen. In der Zwischenzeit legte die Spielergewerkschaft im Namen Bradys Berufung ein und focht die Sperre von vier Spielen an. Nach dem Tarifvertrag hatte der Commissioner jedoch das Recht, als Anhörungsbeauftragter zu fungieren. Goodell ernannte sich daraufhin selbst zum Schiedsrichter in Bradys Berufungsverfahren.

Als das Patt eskalierte, begann Kraft, sich zu fragen, ob es wohl klug war, eine solche öffentliche Auseinandersetzung mit der Liga fortzusetzen. Es war nicht so, dass er nicht kämpfen wollte. Das Problem bestand darin, dass der Tarifvertrag dem Commissioner die Befugnis gab, als Richter und Jury in Fragen der Spielerdisziplin zu handeln.

Wenn er in den Kampf zog, wollte Kraft sicher sein, dass er gewinnen könnte. Aber in diesem Fall war der Commissioner ein Zar. Goodell hatte die gesamte Autorität. Kraft könnte in Berufung gehen. Er könnte klagen. Doch am Ende würde sich Goodell durchsetzen.

Es gab noch andere Faktoren zu berücksichtigen. Die Patriots waren ein privates Unternehmen. Als alleiniger Besitzer vertrat Kraft stets die Philosophie, das Beste für die langfristige Zukunft des Unternehmens zu tun, auch wenn das bedeutete, kurzfristige Einbußen hinzunehmen. Wenn er gegen Goodell vorging, würde das den Patriots-Fans gefallen. Dies würde jedoch Krafts Fähigkeit schmälern, innerhalb der Liga zu arbeiten, was für ihn auf lange Sicht wertvoller war.

Widerwillig akzeptierte Kraft die von Goodell verhängte Geldstrafe von 1 Million Dollar und den Verlust von Draft Picks. „Ich möchte die Rhetorik der letzten vier Monate nicht fortsetzen", sagte er in einer öffentlichen Erklärung am 19. Mai 2015. „Ich werde widerwillig akzeptieren, was er uns auferlegt hat, und diesen Dialog nicht fortsetzen, und wir werden nicht in Berufung gehen."

Brady war nicht glücklich. Für ihn war dies eine persönliche Angelegenheit. Eine neue nationale Umfrage von ESPN/ABC News ergab, dass 54 Prozent aller Fans und 69 Prozent aller überzeugten Fans glaubten, dass Brady betrogen habe. Es ärgerte Brady, dass die Liga ihm das antat.

„Ich könnte da rausgehen und kämpfen", sagte Kraft zu ihm. „Aber das wird keinen Unterschied machen, denn Goodell ist der Richter und die Jury."

Brady hatte nicht die Absicht, einen Rückzieher zu machen. Sein Ruf stand auf dem Spiel. Alles, was er jemals erreicht hatte, wurde infrage gestellt. Und nachdem die Liga mehr als 8 Millionen Dollar ausgegeben und die gründlichste Untersuchung in der Geschichte der NFL durchgeführt hatte – mit mehr als sechzig Zeugen, die über einen Zeitraum von fünf Monaten befragt wurden – konnte sie nicht beweisen, dass irgendjemand in der Organisation der Patriots, geschweige denn Brady, vor dem AFC-Meisterschaftsspiel Luft aus den Bällen gelassen hatte.

Die Spielergewerkschaft reichte einen Antrag ein, um Goodell als Schiedsrichter in Bradys Berufungsverfahren abzusetzen. Goodell hatte zuvor darauf verzichtet, zu schlichten, als Ray Rices Suspendierung angefochten wurde, und die Gewerkschaft wollte nichts anderes für Brady.

„Sie können nicht rechtmäßig eine Anhörung schlichten, in der Sie ein Hauptzeuge sind", argumentierte Bradys Anwaltsteam gegenüber Goodell. „Sie können nicht rechtmäßig eine Angelegenheit schlichten, die die Kompetenz und Glaubwürdigkeit von NFL-Mitarbeitern betrifft."

Unbeirrt lehnte Goodell Bradys Antrag ab und bestand darauf, Bradys Berufung anzuhören. Für Juli wurde eine Anhörung anberaumt, um festzustellen, ob Bradys Sperre von vier Spielen reduziert werden sollte. Goodell lehnte auch Bradys Antrag ab, den Chefsyndikus der NFL, Jeffrey Pash, zu seiner Rolle in der Untersuchung und seiner Mitwirkung an der Erstellung des Abschlussberichts von Wells zu befragen. Goodell teilte Brady mit, dass Pash nicht zu einer Aussage gezwungen werden könne. Auch Bradys Antrag auf Einsicht in alle Dokumente, die die Untersuchung der Liga betreffen, wurde abgelehnt.

Brady befand sich in der unmöglichen Situation, beweisen zu müssen, etwas nicht getan zu haben. Goodell war in der wenig beneidenswerten Lage, über den erfolgreichsten Spieler der Liga zu urteilen. Am 23. Juni 2015 um 9:30 Uhr standen sich die beiden in einem Konferenzraum des NFL-Hauptquartiers gegenüber. Unter den Augen von zwanzig Anwälten und einem Stenografen führte Goodell den Vorsitz.

„Wir alle wissen, warum wir heute Morgen hier sind", begann Goodell. „Dies ist die Folge des Einspruchs Tom Bradys."

Brady beantwortete unter Eid direkte Fragen.

„Da Sie heute hier sitzen", sagte sein Anwalt, „möchte ich Sie bitten, sich ganz klar auszudrücken. Haben Sie jemals irgendjemandem eine Anweisung oder Autorisierung oder irgendetwas für das AFC Championship Game gegeben, den Luftdruck der Bälle zu verändern, ändern oder senken?"

„Absolut nicht", sagte Brady.

„So wie Sie jetzt hier sitzen, glauben Sie Herrn Jastremski immer noch, wenn er Ihnen sagt, dass er nichts davon weiß und nichts getan hat?“

„Ja.“

Vor der Anhörung hatte Goodell erfahren, dass Bradys Telefon vernichtet worden war, nachdem Wells Zugang dazu verlangt hatte. Goodell fand das verdächtig. Brady erklärte, dass er jedes Mal, wenn sein Mobilfunkanbieter ein neues Modell herausbrachte, eines kostenlos erhielt. Es war ein Vorteil, Tom Brady zu sein. Und jedes Mal, wenn er sein Telefon gegen ein neues eintauschte, gab er Anweisungen, das alte Telefon und die SIM-Karte zu vernichten. Auf diese Weise konnte sichergestellt werden, dass niemand Zugang zu den persönlichen Daten auf der Karte hatte – Kontaktinformationen für viele Spieler in der Liga, Familienfotos und so weiter. Bei vier früheren Gelegenheiten hatte Brady diese Sicherheitsvorkehrung beim Upgrade auf ein neues Telefon befolgt.

Bradys Anwalt wies den Kommissar darauf hin, dass die Zerstörung des Telefons nichts mit den Ermittlungen zu tun hatte. Es war nämlich festgestellt worden, dass es nie eine SMS, eine E-Mail oder einen Anruf zwischen Brady und McNally gegeben hatte. Und die gesamte elektronische Kommunikation zwischen Brady und Jastremski war über Jastremski zugänglich gemacht worden.

Goodell blieb skeptisch.

Bradys Anwalt versuchte, die Angelegenheit aus der Welt zu schaffen.

„Erinnern Sie sich, ob in diesen Textnachrichten über Deflation oder Druck oder die Wells-Untersuchung oder irgendetwas anderes gesprochen wurde, an das Sie sich erinnern können?“, fragte sein Anwalt.

„Absolut nicht“, sagte Brady aus.

„Haben Sie jemals mit ihm über Bemühungen gesprochen, die Entleerung von Bällen vor den Ermittlern zu verheimlichen oder etwas anderes?“

„Absolut nicht“, sagte Brady.

Wells sagte ebenfalls aus. Er erklärte, dass die Liga sein Honorar bezahlt habe, dass der Liga-Anwalt Jeff Pash seinen Bericht überprüft und Änderungen vorgeschlagen habe und dass Brady höflich gewesen sei und bei seinem Interview voll kooperiert habe. Wells erklärte auch, dass der größte Vorwurf gegen Brady die Tatsache war, dass er sein Telefon nicht herausgegeben hat.

„Es hat ihm nicht nur geschadet, was die Bewertung seiner Glaubwürdigkeit angeht", sagte Wells aus, „sondern es hat uns auch in eine schwierige Lage gebracht, weil eine Person mit einem vorbildlichen Lebenslauf all die guten Dinge getan hat, die die Leute sagen, und sich dennoch so verhält, dass man annehmen könnte, dass sie etwas verheimlicht und möglicherweise schuldig ist und sich nicht offen zeigt. Es war also wirklich schwer, ihnen die guten Sachen zuzugestehen, wenn er dir im Grunde genommen ins Gesicht schaut und sagt: Ich werde Ihnen mein Telefon nicht geben."

Die Anhörung wurde um 20:27 Uhr vertagt.

Aufgrund von Bradys Aussage unter Eid waren die Spielergewerkschaft und Bradys Anwaltsteam zuversichtlich, dass seine Suspendierung aufgehoben werden würde. Goodell veröffentlichte jedoch eine zwanzigseitige schriftliche Entscheidung, in der er die Suspendierung bestätigte. Goodell ging in seinen Anschuldigungen gegen Brady auch viel weiter als Wells in seinem ursprünglichen Bericht. „Mr. Brady", schrieb Goodell, „hat sich an einem Plan beteiligt, die Spielbälle zu manipulieren, nachdem sie von den Spieloffiziellen für den Einsatz im AFC Championship Game freigegeben worden waren."

Kraft war wütend, als er Goodells Entscheidung sah. Das Ergebnis überraschte ihn nicht im Geringsten, aber die harte Linie, die Godell verfolgte, und die diffamierenden Formulierungen, die er verwendete – insbesondere die Art und Weise, wie er Brady als Intriganten brandmarkte – erzürnten Kraft. Für ihn war es unverständlich, dass die Liga versuchte, den Ruf eines ihrer größten Spieler zu zerstören, ohne dass es Beweise für sein Fehlverhalten gab.

Bradys Agent, Don Yee, nannte das Berufungsverfahren der NFL „eine Farce."

Und die NFL Players Association kritisierte den gesamten Prozess als „Schein-Gerichtsverfahren, dem es an grundlegend fairen Verfahren mangelt."

In Erwartung einer Anfechtung durch die Spielergewerkschaft unternahm die NFL den außergewöhnlichen Schritt, eine Klage bei einem Bundesgericht in Manhattan einzureichen, wo die Anwälte der Liga einen Richter baten, zu bestätigen, dass der Commissioner die Befugnis hat, in Bradys Fall zu schlichten.

Brady hatte es inzwischen satt, seinen Ruf zu den Bedingungen der Liga verteidigen zu müssen. Er war bereit, den Kampf direkt zu Goodell zu tragen. Er beauftragte seine Anwälte, gegen den Commissioner vorzugehen. In der Klage stellten Brady und die Spielergewerkschaft Goodells Autorität infrage und beantragten die Aufhebung der Vier-Spiele-Sperre.

Zurück in Foxborough, berief Kraft eine Pressekonferenz im Gillette Stadium ein und ging auf die Anwälte der Liga los.

„Ich glaube weiterhin an Tom Brady und unterstütze ihn ohne Wenn und Aber", sagte Kraft. „Ich muss mich in erster Linie bei unseren Fans entschuldigen, denn ich habe wirklich geglaubt, dass das, was ich im Mai getan habe, angesichts der tatsächlichen Beweise und der Geschichte der Liga in Disziplinarangelegenheiten, es der Liga viel leichter machen würde, Tom Brady zu entlasten. Leider habe ich mich geirrt."

Kraft hatte darauf gesetzt, dass sich kühlere Köpfe durchsetzen und eine Einigung erzielt würde, die es ermöglicht hätte, Bradys Suspendierung aufzuheben, nachdem er sich dem Berufungsverfahren der Liga unterworfen hatte. Kraft war jedoch überzeugt, dass Goodell durch schlechte Rechtsberatung beeinflusst wurde.

„Ich habe oft gesagt: ‚Wenn man ein Geschäft abschließen will, muss man manchmal die Anwälte aus dem Raum holen'", so Kraft weiter. „Ich hatte gehofft, dass Tom Bradys Anrufung der Liga Roger Goodell die notwendige Erklärung liefern würde, seine Suspendierung aufzuheben. Jetzt hat die Liga die Angelegenheit vor Gericht gebracht, eine Taktik, die nur ein Anwalt empfehlen würde."

Als das Trainingslager Ende Juli eröffnet wurde, bereitete sich Bill Belichick darauf vor, die Saison 2015 mit Jimmy Garoppolo als Quarterback im zweiten Jahr zu beginnen. Brady hatte derweil mit den Folgen seiner Berufung zu kämpfen. Richter Richard M. Berman, der in Bradys Prozess den Vorsitz führte, ließ nicht zu, dass eine der Parteien versiegelte Beweise vorlegte. Als die Spielervereinigung einen Zusatz zu ihrer Klage einreichte, wurden 1.400 Seiten mit E-Mails von Bradys Patriots-Konto zwischen September 2014 und März für Reporter mit einem PACER-Konto (Public Access to Court Electronic Records) zugänglich. Die Hunderte von E-Mails enthielten nichts Belastendes, weshalb die Gewerkschaft sie als Beweismittel zulassen wollte. Aber Bradys banale Mitteilungen über alles Mögliche, von der Farbe seiner Poolabdeckung über seine Golfausflüge bis hin zu seiner Neigung, Freunde als „Babe“ zu bezeichnen, wurden zu Medienfutter. Am 12. August, während Garoppolo die Offensive beim Training in Foxborough leitete, betrat Brady ein Bundesgericht in New York und nahm nur wenige Meter von Roger Goodell entfernt Platz. Etwa 75 Berichterstatter füllten den Gerichtssaal, als Richter Berman die Verhandlung eröffnete. „Ich weiß nicht, was ich von der Feststellung halten soll, dass Tom Brady zumindest allgemein über die Aktivitäten von [Jim McNally und John Jastremski] informiert war“, sagte er zu Beginn.

Die NFL wollte lediglich von Berman die Entscheidung, dass Goodell die Befugnis gehabt hatte, Brady zu suspendieren. Berman stellte jedoch die Fairness des Verfahrens infrage, das zur Suspendierung Bradys geführt hatte.

„Was sind die direkten Beweise, die Mr. Brady belasten?“, fragte Berman den NFL-Anwalt Daniel Nash.

Nash verwies auf die Textnachricht zwischen McNally und Jastremski sowie auf die Telefonate zwischen Jastremski und Brady. „Brady wusste eindeutig davon“, betonte Nash.

Nicht überzeugt, wiederholte Richter Berman seine ursprüngliche Frage.

Nash räumte schließlich ein, dass es keinen „schlagenden Beweis“ gab, der Brady belastete, aber er argumentierte, dass Bradys Weigerung, sein Telefon auszuhändigen, „eindeutig auf eine Schuld schließen lässt.“

Weder Brady noch Goodell sagten vor Berman aus. Alle Fragen des Richters wurden von den Anwälten der beiden Seiten beantwortet. Nach Abschluss der Anhörung führte Richter Berman stundenlange Gespräche mit beiden Seiten und versuchte, eine Einigung zu erzielen. Doch keine Seite war bereit, sich zu bewegen.

Am Morgen des 3. September 2015 hob Richter Berman die Sperre von vier Spielen gegen Brady auf. Berman nannte „ausreichende rechtliche Mängel" in der Klage der NFL gegen Brady und sagte, die Liga habe den Patriots-Quarterback „benachteiligt": „Es gibt keine Richtlinie oder einen Präzedenzfall in der NFL, der die Spieler darauf hinweist, dass sie disziplinarisch bestraft (geschweige denn suspendiert) werden können, wenn sie sich des Fehlverhaltens anderer bewusst sind."

Es war ein überraschender juristischer Sieg für Brady und eine krachende PR-Niederlage für die Liga. „Für seine Arroganz bei der Tom-Brady-Entscheidung zahlt Roger Goodell den Preis", so die Schlagzeile der New York Times. „Ach, Roger", schrieb Michael Powell, „König zu sein ist nicht mehr das, was es einmal war." Die Titelseite der Sports Illustrated zeigte eine Skizze von Brady, wie er triumphierend über Goodell im Gerichtssaal steht, die Fäuste über dem Kopf, unter der Schlagzeile „ELATEGATE".

In New England war das Spiel eröffnet. Der offizielle Twitter-Account der Patriots twitterte ein Bild von Brady, wie er die Faust in die Luft reckte. Gronkowski twitterte ein Bild von sich mit Brady auf dem Rücken, begleitet von den Worten: „Los geht's! Diese Saison wird wieder eine Wahnsinnsfahrt werden!!! #PatsNation." Und Kraft nutzte die Gelegenheit, um Richter Berman zu loben.

„Wie ich schon während dieses Prozesses und während seiner gesamten Karriere bei den Patriots gesagt habe, ist Tom Brady ein Mensch mit Klasse und höchster Integrität", sagte Kraft in einer vorbereiteten Erklärung. „Er repräsentiert alles, was an diesem Spiel und dieser Liga großartig ist. Richter Richard Berman hat dies verstanden, und wir sind ihm sehr dankbar für seine durchdachte Entscheidung, die er heute getroffen hat. Jetzt können wir uns wieder auf das Spiel auf dem Feld konzentrieren."

Am Nachmittag erklärte der Gouverneur von Massachusetts den 3. September zum Tom-Brady-Tag, Wettanbieter in Las Vegas erhöhten die Quoten für den Sieg der Patriots im Superbowl, und das Weiße Haus meldete sich zu Wort, indem der Pressesprecher von Präsident Obama sagte: „In den Fantasy-Football-Ligen gibt es eine Menge gutmütiger Sticheleien."

Selbst Bradys Konkurrenten unterstützten das Urteil.

„Es geht einfach darum, dass die Leute Gerechtigkeit bekommen, dass sie nicht für Dinge verfolgt werden, die sie nicht getan haben, dass sie einen fairen Prozess bekommen", sagte Richard Sherman, Defensive Back der Seahawks. „In dieser Liga gilt oft: schuldig, bis die Unschuld bewiesen ist. Und es ist gut zu sehen, dass die Leute einen fairen Prozess bekommen können. Leider musste es so lange dauern."

Stunden nach der Entscheidung Richter Bermans kündigte Goodell an, dass die NFL in Berufung gehen werde. Das Berufungsverfahren würde jedoch Monate dauern, und in der Zwischenzeit würde die Liga kein Spielverbot für Brady beantragen.

In der Zwischenzeit sollte die NFL-Saison mit einem landesweit im Fernsehen übertragenen Spiel zwischen den Steelers und den Patriots in Foxborough am 10. September eröffnet werden. Es war Tradition, dass der Commissioner bei der Saisoneröffnung anwesend war, und die Patriots-Fans kamen mit Schildern, auf denen sie Goodell verhöhnten. Goodell entschied sich jedoch, das Spiel auszulassen.

In einer aufwendigen Zeremonie vor dem Spiel hissten die Patriots das vierte Superbowl-Banner. In diesem Spiel warf Brady vier Touchdown-Pässe, darunter drei zu Gronkowski, und stellte mit 19 Pässen in Folge einen Teamrekord auf. Das Spiel wurde nie angezweifelt. Als die Patriots im vierten Viertel komfortabel in Führung lagen, begannen 66.000 Fans zu skandieren: „Wo ist Roger?" Es war so laut, dass es die Ausstrahlung übertönte.

„Ich muss sagen", sagte NBC-Sprecher Chris Collingsworth, „ich stimme ihnen zu."

„Wenn er heute Abend zum Spiel käme, wo würden wir ihn unterbringen?", sagte Al Michaels.

„Mitten in der Menge", scherzte Collingsworth.

Michaels lachte. „Richtig."

Zu Beginn der Saison 2015 spielte Brady einige der besten Spiele seiner Karriere und die Patriots waren unschlagbar. In der zweiten Woche brachte Brady bei einem Sieg in Buffalo 38 von 59 Pässen für 466 Yards an. Eine Woche später warf Brady für 358 Yards und brachte 33 von 42 Pässen an, und die Patriots schlugen die Jaguars mit 51 : 17. Brady war in seiner eigenen Zone. Dann veröffentlichte das Boston Magazine ein Exposé über Alex Guerrero mit dem Titel „Tom Brady's persönlicher Guru ist ein verherrlichter Schlangenöl-Händler." In dem schlagzeilenträchtigen Artikel wurde berichtet, dass Guerrero im Jahr 2004 von der Federal Trade Commission verklagt worden war, weil er in einem Werbespot behauptet hatte, ein Nahrungsergänzungsmittel namens Supreme Greens könne Krebs, Herzkrankheiten, AIDS und andere Krankheiten heilen und verhindern. Guerrero räumte zwar kein Fehlverhalten ein, hatte die Angelegenheit aber durch Zahlung einer Geldstrafe beigelegt. Bei einer anderen Gelegenheit wurde Guerreros Unternehmen, 6 Degrees Nutrition, von der FTC angewiesen, den Verkauf eines Produkts namens NeuroSafe einzustellen. Es war ein Getränk, von dem Guerrero sagte, es helfe Sportlern, sich von Gehirnerschütterungen zu erholen. Die Geschichte in der Zeitschrift führte zu einer Flut von negativen Schlagzeilen über Guerrero, der in den Bostoner Medien als falscher Arzt verspottet wurde.

Guerrero wurde gedemütigt. Brady war wütend. Und anstatt sich zurückzuhalten, während die Kontroverse um seinen besten Freund tobte, verteidigte Brady ihn öffentlich viel energischer, als er sich selbst während Deflategate verteidigt hatte. Als ein Bostoner Radiomoderator Guerreros Nahrungsergänzungsmittel mit „Krebsquacksalberei" verglich und Bradys Urteilsvermögen infrage stellte, weil er mit ihm Geschäfte machte, kritisierte Brady den Moderator, weil er nur einen Teil der Geschichte kannte.

„Wenn Sie sagen, das hört sich nach Quacksalberei an", so Brady, „gibt es viele Dinge, die ich täglich in der westlichen Medizin sehe und bei denen ich denke: ‚Wow, warum sollte man das tun? Das ist verrückt.'"

Als der Gastgeber Druck machte, schlug Brady zurück. „In den zehn oder elf Jahren, in denen wir zusammenarbeiten, hat er sich noch nie geirrt", sagte Brady. „Ich habe mir von Ärzten mit der höchsten und besten Ausbildung in unserem Land sagen lassen, dass ich nicht mehr in der Lage sein würde, Football zu spielen. Dass ich wegen meiner Staphylokokkeninfektion mehrere Operationen an meinem Knie brauchen würde. Dass ich ein neues ACL, ein neues MCL brauchen würde, dass ich nicht mehr mit meinen Kindern spielen könnte, wenn ich älter bin. Natürlich gehe ich im nächsten Jahr wieder hin und wir gewinnen den Preis für den Comeback-Spieler des Jahres. Ich folge der nächsten Saison und wir gewinnen den MVP des Jahres. Ich habe mich für einen anderen Ansatz entschieden, und dieser Ansatz funktioniert für mich."

Selbst als der Gastgeber versuchte, das Thema zu wechseln, machte Brady weiter. „Ich würde heute nicht spielen, wenn ich nicht das hätte, was er mit mir erreicht hat", sagte er.

Belichick war unterdessen nicht begeistert von der ganzen Aufmerksamkeit, die Guerrero auf sich zog. Anfang des Jahres war er in der Sports Illustrated und im New York Times Magazine vorgestellt worden. Belichick gefiel vor allem nicht, dass Guerrero darüber sprach, dass seine Methoden oft im Widerspruch zu denen des Trainerstabs der Patriots stünden. „Alle halten mich für einen Spinner und Scharlatan", so Guerrero gegenüber der Times.

Die Patriots waren derweil mit Volldampf unterwegs. Mit einer 4:0-Bilanz kehrte das Team nach Indianapolis zurück, wo das Lucas Oil Field mit Schildern bedeckt war, auf denen die Patriots als Betrüger bezeichnet wurden. Eine ganze Gruppe von Colts-Fans trug orangefarbene T-Shirts mit der Nachbildung einer Wheaties-Müslischachtel, die ein Bild von Tom Brady zeigte, darunter der Schriftzug: „CHEATIES: Das Frühstück der Betrüger." Brady ließ sich von den Sticheleien nicht beirren und führte sein Team zu einem weiteren Sieg.

Im weiteren Verlauf der Saison sah es so aus, als ob die Patriots ungeschlagen bleiben würden. Sie führten mit 8:0 und lagen im MetLife Stadium 1:28 Minuten vor Schluss mit 26:24 gegen die Giants zurück. Beim vierten und zehnten Versuch von der 10-Yard-Linie der Patriots aus schloss Brady einen Zwölf-Yard-Pass auf Amendola ab, um den Drive am Leben zu erhalten. Dann schloss er schnell drei weitere Pässe ab und brachte die Patriots in das Gebiet der Giants. Eine Sekunde vor dem Ende des Spiels erzielte Stephen Gostkowski ein Field Goal aus 54 Yards zum 27:26-Sieg. Brady hatte im vierten Viertel für 193 Yards geworfen. Die Patriots waren bei 9-0.

Doch Julian Edelman, der beste Receiver des Teams, brach sich im Spiel gegen die Giants den Fuß. Zwei Wochen später reisten die Patriots mit einer 10:0-Bilanz nach Denver, wo sie am 29. November auf die Broncos (8:2) trafen. In einem Schneesturm führten die Patriots die ganze Zeit über. Etwas mehr als zwei Minuten vor Spielende wurde Gronkowski nach einem Schuss gegen das Knie vom Feld getragen. Die Patriots verloren in der Verlängerung.

Neben den Verletzungen von Edelman und Gronkowski mussten die Patriots auch den Ausfall von Offensive Tackle Nate Solder, Receiver Danny Amendola und Running Back Dion Lewis hinnehmen. Dennoch konnten sie die Saison 2015 mit 12:4 abschließen, was ihnen zusammen mit den Broncos die beste Bilanz in der AFC einbrachte. Die Patriots hatten die beste Offensive der Liga. Die Broncos hatten die beste Verteidigung. Am 24. Januar 2016 trafen sie im AFC-Meisterschaftsspiel in Denver erneut aufeinander, was das letzte direkte Duell zwischen Tom Brady und Peyton Manning sein sollte. Mit einer operativ eingesetzten Schraube im Fuß kehrte Edelman in den Spielbetrieb zurück und bestritt das Spiel. Auch Gronkowski spielte mit. Brady überflügelte Manning. Doch weniger als eineinhalb Minuten vor Schluss führte Denver mit 20:12.

Bei einem vierten und zehnten Versuch an der 50-Yard-Linie warf Brady den Ball vierzig Yards nach unten zu Gronkowski, der ihn mit zwei Verteidigern im Rücken einholte.

Bei einem vierten Versuch und 17 Sekunden vor Schluss warf Brady den Ball in die hintere Endzone, wo Gronkowski einen Verteidiger übersprang und den Ball für einen Touchdown fangen konnte, was die Führung der Broncos auf 20:18 reduzierte.

Die Saison wurde durch eine Zwei-Punkte-Conversion entschieden. Bradys Pass auf Edelman wurde auf der Torlinie unterbrochen.

Niedergeschlagen gratulierte Brady Manning im Mittelfeld und wünschte ihm alles Gute. Es war das letzte Mal, dass sich die beiden im Wettbewerb gegenüberstanden. Zwei Wochen später gewann Manning seinen zweiten Superbowl, als er die Broncos gegen die Panthers führte. Dann trat er zurück.

Am Ende des AFC-Meisterschaftsspiels fühlte sich Belichick schrecklich wegen des Ergebnisses.

„Ich bin stolz auf unsere Jungs", sagte er hinterher. „Sie haben bis zum Schluss gekämpft, wie sie es immer tun…. Es ist heute ein schmaler Grat zwischen Sieg und Niederlage." Belichick hielt inne und sah verzweifelt aus. „Bruchlandung am Ende der Saison", fuhr er fort. „Wie es in der National Football League üblich ist."

Die Patriots hatten noch nie zuvor fünf AFC-Meisterschaftsspiele in Folge bestritten. Aber sie kehrten nicht in den Superbowl zurück.

38

NIEMAND WEISS, WO DER GIPFEL IST

Als Tom Brady im Alter von 22 Jahren in die NFL eintrat, war seine Herangehensweise ähnlich wie die eines Rennpferdes, das mit Scheuklappen auf der Rennbahn unterwegs ist. Brady konzentrierte sich damals nur darauf, Football zu spielen. Aber mit 38 war er eher der Typ, der wusste, wie der Hase lief. Brady liebte Football immer noch. Doch nachdem er gesehen hatte, welche Geschäfte hinter den Kulissen abgewickelt wurden und welche politischen Machenschaften hinter dem Spiel steckten, konnte er Football nie wieder auf dieselbe Weise betrachten. Oft wünschte er sich, vieles von dem, was er wusste, nicht zu wissen. Die Glückseligkeit der Unwissenden war abhandengekommen.

Trotz allem, was Brady durchgemacht hatte, entschied er sich nach der Saison 2015, dass er bis zu seinem 45. Lebensjahr weiterspielen wollte. Es war in jeder Hinsicht ein ungewöhnliches Unterfangen. Abgesehen von einer kleinen Handvoll Kicker hatte in diesem Alter noch niemand in der NFL gespielt. Einige Journeymen hatten es geschafft, bis in die frühen Vierziger durchzuhalten. Aber Brady war kein Journeyman, und er sprach nicht davon, durchzuhalten. Er war davon überzeugt, dass er mit zunehmendem Alter immer besser werden würde.

Ein Teil von Bradys Denken wurde durch seine einzigartige Partnerschaft mit Alex Guerrero beeinflusst. Körperlich war Brady mit 38 Jahren wesentlich gesünder und besser in Form als mit 22. Er machte sich also keine Sorgen, ob sein Körper das aushielt. Er machte sich auch keine Sorgen um seine mentale Stärke. Brady hatte Football schon immer als mentales Spiel betrachtet, und seine Herangehensweise verschaffte ihm einen Wettbewerbsvorteil gegenüber jüngeren, weniger erfahrenen Spielern, vor allem, was seine Vorbereitung, seine Fähigkeit, die Schwächen des Gegners zu erkennen und auszunutzen, und seine Unempfindlichkeit gegenüber Druck betraf.

Der einzige Bereich, an dem Brady ständig arbeiten musste, war der emotionale Aspekt, Jahr für Jahr wieder aufzutauchen und den Willen aufzubringen, das zu tun, was nötig ist, um Meisterschaften zu gewinnen. Da Brady bereits als der Größte aller Zeiten galt, konnte er sich nicht an anderen Spielern orientieren. Er musste seinen Antrieb von innen heraus entwickeln. Um seine geistige und emotionale Schärfe zu verbessern, wandte er sich an nicht-traditionelle Quellen. Einer davon war der Schamane Don Miguel Ruiz, dessen spirituell inspirierendes Buch The Four Agreements Bradys Lieblingsbuch war. Eine weitere Inspirationsquelle war ein 85-jähriger Sushi-Koch in Japan namens Jiro Ono. Brady erfuhr von Ono, als er 2012 den Dokumentarfilm Jiro Dreams of Sushi sah.

Ono, der als der größte Sushi-Künstler der Welt galt, unterhielt ein Restaurant mit nur zehn Plätzen unter einer U-Bahn-Station in Tokio. Seine Kunden kamen aus der ganzen Welt und zahlten bis zu 400 Dollar, nur um eine fünfzehnminütige Mahlzeit zu erleben. Vier von Onos Aussagen über seinen Ehrgeiz, auch im Alter von 85 Jahren noch nach Perfektion zu streben, stimmten mit Brady und seinem eigenen Ehrgeiz überein, bis in seine Mittvierziger hinein Football zu spielen:

„Ich mache immer wieder dasselbe und verbessere mich Stück für Stück."

„Es gibt immer eine Sehnsucht, mehr zu erreichen."

„Ich werde weiter klettern und versuchen, den Gipfel zu erreichen, aber niemand weiß, wo der Gipfel ist."

„Wann sollte man den Job kündigen, für den man so hart gearbeitet hat? Ich habe diesen Job nicht ein einziges Mal gehasst. Ich habe mich in meine Arbeit verliebt und mein Leben ihr gewidmet. Obwohl ich 85 Jahre alt bin, habe ich keine Lust, mich zur Ruhe zu setzen. So fühle ich mich."

Belichick wusste, wie Brady über einen Rücktritt dachte. Auch Belichick kannte die Fakten:

Brett Favre hatte sein letztes Spiel im Alter von 41 Jahren bestritten. Doch in seinen späteren Jahren war der Quarterback nur noch ein Schatten seiner selbst, trat mehrmals zurück und verpasste große Teile der Saison aufgrund von Verletzungen.

Peyton Manning hatte 18 Spielzeiten überdauert und trat direkt nach dem Superbowl 50 im Februar 2016 zurück. Allerdings hatte er 2015 einen deutlichen Leistungsabfall erlebt und eine Reihe von Spielen verletzungsbedingt verpasst. Er war im Alter von 39 Jahren gegangen.

Joe Montana, John Elway, Dan Marino und Steve Young – die vier langlebigsten Elite-Quarterbacks nach Favre und Manning – waren alle dem Alter und Verletzungen zum Opfer gefallen und traten mit 38 Jahren zurück.

Brady würde zu Beginn der kommenden Saison 39 Jahre alt sein.

Analytisch und pragmatisch betrachtet, sah Belichick keinen Präzedenzfall für das, was Brady vorhatte. Gleichzeitig wusste Belichick, dass es nicht allein an ihm lag, die Länge von Bradys nächstem Vertrag festzulegen. Der X-Faktor war Kraft und seine Beziehung zu Brady.

Kraft hatte keine Ahnung, ob Brady bis zum Alter von 45 Jahren spielen könnte. Aber es war ihm klar, dass das, was Brady in seiner siebzehnten Saison im Alter von 38 Jahren geleistet hatte, phänomenal war. Statistisch gesehen war er überragend. Seine 402 Abschlüsse in dieser Saison waren die meisten in seiner Karriere. Seine 36 Touchdown-Pässe führten die Liga an. Mit sieben Interceptions hatte er die niedrigste Interception-Quote unter allen Starting Quarterbacks. Und was die Ausdauer angeht, war Brady wie der Duracell-Hase. Im Jahr 2015 stand Brady zum siebten Mal in Folge in allen 16 regulären Saisonspielen am Start. Abgesehen von dem Jahr, das er wegen seiner Knieverletzung verpasst hatte, war Brady in 223 regulären Saisonspielen in der Startelf gestanden.

So wie Brady sich entwickelt hatte, würde Kraft nicht anfangen, an ihm zu zweifeln. Er wollte sich auch nicht mit Spekulationen darüber aufhalten, ob Brady noch sieben Jahre spielen könnte. Er zog es vor, sich stattdessen auf die Ergebnisse zu konzentrieren. Das Entscheidende für Kraft war, dass die Patriots fünf Mal in Folge an den Conference Championship Games teilgenommen hatten – eine Leistung, die in der Ära der Gehaltsobergrenzen von keinem anderen Team auch nur annähernd erreicht worden war. In der Überzeugung, dass Brady und Belichick am meisten dafür verantwortlich waren, dass sich seine Mannschaft vom Rest absetzte, konzentrierte sich Kraft auf eine Sache – sie so lange wie möglich zusammenzuhalten.

Da Bradys Vertrag noch zwei Jahre lief, sprachen Kraft und Brady zu Beginn der Offseason miteinander. Sie einigten sich ganz allgemein auf einen neuen Vertrag, der Brady bis zur Saison 2019 in New England halten würde. Zu diesem Zeitpunkt wäre Brady 42 Jahre alt und hätte zwanzig Spielzeiten für die Patriots absolviert.

Jonathan Kraft und Don Yee handelten die Details aus, wonach Brady eine Vertragsverlängerung in Höhe von 41 Millionen Dollar erhielt, einschließlich eines Bonus von 28 Millionen Dollar bei Vertragsabschluss. Nach dem neuen Vertrag würde Brady in den Jahren 2016 und 2017 ein hohes Gehalt bekommen. In den Jahren 2018 und 2019 würde Bradys Grundgehalt jedoch auf 1 Million Dollar sinken. Es wurde vereinbart, dass sich Kraft und Brady nach der Saison 2017 erneut zusammensetzen und die Zahlen anpassen würden.

In der Zwischenzeit waren Brady und Belichick für vier weitere Jahre miteinander verbunden.

Brady unterzeichnete seinen neuen Vertrag am 10. März 2016.

Einen Monat später entschied ein dreiköpfiges Gremium des US-Berufungsgerichts für den zweiten Gerichtsbezirk mit 2:1 Stimmen, Bradys Sperre von vier Spielen im Zusammenhang mit Deflategate wieder einzusetzen. Das Berufungsgericht hob das sieben Monate zuvor ergangene Urteil der Vorinstanz auf und stellte fest, dass Goodell bei der Bestrafung von Spielern über einen weiten Ermessensspielraum verfügt und Brady mit seiner Suspendierung nicht der grundlegenden Fairness beraubt hat. „In ihrem Tarifvertrag", so die Mehrheit, „haben die Spieler und die Liga vor vielen Jahren gemeinsam beschlossen, dass der Commissioner mögliche Regelverstöße untersuchen, angemessene Sanktionen verhängen und bei Schiedsverfahren, die seine Disziplin anfechten, den Vorsitz führen kann."

Das Gerichtsurteil brachte Goodell einmal mehr in die wenig beneidenswerte Lage, entscheiden zu müssen, ob er den größten Botschafter der Liga aus dem Verkehr ziehen soll. Im Jahr 2015 wurden von der Liga lizenzierte Merchandising-Artikel mit dem Namen Tom Bradys mehr verkauft als die aller anderen NFL-Spieler, und laut Nielsens Prominentenindex war Bradys Bekanntheitsgrad der höchste aller NFL-Spieler. Brady war eindeutig der beliebteste Mann in der NFL. Doch Goodells juristischer Sieg hatte Goodell zum mächtigsten Mann in der NFL gemacht. Bradys Suspendierung blieb bestehen.

Im Laufe des Sommers zog Brady in Erwägung, den Obersten Gerichtshof der USA anzurufen. Seine Chancen, sich dort durchzusetzen, waren jedoch gering. Außerdem hatte Brady genug von dieser Ablenkung. Das juristische Gerangel dauerte bereits anderthalb Jahre an. Genug war genug.

Am 15. Juli 2016 gab Brady auf Facebook bekannt, dass er keine Berufung einlegen werde. Er bedankte sich bei Kraft, Belichick, der Spielergewerkschaft, seiner Familie und den Fans für ihre Unterstützung und schrieb: „Es waren anstrengende 18 Monate, und ich habe die schwierige Entscheidung getroffen, den Prozess nicht weiter fortzusetzen."

Kraft gab eine eigene Erklärung ab, die wesentlich kritischer gegenüber der Liga ausfiel: „Die von der NFL verhängte Strafe war beispiellos, ungerecht und unangemessen, insbesondere angesichts der Tatsache, dass es keinerlei empirische oder direkte Beweise dafür gab, dass Tom vor, während oder nach dem AFC-Meisterschaftsspiel 2015 gegen die Regeln der Liga verstoßen hat. Was Tom während dieser 18-monatigen Tortur erdulden musste, war meiner Meinung nach so weit von einem ordnungsgemäßen Verfahren entfernt, wie man es in diesem Land nur erwarten kann."

Goodells Status als der am meisten verachtete Mann in der Geschichte des New-England-Sports wurde zementiert.

Als Brady ausfiel, wollte Belichick nach vorne blicken und keine Zeit damit verschwenden, über etwas nachzudenken, das außerhalb seiner Kontrolle lag. Außerdem hatte er großes Vertrauen in den zweiten Quarterback Jimmy Garoppolo. Belichick hatte ihn ohnehin mit der Absicht ausgewählt, ihn als Bradys Nachfolger einzusetzen.

Unterstützt von seinem Trainer und seinen Teamkollegen glänzte Garoppolo bei seinem ersten Profistart. In einem landesweit im Fernsehen übertragenen Sonntagabendspiel in Phoenix am 11. September 2016 führte er die Patriots zu einem 23:21-Sieg. Anschließend überreichte Belichick ihm den Spielball.

Eine Woche später in Foxborough legte Garoppolo einen fulminanten Start hin, warf in den ersten 17 Minuten drei Touchdown-Pässe und brachte sein Team mit 21:0 gegen die Dolphins in Führung. Doch im zweiten Viertel wurde er hart zu Boden gestoßen und verletzte sich an der Schulter. Als Garoppolo das Spiel verließ und ins Krankenhaus gebracht wurde, wandte sich Belichick an den dritten Quarterback Jacoby Brissett. Nur fünf Monate zuvor hatte Belichick den athletischen, 22-jährigen Rookie von der North Carolina State University gedraftet. Nun musste sich Belichick auf Brissett verlassen, um die Offensive zu steuern. Um den Druck zu verringern, setzte Belichick hauptsächlich auf Laufspielzüge und verlagerte die meiste Offensivlast auf Running Back LeGarrette Blount, ein Arbeitstier, das von seinen Teamkollegen den Spitznamen „Blount Force Trauma" erhalten hatte.

Brissett war nervös und hatte Mühe, die Offensive in Gang zu bringen. Die Dolphins kamen fast ganz zurück, und die Patriots kamen nur knapp mit dem Sieg davon. Brissett führte sie in Woche drei zu einem beeindruckenden Sieg. Blount trug die Offensive und wurde im September zum NFL-Spieler des Monats gewählt. Dann wurden die Patriots am 2. Oktober zu Hause von den Bills mit 16:0 ausgeschaltet. Unter diesen Umständen beschwerte sich Belichick nicht. In Abwesenheit Bradys hatte das Team 3:1 gewonnen.

Brady war noch nie im September in Urlaub gefahren. Aber gemäß den Bedingungen seiner Suspendierung durfte er sich nicht in der Nähe des Teams aufhalten oder auch nur verbalen Kontakt mit jemandem in der Organisation haben. Brady und Bündchen hatten also ihre Koffer gepackt und eine Reise an die italienische Küste unternommen. Es war eine Gelegenheit, wegzukommen.

Während Brady sich im Ausland aufhielt, wurde er von Paparazzi beobachtet. Bald darauf veröffentlichte die New York Post indiskrete Bilder von Brady beim Sonnenbaden. Die Bilder machten in den sozialen Medien die Runde, und das Boston Magazine berichtete: „Tom

Brady sonnte sich während des Urlaubs mit Gisele nackt in Italien.“ Julian Edelman fand die ganze Sache ziemlich witzig und wollte Brady nicht damit in Ruhe lassen.

Als Brady an seinem ersten Arbeitstag die Umkleidekabine betrat, starrten ihn alle seine Mannschaftskameraden schweigend an. Bradys Gesicht wurde rot. Edelman genoss den Moment, grinste und begann zu singen: „Bray-dee! Bray-dee!“ Seine Mannschaftskameraden lachten mit und zauberten ein Grinsen auf Bradys Gesicht.

Brady war froh, wieder mit seinem Team vereint zu sein. Obwohl es ihn immer noch ärgerte, dass er vier Spiele aussetzen musste, verlor er kein Wort darüber zu seinen Mannschaftskameraden. Er sagte auch sonst nicht viel. Aber seine Teamkameraden sahen an der Entschlossenheit in seinen Augen, dass Brady etwas zu beweisen hatte.

„Er hatte immer diesen Blick“, sagte Running Back LeGarrette Blount. „Aber dieses Mal war es anders. Es war wie: ‚Sie wollen mich für vier Spiele für etwas suspendieren, das ich nicht getan habe, wir werden sehen, wer am Ende der Saison das letzte Wort haben wird‘.“

Während Spekulationen darüber kursierten, ob er eingerostet oder unkonzentriert sei, nachdem er einen Monat lang nicht trainieren konnte, blickte Brady stumm an Fans und Reportern vorbei, als er am 9. Oktober im FirstEnergy Stadium in Cleveland eintraf. Überall im Stadion waren Schilder mit Bradys Konterfei neben dem Wort „GOAT“ – der Abkürzung für Greatest of all time – zu sehen. Er spielte seinen ersten Pass auf Edelman, seinen zweiten auf Gronkowski und seinen dritten auf den neu erworbenen Tight End Martellus Bennett. Von Bradys ersten 15 Passversuchen waren die einzigen beiden Incompletions das Ergebnis von fallengelassenen Bällen. Nachdem sein erster Drive zu einem Touchdown der Patriots geführt hatte, wurde er vom Publikum in Cleveland mit stehenden Ovationen bedacht.

Das Spiel war nie eng. Edelman und Gronkowski hatten einen großen Tag, und Brady warf drei Touchdown-Pässe zu Bennett. Während des gesamten Spieles skandierten die Fans „Bray-dee“, als er die Browns-Defensive mit Würfen für mehr als vierhundert Yards überrannte. Die Patriots gewannen 33:13. Mit 39 hatte Brady nichts verlernt.

„Verdammt!“, sagte Patriots-Linebacker Donte Hightower hinterher. „Ich weiß, dass das TB ist. Aber man verpasst nicht vier Spiele und kommt einfach so wieder raus und wirft vierhundert Yards. Was auch immer er nimmt, ich muss das auch haben.“

Selbst die Spieler der Browns waren beeindruckt. Nach dem Spiel ging ein Browns-Spieler nach dem anderen auf Brady zu, sagte ihm, wie sehr er ihn respektiere, und drückte seine Unterstützung aus.

Eine Woche später herrschte im Gillette Stadium beim ersten Heimspiel Bradys seit seiner Suspendierung Play-off-Atmosphäre. Die Tickets wurden auf dem Schwarzmarkt für 1.000 Dollar pro Stück verkauft, der höchste Preis, der 2016 für ein NFL-Spiel der regulären Saison verzeichnet wurde. Überall waren Schilder zu sehen, die Goodell verspotteten und „Rache“ von „THE GOAT“ forderten. 66.000-plus donnerten: „BRAY-DEE, BRAY-DEE, BRAY-DEE“, als er und die Offensive zu Beginn des Spieles das Feld betraten.

„Hey, Twelve“, sagte Edelman im Huddle.

„Los geht’s“, sagte Brady und klopfte Edelman auf die Faust.

Brady warf an diesem Tag für 376 Yards und drei weitere Touchdowns. Gronkowski erzielte mit 162 Receiving-Yards eine Karrierebestleistung. Die Patriots besiegten die Bengals mit 35 : 17 und verbesserten sich auf 5 : 1. Als das Spiel vorbei war, hatte Brady kein Interesse am Feiern. Er wollte jedes Team auf dem Spielplan begraben. Und seine Mannschaftskameraden waren voll dabei.

Auf eine seltsame Art und Weise hatten Roger Goodells Bemühungen, den Eindruck zu vermeiden, dass die Patriots bevorzugt behandelt werden, indem er Brady so hart anging, dem Rest der Liga einen Bärendienst erwiesen. Die Patriots, ein Team, dem es noch nie an Motivation gefehlt hatte, waren nun mehr denn je auf der Mission, jedes Team auf ihrem Weg zu zerstören und einen fünften Superbowl zu gewinnen. Es gäbe nichts Schöneres, als wenn Roger Goodell die Lombardi-Trophäe an Kraft, Belichick und Brady überreichen würde.

Brady trug seinen Teil dazu bei. Nach vier Anläufen hatte er zwölf Touchdown-Pässe geworfen und keine Interceptions. Die Patriots hatten die explosivste Offensive der Liga. Und nachdem sie am 30. Oktober die Bills in Buffalo mit 41 : 25 besiegt hatten, gingen sie mit der besten Bilanz im Football (7 : 1) in die Karenzwoche.

Doch am nächsten Tag handelte Belichick unerwartet den All-Pro-Linebacker Jamie Collins aus.

„Heilige Scheiße", dachte Edelman, als er die Nachricht hörte. „Ich kann nicht glauben, dass das gerade passiert ist."

Collins wurde von seinen Mannschaftskameraden als der beste Abwehrspieler des Teams angesehen. Er war sicherlich der athletischste Defensivspieler der Patriots.

Alles, was Belichick seinen Spielern sagte, war, dass er das tat, was das Beste für die Mannschaft war.

Dieser Schritt verunsicherte viele Spieler.

„Jeder schaut sich um und fragt: ‚Bin ich der Nächste?'", sagte Edelman.

Brady hatte jedoch einen beruhigenden Einfluss. Er verstand den Handel nicht besser als jeder andere. Aber er hatte das im Laufe der Jahre schon oft erlebt. Sein Ansatz war, sich auf die Dinge zu konzentrieren, die er kontrollieren konnte, und das Ziel, eine weitere Meisterschaft zu gewinnen, im Auge zu behalten.

Seine Mannschaftskameraden folgten diesem Beispiel.

Robert und Myra Kraft kauften in den frühen neunziger Jahren ein Haus in Palm Beach. Etwa zur gleichen Zeit eröffnete Donald Trump in der Nähe das Mar A Lago. Nachdem sich die Wege der Krafts mit Trump und seiner Frau Marla Maples bei einigen gesellschaftlichen Veranstaltungen gekreuzt hatten, lud Trump Kraft zu einer Runde Golf ein. Es entstand eine enge Freundschaft. Trump begann, von Zeit zu Zeit Spiele in Foxborough zu besuchen. Später, nach Trumps Scheidung, lud er Kraft zu seiner Hochzeit mit Melania Knauss im Jahr 2005 ein. Während des Empfangs saß Kraft neben Bill und Hillary Clinton. Und als Myra Kraft verstarb, nahmen Trump und Melania an der Beerdigung teil. Danach rief Trump etwa ein Jahr lang einmal pro Woche bei Kraft an, um sich nach ihm zu erkundigen. In dieser Zeit vertiefte sich die Freundschaft.

Durch Kraft war Trump auch bei zahlreichen Gelegenheiten mit Brady und Belichick zusammengetroffen. Brady traf Trump 2001, als er gerade zum ersten Quarterback wurde. Nachdem Brady Anfang 2002 seinen ersten Superbowl gewonnen hatte, bat Trump ihn, einen

Miss-USA-Wettbewerb zu beurteilen. Im Jahr 2004 rief Trump Brady an, nachdem er seine Spiele im Fernsehen gesehen hatte, und lud ihn zum Golfspielen ein. Im Laufe der Jahre freundeten sie sich an. Als Trump zum voraussichtlichen republikanischen Präsidentschaftskandidaten für 2016 wurde, wollte er, dass Brady auf dem Parteitag der Republikaner sprach. Doch Brady war es unangenehm, wie sehr die Politik polarisierte. Er lehnte höflich ab. Politische Unterstützung, so Brady, sei etwas anderes als die Unterstützung eines Freundes.

Belichick verfolgte einen anderen Ansatz. Als Trumps harter Wahlkampf mit Hillary Clinton zu Ende ging, schrieb Belichick während der Karenzwoche der Patriots Anfang November einen Unterstützungsbrief an Trump. Am 7. November, am Vorabend des Wahltages, sollte Trump auf einer Kundgebung in Manchester, New Hampshire, sprechen. Im Vorfeld hatte Trumps Team Belichick kontaktiert und gefragt, ob Trump seinen Brief auf der Kundgebung verlesen könne. Belichick hatte den Brief nicht in der Absicht verfasst, ihn öffentlich zu machen, und bat darum, das nicht zu tun. Stattdessen schickte er rechtzeitig vor dem Ereignis einen neuen Brief ab.

An diesem Abend nannte Trump den Namen Tom Bradys und erntete dafür lauten Beifall. Trump nannte Brady einen „großen Freund“ und erzählte der Menge, dass Brady bereits in Massachusetts, wo eine vorzeitige Stimmabgabe möglich war, für ihn gestimmt habe. Trump behauptete auch, Brady habe ihm gesagt, er könne der Menge in New Hampshire sagen, wie er abgestimmt habe. Die Menge jubelte.

Dann lobte Trump Belichick und las seinen Brief vor.

„Er schreibt: ‚Glückwunsch zu einer großartigen Kampagne. Sie haben sich mit unglaublich schrägen und negativen Medien auseinandergesetzt und sich hervorragend geschlagen. Sie haben bewiesen, dass Sie der ultimative Kämpfer sind. Ihre Führungsqualitäten sind erstaunlich. Ich habe immer großen Respekt vor Ihnen gehabt. Aber die Zähigkeit und Beharrlichkeit, die Sie im vergangenen Jahr an den Tag gelegt haben, ist bemerkenswert. Hoffentlich geben Ihnen die morgigen Wahlergebnisse die Möglichkeit, Amerika wieder groß zu machen.“

Das Publikum brüllte.

„Ich wünsche Ihnen für morgen gute Ergebnisse. Bill Belichick.'"

Es war sehr untypisch für Belichick, sich in eine politische Kampagne einzumischen, vor allem in eine solche, die die Gemüter spaltet. In dieser Nacht wurde sein Brief an Trump zu einer Top-Story in Boston und ganz Neuengland. Die Nachricht verwirrte seine Spieler, die geschult waren in Belichicks No-Nonsense-Philosophie, alles zu vermeiden, was zu Ablenkungen führt.

Am nächsten Tag verlor Trump trotz der Unterstützung Belichicks in New Hampshire. Aber Trump gewann eine der knappsten und am stärksten polarisierenden Präsidentschaftswahlen in der Geschichte der USA. Die Patriots wurden sofort mit Anrufen von der Presse überschwemmt, die eine Erklärung dafür suchten, warum Belichick Trump unterstützt hatte. Plötzlich stand Belichick mit seinem Team vor dem wichtigsten Spiel der Saison gegen die Seattle Seahawks und hatte eine politische Kontroverse am Hals.

Gegen seinen Willen wurde auch Brady in die Sache hineingezogen, als die New York Times und andere Medien den Wahrheitsgehalt von Trumps Behauptung anzweifelten, Brady habe für ihn gestimmt und ihm die Erlaubnis gegeben, dies bei der Kundgebung in New Hampshire zu sagen. Doch Bündchen beendete diese Debatte schnell, als einer ihrer 15 Millionen Instagram-Follower postete: „Gisele, ich habe gehört, dass du und Tom Trump unterstützt! Ist das wahr?" Bündchen antwortete auf Instagram: „NEIN!"

Belichick, der die Presse routinemäßig abwimmelte, beschloss, sich zu äußern. Am Tag nach der Wahl trat er zu seiner wöchentlichen Pressekonferenz im Medienraum der Patriots ans Rednerpult, um über das bevorstehende Spiel gegen die Seahawks zu sprechen. Zu Beginn sagte er jedoch, er wolle den Brief ansprechen, den er zwei Tage zuvor an Trump geschrieben hatte.

„Unsere Freundschaft reicht viele Jahre zurück", sagte Belichick gegenüber den Medien. „Und ich denke, jeder, der mehr als fünf Minuten mit mir verbracht hat, weiß, dass ich kein politischer Mensch bin. Meine Bemerkungen sind nicht politisch motiviert. Mich verbinden Freundschaft und Loyalität mit Donald.

Vor ein paar Wochen hatten wir Außenminister Kerry in unserer Umkleidekabine", so Belichick weiter. „Er ist ein weiterer Freund von mir. Und ich kann mir nicht vorstellen, dass es zwei Menschen gibt, die unterschiedlichere politische Ansichten haben als diese beiden. Aber für mich geht es bei Freundschaft und Loyalität genau darum. Es geht nicht um politische oder religiöse Ansichten. Ich schreibe jeden Monat Hunderte von Briefen und Notizen. Das bedeutet nicht, dass ich mit allem einverstanden bin, was jeder Mensch über Politik, Religion oder andere Themen denkt.

Ich habe mehrere Freundschaften, die mir wichtig sind", fuhr er fort. „Genau darum ging es. Es geht also nicht um Politik. Es geht um Football. Wir haben diese Woche ein wichtiges Spiel gegen eine großartige Mannschaft und eine großartige Organisation. Und das ist es, worum es in Zukunft gehen wird – um Seattle."

„Coach", fragte ein Reporter, „waren Sie froh oder verärgert, dass Trump den Brief gelesen hat?"

„Seattle", sagte Belichick.

„Ihr Team war schon immer gut darin, Ablenkungen von außen fernzuhalten", sagte ein anderer Reporter. „In Anbetracht des Charakters dieses Präsidentschaftsrennens –"

„Seattle", unterbrach Belichick.

„…fanden Sie es …"

„Seattle."

„Fanden Sie es hilfreich, dass –"

„Seattle."

„… mit Ihren Spielern darüber sprechen? Hat einer Ihrer Spieler mit Ihnen darüber gesprochen?"

„Seattle."

„Haben Sie Bedenken, dass es in der Umkleidekabine zu Spannungen kommt?", fragte der Reporter.

Belichick starrte ihn an. „Der Nächste", sagte er.

Die Spieler der Patriots, die Trump nicht unterstützten, waren nicht glücklich.

Nach Belichicks Pressekonferenz wurde Brady bei seiner Pressekonferenz vor dem Spiel gegen die Seahawks mit Fragen zu Trump konfrontiert. Er wollte sich nicht auf politische Fragen einlassen. Er wollte sich einfach auf das Gewinnen konzentrieren. Außerdem mochte er es nicht, wenn andere Leute versuchten, ihm seine Geschichte zu diktieren.

Ein Reporter fragte: „Warum haben Sie Trump die Erlaubnis erteilt, auf dieser Kundgebung in New Hampshire vor einem nationalen Publikum über Ihre politischen Präferenzen zu sprechen?"

Verärgert hielt Brady inne. „Warum habe ich ihm die Erlaubnis gegeben?", wiederholte er die Frage. „Sie nehmen also an, dass ich Leuten die Erlaubnis gegeben habe?"

„Haben Sie ihm nicht die Erlaubnis gegeben, über Ihre politischen Präferenzen zu sprechen?", fragte der Reporter.

Brady lachte. „Ich werde diese Woche nur über Football sprechen."

Auf Nachfrage lächelte Brady und sagte: „Ich habe mit meiner Frau gesprochen. Sie sagte, ich dürfe nicht mehr über Politik reden. Ich denke, das ist eine gute Entscheidung für unsere Familie."

Die Patriots hatten seit Superbowl XLIX vor 21 Monaten nicht mehr gegen die Seahawks gespielt. Als die beiden Teams am 13. November in Foxborough aufeinandertrafen, dachten viele NFL-Experten, dass es zu einem Rückspiel im Superbowl kommen könnte. Die Führung wechselte sieben Mal in einem Spiel, das hin und her ging und wieder auf eine Entscheidung in letzter Sekunde von der 1-Yard-Linie aus hinauslief. Bei einem Rückstand von 31:24 und einem 4th-and-1 mit nur noch wenigen Sekunden auf der Uhr, warf Brady zu Gronkowski in die Ecke der Endzone. Gronkowski verhedderte sich mit dem Verteidiger, und der Ball fiel unvollständig. Es wurde keine Fahne gezeigt. Die Patriots verloren und fielen auf 7-2 zurück.

Nach dem Spiel stellten die Ärzte fest, dass Gronkowski in der ersten Halbzeit eine Lungenquetschung erlitten hatte. Das nächste Spiel setzte er aus. Zwei Wochen später kam Gronkowski gegen die Jets wieder zum Einsatz. Nachdem er jedoch einen weiteren schweren Treffer einstecken musste, verließ er das Spiel der Jets mit Rücken- und Beinschmerzen. Einige Tage später gaben die Patriots bekannt, dass sich Gronkowski zum zweiten Mal einer Rückenoperation unterziehen musste und für den Rest des Jahres ausfallen würde.

Das war ein schwerer Schlag für die Patriots. Gronkowski war auf dem besten Weg, ein rekordverdächtiges Jahr in Bezug auf die Produktion zu erleben. In seiner Abwesenheit zogen Running Back LeGarrette Blount und die Receiver Chris Hogan, Danny Amendola und Martellus Bennett das Tempo an. Aber niemand legte sich mehr ins Zeug als Edelman.

Zu Beginn des Jahres hatte Edelman ein Kinderbuch mit dem Titel Flying High geschrieben. Es war eine Geschichte über ein Eichhörnchen namens Jules, eine Ziege namens Tom und eine weise Eule, die ein Headset und einen Kapuzenpulli trug. An einer Stelle der Geschichte erzählt die Ziege dem Eichhörnchen: „Man muss hart arbeiten. Harte Arbeit führt zum Erfolg." Das Eichhörnchen antwortet: „Bitte, bitte, bitte zeig mir, was ich tun soll!"

Brady und Edelman hatten diese Art von Beziehung seit der Zeit, als Edelman in Foxborough ankam. Im Jahr 2016 waren sie das zuverlässigste Quarterback-Receiver-Tandem im Football. Brady hatte Edelman während der Saison 159 Mal angeworfen, und Edelman erzielte 1.106 Receiving-Yards, ein Karrierehoch.

Die Patriots gewannen ihre letzten sieben Spiele und beendeten die Saison mit der besten Bilanz im Football (14-2).

Die ganze Saison über war Belichicks Mantra gewesen: „Keine freien Tage." In all seinen Jahren in der NFL hatte er noch nie eine härter arbeitende Gruppe von Spielern gecoacht als die Patriots 2016. Auf dem Weg in die Play-offs ließ die Entschlossenheit des Teams, jeden Gegner zu übertreffen, um den Superbowl zu gewinnen, nicht nach.

Vor allem Brady strengte sich noch mehr als sonst an, um Perfektion zu erreichen. In der regulären Saison hatte er mehr als 67 Prozent seiner Pässe abgeschlossen. Das einzige Mal in seiner Karriere, als er eine höhere Abschlussquote hatte, war 2007, während der perfekten regulären Saison des Teams. Noch bemerkenswerter war, dass Brady im Jahr 2016 bei 432 Passversuchen nur zwei Interceptions warf.

Was die meisten Leute nicht wussten, war, dass Brady noch etwas anderes hatte, für das er spielen wollte – seine Mutter Galynn. Bei ihr war eine aggressive Form von Brustkrebs diagnostiziert worden. Ihre Behandlung, die aus Operationen, Chemotherapie und Bestrahlung bestand, hatte es ihr unmöglich gemacht, zu einem von Toms Spielen zu reisen. Aber Brady hatte seiner Mutter versichert, dass die Patriots es in den Superbowl schaffen würden und sie ihre Chemotherapie rechtzeitig abschließen würde, um dabei sein zu können.

In der ersten Runde der Play-offs trafen die Patriots auf die Houston Texans, die mit der besten Verteidigung der Liga antraten. Brady bediente Edelman acht Mal für 137 Yards, und die Patriots schlugen die Texaner mit 34:16. Brady warf jedoch zwei Interceptions und damit die gleiche Anzahl wie in seiner gesamten Saison.

Die Patriots waren das erste Team in der Superbowl-Ära, das sechs Jahre in Folge das Conference Championship Game erreichte. Doch weder Brady noch Belichick feierten. Brady hatte zwei Interceptions geworfen und das Team hatte mentale Fehler gemacht.

„Wir haben einfach nicht genug getan", sagte Brady vor der Presse. „Wir müssen in der Offensive besser spielen als heute Abend."

„Tom, du klingst nicht glücklich", sagte ein Reporter.

Emotionslos lobte Brady die Verteidigung der Texaner. „Wenn man dann noch unsere schlechte Ausführung hinzurechnet", sagte er, „und wenn man dann noch unsere Turnover hinzurechnet, fühlt sich das nicht gut an, denn wir arbeiten ziemlich hart, um viel besser zu spielen, als wir es getan haben."

Belichick zeichnete ein noch düstereres Bild. „Wir müssen besser spielen und besser coachen, als wir es heute Abend getan haben", sagte Belichick, „oder es wird nicht mehr viel von unserer Saison übrig sein."

Die Pittsburgh Steelers warteten.

Am Tag nach der Amtseinführung von Präsident Trump saß Robert Kraft allein in seinem Wohnzimmer und verfolgte im Fernsehen die Nachrichten über Millionen von Menschen, die weltweit auf die Straße gingen, um gegen die Wahl Trumps zu protestieren. Wann immer Kraft allein zu Hause war, schweiften seine Gedanken zu Myra ab. Kraft griff zu seinem Telefon und begann, Freunde anzurufen. Einer der Freunde, die er anrief, war Jon Bon Jovi. Er erreichte ihn in seinem Haus in New Jersey. Am nächsten Tag begannen sie, über die Chancen der Patriots gegen die Steelers zu sprechen.

„Komm hoch, bleib über Nacht", sagte Kraft zu ihm. „Du kannst morgen mit mir zum Spiel kommen."

Da er nicht sicher war, ob er die Reise nach Boston antreten wollte, sprach Bon Jovi mit seiner Frau.

„Ja, du gehst", sagte sie ihm. „Er bittet dich persönlich, zu kommen, damit er nicht allein ist."

Bon Jovi packte eine Tasche und begab sich nach Norden. An diesem Abend lud Kraft die CBS-Moderatoren und das Übertragungsteam zu sich nach Hause zum Abendessen ein. Nachdem alle gegangen waren, zogen Kraft und Bon Jovi ihre Schuhe aus, lehnten sich in ihren La-Z-Boy-Sesseln zurück und schalteten ESPN ein. Bei gedämpfter Lautstärke wollte Kraft über Bon Jovis erfolgreiches Tourneeunternehmen, seine Beziehung zu seinen Söhnen und seine dreißigjährige Ehe sprechen. Kraft war besonders an dieser Ehe interessiert.

Am nächsten Morgen holte Kraft einige frische Eier von den frei laufenden Hühnern, die er auf seinem Grundstück hielt. Nachdem sie sie zum Frühstück genossen hatten, fuhren er und Bon Jovi gemeinsam zum Spiel.

Als die Patriots gegen Ende des dritten Viertels mit 20:9 gegen die Steelers führten, zeigte sich in einer Abfolge von Spielzügen die Intensität, die die Patriots während der Saison gezeigt hatten. Die Patriots befanden sich an der 19-Yard-Linie der Steelers, als Brady an Running Back LeGarrette Blount übergab, der einen Tackler der Steelers an der 10-Yard-Linie ansprang und ihn zurückdrängte, während vier weitere Steelers auf Blount zustürmten. Mit pumpenden Beinen zog Blount fünf Steelers bis an die 5-Yard-Linie. Während Blount noch auf den Beinen war, sprang ein anderer Steeler auf den Haufen.

„Umgeben von sechs Steelers", sagte Jim Nantz von CBS. „Es geht weiter!"

Die Spieler der Patriots begannen, den Haufen von hinten zu schieben. Blount machte weiter. Die Menge brüllte.

„Kannst du das glauben?", rief Nantz.

Blount bahnte sich seinen Weg fast bis zur Torlinie, bevor er zu Fall gebracht wurde.

„Sie stoppen ihn schließlich an der Eins", sagte Nantz. „Meine Güte! Er hat mehr als die Hälfte des Teams mitgenommen."

„Dieser Spielzug sagte alles", sagte Phil Simms. „Das Team mit der größten Leidenschaft und dem stärksten Körpereinsatz sind die New England Patriots."

Sekunden später übergab Brady erneut an Blount, der zum Touchdown einlief und die Patriots mit 27:9 in Führung brachte.

Während Brady wiederholt die Faust in den Himmel reckte, ertönte im Stadion Bon Jovis Livin' on a Prayer. Die Menge sang mit. Dann zeigten die Jumbo-Bildschirme Bon Jovi in Krafts Loge, wie er neben Gronkowski stand und den Text seines eigenen Songs sang. Das Gillette Stadium bebte, und Bon Jovi begann, die Menge zum Refrain zu führen.

Während das Stadion rockte, saß Edelman zwischen Brady und Amendola auf der Bank. „Mein Vater hat mir immer gesagt, als ich noch ein kleiner Junge war: Wenn du sie am Boden hast, brich ihnen das verdammte Genick", so Edelman.

Amendola wusste nicht, was er sagen sollte. Brady zeigte sich unbeeindruckt.

„Ich war zwölf", fuhr Edelman fort. „Deshalb bin ich so, wie ich bin."

Beim ersten Spielzug nach dem Kick-off machten die Steelers einen Fumble. Wenige Augenblicke später warf Brady einen Touchdown-Strike zu Edelman, der die Patriots mit 33:9 in Führung brachte, und die Party in Foxborough war eröffnet. Die Patriots waren auf dem Weg zurück in den Superbowl, um gegen die Atlanta Falcons anzutreten.

Für Brady und Belichick war es die siebte gemeinsame Reise dorthin.

Für Kraft war es der achte Superbowl, mehr als für jeden anderen Besitzer in der Geschichte der NFL.

39

DER HERR DER RINGE

Als die Patriots vor dem Beginn des Superbowl LI im NRG Stadium in Houston am 5. Februar 2017 auf das Spielfeld liefen, blickte Tom Brady zur Suite seiner Familie, hob den Zeigefinger und zeigte auf sie. Mit einem Tuch auf dem Kopf und einem TB12-Trikot mit der Aufschrift „BRADY'S LADIES" auf dem Rücken schaute Galynn Brady auf ihren Sohn herab. Nach einer zermürbenden Chemotherapie besuchte sie ihr erstes Football-Spiel in diesem Jahr. Brady widmete ihr das Spiel.

„Wenn ich Sie anschreie", sagte Brady zum Oberschiedsrichter, „ist das nichts Persönliches."

„Ich weiß", sagte der Schiedsrichter, lächelte und versetzte Brady einen Klaps auf den Hintern.

„Sie kennen mich", sagte Brady. „Ich bin wettkampforientiert."

Falcons-Quarterback Matt Ryan war gerade zum NFL-MVP 2016 ernannt worden. Sein Team hatte 2016 540 Punkte erzielt, die meisten in der Liga in diesem Jahr. Aber die Falcons begannen langsam. Die Patriots auch. Keine der beiden Mannschaften konnte im ersten Viertel punkten.

Dann erzielten die Falcons zwei schnelle Touchdowns und gingen im zweiten Viertel mit 14:0 in Führung. Die Patriots wirkten geschockt. Während sich die Falcons auf den Anstoß vorbereiteten, schlich Brady an die Seitenlinie. „Hey, keine Angst!", sagte er zu seinen Teamkollegen. „Keine Angst! Legt einfach los."

2:48 Minuten vor der Halbzeitpause warf Brady einen Pass zu Amendola, der die Patriots in Führung brachte. Der Defensive Back der Falcons, Robert Alford, fing den Ball an der 15-Yard-Linie der Falcons ab und lief auf die Endzone der Patriots zu. Der einzige Mann, den er schlagen musste, war Brady. Brady holte aus und verfehlte, und Alford war weg.

Von seinen Knien aus sah Brady zu, wie Alford 81 Yards unangetastet zu einem Touchdown lief. Ein paar Meter von Brady entfernt, an der Seitenlinie der Patriots, zog Belichick eine stumme Grimasse. „Wenn wir verlieren", dachte Brady, „wird dies der Spielzug sein, der das Spiel bestimmt." Er stapfte zur Bank. Die Falcons führten 21 : 0.

Einige Minuten später gelang es den Patriots, kurz vor Ende der Halbzeit ein Field Goal zu erzielen.

Als die Patriots zur Halbzeit mit 21 : 3 zurücklagen, war die Stimmung in Krafts Suite düster. Elton John und Mark Wahlberg waren so entmutigt, dass sie vorzeitig abreisten. John Legend und Chrissy Teigen wussten nicht, was sie sagen sollten. Leon Black, Mitbegründer des Private-Equity-Kolosses Apollo Global Management und Vorsitzender des New Yorker Museum of Modern Art, versuchte, Kraft zu beruhigen.

„Keine Sorge", sagte Black. „Du hast eine tolle Saison hinter dir und kannst stolz auf dich sein."

„Scheiß drauf!", fuhr Kraft ihn an. „Wir werden das Spiel trotzdem gewinnen."

In der Umkleidekabine sagte Belichick die gleichen Dinge in demselben Ton, die er schon die ganze Saison über in den Halbzeiten gesagt hatte. Sein „business as usual"-Ansatz hatte eine beruhigende Wirkung auf das Team. In der Zwischenzeit ermahnte Edelman seine Mannschaftskameraden und sagte ihnen, dass es noch nicht zu spät sei, zurückzukommen. „Das wird eine Wahnsinnsgeschichte", sagte er ihnen. LeGarrette Blount war damit beschäftigt, sich einzureden, dass sein Team den besten Quarterback aller Zeiten und den besten Trainer aller Zeiten hatte. Solange die Spielzeit noch nicht abgelaufen war. Es gab keinen Vorsprung, den sie nicht überwinden konnten.

Zu Beginn der zweiten Halbzeit rief Brady seine Mannschaftskameraden an der Seitenlinie zusammen. „Kommt, Jungs", sagte er. „Mal sehen, was wir jetzt haben. Mal sehen, was wir haben."

Belichick wandte sich an Offensivkoordinator Josh McDaniels. „Wir schaffen das schon", sagte er. „Unsere Jungs glauben an sich. Sie werden sich den Arsch abkämpfen."

Die Patriots verschwendeten den ersten Drive des dritten Viertels. Die Falcons hingegen konnten das Feld nach Belieben beackern und einen weiteren Touchdown zur 28 : 3-Führung erzielen. Noch nie war ein Team in einem Superbowl von einem 25-Punkte-Rückstand zurückgekommen.

Oben in der Box des Besitzers war Kraft besorgt. Er wandte sich an Jonathan.

„Glaubst du, Tommy hat aufgegeben?"

„Auf gar keinen Fall", sagte Jonathan.

„Glaubst du, dass wir noch gewinnen können?"

„Möglich", sagte Jonathan und hielt inne. „Wahrscheinlich nicht."

8:31 Minuten vor Ende des dritten Viertels pirschte sich Brady an die Seitenlinie der Patriots heran.

„Wir müssen härter spielen!", brüllte er. „Mehr kämpfen. Härter. Kämpfen. Alles. Alles, was wir haben."

Doch der Berg schien unüberwindbar. Beim nächsten Drive hatten die Patriots Mühe, ein First Down zu erzielen. Als sein Team vor einem Fourth-and-three von der eigenen 46-Yard-Linie stand, hatte Belichick keine andere Wahl, als den Versuch zu starten. Wenn die Offense den Ball nicht verwandeln konnte und der Ball an der Mittellinie wieder an die Falcons übergeben wurde, war das Spiel wahrscheinlich vorbei.

Brady stellte sich im Shotgun auf. Er erkannte, dass die Falcons in Manndeckung waren, und sah, dass ein Linebacker Receiver Danny Amendola deckte. Es war ein Missverhältnis. Brady warf einen 17 Yard langen Strike zu Amendola für ein First Down.

Wenige Augenblicke später, als Brady niemanden mehr offen sah, klemmte er sich den Ball unter den Arm und lief zwölf Yards das Feld hinunter. Gleich danach warf er einen Touchdown-Strike zu James White. Die Patriots verschossen den Extrapunkt. Zwei Minuten vor Ende des dritten Viertels lag New England mit 28 : 9 zurück.

„Los jetzt!", rief Brady seinen Mannschaftskameraden zu. „Lass uns etwas Kampf zeigen."

Die Patriots gingen mit einem Rückstand von 19 Punkten in das vierte Viertel. In der Geschichte der NFL-Postseason gab es 93 Fälle, in denen ein Team mit einem Rückstand von 19 oder mehr Punkten in das letzte Viertel gegangen war. In keinem dieser Fälle kam die Mannschaft jemals zurück und gewann.

Nach einem Punt der Falcons begannen die Patriots das vierte Viertel an ihrer eigenen 13-Yard-Linie. Nach einem langen Drive erzielten die Patriots ein Field Goal und verkürzten die Führung auf 28 : 12 (9:48).

Eine Minute später stripsackte Donte Hightower den Falcons-Quarterback Matt Ryan und erzwang so einen Fumble. Die Patriots eroberten den Ball an der 25-Yard-Linie der Falcons zurück.

Wenige Augenblicke später warf Brady einen Touchdown-Pass zu Amendola und verkürzte die Führung sechs Minuten vor Schluss auf 28 : 18. Er hob sofort zwei Finger, um seinen Teamkollegen zu signalisieren, dass sie eine Two-Point-Conversion anstelle eines Extrapunktes anstreben würden.

Brady stellte sich im Shotgun auf. Beim Snap sprang Brady auf und täuschte vor, der Ball sei über seinen Kopf hinweg gesnappt worden. Stattdessen war er direkt zu Running Back James White gesnappt worden, der über die Goalline stürmte und die Führung der Falcons 5:56 Minuten vor Schluss auf 28 : 20 verkürzte.

Oben wandte sich Jonathan an Robert und sagte: „Wahrscheinlich."

Unten auf dem Spielfeld sahen sich die beiden Schiedsrichter an.

„Hey", sagte einer von ihnen, „das könnte interessant werden."

„Ja, das kann es", sagte der andere.

An der Seitenlinie der Patriots sah LeGarrette Blount Brady an, als wäre er kein Mensch. 99 Prozent der Welt wären nervös, schätzte Blount. Aber Brady nicht. Die Zuversicht in seinen Augen ermutigte Blount.

Beim darauffolgenden Ballbesitz drangen die Falcons tief in das Gebiet der Patriots ein. 4:40 vor Spielende hatten sie ein First Down an der 22-Yard-Linie der Patriots. Um das Spiel zu entscheiden, mussten die Falcons nur noch ein wenig Zeit von der Uhr nehmen und ein Field Goal schießen.

Doch zwei Spielzüge später sackten die Patriots Matt Ryan für einen Zwölf-Yard-Verlust. Dann bekamen die Falcons eine Zehn-Yard-Strafe wegen Haltens. Plötzlich befanden sie sich außerhalb der Field Goal-Reichweite und sahen sich einer „Fourth-and-thirty-three"-Situation gegenüber. Sie machten einen Punt.

Bei einem Rückstand von acht Punkten und noch 3:30 Minuten zu spielen, musste die Offense der Patriots 91 Yards zurücklegen, um eine Chance auf ein Unentschieden zu haben.

Bradys erste beiden Pässe waren unvollständig. Bei einer Third-and-Ten-Situation an der eigenen 9-Yard-Linie fand er Chris Hogan mit einem 16-Yard-Abschluss für ein First Down. Nach einem weiteren First-Down-Abschluss warf Brady einen Pass zur Mitte des Feldes zu Edelman, der von drei Verteidigern gedeckt wurde. Einer von ihnen sprang auf und lenkte den Ball in die Luft.

„Das war's", sagte Joe Buck von Fox.

Als die vier Spieler zusammenstießen und in einem Haufen landeten, fiel der Ball auf ein Bein des Abwehrspielers. Edelman ging in die Knie und stürzte sich auf den Ball, als dieser das Bein des Spielers traf.

„Und der Pass … ist …", sagte Buck.

Bei der Landung schnappte sich Edelman den Ball vom Bein des Verteidigers, doch als er auf dem Boden aufschlug, wurde der Ball sofort weggeschleudert. Dann schnappte er sich den Ball erneut, als ein Verteidiger einen Arm um seinen Hals schlang und Edelman auf den Rücken drehte.

„Noch kein Zeichen", sagte Buck.

Edelman rollte herum, wurde von den Verteidigern umgerissen und sprang mit dem Football in den Armen auf die Beine.

„Edelman kommt mit dem Football", sagte Buck. „Sie sagen, es ist ein Catch!"

Die Falcons fochten die Entscheidung an. Während sich die Offiziellen die Sofortwiederholung ansahen, wurde der Catch in Zeitlupe auf den Großbildschirmen im Stadion gezeigt. Edelman und einer der Verteidiger starrten auf den Bildschirm.

„Ich habe ihn gefangen", sagte Edelman. „Ich schwöre bei Gott."

„Auf keinen Fall", sagte der Verteidiger und zeigte auf den Bildschirm. „Sieh dir das an."

„Schau zu", sagte Edelman.

„Es liegt auf dem Boden", sagte der Verteidiger.

„Nein“, sagte Edelman.

In Zeitlupe zeigt die Videowiederholung, dass zwischen dem Ball und dem Boden weniger als ein Zentimeter Platz war, als Edelman den Ball aus der Luft holte.

„Oh, mein Gott“, sagte Troy Aikman von Fox.

„Das ist unglaublich!“, sagte Buck.

Die Offiziellen bestätigten die Entscheidung noch auf dem Spielfeld. „Die Hand des Empfängers ist unter dem Ball“, sagte er. „Der Ball trifft zu keiner Zeit den Boden.“

Edelman kehrte in den Huddle zurück. „Ihr müsst daran glauben, Jungs“, sagte er zu seinen Teamkollegen. „Man muss daran glauben.“

Nachdem die Patriots zweimal den Superbowl gegen die Giants verloren hatten, hatte Edelmans Wunderwurf die Aufholjagd der Patriots am Leben erhalten. Es wurde schnell als „Jules' Raubüberfall“ tituliert.

2:28 vor Schluss hatten die Patriots ein First Down an der 41-Yard-Linie der Falcons.

An der Seitenlinie der Patriots wandte sich LeGarrette Blount an Deion Lewis. „Wir haben Tom Brady“, sagte er erneut. „Wenn wir in die Verlängerung gehen, ist es vorbei.“

Im nächsten Spielzug warf Brady einen 20-Yard-Strike zu Amendola.

„Wow!“, sagte Buck. „In einer Saison, die mit einer Sperre von vier Spielen begann, ist Tom Brady nun in der Lage, mit dem Ball an der 21-Yard-Linie von Atlanta zu stehen und zu versuchen, dieses Comeback zu beenden.

Brady warf einen 13-Yard-Volltreffer zu James White, der das erste Mal von der 8-Yard-Linie aus ein Goal erzielte.

„Tom Brady“, sagte Buck, „hat in diesem Spiel mehr als vierhundert Yards zurückgelegt.“

„Er hat vierhundertzehn!“, sagte Aikman. „Das ist das Zweitmeisten aller Zeiten.“

Während die Uhr tickte, traf Brady erneut White, der an der 1-Yard-Linie angegriffen wurde.

Brady trieb sein Team zurück an die Line of Scrimmage, rief einen Laufspielzug aus und übergab an White, der die Torlinie 57 Sekunden vor Schluss überquerte. Brady hob die Arme und signalisierte einen Touchdown. Es stand 28:26 für Atlanta.

Weil sie zwei Punkte für ein Unentschieden benötigten, hielt Brady erneut zwei Finger hoch.

Er rief einen Passspielzug auf. Beim Snap ging Brady einen Schritt zurück und gab den Ball schnell an Amendola ab, der ihn fing und gerade noch die Torlinie überquerte, um zu punkten.

„Dies ist ein unentschiedenes Spiel", rief Buck. „Amendola für zwei."

„Man sollte Tom Brady niemals aufgeben", sagte Aikman.

Die Patriots hatten in etwas mehr als 16 Minuten 25 Punkte erzielt. Weniger als eine Minute vor Schluss stand es 28:28.

„Das ist einfach schockierend", sagte Buck.

Brady hatte im vierten Viertel für 246 Yards geworfen.

„Der Beste aller Zeiten?", fragte Buck.

„Meiner Meinung nach der Beste aller Zeiten", sagte Aikman.

Zum ersten Mal überhaupt ging der Superbowl in die Verlängerung.

Die Patriots gewannen den Münzwurf und entschieden sich für die Annahme. Die erste Mannschaft, die einen Touchdown erzielte, würde gewinnen. Auf der Bank der Patriots wandte sich Edelman an Brady.

„Lasst uns punkten und das Ding gewinnen", sagte er.

„Wir schaffen das", sagte Brady.

„Für deine Mutter", sagte Edelman. „Für deine Mutter."

Brady nickte.

Als Brady auf das Spielfeld trottete, wandte sich Kraft an Jonathan und sagte: „Es ist vorbei." Die beiden zogen ihre Anzugjacken an. Unten an der Seitenlinie Atlantas starrte der Besitzer der Falcons, Arthur Blank, hoffnungslos auf Brady, als ob er den Sensenmann vor sich hätte.

Emotionslos warf Brady fünf Pässe in Folge und brachte die Patriots bis zur 25-Yard-Linie der Falcons. Nach einem Pass-Interference-Call hatten die Patriots eine First-and-Goal-Situation an der 2-Yard-Linie der Falcons.

Wenige Augenblicke später warf Brady den Ball zurück zu White, der sich gegen vier Tackler durchsetzte und den Ball über die Torlinie beförderte.

„Er ist drin!", rief Buck. „Die Patriots gewinnen den Superbowl! BRADY HAT SEINEN FÜNFTEN! Was für ein Comeback."

Während die Menge jubelte, Konfetti fiel und auf dem Spielfeld ein Tumult ausbrach, sank Brady auf die Knie. Die Patriots hatten in den letzten 28 Minuten 31 Punkte in Folge erzielt und damit das größte Comeback in der Geschichte des Superbowls geschafft. Der körperlich und emotional erschöpfte Brady legte sich mit dem Gesicht nach unten auf den Rasen, während ihn eine Meute von Fotografen und Fernsehkameraleuten umringte. „Zurück! Zurück!", rief ein Sicherheitsmann der Patriots. Bewegungslos und schweigend blieb Brady fast eine Minute lang liegen. Schließlich kniete Alex Guerrero nieder und legte seinen Arm um Brady.

Brady sammelte sich, stand schließlich auf, und LeGarrette Blount umarmte ihn. Dann schnappte sich Belichick Brady und Blount.

„Ihr seid großartig, Leute!", rief Belichick.

„Oh mein Gott!", sagte Brady.

„Ich liebe euch, Jungs", sagte Belichick.

„Ich dich auch", sagte Brady in sein Ohr. „Wir haben es geschafft."

Schweißgebadet und einander umarmend, hatten Brady und Belichick das Nirwana erreicht. Zusammen hatten sie fünf Superbowl-Meisterschaften gewonnen.

Der Fox-Co-Kommentator Terry Bradshaw stand bei der Übergabe der Trophäe grinsend zwischen Roger Goodell und Robert Kraft. Die überwältigenden Buhrufe übertrafen das, was Goodell zwei Jahre zuvor in Glendale nach dem Sieg der Patriots über die Seahawks erlebt hatte.

„Was für ein wunderbares Football-Spiel heute Abend", sagte Goodell, dessen Stimme von den Fans übertönt wurde. „Das ist es, worum es beim NFL-Football geht."

Die Buhrufe waren so heftig, dass Bradshaw und sein Kollege Michael Strahan sich anstrengen mussten, ernst zu bleiben. Hinter Goodell stand Brady neben Belichick, wohl wissend, dass die Patriots-Fans ihren Unmut über den Commissioner zum Ausdruck brachten.

„Robert, du weißt doch, wie schwer es ist, so etwas zu bekommen", rief Goodell in das Mikrofon.

Flankiert von Jonathan, starrte Kraft Goodell an.

„Und dies ist der fünfte unter Ihrer Führung, Coach Belichick und Tom Brady“, sagte Goodell.

Als Brady seine Familie am Fuße der Bühnenstufen entdeckte, stieg er hinunter und umarmte seinen Sohn. Dann nahm er seine Tochter in einen Arm und legte den anderen Arm um Bündchen, zog sie an sich und küsste sie. Bündchen schlang ihre Arme um ihn, als wollte sie ihn beschützen.

Die Buhrufe gingen unvermindert weiter.

„Was für eine unglaubliche Leistung für Ihre Organisation“, rief Goodell Kraft zu. „Wir sind so stolz auf euch. Nehmt eure Superbowl-Trophäe mit nach New England.“

Kraft ging durch den Kopf, dass all die Personen im Ligabüro, die so sehr versucht hatten, sein Team zu diskreditieren, nur noch neidischer und eifersüchtiger werden würden. Die Liga hatte über 22 Millionen Dollar für Deflategate ausgegeben, einen Großteil davon für Anwälte und Berufungen. Was für eine Verschwendung!

Doch als Goodell Kraft die Trophäe überreichte und die Buhrufe augenblicklich in Jubel übergingen, schüttelte Kraft Goodells Hand. Es hatte keinen Sinn, einen Groll zu hegen.

Als Kraft die Trophäe hochhob, war der Jubel ohrenbetäubend.

Kraft hielt die Trophäe weiterhin in die Höhe, während Goodell Jonathans Hand schüttelte und sich zum Verlassen der Bühne umdrehte. Belichick hielt ihn auf. Goodell gratulierte ihm, und Belichick schüttelte ihm die Hand.

„Mr. Kraft“, sagte Bradshaw, „was sagen Sie all Ihren Fans da draußen, nachdem die ersten vier Wochen der Saison vorbei sind und Ihr Quarterback nicht in der Startelf stand, und Sie sich nun im größten Superbowl aller Zeiten wiederfinden und der Sieger sind?“

Goodell ging gerade die Treppe hinunter, als Kraft das Mikrofon ergriff.

„Vor zwei Jahren haben wir in Arizona unseren vierten Superbowl gewonnen“, begann Kraft. „Ich habe unseren Fans gesagt, dass das das Schönste von allem ist. Aber in den letzten zwei Jahren hat sich viel getan.“

Bradshaw grinste, und die Fans brüllten.

„Und ich glaube nicht, dass das einer Erklärung bedarf“, rief Kraft.

Als Goodell die Treppe hinunterstieg, entdeckte er Brady, der noch immer seine Frau und seine Kinder im Arm hielt. Goodell kam auf ihn zu und klopfte ihm auf die Schulter. Brady drehte sich um, und Goodell ergriff seine rechte Hand. „Das war großartig", sagte Goodell.

Brady lächelte.

Das letzte Mal, dass sie sich so nahegekommen waren, war in einem Bundesgerichtssaal.

„Herzlichen Glückwunsch", sagte Goodell zu ihm. „Tolles Spiel."

„Danke", sagte Brady.

Als Goodell sich zum Gehen wandte, küsste Bündchen Brady erneut und drückte ihn.

Auf der Bühne hielt Kraft die Trophäe erneut hoch. „Das ist eindeutig das Süßeste!", rief er.

Brady schlang die Arme um seine Mutter, gab ihr einen Kuss und zog sie an sich. „Ich liebe dich", flüsterte er.

„Oh, mein Gott!", sagte Tom Brady senior mit Tränen in den Augen, als er Bündchen umarmte.

Bradshaw rief Brady an das Mikrofon.

„Deine Mutter ist heute Abend nach 18 Monaten hier", sagte Bradshaw. „Du hast ihr dieses Spiel gewidmet. Sie muss im Moment außer sich sein."

Bradys Augen quollen über. „Ja", sagte er. „Das wird heute Abend ein großes Fest." Er hielt inne und blickte in die Menge. „Vielen Dank an alle unsere Fans", sagte er mit erhobener Stimme. „An alle in Boston. New England. Wir lieben euch."

Die Menge brüllte.

„Ihr wart das ganze Jahr über bei uns!", rief er, und sein Blick wurde ernst. „Wir bringen dieses Ding nach Hause!"

Er hielt den Pokal hoch.

Der Jubel in der Umkleidekabine der Patriots war ohrenbetäubend. Während die Spieler sich umarmten und jubelten, verteilte Kraft kubanische Zigarren. Dann entdeckte er Brady, der allein auf einem Hocker an seinem Spind saß. Als Brady aufstand, umfasste Kraft seinen Hinterkopf und küsste ihn.

„Du bist der Beste", sagte Brady leise.

Bradys 62 Pässe, 43 Abschlüsse und 466 Passing Yards waren allesamt Superbowl-Rekorde. Außerdem stellte er vier persönliche Superbowl-Rekorde auf: 309 Versuche, 207 Abschlüsse, 2.071 Passing Yards und 15 Touchdown-Pässe. Und er wurde zum vierten Mal zum Superbowl MVP ernannt, ein weiterer Rekord.

In einem anderen Teil der Umkleidekabine beantwortete Alex Guerrero die Frage eines Journalisten von Sports Illustrated zu Brady.

„Ich denke nicht, dass man uns geglaubt hat, als wir sagten, Tom könne bis 45 oder darüber hinaus spielen", sagte Guerrero. „Ich weiß immer noch nicht, ob sie es glauben. Aber Tommy und ich, wir glauben es."

40

SCHWER IST DIE KRONE

Am Morgen nach dem Superbowl LI trafen sich Tom Brady und Roger Goodell in Houston zur Verleihung der MVP-Trophäe. Belichick schloss sich ihnen an. Mit Brady und Belichick hinter sich stand Goodell an einem Rednerpult und blickte auf eine große Gruppe von Journalisten.

„Die beiden Herren, die wir hier haben, haben in der gesamten Liga neue Maßstäbe gesetzt", sagte Goodell vor dem Publikum. „Fünf Superbowl-Meisterschaften und vier MVPs für Tom Brady, die sein Vermächtnis nicht nur als Superbowl-Spieler, sondern vielleicht als einer der größten Spieler aller Zeiten zementieren. Und dieses Duo, Coach Belichick, mit seinem Erfolg von fünf Superbowls, zementiert sein Vermächtnis als der vielleicht beste Trainer aller Zeiten."

Goodell blickte sich zu ihnen um.

„Und es ist eine große Ehre für uns und für mich persönlich, diese beiden Jungs heute Morgen hier zu haben", so Goodell weiter. „Tom, komm hoch. Hol dir deine Trophäe."

Alle Augen waren auf Brady und Goodell gerichtet, als sie sich die Hände schüttelten und für Fotos posierten, während sie gemeinsam die silberne Trophäe in Form eines Footballs in den Händen hielten. Doch wer ein Drama erwartete, wurde enttäuscht. Sowohl Brady als auch Goodell hatten Deflategate hinter sich gelassen.

Die weitaus wichtigere Beziehungsdynamik im Raum an diesem Morgen betraf Brady und Belichick. Stunden, nachdem sie ihrem Meisterschaftsgürtel eine weitere Kerbe hinzugefügt hatten, richteten die beiden Männer, die das Mantra der Patriots „Do Your Job" und „No Days Off" verkörperten, ihren Blick bereits auf die nächste Saison und die lästigen Überlegungen zu Bradys Alter und seiner Entschlossenheit, bis zum 45. Lebensjahr zu spielen.

In der Nacht zuvor hatten sich Brady und Belichick unmittelbar nach einem epischen Triumph umarmt und ihre Liebe füreinander ausgedrückt. Doch während ihres unaufhaltsamen 17-jährigen Marsches zu nie da gewesenen Höhen hatte es zwischen ihnen an Zuneigung gefehlt. Sie hatten schon vor langer Zeit herausgefunden, dass sie keine Freunde sein mussten, um gemeinsam zu gewinnen. Stunden nach dem emotionsgeladenen Moment auf dem Spielfeld des NRG-Stadions war es an der Zeit, wieder zur Tagesordnung überzugehen – Belichick fragte sich, wie lange Brady noch auf einem solchen Spitzenniveau spielen könnte, und Brady fragte sich, wie lange Belichick ihn wohl noch als Quarterback haben wollte.

Nachdem er Brady seine Trophäe überreicht hatte, forderte Goodell ihn auf, ein paar Worte zu sagen.

Müde trat Brady an das Rednerpult und wollte von der Presse wissen, ob sie Fragen habe. Während Belichick mit versteinerter Miene zusah, gab Brady zehn Minuten lang Standardantworten, lobte seine Teamkollegen, machte seinen Gegnern Komplimente und bedankte sich bei seiner Familie und seinen Trainern. Aber die letzte Frage der Pressekonferenz bot Brady die Gelegenheit, etwas zu sagen, von dem er hoffte, dass es bei Belichick ankommen würde.

„Hatten Sie im Alter von 39 Jahren die Gelegenheit, über das nachzudenken, was Sie im Mannschaftssport bisher nie Dagewesenes erreicht haben?", fragte ein Reporter.

„Ich fühle mich nicht wie 39", begann Brady. „Ich hänge mit einem Haufen Zwanzigjähriger herum. Man fühlt sich also ziemlich jung."

Brady grinste, und die Journalisten lachten. Aber Brady nahm sein Training und die Pflege seines Körpers sehr ernst. Aus seiner Sicht wusste Belichick nicht zu schätzen, wie wichtig Alex Guerrero und die TB12-Methode für die beiden letzten Superbowl-Siege der Patriots waren. Ohne sie wäre Brady nicht mehr im Spiel gewesen. Er wäre nicht da gewesen, um die außergewöhnlichen Superbowl-Comebacks gegen die Seahawks und Falcons anzuführen. Brady nutzte die Gelegenheit, die ihm die Frage bot, um indirekt mit Belichick zu sprechen.

„Ich versuche, auf mich selbst aufzupassen, indem ich lerne und dabei viele positive und negative Erfahrungen mache", sagte er. „Wenn man 17 Jahre in der Umkleidekabine verbringt, lernt man, was man tun muss und was nicht, und was für einen selbst gut ist.

Ich habe einen einzigartigen Weg gefunden, der ein wenig ungewöhnlich ist und wirklich funktioniert hat", so Brady weiter. „Ich versuche, diese Botschaft an viele andere Spieler weiterzugeben, denn Football ist ein anspruchsvoller Sport. Es ist anspruchsvoll für den Körper. Dein Körper ist dein Kapital. Wenn man ständig verletzt ist, macht Football keinen Spaß. Als ich 25 war, hatte ich ständig Schmerzen und konnte mir nicht vorstellen, so lange zu spielen, wie ich es tat, denn wenn dein Arm ständig schmerzt und du nicht werfen kannst, wie kannst du dann weiterspielen? Jetzt, mit 39, tut mein Arm nie weh. Mein Körper tut nie weh. Selbst wenn ich mir eine Verletzung zugezogen habe, weiß ich, wie ich sie behandeln muss, damit ich mich beim Training am Mittwoch gut fühle. So kann man sich wirklich weiter verbessern, weil man üben kann."

Mit diesen Worten bedankte sich Brady bei allen, klemmte sich seinen silbernen Football unter den Arm, als wäre er ein Ballträger, und verließ eilig das Gebäude.

Es gab weniger Reporter und weniger Kameras, als Belichick ans Rednerpult trat. Aber er wollte noch etwas über Brady sagen. „Heute Morgen wurden viele Dinge über ihn gesagt", begann er. „Sie sind alle wahr. Ein großartiger Spieler. Es war ein Privileg, Tom in den letzten 15 Jahren zu coachen, 14 Jahre davon als Starting Quarterback."

Er hielt inne. „Wir haben eine großartige Beziehung", fuhr er fort. „Wir treffen uns regelmäßig wöchentlich. Ich kann mir keinen Spieler vorstellen, der es mehr verdient hätte als Tom, in dieser Woche und insbesondere gestern Abend und heute ausgezeichnet zu werden.

Er ist unser Anführer. Er kämpft so gut wie jeder andere Spieler, den ich je trainiert habe. Er ist gut vorbereitet. Er hat eine tolle Ausstrahlung. Große Präsenz. Es mag nicht immer perfekt sein, aber das ist es für keinen von uns. Tom ist, wie viele andere Spieler im Team, der

Typ, der bis zum Ende kämpft und bis zum Ende wetteifert, und es gibt keinen Spieler, den ich mehr respektiere als Tom."

Belichicks Äußerungen kamen von Herzen und waren das größte Lob, das er je einem Spieler ausgesprochen hatte. Aber Brady war nicht da, um ihn zu hören.

Niemand verstand die Komplexität der Beziehung zwischen Brady und Belichick so gut wie Kraft, nachdem er 17 Jahre lang mit ihnen zusammengearbeitet hatte. Krafts Verbindung zu Brady war sehr persönlich. Sie wohnten in derselben Straße. Ihre Familien verbrachten Zeit miteinander und standen sich nahe. Die Zuneigungsbekundungen, die Kraft und Brady mit Worten und Taten austauschten, waren das ganze Jahr über üblich. Krafts Beziehung zu Belichick war anders, aber nicht weniger bedeutend. Obwohl sie nicht viel miteinander zu tun hatten und sehr unterschiedliche Führungsstile besaßen, hatten Kraft und Belichick die effizienteste Arbeitsbeziehung zwischen einem Besitzer und einem Trainer in der NFL.

In Belichick sah Kraft das größte Genie, das je als Trainer tätig war. Belichicks Football-IQ war unübertroffen, sein Engagement für die Organisation über jeden Zweifel erhaben und sein Durchhaltevermögen im Angesicht von Widrigkeiten inspirierend. Belichick wusste nur nicht so recht, wie er mit einem rätselhaften Football-Spieler umgehen sollte, der zu einer weltberühmten Ikone geworden war. Brady war zu einem Rätsel für das Genie geworden.

Kraft sah in Brady den größten Football-Spieler, der je gelebt hat. Sensibel wie ein Dichter und mit dem Antrieb einer Maschine war Brady ganz anders verdrahtet als andere Männer auf dem Gridiron. Nichts konnte Tom aufhalten, außer Tom selbst. Das Einzige, was Brady nicht gewonnen hatte, war etwas, das er nie gewinnen konnte, egal wie hart er arbeitete – die väterliche Anerkennung durch seinen Trainer. Belichick war das einzige Ziel, das der Quarterback nicht erreichen konnte.

Doch Belichick und Brady waren auf dem Spielfeld magisch, und Kraft wollte einfach, dass die Show weiterging. Er hoffte, Brady und Belichick auf seiner Gehaltsliste zu behalten, bis beide in Rente gingen.

Jonathan Kraft stimmte zu. Obwohl Jonathan keine herzliche persönliche Beziehung zu Belichick pflegte, hielt er ihn für den größten Trainer aller Zeiten, und es gab niemanden, den er lieber am Ruder gehabt hätte. Und während Jonathan Brady eher wie einen Bruder betrachtete und zu schätzen wusste, wie sehr er in Foxborough unter Druck gestanden hatte, erkannte er, wie sehr Belichicks Trainerphilosophie Brady und dem Team zugutekam. Dass er Brady und Belichick so lange zusammenhielt, empfand Jonathan als die größte Leistung seines Vaters als Besitzer. Hinter den Kulissen trug er seinen Teil dazu bei, dass sein Vater Belichick und Brady zusammenhielt.

Einige Tage nach Bradys Kommentaren auf der MVP-Pressekonferenz in Houston stand Jonathan neben Robert auf einem Balkon des Bostoner Rathauses und sah zu, wie Belichick nach der Superbowl-Siegparade zu Tausenden von Fans sprach, die sich auf dem Platz drängten.

„Sie haben sich keinen Tag freigenommen", sagte Belichick und meinte seine Spieler.

Dann hielt Belichick die Lombardi-Trophäe in die Höhe und begann untypischerweise zu skandieren: „Keine freien Tage. Keine freien Tage." Belichick machte so lange weiter, bis die Menge mitmachte.

Ausgelöst durch die Sprechchöre trat Jonathan nach vorne und übernahm das Mikrofon. Er deutete auf Belichick und rief: „Hey! Was haben wir für ein Glück, dass wir diesen Mann haben."

Die Menge brüllte.

„Wenn er sagt: ‚Keine freien Tage', meint er 24/7, 365-mal!"

Die Menge skandierte: „Bill. Bill. Bill."

„Wir haben so viel Glück gehabt", fuhr Jonathan fort. „Seit 2001 haben wir fünf Superbowls gewonnen. Denken Sie darüber nach. Fünf! Und der Quarterback jedes dieser Teams war Tom Brady."

Jonathan hielt inne, schaute über seine Schulter und versuchte, Brady zu finden. „Holt Tommy", rief er.

Brady trat von hinteren Teil der Plattform hervor. Er trug einen schwarzen Trenchcoat und hielt eine der Lombardi-Trophäen des Teams in der Hand.

Die Menge brach in Jubel aus.

Jonathan rückte in den Hintergrund, als Brady seinen Platz neben Belichick einnahm. Die beiden hielten ihre Trophäen hoch, und die Menge tobte.

„Noch eine!", rief Brady in die Menge.

Die Menge begann zu skandieren: „Wir wollen sechs! Wir wollen sechs! Wir wollen sechs!"

Das war Musik in Krafts Ohren.

Für Kraft, Belichick und Brady war der „Patriot Way" alles, was sie wollten. Auch in der Nebensaison waren die drei vom Siegeswillen besessen. Doch die Dynastie aufrechtzuerhalten, war für Brady besonders wichtig geworden. Er war nicht nur der Größte der Welt in seinem Beruf, er zog auch kleine Kinder groß und baute sein Geschäft mit Guerrero aus, während er mit Bündchen verheiratet war, die selbst die Größte der Welt in ihrem Beruf war. In familiärer Hinsicht war es eine Menge, das unter einen Hut zu bringen war.

Als Brady 2006 Bündchen kennenlernte, hatte er ihr gesagt, dass er noch zehn Jahre spielen und in dieser Zeit mehr Superbowls gewinnen wolle. Nach der Saison 2016 wies Bündchen darauf hin, dass die zehn Jahre nun voll seien. Darüber hinaus hat Brady mit seiner großartigen Leistung im Superbowl gegen die Falcons den Gipfel seines Könnens erreicht und sich als der beste Quarterback aller Zeiten etabliert. Für Bündchen war das der ideale Zeitpunkt, um sich vom Profi-Football zu verabschieden. Sie meinte es ernst.

Aber Brady war es ebenso wichtig, länger zu spielen. Er hatte sich nie gesünder gefühlt. Und obwohl er in den drei vorangegangenen Spielzeiten zwei Superbowls gewonnen hatte, war er davon überzeugt, dass er sich weiter verbessern und die Grenzen dessen, was ein Sportler in der Mitte seines Lebens erreichen kann, weiter verschieben könne. Guerrero stimmte zu.

„Zwei weitere Superbowls", sagte Brady zu Bündchen.

Während Brady und Bündchen im Frühjahr darüber diskutierten, wie lange er noch spielen würde, erklärte sich Brady bereit, mit dem Dokumentarfilmer Gotham Chopra zusammenzuarbeiten, der einen Film über Bradys einzigartiges Trainingsprogramm und sein Bestreben, bis Mitte 40 zu spielen, drehen wollte. Der Film würde den Titel Tom vs. Time tragen und würde auf Facebook ausgestrahlt werden.

Für Brady war es höchst ungewöhnlich, an einem Projekt dieser Art teilzunehmen. Doch angesichts der vielen Journalisten, die über ihn schrieben, fand Brady Gefallen an der Idee, die Kontrolle über seine eigene Geschichte zu übernehmen. Und er kannte Chakra schon seit einiger Zeit und hatte Vertrauen zu ihm gefasst.

Im Frühjahr 2017 war die Arbeit von Brady und Chakra bereits im Gange. Der Umfang des Filmes entwickelte sich bald zu einem umfassenderen Blick auf die Überschneidungen zwischen Bradys Privatleben und seinem Football-Leben. Während der Saisonpause saßen Brady und Bündchen für ein Interview mit Chakra zusammen, der sie über Bradys Entscheidung befragte, weiterzuspielen.

„Was mich betrifft, ist Football seine erste Liebe", so Bündchen gegenüber Chakra.

Brady legte seinen Arm um sie und lachte.

„Das ist wirklich so", fuhr sie fort. „Und das ist, ehrlich gesagt, seine größere Liebe."

Bündchen erzählte Chakra, wie Brady ihr gesagt hatte, als sie sich zum ersten Mal trafen, dass er nur noch zehn Jahre spielen würde. „Aber dann hat er ‚Nein' gesagt", sagte sie.

„Es geht noch ein bisschen weiter", mischte sich Brady ein.

„Ja", sagte Bündchen zu Chakra. „Das hat er gesagt."

In einem separaten Interview mit Chakra gab Brady zu, dass Football seine erste Liebe war, die begann, als er als kleiner Junge im Candlestick Park seinem Idol Joe Montana zusah. Diese Liebe aufrechtzuerhalten, so Brady, sei ganz einfach, „weil sie so sehr mit meinem Wesen verbunden ist."

„Wenn ich auf dem Spielfeld vor siebzigtausend Menschen stehe, kann ich wirklich der sein, der ich bin", sagte er gegenüber Chopra. „Wenn ich jemanden anschreien will, kann ich jemanden anschreien. Das ist wahrscheinlich der Grund, warum ich Football so sehr liebe. Weil es mir erlaubt, so authentisch zu sein, wie ich bin, und das fällt mir schwer, wenn ich das Spielfeld verlasse."

Im späten Frühjahr gab Bündchen ein langes Interview mit Charlie Rose für CBS This Morning. In dem Interview sollte es um Bündchens Umweltaktivismus und ihren Einsatz gegen die globale Erwärmung gehen. Doch gegen Ende des Gesprächs brachte Rose Brady zur Sprache.

„Ihr Mann sagte neulich, Sie wollten, dass er sich zur Ruhe setzt", sagte Rose. „Das hat er gesagt. Ich nicht. Und dass er so lange spielen würde, wie er sich so gut fühlt wie jetzt. Willst du ihn dazu bringen, sich zurückzuziehen?"

„Ich muss einfach sagen, dass ich als Ehefrau ein bisschen", begann Bündchen und hielt dann inne, um zu verdeutlichen, dass Football ein aggressiver Sport ist. „Er hatte letztes Jahr eine Gehirnerschütterung", fuhr sie fort. „Er hat ziemlich viele Gehirnerschütterungen. Wir sprechen nicht darüber, aber er hat Gehirnerschütterungen. Und ich glaube nicht, dass es für deinen Körper gesund ist, durch …." Sie hielt inne und klatschte in die Hände. „… zu gehen." „Durch diese Art von Aggression, sozusagen die ganze Zeit."

Das Schöne an Bündchen war ihre Furchtlosigkeit und ihre Ehrlichkeit. Auch ihre Liebe zu ihrem Mann brachte sie ungeniert zum Ausdruck. Sie sagte Rose, sie wolle mit Brady noch zusammen sein, wenn sie hundert Jahre alt seien. „Ich weiß, dass er liebt, was er tut, und ich werde ihn immer unterstützen", sagte sie. „Und ich habe ihm gesagt, dass ich mir in meinen Träumen wünsche, dass er es vielleicht nicht mehr so lange macht, weil ich besorgt bin … Ich möchte nur, dass er gesund ist."

Als der Beitrag am 16. Mai ausgestrahlt wurde, warb CBS mit Bündchens Kommentaren über Bradys Gehirnerschütterung im Jahr 2016. Das erregte sofort Aufsehen, wurde in den sozialen Medien verbreitet und sorgte für Schlagzeilen im Internet. Als unbeabsichtigte Folge von Bündchens Behauptung gerieten die Patriots ins Visier der Ermittler. Nach den Ligaregeln muss ein Spieler, bei dem eine Gehirnerschütterung diagnostiziert wurde, aus dem Wettbewerb genommen werden, und seine Gehirnerschütterung muss im offiziellen Verletzungsbericht der Mannschaft vermerkt werden. Es war bekannt, dass Brady im Jahr 2016 kein einziges Spiel aufgrund einer Verletzung verpasst hatte. Die Patriots hatten ihn auch nie wegen einer Kopfverletzung auf die Verletztenliste gesetzt.

In dem Versuch, die Situation zu entschärfen, gab Bradys Agent Don Yee rasch eine Erklärung ab: „Bei Tom wurde letztes Jahr keine Gehirnerschütterung diagnostiziert." Aus seiner Erklärung ging jedoch nicht hervor, ob Brady eine Gehirnerschütterung erlitten hatte.

Die NFL veröffentlichte daraufhin eine ausführlichere Erklärung: „Es gibt keine Aufzeichnungen, die darauf hinweisen, dass Mr. Brady eine Kopfverletzung oder Gehirnerschütterung erlitten hat oder Symptome einer Gehirnerschütterung zeigte oder darüber klagte."

Die Liga sah sich jedoch auch mit Fragen zu ihrem Gehirnerschütterungsprotokoll konfrontiert. Daraufhin kündigten die NFL und die NFL Players Association an, dass sie gemeinsam das gesamte Filmmaterial der Patriots-Spiele aus dem Jahr 2016 überprüfen würden, um festzustellen, ob Brady eine nicht dokumentierte Kopfverletzung erlitten hatte. Im Rahmen ihrer Untersuchung beantragten die NFL und die NFLPA auch Einsicht in Bradys medizinische Unterlagen für 2016, was Brady und die Patriots gewährten.

Für Brady war die ständige Kontrolle wie ein schwerer Koffer geworden, den er überallhin mitnehmen musste. Strikt loyal gegenüber Bündchen wehrte er die Versuche der Medien ab, ihn zu einer Diskussion über ihre Äußerungen zu ködern. „Ich meine, wir gehen jeden Abend im selben Bett schlafen, also denke ich, sie weiß, wann ich sauer bin, sie weiß, wann ich müde bin, sie weiß, wann ich getroffen wurde", sagte er schließlich einem Radiomoderator. „Wir fahren zusammen nach Hause. Aber sie weiß auch, wie gut ich auf mich aufpasse. Sie ist eine sehr besorgte Ehefrau und sehr liebevoll."

Während die Liga und die Gewerkschaft ihre Prüfung durchführten, unternahm Brady mit seinem älteren Sohn Jack eine Reise nach China und Japan. Es war eine willkommene Atempause. Sie besuchten die Große Mauer und übten sich in Kampfsportarten, und Brady veranstaltete Football-Clinics in Tokio und Schanghai, zu denen Tausende von Fans mit „GOAT"- und „TB12"-Schildern erschienen. Das war ein Zeichen dafür, dass Bradys Popularität weltweit gestiegen war.

Nach ihrer Rückkehr besuchten Brady und sein Sohn Bradys Eltern in ihrem Haus in San Mateo, wo Brady aufgewachsen war. Eines Morgens, als er mit seinem Sohn und seinen Eltern am Küchentisch saß, schickte Brady Kraft eine Facetime-Nachricht.

Kraft und Brady hatten sich in der Offseason nicht oft gesehen. Wie Brady war auch Kraft im Ausland gewesen. Er hatte Jim Brown, Joe Montana, Roger Staubach und 15 weitere NFL-Hall-of-Fame-Spieler auf eine historische Reise ins Heilige Land mitgenommen, um die

Einheit der Liga zu stärken. Und seit seiner Rückkehr aus Israel war Kraft mit Ligaangelegenheiten beschäftigt. Als führendes Mitglied des Vergütungsausschusses der NFL setzte er sich für die Verlängerung der Amtszeit von Roger Goodell als Commissioner ein und steuerte dessen neuen Arbeitsvertrag durch einen komplizierten Verhandlungsprozess. Er förderte auch die Bemühungen der Liga, ein LGBTQ-Programm für schwule Sportler zu starten.

Mitten in alldem hatte Kraft im Sommer das gesamte Team und den Trainerstab der Patriots zu sich nach Hause eingeladen, um ihnen neu gefertigte Superbowl-Ringe zu überreichen, von denen jeder mit 283 Diamanten besetzt war, um an das historische Comeback des Teams nach einem 28 : 3-Rückstand zu erinnern. Während dieser Veranstaltung heckten Kraft und Brady den Plan aus, etwas Besonderes für Bradys Mutter zu tun, wenn Brady aus China zurückkehrte.

Nachdem die Facetime-Verbindung hergestellt war, fragte Kraft Brady: „Ist Galynn da?"

Brady richtete sein Handy auf seine Mutter, damit Kraft sie sehen konnte.

„Wie geht es dir, Liebes?", fragte Kraft.

„Wie geht es dir, Robert?", fragte sie.

Kraft erwähnte den Superbowl. „Tommy hat mir vor dem Spiel gesagt: ‚Das ist das erste Spiel, bei dem Mama und Papa dabei sein werden. Sie waren das ganze Jahr über nicht da.'"

Galynn traten die Tränen in die Augen.

„Wir haben darüber gesprochen, dass wir das Spiel dir zu Ehren gewinnen müssen, weil du so eine Inspiration für uns warst", sagte Kraft. „Deshalb möchten wir dir ein kleines Geschenk machen. Das bekommen nur Spieler und Trainer. Aber wir wollten, dass du es bekommst. Daher hoffe ich, dass du dieses kleine Zeichen unserer Wertschätzung annehmen wirst.

Brady griff über den Tisch und überreichte seiner Mutter einen Superbowl-Ring.

„Ach du meine Güte!", sagte sie, als sie ihn in der Hand hielt. Lächelnd und weinend steckte sie ihn sich an den Finger. „Das ist … Ich liebe mein Geschenk."

„Ich weiß, das ist ein bisschen untertrieben", scherzte Kraft.

„Hey, Robert", warf Tom Brady senior Ein. „Das ist so süß. Ich danke dir vielmals."

Während Bradys Vater zum Telefon griff und mit Kraft sprach, kam Galynn auf Toms Seite des Tisches, legte ihre Arme um ihn und küsste ihn immer wieder. Tränen liefen über Bradys Gesicht. Sein Sohn Jack schaute zu und strahlte.

Belichick verbrachte seine Offseason damit, das zu tun, was er jede Offseason tat – Spieler für den Draft zu evaluieren, für die kommende Saison zu planen und den Kader der Patriots zu überarbeiten. So lehnte er es ab, den Running Back LeGarrette Blount, der das Team mit über 1.100 Yards und 18 Touchdowns anführte, erneut unter Vertrag zu nehmen. Außerdem entschied er sich, Tight End Martellus Bennett, dessen 701 Receiving-Yards im Jahr 2016 die zweitmeisten im Team waren, nicht wieder unter Vertrag zu nehmen. Beide Spieler unterschrieben anderswo. Insgesamt hat Belichick fast die Hälfte der Spieler aus dem Kader von 2016 gestrichen, entlassen, verkauft oder einfach nicht wieder verpflichtet. An ihrer Stelle brachte er eine Reihe von neuen Spielern durch Draft, Free Agency und Trades ins Spiel. Zu den neuen Spielern gehören All-Pro-Cornerback Stephon Gilmore, Running Back Rex Burkhead und Receiver Brandon Cooks.

Aber die kühnste Entscheidung, die Belichick in der Offseason traf, war die, Quarterback Jimmy Garoppolo nicht zu verkaufen. Mit Garoppolo und Jacoby Brissett hinter Brady hatten die Patriots die tiefste und talentierteste Gruppe von Quarterbacks in der Liga. Und da so viele Teams auf der Suche nach einem erstklassigen Starting Quarterback waren, erhielt Belichick viele Angebote von Teams, die an einem Handel mit Garoppolo interessiert waren.

Trotz einiger verlockender Angebote hatte Belichick Garoppolo lange Zeit als idealen Nachfolger von Brady angesehen. Es gab einen Grund, warum so viele Teams viel geboten haben, um Garoppolo aus New England abzuwerben. Er war jung, athletisch und verfügte über einen starken Arm. Er bewies Gelassenheit und zeigte gute Führungsqualitäten.

Belichick hätte es vorgezogen, sich von Brady zu trennen und Garoppolo zu behalten, wenn die Entscheidung ihm überlassen worden wäre. Dieser Ansatz hätte Belichicks üblicher Arbeitsweise entsprochen. Nach 271 Spielen hatte Brady eine Menge Football-Kilometer gesammelt. Und egal, was Guerrero für Brady tat, Belichick spürte, dass Brady eher früher als später den Naturgesetzen erliegen würde. Garoppolo hingegen hatte so gut wie keine körperlichen Verschleißerscheinungen und befand sich gerade in den besten Jahren seiner Karriere. Wenn er sich nicht ernsthaft verletzte, könnte er für die nächsten zehn Jahre der Quarterback der Patriots sein. Aber Belichick wusste, dass Kraft nie zulassen würde, dass er Brady verkaufte. Also sprach er das Thema nicht an.

In der Zwischenzeit ging Garoppolo in das letzte Jahr seines Vierjahresvertrags. Am Ende der Saison 2017 wäre er ein Free Agent. Die Bemühungen, Garoppolo zur Unterzeichnung einer Vertragsverlängerung mit den Patriots zu bewegen, waren vergeblich, solange Brady noch spielte. Garoppolo und Brady hatten denselben Agenten, und Don Yee wusste, dass die Patriots es sich nicht leisten konnten, beide Quarterbacks zu behalten. Die Patriots hatten mit Brady bereits Gehaltszahlungen in Höhe von 22 Millionen Dollar im Jahr 2018 und 22 Millionen Dollar im Jahr 2019 zu leisten. Wenn Garoppolos Vertrag Anfang 2018 auslief, würde er auf dem freien Markt ähnlich viel Geld bekommen. Belichick wäre nicht in der Lage, mindestens 30 Prozent der Gehaltsobergrenze des Teams für 2018 für zwei Quarterbacks zu verwenden. Diese Möglichkeit war ebenso unrealistisch wie der Handel mit Brady.

Trotz dieser Tatsachen lehnte Belichick im Frühjahr und Sommer 2017 alle Angebote für Garoppolo ab und entschied sich stattdessen, seinen Schützling so lange wie möglich in Foxborough zu halten. Aber wenn sich Brady 2017 nicht verletzen würde, wusste Belichick, dass Garoppolos Tage gezählt waren. Daher hatte er beschlossen, nicht über Jacoby Brissett zu verhandeln, der wahrscheinlich zum zweiten Spieler aufsteigen würde, wenn Garoppolo weitermachte. Doch als sich Julian Edelman in einem Vorsaisonspiel im August 2017 das Kreuzband riss, änderte Belichick seine Meinung gegenüber Brissett.

Der Verlust Edelmans in der Saison 2017 war ein schwerer Schlag. Im Jahr 2016 hatte er das Team bei Empfängen, Receiving-Yards und Gesamt-Yards angeführt. Um die Lücke zu füllen, brauchte Belichick einen Receiver. Deshalb tauschte er Brissett am Ende der Vorsaison nur widerwillig gegen den Receiver Phillip Dorsett an die Colts aus.

Das bedeutete, dass die Patriots mit einem vierzigjährigen Quarterback und einem Ersatz-Quarterback, der wahrscheinlich weiterziehen würde, in die Saison gehen würden.

Zu Beginn des Trainingslagers gaben die NFL und die NFLPA bekannt, dass sie ihre sommerliche Untersuchung abgeschlossen und keine Beweise dafür gefunden haben, dass Brady eine Gehirnerschütterung erlitten hatte oder Anzeichen oder Symptome einer Gehirnerschütterung aufwies. Die Angelegenheit war abgeschlossen. In der Zwischenzeit beherrschten Bradys Alter und die TB12-Methode die Berichterstattung über das Team während der Vorsaison. Als Brady im August vierzig Jahre alt wurde, machte sich ein Radiomoderator in Boston über seine Diät lustig, indem er in der Sendung sagte: „Alles Gute zum vierzigsten Geburtstag, Hashtag Tommy Brady. Genieß das Avocado-Eis und den Kuchen mit Bio-Hummus.“ Und Fachleute waren skeptisch, was seine Fähigkeit anging, sich zu halten.

„In den nächsten 18 Monaten wird er bestenfalls im Mittelfeld zu finden sein“, prognostizierte Max Kellerman von ESPN. „Er wird bestenfalls durchschnittlich sein.“

„Vierzig ist normalerweise die Demarkationslinie für die Regression“, sagte ein anderer Experte, „besonders bei Profisportlern.“

Alex Guerrero wies die Zweifler zurück. „Vierzig ist nur eine Zahl“, sagte er zu Brady. „Es ist nur eine Zahl.“

Belichick hörte nicht auf Guerrero. Aber er konnte nicht ignorieren, was sein Trainerstab und seine Kraft- und Konditionstrainer über Guerrero sagten. Sie gerieten zunehmend in Konflikt mit Guerrero, dessen Methoden und Ratschläge oft im Widerspruch zu den ihren standen. Der Konflikt spitzte sich im Trainingslager zu, als es um die Behandlung von Rob Gronkowski ging, der sich in der Offseason einer Rückenoperation unterzogen hatte. Gronkowski hatte sich die TB12-Methode zu eigen gemacht und trainierte zusammen mit Guerrero. Belichick war der Meinung, dass der Krafttrainer und der Teamtrainer das beste Rezept hatten, um Gronkowski eine gesunde, produktive Saison zu ermöglichen. Doch Gronkowski blieb bei Guerrero. Belichick war nicht erfreut.

Bereits 2013 hatte Belichick Guerrero Zugang zu Sitzungen mit dem Trainerstab gewährt. Er hatte Guerrero auch Zugang zur Seitenlinie gewährt und ihm erlaubt, mit dem Mannschaftsflugzeug zu reisen. Diese Privilegien wurden eingeführt, um Brady entgegenzukommen. Doch nach und nach erlaubten die Patriots auch anderen Spielern, sich von Guerrero behandeln zu lassen. Auch Belichick ließ sich widerwillig darauf ein. Im Sommer 2017 ließen sich mehr als ein Dutzend der besten Spieler der Patriots von Guerrero behandeln. Dazu gehörten Edelman, Amendola und Linebacker Dont'a Hightower. Aber es war Guerreros Arbeit mit Gronkowski, die den Machtkampf zwischen Guerrero und dem Trainerstab in den Vordergrund rückte.

Die Situation verärgerte Gronkowski, der das Gefühl hatte, dass das Team sein Engagement infrage stellte, nur weil er sich für ein anderes Training entschieden hatte. Belichick war unterdessen bereit, Guerrero zu entlassen. Aber Guerreros Verbindung zu Brady begrenzte Belichicks Möglichkeiten.

Trotz des Verlusts von Edelman blieben die Patriots die vermeintlichen Favoriten auf die Rückkehr in den Superbowl und den erneuten Gewinn der Meisterschaft. Die Schlagzeile auf der Titelseite der NFL-Vorschau-Ausgabe 2017 von Sports Illustrated lautete: „DAS PROBLEM DER PATRIOTS: Kann die unaufhaltsame Dynastie gestoppt werden?" Die Frage wurde von einem Bild begleitet, das einen riesigen Brady mit einem Haufen winziger Spieler anderer Mannschaften zeigt, die versuchen, an seinen Beinen und Armen hochzuklettern.

Die Patriots eröffneten die reguläre Saison 2017 mit einem landesweit im Fernsehen übertragenen Spiel am Donnerstagabend gegen die Chiefs. Nachdem er das Gillette Stadium in den beiden vorangegangenen Spielzeiten gemieden hatte, kehrte Roger Goodell zum Saisonauftakt zurück. Die Fans der Patriots hatten endlich die Möglichkeit, ihre Meinung zu seinem Umgang mit Deflategate zu äußern. Und sie waren erbarmungslos. Tausende von Fans trugen wasserblaue T-Shirts, auf denen Goodell als Clown abgebildet war. Die Fan-Website Barstool Sports hatte zusätzlich siebzigtausend passende Handtücher verteilt. Die Buhrufe waren so laut, als Goodell das Stadion betrat, dass sie die NBC-Übertragung vor dem

Spiel unterbrachen. Der Stadionsprecher musste die Fans auf das Verbot von Schimpfwörtern im Stadion hinweisen.

Die Fans hatten an diesem Tag wenig zu jubeln. Das Spiel war ein voller Erfolg, denn die Chiefs besiegten die Patriots mit 42:17. Die Defense der Patriots ließ 537 Yards zu, so viele wie noch nie in einem Spiel in der Ära Belichick. Receiver Danny Amendola wurde mit einer Gehirnerschütterung aus dem Spiel genommen. Gronkowski, in seinem ersten Spiel nach seiner Operation, wurde verletzt. Brady hingegen wurde den ganzen Abend geschlagen und bedrängt.

Nach nur einem Spiel sah es so aus, als würde die Saison 2017 ein hartes Stück Arbeit werden.

41

SPANNUNG

Die Patriots erholten sich in Woche zwei mit einem Auswärtssieg in New Orleans und standen bei 1-1. Fünf Tage später geriet das Team zusammen mit dem Rest der NFL in einen politischen Strudel, den niemand hatte kommen sehen. Er drohte, die Umkleidekabine zu spalten und die Saison zu überschatten.

Am 22. September sprach Präsident Trump auf einer politischen Kundgebung in Huntsville, Alabama. In den Wochen vor der Kundgebung wurde in der Presse viel darüber berichtet, dass der Quarterback Colin Kaepernick arbeitslos war. In der vorangegangenen Saison hatte Kaepernick während der Nationalhymne gekniet, um auf die Rassenungleichheit, insbesondere im Strafrechtssystem, aufmerksam zu machen. Präsident Barack Obama hatte sich für Kaepernicks Haltung ausgesprochen. Auch einige andere Spieler knieten nieder, um ihre Solidarität mit Kaepernick zu bekunden. Und sein Team, die 49ers, hat sogar 1 Million Dollar an Organisationen gespendet, die sich für Rassengleichheit und soziale Gerechtigkeit einsetzen. Doch nach der Saison '16 nahmen die 49ers Kaepernick nicht wieder unter Vertrag, und kein anderes Team holte ihn. Kaepernick behauptete, dass er wegen seines politischen Engagements von der NFL ausgegrenzt wurde.

Obwohl das Knien während der Hymne als Form des Protests am Ende der letzten Saison verpufft war, beschloss Trump, sich zu diesem Thema zu äußern, während er für einen der Senatoren Alabamas Wahlkampf machte.

„Wäre es nicht schön, wenn einer der NFL-Besitzer sagen würde, wenn jemand unsere Flagge nicht respektiert: ‚Schafft den Hurensohn sofort vom Feld.' Aus. Er ist gefeuert, er ist gefeuert!'"

Die Menge jubelte.

„Wissen Sie, irgendein Besitzer wird das tun", fuhr Trump fort. „Er wird sagen: ‚Der Typ, der unsere Flagge nicht respektiert, ist gefeuert'. Und dieser Besitzer wird – ohne es zu wissen – eine Woche lang die beliebteste Person sein. Sie werden die beliebteste Person in diesem Land sein."

Sofort hatte die NFL ein Problem zu bewältigen.

Am nächsten Morgen versuchte Goodell, die Situation zu entschärfen, indem er eine nicht konfrontative Erklärung zur Unterstützung der Spieler der Liga abgab. „Die NFL und unsere Spieler sind am besten, wenn wir dazu beitragen, ein Gefühl der Einheit in unserem Land und unserer Kultur zu schaffen", sagte er. „Spaltende Kommentare wie diese zeigen einen bedauerlichen Mangel an Respekt für die NFL, unser großartiges Spiel und alle unsere Spieler, und ein Unverständnis für die überwältigende Kraft des Guten, das unsere Clubes und Spieler in unseren Gemeinden darstellen."

Trump schoss sofort auf Twitter gegen Goodell zurück:

Wenn ein Spieler das Privileg haben möchte, in der NFL oder in anderen Ligen Millionen von Dollar zu verdienen, sollte es ihm nicht erlaubt sein, … unsere große amerikanische Flagge (oder unser Land) despektierlich zu behandeln, und er sollte bei der Nationalhymne stehen. Wenn nicht, dann: Feuern! Mach etwas anderes!

Später am Tag twitterte Trump erneut:

Roger Goodell von der NFL hat gerade eine Erklärung abgegeben, in der er versucht, die völlige Respektlosigkeit bestimmter Spieler gegenüber unserem Land zu rechtfertigen. Sag ihnen, sie sollen aufstehen!

Trumps Angriff auf die NFL kam bei seinen sechzig Millionen Twitter-Anhängern gut an. Aber der Ausdruck, mit dem er sich auf diejenigen bezog, die aus Protest gegen Rassismus niedergekniet waren, war für Spieler in der gesamten NFL zutiefst beleidigend. Auch Sportler aus anderen Sportarten waren verärgert. Stunden nach Trumps Tweets erklärte NBA-Star Steph Curry, dessen Golden State Warriors vor Kurzem die NBA-Finals gewonnen hatten, gegenüber Reportern, er wolle nicht zu dem traditionellen feierlichen Besuch ins Weiße Haus kommen. Trump antwortete auf Twitter und lud das gesamte Warriors-Team aus, was LeBron James dazu veranlasste, den Präsidenten als „Penner" zu bezeichnen und zu sagen: „Ins Weiße Haus zu gehen war eine große Ehre, bis du aufgetaucht bist!"

Innerhalb von weniger als 36 Stunden war die Situation außer Kontrolle geraten.

In der Umkleidekabine der Patriots waren viele Spieler verletzt und wütend über das Vorgehen des Präsidenten, und sie suchten nach einer Möglichkeit, darauf zu reagieren. Zu Beginn des Jahres, als das Team das Weiße Haus besuchte, um den letzten Superbowl-Sieg mit Präsident Trump zu feiern, hatte die Hälfte der Patriots-Spieler die Reise geschwänzt. Damals sagte der Mannschaftskapitän Devin McCourty: „Ich fühle mich im Weißen Haus nicht akzeptiert." Ihm und anderen wurde vorgeworfen, respektlos zu sein. Nach Trumps Äußerungen in Alabama twitterte McCourty:

Die Leute sagten, es sei respektlos, nicht ins Weiße Haus zu gehen. Ich bin sicher, dass sie sich nicht darüber aufregen, dass wir als „Hurensöhne" bezeichnet werden.

Kraft fühlte mit McCourty und anderen Spielern, denen es ähnlich ging. Trumps Charakterisierung dieser Personen und ihrer Familien war nach Ansicht von Kraft falsch und verletzend. Und zwischen Belichicks öffentlicher Unterstützung für Trump während seiner Kampagne und seiner eigenen engen Freundschaft mit dem Präsidenten sah sich Kraft gezwungen, sich zu äußern. Während die Liga und die übrigen NFL-Besitzer noch überlegten, ob sie reagieren sollten, gab Kraft wenige Stunden vor dem Spiel der Patriots gegen die Texans im Gillette Stadium am 24. September eine öffentliche Erklärung ab:

„Ich bin zutiefst enttäuscht über den Ton, in dem sich der Präsident am Freitag geäußert hat. Ich bin stolz darauf, mit so vielen Akteuren zusammenzuarbeiten, die einen so enormen Beitrag zur positiven Beeinflussung unserer Gemeinden leisten.

„Es gibt in diesem Land keine größere einigende Macht als den Sport", fuhr er fort, „und leider auch nichts, was mehr spaltet als die

Politik. Ich denke, unsere politischen Führer könnten viel von den Lektionen über Teamarbeit und die Bedeutung der Zusammenarbeit für ein gemeinsames Ziel lernen. Unsere Spielerinnen und Spieler sind intelligent, nachdenklich und engagieren sich sehr für unsere Gemeinschaft, und ich unterstütze ihr Recht, auf friedliche Weise einen sozialen Wandel herbeizuführen und das Bewusstsein auf die Art und Weise zu schärfen, die sie für am wirkungsvollsten halten."

Vor dem Spiel traf sich Kraft auch privat mit McCourty und seinem Kapitänskollegen Matthew Slater. Nachdem er sich ihren Standpunkt angehört hatte, sagte er ihnen, dass er mit der Vorstellung, bei der Nationalhymne zu stehen, einverstanden sei, aber nicht mit der Ausdrucksweise des Präsidenten. Kraft erwähnte die starke Verbundenheit des Teams mit den Männern und Frauen, die in den Streitkräften dienen, und dass er es vorziehe, wenn jeder in der Organisation sie weiterhin ehrt, indem er während der Hymne steht. Aber er verstand, was die Spieler sagen wollten, respektierte ihre Position und erkannte ihr Recht an, auf die Knie zu gehen. Er sagte ihnen, dass er sie unterstütze und hinter dem stehe, was immer sie vor dem Spiel tun wollten.

An diesem Nachmittag knieten 17 Spieler der Patriots während der Nationalhymne im Gillette Stadium nieder. Viele andere, darunter auch Brady, verschränkten die Arme. Einige Patriots-Fans buhten diejenigen aus, die sich niederknieten.

Ähnliche Szenen spielten sich in den Stadien der gesamten Liga ab. In einigen Fällen knieten ganze Mannschaften während der Hymne nieder. Einige Teams entschieden sich, bis nach der Hymne in der Umkleidekabine zu bleiben. Im weiteren Verlauf des Tages gaben weitere Besitzer Erklärungen zur Unterstützung der Spieler ab. Aber es waren Krafts pointierte Worte, die sofort zum Aufmacher in der New York Times wurden, als der Präsident seinen Sonntag damit verbrachte, den Einsatz zu erhöhen, indem er die Amerikaner dazu aufrief, die NFL zu boykottieren, falls die Liga die Spieler nicht für die Missachtung der Flagge bestrafen würde. „Wenn die NFL-Fans sich weigern, zu den Spielen zu gehen, bis die

Spieler aufhören, unsere Flagge und unser Land zu missachten", twitterte er, „werden Sie schnell Veränderungen sehen. Feuern oder suspendieren!"

Vor diesem Hintergrund taten sich die Patriots gegen ein unterlegenes Team schwer und lagen 2:24 Minuten vor Spielende mit 33:28 zurück. Doch Brady erwischte einen Sahnetag und brachte 25 von 35 Pässen für 378 Yards an. 23 Sekunden vor Spielende warf Brady seinen fünften Touchdown-Pass an diesem Tag, der ein furioses Comeback beendete und den Patriots einen 36:33-Sieg bescherte.

In den folgenden Wochen knieten Spieler aus der ganzen Liga während der Hymne nieder. Nach dem Spiel gegen die Texans zeigten die Patriots-Spieler jedoch ihre Solidarität, indem sie zusammenstanden, einen Arm auf die Schulter eines Teamkollegen und eine Hand auf das Herz legten.

Während die Kontroverse um die Hymne tobte, veröffentlichte Tom Brady die TB12-Methode: Wie Sie ein Leben lang anhaltende Spitzenleistungen erbringen können. Das Buch, das von der CBS-Tochter Simon & Schuster veröffentlicht wurde, hatte nichts mit den traditionellen Memoiren zu tun, die Spitzensportler in der Regel am Ende ihrer Karriere oder kurz davor schreiben. Vielmehr war dies Bradys Bibel zur Verzögerung des Alterungsprozesses durch seinen revolutionären Ansatz für Gesundheit und Fitness. Anstatt die glorreichen Zeiten wieder aufleben zu lassen, entwickelte er die TB12-Methode und ihren Kerngedanken weiter – „Biegsamkeit", was er als Training seiner Muskeln beschrieb, damit sie „lang, weich und vorbereitet" wurden. Es war ein Konzept, von dem er hoffte, dass es die breite Masse erreichen würde. „Biegsamkeit ist nicht nur etwas für Spitzensportler", schrieb er. „Es ist für jeden, der so lange wie möglich ein vitales Leben führen möchte."

Bradys Buch schoss sofort auf Platz eins der New York Times-Bestsellerliste, was indirekt weitere Aufmerksamkeit auf Guerrero und seine Bemühungen um die Verlängerung von Bradys Football-Karriere lenkte. In dem Buch stellt Brady kühne Behauptungen auf, vor allem, wenn es darum ging, zu erklären, wie er es geschafft hatte, bis in seine

Vierziger hinein ein gewalttätiges Spiel zu spielen, ohne dem Alter oder Verletzungen zu erliegen. An einer Stelle schrieb er:

In dem Moment, in dem der Helm eines anderen Spielers meinen Körper berührt, sind meine Muskeln biegsam genug, um das Geschehen sofort aufzufangen. Mein Gehirn denkt nur noch an Verlängerung und Erweichung und Zerstreuung, bevor mein Körper den Aufprall absorbiert und gleichmäßig verteilt und ich auf dem Boden aufschlage.

In den ersten vier Wochen der Saison lebte Brady vor, was er in seinem Buch sagte. Während das Team einen 2 : 2-Start hingelegt hatte, war Brady 26 Mal getroffen oder zu Boden gebracht worden – eine erstaunliche Zahl für einen Quarterback, vor allem für einen, der vierzig Jahre alt war. Nichtsdestotrotz hatte Brady keinen einzigen Spielzug verpasst und war im Durchschnitt 350 Yards pro Spiel unterwegs. Obwohl die Defense mächtig zu kämpfen hatte – sie hatte in den ersten vier Spielen jeweils mehr als vierhundert Yards zugelassen und lag auf dem letzten Platz in der Liga –, erzielte die Offense im Durchschnitt mehr als dreißig Punkte pro Spiel.

„Wenn Sie einen Beweis dafür suchen, dass Biegsamkeit und die TB12-Methode funktionieren", schrieb Brady, „dann bin ich es."

Es war eine Botschaft, die in der Umkleidekabine der Patriots nicht mehr zu überhören war, wo Bradys Art, Dinge zu tun, immer mehr Anklang bei seinen Teamkollegen fand. [BOSTON HERALD GESCHICHTE?] Nachdem ein unterbesetztes Patriots-Team in Woche fünf einen knappen Sieg in Tampa Bay errungen hatte, kehrte Gronkowski in Woche sechs zurück, fing zwei Touchdown-Pässe und trug dazu bei, dass sich die Patriots auf 4-2 verbesserten.

Mitte Oktober reichte Quarterback Colin Kaepernick eine Klage gegen die NFL und ihre Besitzer ein. Er behauptete, sie hätten sich abgesprochen, um ihn wegen der Proteste gegen die Nationalhymne, die er ein Jahr zuvor angestiftet hatte, vom Spielfeld fernzuhalten. Unterdessen sorgte der Aufruf des Präsidenten zum NFL-Boykott für Unruhe. In den Wochen nach Trumps Rede, in der er dazu aufrief, NFL-Spieler zu entlassen, weil sie sich hingekniet hatten, hatten fast fünfhundert mit Russland verbundene Twitter-Konten 2.623 Tweets mit NFL-Bezug versandt, wie zum Beispiel: „VIDEO: Trump zerreißt NFL-Hymnen-Protestler" und „Trump-Unterstützer entlassen NFL-Commissioner Roger Goodell, weil er Trump angegriffen hat." Der Versuch der Russen, die Kontroverse über das Knien auszunutzen, war so bedeutend, dass der Geheimdienstausschuss des Senats darauf aufmerksam wurde. „Wir haben sogar an diesem Wochenende beobachtet, wie die Russen und ihre Troll-Farmen, ihre Internet-Leute, mit dem Hashtag #TakeAKnee und auch mit dem Hashtag #BoycottNFL begonnen haben", sagte der republikanische Senator James Lankford. „Sie haben an diesem Wochenende beide Seiten des Streits vertreten ... Um zu versuchen, den Lärmpegel in Amerika zu erhöhen und ein großes Problem als ein noch größeres Problem erscheinen zu lassen, während sie versuchen, die Spaltung dieses Landes voranzutreiben."

Umfragen zeigten, dass die Amerikaner ziemlich gleichmäßig zwischen denjenigen, die den Präsidenten unterstützen, und denjenigen, die die Spieler unterstützen, aufgeteilt waren. Das bedeutete schlechte Nachrichten für die Liga. Da die Spieler von mindestens zehn Mannschaften immer noch wöchentlich auf die Knie gingen, wandte sich eine große Zahl von Fans vom Spiel ab. Die Zuschauerzahlen waren rückläufig, die Einschaltquoten sanken, und die Sponsoren der Liga waren verunsichert. Der Besitzer der Cowboys, Jerry Jones, der im ersten Spiel nach den Äußerungen des Präsidenten mit seiner gesamten Mannschaft auf die Knie gegangen war, hatte inzwischen seine Meinung geändert und gedroht, jeden Spieler, der danach noch auf die Knie ging, auf die Bank zu setzen. Eine Reihe von Besitzern wollte, dass die Liga den Ansatz von Jones übernimmt, während die Spielergewerkschaft argumentierte, dass ein solcher Schritt die Spieler nur noch weiter entfremden würde.

Angesichts einer noch nie da gewesenen politischen Krise lud Commissioner Goodell im Oktober eine Gruppe von zwölf Spielern und elf Besitzern zu einem Gespräch am runden Tisch in die NFL-Zentrale ein. Um zu signalisieren, dass die Einheit gefördert werden muss, setzten sich Spieler und Besitzer abwechselnd an den Tisch. Kraft saß zwischen zwei Spielern der New York Jets.

Zu Beginn forderte Goodell die Spieler auf, zuerst zu sprechen und frei zu sprechen. Einige von ihnen wollten darüber diskutieren, warum Kaepernick nicht unter Vertrag genommen worden war. Aber die meisten von ihnen wollten die Besitzer wissen lassen, dass die Spieler, die sich hingekniet hatten, verantwortungsbewusste Bürger waren, die ihr Land liebten und von denen einige Familienmitglieder hatten, die im Militär dienten. Sie protestierten nicht gegen die Flagge oder die Hymne. Sie machten auf die Ungleichheit in Amerika aufmerksam. Jets-Linebacker Demario Davis stand auf und sprach leidenschaftlich zu den Besitzern. „Ihr unterstützt uns nicht", sagte er. „Und solange das nicht der Fall ist, wird es ein Problem geben."

Als Davis sich setzte, klopfte Kraft ihm auf das Bein, und der Eigentümer der Falcons, Arthur Blank, nickte zustimmend und signalisierte damit sein Verständnis. Als die Besitzer an der Reihe waren, äußerten sie sich besorgt darüber, dass das Geschäft des Profi-Footballs angegriffen wurde. Nach einer Weile warf Kraft ein, dass alle um „den Elefanten im Raum" herumtanzten, nämlich das Knien.

„Unser Problem ist, dass wir einen Präsidenten haben, der das als Futter benutzt, um seine Mission zu erfüllen, von der ich nicht glaube, dass sie im besten Interesse Amerikas ist", sagte Kraft. „Es spaltet, und es ist furchtbar.

Eagles-Eigentümer Jeffrey Lurie stimmte dem zu.

„Wir müssen aufpassen, dass wir uns nicht von Trump oder wem auch immer ködern lassen", sagte Lurie. „Wir müssen einen Weg finden, um uns nicht spalten und nicht ködern zu lassen."

Goodell lenkte das Gespräch geschickt auf die Anliegen der Spieler zurück.

All-Pro-Receiver Anquan Boldin brachte den Saal zum Schweigen mit einer herzergreifenden Geschichte über einen seiner Verwandten, der von einem Polizisten erschossen wurde. Dann äußerte er, dass seiner Meinung nach die Einheit am besten gefördert werde, wenn die Besitzer aufstehen. „Die Leute sollen wissen, dass sich nicht nur die Spieler, sondern auch die Besitzer um diese Probleme kümmern", sagte Boldin.

Die Sitzung dauerte drei Stunden. Es wurden schwierige Themen angesprochen. Und irgendwann, als klar wurde, dass alle müde waren, sagte Kraft zu Demario Davis: „Können wir einfach die Klappe halten und das Ganze beenden?" Der Kommentar löste bei Davis und seinem Teamkollegen Gelächter aus. Der Anblick zweier Jets-Spieler, die gemeinsam mit dem Patriots-Besitzer lachten, hellte die Stimmung auf und erinnerte alle daran, dass sie am Ende alle auf der gleichen Seite standen. Kraft gab Davis einen Fistbump.

Bevor sie sich vertagten, verfasste die Gruppe eine gemeinsame Erklärung. Darin hieß es unter anderem: „Heute hatten Besitzer und Spieler ein produktives Treffen, bei dem es darum ging, wie wir zusammenarbeiten können, um einen positiven sozialen Wandel zu fördern und die Ungleichheit in unseren Gemeinschaften zu bekämpfen."

Am nächsten Tag traf Goodell mit allen 32 Besitzern in einem Hotelkonferenzraum in Lower Manhattan zusammen. Sie besprachen mit den Spielern, was in der kleineren Sitzung geschehen war. Jerry Jones, der bei dem Treffen mit den Spielern nicht anwesend gewesen war, stand auf und erinnerte alle daran, dass er der dienstälteste Besitzer ist. Jones war sichtlich verärgert über die Situation, mit der die Liga konfrontiert war, und über die Auswirkungen, die dies auf die Bilanz hatte. Er drängte auf eine Lösung, die vorschrieb, dass alle Spieler während der Hymne stehen müssen. Andere unterstützten ihn, darunter der Besitzer der Houston Texans, Robert McNair. „Wir können nicht zulassen, dass die Insassen das Gefängnis leiten", warf McNair ein.

Die Bemerkung McNairs brachte Stille in den Raum.

Kraft war mit dem Vorschlag von Jones nicht einverstanden und vertrat die Ansicht, dass er die Kluft nur vertiefen würde. Kraft, der in Krisenzeiten keine überstürzten Reaktionen mochte, war der Meinung, dass es für alle von Vorteil wäre, einen Schritt zurückzutreten. Die Situation, so schlug er vor, werde sich durch einen respektvollen, kontinuierlichen Dialog und nicht durch Mandate lösen lassen.

Am Ende unterstützten weniger als zehn Besitzer Jones und seinen Vorschlag gegen das Knien. Die Angelegenheit wurde vertagt.

Vor der Karenzwoche lagen die Patriots mit 6:2 in Führung und kamen immer besser in Fahrt. Belichick war von der Entwicklung seiner Mannschaft angetan. Aber die Zeit für seine Bemühungen, Jimmy Garoppolo in Foxborough zu halten, war abgelaufen. Während Brady weiterhin den versicherungsmathematischen Tabellen trotzte, indem er jeden Quarterback der Liga übertraf, war Belichick zu der Erkenntnis gelangt, dass sein gut durchdachter Nachfolgeplan einfach nicht aufgehen würde.

Als die Handelsfrist abzulaufen drohte, arbeitete Belichick einen Deal mit den 49ers aus. Im Gegenzug für Garoppolo boten die Niners eine Draft-Wahl in der zweiten Runde an und erklärten sich bereit, ihren Back-up-Quarterback Brian Hoyer zu entlassen. Die Patriots brauchten einen Ersatz für Garoppolo, und Hoyer hatte zuvor in New England gespielt und kannte das System der Patriots.

Bevor er sein Okay gab, rief Belichick Kraft an und fragte ihn, ob er damit einverstanden sei. Kraft hatte gehofft, dass sie mehr für Garoppolo bekommen könnten. Aber zumindest plante Belichick, ihn an ein NFC-Team zu verkaufen, was sicherstellte, dass die Patriots nur selten in einem Spiel auf ihn treffen würden. Er sagte Belichick, dass er sich sofort bei ihm melden würde.

Dann rief Kraft Jonathan an und informierte ihn über Belichicks vorgeschlagenen Handel. „Was meinst du?“, fragte er.

„Ich denke, angesichts dessen, was wir uns von Tom erhoffen, ist es wahrscheinlich die richtige Entscheidung“, sagte Jonathan.

Die Krafts erwarteten, dass Brady noch ein paar Jahre spielen und als Patriot in den Ruhestand gehen würde.

Kraft rief Belichick zurück und gab ihm grünes Licht.

Am 31. Oktober 2017 gaben die Patriots bekannt, dass Garoppolo nach San Francisco getradet worden war. Die 49ers unterzeichneten daraufhin einen Fünfjahresvertrag im Wert von 137,5 Millionen Dollar, was ihn zum bestbezahlten Spieler in der Geschichte der NFL macht, gemessen am Durchschnittsgehalt pro Jahr.

Gleich nachdem Garoppolo die Stadt verlassen hatte, erschien eine Großaufnahme von Bradys Gesicht auf dem Cover des ESPN The Magazine. Sein Haar und seine Schläfen waren so verändert worden, dass sie grau erschienen, und auf seiner Stirn und um seine Augen herum waren leichte Falten hinzugefügt worden. „IS THE FUTURE OF FOOTBALL STARING US IN THE FACE?“, fragte das Magazin provokant. „DAS IST TOM BRADY, 2022 MVP. ER SAGT JA.“

Brady hatte sich für den Bericht zur Verfügung gestellt, in dem es hauptsächlich um sein neues Buch und sein Streben nach Beweglichkeit ging. Brady lobte die „genialen" Bemühungen Guerreros und erzählte dem Magazin, dass Guerreros Hände bei seinem täglichen Training „50 Newton Kraft in einem einzigen Finger" erzeugten, was es ihm ermöglichte, in Bradys Muskeln einzudringen und ihre Elastizität zu verbessern.

Der Artikel spielte auch auf den Konflikt zwischen Brady und Belichick wegen Guerrero an und zitierte einen ungenannten Freund Belichicks mit den Worten: „Es wird zu einer Kollision kommen."

Nach dem Erscheinen des Artikels entzog Belichick Guerrero den Zugang zur Seitenlinie während der Spiele und untersagte ihm das Mitreisen im Mannschaftsflugzeug. Er teilte Guerrero auch mit, dass er mit Ausnahme von Brady keine Spieler der Patriots mehr im Gillette Stadium behandeln könne. Alle anderen Patriots-Spieler, die Guerrero sehen wollten, mussten dies gegenüber dem Parkplatz im TB12-Gebäude tun. Belichick war der Meinung, dass er mit diesen Maßnahmen eine große Ablenkung beseitigte.

Brady war wütend. Er tat alles, was in seiner Macht stand, um dem Team zu einer weiteren Meisterschaft zu verhelfen, und Guerrero war ein wesentlicher Bestandteil seiner Leistungsfähigkeit. Der Entzug von Guerreros Privilegien wirkte wie eine Ablehnung von Brady selbst. Das ganze Szenario wirkte kleinlich.

Aber Brady wollte sich nicht auf einen heftigen Streit mit Belichick einlassen. Das lag nicht in seiner Natur. Auf dem Spielfeld war er ein hartnäckiger Kämpfer. Aber wenn es um zwischenmenschliche Beziehungen ging, zog es Brady vor, Konflikte zu vermeiden. Er mochte keinen Streit. Aber innerlich kochte er.

Während sich die Spannungen zwischen Brady und Belichick verschärften, hatte Kraft mit einer eskalierenden Fehde zwischen Jerry Jones und Roger Goodell zu kämpfen. Im August hatte Goodell den Star-Running-Back der Dallas Cowboys, Ezekiel Elliott, für sechs Spiele gesperrt, nachdem seine ehemalige Freundin behauptet hatte, er habe sie fünfmal angegriffen. Die Behörden hatten es abgelehnt, Anklage zu erheben. Die Liga hatte die Angelegenheit jedoch ein Jahr lang untersucht und war zu dem Schluss gekommen, dass es „stichhaltige und überzeugende Beweise für die Feststellung gibt, dass [Elliott] bei mehreren Gelegenheiten körperliche Gewalt gegen [seine Freundin] ausgeübt habe."

Da Elliott die Vorwürfe bestritt, war Cowboys-Besitzer Jerry Jones so wütend auf den Commissioner, dass er versuchte, die Liga daran zu hindern, dessen Vertrag zu verlängern. Jones drohte zunächst damit, die sechs Mitglieder des Vergütungsausschusses der Liga zu verklagen. Neben Kraft gehörten auch die Besitzer der Falcons, Giants, Chiefs, Texans und Steelers zu den Mitgliedern. Krafts Ausschuss reagierte, indem er Jones eine Unterlassungsaufforderung erteilte. Doch Tage später, am 17. November 2017, berichtete der ESPN-Sender Outside the Lines über ein privates Telefongespräch zwischen Jones, Goodell und dem Rechtsberater der Liga, Jeffrey Pash, von Anfang August. Während dieses Anrufs hatte Goodell Jones vorgewarnt, dass er Elliott suspendieren würde. Nach Angaben von ESPN holte Jones aus, während Goodell und Pash über ein Freisprechtelefon zusammensaßen, und sagte: „Ich werde dich jagen mit allem, was ich habe." Dann bezog sich Jones auf Deflategate und sagte: „Wenn du denkst, dass Bob Kraft dich heftig angegriffen hat – Bob Kraft ist ein Weichei im Vergleich zu dem, was ich tun werde."

An diesem Anruf waren drei Personen beteiligt. Die Tatsache, dass das Gesagte zu ESPN durchgesickert war, zeigt, wie sehr sich die Beziehungen zwischen Jones und dem Büro des Commissioners verschlechtert hatten. Während Jones mit der Liga kämpfte, dümpelte sein Team durch eine weitere mittelmäßige Saison. Kraft verteidigte Goodell und arbeitete mit seinen Kollegen im Vergütungsausschuss zusammen, um einen Konsens für Goodells Vertragsverlängerung zu erzielen.

Die Patriots hingegen machten weiter, als wären sie unempfindlich gegen alles, was um sie herum geschah. Im November gewannen sie auswärts gegen die Broncos mit 41 : 16, gegen die Raiders mit 33 : 8 und gegen die Bills mit 23 : 3. Und in einem Heimspiel gegen die Dolphins gewannen die Patriots mit 35 : 17.

Im Dezember war es nicht anders. Als die Patriots am 17. Dezember Pittsburgh erreichten, lagen sie mit 10 : 3 und die Steelers mit 11 : 2 vorn. In einem Spiel, das über den Heimvorteil in den Play-offs entscheiden sollte, lagen die Patriots gut zwei Minuten vor Schluss mit 24:19 zurück. In den folgenden siebzig Sekunden trug Brady die Offense 77 Yards weit, vor allem dank dreier großer Catches von Gronkowski. Nachdem die Patriots 58 Sekunden vor Schluss einen Touchdown zur 25:24-Führung erzielt hatten, bediente Brady bei der Two-Point-Conversion erneut Gronkowski, der einen Pass in die Ecke der Endzone warf. Als der Verteidiger an Gronkowski abprallte und zu Boden fiel, konnte Gronkowski den Pass problemlos fangen. Er zeigte auf den Verteidiger und lachte, während er den Ball spikte.

Mit Gronkowski, der eines der besten Jahre seiner Karriere erlebte, schlugen die Patriots die Steelers mit 27:24, verbesserten sich auf 11:3 und sicherten sich zum neunten Mal in Folge den Titel in der AFC East.

Zwei Tage nach dem Steelers-Spiel berichtete der Boston Globe: „Belichick beschneidet die Privilegien von Tom Bradys Partner Alex Guerrero.“ Obwohl die Entwicklung schon früher in der Saison stattgefunden hatte, wurde die Änderung jetzt zum ersten Mal öffentlich bekannt gemacht. Das warf sofort heikle Fragen auf. Bei Belichicks wöchentlicher Pressekonferenz, einen Tag nach der Veröffentlichung des Globe-Artikels, kam das Thema zur Sprache.

„Wie würden Sie die Dynamik zwischen Ihnen und Tom beschreiben, was die Arbeitsbeziehung angeht?“, fragte ein Reporter. „Hat sich dieses Jahr etwas geändert?“

„Nun, jedes Jahr ist anders“, sagte Belichick.

Belichick war ein Meister in der Wahl seiner Worte. Anders war in diesem Fall die Art und Weise, wie er seine Arbeitsbeziehung mit Brady im Jahr 2017 charakterisierte. Der einzige grundlegende Unterschied zwischen 2017 und jedem anderen Jahr ihrer Beziehung war, dass Brady seine Unabhängigkeit hergestellt hatte. Er hatte sein eigenes Buch geschrieben. Er hat seinen eigenen Film gedreht. Er hatte sein eigenes Unternehmen. Er war im Grunde genommen zu seiner eigenen Marke geworden. Der ultimative Teamplayer war auch eine weltberühmte Ikone.

Ganz gleich, wie sehr Belichick an seiner bewährten Philosophie festhielt, jeden Spieler in seinem Kader gleich zu behandeln, Brady war einfach nicht wie alle anderen. Alles an ihm – seine Leistungen, sein

Alter, sein Ruhm, seine Trainingsmethoden, der weltweite Einflussbereich seiner Frau und seine Beziehung zum Besitzer – zwang Belichick dazu, Brady entgegenzukommen, was er bei anderen nie in Betracht ziehen würde.

Auf dem Spielfeld zauberten Brady und Belichick weiterhin. Doch zwischen ihnen herrschte praktisch ein kalter Krieg. Sie redeten nicht miteinander. Und sie sprachen nicht übereinander, insbesondere nicht mit den Medien. Brady sah keinen Vorteil darin, sich darauf einzulassen. Für ihn wäre es, als würde er im Schlamm waten. Wenn er das einmal tat, so dachte er, müsste er es wieder tun. Das wollte er auf seiner wöchentlichen Pressekonferenz unbedingt vermeiden.

„Wie haben Sie reagiert, als Bill Belichick Ihnen mitteilte, dass er Guerreros Zugang einschränken werde?", fragte ein Reporter.

„Ich bin mit Ihrer Frage nicht ganz einverstanden", sagte Brady. „Ich weiß also nicht, wovon Sie sprechen. Woher wissen Sie, was er gesagt hat?"

„Wollen Sie damit sagen, dass der Bericht über die Einschränkung seines Zugangs …"

„Ich sage gar nichts", warf Brady ein. „Ich meine, wie können Sie sagen, dass er irgendetwas gesagt habe? Darüber wissen Sie nichts."

„Bill hat Ihnen nie gesagt, dass er Alex von der Seitenlinie oder aus den Mannschaftsflugzeugen entfernt hat?", fragte der Reporter.

„Nun, ich habe viele Gespräche mit ihm", sagte Brady. „Das ist etwas Privates zwischen ihm und mir, und ich glaube nicht, dass jemand weiß, worüber wir reden. Sicherlich habe ich nie darüber gesprochen. Er hat nie darüber gesprochen."

Ein anderer Reporter meldete sich zu Wort: „Die Geschichte mit Alex, hat das Ihre Arbeitsbeziehung zu Bill in irgendeiner Weise belastet?"

„Ich versuche einfach nur, zu erscheinen, das Richtige zu tun und Football-Spiele zu gewinnen", sagte Brady und lächelte. „Ich lasse mein Spiel für sich sprechen."

Am 31. Dezember 2017 schlossen die Patriots die reguläre Saison mit einem Heimsieg gegen die Jets ab und erzielten mit 13 : 3 die beste Bilanz in der AFC. Nach dem wackeligen 2 : 2-Start hatten die Patriots den Rest der Saison mit 12:1 gewonnen. Trotz Temperaturen unter dem Gefrierpunkt hielten die Patriots-Fans dem Wetter stand und blieben bis zum bitteren Ende, um ein Team anzufeuern, das weiterhin Geschichte schrieb und die Grenzen dessen verschob, was man bis dahin für möglich gehalten hatte.

Es schien, dass kein Team in der Lage war, die Patriots von einem weiteren Superbowl-Titel abzuhalten. Die größten Feinde der Patriots waren interne Streitigkeiten und unerbittliche Untersuchungen. Fünf Tage nach dem Ende der regulären Saison veröffentlichte ESPN.com eine sensationelle Geschichte mit dem Titel: „Ist dies der Anfang vom Ende für Kraft, Brady und Belichick?“ Mit der Behauptung, die Dynastie drohe „auf die einzig mögliche Art und Weise zu zerbrechen: von innen“, schlug die Geschichte in New England ein wie eine Bombe. Die aufrührerischste Behauptung dabei war, dass Kraft Belichick den Auftrag erteilt hatte, Jimmy Garoppolo zu tauschen, was Belichick „wütend machte und demoralisierte“, während Brady sich „befreit“ fühlte. Die Geschichte endete mit einer provokanten Bemerkung über den Sieg gegen die Jets zum Saisonende. „Es sah nicht nach Belichicks letztem regulären Saisonspiel als Cheftrainer der Patriots aus, aber mehrere Trainer und Mitarbeiter sagten später zueinander, dass es sich so anfühlte, als ob es das sein könnte.“

Die Geschichte sorgte für einen derartigen Aufruhr, dass die Patriots den beispiellosen Schritt unternahmen, eine gemeinsame Erklärung von Kraft, Belichick und Brady herauszugeben:

In den vergangenen 18 Jahren haben wir drei eine sehr gute und produktive Zusammenarbeit gepflegt. In den letzten Tagen gab es mehrere Medienberichte, in denen über Theorien spekuliert wurde, die unbegründet, stark übertrieben oder schlichtweg unzutreffend sind …. Es ist bedauerlich, dass wir auf diese Irrtümer reagieren müssen. Wie unsere Aktionen gezeigt haben, sind wir uns einig.

Don Yee, der Agent von Brady und Garoppolo, gab ebenfalls eine Erklärung ab: „Ich weiß nicht wirklich, was ich sagen soll; es ist schwer, eine Antwort zu geben, da [der Artikel] mir kein einziges offizielles Zitat zu enthalten schien. Ich kann nur raten: Glauben Sie nicht alles, was Sie lesen.“

Aber die ESPN-Meldung blieb nicht nur haften, sie verbreitete sich wie ein Lauffeuer. Schlagzeilen wie „Brady-Belichick-Kraft Kluft bringt Patriots an den Rand der Implosion" erschienen auf Sportseiten und auf Websites. Football-Reporter Peter King schrieb: „Die Patriots waren seit dem Skandal um die entleerten Bälle Tom Bradys nicht mehr so wütend über irgendetwas. Apoplektisch wäre vielleicht ein besseres Wort."

Am 11. Januar veröffentlichte die New York Times die Reportage „Tom Bradys Midlife-Crisis", in der die Verbannung Guerreros im Mittelpunkt stand und die die Gemüter weiter erhitzte. „Die Verschwörungstheoretiker der Patriots haben hitzig darüber debattiert, ob Brady und Trainer Bill Belichick eine Fehde haben – und ob das eine der größten Dynastien der NFL gefährden könnte", berichtet die Times.

Während sein Team vor der Divisionsrunde der AFC-Play-offs in einem weiteren medialen Feuersturm stand, ließ Belichick seine Spieler methodisch auf Herz und Nieren prüfen, als wäre es nur eine ganz normale Woche. Dann ging Brady raus und brachte 35 von 53 Pässen für fast 350 Yards gegen die Titans an, Danny Amendola hatte das Spiel seines Lebens mit 11 Fängen für 112 Yards, und New Englands Verteidigung stellte einen Vereinsrekord auf, indem sie Titans-Quarterback Marcus Mariota achtmal sackte. Wie eine Maschine rollten die Patriots zu einem 35:14-Play-off-Sieg.

Sie waren zum siebten Mal in Folge auf dem Weg zum AFC Championship Game. Und zum siebten Mal in Folge hatte CBS das dominanteste Team Amerikas und den größten Star im Hauptspiel des Senders. In einem Jahr, in dem die Einschaltquoten der NFL gesunken waren, blieben die Patriots ein Muss im Fernsehen. Niemand schätzte den Moloch in Foxborough mehr als CBS-Präsident Les Moonves. Aus seiner Sicht waren die Patriots ein Geschenk des Himmels. Seit dem Schneespiel gegen die Raiders im Jahr 2002 waren die Patriots die zuverlässigste Form der Live-Unterhaltung, die der Sender zu bieten hatte.

Nach dem Spiel der Titans, das Moonves und sein neunjähriger Sohn Charlie von Krafts Loge aus verfolgt hatten, führte Kraft sie in die Umkleidekabine, damit er dem Team persönlich gratulieren konnte. Als Moonves zu Bradys Spind ging, um ihm die Hand zu schütteln, bemerkte Brady, wie der Junge ihn anstarrte.

„Hallo, Charlie“, sagte Brady.

Charlie lächelte überwältigt.

Brady nahm seine Armbänder ab und gab sie Charlie. Dann kniete er sich hin und umarmte ihn.

Gerührt wandte sich Moonves an Kraft und schüttelte den Kopf.

Kraft sah Brady an und zwinkerte ihm zu.

42

EINFÄDELN DER NADEL

Am Mittwoch vor dem AFC-Meisterschaftsspiel gegen die Jacksonville Jaguars trainierten die Patriots bei bitterer Kälte im Freien. In einem Routine-Spielzug übergab Brady den Ball an Running Back Rex Burkhead. Bei dem Ballwechsel prallte der Ball gegen Bradys Daumen und überstreckte ihn so stark, dass die Haut an der Daumenwurzel aufriss. Blutüberströmt stieß Brady einen Schrei aus und eilte vom Spielfeld, wobei er sich die Hand hielt. Burkhead und seine Mannschaftskameraden schauten fassungslos zu.

Wenige Minuten später klingelte Dr. Matthew Leibmans Handy. Leibman war der Hand- und Handgelenkschirurg der Patriots, Red Sox und Bruins. Er war gerade beim Mittagessen, als der Assistenztrainer der Patriots, Joe Van Allen, ihn erreichte.

Van Allen war außer sich. „Matt, wir brauchen dich sofort im Stadion", sagte er. „Brady hat sich an der Hand verletzt. Es ist übel. Es blutet."

„Was ist passiert?", fragte Leibman.

Van Allen erklärte schnell, dass Bradys Daumen bei einer Übergabe irgendwie eingeklemmt und nach hinten gebogen worden war. „Es ist eine ziemlich große Risswunde", sagte er.

„Ist es seine Wurfhand?", fragte Leibman.

Van Allen sagte, er würde ein Foto schicken.

Leibman legte auf. Sekunden später war das Bild auf seinem Handy. Es sah aus, als sei Bradys Hand von einer Klinge aufgeschlitzt worden. Die Basis seines Daumens war weit aufgerissen. Die Wunde war klaffend.

„Heilige Scheiße!", sagte Leibman zu sich selbst.

In 99 Prozent der Fälle, in denen ein überstreckter Daumen zu einer klaffenden Risswunde führt, ist auch eine Fraktur oder Auskugelung beteiligt. Auch die darunter liegenden Bänder und Sehnen werden unweigerlich geschädigt.

In der Gewissheit, dass Brady operiert werden musste, rief er Van Allen zurück. „Will Tom mich gleich im Krankenhaus treffen?", fragte Leibman. „Weil wir vielleicht direkt in den OP gehen."

Van Allen sagte, das Team wolle, dass er Brady im Stadion beurteilt. „Komm so schnell wie möglich", sagte Van Allen.

„Ich bin auf dem Weg", sagte Leibman. „Gib mir 15 Minuten."

Leibman raste den Highway hinunter und war sich sicher, dass er, wenn er angehalten würde, dem Polizisten nur sagen müsste: „Brady blutet und wartet auf mich." Seine größere Sorge war die beunruhigende Vorstellung von dem, was er im Begriff war zu tun: die Wurfhand des größten Quarterbacks aller Zeiten an der Schwelle zum AFC Championship Game zu operieren.

Verzweifelt und in Erwartung der Röntgenergebnisse lag Brady auf einer Liege im medizinischen Behandlungsraum des Gillette Stadium, den rechten Arm ausgestreckt, die Hand in ein Handtuch gewickelt. Er befürchtete, seine Karriere könnte zu Ende sein, und ihm standen Tränen in den Augen.

Alex Guerrero stand direkt neben Bradys Kopf. Guerrero war besorgt, aber er versuchte, Brady zu trösten.

Mit finsterer Miene stand Belichick neben Brady und seinem Trainer Jim Whelan.

Dr. Mark Price, der Chefarzt des Teams und leitender orthopädischer Chirurg, stand Belichick gegenüber rechts von Brady.

Der Raum war gespenstisch still, als Dr. Leibman eintrat.

„Hallo, alle zusammen", sagte Leibman. „Wie geht es euch?"

Niemand antwortete.

„Die gute Nachricht ist, dass ich mir gerade die Röntgenbilder angeschaut habe und sie sauber sind", sagte Leibman. „Es gibt keine Fraktur, und es scheint keine Dislokation zu sein."

Noch immer sprach niemand.

Leibman setzte sich auf einen Hocker neben Brady und erklärte, dass er seine Hand untersuchen müsse. Leibman nahm das Handtuch ab und betrachtete die Wunde. Sie war so tief, dass er bis auf den Knochen und die Sehne sehen konnte. Brady zog eine Grimasse, als Leibman sanft seinen Daumen berührte.

„Es sieht so aus, als ob die Bänder, der Knochen und die Sehnen strukturell intakt sind“, sagte Leibman zu Brady. Leibman wandte sich an Belichick und den Trainer. „Ich bin sehr überrascht. Normalerweise werden bei einer solchen Risswunde die Knochen so gezogen, dass sie entweder brechen oder ein Band reißt.“

Die Spannung im Raum blieb spürbar.

„Leute, ihr versteht das nicht“, sagte Leibman. „Es handelt sich um eine Hyperextensions-Belastungsverletzung, bei der die Haut geplatzt ist. Die Tatsache, dass es keine Fraktur oder Dislokation gibt, ist erstaunlich.“

Leibman erklärte, dass es selten vorkommt, dass jemand eine so energiereiche Verletzung ohne Knochenverletzung oder Auskugelung übersteht. Bei all dem Hype um Bradys Biegsamkeit dank der TB12-Methode dachte sich Leibman, dass er die Stimmung auflockern könnte, indem er darauf hinwies. Mit einem Blick auf Guerrero sagte er: „Ich schätze, es liegt daran, dass Toms Daumen so …“ Dann warf er einen Blick auf Belichick und dachte sich, dass nachgiebig nicht die beste Wortwahl sei. „Flexibel ist“, sagte er.

Belichick starrte Brady an.

Keiner lächelte.

Das Einzige, was Brady interessierte, war, ob er am Sonntag spielen konnte.

Leibman erläuterte die Realitäten der Situation: Das Spiel war noch vier Tage entfernt. Bradys Hand musste operiert werden. Nach dem Eingriff braucht die Haut gut acht bis zehn Tage, um sich zu schließen. Sollte Brady in dieser Zeit auf seine Hand fallen oder einen Schlag auf den Daumen bekommen, würde die Operationswunde aufplatzen.

Es folgte eine Diskussion darüber, was sie tun könnten, um seine Hand zu schützen.

Dr. Price fügte hinzu, dass ein anderer Spieler der Patriots zuvor ein Spiel bestritten hatte, nachdem er wegen einer Handverletzung genäht worden war.

Für Belichick war die Situation nicht vergleichbar. „Tom ist der Quarterback", schimpfte er.

„Wir müssen von Tag zu Tag gehen und am Sonntag eine Entscheidung über die Spielzeit treffen", sagte Leibman.

Ohne ein Wort zu Brady zu sagen, verließ Belichick den Raum. Whalen folgte. Guerrero blieb bei Brady, während Leibman den Eingriff vornahm. Dr. Price assistierte.

Leibman sagte sich, dass dies nur eine weitere Hand sei, und bereitete sich darauf vor, Brady zu operieren, indem er seinen Daumen mit zahlreichen Injektionen betäubte. Dann spülte Leibman den Bereich um den Knochen und die Sehne und entfernte Gras- und Schmutzpartikel sowie andere ungesunde Materialien aus der Wunde. Als es an der Zeit war, Bradys Haut wieder zu richten und ihn zu nähen, sagte Leibman zu Brady, dass er ein größeres Fadenkaliber als gewöhnlich verwenden würde, da er wusste, dass der Plan war, Brady in vier Tagen spielen zu lassen. Für zusätzliche Festigkeit verwendete er außerdem 25 Fäden, die kreuz und quer genäht wurden, um maximalen Halt zu gewährleisten.

Nach dem Eingriff verband Leibman Bradys Hand und legte eine Schiene an. Dann sah er Brady und Guerrero an. „Im Moment besteht die Sorge, dass der Daumen sehr geschwollen und schmerzhaft wird", sagte er ihm. „Du kannst also keine deiner Massagen machen. Und keine Mobilisierung. Wir müssen ihn ruhigstellen. Was auch immer du tust, nimm die Schiene nicht ab."

Brady dachte, seine Saison sei vorbei.

Leibman veranlasste für ihn später am Tag eine MRT-Untersuchung, um sicher zu sein, dass das Gelenk nicht geschädigt war.

Als Leibman sich anschickte zu gehen, betrat Rex Burkhead mit Tränen in den Augen den Raum.

„Es ist nicht deine Schuld", sagte Brady.

Burkhead war untröstlich.

„Keine Sorge", sagte Brady und legte einen Arm um ihn. „Du bist großartig."

Nachdem Burkhead gegangen war, kamen Offensive Coordinator Josh McDaniel und Ersatz-Quarterback Brian Hoyer.

Dr. Price teilte McDaniel die Prognose mit.

McDaniel wandte sich an Hoyer und sagte: „Mach dich lieber verdammt noch mal bereit."

Um 15.18 Uhr gaben die Patriots bekannt: „Tom Brady ist bei unserem medizinischen Personal und wird heute nicht für die Medien zur Verfügung stehen."

Belichick war dafür bekannt, dass er über Verletzungen von Spielern Stillschweigen bewahrte. In diesem Fall war es besonders wichtig, Bradys Situation unter Verschluss zu halten. Für den Fall, dass Brady am Sonntag spielte, wollte Belichick nicht, dass die Jaguars merkten, dass er verwundbar war, vor allem an seiner Wurfhand.

Um 18 Uhr twitterte die langjährige Patriots-Schreiberin Karen Guregian: „Tom Brady hat sich beim Training die Wurfhand eingeklemmt, nachdem er versehentlich angerempelt wurde, wie eine Quelle berichtet. Das Röntgenbild zeigte keine strukturellen Schäden." 30 Minuten später twitterte NFL-Insider Ian Rapoport: „Das ist auch mein Verständnis. Klingt überschaubar."

Am Abend twitterte Mike Reiss von ESPN: „Quelle aus dem Umfeld von Brady: Die Hand sollte in Ordnung sein." Und der Boston Herald berichtete, dass Brady am Sonntag voraussichtlich spielen werde, „sofern es keinen unerwarteten Rückschlag gibt."

Am Donnerstagmorgen untersuchte Dr. Leibman Bradys MRT. Es bestätigte sich, dass der Knochen nicht gebrochen war und die Bänder intakt waren. Die Bildgebung ergab jedoch eine Schwellung am Gelenk oder an der Basis des Daumens, was darauf hindeutete, dass das Ausmaß der Verletzung über eine schwere Risswunde hinausging. Leibman fuhr später am Morgen zu Brady nach Hause, um das MRT zu besprechen. Als er eintraf, stellte er fest, dass Brady seine Anweisungen ignoriert hatte: Die Schiene war entfernt worden, und Brady hielt einen Football in der Hand. Und Guerrero war bei ihm.

„Ich glaube, ich bin in Ordnung", sagte Brady zu Leibman.

„Hör zu, Tom", sagte Leibman. „Wir müssen das ruhen lassen. So viele Tage haben wir nicht." Verärgert blickte Leibman dann zu Guerrero. Es sei absolut wichtig, dass Brady die Schiene trage und sein Daumen ruhiggestellt bleibe. „Nimm das nicht auf die leichte Schulter", sagte er.

„Matt, mach dir keine Sorgen", sagte Guerrero zu ihm. „Wir haben es verstanden."

An diesem Nachmittag erschien Brady in voller Montur beim Training. Aber er nahm nicht daran teil. Seine Mannschaftskameraden sagten den Reportern, dass Brady „gut aussah." Als er jedoch erneut der Medienrunde fernblieb, wurde spekuliert, dass seine Verletzung ernster sein könnte als ursprünglich angenommen. „Das ist überhaupt keine große Sache", betonte Stephen A. Smith auf ESPN. „Das ist Zeitverschwendung. Das ist eine erfundene Geschichte."

Am Freitagmorgen berichteten Bostoner Radio- und Fernsehsender, dass Brady mit vier Stichen genäht worden war. Auf dem offiziellen Verletzungsbericht der Patriots wurde Brady für das Spiel am Sonntag als „fraglich" aufgeführt. Dann hielt Belichick seine wöchentliche Pressekonferenz ab. Auf die Frage, ob Brady am Sonntag zur Verfügung stehe, antwortete er: „Heute ist Freitag."

Kurze Zeit später betrat Brady den Medienraum und trug einen Handschuh über seiner verletzten Hand. Die erste Frage, die ihm gestellt wurde, lautete: „Wie geht es Ihrer Hand?"

„Wir reden nicht darüber", sagte er.

„Daumen hoch oder Daumen runter für Sonntag?", fragte ein Reporter.

„Wir werden sehen", sagte er.

„Was genau ist am Mittwoch passiert?"

„Ich spreche nicht darüber."

Mit Guerrero an seiner Seite ging Brady in die Trainingshalle der Patriots, die als „Bubble" bekannt ist, und warf. Je mehr er warf, desto mehr war er davon überzeugt, dass er am Sonntag spielen könnte.

Als Brady Leibman von seinen Fortschritten erzählte, sagte Leibman zu ihm: „Nicht werfen! Du brauchst nicht zu werfen."

„Ich habe es nur ausprobiert", sagte Brady.

„Hör damit auf", sagte Leibman. „Wir werden es am Sonntag testen."

Die Jacksonville Jaguars waren ein aufstrebendes Team, das versuchte, eine Aschenputtel-Saison zu absolvieren. Die mit jungen Talenten gespickte Verteidigung der Jaguars war die Nummer eins der Liga. Sechs der Defensivspieler hatten es in das All-Pro-Team geschafft.

Einige Tage bevor Brady sich am Daumen verletzt hatte, hatte CBS den Schauspieler John Malkovich gebeten, einen Werbespot für das Spiel zu drehen. In dem Werbespot stand Malkovich vor einem Orchester des New England Conservatory of Music, warf das Drehbuch beiseite und sagte zum Regisseur: „Sie haben die Geschichte zu sehr verkompliziert. Dies ist eine der einfachsten und ältesten Geschichten, die es gibt.

Es ist die Geschichte von David gegen Goliath", fuhr er fort, wobei seine Stimme im Einklang mit den Geigen und Basssaiten anstieg. „Die Geschichte des mächtigen Riesen gegen den kleinen Außenseiter. Doch was lehrt uns Football? Es gibt immer eine Chance. Schauen Sie sich an, was – die Jaguars erst letztes Wochenende … Aber jetzt geht es gegen die Patriots. Sie kämpfen gegen einen Riesen.

„Sie haben nicht nur einen Goliath", wetterte Malkovich. „Sie sind zwei Goliaths. Brady! Belichick! Unerbittlich! DIE MASCHINE … STAMPFT … WEITER! So einfach ist das."

Aber dieses Mal war es nicht so einfach. Nur vier Tage nach einer Operation an seinem Daumen, die mit 25 Stichen genäht werden musste, war Brady gefährdet. Außerdem hatte er immer noch starke Schmerzen. Am Spieltag hätte Leibman ihm eine Spritze geben können, um den Bereich um die Wunde herum zu betäuben, aber Brady lehnte ab und sagte, er wolle nichts tun, was sein Ballgefühl einschränken würde. Die Patriots bestanden unterdessen darauf, dass Leibman an der Seitenlinie stand, falls die Wunde an Bradys Hand sich wieder öffnete und während des Spieles behandelt werden musste.

Etwa fünf Minuten vor dem Anpfiff betrat Brady den an die Umkleidekabine angrenzenden medizinischen Trainingsraum, in dem Leibman seine Instrumente auslegte.

Erschrocken hielt Leibman inne mit dem, was er tat.

Brady schloss die Tür hinter sich, zog die Jalousien zu und setzte sich auf einen Hocker. Dann stützte er sein Kinn auf den Trainingstisch. Er starrte mit diabolischem Blick vor sich hin, streckte dann den Arm über den Tisch, öffnete die Hand und sagte ruhig: „Schneiden Sie die Enden der Nähte ab? Ich will nicht, dass sie den Ball berühren."

Verwirrt setzte sich Leibman auf einen Hocker auf der anderen Seite des Tisches und sah ihn an. Das Spiel sollte beginnen. Alle anderen waren bereits auf dem Spielfeld.

„Tom, ich will die Nähte nicht anrühren."

Brady erklärte, dass er es nicht mochte, wie die Nahtenden gegen den Verband und den Ball drückten, wenn er ihn anfasste.

„Tom, meine größte Sorge ist, dass die Nähte aufgehen und die Wunde aufgerissen wird."

„Ich vertraue dir", sagte Brady.

„Ich möchte sie wirklich nicht anrühren."

„Du musst es tun."

Es war eine Verhandlung, bei der Leibman wusste, dass er verlieren würde. Er griff nach einer Nahtschere und zog den Verband von Bradys Wunde ab.

„Tom, wir sollten das wirklich nicht tun", sagte er.

„Du musst es tun."

Es waren noch zwei Minuten bis zum Anpfiff.

Nach und nach schnitt Leibman von den etwa zwanzig Fäden an der Außenseite der Wunde vorsichtig je einen Millimeter ab. Dann verband er Bradys Wunde.

Brady stand auf und griff nach seinem Ball. Es fühlte sich viel besser an.

„Danke, Kumpel", sagte er.

„Viel Glück, Tom."

Mit klappernden Stollenschuhen ging Brady auf das Spielfeld zu.

Beim ersten Drive der Patriots warf er sechs Pässe und schloss sie alle ab. Einmal lief er mit dem Ball und wurde erwischt. Und er wurde gesackt. An der Seitenlinie zuckte Leibman zusammen, vor allem, als einer von Bradys Linemen ihm aufhalf, indem er seine Wurfhand packte und ihn auf die Beine zog. Aber Brady zuckte nicht.

Nachdem die Patriots mit 3:0 in Führung gegangen waren, machte die Defense der Jaguars mit einem Hit nach dem anderen dicht. Dann, als die Patriots mit 14:3 zurücklagen, streckte sich Gronkowski beim Versuch, einen Pass zu fangen, und wurde von einem brutalen Helm zu Helm getroffen. Das Spiel wurde mit einem persönlichen Foul wegen unnötiger Härte bestraft. Und Gronkowski erlitt eine Gehirnerschütterung und fiel für das Spiel aus. Es sah langsam so aus, als würde Goliath untergehen.

In der zweiten Halbzeit lief es für die Patriots nicht besser. Etwas mehr als zwölf Minuten vor Ende des vierten Viertels lagen die Jaguars mit 20:10 in Führung. Sie mussten Brady nur noch ein einziges Mal stoppen und in der Offensive ein paar First Downs erzielen, um das Spiel zu beenden. Doch beim nächsten Ballbesitz der Patriots brauchte Brady weniger als vier Minuten, um über das gesamte Spielfeld zu laufen und fünf Pässe zu spielen, von denen drei an Amendola gingen. Der dritte, ein Neun-Yard-Touchdown-Strike, verkürzte die Führung auf 20-17.

Zwei Minuten später hatten die Jaguars einen Punt. Dann hatten die Patriots einen Punt. Dann wieder die Jaguars. Nach einem großen Return von Amendola hatten die Patriots den Ball an der 30-Yard-Linie der Jaguars bei noch 4:58 zu spielen. Zwei Minuten später warf Brady einen Spiral über die ausgestreckten Arme zweier Verteidiger auf der Torlinie zu Amendola, der über die Rückseite der Endzone flitzte, während er von zwei weiteren Verteidigern verfolgt wurde. Mit einem Sprung, bei dem er seinen Oberkörper gegen den Vorwärtsschwung nach hinten drehte, schnappte er sich den Ball aus der Luft und schaffte es, erst den vorderen Fuß und dann die Zehen des zweiten Fußes auf den Boden zu bringen, bevor er ins Aus fiel.

Das Gillette Stadium explodierte. Bradys punktgenauer Pass und Amendolas akrobatischer Fang hatten den Patriots eine 24:20-Führung beschert. Zum elften Mal in einem Play-off-Spiel hatte Brady im vierten Viertel oder in der Overtime einen Game-Winning-Drive inszeniert. Aber dieses Mal hatte er es mit vierzig Jahren getan, mit 25 Stichen, die seinen Daumen zusammenhielten. Es war die Art von Leistung, die für praktisch jeden anderen Quarterback der entscheidende Moment gewesen wäre. Aber für Brady war es, auch dank der Geheimhaltung des Ausmaßes seiner Verletzung, nur eine weitere große Leistung unter vielen.

Als die letzten Sekunden auf der Spieluhr heruntertickten, hob Belichick an der Seitenlinie triumphierend die Arme. Brady, der einen schwarzen Verband an der Wurfhand trug, hob gleichzeitig seine Arme. Trotz Verletzungen, Kontroversen, Streitigkeiten, Medieninterviews und einem weiteren scheinbar unüberwindbaren Rückstand im vierten Viertel waren Belichick und Brady zum achten Mal auf dem Weg zum Superbowl.

Während ein Konfettiregen auf das Gillette Stadium niederprasselte, betrat Kraft das Spielfeld, um eine weitere AFC-Meisterschaftstrophäe zu überreichen, und das am 24. Jahrestag des Tages, an dem er das Team gekauft hatte. Kraft führte seine Franchise zum neunten Mal in die Superbowl.

Während er den Moment in sich aufnahm, schaute Kraft seine Söhne an und dachte an die Zeit zurück, als er mit ihnen in den 70er-Jahren auf der Tribüne saß und davon träumte, das Team zu besitzen, das er Jahr für Jahr verlieren sah. Sie hatten einen langen Weg hinter sich. In den 24 Jahren, seit er das Team gekauft hatte, hatten die Patriots 19-mal die Postseason erreicht und nur eine Saison verloren. Krafts Mannschaft stand kurz vor dem Gewinn ihrer sechsten Meisterschaft. Nur der legendäre Besitzer der Chicago Bears, George Halas, hatte sechs Meisterschaften errungen. Aber das war in der Vor-Superbowl-Ära, und Halas hatte vierzig Jahre dafür gebraucht. Hätten die Patriots dieses Mal gewonnen, hätte Kraft ihn in etwa der Hälfte der Zeit eingeholt.

In einem Interview auf dem Spielfeld mit CBS spielte Brady seine Verletzung herunter. „Ich habe schon viel Schlimmeres erlebt", sagte er. In der Umkleidekabine suchte Brady jedoch Leibman auf, nahm ihn in den Arm und dankte ihm. „Ich dachte, diese Verletzung würde das Ende meiner Karriere bedeuten", sagte Brady.

Ein Spieler nach dem anderen dankte Leibman. Dann bedankten sich Robert und Jonathan bei Leibman. Doch Leibman lenkte die ganze Aufmerksamkeit auf Brady.

„Ich verstehe immer noch nicht, wie er gespielt hat", sagte Leibman. „Das ergibt für mich keinen Sinn. Er spielte mit einem chirurgischen Schnitt an seinem Wurfdaumen."

In seiner Pressekonferenz nach dem Spiel wurde Belichick gebeten, über Amendola zu sprechen.

„Danny ist ein großartiger Kämpfer", sagte er der Presse. „Danny ist ein so guter Football-Spieler. Wenn man ‚guter Football-Spieler' im Wörterbuch nachschlägt, steht sein Bild direkt daneben. Es spielt keine

Rolle, um was es geht. Punts fangen. Third Down. Großes Spiel. Roter Bereich. Rückgabe des Freistoßes im Seitenaus. Was auch immer wir von ihm verlangen. Er ist einfach ein großartiger Spieler. Sehr instinktiv. Hart. Sehr konzentriert. Er hat heute einige wichtige Spiele für uns gemacht."

„Bill", sagte ein Reporter, „was denken Sie über Tom Brady, über all das, was außerhalb der Umkleidekabine passiert ist, und über die Art und Weise, wie er heute geworfen hat?"

Belichicks Gesichtsausdruck veränderte sich. „Ja, was außerhalb der Umkleidekabine passiert ist, ist eure Sache", sagte er. „Das können Sie mir also alles erzählen. In der Umkleidekabine bereiteten sich alle auf das Spiel vor. Tom hat eine großartige Arbeit bei der Vorbereitung geleistet. Ich denke, wir haben heute alle gekämpft und genug Spielzüge gemacht, um zu gewinnen."

„Bill, musste wegen Bradys Hand irgendetwas am Spielplan geändert werden?", fragte ein Reporter.

Verärgert machte Belichick eine lange Pause. Er schüttelte den Kopf und sagte schließlich: „Nicht, dass ich wüsste."

„Können Sie etwas zu Toms Stärke sagen, mitten in der Woche so etwas zu verkraften und dann ein so großes Spiel zu spielen?", fragte ein Reporter.

„Ich meine, sehen Sie", sagte Belichick. „Tom hat großartige Arbeit geleistet, und er ist ein harter Kerl. Wir alle wissen das. Nicht wahr? Aber wir reden hier nicht über eine Operation am offenen Herzen."

43

PENDELDIPLOMATIE

Auf der Heimfahrt vom AFC-Meisterschaftsspiel fragte Bündchen Brady nach Gronkowskis Kopfverletzung und ob er wieder fit genug sei, um im Superbowl zu spielen. Brady rief Gronkowski an.

„Wie geht es dir?“, fragte Brady.

„Mann, du bist ein Tier, Kumpel“, sagte Gronkowski. „Gut gemacht.“

„Nein, du bist ein verdammtes Tier“, sagte Brady. „Nur, damit du das weißt.“

„Wie fühlst du dich, Honey?“, fragte Bündchen.

„Ich fühle mich viel besser“, sagte Gronkowski. „Ich habe mich gerade anderthalb Stunden hingelegt.“

„Es war ein Wunder, dass wir ohne dich gewonnen haben“, sagte Brady. „Das war ein verdammtes Wunder.“

„Kumpel, wie wird Danny in den Play-offs so gut?“, fragte Gronkowski. „Es ist unglaublich.“

Brady lachte.

Sie würden im Superbowl gegen die Eagles antreten, und Gronkowskis Anwesenheit würde entscheidend sein. Aber seine Gehirnerschütterung war ernst. Und obwohl er fest entschlossen war, zu spielen, war das medizinische Personal der Patriots vorsichtig.

Zehn Tage bevor die Patriots im Superbowl LII gegen die Eagles antraten, fand die erste Folge von Tom vs. Eagles statt. Time wurde am 25. Januar auf Facebook ausgestrahlt. Zu Beginn sprach Brady über seine Mentalität.

„Was bin ich bereit zu tun und was bin ich bereit aufzugeben, um der Beste zu sein, der ich sein kann?“, fragte Brady. „Letztendlich dreht sich mein Leben um Football. Das war schon immer so. Das wird immer so sein, so lange ich spiele. Ich habe meinen Körper – alles, jedes bisschen Energie – 18 Jahre lang dafür eingesetzt. Wenn Sie also gegen mich antreten wollen, sollten Sie besser bereit sein, Ihr Leben zu opfern. Weil ich meines aufgeben werde.“

In der Serie sprach Brady nicht über seine Beziehung zu Belichick oder Belichicks Trainingsstil. Brady sprach jedoch über sein Verhältnis zu seinen Mitspielern und seinen eigenen Führungsstil. In der dritten Folge, die am 30. Januar ausgestrahlt wurde, sagte er: „Meine Verbindung zu ihnen besteht durch Freude und Liebe. Nicht durch Angst. Nicht durch Beleidigungen. So führe ich nicht.“

Belichick war kein Fan von allem, was so viel Aufmerksamkeit auf einen einzelnen Spieler lenkte. Er mochte auch keine Ablenkungen. Dass der Dokumentarfilm im Vorfeld des Superbowls gezeigt wurde, gefiel ihm nicht. Doch Bradys Rolle in dem Film lag nicht in Belichicks Händen. Und das war mehr als alles andere der Kern des Problems: Belichick war es gewohnt, sein Team streng zu kontrollieren, während Brady immer mehr Eigenständigkeit an den Tag legte.

Kraft hatte auch keinen Einfluss auf Bradys Film. Er hatte jedoch keine Bedenken gegen Bradys Entscheidung, an dem Dokumentarfilm teilzunehmen. Er hatte auch nichts auszusetzen an dem, was Brady vor der Kamera gesagt hatte. Am Tag nach der Ausstrahlung der dritten Folge auf Facebook setzten sich Robert und Jonathan mit Andrea Kremer von ESPN zusammen.

„Gibt es jetzt eine Funktionsstörung in der Organisation?“, fragte Kremer.

„Nein“, sagte Robert.

„Null“, fügte Jonathan hinzu.

„Spannungen sind da“, sagte Robert. „Ich denke, ein gewisses Maß an Spannung trägt dazu bei, dass große Dinge geschehen.“

„Dysfunktion bedeutet, dass Menschen ihre Energie nutzen, um darüber nachzudenken, wie sie andere Menschen untergraben können“, so Jonathan. „Das gibt es hier nicht.“

Kremer sah Jonathan an. „Können Sie sich ein Szenario vorstellen, in dem Sie derjenige sind, der Tom Brady sagen muss, dass es Zeit ist, sich als Patriot zurückzuziehen?“

„Ich denke, Tom Brady hat sich das Recht verdient, diese Entscheidung zu treffen, wenn er sie treffen will“, sagte Jonathan.

In der Nacht vor dem Superbowl in Minneapolis wurde Brady zum dritten Mal in seiner Karriere zum wertvollsten Spieler der NFL gewählt. Er hatte den Preis bereits 2007 und 2010 gewonnen. Aber dieser bedeutete mehr. Noch nie hatte ein NFL-Spieler im Alter von vierzig Jahren den MVP-Preis gewonnen. Der einzige andere Sportler in den vier großen professionellen Männersportarten, der im Alter von vierzig Jahren zum MVP ernannt wurde, war der Baseballspieler Barry Bonds, dessen Erfolg durch Anschuldigungen wegen Steroidkonsums getrübt wurde. Brady hatte 385 von 581 Pässen für die in der Liga führenden 4.577 Yards, 32 Touchdowns und nur 8 Interceptions gefangen.

Eine Sache war offensichtlich. Seit Belichick 2014 Jimmy Garoppolo verpflichtet hatte, hatte Brady einen anderen Gang gefunden. In den vier Jahren, in denen Garoppolo in Foxborough war, führte Brady die Patriots im Alter von 37, 39 und 40 Jahren zu drei Superbowls. Doch der Gewinn der MVP-Trophäe motivierte ihn nicht. Als Brady mit gesenktem Kopf und der Hand über dem Herzen dastand, während P!nk die Nationalhymne im U. S. Bank Stadium in Minneapolis am 4. Februar 2018 sang, ging es für ihn nur um eines – den Gewinn der Superbowl LII. Er und das Team waren bereit. Die Fäden wurden aus seiner Hand entfernt. In letzter Minute hatte Gronkowski das Gehirnerschütterungsprotokoll absolviert und war zum Spielen freigegeben worden.

Doch nicht weit von Brady entfernt hatte der Patriots-Verteidiger Malcolm Butler während der Hymne Tränen in den Augen. Wenige Augenblicke zuvor war ihm mitgeteilt worden, dass er für den Superbowl auf die Bank gesetzt worden war. Belichick hatte beschlossen, Eric Rowe in der Startaufstellung zu bringen, einen selten eingesetzten Spieler aus der zweiten Reihe, der in der regulären Saison insgesamt 15 Tackles erzielt hatte. Butler wurde überrumpelt. Er war 2017 der eiserne Mann der Defense, spielte 98 Prozent der Defensiv-Snaps der Patriots und wurde insgesamt Vierter bei den Tackles. Und in den beiden Play-off-Spielen war Butler bei jedem Verteidigungsspiel auf dem Feld.

Verärgert schaute Butler von der Seitenlinie aus zu, wie Eagles-Quarterback Nick Foles Rowe sofort testete, indem er wiederholt in seine Richtung warf und Pässe nach Belieben vervollständigte, während Foles sein Team das Feld hinunter marschieren ließ. Die Eagles erzielten ein Field Goal zur 3:0-Führung.

Nachdem die Patriots ein Field Goal zum Ausgleich geschossen hatten, nahm Foles erneut Butlers Ersatz ins Visier. Eagles-Receiver Ashlon Jeffery schlug Rowe für eine 34 Yards lange Touchdown-Reception und brachte die Eagles wieder in Führung.

Bei einem Rückstand von 9:3 zu Beginn des zweiten Viertels spielte Brady einen 23-Yard-Pass auf Receiver Brandin Cooks, der einen brutalen Helm-zu-Helm-Treffer einstecken musste, der ihn mit einer Gehirnerschütterung aus dem Spiel warf. Nach dem Verlust seines einzigen Deep Threat Receivers verließ sich Brady noch mehr auf Gronkowski und Amendola und nahm die Verteidigung der Eagles mit schnelleren, kürzeren Pässen auseinander. Bis zur Halbzeitpause hatte er bereits 276 Yards geworfen. Dennoch führten die Eagles mit 22:12.

Die Verteidigung der Patriots hatte Mühe, die Offensive der Eagles zu bremsen. In der Halbzeitpause wurde Belichick von NBC-Reporterin Michele Tafoya an der Seitenlinie gefragt, warum er Malcom Butler nicht eingesetzt und warum Butler in der ersten Halbzeit keinen einzigen Snap gespielt habe.

„Ich habe die Entscheidungen getroffen, die uns die beste Chance auf einen Sieg gaben“, sagte Belichick.

Bei New Englands erstem Ballbesitz in der zweiten Halbzeit brachte Brady die Patriots in 2:45 Minuten 75 Yards weit. Brady warf fünf Pässe in Folge zu Gronkowski, der 68 Yards zurücklegte und einen Touchdown erzielte, sodass die Patriots bis auf ein Field Goal zum 22:19 herankamen.

Aber die Eagles begaben sich direkt zurück ins Downfield, da Malcolm Butlers Ersatzmann mehrere Tackles im offenen Feld verpasste. „Butler sitzt immer noch auf der Bank“, sagte Al Michaels von NBC.

„Das ist eine der Geschichten des Spieles. Es war eine Entscheidung des Trainers. Bill Belichick sagte zu Michele: ‚Wir setzen die Spieler ein, von denen wir glauben, dass sie das Spiel am besten gewinnen können.‘ Stellen Sie sich das mal vor. Der große Held von vor drei Jahren, als er Russell Wilson abfing, spielt heute Abend nur im Special Team.“

Die Eagles, die den Ball nach Belieben bewegen konnten, erzielten erneut einen Treffer und gingen mit 29 : 19 in Führung.

Brady konterte mit einem weiteren langen Drive, den er mit einem Touchdown-Pass auf Chris Hogan abschloss. Am Ende des dritten Viertels führten die Eagles mit 29 : 26.

Zu Beginn des vierten Viertels legten die Eagles ein Field Goal nach und bauten die Führung auf 32 : 26 aus. Wieder einmal begannen die Patriots an ihrer eigenen 25-Yard-Linie. Nach drei aufeinanderfolgenden Hand-Offs an Burkhead ging Brady in die Luft und traf auf Hogan Brady und ließ daraufhin drei Abschlüsse hintereinander für Amendola folgen. Dann warf Brady einen weiteren Touchdown-Pass auf Gronkowski, der den Patriots beim Stand von 33 : 32 9:22 zum ersten Mal die Führung brachte. Es war der dritte 75-Yard-Touchdown-Lauf für die Patriots in Folge.

„Vater Zeit hat keine Ahnung, wo Tom Brady wohnt“, sagte Michaels. „Keine.“

Es lag an der Defense der Patriots, das Spiel zu stoppen. Aber sie konnten es nicht. In einem Drive, der sieben Minuten dauerte, schloss Nick Foles acht von zehn Pässen ab. Der letzte war ein Touchdown-Wurf, der die Eagles 2:21 Minuten vor Schluss wieder mit 38 : 33 in Führung brachte.

Nach dem Anpfiff der Eagles trabte Brady auf das Spielfeld und war sich sicher, dass die Patriots gewinnen würden. Die Eagles waren den ganzen Tag über nicht in der Lage gewesen, die Offensive der Patriots zu stoppen. Die Patriots hatten im gesamten Spiel nicht ein einziges Mal den Ball gepuntet. Sie hatten es auch nicht gedreht. Und bei den 38 Passversuchen von Brady hatten die Eagles nicht einmal annähernd die Möglichkeit, ihn zu sacken.

Nach einem Pass auf Gronkowski zu Beginn des Angriffs ließ sich Brady jedoch zurückfallen und wurde von Corey Graham überrumpelt, der ihn sackte und dabei den Ball losriss. Die Eagles erholten sich.

Und zwei Minuten später erzielten die Eagles ein Field Goal zur 41:33-Führung.

58 Sekunden vor Schluss betrat Brady ein weiteres Mal das Spielfeld. Mit dem Ball an der 9-Yard-Linie musste das Team 91 Yards zurücklegen. Die ersten drei Pässe von Brady blieben unvollständig. Bei der vierten und zehnten Base traf Brady Amendola für ein First Down und hielt den Drive am Leben. Dann schloss er zwei Pässe zu Gronkowski ab. Neun Sekunden vor Schluss befanden sich die Patriots im Mittelfeld.

Einer der großartigsten Superbowls aller Zeiten würde auf das letzte Spiel hinauslaufen. Und jeder im Stadion wusste, wohin Brady ihn werfen würde. Er nahm den Snap an und manövrierte sich in die Pocket, um Gronkowski Zeit zu verschaffen, das Feld hinunterzusprinten. Als ein Verteidiger auf ihn zulief, warf Brady einen Hail Mary-Pass von seiner eigenen 45-Yard-Linie. Er flog sechzig Meter weit durch die Luft. Gronkowski sprang zwischen fünf Verteidigern hindurch. Da er von Männern umringt war, gelang es ihm, eine Hand darauf zu legen, als seine Arme gepackt wurden. Der Ball wurde von Gronkowskis Helm und seiner Schulter abgelenkt, bevor ein Verteidiger ihn wegschlug. Als Gronkowski zu Boden gerissen wurde, landete der Ball schließlich auf dem Patriots-Logo in der Endzone, gerade außerhalb von Gronkowskis Reichweite. Er blickte zum Offiziellen hoch, auf der Suche nach einer Strafflagge. Es gab keine.

Brady saß noch immer an der Stelle, an der er im Mittelfeld zu Boden gegangen war, und starrte hilflos auf Gronkowski. Beide hatten eine herkulische Leistung erbracht. Brady hatte für mehr als fünfhundert Yards geworfen, so viel wie noch nie in einem Superbowl. Gronkowski hatte neun Pässe für 116 Yards und zwei Touchdowns gefangen. Körperlich und emotional erschöpft standen beide auf, nahmen ihre Helme ab und stapften langsam zur Umkleidekabine, während silbernes und grünes Konfetti herabregnete und die Eagles auf das Spielfeld stürmten.

Kaum war der Superbowl LII zu Ende, wurde Malcom Butler von einem Reporter gefragt, ob er eine Ahnung habe, warum er nicht ein einziges Mal in der Verteidigung auf dem Feld gestanden habe.

„Sie haben mich aufgegeben“, sagte Butler. „Scheiße. Es ist, was es ist.“

Erschüttert fügte er hinzu: „Ich weiß nicht, was es war. Ich glaube, ich habe nicht gut gespielt, oder sie haben sich nicht wohlgefühlt. Ich weiß es nicht. Aber ich hätte das Spiel ändern können."

In seiner Pressekonferenz nach dem Spiel weigerte sich Belichick, seine Entscheidung zu erklären. Auf die Frage, ob Butler aus disziplinarischen Gründen auf die Bank gesetzt wurde, sagte Belichick nur: „Nein." Auf die Frage, ob es sich um eine reine Football-Entscheidung handelte, antwortete er: „Ja."

Es war die zweite Antwort, über die sich alle den Kopf zerbrachen, auch die Spieler von Belichicks. Aber keiner von ihnen wollte sich dazu äußern.

„Wir reden nicht", sagte Defensiv-Kapitän Devin McCourty. „Das ist eine Entscheidung des Trainers."

Die Spieler sprachen nicht mit der Presse. Aber sie unterhielten sich untereinander. Keiner von ihnen war erfreut darüber, dass Butler aus dem Spiel genommen worden war.

Einige von Belichicks ehemaligen Spielern äußerten sich in den sozialen Medien. Patriots Hall of Fame Cornerback Ty Law tweetete: „Wir müssen der Sache mit Malcom Butler auf den Grund gehen, das ist mir ein Rätsel. Wir brauchten diesen Mann auf dem Feld." Der ehemalige Cornerback der Patriots, Brandon Browner, war direkter und wies Belichick in einer Reihe von Tweets zurecht, darunter einer, in dem er sagte: „Du warst verletzt/verbrannt, wo er heute Abend gebraucht wurde … #foolishpride."

Belichick war dafür bekannt, dass er sich von altgedienten Spielern trennte. Obwohl viele seiner Personalentscheidungen im Laufe der Jahre unpopulär gewesen waren, hatten sie sich fast immer zugunsten der Patriots ausgewirkt und die Botschaft verstärkt, dass kein einzelner Spieler über dem Team stand. Doch die Entscheidung, einen der besten Defensivspieler des Teams im letzten Spiel aus dem Spiel zu nehmen, demoralisierte Butler und verblüffte seine Mannschaftskameraden.

Außerdem waren die Spieler, auf die Belichick gezählt hatte, um Butlers Position zu besetzen, der Situation nicht gewachsen. Das war schon zur Halbzeit klar. Dennoch weigerte sich Belichick, einen der besten Tackler und Passverteidiger des Teams in der zweiten

Halbzeit einzusetzen, obwohl die Patriots-Defense weiterhin Probleme mit dem Tackling und der Deckung von Receivern hatte. Für einen Trainer, der so besessen vom Gewinnen war, war Belichicks Umgang mit Butler völlig unvereinbar mit seinem praktischen Ansatz zur Spielleitung. Ein weniger selbstsicherer Mann hätte vielleicht das Bedürfnis gehabt, seine Entscheidung zu erklären oder zu verteidigen. Aber Belichicks Hybris war ein Teil dessen, was ihn zu einem so großen Trainer machte, und viele Erfolge wären ohne sie undenkbar gewesen.

Brady hatte erst nach dem Spiel bemerkt, dass Butler die ganze Zeit auf der Bank gesessen hatte. Er dachte sich, dass Butler eine Mitfahrgelegenheit brauchen könnte, und rief ihn an. Die beiden standen sich nahe, seit Butler mit seinem Abfangen auf der Torlinie zum Sieg in der Superbowl XLIX beigetragen hatte und Brady ihn dafür mit dem Chevy-Truck des Superbowl-MVP belohnt hatte. Als Brady Butler fragte, was dieses Mal passiert sei, hatte Butler keine Erklärung parat. „Der Trainer hat sich einfach anders entschieden", sagte Butler.

Brady verstand es nicht. Butler war ein großartiger Spieler. Er hatte ihnen die ganze Saison über zum Sieg verholfen. Er hätte ihnen helfen können, den Superbowl zu gewinnen. Er hätte spielen sollen.

Bevor er auflegte, beruhigte Brady Butler und sagte ihm, dass er geschätzt werde.

Butler erkannte, dass er in Foxborough am Ende war. Als Free Agent wusste er, dass Belichick ihn auf keinen Fall wieder unter Vertrag nehmen würde. Nach dem Gespräch mit Brady postete er eine stilvolle Nachricht auf Instagram, in der er sich für die Verwendung des F-Wortes in seinem Interview nach dem Spiel entschuldigte, der Familie Kraft sowie seinen Teamkollegen und Trainern für seine Zeit in New England dankte und den Fans der Patriots versicherte, dass er während der Superbowl-Woche nichts getan habe, was die Siegchancen seines Teams gefährdet hätte. „Obwohl ich wünschte, ich hätte mehr zum Sieg meiner Mannschaft beitragen können, muss ich mich auf die nächste Gelegenheit vorbereiten."

Brady meldete sich zu Wort und sagte: „Ich liebe dich, Malcolm. Du bist ein unglaublicher Spieler, Mannschaftskamerad und Freund. Immer!!!!!!" Viele ehemalige und aktuelle Spieler der Patriots versahen

Butlers Post mit einem „Like“ – darunter Jimmy Garoppolo, Jamie Collins, Rob Ninkovich, Marcus Cannon und LeGarrette Blount.

Belichick hielt nichts von sozialen Medien. Aber er hielt sich über die Äußerungen seiner Spieler auf Plattformen wie Twitter, Facebook und Instagram auf dem Laufenden. Keiner seiner derzeitigen Spieler kritisierte ihn direkt, aber es war klar, dass sich ein gewisser Frust aufgestaut hatte. Dennoch entschied er sich, die Butler-Entscheidung nicht zu erklären.

Kraft wusste, dass die Offseason 2018 turbulent werden würde. Das war schon klar, bevor die Patriots den Superbowl verloren, obwohl sie den Rekord für die meisten von einem Team erzielten Yards (613) und die meisten von einem unterlegenen Team erzielten Punkte (33) aufstellten. Die nahezu perfekte Leistung Bradys und die hohe Produktivität der Offensive hatten Belichick in die Kritik gebracht, weil er Butler auf die Bank gesetzt und sich geweigert hatte, seine Beweggründe mitzuteilen.

Neben der anhaltenden Verärgerung über die Butler-Situation hatten die Patriots noch andere Personalfragen zu klären. Der langjährige Defensivkoordinator Matt Patricia hatte das Team direkt nach dem Superbowl verlassen, um Cheftrainer bei den Lions zu werden. Der langjährige Offensive Coordinator Josh McDaniels bereitete sich darauf vor, Cheftrainer der Colts zu werden. Gronkowski hatte nach dem Spiel angedeutet, dass er den Rücktritt in Erwägung ziehe. Amendola stand kurz davor, ein Free Agent zu werden, und war mit Belichick über seinen Wert für das Team uneins. Und Butler, einer von Krafts persönlichen Lieblingen, war sicherlich auf dem Weg nach vorn.

Doch Krafts größte Sorge galt der Dynamik zwischen Belichick und Brady. Belichicks Entscheidung, Guerrero mitten in der Saison 2017 von der Seitenlinie und aus dem Flugzeug des Teams zu verbannen, war ein Wendepunkt. Kraft wusste, dass Belichicks Methoden an Brady nagten. Er wusste auch, dass Belichick die Ausnahmen leid war, die Kraft für notwendig hielt, um einen überragenden Star zu halten. Die Meinungsverschiedenheiten zwischen Brady und Belichick waren ausgeprägter denn je. Kraft wollte reinen Tisch machen.

Zwei Tage nach dem Superbowl lud Kraft Belichick zu einem Abendessen in Davio’s ein, einem Restaurant neben dem TB12-Gebäude am Patriot Place. Das Gespräch war produktiv. Sie deckten eine Reihe von Themen ab. Am wichtigsten war, dass Belichick einem gemeinsamen Treffen mit Brady und Kraft zustimmte, um ihre künftige Arbeitsbeziehung zu besprechen. Kraft schlug vor, das Gespräch bei ihm zu Hause zu führen, und sagte, er werde sich mit Brady in Verbindung setzen.

Am nächsten Tag war Brady zu Hause und wurde behandelt. Nach einer weiteren anstrengenden Saison hatte er viel um die Ohren. Während Guerrero an seinem Körper arbeitete, fragte sich Brady laut: „Wozu machen wir das?"

Guerrero sagte nichts.

„Für wen tun wir das?" Brady fuhr fort. „Warum tun wir das?"

Nach 18 Jahren stellte sich Brady schwierige Fragen.

Bündchen warf ähnliche Fragen auf. Seit sie sich vom Laufsteg zurückgezogen hat, widmete sie viel Zeit und Energie dem Kampf gegen die Abholzung der Wälder und der Aufklärung der führenden Politiker der Welt über die Auswirkungen des Klimawandels. Sie diente als Botschafterin des guten Willens für das Umweltprogramm der Vereinten Nationen, und die Harvard Medical School hatte ihre Bemühungen kürzlich mit der Verleihung des Global Environmental Citizen Award anerkannt. Aber es gab noch so viel mehr, was sie in der Welt tun wollte. Außerdem wurden die Kinder nicht jünger, und Bündchen wünschte sich, dass sie und Tom mehr Zeit mit ihnen verbringen könnten. Die Zeit verging wie im Fluge, und Bündchen wollte unbedingt, dass die Familie aus der Gegend von Boston wegzog und das nächste Kapitel ihres Lebens begann.

All das hatte Brady im Kopf, als er sich bereit erklärte, zu Kraft zu gehen, um sich mit Belichick zu treffen. Kraft bat sie in sein Wohnzimmer. Belichick nahm auf einem Stuhl rechts von Kraft Platz und Brady saß auf einer Couch links von Kraft. In der Hoffnung, einen konstruktiven Dialog zu ermöglichen, erklärte Kraft ihnen, wie wichtig sie beide für ihn seien. Belichick war diplomatisch. Brady respektvoll. Aber die Distanz zwischen ihnen war offensichtlich. Kraft kam der Gedanke, dass es für dieses Gespräch vielleicht noch zu früh war und dass beide Seiten von etwas mehr Zeit profitieren könnten, um sich von der Saison zu erholen. Die Sitzung endete, ohne zum Kern der Sache vorzudringen.

Wenig später lud Kraft Brady und Bündchen zu sich nach Hause ein, um mit ihnen über Bradys Zukunft zu sprechen. Im Wohnzimmer sitzend, ermutigte Kraft sie, offen zu sein.

Bündchen ergriff zuerst das Wort und schilderte leidenschaftlich, wie viel ihr Mann in den vergangenen 18 Jahren für die Organisation getan hatte. Sie wies auch darauf hin, wie lächerlich es sei, dass Belichick Brady nach all den Jahren immer noch wie „fucking Johnny Foxboro" behandele. Es war schon schlimm genug, dass er nie lobte. Es war überflüssig, den erfolgreichsten Quarterback der Ligageschichte bei Teambesprechungen immer noch zurechtzuweisen und seinen persönlichen Trainer und besten Freund wie eine Art Außenseiter zu behandeln.

Als sich das Gespräch auf die Zukunft verlagerte, deuteten Brady und Bündchen an, dass es für sie an der Zeit sei, einige Veränderungen vorzunehmen, die im besten Interesse ihrer Familie lägen. Sie dachten unter anderem über einen Tapetenwechsel nach.

Kraft war nicht überrascht über ihre Gefühle gegenüber Belichick. Er hatte jedoch nicht damit gerechnet, zu hören, dass Brady und Bündchen New England verlassen wollten. Brady hatte noch zwei Jahre Restlaufzeit in seinem Vertrag. Aber das Gefühl, das Kraft hatte, war klar – sie sprachen über die Möglichkeit, dass Brady woanders spielen könnte. Es gab eine Menge zu verarbeiten.

Seit 2010 hatten Kraft und Brady einen Pakt, den sie während Bradys langwieriger Vertragsverhandlungen bei einem Mittagessen in Krafts Haus auf Cape Cod geschlossen hatten. In jenem Jahr befürchtete Brady, dass Belichick sich bald von ihm abwenden könnte. Er unterschrieb erst wieder bei den Patriots, nachdem Kraft versprochen hatte, Brady zu schützen, indem er einsprang und ihm im Wesentlichen erlaubte, ihn zu seinen eigenen Bedingungen zu verlassen, falls Belichick jemals beschließen sollte, ihn zu verkaufen. Ihre ungeschriebene Vereinbarung war der Schlüssel dafür, dass Brady so viel länger in New England blieb als jeder andere, der unter Belichick gespielt hatte.

Aber in diesem Fall war Kraft nicht geneigt, Brady von den Patriots weggehen und für ein anderes Team spielen zu lassen. Belichick hätte vielleicht einmal Garoppolo vorgezogen, aber Garoppolo war weg. Belichick rechnete damit, dass Brady 2018 der Quarterback der Patriots sein würde. Genau wie Kraft. Das erklärte er Brady und Bündchen.

Das Gespräch war schwierig und endete ohne Lösung.

Die letzte Folge der sechsteiligen Serie Tom vs. Time trug den Titel „The End Game." Sie wurde am 12. März 2018 ausgestrahlt. In der Eröffnungsszene saß Brady zu Hause auf seiner Couch und blickte in die Kamera. Eine Stimme aus dem Off fragte: „Sooooo … Wie fühlst du dich, Mann?"

„Ich fühle mich, ähm," begann Brady, bevor er innehielt und den Kopf schüttelte. „Das ist eine schwierige Frage."

Da die Interviews in dem Beitrag in den Wochen nach dem Superbowl gedreht wurden, suchten die Journalisten jedes Wort sorgfältig nach Hinweisen auf Bradys Gedankengänge ab. Das Zitat, das die meiste Aufmerksamkeit erregte, kam jedoch von Bündchen. „Die letzten zwei Jahre waren in vielerlei Hinsicht eine große Herausforderung für ihn", sagte sie in der Folge. „Er sagt mir: ‚Ich liebe es so sehr und ich möchte einfach nur zur Arbeit gehen und mich geschätzt fühlen und Spaß haben'."

Das Aufschlussreichste an dieser Episode war jedoch eine Bemerkung von Brady, die weitgehend übersehen wurde. „In dieser Nebensaison wird es um meine Familie gehen", sagte er. „Sie hat es verdient. Es gibt mehr als nur an mich zu denken." Damit wurde bekräftigt, was er und Bündchen Kraft zu vermitteln versucht hatten.

Am Tag nach der Ausstrahlung des Beitrages gingen die Nachwirkungen der Saison 2017 weiter: Danny Amendola unterschrieb bei den Dolphins. Amendola hatte darauf gezählt, dass Belichick ihm die Chance geben würde, wieder bei den Patriots zu unterschreiben. Doch als die Free Agency begann, wurde Amendola schnell klar, dass Belichick nicht annähernd in die Nähe des Angebots der Dolphins über zwei Jahre und 12 Millionen Dollar gehen würde.

Anfänglich war Amendola enttäuscht. Er war seit fünf Jahren in New England, hatte drei Superbowls erreicht und zwei Ringe gewonnen. Doch so sehr er es auch hasste, sich von Brady, Edelman und

Gronkowski zu trennen, so sehr freute er sich auf einen Neuanfang in Miami. Für Belichick zu spielen, war lohnend, aber auch eine Herausforderung. „Es ist nicht einfach", sagte Amendola einem Reporter, nachdem er in Miami angekommen war. „Er ist manchmal ein Arschloch. Es gab eine Menge Dinge, die ich nicht mochte, als ich für ihn spielte. Aber ich muss sagen, dass die Dinge, die mir nicht gefallen haben, alle mit der Verbesserung der Mannschaft zu tun hatten. Und ich habe ihn respektiert."

Jetzt, da er nicht mehr für Belichick spielte, fühlte sich Amendola freier, seine Meinung zu einer Reihe von Dingen zu sagen, die ihn verärgerten. Dazu gehörte vor allem Belichicks Umgang mit Malcolm Butler. „Ich habe an diesem Abend mein Blut, meinen Schweiß und meine Tränen auf dem Feld gelassen, und einer unserer besten Spieler war nicht auf dem Feld", sagte Danny Amendola einem Reporter. „Ich hasse es, zu sehen, dass ein Spieler, der die ganze Saison über so hart gearbeitet hat, nicht die Chance bekommt, im größten Spiel des Jahres zu spielen, ohne eine Erklärung."

Als der neue Vertrag Amendolas bekannt gegeben wurde, postete Gronkowski auf Instagram:

Bleib dabei, sei FREI, sei GLÜCKLICH. Deine harte Arbeit, die Art und Weise, wie du bei deiner Größe spielst, die Schmerzen, die du durchlitten hast, die Schläge, die du eingesteckt hast und wieder aufgestanden bist, um dich zu revanchieren. Ich habe das alles zu schätzen gewusst. Herzlichen Glückwunsch. Viel Spaß in Miami, Junge.

Brady fügte hinzu: „Gut gesagt gronk!!!!"

Kraft wusste, dass Spieler nicht glücklich waren, insbesondere nicht Brady und Gronkowski. Da er Brady für den Schlüssel hielt, lud Kraft ihn und Bündchen zu sich nach Hause ein. Er bat Jonathan, sich ihnen anzuschließen. In einem weiteren schwierigen Gespräch bestritt Kraft nicht Bündchens Charakterisierung, wie Belichick Brady behandelte. Er entschuldigte das auch nicht. Kraft war bereit, zu intervenieren und Brady entgegenzukommen, indem er beispielsweise Guerreros Privilegien wiederherstellte. Aber er war nicht bereit, Brady aus seinem Vertrag zu entlassen, damit er für ein anderes Team spielen konnte. Als Kraft seinen Standpunkt klarstellte, war es, als hätte er die tiefste Taste auf einem Klavier angeschlagen. Stille erfüllte sein

Wohnzimmer. Daraufhin verließen Brady und Bündchen den Raum, ohne noch mehr zu sagen.

Sobald sie weg waren, hatte Kraft ein schreckliches, mulmiges Gefühl.

„Ich glaube, ich werde etwas tun müssen, von dem ich dachte, dass ich es nie tun würde", sagte er zu Jonathan.

Dad, ich vertraue darauf, dass du tust, was das Beste ist."

Später in der Nacht rief Kraft Brady an.

„Tommy", sagte er leise, „wenn du gehen willst, kannst du gehen."

Der Anruf war kurz, der Ton ernst.

Nachdem er aufgelegt hatte, konnte Kraft nicht mehr schlafen.

Brady auch nicht.

Für ihn war die Entscheidung kompliziert. Er hatte sich selbst bewiesen, dass er im Alter von vierzig Jahren der Beste in diesem Spiel sein konnte, und er wollte unbedingt sehen, ob er das bis zu seinem 45. Lebensjahr weiter sein konnte. Er hatte eine distanzierte Beziehung zu Belichick, aber er hatte herausgefunden, wie er damit umgehen konnte. Und er liebte es, in New England zu spielen. Im Laufe von 18 Jahren hatte er eine starke emotionale Bindung an die Region, die Fans, seine Mannschaftskameraden und die Krafts entwickelt. Aber sein Leben hatte sich verändert, und er hatte so viel mehr zu bedenken als das, was für ihn am besten war. Als vierzigjähriger Ehemann und Vater war das Wichtigste für ihn die Beziehung zu seiner Frau und seinen Kindern.

Für Kraft war es einfacher. Tief in seinem Inneren glaubte er, dass es in Bradys bestem Interesse war, seine Karriere in New England zu beenden. Die Differenzen zwischen Brady und Belichick waren gewachsen, aber Kraft hielt die Situation noch für beherrschbar. Das größere Problem war, dass Brady nicht mehr einfach Tommy war. Vielmehr hatte sich Brady zu einem vollwertigen Mann entwickelt. Als solcher hatte er alles Nötige, um zu erkennen, dass er wichtigere Dinge zu bedenken hatte als nur seine persönlichen Ambitionen. Kraft war stolz darauf, dass Brady ein so verantwortungsbewusster Ehemann und Vater geworden war und diese Prioritäten sein Vorgehen bestimmen. Dennoch hatte er das Gefühl, dass ein geliebter Sohn die Familie verlassen würde.

Von Traurigkeit überwältigt, wälzte sich Kraft die ganze Nacht hin und her.

Am nächsten Tag rief Kraft Brady noch einmal an.

„Ich weiß, ich habe gesagt, du kannst gehen", sagte Kraft. „Aber ich hoffe, du tust es nicht."

„Ich gehe nicht", sagte Brady.

„Was?"

Brady hatte mit Bündchen darüber gesprochen, noch zwei Jahre zu spielen und in New England zu bleiben.

„Ich will nicht gehen", sagte Brady zu Kraft. „Ich werde das auf meiner Seite regeln."

Kraft war schockiert und erleichtert.

Brady machte jedoch deutlich, dass er in Zukunft einige Änderungen vornehmen würde, angefangen damit, dass er die Offseason-Trainingsaktivitäten des Teams, die so genannten OTAs, auslassen würde, um mehr Zeit mit seiner Familie verbringen zu können. Nach den Regeln der Liga waren die OTAs freiwillig. Aber Belichick erwartete, dass alle auftauchten. Brady würde auch andere Anpassungen vornehmen.

„Ich werde das mit Bill klären", sagte Kraft zu Brady.

Brady freute sich darauf, in der Saisonpause mehr mit seiner Familie zu reisen und allein zu trainieren. Kraft war unterdessen fest entschlossen, Guerreros Privilegien rechtzeitig vor der Saison wiederherzustellen.

Brady und Bündchen trafen eine Vereinbarung, die es ihm ermöglichte, zwei weitere Spielzeiten in New England zu bleiben. Kurze Zeit später tauchte der Vogue-Journalist Rob Haskell in ihrem Haus in Brookline auf, um Bündchen für eine Titelgeschichte über ihre weltweite Umweltarbeit zu interviewen. Es war ein dunkler, regnerischer Tag und der Wind wehte, als Haskell ankam. Da er in Brookline aufgewachsen war, kannte Haskell die trüben Winter und das raue Frühlingswetter. Wenn er Bündchen mit ihrem goldenen Haar und ihrer gebräunten Haut ansah, fiel es ihm schwer, sich vorzustellen, dass sie dort lebte. Er fragte sie danach.

„Warum ich hier lebe?" Bündchen sagte es ihm. „Das nennt man Liebe. Ich liebe meinen Mann."

Dann fügte sie hinzu: „Aber ich will nicht lügen. Kälte ist nicht nach meinem Geschmack. Ich bin Brasilianerin. Ich würde lieber barfuß in einer Hütte mitten im Wald leben."

Während Kraft mit Brady im Gespräch war, entschied sich Belichick gegen Gronkowski. Er arbeitete einen Deal mit den Detroit Lions aus, bei dem die Patriots im Austausch für Gronkowski eine Draft-Wahl der ersten Runde erhalten würden. Am 22. April wurde Gronkowski darüber informiert, dass er gehandelt wurde. Verärgert teilte er den Patriots mit, dass er nicht nach Detroit gehen würde. Stattdessen würde er sich zurückziehen. Er hatte noch eine weitere Botschaft für das Team – Brady war der einzige Quarterback, mit dem er jemals spielen würde.

Belichick lehnte den Deal mit den Lions ab.

Zwei Tage später trafen sich Belichick und Gronkowski. Sie einigten sich darauf, dass Gronkowski zurückkehren und 2018 spielen würde. Die Patriots nahmen auch einige Anreize in Gronkowskis Vertrag auf.

In jedem anderen Team wäre Gronkowski der größte Star. Nach Brady war er wohl die größte Berühmtheit in der NFL. Sie waren das beste Quarterback-Tight-End-Duo in der Geschichte der Liga und gaben den Patriots einen unbesiegbaren Doppelschlag. Zusammen erzielten sie 87 Touchdown-Pässe, davon zwölf in der Postseason. Ihre Synergie auf dem Spielfeld hatte zu einem tiefen Vertrauensverhältnis zwischen ihnen geführt. Abseits des Spielfelds verehrte Gronkowski Brady und bewunderte seinen Lebensstil. Durch ihre Freundschaft hatte Gronkowski auch Vertrauen zu Guerrero und seinen Behandlungs- und Trainingsmethoden gefasst und sich auf ihn verlassen. Brady und Gronkowski hatten einige der gleichen Frustrationen erlebt, insbesondere während der Saison 2017.

Eine Woche nachdem Gronkowski sich geweigert hatte, nach Detroit zu gehen, wurde Brady von dem Sportmoderator Jim Grey auf der Milken Institute Global Conference in Beverly Hills interviewt. Brady und Grey waren Freunde. Und Grey hatte die Serie Tom vs. Time gesehen und hatte gehört, wie Bündchen davon gesprochen hatte, dass ihr Mann einfach nur geschätzt werden wolle.

„In jeder Beziehung, vor allem in einer erfolgreichen und langjährigen, ob es sich nun um eine Freundschaft, eine Ehe oder ein Arbeitsverhältnis handelt, gibt es Höhen und Tiefen", so Grey. „Wenn Gisele also sagt: ‚sich geschätzt fühlen', dann erinnert das an Coach Belichick und Mr. Kraft. Fühlen Sie sich von ihnen wertgeschätzt? Und bekommen Sie von ihnen die angemessene Dankbarkeit für das, was Sie erreicht haben?"

Brady grinste. „Ich verweigere die Aussage", sagte er.

Das Publikum lachte.

„Mann, das ist eine schwierige Frage", fuhr Brady fort.

„Ihre Frau scheint anzudeuten ..." sagte Grey.

Brady schluckte den Köder nicht. „Ich glaube, jeder möchte bei der Arbeit mehr Wertschätzung erfahren", sagte er. „Die Leute, mit denen ich zusammenarbeite, versuchen, das Beste aus mir herauszuholen. Sie behandeln mich also so, dass sie glauben, das Beste aus mir herausholen zu können."

Im Jahr 2015, als er beschuldigt wurde, die Luft aus den Bällen gelassen zu haben, sagte Brady: „Ich glaube nicht, dass viele Leute wissen, wer ich persönlich bin. Sie wissen vielleicht, wofür sie mich halten, oder was sie auf dem Fernsehbildschirm sehen, wenn ich mich ihnen öffentlich zeige. Menschen, die glauben, mich zu kennen, oder die nur Bruchstücke meiner Person kennen, können mich angreifen. Das gehört dazu, wenn man eine öffentliche Person ist."

Das Gleiche galt für Belichick. Er wurde noch mehr missverstanden als Brady. Schon in seiner Zeit als Assistenztrainer bei den New York Giants wurde er als kühl und emotionslos dargestellt, als ein Trainer, der seine Spieler auf Abstand hielt und keine persönliche Beziehung zu ihnen hatte. Aber Belichick war viel sensibler, als er jemals zugeben wollte. Es stimmte zwar, dass er die Disziplin eines Drill-Sergeants besaß, wenn es um Personalentscheidungen ging, aber er verabscheute diesen Teil seiner Arbeit. Und nichts schmerzte ihn mehr als das Gefühl, dass seine Spieler ihn nicht mochten. Belichick liebte seine Spieler, und er wollte von ihnen geliebt werden. Es gab keinen Ort auf der Welt, an dem er sich lieber aufhielt als auf einem Trainingsplatz oder an der Seitenlinie während eines Spieles, umgeben von Spielern.

In diesem Umfeld zeigte er durch die Art und Weise, wie er sie anspornte, was er von ihnen hielt. Und er trieb seine besten Spieler – die er am meisten bewunderte – am stärksten an. Es gab nichts, was er nicht tun würde, um sie darauf vorzubereiten, Champions zu werden. Er wusste, dass seine Spieler ihn manchmal für ein „Arschloch" hielten. Dennoch war es ein Schock, dies zu hören.

Für Belichick hatte die Führungsrolle ihren Preis. Genauso wie das Gewinnen. Sein Trainerstil übte extremen Druck auf alle um ihn herum aus. Er schüchterte Menschen ein. Das war Absicht. Er war der Meinung, dass diejenigen, die mit dem Druck, den er ausübte, nicht umgehen konnten, auch nicht in der Lage sein würden, den Druck zu bewältigen, um in der NFL Meisterschaften zu gewinnen.

Weder Brady noch Gronkowski nahmen Ende Mai an OTAs teil. Auf die Frage nach ihrer Abwesenheit weigerte sich Belichick, darauf einzugehen. Etwas mehr als eine Woche später verhängte die Liga gegen Julian Edelman eine Sperre von vier Spielen wegen Verstoßes gegen die NFL-Richtlinien für leistungssteigernde Substanzen. Nachdem er die gesamte Saison 2017 aufgrund einer Knieoperation verpasst hatte, war Edelman gezwungen, die ersten vier Spiele der Saison 2018 auszusetzen.

Seit seiner Verletzung hatte sich Edelman rehabilitiert und mit Guerrero trainiert. Unmittelbar nach Bekanntgabe der Suspendierung wurde Guerrero mit Fragen konfrontiert. Er gab eine Erklärung ab:

Ich kenne Julian seit seinem ersten Jahr und er ist ein phänomenaler Athlet, der sein Training sehr ernst nimmt – es ist enttäuschend, die heutige Nachricht zu hören. Spitzensportler arbeiten im Rahmen ihres Trainings manchmal mit mehreren Trainern und Gesundheitsexperten zusammen. In unserer Einrichtung verfolgen wir einen natürlichen, ganzheitlichen, angemessenen und vor allem legalen Ansatz für das Training und die Genesung all unserer Kunden. Und jeder, der etwas anderes behauptet, verhält sich unverantwortlich und schlichtweg falsch.

Als Edelmans Suspendierung Schlagzeilen machte, begann Kraft eine Reihe von Gesprächen mit Belichick über Brady und Guerrero. Kraft wusste von Anfang an, warum Belichick persönliche Probleme mit Guerrero hatte. Doch Kraft sah Guerrero pragmatisch. Er erkannte, dass Guerrero etwas für Brady und seine Psyche getan hat, was kein anderer tun konnte. Ob seine unkonventionellen Methoden wissenschaftlich fundiert waren, spielte für Kraft nicht unbedingt eine Rolle. Entscheidend war, dass Guerrero Brady Selbstvertrauen gab. Bradys Leistung war Jahr für Jahr der beste Beweis für Guerreros Wert für die Organisation. Das Entscheidende war, dass noch nie ein anderer Spieler im Alter von vierzig Jahren NFL-MVP geworden war.

Gleichzeitig erkannte Kraft, dass Guerrero nicht Belichick, sondern Brady gegenüber loyal war. Und als Guerrero den Trainerstab kritisierte, untergrub er Belichicks Autorität noch weiter und sorgte für Unfrieden. Das musste gestoppt werden.

Schließlich gab Kraft Belichick zu verstehen, dass er Brady einige vernünftige Regeln erklären würde, wenn Belichick sie für Guerrero klar formulieren könnte. Gleichzeitig gab Kraft Brady zu verstehen, dass, wenn Guerrero sich an Belichicks Regeln hielt, es zweifellos einen Mittelweg gäbe, der es Guerrero ermöglichen würde, seine Privilegien zurückzubekommen.

Auf Vermittlung Krafts willigte Belichick ein, Guerrero an Spieltagen wieder in die Umkleidekabine zu lassen, um Brady bei seinem Ritual vor dem Spiel zu helfen. Aber er wollte nicht, dass Guerrero wieder an der Seitenlinie stand. Kraft schlug vor, dass Guerrero die Spiele an einem Ort wie der Umkleidekabine verfolgen dürfe. Belichick stimmte zu. Der große Knackpunkt war das Reisen mit dem Team. Belichick wollte nicht, dass Guerrero im Mannschaftsflugzeug mitreiste. Aber für Brady war das wirklich wichtig.

Kraft machte Guerrero klar, dass er seine Grenzen nicht überschreiten dürfe, wenn er eine Chance haben wolle, seine Reiseprivilegien wiederzuerlangen. Das bedeutete, dass er die Trainer der Patriots und die Kraft- und Konditionstrainer nie kritisierte, selbst wenn er der Meinung war, dass sie etwas Falsches taten. Und es bedeutete, die Bemühungen des Teams zu ergänzen, nicht sie zu kritisieren.

„Sie dürfen mit Tom arbeiten“, sagte Kraft zu ihm. „Aber bitte bleiben Sie auf Ihrem Platz.“

Belichick zog es dennoch vor, Guerrero 2018 nicht im Mannschaftsflugzeug mitfliegen zu lassen. Kraft hatte jedoch überzeugend dargelegt, dass es in Bradys bestem Interesse lag, was bedeutete, dass es letztlich auch im Interesse des Teams war. In den seltenen Fällen, in denen sie sich nicht einig waren, erkannte Belichick an, dass Kraft der Besitzer war und er die Wünsche des Besitzers respektierte.

Guerrero war also wieder mit an Bord.

Nach der turbulentesten Offseason der Ära Belichick-Brady war das Trainingslager wie ein Familientreffen. Nach seiner einjährigen Verletzungspause lief Edelman herum, sah fitter aus als je zuvor und machte Witze über Belichicks Garderobe und Bradys Alter. Gronkowski, der immer noch unter dem vorgeschlagenen Wechsel nach Detroit litt, brannte darauf, ein großes Jahr zu erleben. Brady hatte Bündchen und die Kinder bei sich. Einmal, als Brady in der Nähe einiger seiner Mannschaftskameraden kniete, kniete Bündchen neben ihm nieder, und ihre Hände berührten sich, während ihre Kinder in der Nähe herumliefen. Braungebrannt, in Shorts und mit Sonnenbrille lief Kraft über das Spielfeld, ermutigte Edelman, den Kopf oben zu halten, nannte Gronkowski „big fella", holte Brady ein, küsste Bündchen auf die Wange und sprach mit Bradys Kindern. Sogar Guerrero war da. Und Belichick war wie zu Hause, gab Anweisungen und schätzte die Spieler ein. Während des gesamten Camps gefiel ihm, was er sah. Alle arbeiteten hart. Sie strengten sich an. Und sie hatten einen Kader voller erfahrener Veteranen.

Am Ende des Camps fragte ein Reporter Belichick: „Was war der Grund dafür, dass Alex Guerrero wieder mit dem Teamflugzeug reisen durfte?"

„Ich werde mich nicht zu den Verantwortlichkeiten aller Personen in unserer Organisation äußern", sagte Belichick. „Wir wären einen Monat lang hier, um das alles durchzugehen."

Es war wieder alles beim Alten. Die Patriots waren bereit, einen weiteren Versuch zu unternehmen, den Superbowl zu erreichen.

44

WIR SIND NOCH DA

Nach zwei Auswärtsniederlagen zu Beginn der Saison, kehrten die Patriots am 30. September nach Foxborough zurück, um gegen die Dolphins zu spielen. Es war eine Begegnung, die sie unbedingt gewinnen mussten. Nach etwas mehr als sieben Minuten warf Tom Brady einen 13-Yard-Pass auf Wide Receiver Josh Gordon nahe der Torlinie von Miami. Das Publikum spendete Gordon einen begeisterten Applaus. Es war sein erster Fang im Trikot der Patriots. Gordon, ein äußerst talentierter Receiver, der den größten Teil seiner Karriere bei den Cleveland Browns verbracht hatte, wurde in der Vergangenheit mehrfach wegen Drogenmissbrauchs gesperrt. Diese Sperren hatten ihn in den vergangenen vier Jahren weitgehend vom Spielfeld ferngehalten. Zu Beginn der Saison 2018 erteilte die NFL dem Receiver die Freigabe für die Rückkehr zum Football, und Belichick entschied sich, ihm eine Chance in New England zu geben. Als Gordon in Foxborough ankam, stellte er schnell fest, dass es dort nicht wie in Cleveland ist. Er fühlte sich, als wäre beim Militär – aber auch, als wäre er in eine stabile Familie aufgenommen worden. Die starre Struktur und das Gefühl der Zugehörigkeit waren genau das, was er brauchte. Nur wenige Augenblicke, nachdem er an der Drei-Yard-Linie der Dolphins angegriffen worden war, erzielten die Patriots ein Field Goal zur 3 : 0-Führung und waren damit im Rennen.

Oben in der Loge des Eigentümers empfing Robert Kraft den Außenminister Mike Pompeo. Als die Patriots Ende des vierten Viertels mit 38 : 0 führten, nahm Kraft Pompeo mit in die Umkleidekabine der

Patriots. Als sie sie betraten, war es dort leer und still. Kraft führte Pompeo gerade herum, als Rob Gronkowski aus dem Trainingsraum kam; er hatte das Spiel früher im Viertel verlassen. Er war barfuß, trug ein T-Shirt und eine Under Armour-Hose und hatte einen überdimensionalen Eisbeutel um seinen Unterschenkel gebunden. Durch den Eisbeutel konnten sie sein Blut sehen. „Oh, hallo, Leute", sagte Gronkowski und lächelte dabei.

Überrascht, Gronk zu sehen, schaute Kraft auf seinen Eisbeutel. „Ist es deine Achillessehne?", fragte er.

„Nein, nicht die Achilles", sagte Gronk zu ihm. „Es ist mein Unterschenkel. Ich habe eine Art Beule. Ziemlich groß."

„Ist es heute passiert?", fragte Kraft.

„Das ist letzte Woche in Detroit passiert. Ich wurde getreten."

„Wir brauchen dich am Donnerstag", sagte Kraft mit Blick auf das kommende Spiel.

„Ich werde bereit sein", sagte Gronkowski.

„Wir spielen gegen die Colts", sagte Kraft. „Sie haben mit der dummen Deflategate-Sache angefangen. Wir müssen die Colts erledigen."

„Auf jeden Fall", sagte Gronk.

Kraft stellte dann Pompeo vor. Wenige Augenblicke später war das Spiel vorbei, und die Patriots strömten in die Umkleidekabine. Belichick ging direkt zu Gronkowski. „Bist du okay?", fragte er.

„Ich bin okay", sagte Gronk.

Belichick klopfte ihm auf den Arm.

Brady ging zu Gordons Spind, gratulierte ihm zu seinem guten Start in seinem ersten Spiel und umarmte ihn. Als Belichick das Team zusammenrief, führte Brady Gordon in die Mitte des Raumes. Sie standen direkt hinter Kraft und Pompeo, als sich alle zum Vaterunser niederknieten. Kraft griff nach Gordons Hand. Pompeo nahm die andere Hand von Gordon. Auf den Knien, zwischen dem Eigentümer und dem Außenminister, senkte Gordon andächtig seinen Kopf.

Nach dem Gebet standen alle auf, und Belichick zollte Kraft Tribut, indem er dem Team mitteilte, dass der Sieg über die Dolphins seinen 300. Sieg als Besitzer markierte, womit er der schnellste Besitzer in der einhundertjährigen Geschichte der NFL ist, der diesen seltenen Meilenstein erreicht. Die Spieler applaudierten Kraft, als Belichick ihm den Spielball überreichte. Kraft lenkte das Lob auf die Spieler und Trainer ab und sagte: „Ich hoffe, dass wir beim 400. auch zusammen sind."

„Vierhundert?", fragte Gronkowski.

Alle lachten.

Von Beginn der Saison 2018 an war Bill Belichick von der Einstellung und der Kameradschaft unter seinen Spielern begeistert. Sie hatten das Potenzial, das erste Team des 21. Jahrhunderts zu werden, das es in drei aufeinanderfolgende Superbowls schafft. Aber Belichick hat das gegenüber den Spielern nie angedeutet. Stattdessen erinnerte er sie immer wieder daran, dass niemand erwartet hatte, dass sie 2018 sehr gut sein würden. Alle, so betonte er, hätten sie schon aufgegeben, sie hätten ihre besten Zeiten hinter sich.

Vier Tage nach dem Sieg gegen die Dolphins empfingen die Patriots am 4. Oktober die Colts in einem landesweit im Fernsehen übertragenen Donnerstagabendspiel im Gillette Stadium. Nach seiner Sperre für vier Spiele wegen der Einnahme einer verbotenen Substanz hatte Julian Edelman sein Comeback. Aufgrund der Knieverletzung, die Edelman dazu gezwungen hatte, die letzte Saison auszusetzen, waren es 606 Tage her, dass er das letzte Mal ein Spiel bestritten hatte. Im ersten Spielzug der Patriots warf Brady auf Edelman für einen Neun-Yard-Lauf. Zwei Minuten später ging Brady erneut zu ihm, und dann ein drittes Mal. New England erzielte bei diesem Spielzug einen Treffer und ging mit 7 : 0 in Führung. Edelman hat in dieser Nacht sieben Fänge geschafft. Gronkowski trug trotz seiner schmerzhaften Unterschenkelverletzung sechs Pässe mit 75 Yards bei. Und spät im Spiel warf Brady einen Touchdown-Pass über 34 Yards zu Josh Gordon, um das Spiel zu entscheiden. Für Brady war es der 500. Touchdown-Pass in seiner Karriere. Die Patriots gewannen 38 : 24.

Mit Brady, Edelman und Gronkowski, die zum ersten Mal seit November 2016 wieder gemeinsam auf dem Feld standen, hatten die Patriots das beste Offensiv-Trio der Liga. Sie waren auch die ältesten Spieler. Edelman bestritt mit seinen 32 Jahren bereits seine zehnte Saison. Gronkowski, 29 Jahre alt, war in seinem neunten Jahr. Dann war da noch Brady, 41 Jahre alt. Zusammen hatten die drei 38 NFL-Saisons hinter sich, alle bei New England. Die Frage, die sich in Foxborough stellte, war, ob ein Team mit alternden Veteranen auf solchen Schlüsselpositionen mit den jüngeren Rivalen mithalten kann, die New England schließlich um die Vorherrschaft in der AFC zu überholen drohen. Unter Belichick waren die Patriots ein Football-Team der alten Schule in einer Liga voller außergewöhnlich talentierter junger Spieler und neuer Offensivkonzepte, die diese Talente ausnutzen sollten. Die größte Bedrohung waren die Kansas City Chiefs, angeführt von dem 23-jährigen Quarterback Patrick Mahomes und der schnellsten Receiver-Truppe im Football. Eine Woche nach dem Sieg gegen die Colts empfingen die Patriots Mahomes und die Chiefs im Gillette Stadium. Kansas City ging mit einer 5 : 0-Bilanz und der besten Offensive in der Conference in das Spiel.

Brady und Mahomes legten beide große Zahlen vor, und Sekunden vor Schluss stand es 40 : 40-Unentschieden. Als die Zeit ablief, schoss Stephen Gostkowski ein 28-Yard-Field-Goal, um das Spiel zu gewinnen und den Chiefs ihre erste Niederlage beizubringen. Die Patriots surften in der Mitte der Saison auf einer Erfolgswelle und hatten sich bis Anfang November auf 7 : 2 verbessert. Doch am 11. November verloren sie in Tennessee mit 34 : 10 gegen die Titans. Gronkowski spielte verletzungsbedingt nicht mit, und Edelman wurde aus dem Spiel genommen. Brady musste Schläge einstecken und verdrehte sich einmal ungeschickt das Knie. Seit Anfang 2014 hatten die Patriots nicht mehr so klar verloren.

Vier Wochen später, in Miami, führten die Patriots sieben Sekunden vor Schluss mit 33 : 28. Die Dolphins hatten den Ball an ihrer eigenen 31-Yard-Linie. In der Erwartung, dass Miami einen verzweifelten Hail-Mary-Pass werfen würde, schickte Belichick Gronkowski in die Verteidigung und stellte ihn als Deep man auf, um seine Größe auszunutzen. Doch anstatt tief zu werfen, spielte Dolphins-Quarterback Ryan Tannehill einen kurzen Pass über die Mitte zu einem Receiver, der den Ball zu einem anderen Receiver weiterleitete, der den Ball zu Running Back Kenyan Drake weiterleitete.

Mit einem fantastischen Lauf wich Drake den Tacklern aus und drang in das offene Feld ein. Als er Gronkowski erreichte, war der schnelle Running Back bereits voll in Fahrt. Gronkowski tauchte ab und verfehlte ihn, während Drake an ihm vorbei in die Endzone rannte und das Spiel gewann. Dieser Spielzug, der als „Miami Miracle“ bekannt wurde, markierte zum ersten Mal in der Geschichte der NFL, dass ein Spiel mit einem Touchdown endete, an dem mehrere Seitenwechsel beteiligt waren. Wegen der Niederlage fielen die Patriots auf 9 : 4 zurück. Aber die Art und Weise, wie sie verloren hatten, löste in Neuengland eine Hysterie aus. Der Anblick von Gronkowski, der hoffnungslos untertauchte, während ein viel jüngerer Spieler an ihm vorbeirannte, machte deutlich, was die Kritiker über die Patriots gesagt hatten: Der Rest der Liga hatte sie endlich eingeholt. Belichick wurde unterdessen dafür kritisiert, dass er im letzten Spielzug des Spieles den viel schnelleren Safety Devin McCourty durch Gronkowski ersetzt hatte.

Am nächsten Morgen sagte Belichick in einem Radiointerview: „Sehen Sie, das ist die National Football League. Niemand ist gestorben. Diese Woche steht ein wichtiges Spiel gegen Pittsburgh an. Wir haben einen Vorsprung von zwei Spielen in der Liga. Die Saison ist noch lang."

Belichick geriet nicht in Panik. Die Art und Weise, wie sein Team verloren hat, war unglücklich, aber letztendlich war es nur eine Niederlage. Er sagte seinen Spielern, dass es jetzt darauf ankomme, sich auf die Steelers vorzubereiten. Die Mannschaft hatte eine großartige Trainingswoche. Am Tag vor dem Spiel flog Kraft nach Pittsburgh, um der Bar-Mizwa von Max Aaron Shachner beizuwohnen, einem jungen Mann, dessen Familie der Tree-of-Life-Synagoge angehörte. Sieben Wochen zuvor war ein Mann während des Schabbatgottesdienstes in die Synagoge gestürmt und hatte mit einem AR-15-Sturmgewehr das Feuer eröffnet, während er antisemitische Äußerungen rief. Er tötete elf Menschen und verletzte sechs. Shachners Bar-Mizwa war die erste seit dieser Tragödie. Die Synagoge war voll, als Kraft unbemerkt hineinschlüpfte und in der dritten Reihe Platz nahm. Während des Gottesdienstes informierte der Rabbiner die Gottesdienstbesucher, dass ein besonderer Gast anwesend sei, und lud Kraft ein, ein paar Worte zu sagen. Die Gottesdienstbesucher waren verblüfft, als der Besitzer der Patriots an das Rednerpult trat und auf Hebräisch aus der Thora las. Kraft verkündete eine Botschaft der Einheit und sprach über die Notwendigkeit, dass Steelers- und Patriots-Fans gemeinsam gegen Antisemitismus vorgehen. Dann verließ er das Podium, griff in seine Anzugtasche, holte vier Eintrittskarten für das Spiel am nächsten Tag heraus und überreichte sie Shachner als Bar-Mizwa-Geschenk. Als Kraft Platz nahm, klopfte ihm ein Mann, der hinter ihm saß, auf die Schulter, bedankte sich für sein Kommen und überreichte Kraft eine schwarze Kippa, auf deren Rückseite das rot-blau-gelbe Logo der Steelers aufgenäht war. Der Mann hatte einen gelben sechszackigen Davidstern über das Logo gelegt.

Am nächsten Tag verloren die Patriots mit 17 : 10 in Pittsburgh und fielen auf 9 : 5 zurück. Das letzte Mal, dass sie im Dezember zwei Spiele hintereinander verloren hatten, war 2002. NFL-Analysten spekulierten offen darüber, dass New England der Sprit ausgeht und kaum noch eine Chance hat, in die Superbowl zurückzukehren.

Einige Tage nach dem Steelers-Spiel verkündete Josh Gordon auf Twitter, dass er sich aus dem aktiven Football zurückziehen würde, um sich auf seine psychische Gesundheit zu konzentrieren. „Ich möchte Coach Belichick, Mr. Kraft und unzähligen anderen bei den Patriots für ihre anhaltende Unterstützung danken", sagte er. Später an diesem Tag wurde er von der NFL auf unbestimmte Zeit suspendiert, weil er erneut gegen die Drogenpolitik der Liga verstoßen hatte. Zu dieser Zeit führte Gordon das Team bei den Receiving-Yards an. Sein Weggang war ein weiterer Schlag für die Mannschaft.

Trotz des schlechten äußeren Erscheinungsbildes hob Belichick die Tatsache hervor, dass seine Spieler die ganze Saison über großes Durchhaltevermögen bewiesen hatten. Gronkowski und Edelman hatten mit Verletzungen zu kämpfen. Die Verteidigung hat sich im Laufe der Saison weiter verbessert. Das Wichtigste war, dass das Engagement der Spieler nie nachgelassen hat. Die Niederlage gegen Miami hätte viele Teams in eine Abwärtsspirale geschickt, insbesondere nach einer emotional enttäuschenden Niederlage wie in Pittsburgh. Aber der Kader der Patriots war voller erfahrener Veteranen, die sich schon vor langer Zeit Belichicks Credo zu eigen gemacht hatten, dass man ein kurzes Gedächtnis haben muss, um in der NFL erfolgreich zu sein. Diejenigen, die sich mit Niederlagen und Fehlern aufhalten, können sich nicht angemessen auf die nächste Herausforderung vorbereiten.

Etwa dreißig Minuten vor Beginn des letzten regulären Saisonspiels zu Hause gegen die Jets am 30. Dezember 2018 sah Belichick in einen Wintermantel gehüllt, die Hände in den Taschen, zu, wie sein

Team sich vor dem Spiel aufwärmte. In Gedanken versunken, wollte Belichick wieder in die Umkleidekabine gehen, als Brady auf ihn zukam. Belichick und Brady hatten während der Saison nicht viel miteinander gesprochen, und bei ihren Ritualen vor dem Spiel blieben die beiden meist unter sich. Aber in diesem Fall hat Brady Belichick abgefangen, ihm die Hand gereicht und ihm in die Augen gesehen.

Ohne ein Wort zu sagen, nickte Belichick, ergriff Bradys Hand und drückte sie, während er mit der anderen Hand Brady umarmte und ihm auf den Rücken klopfte. Die kurze Begegnung war ein typischer Belichick-Brady-Moment: Die beiden größten Köpfe der Liga kommunizierten, ohne zu sprechen. Dann ließ Brady los, drehte sich um und trottete mit erhobenem Kopf auf die ausgestreckten Hände der Fans zu, die über die Mauer hinter der Bank der Patriots reichten. Mit gesenktem Kopf ging Belichick hinter ihm her. Beide Männer gingen die Treppe hinunter und verschwanden im Tunnel.

Belichick und Brady schienen jedes Mal, wenn das Ende des Kalenderjahres nahte, einen angeborenen Sinn für Synchronität zu haben. Die Patriots besiegten die Jets an diesem Nachmittag mit 38 : 3 und beendeten die reguläre Saison mit 11 : 5, gewannen zum zehnten Mal in Folge die AFC East Division und sicherten sich zum neunten Mal in Folge ein Erstrunden-Freilos für die Playoffs.

Die Stimmung in der Umkleidekabine war eher professionell als feierlich. Edelmans alljährlicher Playoff-Bart wuchs prächtig. Die erfahrenen Spieler waren sich darüber im Klaren, dass sie in der glücklichen Lage sind, um einen weiteren Titel kämpfen zu können.

„In Ordnung, Männer, Glückwunsch", sagte Belichick und rief das Team zusammen. „Wenn wir heute gewinnen, haben wir diese Woche gewonnen. Das ist es, was ein Sieg heute bedeutet."

Die Botschaft war klar: Es war Zeit für die Playoffs. Was in der regulären Saison geschah, war Geschichte. Von nun an war es eine Saison mit nur einem Spiel.

Unmittelbar nach dem Jets-Spiel flog Robert Kraft nach New York, um sich noch in der Nacht mit Jay-Z in dessen Wohnung zu treffen. Obwohl die Proteste gegen die Nationalhymne aus der vorangegangenen Saison abgeklungen waren, blieb ein großer Schaden zurück. Colin Kaepernicks Haltung und die daraus resultierenden Proteste hatten eine eklatante Diskrepanz zwischen den NFL-Besitzern und der afroamerikanischen Gemeinschaft aufgedeckt, die ein wichtiges Segment der Fangemeinde der Liga darstellt. Als einer von Kaepernicks erklärten Unterstützern hatte Jay-Z Anfang des Jahres angekündigt, dass er nicht beim Superbowl auftreten würde. Rihanna lehnte daraufhin eine Einladung der Liga für einen Auftritt in der Halbzeitpause mit der Begründung ab, sie wolle sich mit Kaepernick solidarisch zeigen. Cardi B., Usher, Mary J. Blige und andere Hip-Hop-Künstler folgten diesem Beispiel. Etwas mehr als einen Monat vor dem Superbowl hatte die NFL die Pop-Rock-Band Maroon 5 für den Auftritt in der Halbzeitpause engagiert, aber kein einziger Hip-Hop-Künstler würde teilnehmen.

Kraft wusste, wie die Spieler der Patriots über die Situation dachten, und er wollte dazu beitragen, den entstandenen Schaden zu beheben und eine sinnvolle Brücke zwischen der NFL und der Hip-Hop-Community schlagen. Für Kraft war die Angelegenheit persönlich geworden. Einer seiner engsten Freunde war der Miteigentümer der Philadelphia 76ers, Michael Rubin, der Kraft ein paar Jahre zuvor mit dem Rapper Meek Mill bekannt gemacht hatte. Im Jahr 2007, als Meek 19 Jahre alt war, wurde er zu einer Gefängnisstrafe verurteilt, nachdem ein Polizeibeamter ausgesagt hatte, dass Meek eine Waffe auf ihn gerichtet hätte. Als Kraft Meek kennenlernte, war er gerade auf Bewährung draußen und seine Musikkarriere florierte. Doch 2017 wurde Meek wegen Verstoßes gegen seine Bewährungsauflagen für zwei bis vier Jahre ins Gefängnis zurückgeschickt. Kurze Zeit später, nachdem Meek ins Gefängnis kam, unterzeichnete der Beamte, der ihn zehn Jahre zuvor beschuldigt hatte, eine eidesstattliche Erklärung, in der er zugab, dass Meek nie eine Waffe auf ihn gerichtet hatte. Dennoch weigerte sich der Richter, der Meeks Fall leitet, ihn freizulassen. In dem Bemühen, Meek freizubekommen und seinen Namen reinzuwaschen, besuchte Kraft ihn im Gefängnis. Kraft saß Meek, der einen orangefarbenen Overall trug, gegenüber und hörte ihm zu, als er erklärte, wie es ist, als Schwarzer in Amerika aufzuwachsen. Meek hatte die meiste Zeit seines Erwachsenenlebens im Gefängnis oder auf Bewährung verbracht, weil er etwas nicht getan hatte, wie er sagte. Wenn ein junger Schwarzer eine Waffe auf einen Polizisten richtet, so Kraft, wird er nicht verhaftet, sondern erschossen.

Sieben Tage nachdem Kraft Meek im Gefängnis besucht und eine Pressekonferenz in Pennsylvania abgehalten hatte, um die Art und Weise, wie das System ihn behandelt hatte, anzuprangern, gab Pennsylvanias höchstes Gericht Meeks Antrag auf Kaution statt. Kurz darauf wurde seine Verurteilung wegen Schusswaffenbesitzes, die ein Jahrzehnt zuvor erfolgte, aufgehoben. Meeks Geschichte hatte einen tiefgreifenden Einfluss auf Kraft. Daraufhin stimmte Kraft zu, sich Meek anzuschließen und gemeinsam mit Michael Rubin und Jay-Z, die beide maßgeblich dazu beigetragen hatten, dass Meek seinen Namen reinwaschen konnte, 100 Millionen Dollar aufzubringen und eine Stiftung zu gründen, die sich mit diskriminierenden Bewährungs- und Entlassungsrichtlinien im Strafrechtssystem befassen würde.

Kraft und Jay-Z waren kurz davor, ihre Stiftung anzukündigen, als sie sich trafen, um den Umgang der Liga mit den durch die Proteste von Colin Kaepernick aufgeworfenen Fragen der sozialen Gerechtigkeit zu diskutieren. Jay-Z sagte Kraft gleich zu Beginn, dass er mit der NFL nicht glücklich sei. Er ließ ihn auch wissen, dass die NFL das Durchhaltevermögen der Hip-Hop-Musik unterschätzt habe. In einer offenen Diskussion räumte Kraft ein, dass die Liga Hilfe bei der Aufklärung über das Strafrechtssystem und die Notlage junger afroamerikanischer Männer benötigt. Am Ende des Abends bot Kraft an, ein persönliches Dreiertreffen mit ihm, Jay-Z und Roger Goodell zu ermöglichen. Jay-Z nahm die Einladung an. Das Treffen sollte in der folgenden Woche in Jay-Zs Haus in Los Angeles stattfinden.

Als Kraft am nächsten Tag nach Hause flog, besuchte er das Stadion. Es war Silvester und nur wenige Menschen waren da. Als Kraft nach Hause kam, rief er Belichick an und die beiden fachsimpelten eine halbe Stunde lang. Dann lehnte sich Kraft in seinem Sessel zurück und dachte darüber nach, dass er und Belichick seit zwanzig Jahren fast jeden Tag miteinander telefonieren. Als er sich melancholisch fühlte und plötzlich feststellte, dass er zum ersten Mal in seinem Leben in der Silvesternacht allein zu Hause war, rief Kraft Brady an und landete auf dessen Mailbox.

„Tommy, hier RKK. Ich war unten im Stadion. Ich dachte, ich könnte dich sehen, weil die Türen deines Spindes offen standen. Wie auch immer, ich wollte dir und G und der wunderbaren Familie ein wunderbares, schönes, glückliches neues Jahr wünschen. Möge 2019 sogar besser als 2018 für uns werden. Und ich wollte Dir auch sagen, dass Du gestern großartig warst. Die Art und Weise, wie du ihn verteilt hast, wie du in der Tasche warst. Wir können uns glücklich schätzen, dass wir Dich haben. Ich danke dir. Du bist großartig."

Als Kraft auflegte, dachte er daran, dass acht Monate zuvor, als er Belichick und Brady zu sich nach Hause eingeladen hatte, um mit ihnen zu sprechen, unklar war, ob sie in der Saison 2018 zusammen sein würden. Jetzt fühlte es sich an, dass etwas Außergewöhnliches passieren würde.

In der Belichick-Brady-Ära waren die Patriots noch nie mit so niedrigen Erwartungen in die Playoffs gestartet. Zum ersten Mal seit 2009 hatte New England weniger als zwölf Spiele der regulären Saison gewonnen. Alle fünf Niederlagen im Jahr 2018 wurden gegen Teams erlitten, die nicht gut genug waren, um sich für die Playoffs zu qualifizieren. Gronkowski war einen Schritt langsamer. Brady und Edelman waren im letzten Teil der regulären Saison angeschlagen. Gordon wurde suspendiert. Die Gegner sahen in den Patriots nicht mehr dasselbe furchterregende Team, das drei der letzten vier Superbowls gewonnen hatte.

Während New England die spielfreie Woche nutzte, um sich auszuruhen und zu erholen, flog Kraft mit Goodell nach L.A., um sich mit Jay-Z zu treffen. Bevor sie zu Jay-Z gingen, gingen die beiden Männer von ihrem Hotel in Beverly Hills zu einem nahe gelegenen Restaurant, um zu frühstücken. Als sie die Straße hinuntergingen, wurden sie von einem Fußgänger erkannt und angesprochen: „Seid ihr immer noch Freunde?"

Kraft und Goodell sahen sich an und lächelten. In den letzten zwanzig Jahren hatten sie viel gemeinsam erlebt: die Verhandlungen mit den Behörden von Massachusetts, die den Umzug der Patriots nach Connecticut verhinderten, den Bau eines neuen Stadions, Spygate, die Aussperrung der Arbeiter, den Vorfall mit Ray Rice, Deflategate, Jerry Jones' Versuch, Goodell zu stürzen, die Tweets von Präsident Trump. All diese Dinge stellten ihre Freundschaft auf die Probe und stärkten sie letztlich. Keiner der beiden würde es öffentlich zugeben, aber das Band zwischen ihnen war enger als jede andere Beziehung, die der Kommissar zu einem NFL-Besitzer hatte.

Diese Bindung war für die Diskussion mit Jay-Z entscheidend. In den Augen der Hip-Hop-Gemeinde wurde Goodell als Sprachrohr von Milliardären gesehen, die die Augen vor den rassistischen Ungerechtigkeiten im Strafrechtssystem verschließen, auf die Colin Kaepernick mit seinem Kniefall aufmerksam gemacht hatte. Infolgedessen genoss Goodell kein Ansehen in der Hip-Hop-Gemeinde. Kraft hingegen hatte viel Zeit mit Meek Mill verbracht. Und durch diese Freundschaft hatte er andere Künstler kennengelernt. „Er war mit mir im Aufnahmestudio und zehn oder zwanzig von meinen Jungs“, erklärte Meek. „Diese Jungs kommen aus dem Getto. Robert hatte noch nie mit solchen Typen zu tun gehabt. Aber er hatte die Füße hochgelegt und entspannte sich einfach und unterhielt sich ganz natürlich mit ihnen, so wie es Freunde tun.

Jay-Z und Meek waren eng befreundet, und beide betrachteten Kraft als Verbündeten. Im Gegenzug bürgte Kraft für Goodell, der Fehltritte der NFL einräumte und sein Engagement für Änderungen zusagte. Es war ein Gespräch, das den Grundstein für eine historische Allianz zwischen der NFL und Jay-Zs Unterhaltungsunternehmen Roc Nation legte. Es dauerte Monate, um die Details zu klären, aber später im Jahr 2019 gaben Goodell und Jay-Z eine Partnerschaft bekannt, die es Roc Nation ermöglichte, die Auswahl der Super Bowl-Halbzeitkünstler zu beaufsichtigen und die Halbzeitshow zu produzieren. Im Gegenzug verpflichtete sich die NFL gegenüber Roc Nation und einer Koalition von Spielern zum Kampf gegen soziale und rassistische Ungerechtigkeit.

Am 13. Januar 2019 empfingen die Patriots die Los Angeles Chargers (12 : 4) in der Divisionsrunde der Playoffs. Belichick zog es im Allgemeinen vor, das Spiel in der Verteidigung zu beginnen, aber als den Münzwurf auf sein Team fiel, entschied er sich, den Kick-off zu empfangen. Es war eine nicht ganz so subtile Botschaft an die Besucher, dass die Patriots in die Offensive gehen würden. Brady war begeistert von dem Anruf. Wenige Augenblicke später überbrachte er seine eigene Botschaft, indem er sein Team zu einem rasanten Drive mit 14 Spielzügen anführte, der in einem Touchdown gipfelte. Dann punkteten die Patriots wieder, und wieder, und wieder, und wieder. Es war erst das zweite Viertel, und die Patriots lagen bereits mit 35 : 7 in Führung. Die Chargers wussten nicht, wie ihnen geschah. Das Spiel war im Grunde zur Halbzeit vorbei.

Die schiere Dominanz der Patriots gegen ein talentiertes Chargers-Team hat viele NFL-Analysten überrascht. Brady zeigte eine der besten Play-off-Leistungen seiner Karriere und brachte 43 von 44 Pässen für insgesamt 343 Yards an. Edelman war nicht zu stoppen und fing neun Pässe für insgesamt 151 Yards. Und die Verteidigung der Patriots hat die Offensive von San Diego in die Mangel genommen.

Mit diesem Sieg zogen die Patriots zum achten Mal in Folge in das AFC Championship Game ein. Normalerweise ging Brady den Kameras nach dem Spiel lieber aus dem Weg und begab sich direkt in die Umkleidekabine, und er konzentrierte sich fast nie auf Statistiken. Doch als der letzte Schuss ertönte, machte er sich auf den Weg zur CBS-Reporterin am Spielfeldrand, Tracy Wolfson. Bevor die Kamera lief, vergewisserte sich Brady, dass sie sich der acht Meisterschaften in Folge bewusst war. Einen Moment später, als die Kamera an war, sagte sie zu ihm: „Du hast erwähnt, dass es dein achtes AFC-Meisterschaftsspiel in Folge ist.

Und es ist ein Rückspiel gegen Kansas City. Dieses Mal allerdings in Arrowhead. Was können wir erwarten?“

„Das wird ein gutes Spiel“, sagte Brady. „Sie sind eine gute Mannschaft. Wir haben Anfang des Jahres gegen sie gespielt. Ich weiß, dass alle denken, dass wir schlecht sind und keine Spiele gewinnen können. Also, wir werden sehen. Das wird lustig.“

Mit der Bemerkung „Jeder denkt, dass wir schlecht sind“ wollte Brady die Kontrolle über das Geschehen übernehmen. Obwohl die Chiefs zu Hause als Favorit auf den Sieg galten, war niemand der Meinung, dass die Patriots wirklich schlecht sind. Aber Brady, wie auch Belichick, lebte von Beleidigungen. In diesem Fall fabrizierte er also eine, und seine Teamkollegen stürzten sich auf diese Idee. „Die Leute denken, dass wir schlecht sind“, sagte Edelman nach dem Spiel in Anlehnung an Brady. Und als ein Reporter Gronkowski nach Bradys Kommentar fragte, sagte er: „So etwas hören wir schon seit Jahren. Wir lachen darüber und machen weiter.“

Belichick hatte für die AFC-Meisterschaft frostiges Wetter erwartet. Um seine Mannschaft darauf vorzubereiten, plante er, sie die ganze Woche über im Freien trainieren zu lassen. Und er setzte alles daran, die Bedingungen so miserabel wie möglich zu gestalten, indem er beispielsweise Bälle vereiste, damit sie schwerer zu werfen, zu fangen, zu kicken und zu stoßen waren. Darüber hinaus konzentrierte er sich auf das, was er kontrollieren konnte. Drei Wochen in Folge hatte sein Team die Gegner geschlagen. Sie hatten ihren Höhepunkt zum richtigen Zeitpunkt. Aber es bedurfte einer nahezu perfekten Leistung auf beiden Seiten des Balles, um die Chiefs zu Hause zu schlagen.

Am Spieltag, während sich die Patriots aufwärmten, konnte Robert Kraft seinen Atem sehen, als er am Rande des Tunnels im Arrowhead Stadium stand. Plötzlich näherten sich ihm Joe Montana und seine Frau Jennifer. Die Chiefs hatten sie eingeladen, dem Spiel beizuwohnen. Jennifer umarmte Kraft, und die drei erinnerten sich an ihre gemeinsame Reise nach Israel vor 18 Monaten. Nachdem er ihnen alles Gute gewünscht hatte, sah Kraft zu, wie Montana das Spielfeld betrat und die Chiefs-Fans ihn mit Applaus überschütteten. Für Kraft war es unnatürlich, Montana in Arrowhead zu sehen, um die Chiefs anzufeuern. Montana war ein San Francisco 49er. Er war die Seele der 49ers-Dynastie. Die Tatsache, dass er seine letzten beiden Jahre in Kansas City gespielt hatte, war Kraft nie recht gewesen. Das wäre so, als würde Brady die Patriots verlassen, um seine letzten beiden Spielzeiten woanders zu verbringen. Das konnte er nicht begreifen.

Ein paar Minuten später ging Brady auf Kraft zu, nahm seinen Helm ab und küsste ihn auf die Wange. Brady konnte es kaum erwarten, loszulegen. Patrick Mahomes war der neue Star der NFL. Bereits in seiner zweiten Saison hatte Pässe er für über 5.000 Yards und 50 Touchdowns geworfen, was ihm im Alter von 23 Jahren die Auszeichnung als NFL MVP einbrachte. Er war athletischer als Brady, konnte viel schneller laufen als Brady und hatte eine Kanone als Arm. Aber Brady wollte beweisen, dass er und sein Team immer noch die Besten sind.

„Wir werden das heute Abend schaffen", sagte Brady zu Kraft.

Kein Team hat 2018 die Offensive der Chiefs gestoppt. Bis auf vier Spiele hatten sie in allen Spielen dreißig Punkte oder mehr erzielt.

Doch die Verteidigung der Patriots schaffte es, die Chiefs in der ersten Halbzeit auszuschalten. Währenddessen ließ Brady die Patriots das Feld auf und ab laufen. 27 Sekunden vor Ende der ersten Halbzeit warf er einen 29-Yard-Touchdown-Strike zu Phillip Dorsett, der New England mit 14 : 0 in Führung und die Menge zum Schweigen brachte. An der Seitenlinie warf sich Edelman in Bradys Gesicht. „Schöner Ball!", rief Edelman. „Ein verdammt schöner Ball. Du bist zu alt, verdammt! Du bist zu alt!"

Im dritten Viertel erzielten die Chiefs endlich einen Touchdown. Dennoch ging New England mit einer 17 : 7-Führung in das letzte Viertel. Doch im zweiten Spielzug des vierten Viertels warf Mahomes einen Touchdown-Pass und verkürzte die Führung auf 17 : 14. Knapp acht Minuten vor Schluss warf er dann einen weiteren Touchdown-Pass und brachte sein Team mit 21 : 17 in Führung. Das Momentum hatte sich eindeutig verschoben.

Die Patriots antworteten jedoch mit einem langen Touchdown-Lauf und holten sich etwas mehr als drei Minuten vor Schluss die Führung mit 24 : 21 zurück. Eine Minute später konterten die Chiefs mit einem weiteren Touchdown und gingen wieder mit 28 : 24 in Führung. Das vierte Viertel hatte sich zu einem Shootout entwickelt, und die Offensive der Chiefs war plötzlich nicht mehr zu stoppen. Tony Romo von CBS kommentierte in der Sendung, dass Brady etwas ganz Außergewöhnliches tun müsse, um die Patriots wieder in die Superbowl zu bringen.

1:57 Minuten vor Spielende betrat Brady das Feld. Die Patriots hatten den Ball an ihrer eigenen 35-Yard-Linie. Im Huddle sah Brady seinen Mannschaftskameraden in die Augen. Jeder von ihnen glaubte an ein Tor. Gleich im ersten Spielzug gelang ihm ein 20-Yard-Abschluss zu Edelman. Dann traf er Chris Hogan für elf Yards. Die Chiefs standen an der 34-Yard-Linie und waren bei zehn Punkten. Nach einigen Fehlpässen und einer Strafe der Chiefs ließ sich Brady zurückfallen und warf einen 25-Yard-Pass an der Seitenlinie zu Gronkowski, der den Ball an der Vier-Yard-Linie mit einem Sprung zu Boden brachte. Im nächsten Spielzug stürmte Rex Burkhead in die Endzone. 39 Sekunden vor Schluss lag New England mit 31 : 28 in Führung.

Aber Mahomes brauchte nur 25 Sekunden, um sein Team in Field Goal-Reichweite zu bringen. Elf Sekunden vor Schluss erzielten die Chiefs mit einem 39-Yard-Field Goal den Ausgleich und erreichten damit die Verlängerung.

Oben in der Loge der Gäste sahen Robert und Jonathan Kraft zu, wie der Kapitän der Patriots-Spezialteams, Matthew Slater, den Belichick für den Münzwurf ins Mittelfeld geschickt hatte, Kopf sagte. Der Schiedsrichter warf die Münze in die Luft, und sie landete mit dem Kopf nach oben. Die Patriots bekamen den Ball zuerst.

Krafts langjähriger Stabschef, Al Labelle, hatte dieses Szenario schon oft erlebt. Labelle wandte sich an das Sicherheitspersonal und sagte mit strenger Miene: „Zeit, sich zum Aufbruch bereit zu machen."

„Jetzt?", fragte einer der neueren Sicherheitskräfte. „Sie haben den Münzwurf gerade noch geschafft."

„Ja", sagte Labelle. „Und wir haben ihn gewonnen."

Brady brauchte weniger als fünf Minuten, um die Offensive in 13 Spielzügen 75 Yards weit zu bringen. Edelman und Gronkowski waren für fünfzig dieser Yards verantwortlich. Als Rex Burkhead mit einem Zwei-Yard-Lauf die Torlinie zum 37 : 31-Sieg überquerte, nahm Brady seinen Helm ab und sprang in die Arme seiner Teamkollegen. Die Patriots standen zum dritten Mal in Folge und zum neunten Mal in der Ära Belichick-Brady vor dem Einzug in den Superbowl. Erstaunliche 64 Millionen Zuschauer hatten eines der dramatischsten Enden eines AFC-Meisterschaftsspiels in der Geschichte der Liga gesehen. Als eine Schar von Fernsehkameraleuten Belichick und Brady auf dem Spielfeld umkreiste, hielten sie sich gegenseitig fest.

„Hätten wir das auch anders machen können?", sagte Brady jubelnd.

„Nö", sagte Belichick.

Am nächsten Tag füllte Bradys Bild die Rückseite der New York Post, zusammen mit der Schlagzeile „PUBLIC ENEMY NO. 1: Tom Brady schafft es wieder in den Superbowl."

Die Patriots kamen am 28. Januar 2019 in Atlanta an, um mit den Vorbereitungen für Superbowl LIII gegen die Los Angeles Rams zu beginnen. Zwei Tage später befand sich Robert Kraft in seiner Hotelsuite im Ritz-Carlton, als Goodell ihm mitteilte, dass Präsident Trump am Tag des Spieles für ein Interview in der CBS-Sendung Face the Nation vorgesehen sei. Da die NFL gerade versucht, eine Partnerschaft mit der Hip-Hop-Gemeinde aufzubauen, hoffte Goodell, dass der Präsident die Hymnenproteste in seinem Interview nicht erwähnen würde. Kraft rief Trump an und hinterließ eine Nachricht. Wenige Minuten später klingelte das Telefon von Kraft. Eine Empfangsdame im Weißen Haus sagte, sie habe den Präsidenten in der Leitung.

Kraft und Trump haben sich zwanzig Minuten lang unterhalten. Gegen Ende des Gesprächs kam Kraft auf das bevorstehende Fernsehinterview des Präsidenten zu sprechen. Trump versicherte ihm, er habe nicht die Absicht, die Proteste gegen die Flagge und die Hymne anzusprechen. Kraft hat Goodell eine SMS geschickt und ihm Bescheid gesagt.

Später am Abend gaben die Krafts ein privates Abendessen für das CBS-Sendeteam im Ray's in the City in der Innenstadt von Atlanta. Zwölf CBS-Führungskräfte und Crewmitglieder nahmen an einem großen rechteckigen Tisch Platz. Robert saß zwischen Jim Nantz und CBS Sports-Präsident Sean McManus. Jonathan, Tony Romo, Tracy Wolfson und Evan Washburn saßen ihnen gegenüber. Zu Beginn drückte Kraft seine Wertschätzung für die langjährige Partnerschaft mit dem Sender aus und erzählte von der langjährigen Tradition, jedes Jahr während der Playoffs mit dem CBS-Übertragungsteam zu Abend zu essen. In den nächsten Stunden erzählte die Gruppe Geschichten aus den zwanzig Jahren, seit CBS in den späten Neunzigern die Übertragungsrechte für die AFC-Spiele erworben hatte.

Als der Abend zu Ende ging, stand Jim Nantz auf und klopfte mit einem Löffel auf sein Glas. Nachdem sich alle beruhigt hatten, hielt er eine herzliche Rede darüber, wie die Zusammenarbeit mit den Patriots in den letzten zwei Jahrzehnten war. „Sie behandeln uns, als wären wir ein Teil Ihrer Familie", sagte Nantz. „Ich habe in diesem Geschäft noch nie so viel Freundlichkeit erlebt. Vielen Dank, Robert."

McManus führte den Beifall an. Dann stand er auf, gab dem Restaurantleiter ein Zeichen und bat um die Rechnung.

„Wir haben es", sagte Kraft.

„Lassen Sie mich dafür bezahlen", sagte McManus.

„Aber es ist bereits bezahlt", sagte Kraft.

„Aber wir würden gern diesen einen bekommen", sagte McManus.

„Aber es ist bereits bezahlt", wiederholte Kraft. „Nächstes Mal kannst du sie bekommen."

Mit 33 Jahren war Rams-Trainer Sean McVay der jüngste Cheftrainer in der NFL. McVay war fit, gut gekleidet, ging mit einem Model aus und lebte in L.A. – ein starker Kontrast zu Belichick. Die Gesamtbilanz seines Teams von 15-3 war die beste in der NFL im Jahr 2018. Die Rams verfügten über eine starke Defensive und eine erfolgreiche Offensive, die in der regulären Saison durchschnittlich 33 Punkte pro Spiel erzielt hatte. McVays Team war vollgepackt mit jungen, hochkarätigen Spielern.

Am Vorabend des Spieles traf sich Belichick mit seiner Mannschaft. „Weißt du, was wir morgen Abend brauchen?", sagte er und machte eine Pause. „Alles, was du mir das ganze Jahr über gegeben hast."

Als Belichick in einem bedächtigen, gemessenen Ton sprach, machte sich Brady eine Notiz. Belichicks Worte vermittelten den Patriots ein Gefühl der Sicherheit. Er hatte sie daran erinnert, dass jeder nur seine Arbeit machen und sechzig Minuten lang kämpfen müsse. Wenn sie das täten, würden sie gewinnen.

Beim ersten Drive der Rams bestrafte die Patriots-Defense Quarterback Jared Goff, indem sie ihn und seine Receiver aus dem Spiel warf. Aber die Verteidigung der Rams war ebenso aggressiv. Das Spiel entwickelte sich zu einem äußerst physischen Wettkampf. Im zweiten Viertel erlitt Gronkowski einen Schlag auf seinen Quad, der ihm die schwerste Oberschenkelprellung seiner Karriere einbrachte. Die Schwere seiner Verletzung, die letztlich dazu führte, dass sein Bein anschwoll und die Ärzte einen Liter Blut aus dem betroffenen Bereich ablassen mussten, wurde erst lange nach dem Spiel festgestellt. In der Zwischenzeit blieb er auf dem Spielfeld.

Nach drei Vierteln stand es zwischen den Patriots und den Rams 3 : 3. Es war das erste Mal in der Geschichte des Superbowls, dass keine der beiden Mannschaften bis zum letzten Viertel einen Touchdown erzielt hatte. Belichick war der Meinung, dass das Tempo und der zunehmende Druck für seine Mannschaft von Vorteil waren. 9:49 Minuten vor Spielende kamen die Patriots an ihrer eigenen 31-Yard-Linie in Ballbesitz. Erschöpft schritt Brady langsam auf den

Huddle zu, wo er Gronkowski und Edelman ansah. Gronkowski hatte enorme Schmerzen. Edelman, der mit neun Fängen für 128 Yards eines der besten Spiele seines Lebens machte, war aufgedreht. „Lass uns das tun", sagte er.

Gleich im ersten Spielzug traf Brady Gronkowski für einen 18-Yard-Lauf. Dann traf er Edelman für 13 Yards. Rex Burkhead rannte durch ein Loch für eine 7-Yard-Übernahme. Nach nur drei Spielzügen waren die Patriots 31 Yards von der Endzone entfernt. Gronkowski wurde auf der Außenbahn aufgestellt. Nach dem Anstoß sprintete er geradewegs das Feld hinunter. Brady schlug einen Touch-Pass. Ein Verteidiger hing an ihm und zwei weitere rannten auf ihn zu, und Gronkowski legte sich hin. Der Ball war perfekt geworfen und landete in seinen ausgestreckten Händen, als er an der 2-Yard-Linie der Rams auf den Rasen stürzte. Die Patriots-Fans im Mercedes-Benz-Stadion erhoben sich von ihren Plätzen. Wenige Augenblicke später punktete Running Back Sony Michel mit einem 2-Yard-Lauf, und Tom Brady schlug in den Himmel. Sieben Minuten vor Schluss hatten die Patriots endlich den Durchbruch geschafft und gingen mit 10 : 3 in Führung.

An der Seitenlinie der Patriots schnappte sich Belichick seine Defensivtrainer. „Wir haben noch etwa 15 Anrufe in diesem Spiel", sagte er ihnen. „Wir müssen sie richtig machen. Lassen Sie uns einfach wissen, was wir hier anrufen werden. Wir müssen sicherstellen, dass wir das richtige Personal ins Spiel bringen."

Dann rief Belichick seine Defensivspieler zusammen und ermahnte sie, sich an den Plan zu halten.

Die Rams legten ihren besten Drive des Spieles hin. Viereinhalb Minuten vor Schluss standen sie an der 27-Yard-Linie der Patriots, als Goff in Richtung Endzone warf. Stephon Gilmore sprang und fing den Ball an der 4-Yard-Linie ab.

Als die Spieler von New England an der Seitenlinie schrien, beriet sich Belichick sofort mit Offensivkoordinator Josh McDaniels. Mit dem Rücken zur eigenen Torlinie hatten die Patriots keinen Spielraum für Fehler. Und sie brauchten First Downs, um die Uhr herunterlaufen zu lassen und den Sieg zu sichern.

„Was meinst du?", fragte Belichick. „Sie sehen müde aus."

McDaniels bestätigte. Er wollte Passspiele vermeiden und den Ball mit Sony Michel durch die Mitte schlagen.

Belichick sagte McDaniels, es sei seine Entscheidung.

Nachdem er den Spielzug von McDaniels erhalten hatte, rief Brady die Offensive zusammen. „Hört zu", sagte er zu seinen Teamkollegen. „Wenn wir jemals die Wahl haben, wollen wir keine Grenzen überschreiten."

„Nein", fügte Edelman hinzu.

„Keine Strafen", so Brady weiter. „Und wir schlagen sie einfach zusammen. Los geht's."

Nach einem Ein-Yard-Lauf bekam Michel erneut den Ball und stürmte durch ein großes Loch für einen Gewinn von 26 Yards. Brady reichte sie ihm noch zwei weitere Male. Dann gab Brady an Rex Burkhead ab, der weitere 26 Yards erlief. Bei dieser Aktion hat Brady den Ball nie abgegeben. Die Patriots blieben auf dem Boden, und die Offensivlinie von New England zermürbte die Defensivfront der Rams. Nachdem Michel wenige Zentimeter vor einem First Down an der 24-Yard-Linie der Rams gestoppt wurde, nahm Brady eine Auszeit und ging an die Seitenlinie. Bei noch 1 : 16 verbleibenden Minuten stand New England vor einem vierten Down.

Als McDaniels und Belichick darüber debattierten, was zu tun sei, schaltete sich Brady ein: „Warum schießen wir nicht einfach ein Field Goal? Es ist ein 40-Meter-Schuss."

„Wir sind gut beim Field Goal", mischte sich McDaniels ein.

Aber Belichick war noch am Überlegen.

„Es ist ein Vierzig-Meter-Lauf", sagte Brady zu Belichick. „Das Spiel ist vorbei."

„In Ordnung", sagte Belichick. „Los geht's!"

Als die Field Goal Unit das Feld betrat, wiesen Tony Romo und Jim Nantz darauf hin, dass ein Field Goal den Sieg der Patriots besiegeln würde. Als der Ball Gostkowskis Fuß verließ, traf Nantz die Entscheidung. „Es … ist … gut!"

Das Mercedes-Benz Stadion brach aus.

„Sechs Titel", schrie Romo. „Neun Auftritte."

Eine Minute vor Schluss lagen die Patriots mit 13 : 3 in Führung. Belichick war im Begriff, der älteste Trainer zu werden, der einen Superbowl gewann, und der einzige Trainer mit sechs Titeln. Brady war dabei, der einzige Spieler in der Geschichte der NFL zu werden, der sechs Superbowls gewonnen hat. Als Brady an der Seitenlinie der Patriots die Faust in die Luft streckte, zoomte eine CBS-Kamera auf ihn zu.

„Genießt es, Leute", sagte Romo. „Du wirst es nie wieder sehen."
„Nicht zu unseren Lebzeiten", sagte Nantz.

Als das Konfetti zu fallen begann, wurde Edelman mitgeteilt, dass er zum Superbowl MVP ernannt worden war. Überwältigt suchte er nach Brady. „Hey, Tommy", rief Edelman. „Komm her. Ich liebe dich."

„Ich liebe dich, Kumpel", sagte Brady.

Brady und Edelman umarmten sich gerade, als Belichick auf sie zukam.

„Ihr habt das großartig gemacht", sagte Belichick und legte seine Arme um beide.

„Ich liebe dich, Coach", sagte Edelman.

„Wo ist RKK?", fragte Brady. „Lass mich zu RKK gehen."

Kraft bahnte sich einen Weg durch das Mediengewimmel und umarmte Brady. Belichick fand Gronkowski, der starke Schmerzen hatte.

„Du bist ein großartiger Spieler", sagte Belichick zu ihm.

„Sie sind ein verdammt guter Trainer", antwortete Gronkowski.

„Wir sind ein verdammt gutes Team", sagte Belichick.

„Wir haben einen Weg gefunden", sagte Gronkowski. „Keep on grindin'."

„Das war's", sagte Belichick.

Die Pittsburgh Steelers waren die einzige Franchise mit sechs Lombardi-Trophäen. Die Organisation hatte 34 Jahre gebraucht, um diese Zahl zu erreichen. Die Patriots hatten gerade ihren sechsten Titel in 18 Jahren gewonnen. Im Gegensatz zu den Steelers gewannen die Patriots alle ihre Meisterschaften, nachdem die Liga auf 32 Teams erweitert worden war und Änderungen eingeführt wurden, die für mehr Gleichheit sorgen sollten, nämlich die Free Agency und eine Gehaltsobergrenze. Aber der bemerkenswerteste Aspekt von New Englands epischem Lauf war der unerklärliche Anstieg in den letzten Jahren der Dynastie. Nach einer neunjährigen Meisterschaftspause zwischen 2005 und 2013 hatten die Patriots vier der letzten fünf Superbowls erreicht und drei davon gewonnen. Der ESPN-Analyst Steve Young hatte Mühe, das Ausmaß der Leistung der Patriots in die richtige Perspektive zu rücken, und sprach direkt nach dem Spiel mit Belichick auf dem Spielfeld. Er verglich seine Trainerleistung – den sechsten Titel zu gewinnen, indem er die starken Rams mit einem Field Goal in Schach hielt – mit der Mona Lisa und der Sixtinischen Kapelle. „Das muss der höchste Moment sein, der Everest", sagte Young.

In einem metaphorischen Sinn hatte Young recht. Im sportlichen Bereich sind die Leistungen der Patriots unter Belichick und Brady so herausragend wie die Werke von Leonardo da Vinci und Michelangelo in der Welt der Kunst. Auch die Ausgabe der Sports Illustrated vom 11. Februar 2019 erklärte die Patriots zur „Größten aller Mannschaften".

Roger Goodell nahm die Lombardi-Trophäe in die Hand und beglückwünschte Robert und Jonathan Kraft mit dem Hinweis, dass sie ihre erste Meisterschaft vor 17 Jahren gewonnen hatten. Als die Patriots-Fans den Kommissar ausbuhten, tätschelte Robert Goodell den Arm und Jonathan lächelte ihm zu, weil er ein guter Sportsmann war. „Unglaubliche Mannschaft", sagte Goodell zu ihnen. „Die Patriots sind wieder einmal Super Bowl-Champions." Er überreichte Robert den Pokal.

„Das ist wirklich eine beispiellose Leistung, die von außergewöhnlichen Spielern und Trainern vollbracht wurde", sagte Kraft. „Aber es gibt eine Konstante in diesen ganzen 18 Jahren. Zwei Männer, die das Beste sind, was es in der Geschichte der NFL je gegeben hat – Bill Belichick und Tom Brady. Durch ihre harte Arbeit und großartige Führung ist es mir eine Ehre, zum sechsten Mal sagen zu können: Wir sind alle Patrioten. Und heute Abend sind die Patriots einmal mehr Weltmeister."

Hinter Kraft stehend, hielt Belichick seine Enkelin im Arm, während Brady seine sechsjährige Tochter Vivian in einem Arm hielt und die freie Hand auf der Schulter seines mittleren Kindes Benjamin hatte. Als sie sich im Jahr 2000 kennenlernten, war Belichick ein junger Vater und Brady kam gerade aus dem College. Jetzt war Belichick ein Großvater und Brady ein Vater im mittleren Alter. Die Sportwelt hatte sie durch das Prisma des Footballs gemeinsam alt werden sehen.

„Wir sind noch da", sagte Belichick zu Jim Nantz.

Dann wandte sich Nantz an Brady, dessen Tochter auf die Luftschlangen und das Konfetti zeigte, die vom Himmel fielen. „Für all die Fans da draußen: Was wird euch motivieren, wiederzukommen?", sagte Nantz. „Wie wollen Sie zurücksetzen und alles noch einmal machen?"

Brady wandte sich an die Menge. „Sieh dir das an", sagte er, während seine Tochter lächelnd und lachend in seinen Armen lag. „Wie könnte dich das nicht motivieren?"

Dann legte Vivian ihre Arme um den Hals ihres Vaters und drückte ihn.

„Das ist es, worum es geht", sagte Brady.

EPILOG

Der Schriftsteller Henry Wadsworth Longfellow sagte: „Groß ist die Kunst des Anfangs, aber noch größer ist die Kunst des Endes.“ Ein Ende ist oft schwer vorhersehbar, und noch schwerer zu akzeptieren, wenn es eintritt. Das gilt vor allem, wenn es um Sportdynastien geht. Die größten Dynastien aller Zeiten – die New York Yankees in der Ära von Joe DiMaggio und Mickey Mantle, die Boston Celtics in der Ära von Bill Russell, die Montreal Canadiens in der Ära von Guy Lafleur, die San Francisco 49ers in der Ära von Joe Montana und die Chicago Bulls in der Ära von Michael Jordan – hinterließen eine große Lücke, als sie ausstarben.

Die New England Patriots der Ära Tom Brady gehören zum Pantheon der größten Sportdynastien. Kein Team hat im 21. Jahrhundert eine tiefere emotionale Bindung zu seinen Fans aufgebaut – oder eine leidenschaftlichere Verachtung bei gegnerischen Fans hervorgerufen – als die Patriots unter Robert Kraft, Bill Belichick und Tom Brady. Gemeinsam schufen sie eine goldene Ära des Footballs, die im Jahr der Terroranschläge vom 11. September 2001 begann und zwei Jahrzehnte lang andauerte. Hätte sich die Patriots-Dynastie wie ihre Football-Vorgänger in Green Bay, Pittsburgh und San Francisco verhalten, wäre der Lauf in Foxborough schon viel früher zu Ende gewesen, vielleicht schon 2010 oder 2011. Aber Krafts größte Leistung als Eigentümer war es, Belichick und Brady so lange zusammenzuhalten. Sie brauchten einander, um Höhen zu erreichen, die zuvor unvorstellbar schienen. Für Belichick und Brady war die Saison 2018 ihr größtes Werk. Als sie im Februar 2019 in Atlanta mit ihrer sechsten Lombardi-Trophy von der Bühne gingen, war das das Football-Äquivalent zu den Beatles, die nach den Aufnahmen von Abbey Road das Studio verließen. Obwohl die Fab Four noch eine weitere Platte veröffentlichten und sich erst im folgenden Jahr offiziell trennten, lag ihr letztes musikalisches Meisterwerk hinter ihnen, als sie am 8. August 1969 die Straße überquerten.

Auch nach dem Gewinn der sechsten Meisterschaft blieben Kraft, Belichick und Brady noch ein Jahr lang zusammen. Doch ihr Abgesang auf das Jahr 2019 war mit der Art von Frustrationen und Herausforderungen verbunden, die es nur gibt, wenn man den Gipfel des Berges so lange besetzt. Nichtsdestotrotz haben die Patriots es ohne den öffentlichen oder privaten Streit überstanden, der so oft mit Trennungen einhergeht. Und am Ende war die Abschiedsszene ein Zeugnis für den Charakter der Männer, die die Dynastie aufgebaut haben, und für die Tiefe der Beziehungen, die zwischen ihnen entstanden sind.

Der erste Hinweis darauf, dass 2019 ein schwieriges Jahr für die Patriots werden würde, kam schon früh. Weniger als drei Wochen nach dem Superbowl LIII hielten die Behörden in Jupiter, Florida, eine Pressekonferenz ab und gaben bekannt, dass Robert Kraft zu den zwei Dutzend Männern gehört, die wegen Anstiftung zur Prostitution in einem Day Spa angeklagt wurden, in dem die Polizei eine Videoüberwachung durchgeführt hatte. Kraft befand sich in Los Angeles bei der Oscar-Verleihung, als er von der Nachricht überrumpelt wurde. Die Patriots gaben eine Erklärung ab: „Wir bestreiten kategorisch, dass Herr Kraft an illegalen Aktivitäten beteiligt war." Aber wie die New York Times am 23. Februar 2019 in einer Titelgeschichte berichtete, „ist Herr Kraft der prominenteste Name, der in dem Fall auftaucht, und die Anklagen stellen ein peinliches Spektakel für einen Mann dar, der zu einem der mächtigsten Eigentümer im amerikanischen Sport geworden ist".

„Peinliches Spektakel" war eine Untertreibung. Der Fall Kraft machte international Schlagzeilen. Sogar Präsident Trump wurde während eines Pressebriefings im Oval Office gebeten, sich zu äußern. Für Kraft war es die demütigendste Situation seines Lebens. Tom Brady war zufällig in Los Angeles, als die Nachricht bekannt wurde. Er war mit Gisele dort, die an einer Veranstaltung teilnehmen musste. Brady erkannte, dass Kraft zweifellos gedemütigt war, und wandte sich an ihn. Dann beschlossen er und Gisele, mit Kraft nach Hause zu fliegen. Während des Fluges hatten Brady und Kraft viel Zeit für ein persönliches Gespräch. Im Laufe der Jahre gab es viele Gelegenheiten, bei denen Brady sich in schwierigen Situationen allein fühlte und Kraft um Unterstützung und Rat bat. Dieses Mal waren die Rollen vertauscht. Als Krafts Flugzeug auf einem kleinen privaten Flugplatz außerhalb von Boston aufsetzte, wartete ein Kamerateam von TMZ in der Nähe des Maschendrahtzauns, der den Hangar umgab. Brady wusste, wie es sich anfühlt, wenn die Kameras auf ihn gerichtet sind und es zu Kontroversen kommt. Er wusste auch, dass alles, was er in den folgenden Momenten tun würde, sich verbreiten würde. Als er und Kraft aus dem Flugzeug stiegen, blieb Brady absichtlich an Krafts Seite und begleitete ihn zu seinem Auto, während die Kameras klickten. Dann umarmte er Kraft und sagte ihm, dass er ihn liebe.

Kraft hatte Mühe, seine Fassung zu bewahren. „Tommy“, sagte er, „du bist …“ Seine Stimme wurde leiser.

Brady brauchte keine Erklärung.

Innerhalb weniger Wochen unterbreitete die Staatsanwaltschaft Kraft ein Angebot, das Verfahren gegen ihn einzustellen.

Als Gegenleistung für die Zahlung einer Geldstrafe, die Ableistung gemeinnütziger Arbeit und das Eingeständnis, dass die Staatsanwaltschaft im Falle eines Prozesses obsiegen würde. Während sein Anwalt darauf hinwies, dass die Angelegenheit damit schnell vom Tisch sei, lehnte Kraft den Deal ab, da er nichts zugeben wolle, was er nicht getan habe.

Zwei Monate später, im Mai, stellte der zuständige Richter nach Prüfung des Durchsuchungsbefehls, auf den sich die Polizei bei der Videoüberwachung des Spas gestützt hatte, fest, dass das Beweismaterial „schwerwiegende Mängel“ aufwies, und erklärte es für unzulässig. Der Richter wies daraufhin das Verfahren gegen Kraft und die anderen Angeklagten ab. Nachdem die Staatsanwaltschaft Berufung eingelegt hatte, bestätigte ein dreiköpfiges Gremium des Berufungsgerichts des vierten Bezirks in Florida einstimmig die Entscheidung des unteren Gerichts.

Während sich all dies abspielte, machte Rob Gronkowski eine überraschende Ankündigung. „Ich werde mich heute aus dem Football zurückziehen", sagte er am 24. März auf Instagram. „Ich bin so dankbar für die Chance, die mir Mr. Kraft und Coach Belichick mit dem Draft meiner Dummheit 2010 gegeben haben. Meine Erfahrungen der letzten neun Jahre waren sowohl auf dem Spielfeld als auch abseits davon erstaunlich. Jetzt ist es an der Zeit, voranzukommen. Ein Hoch auf alle, die an dieser Reise teilgenommen haben, ein Hoch auf die Vergangenheit mit ihren unglaublichen Erinnerungen und ein riesiges Hoch auf die Ungewissheit, was als Nächstes kommt."

Gronkowskis Rücktritt schockierte die Patriots und riss eine Lücke in die Herzen der New Englander. Er war im wahrsten Sinne des Wortes eine überlebensgroße Figur und einer der beliebtesten Sportler, die jemals im Großraum Boston aufgetreten sind. Er war auch Bradys Flügelmann. Sein Weggang signalisierte, dass in Foxborough eine Wachablösung im Gange war. Für Gronkowski war die Entscheidung einfach. Die Saison 2018 war die zufriedenstellendste seiner Karriere. Es war auch am schwersten zu ertragen. Dass er nach dem Superbowl nicht mehr laufen konnte, hatte viel mit seiner Entscheidung zu tun, sich vom Spiel zurückzuziehen. Der Treffer, den er in der ersten Halbzeit an seinem Quad erlitt, löste innere Blutungen aus, die sein Bein wie einen Ballon anschwellen ließen. In seinem Hotelzimmer in Atlanta hatte Gronkowski in dieser Nacht so große Schmerzen, dass er weinte und nicht schlafen konnte. Die Schmerzen und die Schlaflosigkeit hielten tagelang an.

„Ich war nicht in einer guten Verfassung", erklärte Gronkowski im Sommer 2019. „Der Football hat mich runtergezogen, und das hat mir nicht gefallen. Ich hatte die Freude am Leben verloren … Ich hatte mit Schmerzen zu kämpfen. Ich musste weggehen, weil ich das tun musste, was für mich am besten war."

Im August 2019 wurde Brady 42 Jahre alt. Entschlossen, eine zwanzigste Saison in New England zu spielen, unterzeichnete er direkt nach seinem Geburtstag eine einjährige Vertragsverlängerung. Er und Kraft waren sich jedoch einig, dass Brady nach der Saison 2019 ein Free Agent sein würde. Das war es, was Brady wollte. Und nach Ansicht von Kraft hatte Brady dies verdient, nachdem er das Team zu neun Superbowls geführt und sechs davon gewonnen hatte. Der Vertrag löste sofort Spekulationen darüber aus, ob die Saison 2019 die letzte von Brady in New England sein würde. Fragen über die Zukunft von Brady dominierten das Geschehen rund um das Team.

Vor dem ersten Spiel der regulären Saison haben die Patriots den umstrittenen Receiver Antonio Brown verpflichtet. Die Übernahme des talentiertesten und problembehaftetsten Receivers der Liga durch die Patriots hat die Liga in Erstaunen versetzt. Belichick war überzeugt, dass Brown dem Team zu einem weiteren Meisterschaftslauf verhelfen könnte und dass er sich dem System der Patriots anpassen würde. Brady war begeistert von der Aussicht, auf den talentiertesten Wide Receiver zu werfen, der seit Randy Moss nach New England gekommen ist. Und Kraft dachte sich, dass die Verpflichtung von Brown ausreichen könnte, um Brady davon zu überzeugen, über 2019 hinaus in New England zu bleiben und seine Karriere als Patriot zu beenden.

Doch am Tag nach Browns Ankunft in Foxborough wurde in Florida eine Bundesklage eingereicht, in der ihm sexuelle Übergriffe vorgeworfen werden. In der gleichen Woche bestritt Brown sein erstes Spiel für die Patriots in Miami und fing einen Touchdown-Pass von Brady, der dem Team zu einem 43 : 0-Sieg gegen die Dolphins verhalf. Am Tag nach dem Spiel veröffentlichte die Zeitschrift Sports Illustrated einen ausführlichen Bericht, der auch die Anschuldigungen einer zweiten Frau enthielt, die behauptete, Brown habe sie missbraucht. Brown wies alle Vorwürfe zurück. Nachdem die Geschichte veröffentlicht wurde, schickte er einer seiner Anklägerinnen bedrohliche Textnachrichten. Einer der Texte enthielt Fotos von den Kindern des Anklägers. Am Tag nach dem Bekanntwerden der Texte beschlossen die Patriots, Brown zu entlassen. Für Robert Kraft war die Aufnahme von Kindern in einen Text jenseits jeder Erklärung, die Brown oder sein Agent hätten geben können. Brown hielt sich weniger als zwei Wochen in Neuengland auf.

In der Zwischenzeit sind die Patriots gegen einen schwachen Spielplan mit 8 : 0 in die Saison gestartet. Während die Verteidigung der Patriots dominierte, hatte die Offensive zu kämpfen. Der einzige Receiver, auf den Brady immer zählen konnte, war der 33-jährige Julian Edelman, der mit hundert Fängen für 1.117 Yards und sechs Touchdowns das wohl erfolgreichste Jahr seiner Karriere erlebte. Doch mitten in der Saison sagte Brady, er sei „der miserabelste 8-0-Quarterback in der NFL". Es kamen Gerüchte auf, dass Rob Gronkowski rechtzeitig zurückkehren könnte, um dem Team zu helfen, in die Playoffs zu kommen. Obwohl er seinen Rücktritt angekündigt hatte, hatte er nach den Regeln der Liga bis zum 30. November 2019 Zeit zu entscheiden, ob er zurückkehren wollte. Außerdem hatte er noch ein Jahr Restlaufzeit in seinem Vertrag. Kraft sprach sogar mit ihm, um ihn wissen zu lassen, wie sehr das Team ihn vermisst und hofft, dass er zurückkehrt.

Aber Gronkowski blieb im Ruhestand, und die Patriots erreichten in der zweiten Saisonhälfte ein 4 : 4. Obwohl New England zum elften Mal in Folge die AFC East Division gewann, stotterte das Team am Ende der regulären Saison. In der Wildcard-Runde der Playoffs am 4. Januar 2020 empfingen sie dann die Tennessee Titans, ein Team, das von Mike Vrabel gecoacht wurde, dem ehemaligen Linebacker der Patriots, der in den Anfangsjahren der Dynastie einer von Belichicks Lieblingsspielern gewesen war. Fünfzehn Sekunden vor Spielende lagen die Patriots mit 14 : 13 im Rückstand, als sie sich an ihrer eigenen Ein-Yard-Linie wiederfanden. Die unmögliche Situation war das Fazit der Saison 2019. Beim Snap ließ sich Brady tief in seine eigene Endzone zurückfallen und warf zu einem seiner neuesten Receiver. Der Ball wurde von seinen Händen abgefälscht und landete bei Defensive Back Logan Ryan, einem ehemaligen Patriots-Spieler, der die Interception für einen Touchdown zurückbrachte, der die Titans mit 20:13 in Führung brachte und die Saison von New England beendete. Die Fans hatten im gesamten Gillette Stadium Schilder aufgehängt, auf denen sie Brady baten, noch ein weiteres Jahr zu bleiben. In der Pressekonferenz nach dem Spiel wurde er mit Fragen bombardiert, ob er 2020 wieder dabei sein würde.

„Wer weiß, was die Zukunft bringt?", sagte er. „Wir werden es dabei belassen."

Der Vertrag von Tom Brady mit den Patriots wird am Dienstag, den 17. März 2020, um 16.00 Uhr aufgelöst. An diesem Abend um 18.20 Uhr schrieb Brady Kraft eine SMS: „Hallo zusammen. Ich hoffe, es geht Ihnen gut. Sind Sie in Chestnut Hill? Wenn möglich, würde ich Sie gern persönlich treffen. Ich bin coronafrei."

Eine Woche zuvor hatte Gouverneur Charlie Baker in Massachusetts den Notstand ausgerufen, nachdem sich das Coronavirus in den

USA auszubreiten begann. Seit die ersten bestätigten Fälle in Boston gemeldet wurden, hatte sich Kraft in seinem Haus in Quarantäne begeben.

„Ja, ich bin immer noch hier und kämpfe mit einem Husten", schrieb Kraft. „Ich bin frei von Infektionen. Aber ich versuche, coronafrei zu sein. Also keine Umarmung. Wir müssen uns sozial distanzieren."

„Was ist besser?" Brady schrieb eine SMS. „Heute Abend oder morgen früh? Was auch immer Sie bevorzugen. Sagen Sie mir einfach Bescheid. Wir werden uns an alle CDC-Richtlinien halten."

„Toll, dann machen wir das heute Abend", schrieb Kraft. „Sag mir, wenn es gut ist."

Brady sagte, er könne in dreißig Minuten da sein.

Kraft dachte, Brady käme, um ihm mitzuteilen, dass er sich entschlossen habe, eine weitere Saison für die Patriots zu spielen.

Als Brady ankam, parkte er auf seinem gewohnten Platz – direkt vor der Haustür von Krafts Haus. Kraft ließ ihn eintreten, und sie setzten sich in das Wohnzimmer, in dem sie sich schon so oft getroffen hatten, einen halben Meter voneinander entfernt.

Nachdem Kraft sich nach Bradys Familie erkundigt hatte und sie kurz über das Virus sprachen, brachte Brady zur Sprache, was er eigentlich besprechen wollte. Er schaute Kraft in die Augen und sagte ihm, dass er nicht für eine weitere Saison zu den Patriots zurückkehren würde. Er wäre glücklicher, erklärte er, und es wäre besser für ihn, wenn er weiterziehen würde.

Kraft wurde von Traurigkeit überwältigt.

Und als Brady versuchte, seine Entscheidung weiter zu erklären, brach er zusammen.

Nach einer langen Pause sagte Kraft, er habe verstanden. Es bedurfte keiner weiteren Erklärung.

Brady wischte sich die Augen. „Das ist hart", sagte er.

Sie wollten sich gegenseitig umarmen, aber sie widerstanden.

„Ich sitze hier und denke daran, dass ich Sie vor zwanzig Jahren kennengelernt habe", sagte Kraft, „Sie waren ein dünner College-Junge mit Pfirsichflaum am Kinn."

Brady lächelte. Jetzt war er eine weltweite Ikone.

„Du bist so schön gereift", sagte Kraft, und seine Augen quollen über.

Tränen liefen Brady über die Wangen.

Die beiden verbrachten die nächste Stunde damit, in Erinnerungen zu schwelgen. Dann wollte Brady Jonathan anrufen, der sich in Aspen, Colorado, aufhielt. Robert wählte seine Nummer und stellte den Anruf auf Freisprechen. Als Brady Jonathan mitteilte, dass er gehen würde, wurde er wieder emotional. „Du bist wie ein Bruder für mich", sagte Brady. „Du bist großartig."

Einen halben Kontinent entfernt nahm Jonathan seine Brille ab und wischte sich die Augen.

„Ich empfinde das genauso", sagte er. „Ich liebe euch alle."

Nachdem sie mit Jonathan aufgelegt hatten, nahmen sich Robert und Tom einen Moment Zeit, um sich zu sammeln. Es war an der Zeit, Belichick anzurufen. Während ihrer zwanzigjährigen Partnerschaft waren Kraft, Belichick und Brady nur selten zusammen in einem Raum. Normalerweise befand sich Kraft mit einem von ihnen in einem Raum und fungierte als Brücke.

Kraft rief Belichick zu Hause an. Als Belichick abnahm, sagte Kraft: „Bill, ich stimme Tommy zu. Er hat dir etwas zu sagen."

Kraft wich zurück, damit Brady in der Nähe des Telefons sein konnte.

Brady dankte Belichick dafür, dass er ein so großartiger Mentor und Trainer war, und teilte ihm mit, dass er gehen würde.

Belichick sagte ihm, wie sehr er ihn bewundere und respektiere, sowohl als Spieler als auch als Mensch. „Tom", sagte er, „du bist der beste Quarterback aller Zeiten. Aber du bist ein noch größerer Mensch."

Während Brady und Belichick sprachen, bewunderte Kraft die Art und Weise, wie die beiden mit der Situation umgingen. Trennungen – vor allem, wenn Egos im Spiel sind – sind fast immer chaotisch. Aber das war nicht der Fall. Eine berufliche Beziehung zwischen den beiden größten Stars in der Welt des Footballs war so weit gegangen, wie es nur ging. Nach zwanzig gemeinsamen Jahren im Schmelztiegel der Großartigkeit waren sie am Ende ihres Weges angelangt. Belichick und Brady wirkten vor allem erleichtert. Zum Abschluss brachten sie noch einmal ihren Respekt und ihre Bewunderung füreinander zum Ausdruck.

Nachdem Brady mit Belichick aufgelegt hatte, unterhielten er und Kraft sich noch ein paar Minuten. Dann begleitete Kraft ihn zur Tür. Instinktiv machten sie einen Versuch, sich zu umarmen, hielten sich aber zurück. Es würde keine Umarmung geben. Kein Kuss auf die Wange. Beide Männer standen zwei Meter voneinander entfernt und hatten Tränen in den Augen. „Ich liebe dich, Robert", sagte Brady.

„Ich liebe dich, Tommy", antwortete Kraft.

Brady drehte sich um, stieg in sein Auto und trat aufs Gaspedal.

Kraft stand allein in der Tür und winkte, als Bradys Rücklichter in der Dunkelheit verschwanden. Dreißig Minuten später, als er allein in seinem Haus saß, schrieb Kraft Brady eine SMS: „Ich liebe dich mehr, als du denkst, weil du in allem, was du tust, so stilvoll bist. Deine Eltern sollten so stolz sein. Ich liebe sie dafür, dass sie dich erschaffen haben. Sie sind wirklich einmalig."

DANK

Dieses Buch wurde durch den außergewöhnlichen Zugang zur Patriots-Organisation und insbesondere zu den auf diesen Seiten vorgestellten Personen ermöglicht. Ich bin ihnen dankbar für ihre Zeit, ihre Gastfreundschaft und vor allem für ihr Vertrauen. Daher möchte ich mich zunächst bei denjenigen bedanken, die es mir ermöglicht haben, ihre Geschichten zu sehen, zu hören und zu erzählen: Robert Kraft; Jonathan Kraft; Tom Brady; Drew und Maura Bledsoe; Tedy Bruschi; Roger Goodell; Paul Tagliabue; Leigh Steinberg; Chad Gifford; Rob Gronkowski; Dr. David Berger; Mel Karmazin; Richard Karelitz; Jon Bon Jovi; Sean McManus; Dr. Matthew Leibman; Deion Branch; Don Lowery; Andy Wasynczuk; Lee Johnson; und Sandy Weill. Ich danke auch den vielen anderen, die für dieses Buch Interviews gegeben haben.

Hinter den Kulissen gab es viele, die bei der Organisation und Durchführung meiner Berichterstattung geholfen haben. Ich kann sie nicht alle nennen, aber ich bin besonders dankbar für Stacey James, Anne Noland, Robin Glaser, Al Labelle, Jane Lydon und Ed Fraioli von den Patriots, die alle außerordentlich professionell und freundlich zu mir waren; Deborah Pugliese und Corey Harrison im Büro von Kommissar Roger Goodell; Anson Christian im Büro von Paul Tagliabue; Scott Fisher im Büro von Sean McManus bei CBS Sports; Rob Gronkowskis Bruder Dan; Aaron Lassin, der persönliche Assistent von Jon Bon Jovi; Michael Rubin, der mir das Interview mit Meek Mill ermöglichte; und Bill Hofheimer von ESPN, der mir die Interviews mit Tedy Bruschi und Randy Moss ermöglichte.

Ich bin den Leuten von NFL Films in Mount Laurel, New Jersey, zu Dank verpflichtet, wo ich Tage damit verbracht habe, Filme anzuschauen und Audioaufnahmen von mehr als vierzig der in diesem Buch vorgestellten Spiele anzuhören. Besonders dankbar bin ich Chris Barlow für seine Freundschaft, Ken Rogers für seine Hilfe bei der Entschlüsselung von Dialogen und dem Archivar Chris Willis für seinen Einfallsreichtum und die Möglichkeit, in seinem Büro zu übernachten. Ebenso verschaffte mir Matt Smith von Kraft Sports Productions Zugang zu stundenlangem Videomaterial, von Elton Johns Jubiläumsauftritt für Robert und Myra Kraft im Jahr 2008 bis hin zu unzähligen anderen Ereignissen und Momenten, die ich angefordert hatte.

Beim Boston Globe hat der ehemalige Sportredakteur Don Skwar wertvolle Einblicke gewährt und große Anstrengungen unternommen, um Will McDonoughs Bericht „An Inside Look at Parcells-Kraft: Wie sie in einem turbulenten Jahr an den Rand des Abgrunds gelangten" ausfindig zu machen und zu beschaffen. Für mich war dies ein monumental wichtiges Stück Journalismus, das auf der Website oder im Archiv der Zeitung nicht mehr verfügbar war.

Beim Hartford Courant stellte mir Redakteur Rick Green einen Arbeitsplatz zur Verfügung, an dem ich Hunderte von Berichten über Connecticuts Versuch, die Patriots nach Hartford zu holen, ausdruckte und durchforstete. Das Archiv des Courant war eine wichtige Quelle für das Hartford-Kapitel in der Patriots-Saga.

Der frühere Anwalt von Gouverneur John Rowland, Brendan Fox, und der frühere Lobbyist Jay Malcynsky gewährten Interviews, die entscheidend dazu beitrugen, dass ich den Dialog und die Szenen bei wichtigen Treffen zwischen dem Gouverneur und den Krafts nachstellen konnte.

Richard Lapchick vom Center for the Study of Sport in Society war maßgeblich an den Abschnitten des Buches beteiligt, die sich mit der Rasse befassen. Als ich in den 1990er-Jahren für ihn arbeitete, beauftragte er mich mit Recherchen und der Erstellung eines Jahresberichts über die rassische Zusammensetzung von Führungskräften und Cheftrainern in der National Football League, der Major League Baseball und der National Basketball Association. Diese Erfahrung hat meine Herangehensweise an die Einstellungspraxis der Patriots in The Dynasty geprägt.

Natalie Tysdal und Kathy Redmond vertrauten mir an, über ihre schmerzhaften Erfahrungen an der University of Nebraska in den 1990er-Jahren zu schreiben. Diese Erfahrungen bildeten den Hintergrund für das, was ich in diesem Buch über die Entscheidung der Patriots schrieb, den Draft Christian Peter aus Nebraska zu streichen.

Für den Teil des Buches, der sich mit Robert Krafts Beteiligung an der Labrador Linerboard Mill in Neufundland befasst, bin ich Jane Crosby und ihrer Tochter Ches zu Dank verpflichtet, die alte Tagebucheinträge und Fotos ausgruben, die mir halfen, diese Zeit zu verstehen. Ebenso bin ich Dan Kraft dankbar für die Zeit, die er damit verbracht hat, mich über International Forest Products aufzuklären. Und ich bin Richard Karelitz zu Dank verpflichtet, weil er mir geholfen hat, die rechtlichen Nuancen bei Robert Krafts Erwerb des Sullivan-Stadions und seinem Kauf der Patriots-Franchise zu verstehen.

Eines der Privilegien bei der Arbeit an diesem Buch war, dass ich den Autor Dan Brown kennenlernte und mit ihm befreundet wurde, der mir die Ehre erwies, eine meiner Passagen zu redigieren.

Im Juni 2019 reiste ich mit Robert Kraft und 15 aktuellen und ehemaligen Patriots-Spielern nach Israel, darunter Drew Bledsoe, Scott Zolak, Ty Law, Vince Wilfork, Andre Tippett, Joe Thuney, Stephon Gilmore, Nate Ebner, Isaiah Wynn, David Andrews, Stephen Gostkowski, Julian Edelman, Kevin Faulk und Jerod Mayo. Die meisten Spieler wurden von einem Ehepartner oder einem Familienmitglied begleitet. Eine Woche mit ihnen im Heiligen Land ermöglichte es mir, die spirituelle Seite dieser Menschen kennen und schätzen zu lernen. Besonders dankbar bin ich Vince Wilfork dafür, dass er mir geholfen hat, mich im Jordan zu taufen.

Andre Tippett hat sich während dieses Projekts mit mir angefreundet und mir geholfen, mich zurechtzufinden. Einige der schönsten Momente auf dem Weg dorthin waren die Gespräche mit ihm über Religion, Musik, Rasse, Essen und Beziehungen.

Viele Journalisten des Boston Globe, des Boston Herald, der Sports Illustrated, der New York Times, von ESPN und einer Vielzahl anderer Publikationen und Nachrichtenorganisationen haben jahrelang über die Patriots berichtet. Ich habe Tausende von Artikeln und mehr als 25 Bücher gelesen, um mich auf das Schreiben von The Dynasty vorzubereiten. Es ist zwar nicht möglich, alle Journalisten zu erwähnen, deren Arbeit mich beeinflusst hat, aber es gibt einige, deren außergewöhnliche Berichte und Erkenntnisse besonders hilfreich waren: Michael Holley, dessen Bücher „Patriot Reign", „War Room" und „Belichick and Brady" zu den ersten Publikationen gehörten, die ich vor Beginn meiner Recherchen gelesen habe; der erfahrene Reporter Tom E. Curran, der die Patriots schon so lange verfolgt, wie ich Journalist bin; Will McDonough, insbesondere für seine Berichte über die Eigentumsverhältnisse der Patriots vor Robert Kraft und seine Schriften über die Beziehung zwischen Robert Kraft und Bill Parcells; Peter King und seine Artikel über Bill Belichick, Robert Kraft, Tom Brady, Roger Goodell und die Patriots in Sports Illustrated und Monday Morning Quarterback; Jackie Mac-Mullans Sonderberichte über Ted Johnson, Bill Belichick, Robert Kraft und Tedy Bruschi; Charles P. Pierce's Buch Moving the Chains; Nunyo Demasio's großartige Berichterstattung in Parcells: A Football Life; Ian O'Connors maßgebliche Biografie über Bill Belichick; Steve Krofts 60 Minutes-Interview mit Tom Brady aus dem Jahr 2005; The Brady 6 von NFL Films; die sechs Episoden über die New England Patriots aus der NFL Films-Serie America's Game; Bill Belichick: A Football Life von NFL Films; Bella English für ihre Geschichte „After a Bruising Year, Belichick Opens Up"; Armen Keteyians aufschlussreiche Interviews mit Bill Belichick für die CBS-Sendungen The NFL Today und CBS News; die außergewöhnliche sechsteilige Serie des Boston Globe Spotlight Team über Aaron Hernandez, berichtet von Bob Hohler, Beth Healy, Sacha Pfeiffer, Andrew Ryan und der Redakteurin Patricia Wen; Glenn Stout und Richard A. Johnsons Buch The Pats: An Illustrated History of the New England Patriots; die Super Bowl-Berichterstattung von Michael Silver und Greg Bishop in Sports Illustrated; Mike Reiss für seine fundierten Einblicke und Beobachtungen; die Boston Globe-Kolumnisten Bob Ryan und Dan Shaughnessy; Judy Battista und Ken Belson für ihre außergewöhnliche Berichterstattung über die NFL im New York Times; und Don Van Natta und Seth Wickersham für ihre ausführliche Berichterstattung über die NFL für ESPN The Magazine.

Die gute Arbeit von Gotham Chopra in der Facebook-Dokumentation Tom vs. Time war sehr hilfreich. Und ich bin Alex Guerrero und seinen Mitarbeitern besonders dankbar für die hervorragende Behandlung im TB12 Performance & Recovery Center in Foxborough, während ich an diesem Buch arbeitete.

Ich habe das Glück, einen kleinen Kreis äußerst talentierter und vertrauenswürdiger Kollegen zu haben: meine Redaktionsberaterin Dorothea Halliday, den Reporter Tim Bella, die Protokollantin Jill Benedict, den Faktenprüfer Kelvin Bias und die Videoredakteurin Christine Dupree. Jeff Katz und Justin Lindsey waren großartige Gesprächspartner, ebenso wie Armen Keteyian und B. J. Schecter.

Mein Agent, Richard Pine, ist einer meiner besten Freunde und vertrautesten Personen. Ich verdanke ihm und seinem großartigen Team bei InkWell Management, insbesondere Eliza Rothstein, viel. Ich habe das große Glück, dass ich Jofie Ferrari-Adler als Lektorin habe. Er ist klug, einfühlsam und ein guter Freund. Jon Karp, der CEO von Simon & Schuster, hat vom ersten Tag an an dieses Projekt geglaubt und uns von Anfang an gut beraten. Ich kann mich glücklich schätzen, dass mir das Trio Pine, Ferrari-Adler und Karp in dieser Phase meiner Karriere beratend zur Seite steht.

Das übrige Team von S&S ist hervorragend: Chefredakteur Ben Loehnen, Redaktionsleiterin Lauren Wein, Mitherausgeberin Meredith Vilarello, Redaktionsassistentin Carolyn Kelly, Produktionsredakteur Benjamin Holmes und die Publizisten Jordan Rodman und David Kass, sowie Brigid Black, Alison Forner, Julianna Haubner, Elizabeth Hubbard, Morgan Hoit, Felice Javit, Gregg Kulick, Allie Lawrence, Jeff Miller, Amanda Mulholland, Sydney Newman und Lewelin Polanco.

Und schließlich ist da noch meine Familie. Ich hätte dieses Buch nicht schreiben können ohne die beständige Liebe und Unterstützung meiner Frau Lydia, die das verkörpert, was Alexander Hamilton als „die beste aller Ehefrauen, die beste aller Frauen“ bezeichnete. Unser Sohn Tennyson, Jurastudent im dritten Jahr an der UConn, war bei diesem Projekt als Rechercheur, als zweiter Faktenprüfer und bei der Katalogisierung des Quellenmaterials des Buches eine enorme Hilfe. Unsere Tochter Maggie May, eine High-School-Absolventin, hat Dutzende von Stunden damit verbracht, Dokumentarfilme von NFL Films anzuschauen und die Stellen zu notieren, an denen es Dialoge gab, die ich für die Erzählung brauchte. Unser Sohn Clancy, ein Musiker und technisches Genie, half bei der Sicherung der digitalen Dateien. Und unsere jüngste Tochter, Clara Belle, erleichterte meine Schuldgefühle, indem sie mir immer wieder sagte, dass ich ein „toller Vater" sei, obwohl ich in den zwei Jahren, in denen ich an diesem Buch arbeitete, fast nie da war.